中国商标报告

CHINA TRADEMARK REPORT

2010年 第1卷
总第12卷

曹中强 · 主编　　黄晖 · 执行主编

出 版 说 明

一、【官方文件】首先按发文机关排列，同一发文机关则按时间顺序排列；同时也按发文类别排列，同一类别的文件除个别关联文件外原则上按时间排序，本卷没有内容的类别不列标题。

类别顺序为：◆总类◇综合◆商业标志综合立法◇商标◇企业名称◇域名◇地理标志◇特殊标志◇奥林匹克标志◇药名◇植物新品种名称◆商标权利取得、维持与撤销◇商标查询◇商标规费◇商标申请◇商标审查◇商标异议◇商标注册◇商标评审◇商标续展◇商标变更◇商标共有◇商标继承◇商标转让◇商标许可使用◇驰名商标◆商标权利运用◇商标投资◇商标信托◇商标质押◇商标清算◇商标保全及执行◆商标行政管理◇商标代理◇商标印制◇对外贸易◇汽车◇食品药品管理◇烟草专卖◆商标保护程序法◇综合◇行政程序◇民事程序◇刑事程序◆商标保护实体法◇综合◇行政保护◇民事保护◇刑事保护◆商标国际条约

【官方文件】正文一般包括发文机关、标题、文号、文件正文、发文时间。公布文件的主席令、国务院令、部长令、局长令、公告及通知均放在正文之前并加框，文件正文则不再标注时间。

二、【典型案例】的目录列案件名称、裁决的机关、文号、时间及关键词摘要，并按商标确权、商标与在先权冲突、商标权属、商标侵权及不正当竞争的顺序排列。正文刊载案件名称、关键词摘要及裁决书全文。

三、【著论索引】著作按学术、实务、法规和丛书的顺序排列。论文按主题排列，本卷没有内容的类别不列标题，类别顺序为◇综合◇商标种类◇商标注册的合法性◇商标注册的显著性◇商标注册的在先性◇商标注册的非功能性◇商标权利取得◇商标权利维持◇商标权利运用◇商标权利限制◇商标管理◇商标侵权◇商标假冒。

其中 CTM 表示《中华商标》，IP 表示《知识产权》，CPTM 表示《中国专利与商标》，CNIC · TMW 表示《中国工商报 · 商标世界》，CIPN 表示《中国知识产权报》，eIP 表示《电子知识产权》。

四、【文件检索】按法律、行政法规、部门规章、规范性文件、司法解释及法院文件的顺序排列。

本 卷 导 读

本卷主要收录2011年度的法律法规、判例和著述,个别文件会有例外。

【官方文件】我们首先收录了非物质文化遗产法以及行政强制措施法及其司法解释,还有最高法院关于知识产权审判推动文化大发展大繁荣的司法意见以及反垄断的司法解释。商业特许和工信部关于品牌发展的两个意见也值得我们关注。

海关修改了知识产权备案程序。最高法院修订了民事案件案由。商标局澄清了服务商标继续使用的具体范围。知识产权刑事案件的一些具体问题也由最高检、最高法和公安部做了规定。

【典型案例】绝对理由方面,"SMART"案涉及外文商标多个含义的确定,"莫代尔"和"杏灵"两案均涉及申请后显著性改变的后果,"BEST BUY"和"沩山"两案涉及是否具有显著性的判定,可口可乐的芬达"瓶形"案则涉及立体商标的显著性判定;"Shimizu"案涉及外国地名认知范围的确定;"中超"案涉及"不良影响"的认定,"蜡笔小新"案则涉及"以欺骗或其他不正当手段取得注册"的认定。

相对理由方面,"啄木鸟"案涉及类似商品认定中《类似商品和服务区分表》的作用,"渝富桥"、"羊图形"、"关羽"几个案子则涉及近似商标的认定;"吉百利"案涉及是否需要认定驰名商标的问题;"陆虎"、"Kate Moss 凯特·苔藓"和"劲涛"以及"007"几案分别涉及已经使用并有一定影响商标、名人姓氏、著作权以及商品化权的保护。

程序方面,我们选取了五个案例:"ADVENT"案涉及情事变更原则的适用;"六味地"案涉及一事不再理的原则适用;"Collage"案折射了认定商标注册证的法律效力中存在的问题;"诸葛亮家"案则暴露了转让和移转两个程序的异同;"良子"案标志着法院最终承认了共存协议的效力。

关于使用义务,"卡斯特"一案改变了以前三年不使用案件中"使用"必须具有合法性的做法。

商标侵权方面,"百度"案涉及商品与服务类似的认定。"七粮液"、"海尔 haier 诉 Hiller 和两个儿童图案"、"黛尔吉奥"、"吉百利"几个案子凸显了驰名商标的保护范围。“衣念”案涉及网络交易平台侵权责任认定。“作业本”和“金鞭溪”两案涉及商标正当使用边界的划定。“肠清茶及装潢”、“开心网”两案则丰富了我们对不正当竞争行为的理解。

【操作指南】选取了最高人民法院领导对知识产权司法保护的讲话以及2011年度知识产权保护报告,还有北京高院的2011年知识产权审判新发展的商标部分。

【重要档案】收录了国家工商总局2011年认定的874件驰名商标。

此外,我们还汇总了2011年度的【环球动态】和【著论索引】。

目　　录

【官方文件】

◆总　　类

◇综合

◆商标权利运用

◇特许经营

◆商标行政管理

◇品牌建设

◆商标保护程序法

◇行政程序

本案争议商标使用时间较长——已建立一定的市场声誉——相关公众能够以其识别商品来源——并不仅仅直接表示商品的质量、主要原料、功能、用途、重量、数量及其他特点——商评委、原审法院以争议商标含有"沩山"文字就认为其整体缺乏显著性——事实错误,应予纠正(**93**)

6. 可口可乐公司与国家工商行政管理总局商标评审委员会"瓶形"商标行政纠纷案

北京市高级人民法院行政判决书 (2011)高行终字第348号(**100**)

标志显著性特征与该标志与其所标示的商品和服务的关系越不相关显著性越强——越密切显著性越弱——显著性特征的有无由商标审查机关和人民法院根据《商标法》规定作出判断——实际使用该标志的证据对显著性的判断有一定作用——但并非没有该证据就不能判断——涉案三维标志是其申请商标指定使用的饮料类商品的容器外形——可口可乐公司认为该三维标志有独特创意,无人在先使用过与之相似的容器外形——仅能说明该三维标志可能会受著作权法或专利法保护——不能作为申请商标具有显著性的理由——显著性特征要求的是对不同商品提供者的区分功能——不是对不同商品的区分功能——与"芬达"商标连用的证据多是在申请日之后——即使考虑上述证据,也不足以证明该三维标志经过使用可以作为识别商品来源的标志——驳回上诉,维持原判(**100**)

7. 上海清水日用制品有限公司与国家工商行政管理总局商标评审委员会"Shimizu"商标行政纠纷案

北京市高级人民法院行政判决书 (2011)高行终字第1376号(**106**)

公众知晓的外国地名不得作为商标——地名具有其他含义或者作为集体商标、证明商标组成部分的除外——"公众知晓"应指我国相关公众普遍知晓——本案申请商标中包含有"SHIMIZU"——日本清水市——中国公众一般难以将"SHIMIZU"认知为作为地名的日本清水市——现有证据不足以证明"清水市"作为日本地名已为中国公众所知晓——上海清水公司的第1045926号商标和第1295643号商标获准注册虽然不是商标评审委员会裁决的结果——早在20世纪90年代就已申请注册——准予申请商标注册有利于适当保护上海清水公司基于上述商标被注册而产生的信赖利益——驳回商评委上诉——维持原判(**106**)

争议商标“KATE MOSS 凯特·苔藓”的英文部分是“KATE MOSS”,“凯特·苔藓”仅为对应翻译——知名模特 KATE MOSS 是自然人——对 KATE MOSS 享有姓名权——受我国法律保护——有权依法禁止他人基于不正当目的盗用、假冒其姓名——荆胜强是服装行业经营者——对该行业有更高的认知——具有不正当利用 KATE MOSS 姓名来营利的目的,侵犯他人姓名权——一审法院认定错误——撤销一审判决——维持原商评委裁定(**174**)

17. 劲牌有限公司与国家工商行政管理总局商标评审委员会“劲涛”商标行政纠纷案

北京市高级人民法院行政判决书　(2011)高行终字第1537号(**183**)

申请商标注册不得损害他人现有的在先权利——该条所规定的在先权利是指在系争商标申请注册日之前已经取得的,除商标权以外的其他权利,包括著作权——劲牌公司对书法作品“劲”字享有著作权——劲牌公司使用了该作品的时间早于被异议商标申请日——银涛公司具有接触到涉案的“劲”字书法作品的可能性——被异议商标中的“劲”字与书法作品“劲”字相比较,实质性相似——将含有与劲牌公司享有在先著作权作品实质相似的“劲”字的被异议商标申请注册——损害了劲牌公司的在先著作权——原审判决认定事实清楚,适用法律正确,程序合法,应予维持(**183**)

18. 丹乔有限公司与国家工商行政管理总局商标评审委员会等“007及图”商标行政纠纷案

北京市高级人民法院行政判决书　(2011)高行终字第374号(**190**)

“007”、“JAMES BOND”作为电影人物角色名称的知名度及谢花珍是否借用该知名度所产生的商业价值,并非《商标法》第十条第一款第(八)项所调整的内容——现有证据亦不足以证明被异议商标在指定商品上的注册使用会构成该项所指的不良影响——商标评审委员会就此所作认定正确——丹乔公司提交的证据可以认定在被异议商标申请注册之前,“007”、“JAMES BOND”作为丹乔公司“007”系列电影人物的角色名称已经具有较高知名度——已为相关公众所了解——知名度的取得是丹乔公司创造性劳动的结晶——由此知名的角色名称所带来的商业价值和

酒厂的复审申请进行评审程序符合相关法律规定——养生殿公司有关商评委违反“一事不再理”原则的上诉理由,缺乏法律依据——不予支持——驳回上诉,维持原判(**205**)

21. 高露洁—棕榄公司与义乌市爱尚日用品有限公司“collage”商标侵权纠纷案

浙江省高级人民法院民事裁定书 (2011)浙知提字第1号(**211**)

爱尚公司提供的商标注册证存在严重瑕疵——商标局已刊发无效公告,并驳回了相关的商标申请——商标申请人赵国盛提起了复审——商评委驳回复审申请——商评委复审决定经北高院终审判决予以维持——爱尚公司使用的“Collage”商标应视为自始不存在——本案侵权诉讼属于法院的受理范围——一审、二审未对被诉“Collage”侵权行为进行实体审理——讼争不宜在再审程序中直接作出实体处理——发回义乌市法院重审(**211**)

22. 泸州千年酒业有限公司与国家工商行政管理总局商标局等“诸葛亮家及图”商标行政纠纷案

最高人民法院行政裁定书 (2011)知行字第73号(**220**)

商标局在查明了商标权利人仍合法存续——泸州千年公司提交的证明文件不足以有效证明商标注册人已死亡/终止——对提出注销申请不予核准——并无不当——被诉具体行政行为是商标局作出的2010销00043号《注册人死亡/终止注销商标申请不予核准通知书》——并非之前商标局核准涉及该商标的相关续展及转让等具体行政行为——商标局在先作出的其他行政行为的合法性问题不属于本案的审查范围——原一审、二审法院对泸州千年公司的诉讼主张不予支持并无不妥——驳回泸州千年酒业有限公司的再审申请(**220**)

23. 北京市台联良子保健技术有限公司与国家工商行政管理总局商标评审委员会等“良子”商标行政纠纷案

最高人民法院行政裁定书 (2011)知行字第50号(**223**)

必须考虑特定的历史过程——北京良子与新疆良子签订共存协议时,山东良子的争议商标已获准注册——新疆良子理应知晓——仍签署协议,视为同意山东良子争议商标的注册——争议商标受共存协议的拘束——山东良子放弃对新疆良子涉案引证商标的异议申请——引证商标

北京市高级人民法院民事判决书 (2011)高民终字第3898号(**248**)

五粮液集团依法获得第160922号“WULIANGYE 五粮液及图”注册商标和第3879499号“五粮液68及图”商标的注册——受我国法律保护——宜宾五粮液公司依据商标使用许可协议,对上述注册商标享有独占使用权——以自己名义对涉案被控侵权行为提起诉讼并无不当——寅午宝公司使用的“七粮液”标识与涉案注册商标构成近似商标——寅午宝公司并未举证证明其使用“七粮液”系为描述其商品的原材料而产生——寅午宝公司在被控侵权商品中突出使用了“七粮液”文字——且超出了其主张的系作为商品名称进行的描述性使用的合理范畴——不构成正当性的合理使用——驳回上诉,维持原判(**248**)

27. 青岛海尔投资发展有限公司与海宁小神童电气有限公司等商标侵权及不正当竞争纠纷案

浙江省宁波市中级人民法院民事判决书 (2010)浙甬知初字第49号(**256**)

被告“Hiller”和“两小孩图形”组合使用方式已超出了注册商标正当使用的合理范畴——实质上是一种刻意摹仿的仿冒行为——违反了诚实信用原则和公认的商业道德——构成不正当竞争——海宁小神童和奇人电器在其产品、包装及网站上刻意采用手写体行书“海宁小神童电气有限公司”中“海宁”字样,在外观上与海尔公司的行书“海尔”商标极为近似——结合手写体“小神童”的字号——极易导致混淆——不规范使用企业名称——构成不正当竞争(**256**)

28. 黛尔吉奥品牌有限公司、帝亚吉欧(上海)洋酒有限公司与肖绍力等商标侵权纠纷案

上海市第二中级人民法院民事判决书 (2010)沪二中民五(知)初字第31号(**289**)

原告使用在第33类威士忌上的“JOHNNIE WALKER”商标具有较高显著性——已为中国境内的相关公众广为知晓——驰名商标——被告肖绍力销售,被告碧爽公司、永如公司生产包装的“汉之韵纯正护肤橄榄油”商品上使用了与原告商标“JOHNNIE WALKER”相同的字样——肖绍力经营的杂货店销售商品中包括酒类和化妆品——肖绍力销售的酒类和化妆

湖南省高级人民法院民事判决书　(2011)湘高法民三终字第40号(**329**)

鹤泉公司在其生产、销售的“金鞭溪啤酒”的瓶盖上标记了“HEQUANPIJIU”、瓶颈标记了“HECHENGBEER”、瓶贴上明显标记“金鞭溪啤酒”——不会造成普通消费者的误认——啤酒瓶的回收利用符合国家政策规定——鼓励提倡从社会上回收啤酒瓶——符合行业惯例——知识产权的保护必须掌握在法律规定的尺度内——重啤公司对其烙在涉案啤酒瓶上的水滴状图形标识主张权利——超出了法律规定的范围——如支持其主张,就只能禁止回收使用类似啤酒瓶——对国家鼓励提倡的回收利用旧啤酒瓶政策不利——导致对公众整体利益的不当限制——原判认定事实基本清楚,适用法律错误——应予撤销(**329**)

32. 厦门康士源生物工程有限公司与北京御生堂生物工程有限公司等擅自使用知名商品特有名称、包装、装潢纠纷案

最高人民法院民事判决书　(2011)民提字第60号(**335**)

御生堂公司主张“肠清茶”为其知名商品特有名称证据不足——御生堂肠清茶的产品装潢构成该知名商品的特有装潢——康中源肠清茶产品装潢在文字布局、图案设计甚至色彩选择方面均与御生堂肠清茶产品相似甚至相同——构图方式也基本相同——且采用了跟御生堂肠清茶产品相同的三种底色——易造成相关公众混淆——作为同行业经营者——采用上述相近似的装潢——借靠他人知名商品声誉以获取不正当竞争优势的意图明显——构成不正当竞争行为——部分维持,部分改判(**335**)

33. 北京开心人信息技术有限公司与北京千橡互联科技发展有限公司等“开心”商标侵权及不正当竞争纠纷案

最高人民法院民事裁定书　(2011)民申字第670号(**348**)

社交网站服务是以网络服务的形式达到为用户提供社交服务的目的,其提供的是一个综合性的社交平台——与“开心”文字注册商标核准的第42类服务中的“计算机出租”、“陪伴”和“婚姻介绍所”在服务目的、内容、方式和对象等方面不尽相同——不易使相关公众对服务提供者产生误认或混淆——涉案社交网站服务与“开心”文字注册商标核准的服务不相同也不类似——开心人公司该项申请再审理由依据不足,不予支

【操作指南】

【重要档案】

【环球动态】

【官方文件】

总　　类　>>　综合

中华人民共和国主席令

第四十二号

《中华人民共和国非物质文化遗产法》已由中华人民共和国第十一届全国人民代表大会常务委员会第十九次会议于2011年2月25日通过,现予公布,自2011年6月1日起施行。

中华人民共和国主席　胡锦涛

二〇一一年二月二十五日

中华人民共和国非物质文化遗产法

第一章　总　　则

第一条　为了继承和弘扬中华民族优秀传统文化,促进社会主义精神文明建设,加强非物质文化遗产保护、保存工作,制定本法。

第二条　本法所称非物质文化遗产,是指各族人民世代相传并视为其文化遗产组成部分的各种传统文化表现形式,以及与传统文化表现形式相关的实物和场所。包括:

(一)传统口头文学以及作为其载体的语言;

(二)传统美术、书法、音乐、舞蹈、戏剧、曲艺和杂技;

(三)传统技艺、医药和历法;

(四)传统礼仪、节庆等民俗;

(五)传统体育和游艺;

(六)其他非物质文化遗产。

属于非物质文化遗产组成部分的实物和场所,凡属文物的,适用《中华人民共和国文物保护法》的有关规定。

第三条 国家对非物质文化遗产采取认定、记录、建档等措施予以保存,对体现中华民族优秀传统文化,具有历史、文学、艺术、科学价值的非物质文化遗产采取传承、传播等措施予以保护。

第四条 保护非物质文化遗产,应当注重其真实性、整体性和传承性,有利于增强中华民族的文化认同,有利于维护国家统一和民族团结,有利于促进社会和谐和可持续发展。

第五条 使用非物质文化遗产,应当尊重其形式和内涵。

禁止以歪曲、贬损等方式使用非物质文化遗产。

第六条 县级以上人民政府应当将非物质文化遗产保护、保存工作纳入本级国民经济和社会发展规划,并将保护、保存经费列入本级财政预算。

国家扶持民族地区、边远地区、贫困地区的非物质文化遗产保护、保存工作。

第七条 国务院文化主管部门负责全国非物质文化遗产的保护、保存工作;县级以上地方人民政府文化主管部门负责本行政区域内非物质文化遗产的保护、保存工作。

县级以上人民政府其他有关部门在各自职责范围内,负责有关非物质文化遗产的保护、保存工作。

第八条 县级以上人民政府应当加强对非物质文化遗产保护工作的宣传,提高全社会保护非物质文化遗产的意识。

第九条 国家鼓励和支持公民、法人和其他组织参与非物质文化遗产保护工作。

第十条 对在非物质文化遗产保护工作中做出显著贡献的组织和个人,按照国家有关规定予以表彰、奖励。

第二章 非物质文化遗产的调查

第十一条 县级以上人民政府根据非物质文化遗产保护、保存工作需要，组织非物质文化遗产调查。非物质文化遗产调查由文化主管部门负责进行。

县级以上人民政府其他有关部门可以对其工作领域内的非物质文化遗产进行调查。

第十二条 文化主管部门和其他有关部门进行非物质文化遗产调查，应当对非物质文化遗产予以认定、记录、建档，建立健全调查信息共享机制。

文化主管部门和其他有关部门进行非物质文化遗产调查，应当收集属于非物质文化遗产组成部分的代表性实物，整理调查工作中取得的资料，并妥善保存，防止损毁、流失。其他有关部门取得的实物图片、资料复制件，应当汇交给同级文化主管部门。

第十三条 文化主管部门应当全面了解非物质文化遗产有关情况，建立非物质文化遗产档案及相关数据库。除依法应当保密的外，非物质文化遗产档案及相关数据信息应当公开，便于公众查阅。

第十四条 公民、法人和其他组织可以依法进行非物质文化遗产调查。

第十五条 境外组织或者个人在中华人民共和国境内进行非物质文化遗产调查，应当报经省、自治区、直辖市人民政府文化主管部门批准；调查在两个以上省、自治区、直辖市行政区域进行的，应当报经国务院文化主管部门批准；调查结束后，应当向批准调查的文化主管部门提交调查报告和调查中取得的实物图片、资料复制件。

境外组织在中华人民共和国境内进行非物质文化遗产调查，应当与境内非物质文化遗产学术研究机构合作进行。

第十六条 进行非物质文化遗产调查，应当征得调查对象的同意，尊重其风俗习惯，不得损害其合法权益。

第十七条 对通过调查或者其他途径发现的濒临消失的非物质文化遗产项目，县级人民政府文化主管部门应当立即予以记录并收集有关实物，或者采取其他抢救性保存措施；对需要传承的，应当采取有效措施支持传承。

第三章 非物质文化遗产代表性项目名录

第十八条 国务院建立国家级非物质文化遗产代表性项目名录，将体现中华民族优秀传统文化，具有重大历史、文学、艺术、科学价值的非物质文化遗产项目列入名录予以保护。

省、自治区、直辖市人民政府建立地方非物质文化遗产代表性项目名录,将本行政区域内体现中华民族优秀传统文化,具有历史、文学、艺术、科学价值的非物质文化遗产项目列入名录予以保护。

第十九条 省、自治区、直辖市人民政府可以从本省、自治区、直辖市非物质文化遗产代表性项目名录中向国务院文化主管部门推荐列入国家级非物质文化遗产代表性项目名录的项目。推荐时应当提交下列材料:

(一)项目介绍,包括项目的名称、历史、现状和价值;

(二)传承情况介绍,包括传承范围、传承谱系、传承人的技艺水平、传承活动的社会影响;

(三)保护要求,包括保护应当达到的目标和应当采取的措施、步骤、管理制度;

(四)有助于说明项目的视听资料等材料。

第二十条 公民、法人和其他组织认为某项非物质文化遗产体现中华民族优秀传统文化,具有重大历史、文学、艺术、科学价值的,可以向省、自治区、直辖市人民政府或者国务院文化主管部门提出列入国家级非物质文化遗产代表性项目名录的建议。

第二十一条 相同的非物质文化遗产项目,其形式和内涵在两个以上地区均保持完整的,可以同时列入国家级非物质文化遗产代表性项目名录。

第二十二条 国务院文化主管部门应当组织专家评审小组和专家评审委员会,对推荐或者建议列入国家级非物质文化遗产代表性项目名录的非物质文化遗产项目进行初评和审议。

初评意见应当经专家评审小组成员过半数通过。专家评审委员会对初评意见进行审议,提出审议意见。

评审工作应当遵循公开、公平、公正的原则。

第二十三条 国务院文化主管部门应当将拟列入国家级非物质文化遗产代表性项目名录的项目予以公示,征求公众意见。公示时间不得少于二十日。

第二十四条 国务院文化主管部门根据专家评审委员会的审议意见和公示结果,拟订国家级非物质文化遗产代表性项目名录,报国务院批准、公布。

第二十五条 国务院文化主管部门应当组织制定保护规划,对国家级非物质文化遗产代表性项目予以保护。

省、自治区、直辖市人民政府文化主管部门应当组织制定保护规划,对本级人民政府批准公布的地方非物质文化遗产代表性项目予以保护。

制定非物质文化遗产代表性项目保护规划,应当对濒临消失的非物质文化遗产代表性项目予以重点保护。

第二十六条 对非物质文化遗产代表性项目集中、特色鲜明、形式和内涵保持完整的特定区域,当地文化主管部门可以制定专项保护规划,报经本级人民政府批准后,实行区域性整体保护。确定对非物质文化遗产实行区域性整体保护,应当尊重当地居民的意愿,并保护属于非物质文化遗产组成部分的实物和场所,避免遭受破坏。

实行区域性整体保护涉及非物质文化遗产集中地村镇或者街区空间规划的,应当由当地城乡规划主管部门依据相关法规制定专项保护规划。

第二十七条 国务院文化主管部门和省、自治区、直辖市人民政府文化主管部门应当对非物质文化遗产代表性项目保护规划的实施情况进行监督检查;发现保护规划未能有效实施的,应当及时纠正、处理。

第四章 非物质文化遗产的传承与传播

第二十八条 国家鼓励和支持开展非物质文化遗产代表性项目的传承、传播。

第二十九条 国务院文化主管部门和省、自治区、直辖市人民政府文化主管部门对本级人民政府批准公布的非物质文化遗产代表性项目,可以认定代表性传承人。

非物质文化遗产代表性项目的代表性传承人应当符合下列条件:

(一)熟练掌握其传承的非物质文化遗产;

(二)在特定领域内具有代表性,并在一定区域内具有较大影响;

(三)积极开展传承活动。

认定非物质文化遗产代表性项目的代表性传承人,应当参照执行本法有关非物质文化遗产代表性项目评审的规定,并将所认定的代表性传承人名单予以公布。

第三十条 县级以上人民政府文化主管部门根据需要,采取下列措施,支持非物质文化遗产代表性项目的代表性传承人开展传承、传播活动:

(一)提供必要的传承场所;

(二)提供必要的经费资助其开展授徒、传艺、交流等活动;

(三)支持其参与社会公益性活动;

(四)支持其开展传承、传播活动的其他措施。

第三十一条 非物质文化遗产代表性项目的代表性传承人应当履行下列义务:

(一)开展传承活动,培养后继人才;

(二)妥善保存相关的实物、资料;

(三)配合文化主管部门和其他有关部门进行非物质文化遗产调查;

(四)参与非物质文化遗产公益性宣传。

非物质文化遗产代表性项目的代表性传承人无正当理由不履行前款规定义务的,文化主管部门可以取消其代表性传承人资格,重新认定该项目的代表性传承人;丧失传承能力的,文化主管部门可以重新认定该项目的代表性传承人。

第三十二条 县级以上人民政府应当结合实际情况,采取有效措施,组织文化主管部门和其他有关部门宣传、展示非物质文化遗产代表性项目。

第三十三条 国家鼓励开展与非物质文化遗产有关的科学技术研究和非物质文化遗产保护、保存方法研究,鼓励开展非物质文化遗产的记录和非物质文化遗产代表性项目的整理、出版等活动。

第三十四条 学校应当按照国务院教育主管部门的规定,开展相关的非物质文化遗产教育。

新闻媒体应当开展非物质文化遗产代表性项目的宣传,普及非物质文化遗产知识。

第三十五条 图书馆、文化馆、博物馆、科技馆等公共文化机构和非物质文化遗产学术研究机构、保护机构以及利用财政性资金举办的文艺表演团体、演出场所经营单位等,应当根据各自业务范围,开展非物质文化遗产的整理、研究、学术交流和非物质文化遗产代表性项目的宣传、展示。

第三十六条 国家鼓励和支持公民、法人和其他组织依法设立非物质文化遗产展示场所和传承场所,展示和传承非物质文化遗产代表性项目。

第三十七条 国家鼓励和支持发挥非物质文化遗产资源的特殊优势,在有效保护的基础上,合理利用非物质文化遗产代表性项目开发具有地方、民族特色和市场潜力的文化产品和文化服务。

开发利用非物质文化遗产代表性项目的,应当支持代表性传承人开展传承活动,保护属于该项目组成部分的实物和场所。

县级以上地方人民政府应当对合理利用非物质文化遗产代表性项目的单位予以扶持。单位合理利用非物质文化遗产代表性项目的,依法享受国家规定的税收优惠。

第五章　法律责任

第三十八条 文化主管部门和其他有关部门的工作人员在非物质文化遗产保护、保存工作中玩忽职守、滥用职权、徇私舞弊的,依法给予处分。

第三十九条 文化主管部门和其他有关部门的工作人员进行非物质文化遗产调查时侵犯调查对象风俗习惯,造成严重后果的,依法给予处分。

第四十条 违反本法规定,破坏属于非物质文化遗产组成部分的实物和场所的,依法承担民事责任;构成违反治安管理行为的,依法给予治安管理处罚。

第四十一条 境外组织违反本法第十五条规定的,由文化主管部门责令改正,给予警告,没收违法所得及调查中取得的实物、资料;情节严重的,并处十万元以上五十万元以下的罚款。

境外个人违反本法第十五条第一款规定的,由文化主管部门责令改正,给予警告,没收违法所得及调查中取得的实物、资料;情节严重的,并处一万元以上五万元以下的罚款。

第四十二条 违反本法规定,构成犯罪的,依法追究刑事责任。

第六章　附　　则

第四十三条 建立地方非物质文化遗产代表性项目名录的办法,由省、自治区、直辖市参照本法有关规定制定。

第四十四条 使用非物质文化遗产涉及知识产权的,适用有关法律、行政法规的规定。

对传统医药、传统工艺美术等的保护,其他法律、行政法规另有规定的,依照其规定。

第四十五条 本法自2011年6月1日起施行。

中华人民共和国主席令

第四十九号

《中华人民共和国行政强制法》已由中华人民共和国第十一届全国人民代表大会常务委员会第二十一次会议于2011年6月30日通过,现予公布,自2012年1月1日起施行。

中华人民共和国主席　胡锦涛

2011年6月30日

中华人民共和国行政强制法

第一章　总　　则

第一条　为了规范行政强制的设定和实施,保障和监督行政机关依法履行职责,维护公共利益和社会秩序,保护公民、法人和其他组织的合法权益,根据宪法,制定本法。

第二条　本法所称行政强制,包括行政强制措施和行政强制执行。

行政强制措施,是指行政机关在行政管理过程中,为制止违法行为、防止证据损毁、避免危害发生、控制危险扩大等情形,依法对公民的人身自由实施暂时性限制,或者对公民、法人或者其他组织的财物实施暂时性控制的行为。

行政强制执行,是指行政机关或者行政机关申请人民法院,对不履行行政决定的公民、法人或者其他组织,依法强制履行义务的行为。

第三条　行政强制的设定和实施,适用本法。

发生或者即将发生自然灾害、事故灾难、公共卫生事件或者社会安全事件等突发事件,行政机关采取应急措施或者临时措施,依照有关法律、行政法规的规定执行。

行政机关采取金融业审慎监管措施、进出境货物强制性技术监控措施,依照有关法律、行政法规的规定执行。

第四条 行政强制的设定和实施,应当依照法定的权限、范围、条件和程序。

第五条 行政强制的设定和实施,应当适当。采用非强制手段可以达到行政管理目的的,不得设定和实施行政强制。

第六条 实施行政强制,应当坚持教育与强制相结合。

第七条 行政机关及其工作人员不得利用行政强制权为单位或者个人谋取利益。

第八条 公民、法人或者其他组织对行政机关实施行政强制,享有陈述权、申辩权;有权依法申请行政复议或者提起行政诉讼;因行政机关违法实施行政强制受到损害的,有权依法要求赔偿。

公民、法人或者其他组织因人民法院在强制执行中有违法行为或者扩大强制执行范围受到损害的,有权依法要求赔偿。

第二章 行政强制的种类和设定

第九条 行政强制措施的种类:

(一)限制公民人身自由;

(二)查封场所、设施或者财物;

(三)扣押财物;

(四)冻结存款、汇款;

(五)其他行政强制措施。

第十条 行政强制措施由法律设定。

尚未制定法律,且属于国务院行政管理职权事项的,行政法规可以设定除本法第九条第一项、第四项和应当由法律规定的行政强制措施以外的其他行政强制措施。

尚未制定法律、行政法规,且属于地方性事务的,地方性法规可以设定本法第九条第二项、第三项的行政强制措施。

法律、法规以外的其他规范性文件不得设定行政强制措施。

第十一条 法律对行政强制措施的对象、条件、种类作了规定的,行政法规、地方性法规不得作出扩大规定。

法律中未设定行政强制措施的,行政法规、地方性法规不得设定行政强制措施。但是,法律规定特定事项由行政法规规定具体管理措施的,行政法规可以设定除本法第九条第一项、第四项和应当由法律规定的行政强制措施以外的其他行政强制措施。

第十二条 行政强制执行的方式:

(一)加处罚款或者滞纳金;

(二)划拨存款、汇款;

(三)拍卖或者依法处理查封、扣押的场所、设施或者财物;

(四)排除妨碍、恢复原状;

(五)代履行;

(六)其他强制执行方式。

第十三条 行政强制执行由法律设定。

法律没有规定行政机关强制执行的,作出行政决定的行政机关应当申请人民法院强制执行。

第十四条 起草法律草案、法规草案,拟设定行政强制的,起草单位应当采取听证会、论证会等形式听取意见,并向制定机关说明设定该行政强制的必要性、可能产生的影响以及听取和采纳意见的情况。

第十五条 行政强制的设定机关应当定期对其设定的行政强制进行评价,并对不适当的行政强制及时予以修改或者废止。

行政强制的实施机关可以对已设定的行政强制的实施情况及存在的必要性适时进行评价,并将意见报告该行政强制的设定机关。

公民、法人或者其他组织可以向行政强制的设定机关和实施机关就行政强制的设定和实施提出意见和建议。有关机关应当认真研究论证,并以适当方式予以反馈。

第三章 行政强制措施实施程序

第一节 一般规定

第十六条 行政机关履行行政管理职责,依照法律、法规的规定,实施行政强制措施。

违法行为情节显著轻微或者没有明显社会危害的,可以不采取行政强制措施。

第十七条 行政强制措施由法律、法规规定的行政机关在法定职权范围内实施。行政强制措施权不得委托。

依据《中华人民共和国行政处罚法》的规定行使相对集中行政处罚权的行政机关,可以实施法律、法规规定的与行政处罚权有关的行政强制措施。

行政强制措施应当由行政机关具备资格的行政执法人员实施,其他人员不得实施。

第十八条 行政机关实施行政强制措施应当遵守下列规定:

(一)实施前须向行政机关负责人报告并经批准;

(二)由两名以上行政执法人员实施;

(三)出示执法身份证件;

(四)通知当事人到场;

(五)当场告知当事人采取行政强制措施的理由、依据以及当事人依法享有的权利、救济途径;

(六)听取当事人的陈述和申辩;

(七)制作现场笔录;

(八)现场笔录由当事人和行政执法人员签名或者盖章,当事人拒绝的,在笔录中予以注明;

(九)当事人不到场的,邀请见证人到场,由见证人和行政执法人员在现场笔录上签名或者盖章;

(十)法律、法规规定的其他程序。

第十九条 情况紧急,需要当场实施行政强制措施的,行政执法人员应当在二十四小时内向行政机关负责人报告,并补办批准手续。行政机关负责人认为不应当采取行政强制措施的,应当立即解除。

第二十条 依照法律规定实施限制公民人身自由的行政强制措施,除应当履行本法第十八条规定的程序外,还应当遵守下列规定:

(一)当场告知或者实施行政强制措施后立即通知当事人家属实施行政强制措施的行政机关、地点和期限;

(二)在紧急情况下当场实施行政强制措施的,在返回行政机关后,立即

向行政机关负责人报告并补办批准手续;

(三)法律规定的其他程序。

实施限制人身自由的行政强制措施不得超过法定期限。实施行政强制措施的目的已经达到或者条件已经消失,应当立即解除。

第二十一条 违法行为涉嫌犯罪应当移送司法机关的,行政机关应当将查封、扣押、冻结的财物一并移送,并书面告知当事人。

第二节 查封、扣押

第二十二条 查封、扣押应当由法律、法规规定的行政机关实施,其他任何行政机关或者组织不得实施。

第二十三条 查封、扣押限于涉案的场所、设施或者财物,不得查封、扣押与违法行为无关的场所、设施或者财物;不得查封、扣押公民个人及其所扶养家属的生活必需品。

当事人的场所、设施或者财物已被其他国家机关依法查封的,不得重复查封。

第二十四条 行政机关决定实施查封、扣押的,应当履行本法第十八条规定的程序,制作并当场交付查封、扣押决定书和清单。

查封、扣押决定书应当载明下列事项:

(一)当事人的姓名或者名称、地址;

(二)查封、扣押的理由、依据和期限;

(三)查封、扣押场所、设施或者财物的名称、数量等;

(四)申请行政复议或者提起行政诉讼的途径和期限;

(五)行政机关的名称、印章和日期。

查封、扣押清单一式二份,由当事人和行政机关分别保存。

第二十五条 查封、扣押的期限不得超过三十日;情况复杂的,经行政机关负责人批准,可以延长,但是延长期限不得超过三十日。法律、行政法规另有规定的除外。

延长查封、扣押的决定应当及时书面告知当事人,并说明理由。

对物品需要进行检测、检验、检疫或者技术鉴定的,查封、扣押的期间不包括检测、检验、检疫或者技术鉴定的期间。检测、检验、检疫或者技术鉴定的期间应当明确,并书面告知当事人。检测、检验、检疫或者技术鉴定的费用由行政机关承担。

第二十六条 对查封、扣押的场所、设施或者财物,行政机关应当妥善保管,不得使用或者损毁;造成损失的,应当承担赔偿责任。

对查封的场所、设施或者财物,行政机关可以委托第三人保管,第三人不得损毁或者擅自转移、处置。因第三人的原因造成的损失,行政机关先行赔付后,有权向第三人追偿。

因查封、扣押发生的保管费用由行政机关承担。

第二十七条 行政机关采取查封、扣押措施后,应当及时查清事实,在本法第二十五条规定的期限内作出处理决定。对违法事实清楚,依法应当没收的非法财物予以没收;法律、行政法规规定应当销毁的,依法销毁;应当解除查封、扣押的,作出解除查封、扣押的决定。

第二十八条 有下列情形之一的,行政机关应当及时作出解除查封、扣押决定:

(一)当事人没有违法行为;

(二)查封、扣押的场所、设施或者财物与违法行为无关;

(三)行政机关对违法行为已经作出处理决定,不再需要查封、扣押;

(四)查封、扣押期限已经届满;

(五)其他不再需要采取查封、扣押措施的情形。

解除查封、扣押应当立即退还财物;已将鲜活物品或者其他不易保管的财物拍卖或者变卖的,退还拍卖或者变卖所得款项。变卖价格明显低于市场价格,给当事人造成损失的,应当给予补偿。

第三节 冻　　结

第二十九条 冻结存款、汇款应当由法律规定的行政机关实施,不得委托给其他行政机关或者组织;其他任何行政机关或者组织不得冻结存款、汇款。

冻结存款、汇款的数额应当与违法行为涉及的金额相当;已被其他国家机关依法冻结的,不得重复冻结。

第三十条 行政机关依照法律规定决定实施冻结存款、汇款的,应当履行本法第十八条第一项、第二项、第三项、第七项规定的程序,并向金融机构交付冻结通知书。

金融机构接到行政机关依法作出的冻结通知书后,应当立即予以冻结,不得拖延,不得在冻结前向当事人泄露信息。

法律规定以外的行政机关或者组织要求冻结当事人存款、汇款的,金融机构应当拒绝。

第三十一条 依照法律规定冻结存款、汇款的,作出决定的行政机关应当在三日内向当事人交付冻结决定书。冻结决定书应当载明下列事项:

(一)当事人的姓名或者名称、地址;

(二)冻结的理由、依据和期限;

(三)冻结的账号和数额;

(四)申请行政复议或者提起行政诉讼的途径和期限;

(五)行政机关的名称、印章和日期。

第三十二条 自冻结存款、汇款之日起三十日内,行政机关应当作出处理决定或者作出解除冻结决定;情况复杂的,经行政机关负责人批准,可以延长,但是延长期限不得超过三十日。法律另有规定的除外。

延长冻结的决定应当及时书面告知当事人,并说明理由。

第三十三条 有下列情形之一的,行政机关应当及时作出解除冻结决定:

(一)当事人没有违法行为;

(二)冻结的存款、汇款与违法行为无关;

(三)行政机关对违法行为已经作出处理决定,不再需要冻结;

(四)冻结期限已经届满;

(五)其他不再需要采取冻结措施的情形。

行政机关作出解除冻结决定的,应当及时通知金融机构和当事人。金融机构接到通知后,应当立即解除冻结。

行政机关逾期未作出处理决定或者解除冻结决定的,金融机构应当自冻结期满之日起解除冻结。

第四章　行政机关强制执行程序

第一节　一般规定

第三十四条　行政机关依法作出行政决定后,当事人在行政机关决定的期限内不履行义务的,具有行政强制执行权的行政机关依照本章规定强制执行。

第三十五条　行政机关作出强制执行决定前,应当事先催告当事人履行义务。催告应当以书面形式作出,并载明下列事项:

(一)履行义务的期限;

(二)履行义务的方式;

(三)涉及金钱给付的,应当有明确的金额和给付方式;

(四)当事人依法享有的陈述权和申辩权。

第三十六条　当事人收到催告书后有权进行陈述和申辩。行政机关应当充分听取当事人的意见,对当事人提出的事实、理由和证据,应当进行记录、复核。当事人提出的事实、理由或者证据成立的,行政机关应当采纳。

第三十七条　经催告,当事人逾期仍不履行行政决定,且无正当理由的,行政机关可以作出强制执行决定。

强制执行决定应当以书面形式作出,并载明下列事项:

(一)当事人的姓名或者名称、地址;

(二)强制执行的理由和依据;

(三)强制执行的方式和时间;

(四)申请行政复议或者提起行政诉讼的途径和期限;

(五)行政机关的名称、印章和日期。

在催告期间,对有证据证明有转移或者隐匿财物迹象的,行政机关可以作出立即强制执行决定。

第三十八条　催告书、行政强制执行决定书应当直接送达当事人。当事人拒绝接收或者无法直接送达当事人的,应当依照《中华人民共和国民事诉讼法》的有关规定送达。

第三十九条　有下列情形之一的,中止执行:

(一)当事人履行行政决定确有困难或者暂无履行能力的;

（二）第三人对执行标的主张权利，确有理由的；

（三）执行可能造成难以弥补的损失，且中止执行不损害公共利益的；

（四）行政机关认为需要中止执行的其他情形。

中止执行的情形消失后，行政机关应当恢复执行。对没有明显社会危害，当事人确无能力履行，中止执行满三年未恢复执行的，行政机关不再执行。

第四十条　有下列情形之一的，终结执行：

（一）公民死亡，无遗产可供执行，又无义务承受人的；

（二）法人或者其他组织终止，无财产可供执行，又无义务承受人的；

（三）执行标的灭失的；

（四）据以执行的行政决定被撤销的；

（五）行政机关认为需要终结执行的其他情形。

第四十一条　在执行中或者执行完毕后，据以执行的行政决定被撤销、变更，或者执行错误的，应当恢复原状或者退还财物；不能恢复原状或者退还财物的，依法给予赔偿。

第四十二条　实施行政强制执行，行政机关可以在不损害公共利益和他人合法权益的情况下，与当事人达成执行协议。执行协议可以约定分阶段履行；当事人采取补救措施的，可以减免加处的罚款或者滞纳金。

执行协议应当履行。当事人不履行执行协议的，行政机关应当恢复强制执行。

第四十三条　行政机关不得在夜间或者法定节假日实施行政强制执行。但是，情况紧急的除外。

行政机关不得对居民生活采取停止供水、供电、供热、供燃气等方式迫使当事人履行相关行政决定。

第四十四条　对违法的建筑物、构筑物、设施等需要强制拆除的，应当由行政机关予以公告，限期当事人自行拆除。当事人在法定期限内不申请行政复议或者提起行政诉讼，又不拆除的，行政机关可以依法强制拆除。

第二节　金钱给付义务的执行

第四十五条　行政机关依法作出金钱给付义务的行政决定，当事人逾期不履行的,行政机关可以依法加处罚款或者滞纳金。加处罚款或者滞纳金的标准应当告知当事人。

加处罚款或者滞纳金的数额不得超出金钱给付义务的数额。

第四十六条 行政机关依照本法第四十五条规定实施加处罚款或者滞纳金超过三十日,经催告当事人仍不履行的,具有行政强制执行权的行政机关可以强制执行。

行政机关实施强制执行前,需要采取查封、扣押、冻结措施的,依照本法第三章规定办理。

没有行政强制执行权的行政机关应当申请人民法院强制执行。但是,当事人在法定期限内不申请行政复议或者提起行政诉讼,经催告仍不履行的,在实施行政管理过程中已经采取查封、扣押措施的行政机关,可以将查封、扣押的财物依法拍卖抵缴罚款。

第四十七条 划拨存款、汇款应当由法律规定的行政机关决定,并书面通知金融机构。金融机构接到行政机关依法作出划拨存款、汇款的决定后,应当立即划拨。

法律规定以外的行政机关或者组织要求划拨当事人存款、汇款的,金融机构应当拒绝。

第四十八条 依法拍卖财物,由行政机关委托拍卖机构依照《中华人民共和国拍卖法》的规定办理。

第四十九条 划拨的存款、汇款以及拍卖和依法处理所得的款项应当上缴国库或者划入财政专户。任何行政机关或者个人不得以任何形式截留、私分或者变相私分。

第三节 代 履 行

第五十条 行政机关依法作出要求当事人履行排除妨碍、恢复原状等义务的行政决定,当事人逾期不履行,经催告仍不履行,其后果已经或者将危害交通安全、造成环境污染或者破坏自然资源的,行政机关可以代履行,或者委托没有利害关系的第三人代履行。

第五十一条 代履行应当遵守下列规定:

(一)代履行前送达决定书,代履行决定书应当载明当事人的姓名或者名

称、地址,代履行的理由和依据、方式和时间、标的、费用预算以及代履行人;

(二)代履行三日前,催告当事人履行,当事人履行的,停止代履行;

(三)代履行时,作出决定的行政机关应当派员到场监督;

(四)代履行完毕,行政机关到场监督的工作人员、代履行人和当事人或者见证人应当在执行文书上签名或者盖章。

代履行的费用按照成本合理确定,由当事人承担。但是,法律另有规定的除外。

代履行不得采用暴力、胁迫以及其他非法方式。

第五十二条 需要立即清除道路、河道、航道或者公共场所的遗洒物、障碍物或者污染物,当事人不能清除的,行政机关可以决定立即实施代履行;当事人不在场的,行政机关应当在事后立即通知当事人,并依法作出处理。

第五章 申请人民法院强制执行

第五十三条 当事人在法定期限内不申请行政复议或者提起行政诉讼,又不履行行政决定的,没有行政强制执行权的行政机关可以自期限届满之日起三个月内,依照本章规定申请人民法院强制执行。

第五十四条 行政机关申请人民法院强制执行前,应当催告当事人履行义务。催告书送达十日后当事人仍未履行义务的,行政机关可以向所在地有管辖权的人民法院申请强制执行;执行对象是不动产的,向不动产所在地有管辖权的人民法院申请强制执行。

第五十五条 行政机关向人民法院申请强制执行,应当提供下列材料:

(一)强制执行申请书;

(二)行政决定书及作出决定的事实、理由和依据;

(三)当事人的意见及行政机关催告情况;

(四)申请强制执行标的情况;

(五)法律、行政法规规定的其他材料。

强制执行申请书应当由行政机关负责人签名,加盖行政机关的印章,并注明日期。

第五十六条 人民法院接到行政机关强制执行的申请,应当在五日内受理。

行政机关对人民法院不予受理的裁定有异议的,可以在十五日内向上一级人民法院申请复议,上一级人民法院应当自收到复议申请之日起十五日内作出是否受理的裁定。

第五十七条 人民法院对行政机关强制执行的申请进行书面审查,对符合本法第五十五条规定,且行政决定具备法定执行效力的,除本法第五十八条规定的情形外,人民法院应当自受理之日起七日内作出执行裁定。

第五十八条 人民法院发现有下列情形之一的,在作出裁定前可以听取被执行人和行政机关的意见:

(一)明显缺乏事实根据的;

(二)明显缺乏法律、法规依据的;

(三)其他明显违法并损害被执行人合法权益的。

人民法院应当自受理之日起三十日内作出是否执行的裁定。裁定不予执行的,应当说明理由,并在五日内将不予执行的裁定送达行政机关。

行政机关对人民法院不予执行的裁定有异议的,可以自收到裁定之日起十五日内向上一级人民法院申请复议,上一级人民法院应当自收到复议申请之日起三十日内作出是否执行的裁定。

第五十九条 因情况紧急,为保障公共安全,行政机关可以申请人民法院立即执行。经人民法院院长批准,人民法院应当自作出执行裁定之日起五日内执行。

第六十条 行政机关申请人民法院强制执行,不缴纳申请费。强制执行的费用由被执行人承担。

人民法院以划拨、拍卖方式强制执行的,可以在划拨、拍卖后将强制执行的费用扣除。

依法拍卖财物,由人民法院委托拍卖机构依照《中华人民共和国拍卖法》的规定办理。

划拨的存款、汇款以及拍卖和依法处理所得的款项应当上缴国库或者划入财政专户,不得以任何形式截留、私分或者变相私分。

第六章 法律责任

第六十一条 行政机关实施行政强制,有下列情形之一的,由上级行政

机关或者有关部门责令改正,对直接负责的主管人员和其他直接责任人员依法给予处分:

(一)没有法律、法规依据的;

(二)改变行政强制对象、条件、方式的;

(三)违反法定程序实施行政强制的;

(四)违反本法规定,在夜间或者法定节假日实施行政强制执行的;

(五)对居民生活采取停止供水、供电、供热、供燃气等方式迫使当事人履行相关行政决定的;

(六)有其他违法实施行政强制情形的。

第六十二条 违反本法规定,行政机关有下列情形之一的,由上级行政机关或者有关部门责令改正,对直接负责的主管人员和其他直接责任人员依法给予处分:

(一)扩大查封、扣押、冻结范围的;

(二)使用或者损毁查封、扣押场所、设施或者财物的;

(三)在查封、扣押法定期间不作出处理决定或者未依法及时解除查封、扣押的;

(四)在冻结存款、汇款法定期间不作出处理决定或者未依法及时解除冻结的。

第六十三条 行政机关将查封、扣押的财物或者划拨的存款、汇款以及拍卖和依法处理所得的款项,截留、私分或者变相私分的,由财政部门或者有关部门予以追缴;对直接负责的主管人员和其他直接责任人员依法给予记大过、降级、撤职或者开除的处分。

行政机关工作人员利用职务上的便利,将查封、扣押的场所、设施或者财物据为己有的,由上级行政机关或者有关部门责令改正,依法给予记大过、降级、撤职或者开除的处分。

第六十四条 行政机关及其工作人员利用行政强制权为单位或者个人谋取利益的,由上级行政机关或者有关部门责令改正,对直接负责的主管人员和其他直接责任人员依法给予处分。

第六十五条 违反本法规定,金融机构有下列行为之一的,由金融业监督管理机构责令改正,对直接负责的主管人员和其他直接责任人员依法给予

处分:

(一)在冻结前向当事人泄露信息的;

(二)对应当立即冻结、划拨的存款、汇款不冻结或者不划拨,致使存款、汇款转移的;

(三)将不应当冻结、划拨的存款、汇款予以冻结或者划拨的;

(四)未及时解除冻结存款、汇款的。

第六十六条 违反本法规定,金融机构将款项划入国库或者财政专户以外的其他账户的,由金融业监督管理机构责令改正,并处以违法划拨款项二倍的罚款;对直接负责的主管人员和其他直接责任人员依法给予处分。

违反本法规定,行政机关、人民法院指令金融机构将款项划入国库或者财政专户以外的其他账户的,对直接负责的主管人员和其他直接责任人员依法给予处分。

第六十七条 人民法院及其工作人员在强制执行中有违法行为或者扩大强制执行范围的,对直接负责的主管人员和其他直接责任人员依法给予处分。

第六十八条 违反本法规定,给公民、法人或者其他组织造成损失的,依法给予赔偿。

违反本法规定,构成犯罪的,依法追究刑事责任。

第七章 附 则

第六十九条 本法中十日以内期限的规定是指工作日,不含法定节假日。

第七十条 法律、行政法规授权的具有管理公共事务职能的组织在法定授权范围内,以自己的名义实施行政强制,适用本法有关行政机关的规定。

第七十一条 本法自2012年1月1日起施行。

国家工商行政管理总局令

第 58 号

《国家工商行政管理总局关于按照〈中华人民共和国行政强制法〉修改有关规章的决定》已经中华人民共和国国家工商行政管理总局局务会审议通过,现予公布,自 2012 年 1 月 1 日起施行。

局长　周伯华

二〇一一年十二月十二日

国家工商行政管理总局
关于按照《中华人民共和国行政强制法》
修改有关规章的决定

为贯彻实施《中华人民共和国行政强制法》,根据《国务院关于贯彻实施〈中华人民共和国行政强制法〉的通知》(国发〔2011〕25 号)的要求,对国家工商行政管理总局制定和发布的《广告管理条例施行细则》等 5 部规章中不符合《中华人民共和国行政强制法》规定的有关内容进行如下修改,自 2012 年 1 月 1 日起施行。

一、广告管理条例施行细则

删去第二十六条中的"逾期不拆除的,强制拆除,其费用由设置、张贴者承担。"

二、企业法人登记管理条例施行细则

将第六十三条第二款修改为"登记主管机关对有上述违法行为的企业作出处罚决定后,企业逾期不提出申诉又不缴纳罚没款的,可以申请人民法院强制执行。"

三、工商行政管理机关行政赔偿实施办法

1. 删去第八条第(二)项和第二十条第(二)项(1)中的"冻结"。

2. 删去第二十七条第(二)项中的"暂停支付"和第(五)项。

四、工商行政管理暂行规定

1. 将第四十三条中的"工商行政管理机关查处各类违法行为时,可以行使下列职权"修改为"工商行政管理机关查处违法行为时,依照法律、法规规定可以行使下列职权"。

2. 将第四十三条第一款第(五)项修改为"查询违法行为人的银行账户或者申请司法机关予以冻结。"

3. 将第四十六条修改为"对拒不执行处罚决定的,工商行政管理机关依法申请人民法院强制执行。"

五、工商行政管理机关行政处罚程序规定

1. 将第三十六条中的"查封、扣押财物通知书"修改为"查封、扣押财物决定书",将"依法先行采取查封、扣押措施的,应当在法律、法规规定的期限内补办查封、扣押手续"修改为"依法先行采取查封、扣押措施的,应当在二十四小时内向工商行政管理机关负责人报告,并补办批准手续"。

2. 将第四十条中的"解除查封、扣押通知书"修改为"解除查封、扣押决定书"。

3. 删去第七十一条第(二)项中的"或者将冻结的存款划拨"。

最高人民法院印发《关于充分发挥知识产权审判职能作用推动社会主义文化大发展大繁荣和促进经济自主协调发展若干问题的意见》的通知

法发〔2011〕18号

各省、自治区、直辖市高级人民法院,解放军军事法院,新疆维吾尔自治区高级人民法院生产建设兵团分院:

现将《最高人民法院关于充分发挥知识产权审判职能作用推动社会主义文化大发展大繁荣和促进经济自主协调发展若干问题的意见》印发给你们,请结合审判工作实际,认真贯彻执行。执行中遇到问题,请随时报告我院。

二〇一一年十二月十六日

最高人民法院关于充分发挥知识产权审判职能作用推动社会主义文化大发展大繁荣和促进经济自主协调发展若干问题的意见(节录)

为深入贯彻十七届六中全会、中央经济工作会议精神和"十二五"规划纲要要求,充分发挥知识产权审判在推动社会主义文化大发展大繁荣及促进经济发展方式加快转变和经济自主协调发展中的职能作用,现就有关问题提出如下意见:

一、解放思想,能动司法,切实增强提供知识产权司法保障的责任感和使命感(略)

二、加强涉文化类知识产权案件的审判,促进文化创新和培育新型文化业态,积极推动社会主义文化大发展大繁荣(略)

三、加大科技成果权保护力度,推动科技进步与创新,提高自主创新能力(略)

四、加强商标权保护,培育和维护知名品牌,积极促进社会主义市场经济的竞争性、创新性和包容性增长

18. 依法加强商标权保护。商标权的保护,必须有利于鼓励正当竞争,有利于划清商业标识之间的边界,有利于遏制恶意抢注他人知名商业标识及"傍名牌"行为,有利于为知名品牌的创立和发展提供和谐宽松的法律环境,为培育知名品牌和提升企业综合竞争力提供助力,推动我国从制造大国向品牌强国加快转变。要根据商标的知名度、显著程度等,恰当运用商标近似、商品类似、在先使用并且有一定影响的商标、以欺骗或者其他不正当手段取得商标注册等裁量性法律标准,妥善把握商标注册申请人或者注册人是否有真实使用意图,以及结合商标使用过程中的"傍名牌"行为认定主观恶意等,用足用好商标法有关规定,加大遏制恶意抢注、"傍名牌"等不正当行为的力度,充分体现商标权保护的法律导向。

19. 妥善处理商标近似与商标构成要素近似的关系,准确把握认定商标近似的法律尺度。认定是否构成近似商标,要根据案件的具体情况。通常情况下,相关商标的构成要素整体上构成近似的,可以认定为近似商标。相关商标构成要素整体上不近似,但主张权利的商标的知名度远高于被诉侵权商标的,可以采取比较主要部分决定其近似与否。要妥善处理最大限度划清商业标识之间的边界与特殊情况下允许构成要素近似商标之间适当共存的关系。相关商标均具有较高知名度,或者相关商标的共存是特殊条件下形成时,认定商标近似还应根据两者的实际使用状况、使用历史、相关公众的认知状态、使用者的主观状态等因素综合判定,注意尊重已经客观形成的市场格局,防止简单地把商标构成要素近似等同于商标近似,实现经营者之间的包容性发展。

20. 充分考虑商标所使用商品的关联性,准确把握商品类似的认定标准。

认定商品类似可以参考类似商品区分表,但更应当尊重市场实际。要以相关公众的一般认识为标准,结合商品的功能、用途、生产部门、销售渠道、消费对象等因素,正确认定商标法意义上的商品类似。主张权利的商标已实际使用并具有一定知名度的,认定商品类似要充分考虑商品之间的关联性。相关公众基于对商品的通常认知和一般交易观念认为存在特定关联性的商品,可视情纳入类似商品范围。

21. 规范驰名商标的认定和保护,切实加强驰名商标保护。驰名商标保护的目的在于适当扩张具有较高知名程度的商标的保护范围和保护强度,不是评定或者授予荣誉称号。凡当事人主张驰名商标保护且符合保护条件和确有必要的,应当依法予以认定和保护。对于一般公众广泛知晓的驰名商标,要结合众所周知的驰名事实,减轻商标权人对于商标驰名情况的举证责任。认定驰名商标并不要求具有等同划一的知名程度,但驰名商标的保护范围和强度要与其显著性和知名度相适应,对于显著性越强和知名度越高的驰名商标,要给予其更宽的跨类保护范围和更强的保护力度。要认真执行司法解释的规定,准确把握驰名商标的保护范围,加强对驰名商标事实认定的严格把关,坚持判前审核制度,防止当事人弄虚作假,为骗取驰名商标的认定而进行虚假诉讼。

22. 妥善认定商标侵权抗辩,维护正当经营者的合法权益。商标侵权行为应以在商业标识意义上使用相同或者近似商标为条件,被诉侵权人为描述或者说明其产品或者服务的特点而善意合理地使用相同或者近似标识的,可以依法认定为正当使用。注册商标权人的注册商标属于复制、摹仿或者翻译他人未在中国注册的驰名商标、抢注被代理人或者被代表人的商标或者以不正当手段抢注他人已经使用并有一定影响的商标,被诉侵权的在先商标使用人以此为由提出抗辩的,应当予以支持。

23. 妥善处理实体与程序的关系,强化商标授权确权争议的实质性解决。程序既有其独立的法律价值,又必须以实体问题的解决和实体公正的实现为取向和终极目标。实体公正既是程序运行的目标和指向,又需要以程序公正为支撑和保障。既要高度重视程序公正,防止忽视程序公正片面追求实体公正,又要以实体公正为依归,防止机械司法。当事人因行使程序权利的瑕疵而可能影响其重大实体权益,甚至可能导致其丧失救济机会且没有其他救济途径的,可以根据案件具体情况给予补救机会。要注重商标授权确权争议的实质性解决,避免陷入不必要的程序重复,搁置实体问题和回避矛盾。对于商标是否应予注册、是否应当撤销等能够做出实体性判断的,可以在裁判理由中作出明确的判断,为被诉行政机关重作决定作出明确指引。

五、依法规范竞争秩序,培育自由公平、诚信守法的竞争文化,创造公平有序、充满活力的市场环境

24.加强不正当竞争案件的审判,维护市场公平竞争。妥善处理好知识产权专门法与反不正当竞争法的关系,在激励创新的同时,又要鼓励公平竞争。反不正当竞争法补充保护作用的发挥不得抵触知识产权专门法的立法政策,凡是知识产权专门法已作穷尽性规定的领域,反不正当竞争法原则上不再提供附加保护,允许自由利用和自由竞争,但在与知识产权专门法的立法政策相兼容的范围内,仍可以从制止不正当竞争的角度给予保护。妥善处理好反不正当竞争法的原则规定与特别规定之间的关系,既要充分利用原则规定的灵活性和适应性,有效制止各种花样翻新、层出不穷的不正当竞争行为,又要防止原则规定适用的随意性,避免妨碍市场自由公平竞争。严格把握反不正当竞争法原则规定的适用条件,凡属反不正当竞争法特别规定已作明文禁止的行为领域,只能依照特别规定规制同类不正当竞争行为,原则上不宜再适用原则规定扩张适用范围。反不正当竞争法未作特别规定予以禁止的行为,如果给其他经营者的合法权益造成损害,确属违反诚实信用原则和公认的商业道德而具有不正当性,不制止不足以维护公平竞争秩序的,可以适用原则规定予以规制。正确把握诚实信用原则和公认的商业道德的评判标准,以特定商业领域普遍认同和接受的经济人伦理标准为尺度,避免把诚实信用原则和公认的商业道德简单等同于个人道德或者社会公德。

25.依法加强商业秘密保护,有效制止侵犯商业秘密的行为,为企业的创新和投资创造安全和可信赖的法律环境。根据案件具体情况,合理把握秘密性和不正当手段的证明标准,适度减轻商业秘密权利人的维权困难。权利人提供了证明秘密性的优势证据或者对其主张的商业秘密信息与公有领域信息的区别点作出充分合理的解释或者说明的,可以认定秘密性成立。商业秘密权利人提供证据证明被诉当事人的信息与其商业秘密相同或者实质相同且被诉当事人具有接触或者非法获取该商业秘密的条件,根据案件具体情况

或者已知事实以及日常生活经验,能够认定被诉当事人具有采取不正当手段的较大可能性,可以推定被诉当事人采取不正当手段获取商业秘密的事实成立,但被诉当事人能够证明其通过合法手段获得该信息的除外。以符合法定条件的商业秘密信息为依据,准确界定商业秘密的保护范围,每个单独的商业秘密信息单元均构成独立的保护对象。完善商业秘密案件的审理和质证方式,对于涉及商业秘密的证据,要尝试采取仅向代理人展示、分阶段展示、具结保密承诺等措施限制商业秘密的知悉范围和传播渠道,防止在审理过程中二次泄密。妥善处理商业秘密民事侵权诉讼程序与刑事诉讼程序的关系,既注意两种程序的关联性,又注意其相互独立性,在依法保护商业秘密的同时,也要防止经营者恶意启动刑事诉讼程序干扰和打压竞争对手。

26. 妥善处理保护商业秘密与自由择业、涉密者竞业限制和人才合理流动的关系,维护劳动者正当就业、创业的合法权益,依法促进劳动力的合理流动。职工在工作中掌握和积累的知识、经验和技能,除属于单位的商业秘密的情形外,构成其人格的组成部分,职工离职后有自主利用的自由。在既没有违反竞业限制义务,又没有侵犯商业秘密的情况下,劳动者运用自己在原用人单位学习的知识、经验与技能为其他与原单位存在竞争关系的单位服务的,不宜简单地以反不正当竞争法的原则规定认定构成不正当竞争。妥善处理商业秘密保护和竞业限制协议的关系,竞业限制协议以可保护的商业秘密存在为前提,但两者具有不同的法律依据和行为表现,违反竞业限制义务不等于侵犯商业秘密,竞业限制的期限也不等于保密期限。原告以侵犯商业秘密为由提起侵权之诉,不受已存在竞业限制约定的限制。

27. 加强垄断案件的审理工作,及时有效制止垄断行为,增强市场活力,促进市场结构的完善和市场经济的健康发展。要强化反垄断法的效果思维,全面考虑各种相关因素,综合评估涉嫌垄断行为的反竞争和促进竞争的效果,依法认定垄断行为。注意发挥经济学专家和专业机构的作用,探索引进经济分析方法的途径和方式。要根据不同的垄断行为类型,合理分配垄断民事纠纷案件中当事人的证明责任。对于明显具有严重排除、限制竞争效果的垄断协议,可以不再要求受害人举证证明该协议具有排除、限制竞争的效果;对于公用企业以及其他具有独占经营资格的经营者滥用市场支配地位的,可以根据案件具体情况适当减轻受害人的举证责任。

六、加强知识产权诉讼制度建设,完善审判体制和工作机制

28.深刻把握知识产权案件的特点与规律,建立健全适合知识产权案件特点的纠纷解决机制。正确把握“调解优先、调判结合”的工作原则。要根据知识产权案件专业技术性强的特点,积极引导当事人选择委托调解、专家调解、行业调解等方式解决纠纷。坚持依法自愿调解原则,不得违背当事人意愿强调硬调和以拖促调。对于当事人或者相关行业对判明是非的期待高,或者对明确规则的要求强烈,或者对判决的接受程度高的案件,尽可能选择以判决方式解决纠纷,充分发挥司法裁判的指引和导向功能。要发挥科技专家在解决纠纷中的作用,完善知识产权案件专业技术问题解决机制。

29.继续完善知识产权审判体制机制,充分发挥知识产权司法保护的综合效能。按照国家知识产权战略的要求,积极推进由知识产权审判庭集中审理知识产权民事、行政和刑事案件的试点工作,建立知识产权民事、行政和刑事审判协调机制,提高司法效率,统一司法标准,发挥整体保护效能,努力构建资源优化、科学运行、高效权威的知识产权审判体系。要加强与公安机关、检察机关以及知识产权行政执法机关的协调配合,形成保护合力。优化知识产权案件管辖布局,适当增加管辖一般知识产权案件的基层法院,鼓励中、基层法院根据工作需要开展跨地区划片集中管辖,合理配置审判资源。

30.维护法治统一,促进市场统一开放。完善案件管辖制度,加强监督制约,适当采取提级管辖、异地指定管辖等措施,有效遏制地方保护和部门保护现象,保障案件公正审理。决定提级管辖或者异地指定管辖的,原管辖法院要正确对待,及时移交案件。切实加强审判监督,发挥二审和再审的纠错功能,防止为顾及审判绩效考核指标而迁就错误裁判。对于指令再审的案件,有关再审法院要正确理解和认真对待再审指令,依法改正错误。对于无视再审指令,拖延再审或者无正当理由不执行再审指令的,要严肃纪律,情节严重的给予通报批评。进一步完善工作机制,适当加大知识产权关联案件的协调和指导力度,维护裁判标准的统一。

中华人民共和国最高人民法院公告

法释〔2012〕5号

《最高人民法院关于审理因垄断行为引发的民事纠纷案件应用法律若干问题的规定》已于2012年1月30日由最高人民法院审判委员会第1539次会议通过,现予公布,自2012年6月1日起施行。

二〇一二年五月三日

最高人民法院
关于审理因垄断行为引发的民事纠纷案件应用法律若干问题的规定

为正确审理因垄断行为引发的民事纠纷案件,制止垄断行为,保护和促进市场公平竞争,维护消费者利益和社会公共利益,根据《中华人民共和国反垄断法》、《中华人民共和国侵权责任法》、《中华人民共和国合同法》和《中华人民共和国民事诉讼法》等法律的相关规定,制定本规定。

第一条 本规定所称因垄断行为引发的民事纠纷案件(以下简称垄断民事纠纷案件),是指因垄断行为受到损失以及因合同内容、行业协会的章程等违反反垄断法而发生争议的自然人、法人或者其他组织,向人民法院提起的民事诉讼案件。

第二条 原告直接向人民法院提起民事诉讼,或者在反垄断执法机构认定构成垄断行为的处理决定发生法律效力后向人民法院提起民事诉讼,并符合法律规定的其他受理条件的,人民法院应当受理。

第三条 第一审垄断民事纠纷案件,由省、自治区、直辖市人民政府所在地的市、计划单列市中级人民法院以及最高人民法院指定的中级人民法院管辖。

经最高人民法院批准,基层人民法院可以管辖第一审垄断民事纠纷案件。

第四条 垄断民事纠纷案件的地域管辖,根据案件具体情况,依照民事诉讼法及相关司法解释有关侵权纠纷、合同纠纷等的管辖规定确定。

第五条 民事纠纷案件立案时的案由并非垄断纠纷,被告以原告实施了垄断行为为由提出抗辩或者反诉且有证据支持,或者案件需要依据反垄断法作出裁判,但受诉人民法院没有垄断民事纠纷案件管辖权的,应当将案件移送有管辖权的人民法院。

第六条 两个或者两个以上原告因同一垄断行为向有管辖权的同一法院分别提起诉讼的,人民法院可以合并审理。

两个或者两个以上原告因同一垄断行为向有管辖权的不同法院分别提起诉讼的,后立案的法院在得知有关法院先立案的情况后,应当在七日内裁定将案件移送先立案的法院;受移送的法院可以合并审理。被告应当在答辩阶段主动向受诉人民法院提供其因同一行为在其他法院涉诉的相关信息。

第七条 被诉垄断行为属于反垄断法第十三条第一款第(一)项至第(五)项规定的垄断协议的,被告应对该协议不具有排除、限制竞争的效果承担举证责任。

第八条 被诉垄断行为属于反垄断法第十七条第一款规定的滥用市场支配地位的,原告应当对被告在相关市场内具有支配地位和其滥用市场支配地位承担举证责任。

被告以其行为具有正当性为由进行抗辩的,应当承担举证责任。

第九条 被诉垄断行为属于公用企业或者其他依法具有独占地位的经营者滥用市场支配地位的,人民法院可以根据市场结构和竞争状况的具体情况,认定被告在相关市场内具有支配地位,但有相反证据足以推翻的除外。

第十条 原告可以以被告对外发布的信息作为证明其具有市场支配地位的证据。被告对外发布的信息能够证明其在相关市场内具有支配地位的,人民法院可以据此作出认定,但有相反证据足以推翻的除外。

第十一条 证据涉及国家秘密、商业秘密、个人隐私或者其他依法应当保密的内容的,人民法院可以依职权或者当事人的申请采取不公开开庭、限制或者禁止复制、仅对代理律师展示、责令签署保密承诺书等保护措施。

第十二条 当事人可以向人民法院申请一至二名具有相应专门知识的人员出庭,就案件的专门性问题进行说明。

第十三条 当事人可以向人民法院申请委托专业机构或者专业人员就案件的专门性问题作出市场调查或者经济分析报告。经人民法院同意,双方当事人可以协商确定专业机构或者专业人员;协商不成的,由人民法院指定。

人民法院可以参照民事诉讼法及相关司法解释有关鉴定结论的规定,对前款规定的市场调查或者经济分析报告进行审查判断。

第十四条 被告实施垄断行为,给原告造成损失的,根据原告的诉讼请求和查明的事实,人民法院可以依法判令被告承担停止侵害、赔偿损失等民事责任。

根据原告的请求,人民法院可以将原告因调查、制止垄断行为所支付的合理开支计入损失赔偿范围。

第十五条 被诉合同内容、行业协会的章程等违反反垄断法或者其他法律、行政法规的强制性规定的,人民法院应当依法认定其无效。

第十六条 因垄断行为产生的损害赔偿请求权诉讼时效期间,从原告知道或者应当知道权益受侵害之日起计算。

原告向反垄断执法机构举报被诉垄断行为的,诉讼时效从其举报之日起中断。反垄断执法机构决定不立案、撤销案件或者决定终止调查的,诉讼时效期间从原告知道或者应当知道不立案、撤销案件或者终止调查之日起重新计算。反垄断执法机构调查后认定构成垄断行为的,诉讼时效期间从原告知道或者应当知道反垄断执法机构认定构成垄断行为的处理决定发生法律效力之日起重新计算。

原告起诉时被诉垄断行为已经持续超过二年,被告提出诉讼时效抗辩的,损害赔偿应当自原告向人民法院起诉之日起向前推算二年计算。

商标权利运用 >> 特许经营

中华人民共和国商务部令

2011年第5号

修订后的《商业特许经营备案管理办法》已经2011年11月7日商务部第56次部务会议审议通过,现予发布,自2012年2月1日起施行。《商业特许经营备案管理办法》(商务部2007年第15号令)同时废止。

部长 陈德铭

2011年12月12日

商业特许经营备案管理办法

第一条 为加强对商业特许经营活动的管理,规范特许经营市场秩序,根据《商业特许经营管理条例》(以下简称《条例》)的有关规定,制定本办法。

第二条 在中华人民共和国境内(以下简称中国境内)从事商业特许经营活动,适用本办法。

第三条 商务部及省、自治区、直辖市人民政府商务主管部门是商业特许经营的备案机关。在省、自治区、直辖市范围内从事商业特许经营活动的,向特许人所在地省、自治区、直辖市人民政府商务主管部门备案;跨省、自治区、直辖市范围从事特许经营活动的,向商务部备案。

商业特许经营实行全国联网备案。符合《条例》规定的特许人,依据本办法规定通过商务部设立的商业特许经营信息管理系统进行备案。

第四条 商务部可以根据有关规定,将跨省、自治区、直辖市范围从事商业特许经营的备案工作委托有关省、自治区、直辖市人民政府商务主管部门完成。受委托的省、自治区、直辖市人民政府商务主管部门应当自行完成备案工作,不得再委托其他任何组织和个人备案。

受委托的省、自治区、直辖市人民政府商务主管部门未依法行使备案职责的,商务部可以直接受理特许人的备案申请。

第五条 任何单位或者个人对违反本办法规定的行为,有权向商务主管部门举报,商务主管部门应当依法处理。

第六条 申请备案的特许人应当向备案机关提交以下材料:

(一)商业特许经营基本情况。

(二)中国境内全部被特许人的店铺分布情况。

(三)特许人的市场计划书。

(四)企业法人营业执照或其他主体资格证明。

(五)与特许经营活动相关的商标权、专利权及其他经营资源的注册证书。

(六)符合《条例》第七条第二款规定的证明文件。

在2007年5月1日前已经从事特许经营活动的特许人在提交申请商业特许经营备案材料时不适用于上款的规定。

(七)与中国境内的被特许人订立的第一份特许经营合同。

(八)特许经营合同样本。

(九)特许经营操作手册的目录(须注明每一章节的页数和手册的总页数,对于在特许系统内部网络上提供此类手册的,须提供估计的打印页数)。

(十)国家法律法规规定经批准方可开展特许经营的产品和服务,须提交相关主管部门的批准文件。

外商投资企业应当提交《外商投资企业批准证书》,《外商投资企业批准证书》经营范围中应当包括"以特许经营方式从事商业活动"项目。

(十一)经法定代表人签字盖章的特许人承诺。

(十二)备案机关认为应当提交的其他资料。

以上文件在中华人民共和国境外形成的,需经所在国公证机关公证(附中文译本),并经中华人民共和国驻所在国使领馆认证,或者履行中华人民共和国与所在国订立的有关条约中规定的证明手续。在香港、澳门、台湾地区形成的,应当履行相关的证明手续。

第七条 特许人应当在与中国境内的被特许人首次订立特许经营合同

之日起15日内向备案机关申请备案。

第八条 特许人的以下备案信息有变化的,应当自变化之日起30日内向备案机关申请变更:

(一)特许人的工商登记信息。

(二)经营资源信息。

(三)中国境内全部被特许人的店铺分布情况。

第九条 特许人应当在每年3月31日前将其上一年度订立、撤销、终止、续签的特许经营合同情况向备案机关报告。

第十条 特许人应认真填写所有备案事项的信息,并确保所填写内容真实、准确和完整。

第十一条 备案机关应当自收到特许人提交的符合本办法第六条规定的文件、资料之日起10日内予以备案,并在商业特许经营信息管理系统予以公告。

特许人提交的文件、资料不完备的,备案机关可以要求其在7日内补充提交文件、资料。备案机关在特许人材料补充齐全之日起10日内予以备案。

第十二条 已完成备案的特许人有下列行为之一的,备案机关可以撤销备案,并在商业特许经营信息管理系统予以公告:

(一)特许人注销工商登记,或因特许人违法经营,被主管登记机关吊销营业执照的。

(二)备案机关收到司法机关因为特许人违法经营而作出的关于撤销备案的司法建议书。

(三)特许人隐瞒有关信息或者提供虚假信息,造成重大影响的。

(四)特许人申请撤销备案并经备案机关同意的。

(五)其他需要撤销备案的情形。

第十三条 各省、自治区、直辖市人民政府商务主管部门应当将备案及撤销备案的情况在10日内反馈商务部。

第十四条 备案机关应当完整准确地记录和保存特许人的备案信息材料,依法为特许人保守商业秘密。

特许人所在地的(省、自治区、直辖市或设区的市级)人民政府商务主管部门可以向通过备案的特许人出具备案证明。

第十五条　公众可通过商业特许经营信息管理系统查询以下信息：

（一）特许人的企业名称及特许经营业务使用的注册商标、企业标志、专利、专有技术等经营资源。

（二）特许人的备案时间。

（三）特许人的法定经营场所地址与联系方式、法定代表人姓名。

（四）中国境内全部被特许人的店铺分布情况。

第十六条　特许人未按照《条例》和本办法的规定办理备案的，由设区的市级以上商务主管部门责令限期备案，并处1万元以上5万元以下罚款；逾期仍不备案的，处5万元以上10万元以下罚款，并予以公告。

第十七条　特许人违反本办法第九条规定的，由设区的市级以上商务主管部门责令改正，可以处1万元以下的罚款；情节严重的，处1万元以上5万元以下的罚款，并予以公告。

第十八条　国外特许人在中国境内从事特许经营活动，按照本办法执行。香港、澳门特别行政区及台湾地区特许人参照本办法执行。

第十九条　相关协会组织应当依照本办法规定，加强行业自律，指导特许人依法备案。

第二十条　本办法由商务部负责解释。

第二十一条　本办法自2012年2月1日起施行。2007年5月1日施行的《商业特许经营备案管理办法》（商务部2007年第15号令）同时废止。

商标行政管理 >> 品牌建设

关于加快我国工业企业品牌建设的指导意见

工信部联科〔2011〕347号

各省、自治区、直辖市及计划单列市、新疆生产建设兵团工业和信息化主管部门、发展改革委、财政厅(局)、商务主管部门、工商行政管理局、质量技术监督局、进出口商品检验检疫局,中国人民银行上海总部、各分行、营业管理部、省会(首府)城市中心支行、副省级城市中心支行,有关行业协会(商会):

改革开放30年来,我国工业经济实现了跨越式发展,为满足人民需求,促进国民经济发展做出了重要贡献。但与工业经济发展的速度和规模相比较,工业企业品牌建设明显滞后,已经成为我国工业行业进一步提高竞争力,实现发展方式转变的重大障碍。

为落实《中华人民共和国国民经济和社会发展第十二个五年规划纲要》中提出"推动自主品牌建设,提升品牌价值和效应,加快发展拥有国际知名品牌和国际竞争力的大型企业"的要求,特制定本指导意见。

一、加快我国工业企业品牌建设的重要意义

要从国民经济发展全局和实现"十二五"规划任务的战略高度,理解和认识工业企业品牌建设的重要意义。加快我国工业企业品牌建设,是促进经济结构调整、转变发展方式,走中国特色新型工业化道路的必然要求;是坚持扩大内需战略,释放消费潜力,增强国际竞争力的客观需要;是推动工业创新发展,促进科技成果向现实生产力转化的重要抓手;是树立和维护质量信誉,打造"中国制造"的国际形象和影响力的坚实基础。

二、指导思想、总体目标和基本原则

(一)指导思想

以科学发展观为指导,促进转变经济发展方式,推动我国工业企业核心竞争力的提升。坚持以企业为主体,通过促进工业企业提高创新能力和品牌培育意识以及商标注册、运用、管理和保护能力,增强品牌附加价值和影响力。协调各方资源,合力营造有利于工业企业品牌成长的政策和市场环境,加快实现从制造大国向制造强国的转变。

(二)总体目标

到2015年,我国工业企业创新能力和品牌培育能力显著增强,工业企业品牌成长的市场环境明显改善。50%以上大中型工业企业制定并实施品牌战略,品牌产品市场占有率和品牌附加值显著提高。重点培育一批具有国际影响力的自主品牌。

(三)基本原则

坚持以企业为主体,发挥企业在品牌建设中的主体作用;坚持突出质量、技术、创新在品牌建设中的核心作用,加大工业产品知识产权的创造、运用、保护和管理力度,鼓励推广具有自主知识产权的技术标准;坚持以市场为导向,通过市场竞争、优胜劣汰,培育拥有较高知名度和美誉度的工业品牌;坚持政策引导,通过政策扶持、规范市场和加强公共服务体系建设,积极探索我国工业企业品牌发展道路。

三、主要任务和工作内容

(一)引导工业企业增强品牌意识

工业和信息化部门会同有关部门和行业协会,要把品牌培育作为工业产品质量和信誉建设的重要内容,引导企业增强以质量和信誉为核心的品牌意识。各有关部门要通过各种活动和各类媒体形式,大力宣传品牌建设的重要意义,营造有利于品牌成长的社会氛围。工业和信息化、工商、质检等部门,要加大力度总结宣传各地区、行业和企业在品牌建设中的成功经验。发展改革、工业和信息化、商务、财政和人民银行等部门,要发挥政策、资源和市场的导向作用,引导企业加强品牌建设。

(二)加强品牌建设规划

工业和信息化主管部门、行业协会要加强对品牌建设的统筹规划,明确职责目标,落实政策措施。各地区、各行业要在充分调研的基础上,制定本地区、本行业的品牌建设规划,并与“十二五”规划有机结合。有条件的地区和行业要组织实施与规划配套的品牌建设工程,以培育区域性、行业性品牌优势为重点,落实有关的政策、措施和资源,鼓励工业企业建立品牌发展规划,并给予必要的指导和帮助。

(三)促进工业企业提高品牌建设能力

工业和信息化、工商、质检等部门和行业协会,要组织开展品牌培训活动,提高企业品牌培育意识和商标注册、运用、管理和保护能力;要推广先进的营销理论、品牌管理模式和方法,重点增强企业在市场调研、产品定位、营销策划、传播宣传、公关服务等方面的能力和水平。

要鼓励工业企业开发切合实际的品牌管理机制和品牌塑造方法,建立品牌战略,实施品牌经营,培育品牌文化。指导工业企业重视知识产权法律尤其是商标法律制度的运用,从战略、管理、传播和资产管理各个层面推进品牌建设。

要加大技术改造项目对企业在开发品种、提升质量等方面的支持力度,增强企业创新能力,提高产品实物质量水平。财政、人民银行等部门要发挥财税、金融等政策作用,鼓励工业企业加大在技术开发和质量提升等方面的投入。

要加快国家和行业标准建设,组织开展对国际标准和国外先进标准的研究,鼓励工业企业参与国际标准的制修订,提高企业适应市场和技术环境变化的能力。

(四)改善品牌发展外部环境

商务、工商、质检等部门会同行业协会,要协调配合,打破地方保护,消除市场壁垒,减轻企业负担,构建国内统一市场;要加强对“家电下乡”等与市场有关的政策和要求的宣传,提高企业对有关政策的理解和把握水平。商务部门要加强对商业机构的指导和管理,拓宽品牌产品的销售渠道,为国内、外工业企业创造同等品牌市场待遇。

有关部门会同行业协会,加强跨区域工业企业品牌保护工作的分工协调;研究借鉴国外品牌保护的优秀经验,加强对我国工业企业商标境外注册、使用和保护情况的跟踪研究,分阶段建立海外商标纠纷预警机制和危机管理机制。

商务、工商、质检等部门会同有关行业协会,要推动中国制造的品牌形象塑造,在重点市场和新兴市场举办产品展览、推广、广告等活动,促进提升品牌市场竞争力和品牌价值;鼓励工业企业在海外开展营销活动,引导企业积极进行商标国际注册;对企业在境外商标注册、渠道拓展等工作提供相关服务。

发展改革、财政、人民银行等部门要引导金融机构加快推进金融产品和服务方式创新,支持工业企业利用品牌资产依法依规抵押融资,改进和完善有关金融服务;要探索建立企业品牌信用担保制度,积极拓宽企业融资渠道,支持符合条件的工业企业通过上市融资和发行债券;鼓励企业以品牌为纽带进行并购重组。

发展改革、商务、工商、质检等部门,要加强对合资合作过程中工业企业品牌的保护和管理。

工商、质检、工业和信息化等部门,要加强质量监督、市场监管,组织开展专项整治活动,打击侵犯注册商标专用权违法行为,加大对我国工业企业行业商标专用权行政保护力度,保护商标持有企业合法权益。

工业和信息化、质检部门会同行业协会,要在“提高工业产品质量示范”、“质量兴业”和“质量兴企”活动中,以品牌培育为重点内容,通过组织质量攻关和提高供应链质量保证能力等工作,支持品牌建设;要加快工业产品质量控制和技术评价能力建设,大力发展中小企业服务平台,为企业对外交流、信息咨询、技术咨询提供服务,并发挥产品研发设计和品牌推广平台的作用。

(五)加强对品牌建设的指导和服务

工业和信息化主管部门会同商务、工商、质检等部门及行业协会,要加强对品牌建设的具体指导。鼓励各行业根据特点提出行业性品牌建设的指导性文件;指导工业企业建立完善品牌培育管理体系和评估体系,提高品牌培育的科学化水平,实现品牌培育工作的持续改进;支持工业企业积极参与国际优秀品牌管理经验和标杆的交流与分享;鼓励地区和行业规范并推广与品牌培育相关的咨询和培训服务,加强对品牌工作的专业指导。

各级部门、行业协会,可对品牌培育工作成效显著的区域、行业和企业进行重点扶持并给予适当的表彰奖励,以加大对品牌建设成功经验的宣传力度,推动品牌建设深入开展。

四、工作要求

工业和信息化部联合发展改革委、财政部、商务部、人民银行、工商总局、质检总局及有关行业协会,建立推进工业企业品牌建设工作会商机制,不定期召开会议,确定工作重点,协调和指导工业企业品牌建设工作。各部门要按照“统筹协调、明确责任、协同配合、整体推进”的原则,各司其职,加强协调配合。

各地工业和信息化主管部门要综合协调品牌建设工作,会同有关部门,结合本地区实际,认真研究制定具体实施方案并组织实施。要不断总结品牌建设中的问题,积极推广成功经验,及时做好信息搜集和反馈。

工业和信息化部

国家发展和改革委员会

财政部

商务部

中国人民银行

国家工商行政管理总局

国家质量监督检验检疫总局

二〇一一年七月二十二日

关于规范工业产品质量企业自我声明的实施意见

工信部联科〔2011〕367 号

各省、自治区、直辖市及计划单列市、新疆生产建设兵团工业和信息化主管部门、工商管理局、质量技术监督局,有关行业协会:

为贯彻《中华人民共和国产品质量法》和《中华人民共和国消费者权益保护法》等有关规定,落实《关于加强工业产品质量信誉建设的指导意见》(工信部联科〔2010〕112 号)的文件精神,规范工业产品质量企业自我声明(以下简称企业自我声明)活动,保护消费者合法权益,促进我国工业企业提高产品质量信誉,特制定本实施意见。

一、规范企业自我声明的定义和重要意义

本实施意见中的“企业自我声明”是指工业企业通过产品说明书、宣传资料、产品包装等形式对产品的功能、性能、执行标准、技术特点和质量水平等特性所做的承诺性明示,不适用于合格评定中的第一方证明。

规范企业自我声明,就是要加强对企业自我声明活动的管理和监督,引导企业承诺质量责任,如实、科学、完整地明示产品特性。

目前,我国企业自我声明的总体状况良好。但是,还存在着部分企业不兑现质量承诺,明示信息内容不科学、不规范的现象,个别企业甚至故意隐瞒信息或宣传虚假信息,欺骗消费者。这些现象的存在,不仅侵害了消费者的合法利益,挫伤了消费信心,也对我国工业产品的信誉带来了很大的风险和损害。

规范企业自我声明,对落实企业质量主体责任,营造公平竞争的环境,维护市场秩序,拉动消费需求,进一步提升工业产品的质量信誉具有重要意义。

二、工作目标和思路

要坚持以企业为主体,引导企业提高质量意识和质量管理能力,客观、科学、规范地宣传和标称产品特性;要加强行业自律,制定行业性企业自我声明规范并组织实施;要发挥政府部门的职能作用,规范重点工业产品企业自我声明明示承诺;要坚持政府部门、行业协会、消费者组织、专业机构和社会各界合力推进,力争用三年左右时间,解决我国重点行业、重点产品企业自我声明活动中存在的突出问题,营造出诚信、公平和科学、安全的消费环境。

三、主要措施

(一)建立健全管理制度和标准规范

工业和信息化、质检部门会同工商等部门联合加强企业自我声明相关的法律制度研究,鼓励和支持与自我声明规范化有关的基础性和应用性研究工作,研究建立规范工业产品企业自我声明的管理制度。

质检部门会同工业和信息化主管部门和行业协会,加大相关国家标准的宣传和贯彻力度,加快相关行业标准的制修订工作,为规范企业自我声明活动创造良好的标准环境。

(二)加快质量诚信体系建设

质检部门会同有关部门,将企业自我声明纳入质量诚信体系建设,加强对企业质量信用分级分类管理。一经核实企业自我声明与实际不符或未履行自我声明承诺的,将由质检部门纳入质量失信记录,严重者列入“黑名单”,向社会公布。工业和信息化主管部门会同有关部门,进一步规范重点行业、重点产品的自我声明内容及相关技术支撑资料,鼓励企业在工业产品企业自我声明明示承诺信息服务平台上进行明示承诺,推动工业企业建立实施质量诚信管理体系,开展工业企业诚信体系评价工作。

(三)强化政府监管机制

工业和信息化、质检及工商等部门要依法加强对企业自我声明的监督。质检部门重点加强消费领域涉及人身安全、健康的产品企业自我声明方面质量安全特性的检查;工商部门要依法加强对销售不符合强制性标准商品行为的检查,依法查处违法行为。

(四)鼓励开展行业自律

各行业协会会同有关专业机构结合行业特点制定行业性自我声明规范并向社会发布;通过行规行约等手段引导和监督业内企业规范自我声明活动;支持有关社会组织开展产品知识宣传普及工作,增强消费者自我保护能力。

(五)健全社会监督机制

发挥消费者组织的监督作用,建立消费者投诉与自我声明管理的信息沟通机制,及时发现和解决出现的问题;发挥新闻媒体的作用,开展企业自我声明相关标准、规范和知识的宣传,并进行舆论监督;引导销售组织加强商品宣传内容管理,打造诚信卖场。

(六)完善信息网络

工业和信息化主管部门会同有关单位,完善信息跟踪机制,引导建立工业产品企业自我声明明示承诺信息服务平台,鼓励企业在平台上明示并承诺与企业自我声明相关信息和支持性资料,为广大消费者、各级政府、行业协会(商会)、商家(卖场)进行查阅和监督提供便利。各有关部门可设立举报和建议信箱,接受有关组织和个人对企业自我声明行为的投诉、举报或建议。

四、近期重点工作

各有关单位要按照主要措施中提出的工作内容,组织开展规范企业自我声明的有关工作。近期要重点完成好以下四个方面的重点工作:

(一)开展企业自我声明现状情况调查

工业和信息化主管部门指导有关行业协会,在日化、建材、纺织、轻工、电子信息等行业开展企业自我声明现状调查。及时发现重点产品企业自我声明中存在的主要问题,研究提出解决方案。鼓励其他行业协会组织开展调查工作。

(二)制定并实施重点行业企业自我声明规范

各有关行业协会要结合行业特点和企业自我声明现状,制定本行业企业自我声明规范。规范要规定特定产品自我声明文件中必须明示的内容,如执行标准、功能性能、使用警示、标志标识、质量等级等,并对相关内容的含义、标准、条件和标称形式等做出规定。行业自我声明规范及其支持性文件应向工业和信息化及质检部门报告,并在工业产品企业自我声明明示承诺信息服务平台上公示。行业协会要组织开展自我声明规范的宣贯活动,引导和监督行业内企业规范自我声明行为。

(三)开展企业自我声明明示承诺试点工作

工业和信息化、质检部门会同行业协会,选择重点消费类产品开展企业自我声明明示承诺试点工作。工业和信息化部引导相关技术机构与消费者组织联合建立全国工业产品企业自我声明明示承诺信息服务平台,并进行管理。

企业明示承诺的内容主要包括:工业产品企业自我声明相关信息及支持

性文件、企业自我声明中涉及的特性技术词汇的科学表述和含义、不宜在自我声明中使用的含义不明确的技术词汇或概念、产品消费警示等。

各有关行业协会、消费者组织和专业机构要配合做好企业自我声明明示承诺的宣传和技术支持工作。

(四)加强对企业自我声明的监督检查

工业和信息化主管部门要会同质检、工商等部门组织开展重点产品规范企业自我声明专项整治行动;质检部门要加大对工业产品企业自我声明的监督检查,尤其是未列入CCC目录但涉及强制性标准的产品;工商部门要加强涉及强制性标准特性商品的市场监管工作,依法加强对销售不符合强制性标准要求商品行为的检查,依法查处违法行为。

五、工作要求

各有关单位要充分认识规范企业自我声明工作的重要性和复杂性,切实加强对规范企业自我声明工作的组织领导。要把规范企业自我声明工作作为工业产品质量信誉建设的重要内容,加强与地方政府及相关部门的沟通协调,构建长效工作机制。要及时总结和汇报工作中发现的问题和取得的经验,推动这项工作持之以恒地深入开展并取得实效。

二〇一一年七月二十九日

商标保护程序法 >> 行政程序

海关总署公告

2011年第59号

（关于撤销知识产权海关保护备案有关事项）

为有效实施《中华人民共和国知识产权海关保护条例》（以下简称《条例》）第九条和第十一条的规定，保障合法货物的正常通关，维护知识产权海关保护有关当事人的合法权益，现就有关事项公告如下：

一、凡已经海关核准且属于《条例》第九条和第十一条第二款规定情形的知识产权海关保护备案（以下简称“备案”），海关总署有权予以撤销。

二、知识产权海关保护的利害关系人根据《条例》第十一条的规定申请撤销备案的，应当向海关总署提交申请书。申请书应当有明确的申请人和被申请人、请求事项、基本事实和理由，并随附相关证明文件。

三、海关总署作出撤销或者维持备案的决定，应当事先对有关情况进行调查。海关总署进行调查，可以要求有关知识产权权利人在规定期限内提交书面的申辩意见。

四、海关总署作出撤销备案的决定，应当书面通知有关知识产权权利人。其中根据利害关系人的申请作出撤销的决定的，还应当书面通知有关申请人。

对利害关系人申请撤销备案的，海关总署作出维持备案的决定，应当书面通知有关申请人。

五、备案自海关总署作出撤销决定之日起失效。备案被撤销且有关知识产权仍属于原申请备案的知识产权权利人的，该知识产权权利人自备案被撤销之日起在1年内再次向海关总署备案该知识产权的，海关总署可不予受理。

六、本公告自2011年9月28日起施行。

二〇一一年九月二十五日

商标保护程序法　>>　民事程序

最高人民法院 关于印发修改后的《民事案件案由规定》的通知

法〔2011〕42号

各省、自治区、直辖市高级人民法院，解放军军事法院，新疆维吾尔自治区高级人民法院生产建设兵团分院：

根据工作需要，对2008年2月4日制发的《民事案件案由规定》(以下简称2008年《民事案件案由规定》)进行了修改，自2011年4月1日起施行。现将修改后的《民事案件案由规定》印发给你们，请认真贯彻执行。

2008年《民事案件案由规定》发布施行以来，在方便当事人进行民事诉讼，规范人民法院民事立案、审判和司法统计工作等方面，发挥了重要作用。近三年来，随着农村土地承包经营纠纷调解仲裁法、人民调解法、保险法、专利法等法律的制定或修订，审判实践中出现了许多新类型民事案件，需要对2008年《民事案件案由规定》进行补充和完善。特别是侵权责任法已于2010年7月1日起施行，迫切需要增补侵权责任纠纷案由。经深入调查研究，广泛征求意见，最高人民法院对2008年《民事案件案由规定》进行了修改。现就各级人民法院适用修改后的《民事案件案由规定》的有关问题通知如下：

一、要认真学习掌握修改后的《民事案件案由规定》，高度重视民事案件案由在民事审判规范化建设中的重要作用

民事案件案由是民事案件名称的重要组成部分，反映案件所涉及的民事法律关系的性质，是将诉讼争议所包含的法律关系进行的概括，是人民法院进行民事案件管理的重要手段。建立科学、完善的民事案件案由体系，有利于方便当事人进行民事诉讼，有利于对受理案件进行分类管理，有利于确定各民事审判业务庭的管辖分工，有利于提高民事案件司法统计的准确性和科学性，从而更好地为创新和加强民事审判管理、为人民

法院司法决策服务。

二、关于民事案件案由编排体系的几个问题

1. 关于案由的确定标准。民事案件案由应当依据当事人主张的民事法律关系的性质来确定。鉴于具体案件中当事人的诉讼请求、争议的焦点可能有多个,争议的标的也可能是多个,为保证案由的高度概括和简洁明了,修改后的《民事案件案由规定》仍沿用 2008 年《民事案件案由规定》关于案由的确定标准,即对民事案件案由的表述方式原则上确定为"法律关系性质"加"纠纷",一般不再包含争议焦点、标的物、侵权方式等要素。但是,考虑到当事人诉争的民事法律关系的性质具有复杂性,为了更准确地体现诉争的民事法律关系和便于司法统计,修改后的《民事案件案由规定》在坚持以法律关系性质作为案由的确定标准的同时,对少部分案由也依据请求权、形成权或者确认之诉、形成之诉的标准进行确定,对少部分案由也包含争议焦点、标的物、侵权方式等要素。

对包括民事诉讼法规定的适用特别程序案件案由在内的特殊程序民事案件案由,根据当事人的诉讼请求直接表述。

2. 关于案由的体系编排。修改后的《民事案件案由规定》以民法理论对民事法律关系的分类为基础,以法律关系的内容即民事权利类型来编排体系,结合现行立法及审判实践,在 2008 年《民事案件案由规定》关于案由的编排体系划分的基础上,将侵权责任纠纷案由提升为第一级案由,将案由的编排体系重新划分为人格权纠纷,婚姻家庭继承纠纷,物权纠纷,合同、无因管理、不当得利纠纷,劳动争议与人事争议,知识产权与竞争纠纷,海事海商纠纷,与公司、证券、保险、票据等有关的民事纠纷,侵权责任纠纷,适用特殊程序案件案由,共十大部分,作为第一级案由。

在第一级案由项下,细分为四十三类案由,作为第二级案由(以大写数字表示);在第二级案由项下列出了 424 种案由,作为第三级案由(以阿拉伯数字表示),第三级案由是司法实践中最常见和广泛使用的案由。基于审判工作指导、调研和司法统计的需要,在部分第三级案由项下又列出了一些第四级案由(以阿拉伯数字加()表示)。基于民事法律关系的复杂性,不可能穷尽所有第四级案由,目前所列只是一些典型的、常见的,或者为了司法统计需要而设立的案由。

3. 关于侵权责任纠纷案由的编排。此次修改将侵权责任纠纷案由提升为第一级案由。按照侵权责任法的相关规定,在其项下增补相关的侵权责任纠纷案由。首先,按照侵权责任法相关规定,列出了该法规定的各种具体侵权责任纠纷案由。其次,协调好侵权责任纠纷案由与其他第一级案由之间的关系。根据侵权责任法相关规定,侵权责任法的保护对象为民事权益,包括生命权、健康权、姓名权、名誉权、荣誉权、肖像权、隐私权、婚姻自主权、监护权、所有权、用益物权、担保物权、著作权、专利权、商标专用权、发现权、股权、继承权等人身、财产权益。这些民事权益,分别包含在人格权、婚姻家庭继承权、物权、知识产权等民商事权益之中,而这些民事权益纠纷往往既包括权属确认纠纷也包括侵权责任纠纷,这就为科学合理编排民事案件案由增加了难度。为了保持整个案由体系的完整性和稳定性,尽可能避免重复交叉,此次修改将这些民事权益侵权责任纠纷案由仍旧保留在各第一级案由之中,只是将侵权责任法新规定的有关案由列在第一级案由"侵权责任纠纷"案由项下,并将一些实践中常见的、其他第一级案由不便列出的侵权责任纠纷案由也列在第一级案由"侵权责任纠纷"项下,并从"兜底"考虑,列在其他八个民事权益纠纷类型之后,作为第九部分。

4. 关于物权纠纷案由与合同纠纷案由编排与适用的问题。修改后的《民事案件案由规定》仍然沿用2008年《民事案件案由规定》关于物权纠纷案由与合同纠纷案由的编排体系。具体适用时,按照物权变动原因与结果相区分的原则,对于因物权变动的原因关系,即债权性质的合同关系产生的纠纷,应适用债权纠纷部分的案由,如物权设立原因关系方面的担保合同纠纷,物权转让原因关系方面的买卖合同纠纷。对于因物权设立、权属、效力、使用、收益等物权关系产生的纠纷,则应适用物权纠纷部分的案由,如担保物权纠纷。人民法院应根据当事人诉争的法律关系的性质,查明该法律关系涉及的是物权变动的原因关系还是物权变动的结果关系,以正确确定案由。

5. 关于第三部分"物权纠纷"项下"物权保护纠纷"案由与"所有权纠纷"、"用益物权纠纷"、"担保物权纠纷"案由的协调问题。"所有权纠纷"、"用益物权纠纷"、"担保物权纠纷"案由既包括以上三种类型的物权确认纠纷案由,也包括以上三种类型的侵害物权纠纷案由。物权法第三章"物权的保护"所规定的物权请求权或者债权请求权保护方法,即"物权保护纠纷",在修改后的《民事案件案由规定》规定的每个物权类型(第三级案由)项下可能部分或者全部适用,多数可以作为第三级案由规定,但为避免使整个案由体系冗长繁杂,在各第三级案由下并未一一列出。在涉及侵害物权纠纷案由确定时,如果当事人的诉讼请求只涉及"物权保护纠纷"项下的一种物权请求权或者债权请求权,则可以适用"物权保护纠纷"项下的六种第四级案由;如果当事人的诉讼请求涉及"物权保护纠纷"项下的两种或者两种以上物权请求权或者债权请求权,则应按照所保护的权利种类,分别适用所有权、用益物权、担保物权项下的第三级案由(各种物权类型纠纷)。

6. 关于第九部分"侵权责任纠纷"项下案由与"人格权纠纷"、"物权纠纷"、"知识产权与竞争纠纷"等其他部分项下案由的协调问题。在确定侵权责任纠纷具体案由时,应当先适用第九部分"侵权责任纠纷"项下根据侵权责任法相关规定列出的具体案由。没有相应案由的,再适用"人格权纠纷"、"物权纠纷"、"知识产权与竞争纠纷"等其他部分项下的案由。如机动车交通事故可能造成人身损害和财产损害,确定案由时,应当适用第九部分"侵权责任纠纷"项下"机动车交通事故责任纠纷"案由,而不应适用第一部分"人格权纠纷"项下的"生命权、健康权、身体权纠纷"案由,也不应适用第三部分"物权纠纷"项下的"财产损害赔偿纠纷"案由。

三、适用修改后的《民事案件案由规定》时应注意的几个问题

1. 第一审法院立案时应当根据当事人诉争法律关系的性质,首先应适用修改后的《民事案件案由规定》列出的第四级案由;第四级案由没有规定的,适用相应的第三级案由;第三级案由中没有规定的,适用相应的第二级案由;第二级案由没有规定的,适用相应的第一级案由。地方各级

人民法院对审判实践中出现的可以作为新的第三级民事案由或者应当规定为第四级民事案由的纠纷类型,可以及时报告最高人民法院。最高人民法院将定期收集、整理、筛选,及时细化、补充相关案由。

2. 各级人民法院要正确认识民事案件案由的性质与功能,不得将修改后的《民事案件案由规定》等同于《中华人民共和国民事诉讼法》第一百零八条规定的受理条件,不得以当事人的诉请在修改后的《民事案件案由规定》中没有相应案由可以适用为由,裁定不予受理或者驳回起诉,影响当事人行使诉权。

3. 同一诉讼中涉及两个以上的法律关系的,应当依当事人诉争的法律关系的性质确定案由,均为诉争法律关系的,则按诉争的两个以上法律关系确定并列的两个案由。

4. 在请求权竞合的情形下,人民法院应当按照当事人自主选择行使的请求权,根据当事人诉争的法律关系的性质,确定相应的案由。

5. 当事人起诉的法律关系与实际诉争的法律关系不一致的,人民法院结案时应当根据法庭查明的当事人之间实际存在的法律关系的性质,相应变更案件的案由。

6. 当事人在诉讼过程中增加或者变更诉讼请求导致当事人诉争的法律关系发生变更的,人民法院应当相应变更案件案由。

7. 对于案由名称中出现顿号(即"、")的部分案由,应当根据具体案情,确定相应的案由,不应直接将该案由全部引用。如"生命权、健康权、身体权纠纷"案由,应根据侵害的具体人格权益来确定相应的案由;如"海上、通海水域货物运输合同纠纷"案由,应当根据纠纷发生的具体水域来确定相应的案由;如"擅自使用知名商品特有名称、包装、装潢纠纷"案由,应当根据具体侵害对象来确定相应的案由。

修改后的《民事案件案由规定》适用过程中有何情况和问题,应当及时报告最高人民法院。

二〇一一年二月十八日

民事案件案由规定(节录)

第三部分　物权纠纷

八、担保物权纠纷

60. 质权纠纷

(11)知识产权质权纠纷

第五部分　知识产权与竞争纠纷

十三、知识产权合同纠纷

130. 著作权合同纠纷

(1)委托创作合同纠纷

(2)合作创作合同纠纷

(3)著作权转让合同纠纷

(4)著作权许可使用合同纠纷

(5)出版合同纠纷

(6)表演合同纠纷

(7)音像制品制作合同纠纷

(8)广播电视播放合同纠纷

(9)邻接权转让合同纠纷

(10)邻接权许可使用合同纠纷

(11)计算机软件开发合同纠纷

(12)计算机软件著作权转让合同纠纷

(13)计算机软件著作权许可使用合同纠纷

131. 商标合同纠纷

(1)商标权转让合同纠纷

(2)商标使用许可合同纠纷

(3)商标代理合同纠纷

132. 专利合同纠纷
(1)专利申请权转让合同纠纷
(2)专利权转让合同纠纷
(3)发明专利实施许可合同纠纷
(4)实用新型专利实施许可合同纠纷
(5)外观设计专利实施许可合同纠纷
(6)专利代理合同纠纷
133. 植物新品种合同纠纷
(1)植物新品种育种合同纠纷
(2)植物新品种申请权转让合同纠纷
(3)植物新品种权转让合同纠纷
(4)植物新品种实施许可合同纠纷
134. 集成电路布图设计合同纠纷
(1)集成电路布图设计创作合同纠纷
(2)集成电路布图设计专有权转让合同纠纷
(3)集成电路布图设计许可使用合同纠纷
135. 商业秘密合同纠纷
(1)技术秘密让与合同纠纷
(2)技术秘密许可使用合同纠纷
(3)经营秘密让与合同纠纷
(4)经营秘密许可使用合同纠纷
136. 技术合同纠纷
(1)技术委托开发合同纠纷
(2)技术合作开发合同纠纷
(3)技术转化合同纠纷
(4)技术转让合同纠纷
(5)技术咨询合同纠纷
(6)技术服务合同纠纷
(7)技术培训合同纠纷
(8)技术中介合同纠纷

(9)技术进口合同纠纷
(10)技术出口合同纠纷
(11)职务技术成果完成人奖励、报酬纠纷
(12)技术成果完成人署名权、荣誉权、奖励权纠纷
137.特许经营合同纠纷
138.企业名称(商号)合同纠纷
(1)企业名称(商号)转让合同纠纷
(2)企业名称(商号)使用合同纠纷
139.特殊标志合同纠纷
140.网络域名合同纠纷
(1)网络域名注册合同纠纷
(2)网络域名转让合同纠纷
(3)网络域名许可使用合同纠纷
141.知识产权质押合同纠纷
十四、知识产权权属、侵权纠纷
142.著作权权属、侵权纠纷
(1)著作权权属纠纷
(2)侵害作品发表权纠纷
(3)侵害作品署名权纠纷
(4)侵害作品修改权纠纷
(5)侵害保护作品完整权纠纷
(6)侵害作品复制权纠纷
(7)侵害作品发行权纠纷
(8)侵害作品出租权纠纷
(9)侵害作品展览权纠纷
(10)侵害作品表演权纠纷
(11)侵害作品放映权纠纷
(12)侵害作品广播权纠纷
(13)侵害作品信息网络传播权纠纷
(14)侵害作品摄制权纠纷

(15)侵害作品改编权纠纷

(16)侵害作品翻译权纠纷

(17)侵害作品汇编权纠纷

(18)侵害其他著作财产权纠纷

(19)出版者权权属纠纷

(20)表演者权权属纠纷

(21)录音录像制作者权权属纠纷

(22)广播组织权权属纠纷

(23)侵害出版者权纠纷

(24)侵害表演者权纠纷

(25)侵害录音录像制作者权纠纷

(26)侵害广播组织权纠纷

(27)计算机软件著作权权属纠纷

(28)侵害计算机软件著作权纠纷

143.商标权权属、侵权纠纷

(1)商标权权属纠纷

(2)侵害商标权纠纷

144.专利权权属、侵权纠纷

(1)专利申请权权属纠纷

(2)专利权权属纠纷

(3)侵害发明专利权纠纷

(4)侵害实用新型专利权纠纷

(5)侵害外观设计专利权纠纷

(6)假冒他人专利纠纷

(7)发明专利临时保护期使用费纠纷

(8)职务发明创造发明人、设计人奖励、报酬纠纷

(9)发明创造发明人、设计人署名权纠纷

145.植物新品种权权属、侵权纠纷

(1)植物新品种申请权权属纠纷

(2)植物新品种权权属纠纷

(3)侵害植物新品种权纠纷

146. 集成电路布图设计专有权权属、侵权纠纷

(1)集成电路布图设计专有权权属纠纷

(2)侵害集成电路布图设计专有权纠纷

147. 侵害企业名称(商号)权纠纷

148. 侵害特殊标志专有权纠纷

149. 网络域名权属、侵权纠纷

(1)网络域名权属纠纷

(2)侵害网络域名纠纷

150. 发现权纠纷

151. 发明权纠纷

152. 其他科技成果权纠纷

153. 确认不侵害知识产权纠纷

(1)确认不侵害专利权纠纷

(2)确认不侵害商标权纠纷

(3)确认不侵害著作权纠纷

154. 因申请知识产权临时措施损害责任纠纷

(1)因申请诉前停止侵害专利权损害责任纠纷

(2)因申请诉前停止侵害注册商标专用权损害责任纠纷

(3)因申请诉前停止侵害著作权损害责任纠纷

(4)因申请诉前停止侵害植物新品种权损害责任纠纷

(5)因申请海关知识产权保护措施损害责任纠纷

155. 因恶意提起知识产权诉讼损害责任纠纷

156. 专利权宣告无效后返还费用纠纷

十五、不正当竞争纠纷

157. 仿冒纠纷

(1)擅自使用知名商品特有名称、包装、装潢纠纷

(2)擅自使用他人企业名称、姓名纠纷

(3)伪造、冒用产品质量标志纠纷

(4)伪造产地纠纷

158. 商业贿赂不正当竞争纠纷

159. 虚假宣传纠纷

160. 侵害商业秘密纠纷

(1)侵害技术秘密纠纷

(2)侵害经营秘密纠纷

161. 低价倾销不正当竞争纠纷

162. 捆绑销售不正当竞争纠纷

163. 有奖销售纠纷

164. 商业诋毁纠纷

165. 串通投标不正当竞争纠纷

十六、垄断纠纷

166. 垄断协议纠纷

(1)横向垄断协议纠纷

(2)纵向垄断协议纠纷

167. 滥用市场支配地位纠纷

(1)垄断定价纠纷

(2)掠夺定价纠纷

(3)拒绝交易纠纷

(4)限定交易纠纷

(5)捆绑交易纠纷

(6)差别待遇纠纷

168. 经营者集中纠纷

商标保护实体法 >> 行政实体

国家工商行政管理总局商标局关于自然人黄丽芳是否享有“眼镜 88”服务商标专用权的批复

商标监字〔2012〕62 号

广东省工商行政管理局:

你局《关于自然人黄丽芳是否享有“眼镜 88”服务商标专用权的请求》(粤工商标字〔2011〕396 号)收悉。经研究,现就有关问题批复如下:

一、《实施条例》第五十四条规定所述的“连续使用至 1993 年 7 月 1 日的服务商标”,是指在该日前已开始使用,且在该日仍使用在同一服务项目上的服务商标。

二、服务商标继续使用时,不得扩大该服务商标的使用地域,不得增加该服务商标使用的服务项目,不得将该服务商标转让或者许可他人使用,不得改变该服务商标的图形、文字、色彩、结构、书写方式等内容,但以同他人注册的服务商标相区别为目的而进行的改变除外。

三、使用人违反前条规定的,视为侵犯他人商标专用权,由有关部门依照《商标法》及《商标法实施条例》中的相应规定予以处理。

四、根据上述一、二可以继续使用的服务商标连续三年停止使用的,则原使用人不得再继续使用。

五、服务商标的注册人同继续使用人发生纠纷时,使用人应当向处理该纠纷的工商行政管理机关或者人民法院提供其在 1993 年 7 月 1 日前实际使用该服务商标的证据。

六、使用人提供的实际使用服务商标的证据应能够证明服务商标已经在商业活动中公开、真实、合法地使用,能够显示出使用的商标标识,具体服务项目、商标的使用人、商标使用日期方为有效。

七、继续使用与注册人的使用发生实际混淆,造成消费者误认的,继续使用人应在使用服务商标时增加地理名称标志,以便于与注册人使用的服务商标相区别。

请你局根据《商标法》及《商标法实施条例》的有关规定并结合上述原则,对请示中所涉及案件进行个案处理。

二〇一二年四月二十七日

商标保护实体法 >> 刑事实体

最高人民法院、最高人民检察院、公安部
印发《关于办理侵犯知识产权刑事案件
适用法律若干问题的意见》的通知

法发〔2011〕3号

各省、自治区、直辖市高级人民法院、人民检察院、公安厅(局),解放军军事法院、军事检察院,总政治部保卫部,新疆维吾尔自治区高级人民法院生产建设兵团分院,新疆生产建设兵团人民检察院、公安局:

为解决近年来公安机关、人民检察院、人民法院在办理侵犯知识产权刑事案件中遇到的新情况、新问题,依法惩治侵犯知识产权犯罪活动,维护社会主义市场经济秩序,最高人民法院、最高人民检察院、公安部在深入调查研究、广泛征求各方意见的基础上,制定了《关于办理侵犯知识产权刑事案件适用法律若干问题的意见》。现印发给你们,请认真组织学习,切实贯彻执行。执行中遇到的重要问题,请及时层报最高人民法院、最高人民检察院、公安部。

最高人民法院　最高人民检察院

公安部

二〇一一年一月十日

最高人民法院　最高人民检察院　公安部
关于办理侵犯知识产权刑事案件
适用法律若干问题的意见

为解决近年来公安机关、人民检察院、人民法院在办理侵犯知识产权刑事案件中遇到的新情况、新问题,依法惩治侵犯知识产权犯罪活动,维护社会主义市场经济秩序,根据刑法、刑事诉讼法及有关司法解释的规定,结合侦查、起诉、审判实践,制定本意见。

一、关于侵犯知识产权犯罪案件的管辖问题

侵犯知识产权犯罪案件由犯罪地公安机关立案侦查。必要时,可以由犯罪嫌疑人居住地公安机关立案侦查。侵犯知识产权犯罪案件的犯罪地,包括侵权产品制造地、储存地、运输地、销售地,传播侵权作品、销售侵权产品的网站服务器所在地、网络接入地、网站建立者或者管理者所在地,侵权作品上传者所在地,权利人受到实际侵害的犯罪结果发生地。对有多个侵犯知识产权犯罪地的,由最初受理的公安机关或者主要犯罪地公安机关管辖。多个侵犯知识产权犯罪地的公安机关对管辖有争议的,由共同的上级公安机关指定管辖,需要提请批准逮捕、移送审查起诉、提起公诉的,由该公安机关所在地的同级人民检察院、人民法院受理。

对于不同犯罪嫌疑人、犯罪团伙跨地区实施的涉及同一批侵权产品的制造、储存、运输、销售等侵犯知识产权犯罪行为,符合并案处理要求的,有关公安机关可以一并立案侦查,需要提请批准逮捕、移送审查起诉、提起公诉的,由该公安机关所在地的同级人民检察院、人民法院受理。

二、关于办理侵犯知识产权刑事案件中行政执法部门收集、调取证据的效力问题

行政执法部门依法收集、调取、制作的物证、书证、视听资料、检验报告、鉴定结论、勘验笔录、现场笔录,经公安机关、人民检察院审查,人民法院庭审质证确认,可以作为刑事证据使用。

行政执法部门制作的证人证言、当事人陈述等调查笔录，公安机关认为有必要作为刑事证据使用的，应当依法重新收集、制作。

三、关于办理侵犯知识产权刑事案件的抽样取证问题和委托鉴定问题

公安机关在办理侵犯知识产权刑事案件时，可以根据工作需要抽样取证，或者商请同级行政执法部门、有关检验机构协助抽样取证。法律、法规对抽样机构或者抽样方法有规定的，应当委托规定的机构并按照规定方法抽取样品。

公安机关、人民检察院、人民法院在办理侵犯知识产权刑事案件时，对于需要鉴定的事项，应当委托国家认可的有鉴定资质的鉴定机构进行鉴定。

公安机关、人民检察院、人民法院应当对鉴定结论进行审查，听取权利人、犯罪嫌疑人、被告人对鉴定结论的意见，可以要求鉴定机构作出相应说明。

四、关于侵犯知识产权犯罪自诉案件的证据收集问题

人民法院依法受理侵犯知识产权刑事自诉案件，对于当事人因客观原因不能取得的证据，在提起自诉时能够提供有关线索，申请人民法院调取的，人民法院应当依法调取。

五、关于刑法第二百一十三条规定的“同一种商品”的认定问题

名称相同的商品以及名称不同但指同一事物的商品，可以认定为“同一种商品”。“名称”是指国家工商行政管理总局商标局在商标注册工作中对商品使用的名称，通常即《商标注册用商品和服务国际分类》中规定的商品名称。“名称不同但指同一事物的商品”是指在功能、用途、主要原料、消费对象、销售渠道等方面相同或者基本相同，相关公众一般认为是同一种事物的商品。

认定“同一种商品”，应当在权利人注册商标核定使用的商品和行为人实际生产销售的商品之间进行比较。

六、关于刑法第二百一十三条规定的“与其注册商标相同的商标”的认定问题

具有下列情形之一，可以认定为“与其注册商标相同的商标”：

（一）改变注册商标的字体、字母大小写或者文字横竖排列，与注册商标之间仅有细微差别的；

(二)改变注册商标的文字、字母、数字等之间的间距,不影响体现注册商标显著特征的;

(三)改变注册商标颜色的;

(四)其他与注册商标在视觉上基本无差别、足以对公众产生误导的商标。

七、关于尚未附着或者尚未全部附着假冒注册商标标识的侵权产品价值是否计入非法经营数额的问题

在计算制造、储存、运输和未销售的假冒注册商标侵权产品价值时,对于已经制作完成但尚未附着(含加贴)或者尚未全部附着(含加贴)假冒注册商标标识的产品,如果有确实、充分证据证明该产品将假冒他人注册商标,其价值计入非法经营数额。

八、关于销售假冒注册商标的商品犯罪案件中尚未销售或者部分销售情形的定罪量刑问题

销售明知是假冒注册商标的商品,具有下列情形之一的,依照刑法第二百一十四条的规定,以销售假冒注册商标的商品罪(未遂)定罪处罚:

(一)假冒注册商标的商品尚未销售,货值金额在十五万元以上的;

(二)假冒注册商标的商品部分销售,已销售金额不满五万元,但与尚未销售的假冒注册商标的商品的货值金额合计在十五万元以上的。

假冒注册商标的商品尚未销售,货值金额分别达到十五万元以上不满二十五万元、二十五万元以上的,分别依照刑法第二百一十四条规定的各法定刑幅度定罪处罚。

销售金额和未销售货值金额分别达到不同的法定刑幅度或者均达到同一法定刑幅度的,在处罚较重的法定刑或者同一法定刑幅度内酌情从重处罚。

九、关于销售他人非法制造的注册商标标识犯罪案件中尚未销售或者部分销售情形的定罪问题

销售他人伪造、擅自制造的注册商标标识,具有下列情形之一的,依照刑法第二百一十五条的规定,以销售非法制造的注册商标标识罪(未遂)定罪处罚:

(一)尚未销售他人伪造、擅自制造的注册商标标识数量在六万件以

上的;

(二)尚未销售他人伪造、擅自制造的两种以上注册商标标识数量在三万件以上的;

(三)部分销售他人伪造、擅自制造的注册商标标识,已销售标识数量不满二万件,但与尚未销售标识数量合计在六万件以上的;

(四)部分销售他人伪造、擅自制造的两种以上注册商标标识,已销售标识数量不满一万件,但与尚未销售标识数量合计在三万件以上的。

十、关于侵犯著作权犯罪案件“以营利为目的”的认定问题

除销售外,具有下列情形之一的,可以认定为“以营利为目的”:

(一)以在他人作品中刊登收费广告、捆绑第三方作品等方式直接或者间接收取费用的;

(二)通过信息网络传播他人作品,或者利用他人上传的侵权作品,在网站或者网页上提供刊登收费广告服务,直接或者间接收取费用的;

(三)以会员制方式通过信息网络传播他人作品,收取会员注册费或者其他费用的;

(四)其他利用他人作品牟利的情形。

十一、关于侵犯著作权犯罪案件“未经著作权人许可”的认定问题

“未经著作权人许可”一般应当依据著作权人或者其授权的代理人、著作权集体管理组织、国家著作权行政管理部门指定的著作权认证机构出具的涉案作品版权认证文书,或者证明出版者、复制发行者伪造、涂改授权许可文件或者超出授权许可范围的证据,结合其他证据综合予以认定。

在涉案作品种类众多且权利人分散的案件中,上述证据确实难以一一取得,但有证据证明涉案复制品系非法出版、复制发行的,且出版者、复制发行者不能提供获得著作权人许可的相关证明材料的,可以认定为“未经著作权人许可”。但是,有证据证明权利人放弃权利、涉案作品的著作权不受我国著作权法保护,或者著作权保护期限已经届满的除外。

十二、关于刑法第二百一十七条规定的“发行”的认定及相关问题

“发行”,包括总发行、批发、零售、通过信息网络传播以及出租、展销等活动。

非法出版、复制、发行他人作品,侵犯著作权构成犯罪的,按照侵犯著作

权罪定罪处罚,不认定为非法经营罪等其他犯罪。

十三、关于通过信息网络传播侵权作品行为的定罪处罚标准问题

以营利为目的,未经著作权人许可,通过信息网络向公众传播他人文字作品、音乐、电影、电视、美术、摄影、录像作品、录音录像制品、计算机软件及其他作品,具有下列情形之一的,属于刑法第二百一十七条规定的“其他严重情节”:

(一)非法经营数额在五万元以上的;

(二)传播他人作品的数量合计在五百件(部)以上的;

(三)传播他人作品的实际被点击数达到五万次以上的;

(四)以会员制方式传播他人作品,注册会员达到一千人以上的;

(五)数额或者数量虽未达到第(一)项至第(四)项规定标准,但分别达到其中两项以上标准一半以上的;

(六)其他严重情节的情形。

实施前款规定的行为,数额或者数量达到前款第(一)项至第(五)项规定标准五倍以上的,属于刑法第二百一十七条规定的“其他特别严重情节”。

十四、关于多次实施侵犯知识产权行为累计计算数额问题

依照《最高人民法院、最高人民检察院关于办理侵犯知识产权刑事案件具体应用法律若干问题的解释》第十二条第二款的规定,多次实施侵犯知识产权行为,未经行政处理或者刑事处罚的,非法经营数额、违法所得数额或者销售金额累计计算。

二年内多次实施侵犯知识产权违法行为,未经行政处理,累计数额构成犯罪的,应当依法定罪处罚。实施侵犯知识产权犯罪行为的追诉期限,适用刑法的有关规定,不受前述二年的限制。

十五、关于为他人实施侵犯知识产权犯罪提供原材料、机械设备等行为的定性问题

明知他人实施侵犯知识产权犯罪,而为其提供生产、制造侵权产品的主要原材料、辅助材料、半成品、包装材料、机械设备、标签标识、生产技术、配方等帮助,或者提供互联网接入、服务器托管、网络存储空间、通讯传输通道、代收费、费用结算等服务的,以侵犯知识产权犯罪的共犯论处。

十六、关于侵犯知识产权犯罪竞合的处理问题

行为人实施侵犯知识产权犯罪,同时构成生产、销售伪劣商品犯罪的,依照侵犯知识产权犯罪与生产、销售伪劣商品犯罪中处罚较重的规定定罪处罚。

【典型案例】

绝对理由确权

1. 屈臣氏企业有限公司与 国家工商行政管理总局商标评审委员会等 “SMART”商标行政纠纷案

北京市高级人民法院行政判决书

(2010)高行终字第209号

仅仅直接表示商品的质量、主要原料、功能、用途、重量、数量及其他特点的标志——不得作为商标注册——根据该商标核定使用商品的相关公众的通常认识来判断——外文虽有固有含义,但相关公众能够以该标志识别商品来源的,不影响其显著特征的认定——屈臣氏公司提交的《英汉辞海》和《英汉科技大词库》中“SMART”的释义均有“味浓的”——但未证明这两种辞书被普遍使用——不能证明此种含义为中国相关公众所普遍认知——原判及商评委裁定认定争议商标不属于《商标法》第十一条第一款第(二)项规定的不得作为商标注册的情形并无不当——驳回上诉,维持原判

上诉人(原审原告)屈臣氏企业有限公司,住所地英属维尔京群岛托朵拉城市路崔登特办公室。

法定代表人黎启明,董事。

委托代理人贾强,男,1968年5月30日出生,中国商标专利事务所有限公司商标代理人,住北京市朝阳区东三环南路54号7楼702号。

被上诉人(原审被告)中华人民共和国国家工商行政管理总局商标评审委员会,住所地中华人民共和国北京市西城区三里河东路8号。

法定代表人何训班,主任。

委托代理人戴艳,该商标评审委员会审查员。

原审第三人可口可乐公司,住所地美利坚合众国佐治亚州 30313 亚特兰大市可口可乐广场 1 号。

法定代表人玛丽 · D. 金特罗—约翰逊,副总裁。

委托代理人张宏,北京市正理律师事务所律师。

委托代理人李淑华,北京市正理律师事务所律师。

上诉人屈臣氏企业有限公司(简称屈臣氏公司)因商标争议行政纠纷一案,不服中华人民共和国北京市第一中级人民法院(简称北京市第一中级人民法院)(2009)一中行初字第 1790 号行政判决,向本院提起上诉。本院 2010 年 1 月 25 日受理本案后,依法组成合议庭对本案进行了审理。本案现已审理终结。

1995 年 9 月 8 日,可口可乐公司提出第 986536 号"SMART"商标(简称争议商标)的注册申请,并于 1997 年 4 月 21 日获准注册,核定使用商品为第 32 类的不含酒精的饮料,专用期限经续展至 2017 年 4 月 20 日。1999 年 2 月 28 日,争议商标经核准转让给天津津美饮料有限公司;2005 年 8 月 7 日,争议商标经核准转让给可口可乐公司。

2003 年 10 月 20 日,屈臣氏公司以争议商标不符合《中华人民共和国商标法》(简称《商标法》)第十一条第一款第(二)项的规定为由,向中华人民共和国国家工商行政管理总局商标评审委员会(简称商标评审委员会)提出撤销注册申请。

2009 年 2 月 2 日,商标评审委员会作出商评字〔2009〕第 989 号《关于第 986536 号"SMART"商标争议裁定书》(简称第 989 号裁定),对争议商标予以维持。

屈臣氏公司不服,向北京市第一中级人民法院提起诉讼。

北京市第一中级人民法院认为:争议商标由英文单词"SMART"构成,在判断"SMART"是否描述了指定使用商品的品质等特征时,应以相关公众对"SMART"一词的认知为判断基准。争议商标"SMART"一词在本案的辞书中存在多种释义,既包括"整洁的、聪明的、时髦的、快速的",同时还包括"味浓的、别致的、时髦的、新式的"等含义。在《英汉辞海》中"SMART"的释义"味浓的"并非该单词的常见含义,在以中文作为认读识别语言的中国大陆地区,相关公众对英文的认知能力还未达到通晓英文单词全部含义的程度,故将争议商标指定使用在“啤酒、无酒精饮料”等商品上并不会使相关公众认为其对商品的描述,因此不属于《商标法》第十一条第一款第(二)项规定的不得作为商标注册的情形。

综上,北京市第一中级人民法院依照《中华人民共和国行政诉讼法》第五十四条第(一)项之规定,判决:维持商标评审委员会第989号裁定。

屈臣氏公司不服原审判决,向本院提起上诉,请求撤销原审判决,撤销商标评审委员会第989号裁定,并判令商标评审委员会重新作出裁定。其主要上诉理由是:争议商标“SMART”具有“味浓的”含义,是客观存在的事实,原审判决认定该含义并非该单词常见含义,不为普通消费者所普遍知晓的认定缺乏事实依据。具有多种含义的外文词汇的实际含义往往需要根据使用该词汇的具体语境来确定。“SMART”出现在饮料商品上时,自然而然地会引导人们将其与“味浓的”含义联系起来。而且相关公众中既有知晓该含义的,也有不知晓的,原审判决认定该含义并非常见含义,中国大陆地区相关公众对英文的认知能力尚未达到通晓英文全部含义的程度,故不会使相关公众认为是对商品的描述的认定,否认有知晓上述含义的相关公众的存在,与以相关公众对词汇含义认知的判断标准相矛盾。

商标评审委员会、可口可乐公司服从原审判决。

经审理查明:1995年9月8日,可口可乐公司提出争议商标(见下图)的注册申请,并于1997年4月21日获准注册,核定使用商品为第32类的不含酒精的饮料,专用期限经续展至2017年4月20日。1999年2月28日,争议商标经核准转让给天津津美饮料有限公司;2005年8月7日,争议商标经核准转让给可口可乐公司。

SMART

争议商标

2003年10月20日,屈臣氏公司向商标评审委员会提出撤销注册申请,其认为争议商标“SMART”的含义仅仅直接表示了其指定使用商品的品质等特征,不符合《商标法》第十一条第一款第(二)项的规定,应予撤销。

2009年2月2日,商标评审委员会作出第989号裁定。该裁定认为:争议商标含义为“整洁的,聪明的,时髦的,快速的”(以上翻译见商务印书馆牛津大学出版社《牛津高阶英汉双解词典》第6版),将其使用在指定的啤酒,无酒精饮料等商品上并不属于仅仅直接表示指定商品的品质等特征的标志,屈臣氏公司关于争议商标不具备商标识别特征的理由缺乏事实依据,不予支持。争议商标未构成《商标法》第十一条第一款第(二)项规定的情形,屈臣氏公司的撤销理由不能成立。据此,依据《商标法》第四十三条之规定裁定:争议商标予以维持。

原审诉讼中,屈臣氏公司提交了由国防工业出版社出版的《英汉辞海》及由黑龙江人民出版社出版的《英汉科技大词库》,以上述两本辞书中 SMART 词条的释义不仅包括第 989 号裁定认定的"整洁的、聪明的、时髦的、快速的",同时还包括"味浓的、别致的、时髦的、新式的"等含义。其中《英汉辞海》对于 SMART 词条的释义之一为"味浓的,以浓度或强烈气味为特征的——用于酒类"。

上述事实有争议商标档案、商标争议申请书、第 989 号裁定、《牛津高阶英汉双解词典》、《英汉辞海》、《英汉科技大词库》及各方当事人陈述等证据在案佐证。

本院认为:《商标法》第十一条第一款第(二)项规定,仅仅直接表示商品的质量、主要原料、功能、用途、重量、数量及其他特点的,不得作为商标注册。

争议商标系英文单词"SMART",该词汇是否属于仅仅直接表示商品的品质等特点的缺乏显著特征的标志,应当根据该商标核定使用商品的相关公众的通常认识来判断,外文虽有固有含义,但相关公众能够以该标志识别商品来源的,不影响其显著特征的认定。争议商标核定使用商品为饮料类商品,其相关公众范围较广,包括大多数中国消费者在内。"SMART"在《牛津高阶英汉双解词典》第6 版中有"整洁的、聪明的、时髦的、快速的"的含义,而没有"味浓的"含义。《牛津高阶英汉双解词典》是中国相关公众通常使用的英语词典之一,而屈臣氏公司不能证明其所提交的《英汉辞海》和《英汉科技大词库》为中国相关公众普遍使用,因此即使上述两种辞书中"SMART"的释义均有"味浓的",也并不能证明此种含义为中国相关公众所普遍认知,原审判决和商标评审委员会第 989 号裁定认定争议商标不属于《商标法》第十一条第一款第(二)项规定的不得作为商标注册的情形并无不当。上诉人屈臣氏公司关于争议商标缺乏显著特征、"SMART"有"味浓的"固有含义使用在饮料上会引导人们将饮料与上述含义相联系、原审判决在显著特征判断时采用的标准和具体认定有矛盾等上诉理由,均缺乏事实和法律依据,本院对此不予支持。

综上,原审判决和商标评审委员会第989号裁定认定事实清楚,适用法律正确,程序合法,应予维持。屈臣氏公司所提上诉请求及其理由均缺乏事实与法律依据,本院不予支持。依照《中华人民共和国行政诉讼法》第六十一条第(一)项之规定,判决如下:

驳回上诉,维持原判。

一、二审案件受理费人民币各一百元,均由屈臣氏企业有限公司负担(均已交纳)。

本判决为终审判决。

审 判 长 莎日娜
代理审判员 钟 鸣
代理审判员 周 波
二〇一一年十二月二十日
书 记 员 陈 明

2. 兰精股份公司与国家工商行政管理总局商标评审委员会等“莫代尔”商标行政纠纷案

北京市高级人民法院行政判决书

(2011)高行终字第 1070 号

争议商标应否撤销,要综合考虑申请及注册时的事实状态——核准注册后发生的事实状态的改变一般不能成为撤销的理由——本案争议商标申请及注册的时间远远早于“莫代尔”收入国家标准的时间——兰精公司未提供证据证明在争议商标申请或者核准注册时,“莫代尔”已成为某种纤维特有名称——兰精公司的证据不足以证明相关消费者仅将“莫代尔”认知为某种纤维——即便“莫代尔”一词根据国家标准具有某种纤维的含义,并不必然排除其具有表明商品来源标志的含义——“莫代尔”标志本身不存在可能对我国政治、经济、文化、宗教等社会公共利益和公共秩序产生消极、负面影响的情形——驳回上诉,维持原判

上诉人(原审原告)兰精股份公司,住所地奥地利共和国兰精沃克街 2 号。

授权代表阿洛伊斯·克里希鲍梅尔和奥托·哈纳曼。

委托代理人李江,男,汉族,1975 年 6 月 22 日出生,中国专利代理(香港)有限公司商标代理人,住中华人民共和国北京市海淀区牡丹园北里 1 楼东门 503 号。

委托代理人于小颖,女,汉族,1983 年 11 月 4 日出生,中国专利代理(香港)有限公司商标代理人,住中华人民共和国北京市平谷区马昌营镇西陈各庄大街 16 号。

被上诉人(原审被告)中华人民共和国国家工商行政管理总局商标评审委员会,住所地中华人民共和国北京市西城区三里河东路 8 号。

法定代表人何训班,主任。

委托代理人刘佑启,中华人民共和国国家工商行政管理总局商标评审委员会干部。

原审第三人上海赛洋科技实业有限公司,住所地中华人民共和国上海市北京东路666号F楼24层F01室。

法定代表人巫珏红,总经理。

委托代理人王浩,男,汉族,1971年11月6日出生,北京百世福达时代知识产权代理有限公司商标代理人,住中华人民共和国四川省成都市武侯区一环路南一段24号新北村7栋1单元15号。

上诉人兰精股份公司(简称兰精公司)因商标争议行政纠纷一案,不服中华人民共和国北京市第一中级人民法院(简称北京市第一中级人民法院)(2011)一中知行初字第531号行政判决,向本院提起上诉。本院于2011年5月31日受理后,依法组成合议庭,于2011年7月7日公开开庭进行了审理,上诉人兰精公司的委托代理人李江、于小颖,原审第三人上海赛洋科技实业有限公司(简称赛洋公司)的委托代理人王浩到庭参加了诉讼。被上诉人中华人民共和国国家工商行政管理总局商标评审委员会(简称商标评审委员会)经本院合法传唤,未到庭参加诉讼,本院依法进行缺席审理。本案现已审理终结。

针对赛洋公司的第1736739号"莫代尔"商标(简称争议商标),兰精公司于2009年2月6日向商标评审委员会提出撤销注册申请。2010年8月2日,商标评审委员会作出商评字〔2010〕第19343号《关于第1736739号"莫代尔"商标争议裁定》(简称第19343号裁定),裁定争议商标的注册予以维持。兰精公司不服,向北京市第一中级人民法院提起诉讼。

北京市第一中级人民法院认为:争议商标"莫代尔"于2001年1月16日申请,于2002年3月28日被核准注册。虽然2006年实施的国家标准收入了"莫代尔"一词,但争议商标注册时间远远早于国家标准。同时,考虑到一词多义的现象极为普遍,即便"莫代尔"一词根据国家标准具有某种纤维的含义,并不因此必然排除其具有表明商品来源标志的含义。兰精公司提供的证据不足以证明相关消费者仅仅将"莫代尔"认知为某种纤维。商标评审委员会认定争议商标未违反《中华人民共和国商标法》(简称《商标法》)第十一条第一款第(二)项的规定,结论正确,予以确认。"莫代尔"标志本身并无违反社会公共道德和公序良俗等情形,商标评审委员会认定争议商标未违反《商标法》第十条第一款第(八)项的规定,结论正确。

北京市第一中级人民法院依照《中华人民共和国行政诉讼法》第五十四条第(一)项的规定,判决:维持第19343号裁定。

兰精公司不服原审判决,向本院提出上诉,请求撤销原审判决及第19343号裁定,判令商标评审委员会重新作出裁定。其主要理由为:上诉人提交的证据足以证明"莫代尔"已经成为纺织行业一种再生纤维的通用名称,指代该种纤维,广为相关公众所认可,不能起到识别商品来源的作用,缺乏商标应有的显著特征。被诉裁定及原审判决均认定争议商标未构成《商标法》第十一条第一款第(二)项规定的情形,属于适用法律错误。原审判决考虑"一词多义的现象极为普遍",是为适用《商标法》第十一条第一款第(二)项设定了附加条件。

商标评审委员会、赛洋公司服从原审判决。

本院经审理查明:

争议商标系第1736739号"莫代尔"商标,由赛洋公司于2001年1月16日申请,于2002年3月28日被核准注册,核定使用在第24类的纺织品织物、床单、被面等商品上。

2009年2月6日,兰精公司向商标评审委员会提出撤销争议商标申请,理由为:争议商标违反了《商标法》第十一条第一款第(二)项和第十条第一款第(八)项的规定。同时,兰精公司向商标评审委员会提交了如下证据:1. 经国家标准化管理委员会于2005年12月31日批准、2006年3月1日起实施的《纺织名词术语(化纤部分)》国家标准第1号修改单、《中国纺织标准汇编》;2. 帕兰朵、恒适等内衣品牌的宣传单;3. 在谷歌、百度中以"莫代尔"、"纤维"为关键词的搜索结果,在百度百科中对"莫代尔纤维"的解释。2009年12月18日,赛洋公司向商标评审委员会提交了争议答辩书,并提交了如下证据:1. 上海内衣行业协会于2005年和2009年向上海莫代尔高级服饰有限公司(简称莫代尔公司)颁发的上海内衣名优产品证书;2. 国家纤维质量监督检验中心于2004年、2005年、2006年向莫代尔公司颁发的生态纤维制品标志证明商标准用证;3. 赛洋公司、上海赛洋企业管理咨询有限公司向国家标准化管理委员会发出的关于修改标准的请求书。

2010年8月2日,商标评审委员会作出第19343号裁定,认定:第1736739号“莫代尔”商标于2001年1月16日提出注册申请,兰精公司提交的《纺织名词术语(化纤部分)》国家标准第1号修改单显示,将“莫代尔(MODAL)”作为一种“用化学方法溶解纤维素纤维”的名称,其“修正日期为2005年12月31日,实施日期为2006年3月1日”,均晚于争议商标提出注册申请的日期。且兰精公司未能提供争议商标申请注册之日前专业工具书、辞典已将“莫代尔(MODAL)”列入某种纺织纤维商品通用名称的证据,也未能提供此前业内即已将“莫代尔”作为新一代人造纤维通用名称使用的证据。因此,不能认定争议商标属于《商标法》第十一条第一款第(二)项仅仅直接表示商品的主要原料及其他特点的标志,兰精公司有关争议商标构成《商标法》第十条第一款第(八)项所指具有其他的不良影响的标志因缺乏事实依据不予支持。因此,兰精公司所提撤销理由不能成立。综上,依据《商标法》第四十三条的规定,商标评审委员会裁定:争议商标予以维持。

诉讼中,兰精公司补充提交了“莫代尔”在网络搜索引擎中的搜索结果,在淘宝网上搜索“莫代尔”的商品列表。

上述事实有争议商标档案、商标争议申请书及证据、商标争议答辩书及证据、第19343号裁定及当事人陈述等证据在案佐证。

本院认为:《商标法》第十一条第一款第(二)项规定,仅仅直接表示商品的质量、主要原料、功能、用途、重量、数量及其他特点的标志不得作为商标注册。《商标法》第十条第一款第(八)项规定,有害于社会主义道德风尚或者有其他不良影响的标志不得作为商标使用。

判断争议商标应否予以撤销,应综合考虑争议商标申请及注册时的事实状态,争议商标核准注册后发生的事实状态的改变,一般不能成为争议商标予以撤销的理由。本案中,争议商标“莫代尔”于2001年1月16日申请,于2002年4月21日被核准注册,而“莫代尔”一词被收入国家标准的时间是2005年12月31日,该标准是2006年3月1日实施的,故争议商标申请及注册的时间远远早于“莫代尔”收入国家标准的时间,兰精公司未提供证据证明在争议商标申请或者核准注册时,“莫代尔”一词已经成为某种纤维的特有名称,故商标评审委员会及原审法院认定争议商标未违反《商标法》第十一条第一款第(二)项的规定正确,本院应予维持。兰精公司提供的证据不足以证明相关消费者仅仅将“莫代尔”认知为某种纤维,原审法院考虑到一词多义的现象极为普遍,认定即便“莫代尔”一词根据国家标准具有某种纤维的含义,但并不因此必然排除其具有表明商品来源标志的含义,并无不妥。“莫代尔”标志本身并不存在可能对我国政治、经济、文化、宗教等社会公共利益和公共秩序产生消极、负面影响的情形,商标评审委员会及原审法院认定争议商标未违反《商标法》第十条第一款第(八)项的规定正确,本院应予维持。

综上,原审判决认定事实清楚,适用法律正确,应予维持。兰精公司的上诉理由均不能成立,对其上诉请求,本院不予支持。依照《中华人民共和国行政诉讼法》第六十一条第(一)项之规定,判决如下:

驳回上诉,维持原判。

本案一审、二审案件受理费各人民币一百元,均由兰精股份公司负担(均已交纳)。

本判决为终审判决。

审　判　长　李燕蓉
代理审判员　潘　伟
代理审判员　万　迪
二〇一一年八月二十九日
书　记　员　李　静
书　记　员　郭雪洁

3. 上海杏灵科技药业股份有限公司与国家工商行政管理总局商标评审委员会等"杏灵"商标行政纠纷案

北京市高级人民法院行政判决书

(2011)高行终字第11号

孙哲峰以绝对禁止商标注册的理由提起撤销理由——孙哲峰死亡前已在评审中提交了相应证据——申请人是否存在对于争议裁定作出没有影响——原审法院没有通知孙哲峰的继承人参加诉讼未违反法定程序——争议商标核准注册时尚未成为药品通用名称——不属于《商标法》第十一条第一款第(一)项规定的不得予以注册的情形——驳回商评委上诉,维持原判

上诉人(原审被告)国家工商行政管理总局商标评审委员会,住所地北京市西城区三里河东路8号。

法定代表人许瑞表,主任。

委托代理人闫文丽,该商标评审委员会审查员。

被上诉人(原审原告)上海杏灵科技药业股份有限公司,住所地上海市浦东张江高科技园区哈雷路898弄5号楼1-2层。

法定代表人吴佩颖,董事长。

委托代理人袁真富,上海市协力律师事务所律师。

委托代理人邹建伟,上海舒滨律师事务所律师。

原审第三人孙哲峰,女,汉族,1980年1月18日出生,2006年1月16日死亡。

上诉人国家工商行政管理总局商标评审委员会(以下简称商标评审委员会)因商标争议行政纠纷一案,不服北京市第一中级人民法院(2010)一中知行初字第1324号行政判决,向本院提起上诉。本院2010年12月24日受理本案后,依法组成合议庭,并于2011年1月12日公开开庭进行了审理。上

诉人商标评审委员会的委托代理人闫文丽,被上诉人上海杏灵科技药业股份有限公司(以下简称杏灵公司)的委托代理人袁真富、邹建伟到庭参加了诉讼。本案现已审理终结。

1999年2月8日,杏灵公司提出第1416354号“杏灵”商标(以下简称争议商标)注册申请,并于2000年7月7日被核准注册,核定使用商品为第5类的兽医用制剂、医用饲料添加剂、医用浴剂、医用制剂、药茶、针剂、原料药(银杏酮脂)、中药成药、药酒、医用营养品、原料药,专用期限至2010年7月6日。

2004年5月13日,孙哲峰以争议商标系药品通用名称,其注册违反《中华人民共和国商标法》(以下简称《商标法》)第十一条的规定为由,向商标评审委员会提出撤销争议商标注册的申请。

2009年12月14日,商标评审委员会作出商评字〔2009〕第34666号《关于第1416354号“杏灵”商标争议裁定书》(以下简称第34666号裁定),对争议商标在兽医用制剂、医用饲料添加剂商品上的注册予以维持,在其余商品上的注册予以撤销。

杏灵公司不服,向北京市第一中级人民法院提起诉讼。

北京市第一中级人民法院认为,争议商标是否属于通用名称,一般以提出商标注册申请时的事实状态为准。依据《中华人民共和国药品管理法》(以下简称《药品管理法》)第三十二条及第五十条的规定,国务院药品监督管理部门颁布的《中华人民共和国药典》和药品标准为国家药品标准,列入国家药品标准的药品名称为药品通用名称。已作为药品通用名称的,该名称不得作为药品商标使用。根据《新药转正式生产批件》及后附“杏灵颗粒”标准(试行)及其说明书、《国家药品标准(新药试生产转正式标准)颁布件》及后附“杏灵颗粒”国家药品标准及其说明书可以证明“杏灵颗粒”属于中药药品通用名称,但是,根据国家药品监督管理局2002年12月16日批准给杏灵公司的《国家药品标准(新药试生产转正式标准)颁布件》以及该文件后附的“杏灵颗粒”国家药品标准及其说明书所示情况,“杏灵颗粒”正式具有法律确定意义上的中药药品名称的时间是2002年12月16日,且准予实施日期为2003年2月16日,而争议商标的申请注册时间是1999年2月8日,核准注册时间是2000年7月7日,此时“杏灵颗粒”作为杏灵公司申请生产的新药名称并未被收录到药典中,因此争议商标在被核准注册之前,“杏灵颗粒”

并未成为药品的通用名称,争议商标不具有《商标法》第十一条第一款第(一)项规定的不得予以注册的情形。商标评审委员会依据在后的“杏灵颗粒”中药药品名称事实,判定争议商标注册不当的结论缺乏事实依据,应不予支持。

综上,北京市第一中级人民法院依照《中华人民共和国行政诉讼法》第五十四条第(二)项第1目之规定,判决:撤销商标评审委员会作出的第34666号裁定。

商标评审委员会不服原审判决,向本院提起上诉,请求:撤销原审判决,维持第34666号裁定。其主要上诉理由是:1. 原审法院未通知原审第三人的继承人参加诉讼,违反了法定程序。2. 争议商标的注册违反了《商标法》第十一条第一款第(一)项的规定。2000年4月29日,杏灵颗粒转入正式生产,实施国家药品监督管理局发布的关于杏灵颗粒的试行标准。因此在2000年4月29日杏灵颗粒已经被列入国家药品标准,成为通用名称。

杏灵公司服从原审判决。

经审理查明:1999年2月8日,杏灵公司提出争议商标注册申请,并于2000年7月7日被核准注册,核定使用商品为第5类的兽医用制剂、医用饲料添加剂、医用浴剂、医用制剂、药茶、针剂、原料药(银杏酮脂)、中药成药、药酒、医用营养品、原料药,专用期限至2010年7月6日。

2004年5月13日,孙哲峰就争议商标提起撤销申请,理由是:争议商标被用于杏灵公司生产的药品“杏灵颗粒”名称中,而该名称早已被列入1998年1月9日国家药品监督管理局批准的国家药品标准中,属于药品通用名称,依据《药品管理法》的相关规定,药品通用名称不得用于商标注册。因此,不符合《商标法》第十一条第一款第(一)项的规定。

孙哲峰为证明其主张,向商标评审委员会提交了如下证据:1. 国家药品监督管理局2000年4月29日批准给杏灵公司的《新药转正式生产批件》,其上载明:新药名称为杏灵颗粒,原试生产批准文号为(98)卫药试字Z-002号,批准日期为1998年1月9日,试产期2年,申请生产单位为杏灵公司,正式生产批准文号为国药准字Z20000050,该文件后附“杏灵颗粒”标准(试行)及其说明书。2. 国家药品监督管理局2002年12月16日批准给杏灵公司的《国家药品标准(新药试行标准转正式标准)颁布件》,其上载明:药品名称为杏灵颗粒,生产单位为杏灵公司,新药证书编号为(98)卫药试字 Z－006 号,批准文号为国药准字 Z20000050,保护期为 1998 年 1 月 9 日至 2004 年 1 月 8 日,实施日期 2003 年 2 月 16 日,该文件后附"杏灵颗粒"国家药品标准及其说明书。

2009 年 12 月 14 日,商标评审委员会作出第 34666 号裁定,该裁定认为:本案争议焦点在于,争议商标是否构成《商标法》第十一条第一款第(一)项所指的仅有本商品的通用名称的情形。本案中,在争议商标申请注册日 1999 年 2 月 8 日之前的 1998 年 1 月 9 日,杏灵公司获得国家药品监督管理局批准生产一种名称为"杏灵颗粒"的新药,试产两年,2000 年正式投入生产,2002 年 12 月 16 日该新药获得新药药品正式标准。国家药品监督管理局出具的相关文件表明,杏灵公司自 1998 年开始生产新药,名称一直为"杏灵颗粒",该名称作为药品名称被列入国家药品标准。依据中华人民共和国卫生部药典委员会编《中国药品通用名称》一书中的《中国药品通用名称命名原则》,"杏灵颗粒"中的"杏灵"是药品名称,颗粒表示该药品剂型。依据《药品管理法》第五十条,"列入国家药品标准的药品名称为药品通用名称。已作为药品通用名称的,该名称不得作为药品商标使用";第一百零二条,"本法中药品,是指用于预防、治疗、诊断人的疾病,有目的地调节人的生理机能并规定有适应症或者功能主治、用法和用量的物质,包括中药材、中药饮片、中成药、化学原料药及其制剂、抗生素、生化药品、放射性药品、血清、疫苗、血液制品和诊断药品等"的规定,争议商标"杏灵"文字属于《药品管理法》所指的药品通用名称。因此,争议商标指定使用在除兽医用制剂、医用饲料添加剂以外的医用制剂等商品上,构成《商标法》第十一条第一款第(一)项所指的仅有本商品的通用名称的标志。争议商标指定使用在兽医用制剂、医用饲料添加剂商品不属于《药品管理法》所指的药品,其指定使用在该商品上,具有区分商品来源的标识作用。因此裁定,争议商标在兽医用制剂、医用饲料添加剂商品上的注册予以维持,在其余商品上的注册予以撤销。

杏灵公司在原审诉讼中主张:根据国家药品监督管理局发布的《中国药品通用名称命名原则》"(二)中药通用名称命名 4. 中成药命名"的规定,单味制剂一般应采用中药材、中药饮片或中药提取物加剂型命名。例如"银杏叶片",属于中药材"银杏叶"加剂型"片","杏灵颗粒"按照上述规定不符合中药药品命名要求,应当通过相关部门撤销“杏灵颗粒”药品名称。

商标评审委员会对杏灵公司的上述主张不予认可,并认为国家药品监督管理局的审批已经确立了“杏灵颗粒”作为药品名称的事实,且药品名称的审批从宽松到严格规范有其发展过程,杏灵公司在长达数年的时间里一直享用该药品名称权,从未主张过名称申请有误,现其以此请求中止评审不符合评审程序要求。

原审诉讼中,杏灵公司为证明其经过对“杏灵”标志的长期使用,已使“杏灵”取得了作为商标的显著识别特征,向原审法院提交了大量的获奖荣誉证书,包括2007年《上海市著名商标证书》、交易发票、上海市广告费票据及广告费明细单、2003~2005年的会计统计报表等证据。

商标评审委员会认为:1. 上述证据中只有一部分获奖荣誉证书是杏灵公司在评审期间提交的证据,除此之外的证据均系其于诉讼期间提交的证据,不是评审的证据依据,与第34666号裁定无关。2. 即便可以考虑通过长期使用获得商标显著性问题,对该事实的审查也应持相对严格的标准,仅为一般知名度不足以抵消和改变商品通用名称在公众心目中的印象,杏灵公司在评审期间的证据不足以证明其主张。3. 杏灵公司在原审诉讼中增加的证据均缺乏与证明对象的关联性,看不出是争议商标所体现的事实。

杏灵公司还提交了“三九胃泰”商标详细信息及国家药品监督管理局网上查询的药品名称记录,用以证明“三九胃泰”作为中药药品名称,同时也是注册商标,与本案情况相同,认为商标评审委员会对于同样情况执法结果却不一致。商标评审委员会表示,1. 该证据评审中没有提交;2. 评审商标案件遵循个案审查原则,例证不是评审裁决的法定依据;3. 两者无可比性,各案之间因各自具体情况的不同,允许有不同的结果,比如“三九胃泰”或因其已具有了极高的知名度,足以具备作为商标的显著性就可以注册为商标。

二审诉讼中,杏灵公司提交了其申请将药品标准中的药品名称“杏灵颗粒”变更为“银杏酮酯颗粒”的补充申请被上海市食品药品监督管理局受理的相关材料。商标评审委员会认为,上述证据没有在评审阶段提交,不是第34666号裁定作出的依据,而且“杏灵颗粒”目前仍然是国家药品标准的这一事实并未改变。

另查,孙哲峰于2006年1月16日死亡。

上述事实有争议商标档案、争议申请书、孙哲峰向商标评审委员会提交的证据、杏灵公司在商标评审和诉讼中提交的证据、证明孙哲峰死亡的《北京市居民死亡医学证明书》以及当事人陈述等证据在案佐证。

本院认为:本案原审第三人孙哲峰于2004年5月13日对争议商标提出撤销申请,于2006年1月16日死亡。商标评审委员会仍以孙哲峰为争议申请人于2009年12月14日作出第34666号裁定,经原审法院查证,孙哲峰已死亡。因孙哲峰所提撤销争议商标的理由为绝对禁止商标注册的理由,其在评审程序中也已经提供了相应证据,商标评审委员会第34666号裁定实际已经表明这种情况下争议申请人是否存在对争议裁定的作出不产生影响,基于同样的理由原审法院未通知孙哲峰的继承人参加诉讼也不违反法定程序。商标评审委员会关于原审法院未通知孙哲峰的继承人参加诉讼属程序违法的上诉主张,缺乏依据,本院不予支持。

《商标法》第十一条第一款第(一)项规定,仅有本商品的通用名称的标志不得作为商标注册。判断争议商标是否属于通用名称,一般以提出商标注册申请时的事实状态为准。如果申请时不属于通用名称,但在核准注册时已经成为通用名称的,仍应认定其属于本商品的通用名称;虽在申请时属于本商品的通用名称,但在核准注册时已经不是通用名称的,则不妨碍其取得注册。

依据《药品管理法》第三十二条及第五十条的规定,国务院药品监督管理部门颁布的《中华人民共和国药典》和药品标准为国家药品标准,列入国家药品标准的药品名称为药品通用名称。已作为药品通用名称的,该名称不得作为药品商标使用。

本案中,争议商标的申请日为1999年2月8日,核准注册日为2000年7月7日。国家药品监督管理局将"杏灵颗粒"纳入国家药品标准的时间是2002年12月16日,在本案争议商标核准注册之后,因此争议商标在被核准注册时尚未成为药品的通用名称,争议商标不具有《商标法》第十一条第一款第(一)项规定的不得予以注册的情形。商标评审委员会关于"杏灵颗粒"于2000年4月29日被国家药品监督管理局批准转入正式生产并实施试行标准就意味着争议商标构成通用名称的上诉主张缺乏依据,本院不予支持。

综上,原审判决认定事实清楚,适用法律正确,程序合法,应予维持。商标评审委员会所提上诉请求及其理由,缺乏依据,本院不予支持。依照《中华人民共和国行政诉讼法》第六十一条第(一)项之规定,判决如下:

驳回上诉,维持原判。

一审案件受理费人民币一百元,由国家工商行政管理总局商标评审委员会负担(于本判决生效之日起七日内交纳);二审案件受理费人民币一百元,由国家工商行政管理总局商标评审委员会负担(已交纳)。

本判决为终审判决。

审　判　长　莎日娜
代理审判员　钟　鸣
代理审判员　周　波
二〇一一年二月二十八日
书　记　员　陈　明

4. 佳选企业服务公司与国家工商行政管理总局商标评审委员会"BEST BUY 及图"商标行政纠纷案

最高人民法院行政判决书

(2011)行提字第9号

申请商标的注册程序尚未完成——评审时包括诉讼过程中的事实状态都是决定是否驳回商标注册需要考虑的——佳选公司一审诉讼中提交申请商标实际使用的证据应予考虑——申请商标整体具有显著特征,便于识别——国际上有较高知名度——在我国已经实际使用——经过使用具有了一定的知名度——识别服务来源的功能——商评委及一、二审法院对申请商标的显著性没有进行整体判断——未考虑佳选公司新提交的证据——结论错误——予以纠正

申请再审人(一审原告、二审上诉人):佳选企业服务公司。住所地:美利坚合众国明尼苏达州里菲尔德宾街南路7601号。

法定代表人:托德·哈特曼,该公司副总裁。

委托代理人:高岩,北京市铸成律师事务所律师。

委托代理人:王亭人,北京市铸成律师事务所实习律师。

被申请人(一审被告、二审被上诉人):中华人民共和国国家工商行政管理总局商标评审委员会。住所地:中华人民共和国北京市西城区三里河东路8号。

法定代表人:何训班,该委员会主任。

委托代理人:戴艳,该委员会审查员。

委托代理人:张宁,该委员会审查员。

佳选企业服务公司(简称佳选公司)与中华人民共和国国家工商行政管理总局商标评审委员会(简称商标评审委员会)商标驳回复审行政纠纷一案,北京市高级人民法院于2010年11月23日作出(2010)高行终字第861号行政判决,已经发生法律效力。佳选公司不服该判决向本院申请再审。本院于

2011年5月19日作出(2011)知行字第6号行政裁定提审本案,并依法组成合议庭,于2011年6月29日公开开庭进行审理。佳选公司的委托代理人高岩、王亭入,商标评审委员会的委托代理人戴艳、张宁到庭参加诉讼。本案现已审理终结。

北京市第一中级人民法院一审查明:2004年2月12日,佳选公司向中华人民共和国国家工商行政管理总局商标局(简称商标局)提出在第35类推销(替他人)、进出口代理等服务项目上注册第3909917号"BEST BUY及图"商标(简称申请商标)。申请商标由英文单词"BEST"、"BUY"以及一方框图形构成,其中两个英文单词上下排列,方框图形的底色为黄色(详见下图)。

申请商标

2006年2月28日,商标局认为申请商标以该文字作为商标用在指定使用服务上,仅仅直接表示了服务的品质和特点,决定驳回注册申请。2006年3月17日,佳选公司向商标评审委员会提出复审申请,主张申请商标在外观设计、文字构成以及含义等方面均具有较强的独创性,符合商标申请注册的显著性要件;申请商标经过长期、持续使用,已具备了商标注册的显著性。并于同年6月16日提交了该公司在美国的旧金山以及加利福尼亚开设零售店分布的情况,以及在其他国家或地区注册申请商标的情况;在其网站上对申请商标进行宣传的情况以及有关咨询公司对中国大陆地区登录佳选公司网站的统计数据等证据材料,作为支持其提出的该商标经使用获得显著性的证据。

2008年5月28日,商标评审委员会作出商评字〔2008〕第05222号《关于第3909917号"BEST BUY及图"商标驳回复审决定》(简称第5222号决定)。该决定认为,申请商标中"BEST"含义为最好的、最优秀的、最有利的等,"BUY"含义为买、买卖、交易等,"BEST BUY"可以翻译为最好的交易或者最好的买卖,使用在指定服务项目上,仅仅直接表示了服务的品质和特点,且缺乏作为商标应有的显著特征。依据《中华人民共和国商标法》(简称商标法)第十一条第一款第(二)、(三)项和第二十八条的规定,对申请商标予以驳回。

佳选公司不服第5222号决定,向北京市第一中级人民法院提起行政诉讼。北京市第一中级人民法院一审认为:《商标法》第十一条第一款是针对缺乏显著特征的标识不得作为商标注册的情形所作的规定。商标评审委员会基于申请商标缺乏显著性的认定,根据《商标法》第十一条第一款第(二)项、第(三)项的规定,驳回佳选公司的商标注册申请。该驳回理由并非一个新的驳回理由,不属于变更或增加驳回理由的情形。佳选公司认为商标评审委员会改变驳回理由,却未给予其陈述申辩的机会,所作第5222号决定程序违法的诉讼主张不能成立。申请商标由英文单词"BEST"、"BUY"以及底色为黄色的一方框图形构成的图文组合商标。其中的图形部分构图简单,文字部分使用两个较为常用的英文单词上下单独排列的方式构成。相对于图形部分,文字部分更易为消费者所关注,是该商标的显著识别部分。且"BEST"、"BUY"属于英文中较常用的词汇,中国消费者对于上述单词含义的认知度较高,而"BEST"、"BUY"组合在一起,并未形成其他新的含义。根据中国消费者对外文商标的认读习惯,易以外文单词的含义来识别、记忆。当消费者看到使用在推销(替他人)、商业辅助管理服务上的申请商标时,易识别为"最好的买卖"或"最好的交易"。而该含义直接描述了指定使用服务项目的特点,不具有区别服务来源的功能,缺乏商标应有的显著性。商标评审委员会认定申请商标属于《商标法》第十一条第一款第(三)项规定的不得作为商标注册情形并决定驳回该商标的注册申请正确,应予支持。佳选公司关于申请商标具有显著性的诉讼理由,依据不足,不予采信。综上,北京市第一中级人民法院于2010年1月6日作出(2009)一中行初字第388号行政判决,维持第5222号决定。

佳选公司不服一审判决,向北京市高级人民法院提起上诉。北京市高级人民法院二审认为:商标局依据《商标法》第十一条第一款第(二)项,以"BEST BUY"作为商标用在所申请的服务上,仅仅直接表示了服务的品质和特点为由,驳回了注册申请。佳选公司不服上述决定,向商标评审委员会提出复审时,不仅针对上述决定陈述了理由,同时还提出该公司经过对申请商标的长期、持续使用,已具备商标注册的显著性要件等理由及证据。商标评审委员会针对商标局决定的理由以及佳选公司提出的复审理由,进行了全面复审,并依据《商标法》第十一条第一款第(二)、(三)项作出第5222号决定正确,并未违反法定程序。从申请商标的整体视觉效果来看,“BEST BUY”的文字属于其显著部分,“BEST”和“BUY”作为两个具有实际含义且被中国消费者认知度较高的英文单词,前者的中文含义为“最好的”,后者含义为“买卖、交易”,使用于指定服务项目,确系直接表示了服务的品质和特点。同时,佳选公司提交的证据,即该公司在美国的旧金山以及加利福尼亚开设零售店分布的情况、在其他国家或地区注册申请商标的情况、在其网站上对申请商标进行宣传的情况以及有关咨询公司对中国大陆地区登录该公司网站的统计数据等证据材料,并不足以证明申请商标在中国境内使用获得了显著性,因此,商标评审委员会认为缺乏足够证据支持,且申请商标缺乏显著性正确。综上,北京市高级人民法院于2010年11月23日作出(2010)高行终字第861号行政判决,驳回上诉维持原判。

佳选公司申请再审称:1.申请商标自身具备显著性。申请商标是一个极具特色的组合商标,由标签图形“ ”、鲜亮的黄色和“BEST”、“BUY”文字组合而成。其中黄色的标签图形,为佳选公司所独创,是申请商标中最具独创性的部分,已在包括第35类在内的多个类别上在中国获准作为商标注册。申请商标在已获注册的黄色的标签图形的基础上,加上了“BEST”与“BUY”文字,构成了包含图形、色彩、文字三要素浑然一体的组合商标,在整体上具有显著性,能够区分商品或服务的来源,已在众多英语国家都获得了注册。中国是以汉语为母语的国家,绝大多数消费者对英文的认知和注意程度远不如图形,所以“BEST”、“BUY”文字在组合商标中居于辅助和次要的地位。既然单独的黄色标签图形都能获准注册,在黄色标签图形基础上加入佳选公司商号“BEST BUY”文字的申请商标更应该获准注册。第5222号决定和一、二审判决对申请商标中的极具独创性的图形和颜色部分没有整体考虑,认定申请商标没有显著性,属认定事实不清,也与《最高人民法院关于审理商标授权确权行政案件若干问题的意见》关于整体判断、外文商标显著性判断原则等相抵触。2.通过在中国的大量使用,申请商标增加了显著性,完全能够区分服务来源,应当被核准注册。佳选公司在诉讼程序中提交的长达531页的补充证据充分说明了申请商标通过在中国的使用和商业宣传已形成特定的市场含义,成为相关公众识别佳选公司提供服务的唯一标志,并具有较高的知名度和美誉度,完全应当获准注册。原审法院对于佳选公司的上述证据不予采纳,理由是上述证据“为诉讼中提交的新证据,且无正当理由”。佳选公司认为,由于在商标评审程序中商标评审委员会的程序违法,剥夺了佳选公司的举证权和申辩权,使得佳选公司无法在行政程序中提交上述证据。佳选公司在诉讼中提交新证据有合理的理由,并且不属于在行政程序中应当提供而拒不提供的。原审法院对佳选公司的上述证据不予采纳是错误的。3. 商标评审委员会在商标局的驳回理由之外增加《商标法》第十一条第一款第(三)项这一新的驳回理由,但未依法通知佳选公司陈述申辩,违反了法定程序,剥夺了佳选公司申辩、举证的权利,导致佳选公司未能提交本可以在商标驳回复审中提交的证据,使得佳选公司依法应享有的程序权利和实体权利都被剥夺,严重侵害了佳选公司的法定权利,也使得商标评审委员会未能依据评审时的事实状态进行评审,适用法律错误。4.《商标法》第十一条第一款第(一)项、第(二)项和第(三)项只能分别适用,而不能同时适用第(二)项及第(三)项。本案中,商标评审委员会同时适用《商标法》第十一条第一款第(二)项和第(三)项,属于明显的法律适用错误。原审判决对于佳选公司关于商标评审委员会适用法律错误的主张未进行评述,属严重遗漏审理佳选公司的诉讼理由。综上,佳选公司请求撤销一、二审判决和第 5222 号决定,核准申请商标注册。

商标评审委员会答辩称:1. 申请商标中文字“BEST BUY”为其显著部分,“BEST”和“BUY”作为两个具有实际含义且被中国消费者认知较高的英文单词,其组合易被识别为“最好的交易”或者“最好的买卖”,将其使用在指定服务项目上,直接表示了服务的品质和特点,不具有区别服务来源的功能,缺乏商标应有的显著性。佳选公司在评审阶段提交的证据不足以证明申请商标经过长期、持续的使用,已经具备可以作为商标注册的显著特征。2. 第 5222 号决定不属于增加新驳回理由,并未违反法定程序,亦未剥夺佳选公司举证和申辩的权利。3. 商标评审委员会适用法律正确。综上,请求驳回再审申请,维持二审判决。

本院再审查明,一、二审法院认定的事实属实,本院予以确认。另查明,在一审期间,佳选公司向法院提交了佳选公司在中国大陆使用申请商标从事商业活动以及与之有关的报刊报道等证据 75 份。一审法院认为这些证据均为诉讼中提交的新证据,且无正当理由,故不予采纳。经查,佳选公司为世界500强企业,在北美家电零售排名第一。2007年1月,佳选公司在我国的第一家门店在上海市开业经营,引发媒体的广泛报道和业界的关注。佳选公司在经营活动和广告宣传中使用申请商标。

本院再审认为:在作出不利裁决之前,给予当事人陈述意见和提交证据的机会,是正当程序的基本要求,也是商标评审程序应当遵循的原则。在针对商标局驳回决定的复审程序中,如果商标评审委员会在商标局驳回决定所适用法律之外,欲引入新的理由驳回商标注册申请的,应当给予商标申请人就新的理由陈述意见和提交证据的机会。本案中,商标局依据《商标法》第十一条第一款第(二)项,以"BEST BUY"作为商标用在所申请的服务上,仅仅直接表示了服务的品质和特点为由,驳回了佳选公司的注册申请。佳选公司向商标评审委员会提出复审时,不仅针对商标局作出的驳回决定陈述了理由,还就申请商标具有较强的独创性,符合商标申请注册的显著性要件以及申请商标经过长期、持续使用,已具备了商标注册的显著性等问题陈述了意见,并提交了相关证据。商标评审委员会在商标局法律适用的基础上,虽然增加适用《商标法》第十一条第一款第(三)项,但是该条款与商标局适用条款均属商标显著性问题。如前所述,佳选公司已经就相关问题陈述了意见并提交了相关证据,商标评审委员会没有必要通知佳选公司另行专门就第(三)项的适用发表陈述。商标评审委员会在此基础上适用《商标法》第十一条第一款第(二)、(三)项作出第5222号决定,未严重损害佳选公司的权利,没有剥夺佳选公司申辩、举证的权利,因此佳选公司关于商标评审委员会评审程序违法的主张不能成立。

商标驳回复审案件中,申请商标的注册程序尚未完成,评审时包括诉讼过程中的事实状态都是决定是否驳回商标注册需要考虑的。本案中,佳选公司在一审诉讼过程中提交了申请商标实际使用的大量证据,这些证据所反映的事实影响申请商标显著性的判断,如果不予考虑,佳选公司将失去救济机会,因此在判断申请商标是否具有显著特征时,应当考虑这些证据。一审法院以这些证据为诉讼中提交的新证据,且无正当理由,对上述证据不予采纳的做法不妥。

商标的主要功能在于识别商品或者服务的来源。要实现该功能,申请注册的商标必须具有显著特征,相关公众会将其视为商标,并以其识别商品或者服务的来源。仅有本商品的通用名称、图形、型号的,或者仅仅直接表示商品的质量、主要原料、功能、用途、重量、数量及其他特点的,以及缺乏显著特征的标志不得作为商标注册。人民法院在审理商标授权确权行政案件时,应当根据诉争商标指定使用商品的相关公众的通常认识,从整体上对商标是否具有显著特征进行审查判断。标志中含有的描述性要素不影响商标整体上具有显著特征,相关公众能够以其识别商品来源的,应当认定其具有显著特征。本案中,申请商标由英文单词"BEST"、"BUY"以及黄色的标签方框构成,虽然其中的"BEST"和"BUY"对于指定使用的服务具有一定描述性,但是加上标签图形和鲜艳的颜色,整体上具有显著特征,便于识别。同时,根据新查明的事实,申请商标在国际上有较高知名度,且申请商标在我国已经实际使用,经过使用也具有了一定的知名度。综合上述因素,申请商标能够起到识别服务来源的功能,相关公众能够以其识别服务来源。商标评审委员会和一、二审法院对申请商标的显著性没有进行整体判断,同时未考虑佳选公司新提交的证据,认定申请商标不具有显著性的结论错误,本院予以纠正。

综上,佳选公司的部分再审理由成立,第5222号决定和一、二审判决认定事实不清,适用法律错误,应予撤销。商标评审委员会应当重新作出复审决定。依照《中华人民共和国行政诉讼法》第五十四条第(二)项、第六十一条第(三)项、第六十三条第二款、《最高人民法院关于执行〈中华人民共和国行政诉讼法〉若干问题的解释》第七十六条第一款、第七十八条之规定,判决如下:

一、撤销北京市高级人民法院(2010)高行终字第861号行政判决及北京市第一中级人民法院(2009)一中行初字第388号行政判决;

二、撤销中华人民共和国国家工商行政管理总局商标评审委员会商评字〔2008〕第05222号《关于第3909917号"BEST BUY及图"商标驳回复审决定》;

三、中华人民共和国国家工商行政管理总局商标评审委员会重新作出复审决定。

一审案件受理费一百元、二审案件受理费一百元,共二百元,由中华人民共和国国家工商行政管理总局商标评审委员会负担。

本判决为终审判决。

审　判　长　夏君丽
审　判　员　殷少平
代理审判员　周云川
二〇一一年十月二十八日
书　记　员　曹佳音

5. 长沙沩山茶业有限公司与国家工商行政管理总局商标评审委员会等“沩山牌及图”商标行政纠纷案

最高人民法院行政判决书

(2011)行提字第7号

本案争议商标使用时间较长——已建立一定的市场声誉——相关公众能够以其识别商品来源——并不仅仅直接表示商品的质量、主要原料、功能、用途、重量、数量及其他特点——商评委、原审法院以争议商标含有“沩山”文字就认为其整体缺乏显著性——事实错误,应予纠正

申请再审人(一审原告、二审上诉人):长沙沩山茶业有限公司,住所地湖南省宁乡县沩山密印寺。

法定代表人:黄雪钦,该公司董事长。

委托代理人:赵建梅,该公司顾问。

被申请人(一审被告、二审被上诉人):国家工商行政管理总局商标评审委员会,住所地北京市西城区三里河东路8号。

法定代表人:何训班,该委主任。

委托代理人:王超,该委审查员。

被申请人(一审第三人、二审被上诉人):湖南宁乡沩山湘沩名茶厂,住所地湖南省宁乡县沩山乡集镇。

法定代表人:李锡财,该厂厂长。

被申请人(一审第三人、二审被上诉人):湖南沩山名茶厂,住所地湖南省宁乡县沩山乡密印寺。

法定代表人:周伴军,该厂厂长。

被申请人(一审第三人、二审被上诉人):宁乡县沩山乡茶叶协会,住所地湖南省宁乡县沩山乡集镇。

法定代表人:李锡才,该协会会长。

被申请人(一审第三人、二审被上诉人):湖南宁乡沩山军民茶叶实业有限公司,住所地湖南省宁乡县沩山乡集镇。

法定代表人:周伴军,该公司总经理。

被申请人(一审第三人、二审被上诉人):长沙市沩峰茶厂,住所地湖南省宁乡县沩山乡金城村。

法定代表人:姜胜标,该厂厂长。

被申请人(一审第三人、二审被上诉人):湖南省宁乡县沩山密印茶厂,住所地湖南省宁乡县沩山乡密印寺。

法定代表人:高命军,该厂厂长。

以上六被申请人的共同委托代理人:周宏,湖南省正邦商标事务所所长。

以上六被申请人的共同委托代理人:吴炼,北京市赵湘宁律师事务所长沙分所律师。

长沙沩山茶业有限公司(简称沩山茶业公司)与国家工商行政管理总局商标评审委员会(简称商标评审委员会)、湖南宁乡沩山湘沩名茶厂(简称湘沩名茶厂)等商标行政纠纷一案,北京市高级人民法院于2007年12月19日作出(2007)高行终字第583号行政判决,已经发生法律效力,沩山茶业公司不服该判决向本院申诉。本院依法组成合议庭,公开开庭审理本案,并于2011年3月17日作出(2011)知行字第3号行政裁定,对本案进行提审,现已审理终结。

沩山茶业公司申请再审称,商标评审委员会依职权擅自转换本案适用的法律条款,程序违法,二审法院判决认定商标评审委员会作出的商评字〔2007〕第265号《关于第552102号"沩山牌及图"商标争议裁定书》(简称第265号裁定)程序合法无事实和法律依据;沩山茶业公司第552102号"沩山牌及图"注册商标具有固有的和获得的显著特征,不属于仅仅直接表示指定使用商品的品质特点的标识,商标评审委员会滥用缺乏显著性的概念,裁定撤销该商标违法。争议商标在湘沩名茶厂等六被申请人成立之前已经核准注册,商标评审委员会认定争议商标损害公共利益缺乏事实依据。请求撤销二审法院判决及商标评审委员会第265号裁定。

商标评审委员会答辩称,商标评审委员会作出的第265号裁定认定事实清楚,适用法律正确,二审法院维持该裁定正确。请求驳回沩山茶业公司的再审申请,维持二审法院判决。

湘沩名茶厂等六被申请人答辩称,商标评审委员会是国家商标行政部门,其行使职能时是根据当事人所争议的事实决定适用的法律,其作出的第265号裁定不存在程序违法;沩山茶为历史名茶,具有典型的产地意义,应视为公共资源,他人不得作为商标垄断使用。请求驳回沩山茶业公司的再审申请,维持二审法院判决。

北京市第一中级人民法院审理查明,争议商标原系湖南省宁乡县茶叶公司于1990年5月11日向国家工商行政管理总局商标局(简称商标局)提出的注册申请,商标局于1991年5月20日经核准注册,注册号为552102。2002年2月,该商标经核准转让给湖南省宁乡八溪茶厂,2002年6月6日转让给沩山茶业公司。2004年6月14日,湘沩名茶厂等六公司以"沩山毛尖"为茶叶商品的通用名称,争议商标以茶叶商品的通用名称注册违反了《商标法》第十一条第一款、第四十一条第一款的规定为由,向商标评审委员会申请撤销争议商标,同时提交了相应证据。2005年5月9日,宁乡县沩山乡茶叶协会向商标评审委员会提交了"关于对'沩山'争议商标答辩的补充意见",认为"沩山毛尖"、"沩山茶叶"出名的关键因素乃其独特的自然环境造就了其独特的上等品质。商标评审委员会于2006年11月30日向沩山茶业公司发出通知,指出"以上商标注册在指定使用商品上,仅仅直接表示了指定使用商品的品质特点,缺乏显著特征,违反了《商标法》第十一条第一款第(二)、(三)项的规定",并要求沩山茶业公司在收到该通知之日三十天内作出书面答辩。沩山茶业公司针对该通知进行了答辩并提交了该商标于2002年被认定为湖南省著名商标等证据。

商标评审委员会经审查认为,"沩山茶"作为一个历史悠久的茶叶品种,多年来以其稳定、独特的品质,广受好评,在市场上享有较高的声誉,并已得到了公众的认可。沩山乡现在有许多家茶叶生产厂家,这些生产厂家均对其产品进行了广泛的市场宣传,并获得了相应的国际认证资格证书及荣誉称号。沩山茶之所以能够获得如此高的知名度,有地理和人文两方面的原因,尤其要得益于当地独特的地理、自然环境。从《中国名茶志》中对于"沩山毛尖"的记载可以看出,沩山毛尖优良的品质是沩山地区独特的自然环境造成的。沩山乡现在有数家茶叶生产企业,这些企业中一部分还申请注册了商标,如“宁沩”、“湘沩”等,所有这些企业都应合理享用这些自然资源和社会资源,并且要在合理的限度内,不能妨碍其他人的正当使用。沩山茶业公司在获得了争议商标等三件“沩山”商标的专用权后,试图禁止其他沩山茶农在茶叶类商品上使用“沩山”字样,其在茶叶类商品上独占“沩山”这一公共资源的意图十分明显,已经妨碍了其他沩山茶农的正当权益。茶叶是一种地域性很强的商品,不同产地的茶叶,其品质、特点完全不同。茶叶产地的名称同时也表明了此种茶叶突出的、区别于其他产地的茶叶商品的品质特点。争议商标虽然还有图形部分,但依据一般消费习惯,消费者会将文字部分作为商标的主要识别和呼叫对象,争议商标的图形部分无法使其整体产生显著性。争议商标的拼音与其文字部分的“沩山”是对应的;文字部分缺乏显著特征,拼音部分亦无法使其产生显著特征。虽然争议商标与沩山茶业公司的字号一致,但这种一致与判断争议商标是否具备显著特征并无直接关系,争议商标并不能因此而具备显著性。依据《商标法》第十一条第一款第(二)项、第(三)项;第四十一条第一款、第四十三条的规定,于2007年2月28日作出第265号裁定,对沩山茶业公司注册的“沩山牌及图”商标予以撤销。

沩山茶业公司不服该裁定,向北京市第一中级人民法院提起行政诉讼。

北京市第一中级人民法院经审理认为,根据本案现有证据,能够证明湖南省宁乡县沩山乡自古产茶。并且沩山乡独特的地理和自然环境决定了沩山茶的品质特点。争议商标由沩山牌文字及图组成,一般消费者会将文字部分作为商品的主要识别部分和呼叫对象,故其整体亦不具有显著性。商标评审委员会第265号裁定认定争议商标已构成直接表示指定使用商品的品质特点、缺乏显著特征的行为,并无不妥。《商标法》第十一条第一款规定了三项关于商标不具有显著性的不同情形。湘沩名茶厂等六公司认为争议商标违反了《商标法》第十一条第十款第(一)项向商标评审委员会提出申请撤销争议商标,商标评审委员会针对湘沩名茶厂等六公司提出的撤销理由进行审理,认为争议商标违反了《商标法》第十一条第一款第(二)、(三)项的规定,并通知沩山茶业公司进行答辩。虽然商标评审委员会变更了湘沩名茶厂等六公司提出申请引用的法律条款,但是该变更行为并没有导致当事人答辩理由以及证据的根本改变,而且商标评审委员会给予了沩山茶业公司陈述意见的机会,故对沩山茶业公司关于商标评审委员会违反法定程序的诉讼理由不予支持。第 265 号裁定认定事实清楚、结论正确,沩山茶业公司要求撤销第 265 号裁定的诉讼请求,缺乏事实及法律依据,不予支持。依照《最高人民法院关于执行〈中华人民共和国行政诉讼法〉若干问题的解释》第五十六条第(四)项,判决驳回沩山茶业公司的诉讼请求。

沩山茶业公司不服该判决,向北京市高级人民法院提出上诉。

北京市高级人民法院经审理认为,《商标评审规则》第二十九条规定,商标评审委员会审理请求撤销注册商标的案件,应当针对当事人申请和答辩的事实、理由及请求进行评审。根据该规定,商标评审委员会审理撤销注册商标案件应在当事人提出的事实理由及请求的基础上进行审查。商标评审委员会在就湘沩名茶厂等六公司申请撤销争议商标的事实进行的审查中,在湘沩名茶厂等六公司提交事实的基础上,认为争议商标不具有显著性,属于《商标法》第十一条第(二)、(三)项规定的不予注册的情形。未超出当事人提交证据的范围,同时,商标评审委员会通知沩山茶业公司就该事实进行答辩,未影响当事人的合法权益。

关于"沩山牌及图"商标的显著性问题。根据湘沩名茶厂等六公司提交的证据,能够确认"沩山毛尖"为一茶叶品种,该品种的命名是由沩山地区特定的山、水等自然环境以及特定的工艺所形成的品质、特色等所决定;且该品种的命名也使"沩山毛尖"成为该地区具有特色的自然资源;因此,"沩山"文字已经具有表示产品质量的含义,缺乏显著性。争议商标虽不仅包含"沩山"文字,但因拼音部分与文字中的"沩山"相对应,故该商标的文字和拼音应为主要部分,对该商标的呼叫应为消费者认知该商标的主要方式。据此,该商标属缺乏显著性的商标,属于《商标法》第十一条第(三)项不予注册的情形。依据《中华人民共和国行政诉讼法》第六十一条第(一)项的规定,判决驳回沩山茶业公司上诉,维持一审判决。

本院审查查明,原审法院查明的事实基本属实,予以确认。

本院认为,根据当事人申请再审理由及答辩意见,本案的争议焦点主要为:

(一)关于商标评审委员会第 265 号裁定是否违反法定程序的问题

根据《商标法》第四十一条第一款规定,商标评审委员会撤销已经注册的商标,须由有关单位或者个人提出请求。《商标评审规则》第二十九条规定,商标评审委员会审理请求撤销注册商标的案件,应当针对当事人申请和答辩的事实、理由及请求进行评审。本案中,原审第三人湘沩名茶厂等六公司于2004年6月14日,以“沩山毛尖”为茶叶商品的通用名称,争议商标的注册违反了《商标法》第十一条第一款、第四十一条第一款的规定为由,向商标评审委员会申请撤销争议商标并提供了相应的证据。2005年5月9日,宁乡县沩山乡茶叶协会等又向商标评审委员会提交了“关于对‘沩山’争议商标答辩的补充意见”,认为“沩山毛尖”、“沩山茶叶”出名的关键因素乃其独特的自然环境造就了其独特的上等品质。商标评审委员会于2006年11月30日向沩山茶业公司发出通知,指出“以上商标注册在指定使用商品上,仅仅直接表示了指定使用商品的品质特点,缺乏显著特征,违反了《商标法》第十一条第一款第(二)、(三)项的规定”,要求沩山茶业公司在收到该通知之日起三十日内作出书面答辩。沩山茶业公司针对该通知进行了答辩。根据以上事实可以认定,在本案的审理过程中,虽然商标评审委员会在此次通知中将当事人的请求仅明确为“争议商标仅仅直接表示了指定使用商品的品质特点,缺乏显著特征,违反了《商标法》第十一条第一款第(二)、(三)项的规定”,但其是根据湘沩名茶厂及宁乡县沩山乡茶叶协会的申请撤销理由、补充意见及其提交的证据,对当事人提出的申请撤销理由进行的相应归纳,并非是依职权擅自转换本案适用的法律条款,且商标评审委员会在审理过程中也给予了沩山茶业公司等陈述意见并提供相关证据的机会,没有剥夺其合法权利。鉴此,本院认为原审法院认定商标评审委员会第265号裁定未超出当事人提交证据的范围,不违反法定程序并无不当。

(二)关于争议商标的注册是否违反了《商标法》第十一条第一款第(二)、(三)项之规定的问题

根据《商标法》第十一条第一款第(二)、(三)项之规定,“仅仅直接表示商品的质量、主要原料、功能、用途、重量、数量及其他特点的”、“缺乏显著特征的”的标志不得作为商标注册。判断争议商标是否应当依据上述法律规定予以撤销时,应当根据争议商标指定使用商品的相关公众的通常认识,从整体上对商标是否具有显著特征进行判断,不能因为争议商标含有描述性文字就认为其整体缺乏显著性。本案争议商标由沩山牌文字、拼音及相关图形组

成,并非仅由沩山文字及其拼音组成,其商标组成部分中的图形亦属该商标的重要组成部分。此外,根据原审法院查明的事实,争议商标于 1991 年 5 月 20 日核准注册,已经经过了近二十年的使用,且在 2002 年被评为湖南省著名商标。鉴于以上事实,本院认为本案争议商标使用时间较长,已经建立一定的市场声誉,相关公众能够以其识别商品来源,并不仅仅直接表示商品的质量、主要原料、功能、用途、重量、数量及其他特点,商标评审委员会、原审法院以争议商标含有沩山文字就认为其整体缺乏显著性,属于认定事实错误,应予纠正。沩山茶业公司申请再审的此项再审理由成立,应予支持。

综上,本院认为,争议商标的注册没有违反《商标法》第十一条第一款的相关规定,商标评审委员会第 265 号裁定及原审判决确有错误,应予撤销。依照《中华人民共和国行政诉讼法》第五十四条第(二)项第 2 目、第六十三条第二款、《最高人民法院关于执行〈中华人民共和国行政诉讼法〉若干问题的解释》第七十六条第一款之规定,判决如下:

一、撤销北京市高级人民法院(2007)高行终字第 583 号行政判决及北京市第一中级人民法院(2007)一中行初字第 647 号行政判决;

二、撤销国家工商行政管理总局商标评审委员会商评字〔2007〕第 265 号《关于第 552102 号"沩山牌及图"商标争议裁定书》。

本案一审案件受理费 100 元、二审案件受理费 100 元,共 200 元,由国家工商行政管理总局商标评审委员会负担。

本判决为终审判决。

审 判 长　于晓白
代理审判员　骆　电
代理审判员　王艳芳
二〇一一年六月二十九日
书 记 员　崔丽娜

6. 可口可乐公司与国家工商行政管理总局商标评审委员会"瓶形"商标行政纠纷案北京市高级人民法院行政判决书

(2011)高行终字第348号

> 标志显著性特征与该标志与其所标示的商品和服务的关系越不相关显著性越强——越密切显著性越弱——显著性特征的有无由商标审查机关和人民法院根据《商标法》规定作出判断——实际使用该标志的证据对显著性的判断有一定作用——但并非没有该证据就不能判断——涉案三维标志是其申请商标指定使用的饮料类商品的容器外形——可口可乐公司认为该三维标志有独特创意,无人在先使用过与之相似的容器外形——仅能说明该三维标志可能会受著作权法或专利法保护——不能作为申请商标具有显著性的理由——显著性特征要求的是对不同商品提供者的区分功能——不是对不同商品的区分功能——与"芬达"商标连用的证据多是在申请日之后——即使考虑上述证据,也不足以证明该三维标志经过使用可以作为识别商品来源的标志——驳回上诉,维持原判

上诉人(原审原告)可口可乐公司(Coca-Cola Company),住所地美利坚合众国佐治亚州30313亚特兰大市可口可乐广场1号。

法定代表人丹尼斯·范·维伦—尼尔德(Danise van Vuuren-Nield),知识产权负责人。

委托代理人张宏,北京市正理律师事务所律师。

委托代理人李淑华,北京市正理律师事务所律师。

被上诉人(原审被告)中华人民共和国国家工商行政管理总局商标评审委员会,住所地中华人民共和国北京市西城区三里河东路8号。

法定代表人许瑞表,主任。

委托代理人刘玲娜,该商标评审委员会审查员。

上诉人可口可乐公司因商标驳回复审行政纠纷一案,不服中华人民共和国北京市第一中级人民法院(以下简称北京市第一中级人民法院)(2010)一中知行初字第2664号行政判决,向本院提起上诉。本院于2011年2月9日受理本案后,依法组成合议庭进行了审理。2011年4月12日,上诉人可口可乐公司的委托代理人李淑华,被上诉人中华人民共和国国家工商行政管理总局商标评审委员会(以下简称商标评审委员会)的委托代理人刘玲娜到本院接受了询问。本案现已审理终结。

2002年10月8日,可口可乐公司提出第3330291号“三维标志”商标(以下简称申请商标)的注册申请,指定使用商品为第32类的无酒精饮料、水(饮料)、矿泉水、汽水等。

2003年11月20日,中华人民共和国国家工商行政管理总局商标局(以下简称商标局)作出ZC3330291BH1号《商标驳回通知书》,以申请商标为盛装饮料常用容器,用作商标缺乏显著特征为由,依据《中华人民共和国商标法》(以下简称《商标法》)第十一条第一款第(三)项、第二十八条的规定,驳回申请商标的注册申请。

可口可乐公司不服商标局ZC3330291BH1号《商标驳回通知书》,向商标评审委员会申请复审。

2010年3月8日,商标评审委员会作出商评字[2010]第5155号《关于第3330291号“三维标志”商标驳回复审决定书》(以下简称第5155号决定),对申请商标予以驳回。

可口可乐公司不服第5155号决定,向北京市第一中级人民法院提起诉讼。

北京市第一中级人民法院认为:申请商标作为一个三维标志,整体呈圆柱形,中间部分有收腰和图形圆点的设计,底部有若干分立的支撑腿的设计。通过整体观察、综合判断,相关公众易将申请商标作为一种饮料的包装容器加以识别,而不易将其作为区分商品来源的立体标志加以识别。另外,可口可乐公司提交的使用申请商标的证据材料其形成时间都在申请商标的申请日之后,并且这些证据材料也无法证明申请商标经过长期、广泛使用取得了显著特征。申请商标缺乏商标应当具有的显著性,不应获得注册。商标评审委员会的认定正确,应予以维持。

综上,北京市第一中级人民法院依据《中华人民共和国行政诉讼法》第五十四条第(一)项之规定,判决:维持商标评审委员会作出的第5155号决定。

可口可乐公司不服原审判决,向本院提起上诉,请求:撤销原审判决,撤销商标评审委员会第5155号决定。其主要上诉理由是:1. 商标评审委员会在商标驳回复审程序和原审诉讼中均未对其所作申请商标不具有显著特征这一认定进行举证,根据相关法律规定,商标评审委员会怠于履行其举证责任,其作出的第5155号决定没有事实依据,应予撤销。商标评审委员会亦未举证证明申请商标的瓶形是相关市场上的普通瓶形,没有任何其他企业或个人在可口可乐公司之前使用与申请商标近似的瓶形,申请商标具备了商标应有的独创性和显著性,应予核准注册。2. 第5155号决定和原审判决要求可口可乐公司提供申请商标在申请日前具有显著特征的证据以及商标评审委员会未听取可口可乐公司的意见即作出第5155号决定,违反了《商标评审规则》第二十七条的规定。3. 申请商标具有固有显著特征,应予以核准注册,商标评审委员会对申请商标的独创性和显著特征不予认可,属于认定事实错误。4. 商标评审委员会在第5155号决定中关于申请商标易被相关公众识别为指定商品的包装装潢不具有区分产源的识别功能的认定,属于对显著特征认定的错误,与《商标法》的规定不符,应予以撤销。5. 申请商标除了具有固有显著特征外,其经过可口可乐公司密集推广宣传,已经通过使用获得了较强的区分能力。

商标评审委员会服从原审判决。

经审理查明:2002年10月8日,可口可乐公司提出申请商标(见下图)的注册申请,指定使用商品为第32类的无酒精饮料,水(饮料),有味水(饮料),矿泉水,汽水,无含酒精饮料,提供能量的不含酒精饮料,运动用不含酒精饮料,水果饮料(不含酒精),果汁,制饮料、矿泉水、汽水、不含酒精饮料、能量饮料、运动饮料、水果饮料和果汁用糖浆,制饮料、矿泉水、汽水、不含酒精饮料、能量饮料、运动饮料、水果饮料和果汁用浓缩制剂,制饮料、矿泉水、汽水、不含酒精饮料、能量饮料、运动饮料、水果饮料和果汁用粉装制剂。

申请商标

2003 年 11 月 20 日,商标局作出 ZC3330291BH1 号《商标驳回通知书》,以申请商标为盛装饮料常用容器,用作商标缺乏显著特征为由,依据《商标法》第十一条第一款第(三)项、第二十八条的规定,驳回申请商标的注册申请。

可口可乐公司不服商标局 ZC3330291BH1 号《商标驳回通知书》,向商标评审委员会申请复审,其理由为:申请商标是可口可乐公司独创的三维标志,该瓶形设计独特,是一个具有显著特征的商标。该商标经过在多个国家的长期广泛的使用,具有极高的显著性。

2010 年 3 月 8 日,商标评审委员会作出第 5155 号决定。该决定认为:申请商标用于无酒精饮料等商品上,易被相关公众识别为指定商品的包装装潢,不具有区分产源的识别作用,缺乏商标应有的显著特征,属于《商标法》第十一条第一款第(三)项所指不得用作商标注册的标志。可口可乐公司提交的证据不足以证明该三维标志通过使用已起到商标的区别作用。综上,决定:申请商标予以驳回。

可口可乐公司在商标驳回复审和诉讼程序中提交了其自 2003 年起在中国大陆将申请商标标志作为饮料瓶使用、宣传以及查处他人假冒其饮料的证据材料。其证据材料显示,申请商标标志作为饮料瓶与可口可乐公司的"芬达"商标一同使用。

上述事实有申请商标档案、商标局 ZC3330291BH1 号《商标驳回通知书》、商标驳回复审申请书、商标评审委员会第 5155 号决定、可口可乐公司在商标驳回复审和诉讼程序中提交的相关证据材料以及当事人陈述等在案佐证。

本院认为:《商标法》第十一条第一款第(三)项规定,缺乏显著特征的标志不得作为商标注册。标志的显著特征,是指该标志所具有的能够使消费者通过它来识别商品或服务的提供者的特征。判断一个标志是否具有显著特征,应当根据该标志与其所标示的商品或服务的关系来判断:该标志与商品或服务本身越不相关,显著特征越强;该标志与商品或服务本身的联系越密切,显著特征则越弱。显著特征的有无系商标审查机关和人民法院根据《商标法》的规定对申请注册的商标与其指定使用商品之间是否具有关联性、具有何种程度的关联性等问题所作的法律判断,实际使用该标志的证据虽对显著特征的判断起到一定的作用,但并非没有此证据就不能作出判断。因此,可口可乐公司关于商标评审委员会未对申请商标不具有显著特征的认定举证的上诉理由,缺乏依据,本院不予支持。

可口可乐公司申请注册的三维标志是其申请商标指定使用的饮料类商品的容器外形。以商品容器外形作为三维标志申请注册立体商标的,要求该容器外形应当具有区分商品或者服务来源的显著特征,而且显著特征的有无并不是因为容器本身设计的独特,而是因为这种设计能够起到区分商品的不同来源的作用。如果商品的容器本身虽能够与其他同种商品的容器相区别,但是不能从其本身识别该商品的提供者,则只有在该容器经使用能够让相关公众识别其来源后才具有显著特征。可口可乐公司关于其申请注册商标的三维标志具有独特创意、没有其他企业或个人在其之前使用过与之相近似的容器外形的上诉理由,仅能说明该三维标志本身可能会受到著作权法或专利法的保护,但不能作为其申请商标具有显著特征的理由。因为显著特征要求的并非是对不同商品的区分功能而是对商品的不同提供者的区分功能。因此,可口可乐公司关于申请商标具有固有显著特征的上诉理由,缺乏依据,本院不予支持。

可口可乐公司在本案中提交的使用证据也多是在 2003 年之后将该三维标志与其"芬达"商标连用的情况,而申请商标的申请日为 2002 年 10 月 8 日。因此,即使考虑上述证据,也不足以证明该三维标志经过使用使相关公众仅通过该三维标志就能识别商品的来源。可口可乐公司关于申请商标经过使用获得较强区分能力、商标评审委员会和原审法院要求其提交商标申请日前具有显著特征的证据错误、商标评审委员会对显著特征的认定错误等上诉理由,均缺乏依据,本院不予支持。

本案为驳回复审案件,商标评审委员会依据可口可乐公司驳回复审申请作出第 5155 号决定,商标评审委员会在作出该决定过程中总结了可口可乐公司的复审理由、审查了其提供的证据材料,因此可口可乐公司关于商标评审委员会未考虑其意见的上诉主张,缺乏依据,本院不予支持。

综上,原审判决和商标评审委员会第 5155 号决定认定事实清楚,适用法律正确,程序合法,应予维持。上诉人可口可乐公司所提上诉请求及其理由均缺乏依据,本院不予支持。依照《中华人民共和国行政诉讼法》第六十一条

第(一)项之规定,判决如下:

驳回上诉,维持原判。

一、二审案件受理费人民币各一百元,均由可口可乐公司负担(均已交纳)。

本判决为终审判决。

审　判　长　莎日娜
代理审判员　钟　鸣
代理审判员　张冬梅
二〇一一年六月十三日
书　记　员　陈　明

7. 上海清水日用制品有限公司与国家工商行政管理总局商标评审委员会“Shimizu”商标行政纠纷案

北京市高级人民法院行政判决书

(2011)高行终字第1376号

公众知晓的外国地名不得作为商标——地名具有其他含义或者作为集体商标、证明商标组成部分的除外——“公众知晓”应指我国相关公众普遍知晓——本案申请商标中包含有“SHIMIZU”——日本清水市——中国公众一般难以将“SHIMIZU”认知为作为地名的日本清水市——现有证据不足以证明“清水市”作为日本地名已为中国公众所知晓——上海清水公司的第1045926号商标和第1295643号商标获准注册虽然不是商标评审委员会裁决的结果——早在20世纪90年代就已申请注册——准予申请商标注册有利于适当保护上海清水公司基于上述商标被注册而产生的信赖利益——驳回商评委上诉——维持原判

上诉人(原审被告)国家工商行政管理总局商标评审委员会,住所地北京市西城区三里河东路8号。

法定代表人何训班,主任。

委托代理人刘中博,国家工商行政管理总局商标评审委员会审查员。

被上诉人(原审原告)上海清水日用制品有限公司,住所地上海市嘉定区马陆镇封周路508号第5幢。

法定代表人张少杰,董事长。

委托代理人徐正标,男,汉族,1973年2月6日出生,上海京沪商标事务所商标所所长,住所地上海市普陀区交通西路108弄3号2306室。

委托代理人徐正国,男,汉族,1973年2月6日出生,上海京沪商标事务所商标所法定代表人,住所地上海市闸北区永兴路39弄2号2601室。

上诉人国家工商行政管理总局商标评审委员会(简称商标评审委员会)

因商标申请驳回复审行政纠纷一案,不服北京市第一中级人民法院(2011)一中知行初字第562号行政判决,向本院提出上诉。本院于2011年8月15日受理本案后,依法组成合议庭进行了审理。本案现已审理终结。

北京市第一中级人民法院经审理查明:

申请商标由"Shimizu"与一个圆点及圆点上的水滴图形组成,系上海清水日用制品有限公司(简称上海清水公司)于2006年10月8日在第21类商品上申请注册,指定使用商品为:保温瓶、隔热瓶、冷藏瓶、冰桶、隔热容器、冷藏盒、冰块模、家用非贵重金属器皿、日用玻璃器皿、饮用器皿。

2009年5月14日,国家工商行政管理总局商标局(简称商标局)以申请商标中"Shimizu"译为"清水",是日本清水市市名,属公众知晓的外国地名为由,驳回了申请商标的注册申请。上海清水公司不服并向商标评审委员会申请复审,主要理由如下:"Shimizu"最先解释为"清水",同时也有解释为清水姓氏或地名,即使解释为地名,"清水市"也不是公众知晓的外国地名;"清水市"已于2003年4月1日起并入日本静冈市;上海清水公司第1045926号、第1295643号等含有"Shimizu"的商标已获准注册,且申请商标在保温瓶和饮水用具上使用了多年。

2010年10月9日,商标评审委员会经审查作出商评字〔2010〕第27457号《关于第5645357号"Shimizu及图"商标驳回复审决定书》(简称第27457号决定)。商标评审委员会在第27457号决定中认定:申请商标中"Shimizu"译为"清水,系日本本州岛中南岸港市"(摘自《英汉大词典》第二版,陆谷孙主编,第1846页),曾是日本静冈县第三大城市,也是日本重要的港口城市。随着中日经济、文化交流更加广泛和深入,日本清水市渐为中国相关公众知晓。申请商标含有公众知晓的外国地名,不得作为商标使用。上海清水公司的第1045926号、第1295643号等商标获准注册,不是商标评审委员会审查的结果,且其他商标获准注册的情况,不能作为申请商标获准注册的当然依据。商标评审委员会依据《中华人民共和国商标法》(简称《商标法》)第十条第二款和第二十八条的规定,决定申请商标予以驳回。

上海清水公司不服第27457号决定并提起诉讼,请求撤销第27457号决定并判令商标评审委员会重新作出复审决定。在诉讼中原审法院另查明,上海清水公司曾于1996年1月29日申请注册"SHIMIZU"商标,并被核准注册,注册号为1045926,核定使用商品为第21类真空瓶、暖水瓶等;上海清水公司曾于1998年5月4日申请注册“SHIMIZU及图”商标,并被核准注册,注册号为1295643,核定使用商品为第21类真空瓶、暖水瓶等。此外,上海清水公司提交的涉案商标在境外的商标注册证明、SHIMIZU商标被认定为上海名牌的证明、新版日本地图等证据,因与本案不具有关联性,原审法院未予采纳。

北京市第一中级人民法院认为,申请商标中包含有“Shimizu”,商标评审委员会所举的《英汉大词典》可以证明“Shimizu”具有“清水”的含义并指向了作为地名的日本的清水市,但中国公众一般难以将“Shimizu”认知为作为地名的日本清水市,现有证据亦不足以证明“清水市”作为日本地名已为中国公众所知晓。此外,上海清水公司曾于申请商标申请日前在与本案申请商标指定使用的商品相同或类似的商品上获准注册了“SHIMIZU”等商标,如果本案申请商标不能获得注册,则难以保护上海清水公司基于上述商标对商标行政机关产生的信赖利益。商标评审委员会在第27457号决定中以申请商标属于公众知晓的外国地名为由予以驳回,主要证据不足,应予撤销。北京市第一中级人民法院依照《中华人民共和国行政诉讼法》第五十四条第(二)项第1目之规定,判决:一、撤销国家工商行政管理总局商标评审委员会于2010年10月9日作出的商评字〔2010〕第27457号关于第5645357号“Shimizu及图”商标驳回复审决定;二、国家工商行政管理总局商标评审委员会对上海清水日用制品有限公司的复审申请重新作出决定。

商标评审委员会不服原审判决提出上诉,请求撤销原审判决并维持第27457号决定。商标评审委员会的主要上诉理由是:申请商标中的“SHIMIZU”译为“清水”,曾是日本的第三大城市,现为日本静冈市的清水区,其作为地名已为中国相关公众所知晓。英文“SHIMIZU”的唯一含义为“清水(日本本州岛中南岸港市)”,上海清水公司未提供证据证明“SHIMIZU”具有强于地名含义的其他含义。商标审查具有地域性,含有“SHIMIZU”的商标在其他国家或地区获准注册,不能作为本案申请商标应获准注册的当然依据,上海清水公司第1045926号商标和第1295643号商标不是商标评审委员会审查的结果,清水市已成为公众所知晓的外国地名。

上海清水公司服从原审判决。

本院经审理查明,原审判决认定事实清楚,证据采信得当,且有申请商标与第 1045926 号商标档案、第 1295643 号商标档案、商标驳回通知书、复审程序中的相关证据材料、第 27457 号决定、当事人陈述等证据在案佐证,证据充分,本院对原审法院查明的事实予以确认。

本院认为,根据《商标法》第十条第二款的规定,公众知晓的外国地名不得作为商标,但地名具有其他含义或者作为集体商标、证明商标组成部分的除外。该规定中的"公众知晓"应指为我国相关公众所普遍知晓。虽然本案申请商标中包含有"SHIMIZU",商标评审委员会亦举证《英汉大词典》中的"SHIMIZU"具有"清水"的含义并指向了作为地名的日本的清水市,但因地缘因素、语言差异等缘故,中国公众一般难以将"SHIMIZU"认知为作为地名的日本清水市,现有证据亦不足以证明"清水市"作为日本地名已为中国公众所知晓。此外,虽然上海清水公司的第 1045926 号商标和第 1295643 号商标获准注册不是商标评审委员会裁决的结果,但考虑到上述商标早在上个世纪 90 年代就已申请注册,准予申请商标的注册亦有利于适当保护上海清水公司基于上述商标被注册而产生的信赖利益。因此,商标评审委员会有关申请商标应根据《商标法》第十条第二款的规定驳回注册申请的上诉理由不能成立,本院不予支持。

综上,商标评审委员会的上诉理由因缺乏依据不能成立,其上诉请求本院不予支持。原审判决认定事实清楚,适用法律正确,依法应予维持。依据《中华人民共和国行政诉讼法》第六十一条第(一)项之规定,判决如下:

驳回上诉,维持原判。

一审案件受理费人民币一百元,由国家工商行政管理总局商标评审委员会负担(于本判决生效后七日内交纳);二审案件受理费人民币一百元,由国家工商行政管理总局商标评审委员会负担(均已交纳)。

本判决为终审判决。

审　判　长　张　冰
代理审判员　刘晓军
代理审判员　袁相军
二〇一一年九月二十七日
书　记　员　崔馨娜

8. 中国足球协会与国家工商行政管理总局商标评审委员会等"中超"商标行政纠纷案

北京市高级人民法院行政判决书

(2011)高行终字第1382号

"中超"自概念诞生之日就承继了甲A联赛在公众中的巨大影响力——"中超"与中国足球协会形成了唯一对应关系——异议商标易使相关公众认为其商品来源于中国足球协会或者与中国足球协会有关——从而导致对商品来源产生误认——不良影响——商评委裁定错误——一审法院予以纠正正确

上诉人(原审被告)国家工商行政管理总局商标评审委员会,住所地北京市西城区三里河东路8号。

法定代表人何训班,主任。

委托代理人张静,国家工商行政管理总局商标评审委员会审查员。

上诉人(原审第三人)周军,男,汉族,1963年1月15日出生,住北京市通州区后南仓18号楼604号。

委托代理人周辉,男,汉族,1971年1月17日出生,天津三起煎药机有限公司总经理,住天津市和平区南门外大街393号2门311号。

被上诉人(原审原告)中国足球协会。

法定代表人谢亚龙,副主席。

委托代理人王永宏,北京市康达律师事务所律师。

委托代理人肖伟,女,汉族,1980年3月4日出生,北京市康达律师事务所律师助理,住山东省荷泽市牡丹区黄河路53号。

上诉人国家工商行政管理总局商标评审委员会(简称商标评审委员会)、周军因商标异议复审行政纠纷一案,不服北京市第一中级人民法院(2010)一中知行初字第2840号行政判决,向本院提起上诉。本院于2011年8月16日受理后,依法组成合议庭,于2011年9月20日对本案公开开庭进行了审理。

上诉人商标评审委员会的委托代理人张静,上诉人周军及其委托代理人周辉,被上诉人中国足球协会的委托代理人王永宏、肖伟到庭参加了诉讼。本案现已审理终结。

2010年6月30日,商标评审委员会依据《中华人民共和国商标法》(简称《商标法》)第三十三条、第三十四条的规定,作出商评字〔2010〕第11161号《关于第3383774号"中超"商标异议复审裁定书》(简称第11161号裁定),裁定:第3383774号"中超"商标(简称被异议商标)予以核准注册。中国足球协会对第11161号裁定不服,向北京市第一中级人民法院提起行政诉讼。

北京市第一中级人民法院认为:

中国足球协会主张其在先权利是商号权,但认可其在行政程序中并没有提出这一理由。对此法院认为,人民法院审理行政案件,是对被告的具体行政行为是否合法进行审查。中国足球协会在行政程序中并未主张在先商号权,该理由亦非第11161号裁定作出的依据,故不属于本案的审理范围。中国足球协会在行政诉讼中提出这一主张,没有法律依据,不予支持。本案中,中国足球协会认可其在酒类商品上没有使用"中超"商标,亦不可能产生一定知名度。因此,被异议商标的注册并不属于《商标法》第三十一条所指的"以不正当手段抢先注册他人已经使用并有一定影响的商标"的情形。商标评审委员会对此认定并无不当,予以支持。

"中超"是"中国足球协会超级联赛"的简称,是中国足球协会根据足球发达国家的职业联赛和我国足球联赛发展的实际,将已有的甲A联赛和甲B联赛重新整合,创办的著名男子足球职业联赛。作为全国最高水平的足球职业联赛,"中超"自其概念诞生之日起,就承继了甲A联赛在公众中的巨大影响力,加之中国足球协会在权威媒体上进行了大规模宣传报道,相关公众已在"中超"与中国足球协会之间形成了唯一对应关系。因此,周军在第33类果酒(含酒精)等商品上注册被异议商标,易使相关公众认为其商品来源于中国足球协会或者与中国足球协会有关,从而导致对商品的来源产生误认,进而产生不良影响。商标评审委员会认定被异议商标的注册不会产生不良影响,属于认定事实错误,应予以纠正。

综上,北京市第一中级人民法院依照《中华人民共和国行政诉讼法》第五十四条第(二)项第 1 目之规定,判决:撤销第 11161 号裁定,商标评审委员会重新就第 3383774 号“中超”商标作出商标异议复审裁定。

商标评审委员会不服原审判决,向本院提出上诉,请求撤销原审判决,维持第 11161 号裁定。其主要上诉理由是:中国足球协会在评审程序中提供的证据不足以证明在被异议商标注册申请日之前,“中超”已与被上诉人之间形成了唯一对应关系。中国足球协会提供的证据亦不足以证明被异议商标使用在第 33 类果酒(含酒精)等商品上会产生有害于社会主义道德风尚或其他不良社会影响的后果。

周军不服原审判决,向本院提出上诉,请求撤销原审判决。其主要上诉理由是:

“中超”是中国足球协会超级联赛的简称,不是商标,最早只是内部会议讨论的一个设想,其于 2004 年中超联赛开始才影响公众,所以中国足球协会不具有起诉主体资格。中国足球协会 2003 年注册其他类别中超商标,不存在任何相关产品的商业经营,存在主观恶意。

中国足球协会服从原审判决。

本院经审理查明:

被异议商标“中超”由周军于 2002 年 11 月 27 日向国家工商行政管理总局商标局(简称商标局)提出注册申请,该商标经初步审定并公告在第 902 期商标公告上,初步审定号为 3383774,指定使用的商品为第 33 类果酒(含酒精)、酒(利口酒)、开胃酒、烧酒、蒸煮提取物(利口酒和烈酒)、葡萄酒、含酒精液体、汽酒、酒精饮料(啤酒除外)、酒(饮料)。

在法定期限内,中国足球协会向商标局提出异议申请。针对该异议申请,商标局作出(2008)商标异字第 04702 号“中超”商标异议裁定书(简称第 04702 号裁定),认为:中国足球协会称被异议人复制摹仿并抢先申请注册其知名的、使用在先的“中超”商标证据不足。因此,依据《商标法》第三十三条的规定,裁定:被异议商标予以核准注册。

2008 年 7 月 23 日,中国足球协会向商标评审委员会提出商标异议复审申请,其理由为:1.“中超”商标是中国足球协会独创的,具有显著性和突出的识别性,该协会对其享有无可争辩的在先权利。2.“中超”是中国足球协会所创办的“中国足球协会超级联赛”的简称,通过该协会和各类媒体的长期使用和大量宣传,具有极高的社会知名度和商业价值。3.“中超”是中国足球协会创办的著名男子足球职业联赛,对提高我国足球的水平具有重大意义,被异议商标如果获准注册,容易造成社会不良影响。4.周军抢注被异议商标的行为侵犯了中国足球协会现有的在先权利,理应不予核准注册。5.鉴于中国足球协会及“中超”商标广泛的知名度和巨大的影响力,周军申请注册“中超”商标的行为系对中国足球协会一直在先使用商标的复制和摹仿行为。6.被异议商标的注册将对社会公共利益及中国足球协会产生巨大的不良影响。7.周军的行为违反了诚实信用原则,是一种不正当竞争行为,违反了《中华人民共和国民法通则》(简称《民法通则》)、《商标法》和《中华人民共和国反不正当竞争法》(简称《反不正当竞争法》)的有关规定,应当予以制止。综上,中国足球协会请求商标评审委员会对被异议商标不予核准注册。同时,中国足球协会提交了该协会足球工作会议报告、中超联赛形象设计征集书及邀请函、各类媒体对中超联赛的报道情况以及该协会使用中超商标的材料网页打印件等8组证据。其中,各类媒体报道包括2001年11月15日、11月19日、12月20日的《中国足球报》和2001年1月16日、1月18日、2月16日的《辽沈晚报》,以及2001年3月7日的《天津日报》、1999年12月6日的《球迷》等。

2010年6月30日,商标评审委员会作出第11161号裁定,认为:《民法通则》第四条、《反不正当竞争法》第五条的规定已体现在《商标法》第三十一条的规定中,《商标法》第九条的规定已体现于《商标法》其他条款的规定之中。一、被异议商标是否属于《商标法》第三十一条规定的“损害他人现有的在先权利”以及“以不正当手段抢先注册他人已经使用并有一定影响的商标”之情形。《商标法》第三十一条所称“在先权利”,是指在被异议商标申请注册日之前,他人已经取得的除商标权以外的其他权利,包括商号权、著作权、外观设计专利权等。中国足球协会的复审理由及提交证据中未涉及被异议商标侵犯其除商标权以外的其他在先权利,故该项主张不予支持。构成《商标法》第三十一条所指“以不正当手段抢先注册他人已经使用并有一定影响商标”之情形,须满足的要件之一为:他人商标于系争商标申请注册前在与系争商标指定的商品相同或类似的商品上已使用,并具有一定知名度。本案中,中国足球协会提供的证据1、2、3、4仅是对该协会及其商标、被异议商标等情况的证明,而非该协会使用“中超”商标的证明。证据6、8或形成时间在被异议商标申请日之后,或未标注具体形成时间。仅凭证据7及中国足球协会自行制作的证据5尚不足以证明在被异议商标申请日之前,该协会已于酒(饮料)等商品或与之类似的商品上使用“中超”商标或与之近似的商标并具有一定知名度,故不能认定被异议商标系以不正当手段抢先申请注册申请人已经使用并有一定影响的商标。二、被异议商标是否构成《商标法》第十条第一款第(八)项规定的“有害于社会主义道德风尚或者有其他不良影响的”情形。《商标法》第十条第一款第(八)项规定的“有害于社会主义道德风尚或者有其他不良影响的”标志主要指商标注册对社会上良好风气、习惯、社会公共利益、公共秩序产生负面、消极影响,即商标本身不具有可注册性。不良影响条款适用的前提是该商标的使用造成了对公共利益的损害,至于对特定民事主体权益的损害则不属于该条款调整范围。被异议商标所表示内容并非贬义或其他消极含义,不致产生有害于社会主义道德风尚或具有其他不良影响的情形。且中国足球协会提供的证据不足以证明被异议商标使用在指定商品上会产生有害于社会主义道德风尚或其他不良社会影响的后果,故中国足球协会依据《商标法》第十条第一款第(八)项规定要求对被异议商标不予注册的主张,不予支持。三、被异议商标与中国足球协会商标是否构成《商标法》第二十八条规定的“使用在同一种或类似商品上的近似商标”之情形。由于在被异议商标申请日前,中国足球协会并未在被异议商标指定使用的“酒(饮料)”等商品或与之类似的商品上申请注册“中超”商标或与之近似的商标,且其复审理由及证据中的引证商标的申请日期均晚于被异议商标的申请日,故被异议商标与其商标未构成《商标法》第二十八条规定的“使用在同一种或类似商品上的近似商标”之情形。综上,中国足球协会所提异议复审理由不成立。依据《商标法》第三十三条、第三十四条的规定,商标评审委员会裁定:被异议商标予以核准注册。

在原审法院庭审过程中,中国足球协会明确表示:其主张的在先权利是商号权,但认可其在行政程序中并没有提出这一理由;认可在酒类商品上没有使用“中超”商标;不再坚持《商标法》第二十八条的异议理由。

以上事实有商标档案、第4702号裁定、商标异议复审申请书、第11161号裁定、中国足球协会提交的证据以及当事人陈述等证据在案佐证。

本院认为,《商标法》第十条第一款第(八)项规定,有害于社会主义道德风尚或者有其他不良影响的标志,不得作为商标使用。本案中,中国足球协会提交了媒体报道等证据用以证明“中超”是中国足球协会所创办的“中国足球协会超级联赛”的简称,通过该协会和各类媒体的长期使用和大量宣传,具有极高的社会知名度和商业价值。这些证据可以证明作为全国最高水平的足球职业联赛,“中超”自其概念诞生之日起,就承继了甲 A 联赛在公众中的巨大影响力,中国足球协会在权威媒体上进行的宣传报道已使相关公众将“中超”与中国足球协会形成了唯一对应关系。因此,周军在第 33 类果酒(含酒精)等商品上注册被异议商标,易使相关公众认为其商品来源于中国足球协会或者与中国足球协会有关,从而导致对商品的来源产生误认,进而产生不良影响。第 11161 号裁定认定事实错误,原审法院予以纠正正确。

综上,原审判决认定事实清楚、适用法律正确、程序合法,应予维持。商标评审委员会、周军的上诉请求缺乏事实和法律依据,本院不予支持。依据《中华人民共和国行政诉讼法》第六十一条第(一)项的规定,判决如下:

驳回上诉,维持原判。

一审案件受理费一百元,由国家工商行政管理总局商标评审委员会负担(于本判决生效之日起七日内交纳);二审案件受理费一百元,由国家工商行政管理总局商标评审委员会与周军各负担五十元(均已交纳)。

本判决为终审判决。

审 判 长 李燕蓉
代理审判员 潘 伟
代理审判员 马 军
二〇一一年十月十四日
书 记 员 李 静

9. 日本国株式会社双叶社与
国家工商行政管理总局商标评审委员会
“蜡笔小新”商标行政纠纷案
北京市高级人民法院行政判决书

(2011)高行终字第1428号

江苏小新服饰公司把“蜡笔小新”申请注册商标主观恶意明显——商标最初申请人还具有大批量、规模性抢注他人商标并转卖牟利的行为——情节恶劣,违反了诚实信用原则,扰乱了商标注册管理秩序及公共秩序,损害了公共利益——构成了《商标法》第四十一条第一款所指“以其他不正当手段取得注册”的情形——维持一审判决

上诉人(原审原告)江苏蜡笔小新服饰有限公司,住所地中华人民共和国江苏省苏州市相城区元和街道嘉元路959号5楼。

法定代表人乔春勤,董事长。

委托代理人赵金岭,福建明鼎律师事务所律师。

被上诉人(原审被告)中华人民共和国国家工商行政管理总局商标评审委员会,住所地中华人民共和国北京市西城区三里河东路8号。

法定代表人何训班,主任。

委托代理人李玉,中华人民共和国国家工商行政管理总局商标评审委员会审查员。

原审第三人日本国株式会社双叶社,住所地日本国东京都新宿区神乐坂1丁目8番地。

授权代表诸角裕,董事长。

委托代理人黄晖,北京市万慧达律师事务所律师。

委托代理人夏志泽,北京市万慧达律师事务所律师。

上诉人江苏蜡笔小新服饰有限公司(简称小新服饰公司)因商标争议行

政纠纷一案,不服中华人民共和国北京市第一中级人民法院(下称北京市第一中级人民法院)(2011)一中知行初字第1230号行政判决,向本院提起上诉。本院于2011年9月1日受理后,依法组成合议庭,于2011年9月23日公开开庭进行了审理。上诉人小新服饰公司的委托代理人赵金岭,原审第三人日本国株式会社双叶社(简称双叶社)的委托代理人黄晖、夏志泽到庭参加了诉讼。经本院合法传唤,被上诉人中华人民共和国国家工商行政管理总局商标评审委员会(简称商标评审委员会)未到庭参加诉讼,本院依法对其进行缺席审理。本案现已审理终结。

针对小新服饰公司的第1026606号"蠟筆小新"商标(简称争议商标),双叶社向商标评审委员会提出撤销争议申请。商标评审委员会于2011年1月4日作出商评字〔2010〕第39811号《关于第1026606号"蠟筆小新"商标争议裁定书》(简称第39811号裁定),裁定争议商标予以撤销。小新服饰公司不服,向北京市第一中级人民法院提起行政诉讼。

北京市第一中级人民法院认为:

中华人民共和国北京市高级人民法院(下称北京市高级人民法院)作出的(2006)高行终字第392号行政判决,已经发生法律效力,其作出程序的合法性审查不属于本案审理范围。小新服饰公司主张该判决程序违法,应当通过审判监督程序进行救济,对该主张不予支持。

双叶社在本案提出的争议理由和证据,与其在前案提出的争议理由和证据不完全相同。双叶社在两案中均提出争议商标违反《中华人民共和国商标法》(简称《商标法》)第三十一条规定的争议理由,且提交的证据无实质性差异,商标评审委员会驳回双叶社提出的该项主张,符合《中华人民共和国商标法实施条例》(简称《商标法实施条例》)第三十五条的规定。但是,双叶社在本案中依据《商标法》第十条第一款第(八)项提出的争议理由,及其针对争议商标违反《商标法》第四十一条提交的新证据,不属于《商标法实施条例》第三十五条所指情形,商标评审委员会对双叶社相对于前案的补充争议理由和新证据予以审查,并无不当。小新服饰公司主张商标评审委员会基于相同的事实和理由重复审理,缺乏事实和法律依据,不予支持。

《蜡笔小新》系列漫画及动画片早于争议商标申请日之前已在日本、中国香港地区、中国台湾地区广泛发行和播放,具有较高知名度。"蜡笔小新"系

《蜡笔小新》系列漫画及动画片中主要卡通人物的名字,“蜡笔小新”卡通人物形象设计可爱,独创性和显著性较强,为广大公众所熟知,并深受相关公众的喜爱。虽然争议商标原申请人广州市诚益眼镜公司(简称诚益公司)地处广州,但毗邻香港,两地经济、贸易及文化交流频繁,各类信息传递迅速、沟通快捷顺畅,诚益公司理应知晓“蜡笔小新”的知名度。诚益公司将“蜡笔小新”文字或卡通形象申请注册商标,主观恶意明显。北京市高级人民法院作出的生效判决明确认定:“双叶社提交的诚益公司曾经及现在持有的商标的档案资料表明,诚益公司具有大批量、规模性抢注他人商标并转卖牟利的行为,情节恶劣严重。‘蜡笔小新’文字及图形作为作品具有独创性,且在本案争议商标申请日前在日本、中国台湾地区、中国香港地区具有较高知名度,诚益公司复制了上述作品并将其作为商标在中国大陆予以注册,结合其批量性、大规模注册他人商标的行为,可以认为诚益公司明显具有侵害他人、抢注他人商标的恶意,有违诚实信用原则,其行为违反了《商标法》第四十一条之规定。鉴于双叶社在商标评审程序中并未提出上述证据,本院不宜直接作出处理。”本案中,双叶社向商标评审委员会补充提交了相关异议公告、异议复审裁定公告及撤销公告,弥补了其在前案评审阶段未提交相关证据的缺陷。并且,该证据表明中华人民共和国国家工商行政管理总局商标局(简称商标局)、商标评审委员会在异议裁定、异议复审裁定及争议裁定中对诚益公司多次恶意抢注他人知名商标的行为性质进行了认定,结合双叶社提交的诚益公司申请注册他人知名商标的档案资料,佐证了北京市高级人民法院关于诚益公司具有大批量、规模性抢注他人商标并转卖牟利行为的上述认定。综合考虑上述因素,诚益公司申请注册争议商标的行为,不仅违反了诚实信用原则,侵害了双叶社的特定权益,也扰乱了商标注册管理秩序及公共秩序,极大地浪费了行政审查资源及司法资源,损害了公共利益。基于上述理由,商标评审委员会认定争议商标构成《商标法》第四十一条第一款所指“以其他不正当手段取得注册”的情形,于法有据,结论并无不当。

综上,北京市第一中级人民法院依照《中华人民共和国行政诉讼法》第五十四条第(一)项之规定,判决:维持第39811号裁定。

小新服饰公司不服原审判决,向本院提起上诉,请求撤销原审判决及第39811号裁定,并判令商标评审委员会承担案件诉讼费。其主要上诉理由为:

争议商标的注册并未违反《商标法》第四十一条第一款的规定,北京市高级人民法院的相关判决内容不具有既判力,不应当成为原审判决的依据。原审法院、商标评审委员会认定事实、适用法律方面均存在错误,应予纠正。

商标评审委员会、双叶社服从原审判决。

本院经审理查明:

争议商标系第1026606号"蠟筆小新"商标,由诚益公司于1996年1月9日向商标局提出注册申请,并于1997年6月14日被核准注册,核定使用在第18类"旅行袋、帆布背包、手提包、运动手提包、旅行提包、公文包、学生用书包、钱包、婴儿吊袋、书包、雨伞及其部件、遮阳伞"等商品上,专用权期限至2017年6月13日止。此后,争议商标曾经转让给上海恩嘉经贸发展有限公司(简称恩嘉公司),后转让给小新服饰公司。

《蜡笔小新》是日本国公民臼井义人创作的漫画作品。双叶社于1992年经臼井义人授权,获得该作品独占性、排他性的著作权及商品化权。1992年至2005年间,《蜡笔小新》系列漫画由双叶社出版,在日本广泛发行。1994年以后,双叶社通过许可出版的方式,将《蜡笔小新》系列漫画在中国香港地区、中国台湾地区发行。《蜡笔小新》动画片也随之在日本、中国香港地区、中国台湾地区等东南亚国家、地区播放。

双叶社的"蜡笔小新"系列商标在中国大陆地区的注册始于2002年3月18日,由国际影业有限公司申请注册,于2003年7月7日获准注册,核定使用在第21类牙刷、水杯、纸巾分配器等商品上。

2005年1月26日,双叶社就争议商标向商标评审委员会提出争议申请,商标评审委员会作出商评字〔2005〕第4646号裁定。前案经过人民法院一审、二审诉讼,该争议裁定已发生法律效力。双叶社在前案所提的主要争议理由为:1. 争议商标的注册损害了双叶社在先的著作权和商品化权;2. 争议商标是对双叶社未注册驰名商标的恶意抢注;3. 争议商标的注册具有明显恶意;4. 本案审理应适用修改前的《商标法》,双叶社提出的争议请求未超过法定期限。综上,双叶社是《蜡笔小新》作品的合法权利人,争议商标与双叶社的"蜡笔小新"卡通形象表现事物相同,侵犯了双叶社对"蜡笔小新"卡通形象的著作权,"蜡笔小新"形象在中国和世界其他地区拥有极高的知名度,应被认定为驰名商标。争议商标已构成就相同或类似商品对双叶社未在中国注册的驰名商标的复制和摹仿,并可能误导公众,致使双叶社利益受损害。根据《商标法》第三十一条、第十三条第一款、第四十一条第一款、第二款有关规定,请求撤销争议商标。北京市高级人民法院作出的生效判决载明:“双叶社提交的诚益公司曾经及现在持有的商标的档案资料表明,诚益公司具有大批量、规模性抢注他人商标并转卖牟利的行为,情节恶劣严重。‘蜡笔小新’文字及图形作为作品具有独创性,且在本案争议商标申请日前在日本、中国台湾地区、中国香港地区具有较高知名度,诚益公司复制了上述作品并将其作为商标在中国大陆予以注册,结合其批量性、大规模注册他人商标的行为,可以认为诚益公司明显具有侵害他人、抢注他人商标的恶意,有违诚实信用原则,其行为违反了《商标法》第四十一条之规定。鉴于双叶社在商标评审程序中并未提出上述证据,本院不宜直接作出处理。”本案二审期间,小新服饰公司主张前述判决内容不具有既判力,且最高人民法院(2007)民三监字第25－1号《驳回再审申请通知书》也认为前述认定没有法律依据。双叶社则主张,在该通知书中明确载明“原二审判决关于商标法规定的五年期限应自2001年12月1日商标法生效之日起计算的认定没有法律依据”,并不涉及前述内容。

2007年3月8日,双叶社针对争议商标提出撤销注册申请。其主要理由是:1.《蜡笔小新》是日本国公民臼井仪人创作的系列漫画作品,经臼井仪人先生许可,双叶社获得了《蜡笔小新》漫画作品独占性、排他性的出版权以及出版权以外的著作权和商品化权。双叶社是“蜡笔小新”文字及图形商标权和著作权的合法权利人。小新服饰公司注册和使用与双叶社“蜡笔小新”图形完全相同的商标的行为严重侵犯了双叶社的著作权。2.双叶社制作的《蜡笔小新》系列漫画书和动画片陆续在韩国、中国香港、中国台湾以及东南亚等地投放市场,其主角“蜡笔小新”的形象深入人心,具有广泛知名度。《蜡笔小新》动画和漫画同样得到了中国大陆地区广大群众的喜爱。双叶社还将“蜡笔小新”形象广泛使用于多种商品上,在中国消费者中具有极高知名度。经过双叶社多年的宣传、使用和商业化运作,“蜡笔小新”形象已经在世界范围内拥有极高知名度。3.争议商标的注册是对双叶社商标的恶意抢注,是一种以不正当手段取得注册的行为。“蜡笔小新”形象是臼井仪人先生独立设计的作品,其在中国广泛使用并享有极高的知名度,争议商标原注册人诚益公司不可能对上述事实一无所知,不可能设计出与之完全相同的人物,故其抄袭和抢注意图非常明显。诚益公司在第16、18、25、28类别的商品上抢注了包括争议商标在内的9件商标,并在抢注后将其转让牟利,具有明显恶意。诚益公司不仅抢注了双叶社"蜡笔小新"系列商标,还在第9类申请注册了近50件他人的知名商标,如高露洁、史诺比、七喜等国际知名品牌,可见诚益公司是一家长期从事抢注他人商标进行不正当竞争的公司。诚益公司的上述行为,已被北京市高级人民法院认定为侵害他人权利、恶意抢注他人商标的不正当竞争行为。综上,依据《商标法》第四十一条第一款,《中华人民共和国反不正当竞争法》第二条、第五条及《中华人民共和国民法通则》第四条的规定,请求撤销争议商标的注册。

双叶社向商标评审委员会提交了以下主要证据:

一、用于证明双叶社是《蜡笔小新》的合法著作权人的证据:1. 臼井义人和双叶社出具的经公证认证的关于臼井仪人是臼井义人笔名的声明(经公证认证);2. 中国国家版权局下发的对《蜡笔小新》第一辑至第八辑的著作权登记证书复印件(登记号:2005 - F - 03904 - 03911);3. 臼井义人与双叶社于1992年4月1日签订的著作权许可使用合同(经公证认证)及译文;4. 张贤吉签署的关于"蠟筆小新"书法作品著作权归属的声明;5. 双叶社出具的关于从东立出版社有限公司受让"蠟筆小新"书法作品著作权的声明(经公证认证);

二、用于证明《蜡笔小新》漫画在我国台湾、我国香港和中国大陆及世界其他国家和地区广泛发行的证据:6.《蜡笔小新》漫画在日本的出版清单、双叶社授权代表出具的关于单行本《蜡笔小新》在日本国内的印刷册数和销售总额的声明(经公证认证);7. 双叶社与台湾法人东立出版社有限公司、东立出版社香港有限公司、北京鸽与鹰文化发展有限责任公司签订的翻译出版权利合同复印件(经公证认证),约定由陕西省师范大学出版社在中国大陆出版发行《蜡笔小新》,合同未标注签署时间;8. 东立出版社有限公司和东立出版社香港有限公司出具的关于《蜡笔小新》在台湾和香港地区出版情况的声明;9.《蜡笔小新》在台湾和香港出版的金额及数量列表;10. 陕西师范大学出版社出版中文版《蜡笔小新》漫画书的新闻报道和漫画书封页;从相关报道可认定,《蜡笔小新》系列漫画和动画片在中国大陆正式发行始于2003年,正式发行后,为各媒体广泛报道,获得较强反响;11.《蜡笔小新》漫画在世界不同国家用不同语言出版的清单和漫画封页及在世界其他国家和地区的单行本销量统计;12.日本大阪府立中之岛图书馆出具的《朝日新闻》报等报刊对《蜡笔小新》动画片的播出时间和新闻报道摘录(经公证认证);13.亚洲电视台出具的《蜡笔小新》的播出情况;

三、用于证明相关法院对双叶社著作权的确认和支持的证据:14.上海市第一中级人民法院民事裁定书,裁定:针对恩嘉公司侵犯双叶社"蜡笔小新"著作权和商标权的行为采取临时禁令措施;

四、用于证明"蜡笔小新"图形及文字在包括中国的很多国家获得注册和使用,并享有极高的知名度的证据:15.媒体对"蜡笔小新"的相关报道;16.合法授权的手机动漫下载和第五届中国上海国际艺术节宣传册原件;17.国内报纸对"蜡笔小新"的报道;18."蜡笔小新"通用网址注册证复印件;19.有关双叶社获奖的报道复印件;20."蜡笔小新"形象被许可使用的地区及商品清单及使用在商品上的图片;

五、用于证明相关法院认定诚益公司恶意注册的不正当竞争行为的证据:21.北京市高级人民法院(2006)高行终字第392号行政判决书复印件;

六、用于证明诚益公司具有主观恶意的证据:22.争议商标转让给恩嘉公司的转让公告复印件;23.诚益公司抢注双叶社商标档案打印件;24.诚益公司注册的侵犯他人知名商标的商标资料列表和相关商标档案。

恩嘉公司答辩称:1.双叶社的争议裁定申请违反了《商标法实施条例》第三十五条规定的"一事不再理"原则,本案应予以驳回。2.没有证据证明争议商标的注册系恶意抢注申请人商标的不正当竞争行为,本案不符合《商标法》第四十一条第一款的适用条件。

双叶社针对恩嘉公司的答辩质证称:本次争议理由是争议商标的注册恶意明显、系以欺骗或其他不正当手段取得注册的行为,是双叶社基于全新的事实和法律依据提出的,双叶社提交了包括新发生的证据在内的充分证据,未违反《商标法实施条例》第三十五条的规定。

2010年6月4日,双叶社向商标评审委员会提交了以下补充理由:争议商标原注册人诚益公司大批量、规模性的抢注他人商标并转卖牟利,具有严重恶意,违反了诚实信用原则,扰乱商标注册秩序,会造成不良影响。商标局多次在异议程序中认定大量恶意注册商标是违背诚实信用原则,抄袭他人商标的不正当行为,会在社会上造成不良社会影响。且商评委亦曾在“哈里波特”异议复审一案中适用《商标法》第十条第一款第(八)项,裁定被异议商标不予核准注册。综上,依据《商标法》第十条第一款第(八)项、第四十一条第一款的规定,争议商标的注册应予以撤销。同时,双叶社向商标评审委员会补充提交了以下主要证据:25. 诚益公司恶意抢注蜡笔小新商标的初审公告;26. 诚益公司恶意抢注的其他商标列表和异议公告、撤销公告;27. 商标局相关案件异议裁定书复印件;28. 第 1744681 号“哈里波特及图”商标异议复审裁定书复印件。

针对双叶社的补充理由及证据,小新服饰公司提出质证意见称:1. 双叶社提交的补充理由和证据,已超过法定期限,亦违反“一事不再理”的基本原则,应不予采信。2. 本案不符合《商标法》第四十一条第一款的适用条件。

2011 年 1 月 4 日,商标评审委员会作出第 39811 号裁定。认定:将前案即商评字(2005)第 4646 号争议案与本案对比明显可见:双叶社在本案中依据《商标法》第三十一条主张争议商标损害在先著作权、系以不正当手段抢先注册其已使用并有一定影响的商标之理由,商标评审委员会及法院在前案中已进行了审理,且双叶社在本案中提交的相关证据与前案并无实质性差别。依据《商标法实施条例》第三十五条的规定,双叶社所提上述争议理由依法予以驳回。双叶社在其补充理由及证据中依据《商标法》第十条第一款第(八)项提出了新的争议理由,并针对其依据《商标法》第四十一条第一款所提主张提交了新的证据材料,故双叶社提交补充理由及证据未违反《商标评审规则》第二十条第一款、《商标法实施条例》第三十五条的规定。双叶社在前案中主张争议商标原注册人诚益公司大量抢注他人知名商标。构成《商标法》第四十一条第一款所指情形,对此,北京市高级人民法院作出如下认定:“双叶社提交的诚益公司曾经及现在持有的商标的档案资料表明,诚益公司具有大批量、规模性抢注他人商标并转卖牟利的行为,情节恶劣严重。‘蜡笔小新’文字及图形作为作品具有独创性,且在本案争议商标申请日前在日本、中国台湾地区、中国香港地区具有较高知名度,诚益公司复制了上述作品并将其作为商标在中国大陆予以注册,结合其批量性、大规模注册他人商标的行为。可以认为诚益公司明显具有侵害他人、抢注他人商标的恶意,有违诚实信用原则,其行为违反了《商标法》第四十一条之规定。鉴于双叶社在商标评审程序中并未提出上述证据,本院不宜直接作出处理。”而在本案中,双叶社进一步补充提交了相关异议公告、异议复审裁定公告及撤销公告。上述证据表明,商标局、商标评审委员会已多次在异议裁定、异议复审裁定及争议裁定中对争议商标原注册人诚益公司多次恶意抢注他人知名商标的行为性质进行了有效认定。双叶社提交的其他证据证明“蜡笔小新”文字及图形具有较强的独创性和显著性,且在争议商标申请注册前在日本、中国香港地区、中国台湾地区已具有较高知名度。争议商标原注册人位于与香港毗邻的广州,应当知晓“蜡笔小新”的知名度情况,其将与“蜡笔小新”文字或卡通形象相同的文字或图形作为商标在中国大陆地区申请注册,具有主观恶意。综合考虑争议商标原注册人规模性抢注他人知名商标的事实,原注册人申请注册争议商标的行为已经违反了诚实信用原则,扰乱了商标注册管理秩序及公共秩序,损害了公共利益,已构成《商标法》第四十一条第一款所指“以其他不正当手段取得注册”的情形。

《商标法》第十条第一款第(八)项指商标本身构成要素对社会公共利益、公共秩序产生负面、消极影响之情况,本案争议商标不属于上述情形,故双叶社的该项主张商标评审委员会不予支持。

综上,依据《商标法》第四十一条第一款、第四十三条的规定,商标评审委员会裁定:争议商标予以撤销。

另查,诚益公司在第9、18、25、44类等多个类别上申请注册了“SNOOPY”、“史诺比”、“梦迪娇”、“蒙特娇”、“浪琴”、“Burberrys”、“CHANEL”、“WALT DISNEY”、“POLO CLUB”、“Gillette”、“VOLVO”、“高露洁”、“GUESS”、“Calvin Klein”、“BETU”、“百图”、“FENDI”等多件商标。上述商标已被相关权利人提出异议、异议复审申请或以注册不当为由提出撤销注册申请。商标局及商标评审委员会均对诚益公司恶意复制、摹仿他人知名商标的行为性质作出认定,并综合考虑诚益公司申请多件与他人知名商标相同或相近的商标之事实,以违反诚实信用原则、易造成消费者混淆误认为由分别作出不予核准注册、撤销注册的裁定。

上述事实,争议商标档案、注册商标争议裁定申请书、证据交换通知书、商标争议答辩通知书、商标争议答辩书、核准商标转让证明、承继声明、争议裁定书、当事人提交的证据及各自陈述等证据在案佐证。

本院认为:

《商标法》第四十一条第一款规定,已经注册的商标,是以欺骗手段或者其他不正当手段取得注册的,其他单位或个人可以请求商标评审委员会裁定撤销该注册商标。根据本案已经查明的事实,《蜡笔小新》系列漫画及动画片早于争议商标申请日之前已在日本、中国香港、中国台湾地区广泛发行和播放,具有较高知名度。争议商标的原申请人诚益公司地处广州,毗邻香港,理应知晓"蜡笔小新"的知名度。诚益公司将"蜡笔小新"文字或卡通形象申请注册商标,主观恶意明显。同时,考虑到诚益公司具有大批量、规模性抢注他人商标并转卖牟利的行为,情节恶劣,因此商标评审委员会认定诚益公司申请注册争议商标,已经违反了诚实信用原则,扰乱了商标注册管理秩序及公共秩序,损害了公共利益,构成《商标法》第四十一条第一款所指"以其他不正当手段取得注册"的情形,结论正确,本院予以确认。小新服饰公司提出争议商标不属于前述法律规定情形,应予维持的上诉理由不成立,本院对其相关上诉主张,不予支持。

综上,原审判决认定事实清楚,适用法律正确,程序合法,应予维持。小新服饰公司的上诉主张不能成立,本院对其上诉请求不予支持。依照《中华人民共和国行政诉讼法》第六十一条第(一)项之规定,判决如下:

驳回上诉,维持原判。

一、二审案件受理费各人民币一百元,均由江苏蜡笔小新服饰有限公司负担(均已交纳)。

本判决为终审判决。

审　判　长　李燕蓉
审　判　员　潘　伟
代理审判员　马　军
二〇一一年十二月九日
书　记　员　李　静

相对理由确权

10. 杭州啄木鸟鞋业有限公司与国家工商行政管理总局商标评审委员会等“啄木鸟图形”商标行政纠纷案最高人民法院驳回再审申请通知书

(2011)知行字第37号

争议商标指定使用的商品为鞋和靴——引证商标核定使用商品是服装等——原料、用途有差别——消费对象相同——销售渠道相同——争议商标与引证商标基本形态相同——引证商标有较高知名度——构成类似商品上的近似商标——《区分表》可以作为判断类似商品或服务的参考——还要考虑实际情况和个案因素——个案认定不意味着商标注册管理上商品类似关系的变化——不必然影响《区分表》对商品类似关系的确定和划分——不影响已注册商标的稳定性——被争议商标的也有较高知名度——相关公众仍会产生来源混淆——客观上未形成已将相关商业标志区分开来的市场实际——二审判决有部分法律适用不当,但结论正确——驳回再审申请

杭州啄木鸟鞋业有限公司:

你公司因与中华人民共和国国家工商行政管理总局商标评审委员会(简称商标评审委员会)、七好(集团)有限公司(简称七好公司)商标争议行政纠纷一案,不服北京市高级人民法院于2010年12月2日作出的(2010)高行终字第743号行政判决(简称二审判决),向本院申请再审。本院于2011年3月29日立案后,依法组成合议庭对本案进行了审查,并于2011年5月19日组织各方当事人进行听证。现已审查完毕。

你公司申请再审称:1. 二审判决认定第1609312号图形商标(简称争议商标)违反《中华人民共和国商标法》(简称《商标法》)第二十八条之规定,认

定事实和适用法律错误。首先,《商标法》第二十八条适用的前提是商品类似,但二审判决并没有对争议商标和引证商标核定使用的“鞋”、“靴”商品和“服装”、“领带”、“皮包”商品是否类似进行认定,而是以核定使用商品均为穿戴类商品,是所谓的“关联商品”为由,认定争议商标与引证商标构成近似商标,进而认定争议商标违反《商标法》第二十八条之规定,适用法律错误。其次,服装等商品和鞋等商品在功能、用途、生产部门、销售渠道等方面均存在较大差异,不属于类似商品。对此,(2005)高行终字第27号判决书已经有明确的结论。而且在《类似商品和服务区分表》(简称《区分表》)中,鞋、靴和服装等商品被划分为非类似商品。《区分表》是我国商标管理机关进行商标管理的依据,也是广大生产服务提供者申请注册商标的规范类指引,应当保持其适用的稳定性和统一性。因此,在没有充分证据证明鞋、靴和服装等商品在原料、生产、销售、消费习惯等方面已具有普遍为相关公众接受的密切联系以及国际惯例尚未改变情况下,不应突破《区分表》对上述商品之间的非类似关系的认定。再次,争议商标的图形和引证商标的图形在构图细节、设计风格上有明显的不同,争议商标主要采取的是涂抹、夸张并着色的绘画手法,不同于引证商标的以线条勾勒为主的绘画手法。最后,争议商标经多年使用,已为广大消费者所熟知,不会造成相关公众的误认。综上,争议商标和引证商标并无令相关公众产生混淆、误认的可能,不构成类似商品上的近似商标,二审判决在此问题上认定事实和适用法律确有错误。2.二审判决认定争议商标违反《商标法》第四十一条第一款之规定,事实认定和法律适用明显错误。首先,二审判决认定在争议商标申请日前,引证商标有一定知名度缺乏证据支持。在商标评审程序中,七好公司并未能提交引证商标在争议商标申请日前在国内宣传、使用的证据资料。二审判决认定你公司对引证商标应当知晓纯属主观臆断,毫无事实和法律依据。同时,二审判决认定争议商标存在对引证商标的抄袭、摹仿缺乏证据支持。其次,七好公司在商标评审程序中并未就争议商标违反《商标法》第四十一条第一款提出评审请求,商标评审委员会也未就此进行评审,二审判决直接适用此条款,超越了商标评审委员会的审理范围,剥夺了你公司的合法抗辩权利。最后,根据《最高人民法院关于审理商标授权确权行政案件若干问题的意见》(简称《意见》)的规定,《商标法》第四十一条第一款仅适用于绝对事由,不适用于相对事由。因此,即使假定二审判决所谓的抄袭、摹仿行为存在,也并不属于“其他不正当手段”,二审判决适用法律错误。3. 你公司自注册争议商标以来,一直致力于“啄木鸟”皮鞋的品牌建设,对该品牌投入了大量的广告宣传、打假维权费用。经过你公司的大力推动,啄木鸟皮鞋已经成为国内的著名品牌。根据《意见》第一条的政策精神,对于争议商标这样注册使用时间长达十年,已经建立较高市场声誉、形成自身的相关公众群体、并已经驰名的商标,人民法院应当尊重相关公众已在客观上将相关商标区别开来的市场实际,慎重撤销,以促进品牌培养,避免社会资源的浪费。二审判决却以似是而非的理由撤销争议商标,明显违背相关政策精神。综上,请求撤销二审判决,维持北京市第一中级人民法院(2009)一中行初字第1068号判决(简称一审判决)和商评字〔2009〕第2577号《关于第1609312号图形商标争议裁定书》(简称第2577号裁定)。

七好公司答辩称:1. 二审法院以“鞋”与“衣服”构成关联商品,适用《商标法》第二十八条,认定争议商标与引证商标构成近似商标是正确的。2. 七好公司提出撤销申请的理由包括抄袭引证商标构成不正当竞争,因此二审判决适用《商标法》第四十一条第一款并无不妥。另外,因为争议商标违反《商标法》第二十八条的规定,是否适用《商标法》第四十一条第一款不足以影响最终结果。3. 你公司提供的证据不足以证明争议商标的知名度,你公司经营规模很小,主要靠傍名牌进行经营,不宜给予保护。

商标评审委员会陈述意见称:1.《区分表》是我国商标主管机关以世界知识产权组织提供的《商标注册用商品和服务国际分类》为基础,总结我国长期的商标审查实践并结合我国国情而形成的判断商品和服务类似与否的专业规范文件,具有公开性、一致性和稳定性的特点。该表对类似商品的划分本身就是在综合考虑了商品的功能、用途、生产部门、销售渠道、销售对象等因素的基础上得出的。商标确权程序中需要维护类似商品判断标准的一致性。诚然,由于商品和服务的项目更新和市场交易情况变化,类似商品和服务的类似关系不会一成不变,但对《区分表》的修正应当通过一定的程序统一进行并予以公布,以确保判断标准的相对稳定和商标审查的公平有序,避免商标申请人在申请注册时无所适从,保证注册商标的权利稳定。就本案而言,争议商标指定使用的鞋、靴与引证商标核定使用的服装、领带等商品在制作材料、生产工艺、功能用途、销售渠道等方面有明显区别,未构成类似商品。因此争议商标和引证商标并未构成使用在同一种或者类似商品上的近似商标。2. 七好公司在行政程序中并未就争议商标违反《商标法》第四十一条第一款的规定提出评审请求,二审判决直接适用该条款并以此撤销第 2577 号裁定,超越了本案的审理范围。因此,请求撤销二审判决,维持第 2577 号裁定。

本院经审查查明,本案争议商标系你公司于 2000 年 5 月 26 日向中华人民共和国国家工商行政管理总局商标局(以下简称商标局)申请注册,指定使用在第 25 类 2507 群的鞋、靴商品,指定使用颜色为啄木鸟通体为黑色,嘴的下部为绿色(见下图)。商标局于 2001 年 8 月 7 日核准该商标注册,注册号为 1609312。

引证商标一为七好公司于 1993 年 1 月 3 日向商标局申请在第 25 类服装商品上注册的"鸟图形 + TUCANO"商标(见下图)。商标局于 1994 年 3 月 7 日予以核准注册,注册号为 680928。经续展,专用期限至 2014 年。

引证商标二系七好公司于 1999 年 9 月 13 日在第 25 类服装商品上向商标局申请注册的"鸟图形"商标(见下图)。商标局于 2000 年 12 月 21 日核准注册,注册号为 1493162。

引证商标三系七好公司于 1999 年 10 月 21 日在第 25 类 2501 群、2509 - 2512 群的领带、围巾、皮带(服装用)等商品上申请注册的"鸟图形 + TUCANO"商标(见下图)。商标局于 2001 年 3 月 21 日核准注册,注册号为 1541673。

引证商标四系七好公司于 1997 年 3 月 5 日在第 18 类的皮包、旅行袋、公文包等商品上申请注册的"鸟图形"商标(见下图)。商标局于 1998 年 4 月 21 日核准注册,注册号为 1168550。

争议商标

引证商标一

引证商标二

引证商标三

引证商标四

2004 年 2 月 3 日,七好公司向商标评审委员会提出了撤销争议商标注册申请。七好公司认为,该公司在第 25 类、18 类商品注册了"鸟图形 +

TUCANO”及“鸟图形”等商标。经过使用,该商标已成为世界服装知名品牌,且曾经司法确认为驰名商标。争议商标属于抢注他人驰名商标的行为,侵害了七好公司的合法权益;争议商标与引证商标构成使用在类似商品上的近似商标,也侵犯七好公司的著作权。综上,请求撤销争议商标。在评审期间,七好公司提交2001~2003年引证商标因被侵权,安徽、浙江、成都等地工商机关进行处罚的决定书等证据。

在评审期间,你公司提交了于2001年8月就“啄木鸟鞋业”签订的电视广告合同、就“啄木鸟”鞋商标被假冒于2002年11月15日在安徽消费者报发布的声明、2001~2004年在浙江省内因“啄木鸟鞋业”被侵权,当地工商机关出具的处罚决定等、2002年10~12月《江淮晨报》、《安徽市场报》、《福建经济快报》等媒体关于“啄木鸟鞋业”被侵权的报道、湖南省湘西土家族苗族自治州中级人民法院(2007)州民三初字第32号民事判决书及该判决书的生效证明,该判决书确认你公司的第1609312号“啄木鸟图形”商标(即争议商标)、第1525486号“啄木鸟”商标为中国驰名商标。

商标评审委员会经审查认为,争议商标指定使用的鞋、靴商品与各引证商标指定使用的服装、领带、皮包等商品所属的范围和领域不同,消费者获取上述商品的渠道有所区别,在《区分表》中亦不属同一类似群组,不属于类似商品。争议商标与引证商标未构成使用在同一种或类似商品上的近似商标。七好公司提交的证据不足以证明引证商标在争议商标申请注册前已驰名,因而争议商标的注册未构成《商标法》第十三条第二款所指之情形。七好公司的“鸟图形”商标为一常见的啄木鸟图案,独特性并非很强,而争议商标与引证商标的鸟图形在构图细节、设计风格上有一定差异,因而并无充分理由认定争议商标的注册构成侵犯他人著作权之情形。因此,商标评审委员会于2009年2月23日作出第2577号裁定,维持争议商标注册。

七好公司不服第2577号裁定,于法定期限内向北京市第一中级人民法院提起行政诉讼。北京市第一中级人民法院一审认为:争议商标指定使用的鞋、靴商品与引证商标指定使用的服装、领带、皮包等商品不属于类似商品,争议商标与引证商标使用在非类似商品上,不会导致普通消费者对商品来源的混淆误认。七好公司提交的证据不足以证明引证商标在争议商标申请日之前已成为驰名商标。争议商标与引证商标中的鸟图形在设计手法、表现形式上有所不同,争议商标未侵犯鸟图形的著作权。因此,一审法院于2009年12月31日作出一审判决,维持第2577号裁定。

七好公司不服一审判决,向北京市高级人民法院上诉。七好公司向二审法院补充提交了以下证据:一、该公司于1996年5月1日与浙江来去来有限公司(简称来去来公司)签订的合同,约定"授权来去来公司为啄木鸟品牌服饰的中国境内独家代理,授予啄木鸟品牌男士服饰生产权及鉴定权,可自行生产制作,而且允许使用啄木鸟注册商标的产品有恤衫、毛衣等";二、来去来公司于1996年9月与浙江华盟股份有限公司签订的共同组建"浙江啄木鸟服饰有限公司"的合同书、营业执照内容、公司名称变更手续;三、中央电视台1997年春节联欢晚会节目单,其中广告插页之一为啄木鸟(中国)服饰有限公司对其啄木鸟系列服饰的广告宣传及该公司就啄木鸟服饰的宣传画册的复印件;四、你公司的注册登记信息、七好公司使用啄木鸟图形的商品;五、各类媒体就"啄木鸟"被摹仿和使用的报道、评论;六、近年各地工商机关就七好公司"鸟图形"等商标被侵权的调查函件。二审法院认为由于七好公司在提交上述证据时未申明其在评审阶段和一审期间未能提交的正当理由,故对上述证据不予接纳。

北京市高级人民法院二审认为:七好公司在行政程序和诉讼程序虽提出该公司旗下的"鸟图形"、"啄木鸟"汉字、"鸟图形+TUCANO"商标曾于2005年经司法确认为驰名商标,但该确认系争议商标申请日之后作出的,不能证明上述商标在争议商标申请日前已为驰名商标。但七好公司提交的相关证据,能够证明该公司旗下的引证商标经其在大陆的使用和宣传,在争议商标申请日前具有一定的知名度。由于引证商标的"鸟图形"是源于啄木鸟的固有图形,且引证商标的"鸟图形"系经转让取得,七好公司并非最初的设计者,七好公司没有提交证据证明其对引证商标的"鸟图形"享有著作权。故同意商标评审委员会及一审法院就此事由的确认。虽争议商标的"啄木鸟图形"与引证商标的"鸟图形"在局部设计上略有差异,但整体造型基本相同,因此在隔离比对的情况下,商标标识的整体外观近似。同时,争议商标与引证商标两者指定使用商品虽不为同一类似群组,但均为穿戴类商品,商品及生产商品的企业关联性极强,因此,二者指定使用的商品应为关联商品;其在市场上的共同使用易使消费者对其商品来源产生混淆、误认。故争议商标与引证商标构成近似商标。由于争议商标申请注册前,七好公司的引证商标已有一定知名度,加之两公司均为服装、鞋帽类商品的生产企业,两企业之间具有较强的关联性,故你公司对七好公司的引证商标应当知晓,由于七好公司的引证商标"鸟图形"使用在先,争议商标标识的设计与引证商标近似,存在对引证商标的抄袭、摹仿,属于《商标法》第四十一条第一款规定的采用不正当手段注册的情况。综上,第2577号裁定和一审判决关于上述事实的确认不符合《商标法》第二十八条和第四十一条第一款的规定,应予撤销。因此二审法院判决撤销一审判决和第2577号裁定。

另查明,根据你公司提交的证据可以看出,你公司在鞋类商品上不仅注册了争议商标等"鸟图形"商标,而且还于2000年和2001年分别注册了"TUCANO"和"啄木鸟"商标,使用时常将"鸟图形"、"TUCANO"和"啄木鸟"并列使用。通过经营,你公司产品和商标具有一定知名度。七好公司提交的证据证明引证商标经其在大陆的授权许可使用和广告宣传,在争议商标申请日前具有一定的知名度。之后,引证商标的使用规模进一步扩大,目前具有较高知名度。

再查,七好公司向商标评审委员会提出撤销争议商标申请时,主张争议商标系对引证商标鸟图形的抄袭摹仿侵犯了其著作权,还主张你公司以"啄木鸟"为字号,会引起进一步的混淆,属于不正当的竞争行为,但并未明确主张争议商标违反《商标法》第四十一条第一款的规定。七好公司不服第2577号裁定提起一审诉讼时也未主张商标评审委员会漏审或就此问题提出相关异议。

本院经审查认为:

一、关于《商标法》第四十一条第一款的适用

首先,商标争议为依请求启动的程序,争议理由一般限于当事人主张。与之相应的诉讼也仅限于行政裁决的审查,一般不能引入新的事由对商标注册合法性进行审查判断。从查明的事实看,七好公司在对争议商标提出撤销申请时,并未主张争议商标的注册违反《商标法》第四十一条第一款的规定,商标评审委员会也并未就此进行审理,七好公司提出一审诉讼和二审上诉时也并未就此提出异议。在申请人未主张,商标评审委员会未进行评审的情况下,二审法院直接认定争议商标存在对引证商标的抄袭、摹仿,进而认定争议

商标属于《商标法》第四十一条第一款规定的采用不正当手段注册，缺乏法律依据。其次，《商标法》第四十一条第一款所规定的“不正当手段”属于欺骗手段以外的扰乱商标注册秩序、损害公共利益、不正当占用公共资源或者以其他方式谋取不正当利益的手段。对于只是损害特定民事权益的情形，则要适用《商标法》第四十一条第二款、第三款及《商标法》的其他相应规定进行审查判断。本案中，即使如二审法院认定，争议商标抄袭、摹仿引证商标，损害的也是七好公司的民事权益，并不属于扰乱商标注册秩序、损害公共利益、不正当占用公共资源或者以其他方式谋取不正当利益的行为，不构成《商标法》第四十一条第一款所规定的“不正当手段”。综上，二审法院认定争议商标违反《商标法》第四十一条第一款错误，本院予以纠正。

二、关于争议商标和引证商标是否构成类似商品上的近似商标

根据《商标法》的规定，申请注册的商标，同他人在同一种商品或者类似商品上已经注册的或者初步审定的商标相同或者近似的，由商标局驳回申请，不予公告。如果先申请注册的商标注册人认为他人在后申请注册的商标与其在同一种或者类似商品上的注册商标相同或者近似，可以自在后申请注册的商标核准注册之日起五年内，向商标评审委员会申请裁定。

商标的主要功能在于标识商品或者服务的来源，因此商标必须同具体的商品或者服务相结合。商标法设置商品类似关系，是因为商标主要是按商品类别进行注册、管理和保护。在商标授权确权和侵权判定过程中，进行商标法意义上相关商品是否类似的判断，并非作相关商品物理属性的比较，而主要考虑商标能否共存或者决定商标保护范围的大小。避免来源混淆是商品类似关系判断时要坚持的一项基本原则。因此，人民法院在审理商标授权确权案件时，审查判断相关商品是否类似，应当考虑商品的功能、用途、生产部门、销售渠道、消费群体等是否相同或者具有较大的关联性。两个商标共存是否容易使相关公众认为商品或者服务是同一主体提供的，或者其提供者之间存在特定联系。

本案中，争议商标指定使用的商品为鞋和靴，引证商标核定使用的商品是服装等。虽然两者在具体的原料、用途等方面具有一些差别，但是两者的消费对象是相同的，而且在目前的商业环境下，一个厂商同时生产服装和鞋类产品，服装和鞋通过同一渠道销售，比如同一专卖店、专柜销售的情形较为

多见。同时,争议商标与引证商标中的“鸟图形”虽然在细部上略有差异,但两者基本形态相同,且根据查明的事实,引证商标通过使用具有较高的知名度。在这种情况下,如果两商标在服装和鞋类商品上共存,容易使相关公众认为两商品是同一主体提供的,或者其提供者之间存在特定联系。因此,争议商标与引证商标构成类似商品上的近似商标。你公司关于争议商标与引证商标不近似,两者指定使用的商品不属于类似商品的主张不能成立。

《区分表》是我国商标主管机关以世界知识产权组织提供的《商标注册用商品和服务国际分类》为基础,总结我国长期的商标审查实践并结合我国国情而形成的判断商品和服务类似与否的规范性文件。该表对类似商品的划分就是在综合考虑了商品的功能、用途、生产部门、销售渠道、销售对象等因素的基础上确定的。因此《区分表》可以作为判断类似商品或者服务的参考。尤其商标注册申请审查,强调标准的客观性、一致性和易于操作性,为了保证执法的统一性和效率,商标行政主管机关以《区分表》为准进行类似商品划分并以此为基础进行商标注册和管理,是符合商标注册审查的内在规律的。但是,商品和服务的项目更新和市场交易情况不断变化,类似商品和服务的类似关系不是一成不变,而商标异议、争议是有别于商标注册申请审查的制度设置,承载不同的制度功能和价值取向,更多涉及特定民事权益的保护,强调个案性和实际情况,尤其是进入诉讼程序的案件,更强调司法对个案的救济性。在这些环节中,如果还立足于维护一致性和稳定性,而不考虑实际情况和个案因素,则背离了制度设置的目的和功能。因此在商标异议、争议和后续诉讼以及侵权诉讼中进行商品类似关系判断时,不能机械、简单地以《区分表》为依据或标准,而应当考虑更多实际要素,结合个案的情况进行认定。《区分表》的修订有其自身的规则和程序,无法解决滞后性,也无法考虑个案情况。把个案中准确认定商品类似关系寄托在《区分表》的修订是不现实和不符合逻辑的,相反个案的认定和突破才能及时反映商品关系变化,在必要时也可促进《区分表》的修正。因此对《区分表》的修正应当通过一定的程序统一进行并予以公布,否则不能突破的观点不能成立。事实上,商标评审委员会在一些评审案件中已经在考虑相关案情的基础上,在《区分表》类似商品判断划分外作出符合实际的裁决。因此你公司关于鞋和服装在《区分表》中被划分为非类似商品,不应突破的观点缺乏法律依据,本院不予支持。

需要强调的是,由于在商品类似判断时考虑了个案情况,相关商品是否类似并非绝对和一成不变的,基于不同的案情可能得出不同的结论。因此(2005)高行终字第27号判决中认定服装和鞋不属于类似商品并不意味着两者在特定案情下必然不构成类似,本案的认定与之并不矛盾。同时,由于具体案件中关于商品类似关系的认定考虑了个案情况,具有个案性,因此,个案认定结论并不意味商标注册管理上的商品类似关系发生变化,也不必然影响《区分表》中对商品类似关系的确定和划分,商标申请人在申请注册时仍可以《区分表》为准进行申请。同样的,个案的认定一般也不会影响到已经注册商标的权利稳定性。

此外,关联商品往往是针对《区分表》中被划定为非类似,但实际上具有较强的关联性,相关商标共存容易导致混淆误认的商品而言的。对于这些商品,仍需置于类似商品框架下进行审查判断,只要容易使相关公众认为商品或者服务是同一主体提供的,或者其提供者之间存在特定联系,在法律上即构成类似商品。本案中,二审判决认定服装和鞋为关联商品,并进而认定争议商标违反《商标法》第二十八条的规定,这种表述容易使人误解为在类似商品之外又创设另一种商品关系划分,为此,本院予以纠正。

三、关于实际使用与商标应否撤销之间的关系

商标的真正价值源于实际使用,保护通过实际使用建立的商标市场声誉是商标法的重要立法精神。因此,实际使用情况是商标授权确权案件中决定商标应否撤销的重要考虑因素之一。对于使用时间较长、已建立较高市场声誉和形成相关公众群体的商标,应当准确把握商标法有关保护在先商业标志权益与维护市场秩序相协调的立法精神,充分尊重相关公众已在客观上将相关商业标志区别开来的市场实际,注重维护已经形成和稳定的市场秩序。但是,商标授权确权程序的总体原则仍是遏制搭车抢注,保护他人在先商标,尽可能消除商业标志混淆的可能性。本案中,根据你公司提交的证据可以看出,你公司除了注册争议商标等与七好公司引证商标近似的系列“鸟图形”商标外,还在鞋类商品上注册了“TUCANO”和“啄木鸟”等商标,并且在实际经营过程中,还常常将“鸟图形”与“TUCANO”、“啄木鸟”等共同使用,而“TUCANO”是引证商标一的组成部分,“啄木鸟”恰好也是七好公司在服装等商品上的在先注册和在先实际使用的并具有一定知名度的商标。这样的

情况说明你公司从商标注册到实际使用均具有搭车摹仿的主观意图。虽然通过你公司的经营和对争议商标的实际使用,你公司的产品和商标也具有较高的知名度,但是由于你公司与七好公司在经营活动中均使用差别不大的“鸟图形”以及相同的“TUCANO”、“啄木鸟”等商标,显然对于不了解内情的相关公众而言,会认为两者提供主体同一,或者存在特定联系,容易造成来源混淆,因此本案客观上并未形成已将相关商业标志区别开来的市场实际。同时,虽然本案中引证商标权利人七好公司在《区分表》将服装与鞋划分为非类似商品的情况下,没有及时积极在鞋类商品上申请注册商标,在造成目前冲突的局面中也存在一定过失,但是,考虑到遏制搭车、避免混淆的基本原则以及你公司的主观意图和容易混淆误认的客观现实,加之你公司除争议商标外,还拥有其他实际使用的商标,撤销争议商标的注册并不会对你公司的经营造成实质性影响,你公司可以通过适当的方式延续多年经营所形成的商誉,并以此为契机创立自有品牌,尽量消除与七好公司商业标识的混淆可能性,故本院认为二审判决撤销争议商标的结论正确,应予维持。你公司关于争议商标已经大量使用,不应撤销的主张本院不予支持。

综上,本院认为,二审判决虽然在部分法律适用上存在不当之处,但结论正确,你公司的再审申请不符合《中华人民共和国行政诉讼法》第六十三条第二款和《最高人民法院关于执行〈中华人民共和国行政诉讼法〉若干问题的解释》第七十二条规定的再审条件。依照《最高人民法院关于执行〈中华人民共和国行政诉讼法〉若干问题的解释》第七十四条的规定,予以驳回。

特此通知。

二○一一年七月十二日

11. 杨世群与国家工商行政管理总局商标评审委员会"渝富桥 YUFUQIAO"商标行政纠纷案

北京市高级人民法院行政判决书

(2011)高行终字第581号

"富侨"与"渝富桥"整体呼叫、文字构成近似——同时使用在类似的服务上,容易使相关公众对服务的来源产生混淆误认——被异议商标"渝富桥 YUFUQIAO"与引证商标构成近似商标——原审法院仅片面考虑被异议商标在注册申请之后的使用情况——未考虑引证商标在被异议商标申请注册日前所具有的知名度——双方当事人同处于重庆市——均从事类似的保健、按摩等服务——消费者和同业经营者的利益——一审认定错误,应予纠正

上诉人(原审被告)国家工商行政管理总局商标评审委员会,住所地北京市西城区三里河东路8号。

法定代表人许瑞表,主任。

委托代理人李婧,国家工商行政管理总局商标评审委员会审查员。

上诉人(原审第三人)重庆富侨保健服务有限公司,住所地重庆市九龙坡区袁家岗兴隆湾五环大厦A座133号附5-4。

法定代表人胡芝容,总经理。

委托代理人马燕飞,男,汉族,1961年11月29日出生,重庆富侨保健服务有限公司法律顾问,住陕西省西安市莲湖区光明巷62号。

委托代理人袁野,男,汉族,1973年11月18日出生,重庆富侨保健服务有限公司法律顾问,住重庆市渝中区红岩村98号附8号。

被上诉人(原审原告)杨世群,女,汉族,1935年4月27日出生,四川渝富桥保健有限公司执行董事,重庆市渝中区解放西路130号。

委托代理人彭思聪,四川炜烨律师事务所律师。

委托代理人陈晓燕,四川炜烨律师事务所律师。

上诉人国家工商行政管理总局商标评审委员会(简称商标评审委员会)、重庆富侨保健服务有限公司(简称重庆富侨公司)因商标异议复审行政纠纷一案,不服北京市第一中级人民法院(2010)一中知行初字第2881号行政判决,向本院提起上诉。本院2011年2月24日受理本案后,依法组成合议庭,于2011年3月24日公开开庭进行了审理。上诉人商标评审委员会的委托代理人李婧,上诉人重庆富侨公司的法定代表人胡芝容及委托代理人马燕飞、袁野,被上诉人杨世群的委托代理人彭思聪、陈晓燕到庭参加了诉讼。本案现已审理终结。

针对杨世群经初审公告的第3413981号"渝富桥 YUFUQIAO"商标(简称被异议商标),重庆富侨公司提出商标异议,国家工商行政管理总局商标局(简称商标局)作出(2008)商标异字第04917号《"渝富桥 YUFUQIAO"商标异议裁定书》(简称第4917号裁定),对被异议商标予以核准注册。重庆富侨公司不服,向商标评审委员会提出复审申请,2010年6月7日,商标评审委员会作出商评字〔2010〕第12380号《关于第3413981号"渝富桥 YUFUQIAO"商标异议复审裁定》(简称第12380号裁定),裁定被异议商标不予核准注册。杨世群不服,向北京市第一中级人民法院提起行政诉讼。

北京市第一中级人民法院认为:商标评审委员会系无法邮寄送达相关材料后采取公告方式送达当事人,符合法律规定,程序合法。

被异议商标指定使用的服务与第1967348号"富侨及图"商标(简称引证商标)核定使用的服务属于类似服务。尽管被异议商标中文部分"渝富桥"的首字"渝"通常容易理解为重庆市的别称,且"富桥"与"富侨"存在读音相同等因素,但是被异议商标与引证商标的汉字部分在整体呼叫、文字构成和含义上存在一定的区别。另外,引证商标指定颜色的图形部分占较大比重,与被异议商标仅为楷体文字和汉语拼音相比,两者整体外观区别较为明显。据此,尚难以认定被异议商标的注册将容易使相关公众对服务的来源产生混淆误认。杨世群为证明其已在全国范围使用被异议商标并已建立较高市场声誉,提交了所获荣誉证书及分店和加盟店照片等证据,综合考虑上述证据及客观市场经营情况,足以认定被异议商标使用时间较长、已建立较高市场声誉并形成了相关公众群体。因此,结合前述被异议商标与引证商标的区别和杨世群对被异议商标的使用情况,为尊重相关公众已在客观上将相关商业标志区别开来的市场实际,维护已经形成的市场秩序,被异议商标与引证商标未构成《中华人民共和国商标法》(简称《商标法》)第二十八条规定的使用在同一种或类似服务上的近似商标。

综上,北京市第一中级人民法院依照《中华人民共和国行政诉讼法》第五十四条第(二)项第1目之规定,判决:一、撤销第12380号裁定。二、商标评审委员会重新作出异议复审裁定。

商标评审委员会不服原审判决,向本院提起上诉,请求撤销原审判决,维持第12380号裁定。其主要上诉理由为:一、原审法院认定被异议商标与引证商标未构成《商标法》第二十八条规定的使用在同一种或类似服务上的近似商标属认定事实错误。二、原审法院对杨世群在诉讼过程中提交的证据采信,认为被异议商标使用时间较长,能与引证商标相区分,是错误的。杨世群提交的证据多形成于被异议商标申请日之后,无法证明其主张,且重庆富侨公司提交的证据可以证明引证商标在被异议商标申请日前进行了一定的宣传和使用,加重了双方商标混淆的可能。

重庆富侨公司不服原审判决,向本院提起上诉,请求撤销原审判决,维持第12380号裁定。其主要上诉理由为:一、原审法院对杨世群在诉讼过程中提交的证据采信,认为被异议商标使用时间较长,能与引证商标相区分是错误的。二、原审法院认定相关公众能够区分被异议商标与引证商标属认定事实错误。三、原审法院认定被异议商标与引证商标未构成《商标法》第二十八条规定的使用在同一种或类似服务上的近似商标属认定事实错误。四、原审判决审理程序有误,其未经质证,径直确认杨世群的当庭证据,而对上诉人提交的证据未予提及,属于漏审。

杨世群服从原审判决。

本院经审理查明:

2002年12月23日,杨世群向商标局申请注册"渝富桥YUFUQIAO"商标(即被异议商标,见下图),2004年8月21日初审公告,公告号为第3413981号,指定使用服务为第44类美容院、按摩、保健等。

渝富桥

yufuqiao

被异议商标

2001年7月2日,重庆富侨公司向商标局申请注册指定颜色的"富侨及图"商标(即引证商标,见下图),于2002年11月7日核准注册,注册号为第1967348号,核定使用在第42类美容院、按摩、保健等服务上,专用期限至2012年11月6日。该商标构成元素中,飘带指定颜色为黄色,五角星内含有橙色圆环,圆环内为镶嵌白色"富侨"二字的蓝色圆饼,五角星其他部分为红色。

引证商标

在法定异议期内,重庆富侨公司就被异议商标向商标局提出异议申请。2008年,商标局作出第4917号裁定,认为被异议商标与引证商标未构成近似商标,根据《商标法》第三十三条的规定,裁定被异议商标予以核准注册。

重庆富侨公司不服商标局作出的第4917号裁定,向商标评审委员会申请复审,其理由是:引证商标经大量广告宣传及使用,已成为保健业行业内的驰名商标,重庆富侨公司亦在多个类别保护性注册了"福侨"、"富桥"、"FUQIAO"等多个商标。被异议商标与引证商标在外观、发音、含义上相似,两商标指定使用的服务类别相同,并且杨世群与重庆富侨公司总部同处重庆市,两商标共存于相同服务上,易使消费者联想到重庆富侨公司及其服务,损害并淡化重庆富侨公司"富侨"的品牌形象,已构成对重庆富侨公司驰名商标的摹仿或抢注。"富侨"是重庆富侨公司独创的字号和驰名商标,杨世群作为重庆富侨公司的同行业者,在明知引证商标的前提下,向商标局提出"渝富桥"、"渝豪富桥"等一系列商标的注册,具有主观恶意。

在商标异议复审阶段,重庆富侨公司向商标评审委员会提交了22份证据,用于证明重庆富侨公司的企业经营情况、商标使用及宣传情况、引证商标的知名度及获奖情况。上述证据,可以证明重庆富侨公司成立于2000年3月,2001年2月被《中国质量万里行》评为"优质服务质量示范单位"、全国先进单位;"富侨保健"于2002年3月被重庆市工商行政管理局认定为重庆市企业法人知名字号;2002 年 9 月,被重庆商报社评为“十佳特色放心洗脚城”;2002 年 10 月,被中国企业发展研究中心评为“中国诚信经营企业”等。此外,重庆富侨公司还提交了 2003 ~2005 年的企业经营情况报表、加盟商协议、加盟商名单、加盟店照片、媒体宣传等证据。

商标评审委员会于 2009 年 2 月 10 日向杨世群邮寄送达《商标异议复审答辩通知书》等材料,后该邮件因“迁移新址不明”被邮电局退回,商标评审委员会遂采取在第 1168 期《商标公告》上刊登公告的方式进行送达。

2010 年 6 月 7 日,商标评审委员会作出第 12380 号裁定,认为:被异议商标“渝富桥 YUFUQIAO”的汉字“富桥”,与引证商标“富侨及图”汉字“富侨”,均非固有词汇,呼叫相同、文字构成相近,“渝”字为重庆的别称,加之双方当事人均位于重庆市,且引证商标在被异议商标申请注册日前进行了一定的宣传和使用,上述因素加重了双方商标混淆的可能。若上述两商标共存于按摩、保健等同一种或类似服务上,易使相关公众对服务来源产生误认,因此,被异议商标与引证商标构成《商标法》第二十八条规定的使用在同一种或类似服务上的近似商标。商标评审委员会依据《商标法》第二十八条、第三十三条、第三十四条的规定,裁定被异议商标不予核准注册。

在本案原审诉讼过程中,杨世群为证明被异议商标在全国具有一定的知名度,向原审法院提交了以下证据:1. 四川渝富桥保健有限公司网点分布图,以及关于其在黑龙江、河北、山西、山东、江苏、天津等地开设了共计 208 家分店和加盟店的《说明》,上述加盟店开办时间均在被异议商标申请日以后。2. 四川渝富桥投资管理有限公司出具的《证明》,其中载有:渝富桥健康商务会馆模式在全国开店已达 208 家,“渝富桥”的顾客几乎都知悉“渝富桥”与“富侨”图形商标是不同的品牌,不会将其混淆。3. 2006 年 8 月 27 日,中国企业文化促进会等评定“渝富桥”休闲保健荣获第四届(2006 年度)“中国休闲保健市场顾客满意十佳品牌”。4. 2007 年 1 月,人民日报社市场报等评定“渝富桥”荣获第三届(2006 年度)“中国足疗保健行业十大最具影响力品牌”。5. 2007 年 3 月 16 日,四川省工商业联合会授予渝富桥保健有限公司“四川知名保健服务企业”。6. 四川渝富桥保健有限公司于 2006 年成为中国保健协会会员等证据。

在本案原审庭审过程中,杨世群为证明被异议商标在全国具有一定的知名度,相关公众能够区别被异议商标和引证商标,并已形成较为稳定的市场秩序,还提供了其在全国开设的部分分店及加盟店的照片复印件,上述照片没有显示时间。

以上事实有第12380号裁定,(2008)商标异字第04917号“渝富桥YUFUQIAO”商标异议裁定、异议复审申请书、被异议商标档案、引证商标档案、重庆富侨公司向商标评审委员会提交的证据、杨世群向原审法院提交的证据以及当事人陈述等在案佐证。

本院认为:

本案二审的审理焦点是被异议商标是否违反《商标法》第二十八条的规定,是否应予核准注册。

《商标法》第二十八条规定,申请注册的商标,同他人在同一种商品或者类似商品上已经注册的或者初步审定的商标相同或者近似的,由商标局驳回申请,不予公告。

被异议商标指定使用的服务与引证商标核定使用的服务属于类似服务,各方当事人对此均无异议,本院予以确认。因此,本案的关键问题在于被异议商标与引证商标的标志是否构成近似。

判断两商标是否近似,应当按照相关公众对商标的一般识别和对文字、呼叫、图形等商标组成部分的理解进行,既要考虑商标标志构成要素及其整体的近似程度,也要考虑相关商标的显著性和知名度、所使用商品的关联程度等因素,以是否容易导致混淆作为判断标准。

从被异议商标与引证商标的商标标识上看,文字是其主要认读部分,具有较强识别作用,“富侨”与“渝富桥”读音只相差一字,“渝”可以理解为重庆市的简称,且“富侨”并非汉语的固定词汇,没有固有含义,尽管引证商标还指定颜色及图形,但是,“富侨”与“渝富桥”在整体呼叫、文字构成上是相近似的,两者若同时使用在类似的服务上,容易使相关公众对服务的来源产生混淆误认,被异议商标与引证商标构成近似商标,商标评审委员会对此认定正确,原审法院认定有误,本院予以纠正。

对于商标确权授权案件,应充分考虑消费者和同业经营者的利益,有效遏制不正当抢注及傍名牌的行为,尽可能消除商业标志混淆的可能性。在本案原审审理过程中,杨世群为证明其已在全国范围使用被异议商标并已建立较高市场声誉,提交了所获荣誉证书及分店和加盟店照片等证据,原审法院据此认定被异议商标使用时间较长、已建立较高市场声誉并形成了相关公众群体。但是,上述对被异议商标的使用均在被异议商标申请注册之后,杨世群并未提交证据证明在被异议商标注册之前,其已对被异议商标进行大量使用,并建立较高市场声誉;相反,在商标异议复审过程中,重庆富侨公司却向商标评审委员会提交了足以证明在杨世群申请注册被异议商标之前,引证商标已经进行了一定的宣传和使用,并取得了一定荣誉,具有一定知名度的证据,原审法院仅片面考虑被异议商标在注册申请之后的使用情况,而未考虑引证商标在被异议商标申请注册日前所具有的知名度,以及双方当事人同处于重庆市,并均从事类似的保健、按摩等服务的客观情况,未充分考虑消费者和同业经营者的利益,故所作被异议商标与引证商标未构成《商标法》第二十八条规定的使用在同一种或类似服务上的近似商标的认定错误,本院应予纠正。

综上,原审判决认定事实不清,适用法律错误,本院应予纠正。商标评审委员会、重庆富侨公司的上诉理由成立,对其上诉请求,本院予以支持。依照《中华人民共和国行政诉讼法》第六十一条第(三)项之规定,判决如下:

一、撤销北京市第一中级人民法院(2010)一中知行初字第 2881 号行政判决书;

二、维持国家工商行政管理总局商标评审委员会作出的商评字〔2010〕第 12380 号《关于第 3413981 号“渝富桥 YUFUQIAO”商标异议复审裁定》。

一审案件受理费一百元,由杨世群负担(已交纳);二审案件受理费一百元,由杨世群负担(于本判决生效之日起七日内交纳)。

本判决为终审判决。

审 判 长　李燕蓉
代理审判员　焦　彦
代理审判员　马　军
二〇一一年四月二十二日
书 记 员　孙鑫鑫

12. 吴宜桦与国家工商行政管理总局商标评审委员会"羊图形"商标行政纠纷案

北京市高级人民法院行政判决书

(2011)高行终字第220号

申请商标是等边三角形中抽象站立的羊图形——三引证商标是等边三角形中站立的公鸡图形——整体上不易区分——局部上羊图形与站立的公鸡图形形状相近,且分别框于相同的等边三角形,不易区分——使用在同种或类似商品上——图形构成,设计手法相近——整体视觉效果近似——近似商标——其他商标获准注册的情况不能成为本案申请商标获准注册的理由——驳回上诉,维持原判

上诉人(原审原告)吴宜桦,女,1951年2月12日出生,住所地台湾地区台北市铜山街11巷4号2楼。

委托代理人杨潭,男,汉族,1972年6月8日出生,北京市联合佳为知识产权代理有限公司职员,住天津市和平区唐山道26号。

被上诉人(原审被告)国家工商行政管理总局商标评审委员会,住所地北京市西城区三里河东路8号。

法定代表人许瑞表,主任。

委托代理人张丹,国家工商行政管理总局商标评审委员会审查员。

上诉人吴宜桦因商标驳回复审行政纠纷一案,不服北京市第一中级人民法院(2010)一中知行初字第553号行政判决,向本院提起上诉。本院于2011年1月21日受理后,依法组成合议庭进行了审理。本案现已审理终结。

针对吴宜桦提出的第4289208号图形商标(以下简称申请商标)的注册申请,国家工商行政管理总局商标局(以下简称商标局)决定予以驳回。吴宜桦不服,向国家工商行政管理总局商标评审委员会(以下简称商标评审委员会)提出复审申请。商标评审委员会于2008年10月27日作出商评字

〔2008〕第21070号《关于第4289208号图形商标驳回复审决定书》(以下简称第21070号决定),决定:申请商标予以驳回。吴宜桦不服,向北京市第一中级人民法院提起行政诉讼。

北京市第一中级人民法院认为:

由于当事人对申请商标与三个引证商标分别在商品类别上构成类似予以认可,故对此予以确认。申请商标为图形商标,图形是其商标的主要识别内容,申请商标图形由等边三角形中的抽象站立的羊形象构成,整体上与引证商标的等边三角图形不易区分。局部上,申请商标等边三角形中的羊图形与三个引证商标的等边三角形中站立的公鸡,两者形状相近,且分别框于相同的等边三角形中,所组成的图形相关公众不易区分。由于引证商标的英文与图形相比不是主要使用中文的中国大陆消费者的主要识别内容,图形的识别作用大于引证商标中的英文,因此申请商标与三个引证商标分别在图形上构成近似,整体上亦构成近似,申请商标与三个引证商标分别构成相同或类似商品上的近似商标。综上,依照《中华人民共和国行政诉讼法》第五十四条第(一)项之规定,判决:维持第21070号决定。

吴宜桦不服原审判决,向本院提起上诉,请求撤销第21070号决定,由商标评审委员会重新作出决定并承担案件诉讼费。其主要上诉理由为:申请商标与引证商标发音、含义均不同,图形部分也显著不同,不构成近似商标;在第18类商品上,与申请商标完全相同的商标获准注册,与引证商标并存,可见本案申请商标亦应获准注册。

商标评审委员会服从原审判决。

本院经审理查明:

2004年9月27日,吴宜桦向商标局提出第4289208号图形商标(即申请商标,见下图)的注册申请,申请商品类别为第25类,指定使用商品为服装、婴儿全套衣、游泳衣、内衣、帽子、鞋、皮带(服饰用)、围巾、袜、手套(服装)。

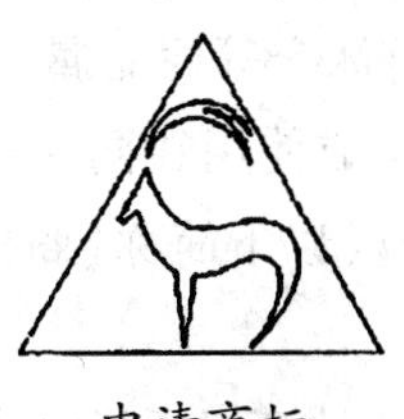

申请商标

自1994年9月1日至1996年11月18日,株式会社迪桑特先后注册了以下三个商标:1. 在第25类雨衣、男士游泳裤、晚帽、帽、围巾、领带、游泳衣等商品上,申请注册了第897181号图形商标(即引证商标三,见下图)。经续展,其专用期限至2016年11月13日止。2. 在第25类衣物、套服、裙子裤子、童装、男式游泳衣、女士游泳衣、内裤、睡衣、三角裤、帽、有绑腿的高筒靴领带、袜、披巾、手套等商品上申请注册了第1134480号"Le coq sportif及图"商标(即引证商标一,见下图)。经续展,该商标专用期限至2017年12月13日止。3. 在第25类鞋、靴等商品上申请注册了第1184410号"Le coq sportif及图"商标(即引证商标二,见下图)。经续展,该商标专用期限至2018年6月20日止。

引证商标一

引证商标二

引证商标三

针对吴宜桦的注册申请,商标局以申请商标与在类似商品上已注册的上述三个引证商标近似为由,于2008年2月14日作出《商标驳回通知书》,驳回了申请商标的注册申请。

吴宜桦不服,以申请商标与三个引证商标整体上不构成近似商标为理由,向商标评审委员会提出复审申请。

商标评审委员会于2008年10月27日作出第21070号决定,认定:申请商标与引证商标一、二、三在图形的设计手法、整体外观等方面相近,属于近似商标。申请商标指定使用的围巾等商品与引证商标一核定使用的围巾等商品属于同一种或类似商品,申请商标指定使用的鞋等商品与引证商标二核定使用的鞋等商品属于同一种或类似商品,申请商标指定使用的游泳衣等商品与引证商标三核定使用的游泳衣等商品属于同一种或类似商品。申请商标与引证商标一、二、三分别构成使用在同一种或类似商品上的近似商标。依据《中华人民共和国商标法》(以下简称《商标法》)第二十八条的规定,决定:申请商标予以驳回。

在原审诉讼中,吴宜桦对申请商标所指定使用的商品分别与三个引证商标核定使用的商品构成类似商品不持异议。

上述事实,有第21070号决定、申请商标和引证商标档案以及当事人陈述等证据在案佐证。

本院认为:

根据《商标法》第二十八条的规定,申请注册的商标同他人在同一种商品或者类似商品上已经注册的或者初步审定的商标相同或者近似的,由商标局驳回申请,不予公告。

鉴于各方当事人对于申请商标指定使用的商品与引证商标一、二、三核定使用的商品构成同种或类似商品无异议,故本院对此予以确认。申请商标与引证商标三均为图形商标,两者的图形构成、设计手法相近,整体视觉效果近似;虽然引证商标一、二均为图文组合商标,但根据中国相关消费者的认读习惯,其图形部分更具显著识别作用。将申请商标与引证商标一、二的图形部分相比,其图形构成、设计手法亦相近,整体视觉效果近似。因此商标评审委员会认定申请商标与引证商标一、二、三分别构成使用在同种或类似商品上的近似商标,结论正确。吴宜桦主张申请商标与引证商标一、二、三不构成近似商标,依据不足,本院不予支持。至于其他商标获准注册的情况,并不能成为本案申请商标应予获准注册的理由,吴宜桦的相关上诉理由不成立,对其相关上诉主张本院不予支持。

综上,原审判决认定事实基本清楚,适用法律正确,程序合法,应予维持。吴宜桦的上诉理由不成立,本院对其上诉请求不予支持。依照《中华人民共和国行政诉讼法》第六十一条第(一)项之规定,判决如下:

驳回上诉,维持原判。

一、二审案件受理费各一百元,均由吴宜桦负担(已交纳)。

本判决为终审判决。

审 判 长 李燕蓉

代理审判员 潘 伟

代理审判员 马 军

二〇一一年十月二十日

书 记 员 李 静

13. 毕胜国与国家工商行政管理总局商标评审委员会“关羽”商标行政纠纷案

北京市高级人民法院行政判决书

(2011)高行终字第1357号

争议商标及引证商标核定使用的商品构成相同或类似商品——争议商标由汉字“关羽”构成——引证商标由汉字“關公牌”及人物头像组合而成——“关公”两字为该商标的主要呼叫部分及显著识别部分——人物头像与一般消费者心目中对“关公”这一人物的形象相符,并无其他含义——关羽与关公两种称谓均家喻户晓——指向同一个历史人物——争议商标与引证商标近似——第270268号“关羽牌及图”商标在争议商标注册前已被毕胜国以连续三年不使用为由申请撤销——毕胜国对第270268号商标并无任何权利——引证商标在争议商标申请注册之前取得了合法的商标专用权——在后注册的与之近似的争议商标不能得到保护——注册商标取得在全国范围内的专用权——即使两商标实际使用在不同地域——引证商标仍构成争议商标注册的法律上的障碍——驳回上诉,维持原判

上诉人(原审原告)毕胜国,男,汉族,1956年11月8日出生,山西省运城关帝有限公司法定代表人,住山西省运城市盐湖区解州镇解放北路30号。

委托代理人董世连,北京市中银律师事务所律师。

被上诉人(原审被告)国家工商行政管理总局商标评审委员会,住所地北京市西城区三里河东路八号。

法定代表人何训班,主任。

委托代理人刘聪,该委员会审查员。

原审第三人宜昌关公酒业有限公司,住所地湖北省宜昌市夷陵区龙泉镇龙镇村4组。

法定代表人邓军,董事长兼总经理。

委托代理人赵先庆,男,汉族,1977 年 7 月 14 日出生,该公司职员,住湖北省武汉市水上地区大兴路 75 号。

委托代理人屈伟,男,汉族,1980 年 6 月 13 日出生,该公司职员,住湖北省枝江市顾家店镇长岭岗村二组。

上诉人毕胜国因商标争议行政纠纷一案,不服北京市第一中级人民法院(2011)一中知行初字第 374 号行政判决,向本院提出上诉。本院 2011 年 8 月 15 日受理本案后,依法组成合议庭进行了审理。本案现已审理终结。

北京市第一中级人民法院认定,毕胜国于 2005 年 8 月 9 日申请注册第 4826716 号"关羽"商标(简称争议商标),专用期限至 2018 年 4 月 13 日,核定使用在第 33 类白酒等商品上。宜昌关公酒业有限公司(简称关公酒业公司)于 1985 年 4 月 18 日申请注册第 247289 号"关公牌及图"商标(简称引证商标),核定使用在第 33 类酒、汽酒商品上。毕胜国于 2004 年 9 月 24 日对第 270268 号"关羽牌及图"商标提出连续三年不使用撤销申请,国家工商行政管理总局商标局(简称商标局)于 2006 年 3 月 22 日作出《关于撤销第 270268 号"关羽牌及图"商标的决定》,该商标予以撤销。关公酒业公司于 2009 年 1 月 12 日向国家工商行政管理总局商标评审委员会(简称商标评审委员会)提出争议申请,请求撤销争议商标的注册。商标评审委员会经审查于 2010 年 8 月 23 日作出商评字〔2010〕第 20937 号《关于第 4826716 号"关羽"商标争议裁定》(简称第 20937 号裁定)。

北京市第一中级人民法院认为,争议商标由汉字"关羽"构成,引证商标由汉字"關公牌"及人物头像组合而成,其中"牌"字显著性较弱,引证商标中的"关公"两字为该商标的主要呼叫部分及显著识别部分。关公与关羽实指同一人,且上述称谓家喻户晓,争议商标与引证商标已构成近似商标。争议商标及引证商标核定使用的商品为相同或类似商品,争议商标与引证商标已构成类似商品上的近似商标。毕胜国另主张争议商标是第 270268 号"关羽牌及图"商标的权利延续,该商标在争议商标注册前已被毕胜国以连续三年不使用为由申请撤销,毕胜国在第 270268 号商标被撤销后申请注册的争议商标不能当然视为第 270268 号"关羽牌及图"商标的权利延续,对于毕胜国的相关诉讼主张,法院不予支持。

北京市第一中级人民法院依照《中华人民共和国行政诉讼法》第五十四

条第(一)项的规定判决:维持商标评审委员会作出的第20937号裁定。

毕胜国不服原审判决,向本院提出上诉,请求撤销原审判决,依法改判支持其原诉讼请求,或发回重审,判令商标评审委员会承担本案全部诉讼费用。其上诉理由是:一审法院对商标近似的判断,没有任何法律依据。引证商标是“關公牌”三个汉字和图形的组合商标,争议商标只有汉字“关羽”,两商标没有一个汉字是相同的,因此,在视觉效果上有明显区别;文字部分在字形、字体、呼叫、发音上均不同,不构成近似商标,不能以指向同一人就认定为近似,况且两商标使用地域相差较远,不存在公众对商品来源产生误认的可能性。另外,应当考虑争议商标与引证商标共存二十余年的历史情况,客观上争议商标是对第270268号商标的延续。

商标评审委员会、关公酒业公司服从原审判决。

经审理查明:

争议商标(见下图)为毕胜国于2005年8月9日申请注册的第4826716号“关羽”商标,后被核准注册,其商标专用期限至2018年4月13日,核定使用的商品为第33类:白酒、烧酒、开胃酒、果酒(含酒精)、葡萄酒、蜂蜜酒、米酒、黄酒、酒精饮料(啤酒除外)、食用酒精。

关羽

争议商标

引证商标(见下图)为关公酒业公司于1985年4月18日申请注册的第247289号“關公牌及图”商标,后被核准注册,经续展其商标专用期限至2016年3月29日,核定使用的商品为第33类:酒、汽酒。

引证商标

第270268号“关羽牌及图”商标由运城酒厂于1986年11月30日申请注册,核定使用于第33类酒商品。后经商标局核准,该商标所有人名义变更为运城市关公故里酒厂。毕胜国于2004年9月24日对其提出连续三年不使用撤销申请,商标局于2006年3月22日作出《关于撤销第270268号“关羽牌及图”商标的决定》,该商标予以撤销。

关公酒业公司于2009年1月12日向商标评审委员会提出争议申请,请求撤销争议商标的注册。

商标评审委员会经审查于2010年8月23日作出第20937号裁定。该裁定认为:

本案争议焦点为争议商标与引证商标是否构成类似商品上的近似商标。争议商标由汉字“关羽”构成,引证商标由汉字“關公牌”及人物头像组合而成,“牌”字显著性较弱,引证商标的显著识别部分为“关公”。众所周知,关羽,字云长,为我国古代三国时期蜀汉著名将领,其死后为世人景仰,尊称关公。鉴于关公与关羽实指同一人,且上述称谓家喻户晓,将二者用作商标使用于酒等类似商品上,易使相关公众对商品来源造成混淆。因此,争议商标与引证商标构成类似商品上的近似商标。毕胜国称争议商标系第270268号“关羽牌及图”商标的权利延续,但第270268号商标已于争议商标注册前被国家工商行政管理总局商标局(简称商标局)决定撤销,且毕胜国亦未提交两商标权利延续、争议商标已与毕胜国形成一一对应关系的相关证据,对该主张商标评审委员会不予支持。另外,双方当事人关于毕胜国在使用商标过程中刻意突出“关公”系列的争议,不属于本案的审理范围。综上,关公酒业公司的争议理由成立,依据《中华人民共和国商标法》(简称《商标法》)第二十八条、第四十一条第三款、第四十三条及《中华人民共和国商标法实施条例》(简称《商标法实施条例》)第二十九条的规定,商标评审委员会裁定:争议商标予以撤销。

本案一审庭审过程中,各方当事人对于争议商标及引证商标核定使用的商品构成相同或类似商品均不持异议,对第20937号裁定作出程序亦无异议。

以上事实有争议商标及引证商标商标档案、第20937号裁定、毕胜国及关公酒业公司提交的相关证据及当事人陈述等证据在案佐证。

本院认为:

《商标法》第二十八条规定,申请注册的商标,凡不符合本法有关规定或者同他人在同一种商品或者类似商品上已经注册的或者初步审定的商标相同或者近似的,由商标局驳回申请,不予公告。

各方当事人对于争议商标及引证商标核定使用的商品构成相同或类似商品均不持异议,故本案争议的焦点是争议商标与引证商标的标识是否构成近似。争议商标由汉字“关羽”构成;引证商标由汉字“關公牌”及人物头像组合而成,虽然文字上采用的是繁体汉字,但是从呼叫上并无变化,其中“牌”字用在商标上不具有显著性,故“关公”两字为该商标的主要呼叫部分及显著识别部分,人物头像与一般消费者心目中对“关公”这一人物的形象相符,并无其他含义。对于一般消费者而言,关羽为我国古代三国时期蜀汉著名将领,又被尊称为关公,这两种称谓均家喻户晓,指向同一个历史人物,故一审法院及商标评审委员会认定争议商标与引证商标已构成近似商标并无不当。

关于毕胜国认为应当考虑两商标的历史情况以及实际上并不存在混淆的上诉主张,本院认为,第270268号“关羽牌及图”商标在争议商标注册前已被毕胜国以连续三年不使用为由申请撤销,毕胜国对于该商标并无任何权利,引证商标在争议商标申请注册之前取得了合法的商标专用权,在后注册的与之近似的争议商标不能得到保护。注册商标取得在全国范围内的专用权,即使两商标实际使用在不同地域,引证商标仍构成争议商标注册的法律上的障碍,故毕胜国关于两商标实际不会在消费者中产生混淆的上诉主张缺乏法律依据,本院不予支持。

综上所述,毕胜国的上诉理由缺乏事实和法律依据,不能成立,其上诉请求本院不予支持。原审判决认定事实清楚,适用法律正确。依照《中华人民共和国行政诉讼法》第六十一条第(一)项之规定,判决如下:

驳回上诉,维持原判。

一审案件受理费一百元,由毕胜国负担(已交纳);二审案件受理费一百元,由毕胜国负担(已交纳)。

本判决为终审判决。

审　判　长　岑宏宇
代理审判员　焦　彦
代理审判员　刘庆辉
二〇一一年十月十日
书　记　员　张梦娇

14. 吉百利英国有限公司与国家工商行政管理总局商标评审委员会等“吉百利”商标行政纠纷案

北京市高级人民法院行政判决书

(2011)高行终字第630号

对在先注册商标是否驰名作出判断后——才能确定《商标法》第十三条第二款有无适用的可能与必要——进而才需要也才能够判断对诉争商标是否系复制、摹仿或者翻译他人已经在中国注册的驰名商标,以及诉争商标的注册是否会因误导公众而损害该驰名商标注册人的利益——商评委裁定将前述三项条件共同作为《商标法》第十三条第二款适用的前提条件——对上述法律规定及其适用前提的错误理解——应予纠正——商评委未对引证商标是否驰名作出明确认定——明确表示“对引证商标是否驰名不再予以审查”——作出被异议商标的注册并未违反《商标法》第十三条第二款规定的认定,缺乏相关事实依据和适用的前提——维持原判

上诉人(原审被告)中华人民共和国国家工商行政管理总局商标评审委员会,住所地中华人民共和国北京市西城区三里河东路8号。

法定代表人何训班,主任。

委托代理人李濛萌,该商标评审委员会审查员。

被上诉人(原审原告)吉百利英国有限公司,住所地大不列颠及北爱尔兰联合王国伯明翰伯米尔伯恩维尔街12号。

授权代表马克·乔纳森·霍奇金,授权代理人。

委托代理人李晓红,北京市正见永申律师事务所律师。

委托代理人柳爱杰,北京市正见永申律师事务所律师。

原审第三人长沙高盛科技发展有限公司,住所地中华人民共和国湖南省长沙市芙蓉区车站北路99号601房。

法定代表人邓志刚,总经理。

委托代理人高妍,女,汉族,1973年5月31日出生,北京市捷诚信通知识产权代理有限公司职员,住中华人民共和国北京市丰台区丰桥路7号院3号楼1门2905号。

委托代理人汪洪,女,汉族,1967年5月29日出生,北京市捷诚信通知识产权代理有限公司职员,住中华人民共和国北京市丰台区怡海花园富泽园8号楼1门204号。

上诉人中华人民共和国国家工商行政管理总局商标评审委员会(简称商标评审委员会)因商标异议复审行政纠纷一案,不服中华人民共和国北京市第一中级人民法院(简称北京市第一中级人民法院)(2010)一中知行初字第3578号行政判决,向本院提起上诉。本院于2011年3月1日受理本案后,依法组成合议庭进行了审理。2011年7月26日,上诉人商标评审委员会的委托代理人李濛萌、被上诉人吉百利英国有限公司(简称吉百利公司)的委托代理人李晓红到本院接受了询问。本案现已审理终结。

第3267318号"吉百利"商标(简称被异议商标)于2002年8月7日由长沙高盛科技发展有限公司(简称长沙高盛公司)向中华人民共和国国家工商行政管理总局商标局(简称商标局)提出注册申请,指定使用在第1类氮肥、农业肥料等商品上。2004年2月21日,被异议商标经商标局初步审定并公告。吉百利公司在法定期限内向商标局提出异议申请。2008年8月4日,商标局作出(2008)商标异字第06053号《"吉百利"商标异议裁定书》(简称第6053号裁定),裁定被异议商标予以核准注册。2008年9月1日,吉百利公司向商标评审委员会提出异议复审申请。2010年4月19日,商标评审委员会作出商评字〔2010〕第08026号《关于第3267318号"吉百利"商标异议复审裁定书》(简称第8026号裁定),依据《中华人民共和国商标法》(简称《商标法》)第三十三条、第三十四条的规定,裁定:被异议商标予以核准注册。吉百利公司不服该裁定,向北京市第一中级人民法院提起诉讼。

北京市第一中级人民法院认为:本案的审理焦点问题在于被异议商标的注册是否属于违反《商标法》第三十一条和第十三条第二款的情形。

吉百利公司虽然主张被异议商标的注册申请侵犯了其商号权,但是并未提交在被异议商标申请日之前,其商号权使用在被异议商标指定使用商品的相关行业上的证据,故商标评审委员会认定被异议商标未违反《商标法》第三十一条规定的情形结论正确。

判断被异议商标是否属于《商标法》第十三条第二款规定的误导公众从而损害驰名商标注册人利益的情形,应当考虑被异议商标指定使用的商品和引证商标核定使用商品的类别差距。但是,商标的显著性各有不同,即使是驰名商标在不同商品对相关公众产生的影响也存在差异。对于驰名程度越高的驰名商标,相关公众对该商标的知晓和关注程度亦越高。本案第 620863 号“吉百利”商标(简称引证商标一)、第 1084196 号“吉百利”商标(简称引证商标二)、第 1229280 号“吉百利”商标(简称引证商标三)在被异议商标申请日之前在中国是否构成驰名、其驰名程度如何,是判断被异议商标的注册是否属于误导公众从而损害吉百利公司合法利益的重要考量因素。但在本案中,商标评审委员会虽然认定引证商标在巧克力、糖果商品上具有较高的知名度,但是并未围绕吉百利公司的主张对三引证商标是否构成驰名进行评审,也未说明具体理由。所以,商标评审委员会认定被异议商标的注册不会误导公众,不会与引证商标构成混淆,从而不会损害吉百利公司利益的结论事实不清。

北京市第一中级人民法院依照《中华人民共和国行政诉讼法》第五十四条第(二)项第 1 目之规定,判决:一、撤销商标评审委员会作出的第 8026 号裁定;二、商标评审委员会就吉百利公司的异议复审申请重新作出裁定。

商标评审委员会不服原审判决,向本院提起上诉,请求撤销原审判决,维持第 8026 号裁定。其主要理由为:一、原审判决认定第 8026 号裁定“未围绕吉百利公司的主张对三引证商标是否构成驰名进行评审,也未说明具体理由”,缺乏事实和法律依据。第 8026 号裁定认定“引证商标在巧克力糖果商品上具有较高知名度”,而未采用驰名商标字样,即未支持吉百利公司关于其引证商标驰名的主张。另外,吉百利公司的商标在相关领域和时限内的知名度不能使其当然取得在其他领域的绝对保护。《商标法》第十三条第二款的构成要件除在被异议商标申请日前,引证商标为驰名商标外,还要具备被异议商标的注册可能会误导公众从而损害吉百利公司的利益这一构成要件,二者缺一不可。被异议商标指定使用的氮肥、农业肥料等商品与吉百利公司商标赖以知名的巧克力糖果商品在原材料、功能用途、销售渠道和消费对象等方面存在明显区别,被异议商标与其商标共存不致使公众误认为它们之间存在某种特定的关系,从而损害吉百利公司的合法权益。二、综合吉百利公司在评审程序中提交的证据,虽可以证明在被异议商标申请日之前,引证商标在巧克力糖果商品上具有一定的知名度,但依据《商标法》第十四条的规定,不足以证明在被异议商标申请注册前,引证商标已成为驰名商标。因此,商标评审委员会认定被异议商标未构成《商标法》第十三条第二款所指的情形并无不当。

吉百利公司、长沙高盛公司服从原审判决。

本院经审理查明:1991年12月12日,卡德伯里·施维普斯控股公司向商标局提出引证商标一(见下图)的注册申请。1992年12月10日,引证商标一获准注册,核定使用在第30类“巧克力、巧克力糖果、糖果”商品上。经续展,该商标的专用期至2012年12月9日,现注册人为吉百利公司。

吉 百 利

引证商标一

1996年5月31日,凯德伯里有限公司向商标局提出引证商标二(见下图)的注册申请。1997年8月21日,引证商标二获准注册,核定使用在第30类“巧克力、巧克力糖果”商品上。经续展,该商标的专用期至2017年8月20日,现注册人为吉百利公司。

引证商标二

1997年9月3日,凯德伯里有限公司向商标局提出引证商标三(见下图)的注册申请。1998年12月7日,引证商标三获准注册,核定使用在第30类“巧克力、巧克力糖果、巧克力饮料、冰淇淋、冰糕、加奶巧克力饮料”商品上。经续展,该商标的专用期至2018年12月6日,现注册人为吉百利公司。

引证商标三

2002年8月7日,长沙高盛公司向商标局提出被异议商标(见下图)的注册申请,指定使用在第1类“土壤调节用化学品、氮肥、农业肥料、农业用肥、腐殖质、磷肥(肥料)、植物生长调节剂、过磷酸钙、混合肥料、腐殖质表层肥”商品上。2004年2月21日,被异议商标经商标局初步审定并在2004年第7期《商标公告》上公告。

吉百利

被异议商标

在法定期限内,吉百利公司向商标局提出异议。2008 年 8 月 4 日,商标局作出第 6053 号裁定,认为:被异议商标指定使用的商品与吉百利公司在先注册的“吉百利”商标指定使用的商品不类似,吉百利公司称长沙高盛公司抄袭和复制其商标及误导消费者证据不足,吉百利公司所提的证据不足以认定其引证商标为驰名商标。因此,商标局裁定:被异议商标予以核准注册。

2008 年 9 月 1 日,吉百利公司向商标评审委员会提出异议复审申请,其主要理由为:通过吉百利公司的长期使用和宣传推广,“吉百利”在消费者中已经具有很高的知名度,请求将“吉百利”认定为驰名商标。被异议商标构成对吉百利公司商标的恶意复制和抄袭,易造成误导公众,造成不良的社会影响,损害吉百利公司的合法权益;被异议商标的注册会侵犯吉百利公司的商号权,导致消费者的混淆误认。综上,吉百利公司认为被异议商标违反了《商标法》第十条第一款第(八)项、第十三条、第三十一条的规定。为证明其引证商标构成驰名,吉百利公司提交了包括引证商标在中国使用的照片复印件、在中国宣传情况海报和广告、在中国销售情况数据统计、《全国重点商标保护名录》及引证商标在中国受保护的记录等 22 份证据。

长沙高盛公司在评审阶段未向商标评审委员会提交答辩意见。

2010 年 4 月 19 日,商标评审委员会作出第 8026 号裁定。该裁定认为:一、《商标法》第十三条第二款的适用有三个前提条件:其一,在被异议商标申请注册日前,引证商标已达到驰名程度;其二,被异议商标是对引证商标的复制、抄袭、摹仿;其三,被异议商标的注册可能会误导公众而损害引证商标所有人的利益。本案中,虽然引证商标在巧克力糖果商品上具有较高知名度,但被异议商标指定使用在氮肥、农业肥料等商品上,与吉百利公司商标赖以驰名的巧克力糖果等商品在原材料、功能用途、销售渠道、消费对象等方面均相差甚远。被异议商标在上述商品上的注册使用应不致误导公众与引证商标构成混淆,不致使吉百利公司的利益受到损害。被异议商标并未违反《商标法》第十三条第二款的规定。吉百利公司请求认定引证商标为驰名商标并扩大保护的主张因被异议商标不具备《商标法》第十三条第二款规定的其他要件而不成立,商标评审委员会对引证商标是否驰名不再予以审查。二、被异议商标指定使用在农业肥料等商品上,而吉百利公司在中国独资公司的吉百利商号使用在巧克力糖果等商品行业内,上述行业相差甚远。被异议商标的注册不致误导相关消费者使之对商品来源产生混淆,并未损害吉百利公司的在先商号权。吉百利公司并未向商标评审委员会提交其已经在与被异议商标指定使用的农业肥料等商品相类似的商品上在先使用吉百利商标的证据材料,被异议商标未构成“以不正当手段抢先注册他人已经使用并有一定影响的商标”。被异议商标未违反《商标法》第三十一条的规定。三、被异议商标本身不致产生有害于社会主义道德风尚或者其他不良社会影响的效果,未违反《商标法》第十条第一款第(八)项的规定。综上所述,吉百利公司所提异议复审理由不成立。依据《商标法》第三十三条、第三十四条的规定,商标评审委员会裁定:被异议商标予以核准注册。

在本案原审庭审过程中,商标评审委员会认可因为其认为被异议商标指定使用的商品与三引证商标核定使用的商品在原材料、功能用途、销售渠道、消费对象等方面均相差甚远,故对吉百利公司在评审阶段提交的上述22份证据,未进行是否构成驰名的实质审查。2010年11月18日,即本案原审庭审结束的次日,商标评审委员会向原审法院提交了《对于原告在案证据是否足以认定其“吉百利”商标为驰名商标的意见》。商标评审委员会在该书面意见中明确表示“原告在本案中提交的证据材料尚不足以证明其‘吉百利’商标在被异议商标申请注册之前已经成为驰名商标”。

以上事实,有被异议商标和引证商标一、二、三的商标档案,商标局作出的第6053号裁定,商标异议复审申请书,商标评审委员会作出的第8026号裁定,当事人在异议复审阶段及诉讼过程中提交的证据以及当事人陈述等证据在案佐证。

本院认为:《商标法》第十三条第二款规定:“就不相同或者不相类似商品申请注册的商标是复制、摹仿或者翻译他人已经在中国注册的驰名商标,误导公众,致使该驰名商标注册人的利益可能受到损害的,不予注册并禁止使用。”上述法律规定,旨在对在中国境内为相关公众广为知晓的已在中国注册的驰名商标,在不相类似的商品上给予与其驰名程度相适应的较宽范围的保护。因此,虽然诉争商标系复制、摹仿或者翻译他人已经在中国注册的驰名商标,以及诉争商标的注册会因误导公众而损害该驰名商标注册人的利益,均为适用《商标法》第十三条第二款所必须满足的条件之一,但其适用的前提,是在诉争商标申请注册日之前,他人已在中国注册的商标已达驰名程度,成为已在中国注册的驰名商标。根据《最高人民法院关于审理商标授权确权行政案件若干问题的意见》第16条的规定,认定商标是否近似,是否存在复制、摹仿或者翻译他人已注册的商标的行为,要考虑相关商标的显著性和知名度、所使用的商品的关联程度等因素,以是否容易导致混淆作为判断标准。而在先已注册商标驰名与否,则是判断相关商标知名度的重要内容。同时,在先已注册的商标是否驰名、其驰名程度如何,也是判断诉争商标的注册是否会因误导公众而损害该商标注册人利益的重要考量因素。只有在对在先的注册商标是否驰名作出判断,才能确定《商标法》第十三条第二款有无适用的可能与必要,进而才需要也才能够对诉争商标是否系复制、摹仿或者翻译他人已经在中国注册的驰名商标,以及诉争商标的注册是否会因误导公众而损害该驰名商标注册人的利益作出判断。第8026号裁定将在先已注册商标是否驰名,与诉争商标是否系复制、摹仿或者翻译他人已经在中国注册的驰名商标,以及诉争商标的注册是否会因误导公众而损害该驰名商标注册人的利益,三者共同作为《商标法》第十三条第二款适用的前提条件,系对上述法律规定及其适用前提的错误理解,依法应予纠正。

本案中,商标评审委员会在第8026号裁定中虽然认定引证商标在巧克力糖果商品上具有较高知名度,并提及"赖以驰名"字样,但却并未对引证商标是否驰名作出明确的认定,且商标评审委员会在第8026号裁定中明确表示"对引证商标是否驰名不再予以审查",并在本案原审庭审过程中明确认可其未对吉百利公司在评审阶段提交的有关引证商标为驰名商标的22份证据进行实质审查,因此,商标评审委员会在第8026号裁定中作出被异议商标的注册并未违反《商标法》第十三条第二款规定的认定,缺乏相关事实依据和适用的前提。原审判决依法对此予以纠正,合法有据,本院予以维持。商标评审委员会的相关上诉主张不能成立,本院不予支持。

《中华人民共和国行政诉讼法》第五条规定:"人民法院审理行政案件,对具体行政行为是否合法进行审查。"在商标评审委员会在第8026号裁定中并未对引证商标在被异议商标申请注册前是否驰名作出认定的情况下,虽然商标评审委员会在诉讼过程中对引证商标是否驰名作出了意思表示,但该意思表示不是其作出第8026号裁定的依据,不能成为本案中判断商标评审委员会作出第8026号裁定是否合法的依据。根据《中华人民共和国行政诉讼法》第五十一条和《最高人民法院关于执行若干问题的解释》第五十条的规定,行政机关可以在行政诉讼的一审期间改变其作出的具体行政行为,但行政机关改变其作出的原具体行政行为,应当以与其作出原具体行政行为相对应的适当方式作出,而不应以诉讼过程中向法院提交书面意见或委托代理人当庭陈述的方式作出。商标评审委员会向原审法院提交的《对于原告在案证据是否足以认定其"吉百利"商标为驰名商标的意见》及其委托代理人的当庭陈述,均不能视为其为改变第8026号裁定而作出的新的具体行政行为,判断商标评审委员会作出第8026号裁定是否合法,仍应以该裁定的内容为准。因此,在第8026号裁定未对引证商标是否驰名作出认定的情况下,商标评审委员会关于其认定被异议商标未构成《商标法》第十三条第二款所指情形并无不当的上诉主张,即缺乏事实和法律依据,本院对此不予支持。

综上,原审判决认定事实清楚,适用法律正确,程序合法,应予维持。商标评审委员会的上诉请求和上诉理由均缺乏事实和法律依据,本院不予支持。依照《中华人民共和国行政诉讼法》第六十一条第(一)项之规定,判决如下:

驳回上诉,维持原判。

一审案件受理费人民币一百元,由中华人民共和国国家工商行政管理总局商标评审委员会负担(于本判决生效之日起七日内交纳);二审案件受理费人民币一百元,由中华人民共和国国家工商行政管理总局商标评审委员会负担(已交纳)。

本判决为终审判决。

审　判　长　莎日娜
代理审判员　周　波
代理审判员　张冬梅
二〇一一年八月十六日
书　记　员　王颖慧

15. 路华公司与国家工商行政管理总局商标评审委员会等“陆虎”商标行政纠纷案

北京市高级人民法院行政判决书

(2011)高行终字第1151号

争议商标申请日前英文“LAND ROVER”越野车已经在中国被称为“陆虎”——“陆虎”与“LAND ROVER”指向同一产品,并进行了商业化使用——在汽车领域以及与汽车相关的领域已有较大影响——路华公司与在先使用“陆虎”的宝马公司具有关联关系——吉利公司并未否认——路华公司有权对争议商标提起撤销申请——吉利公司应知“陆虎”与“LAND ROVER”的对应关系及其在业内的知名度——仍申请注册争议商标——行为明显具有不正当性——不符合《商标法》第31条之规定——驳回上诉,维持原判

上诉人(原审被告)中华人民共和国国家工商行政管理总局商标评审委员会,住所地中华人民共和国北京市西城区三里河东路8号。

法定代表人何训班,主任。

委托代理人苗贵娟,中华人民共和国国家工商行政管理总局商标评审委员会审查员。

上诉人(原审第三人)吉利集团有限公司,住所地中华人民共和国浙江省台州市路桥区路南吉利大道。

法定代表人李书福,董事长。

委托代理人张立琼,北京市国宏律师事务所律师。

委托代理人崔岩瑛,北京市国宏律师事务所律师。

被上诉人(原审原告)路华公司,住所地大不列颠及北爱尔兰联合王国沃里克郡,CV350RR,沃里克,莱虹,班伯利路。

授权代表苏珊·莱斯利·皮尔森,秘书。

委托代理人谢晓明,北京市高朋律师事务所律师。

委托代理人唐磬,女,汉族,1985年4月26日出生,北京市高朋律师事务所实习律师,住北京市海淀区新街口外大街甲25号2号楼3门401室。

上诉人中华人民共和国国家工商行政管理总局商标评审委员会(以下简称商标评审委员会)、吉利集团有限公司(以下简称吉利公司)因商标争议行政纠纷一案,不服中华人民共和国北京市第一中级人民法院(以下简称北京市第一中级人民法院)(2011)一中知行初字第1043号行政判决,向本院提起上诉。本院于2011年6月27日受理本案后,依法组成合议庭,于2011年8月19日公开开庭进行了审理。上诉人商标评审委员会的委托代理人苗贵娟,上诉人吉利公司的委托代理人张立琼、崔岩瑛,被上诉人路华公司的委托代理人谢晓明、唐磬到庭参加诉讼。本案现已审理终结。

1999年11月10日,吉利公司提出第1535599号"陸虎"商标(即争议商标)的注册申请,后经中华人民共和国国家工商行政管理总局商标局(以下简称商标局)核准,于2001年3月7日获得注册。后经续展,其专用期至2021年3月6日止,核定使用商品为第12类"摩托车,陆地车辆发动机,陆地车辆变速箱,汽车,货车(车辆),汽车(车辆),小汽车,汽车车身,运货车"。

2004年4月26日,路华公司以争议商标违反《商标法》第三十一条的规定为由,对争议商标提出撤销注册申请。2010年7月19日,商标评审委员会作出商评字〔2010〕第17256号《关于第1535599号"陸虎"商标争议裁定书》(以下简称第17256号裁定),对争议商标予以维持。

路华公司不服第17256号裁定,向北京市第一中级人民法院提起诉讼。

北京市第一中级人民法院认为:《中华人民共和国商标法》(以下简称《商标法》)第三十一条规定,申请商标注册不得以不正当手段抢先注册他人已经使用并有一定影响的商标。《中华人民共和国商标法实施条例》(以下简称《商标法实施条例》)第三条规定,商标的使用,包括将商标用于商品、商品包装或者容器以及商品交易文书上,或者将商标用于广告宣传、展览以及其他商业活动中。因此,被抢注的商标是指他人已经使用并有一定影响的商标,且应当由被抢注人自己在商业活动中予以了使用。

根据路华公司提交的相关新闻报道或评论文章可以证明,在争议商标申请日以前,英文"LAND ROVER"越野车在中国被呼叫为"陆虎",且已被中国相关公众所熟悉。从相关媒体对"LAND ROVER"品牌的原权利人宝马公司的相关负责人的采访文章中可以看出,宝马公司认可中文“陆虎”对其“LAND ROVER”越野车汽车商品进行指代,可以证明其在中国将中文“陆虎”作为其“LAND ROVER”的中文商品名称。

从路华公司提交的41份新闻报道或评论文章中可以看出,在争议商标申请日以前,“陆虎”作为英文“LAND ROVER”的中文呼叫已经被中国相关公众广泛认同,与“LAND ROVER”当时的权利人宝马公司形成了唯一的对应关系。因此,中文“陆虎”已被广大消费者和媒体予以认可,具有了区分商品来源、标志产品质量的作用,实质上已经成为“LAND ROVER”在中国的使用标识,并且在汽车领域以及与汽车行业相关的领域形成了一定的影响。

鉴于在争议商标申请日以前,在相关公众中,中文“陆虎”在中国市场的使用已经具有一定影响,第三人作为专业的汽车生产企业,理应知晓中文“陆虎”与“LAND ROVER”的对应关系以及在行业内的知名度,但其仍然将中文“陆虎”申请注册在汽车等商品上,其行为明显具有不正当性,不符合《商标法》第三十一条的规定。商标评审委员会以路华公司的证据均非路华公司所为为理由,认为“在争议商标申请注册前尚无充分证据证明原告主动在中国市场宣传、使用‘陆虎’商标,并具有一定的影响”缺乏事实依据,其认定争议商标未违反《商标法》第三十一条规定的结论错误,不予支持。综上,商标评审委员会作出第17256号裁定的主要证据不足,依法应予撤销。

据此,北京市第一中级人民法院依照《中华人民共和国行政诉讼法》(以下简称《行政诉讼法》)第五十四条第(二)项第1目之规定,判决:一、撤销第17256号裁定;二、商标评审委员会就路华公司针对第1535599号“陸虎”商标的争议申请重新作出裁定。

商标评审委员会不服原审判决,向本院提起上诉,请求:撤销原审判决,维持第17256号裁定。其主要理由是:《商标法》第三十一条规定的“已经使用并有一定影响的商标”,是指在争议商标申请注册前在中国已经使用并为一定地域范围内相关公众所知晓的未注册商标。且根据《商标法实施条例》第三条的相关规定,被抢注的商标应当由被抢注人自己在商业活动中予以了使用。路华公司提交的新闻报道或评论文章非其所为,未充分证明在争议商标申请注册前路华公司在中国大陆地区将“陆虎”商标使用在汽车等商品,或者将“陆虎”作为汽车品牌加以宣传,故在案证据尚不足以证明路华公司主动在中国市场宣传、使用“陆虎”商标,并具有一定影响。故争议商标未构成《商标法》第三十一条所指以不正当手段抢先注册他人已经使用并有一定影响的商标的情形。

吉利公司不服原审判决,向本院提起上诉,请求:撤销原审判决,维持第17256号裁定。其主要理由为:一、原审判决违反法定程序。1. 路华公司收到第17256号裁定的日期为2010年7月31日,依法最迟应于2010年8月30日前提起诉讼。根据《行政诉讼法》第四十二条之规定,人民法院接到起诉状,经审查,应当在七日内立案或者作出裁定不予受理。原审法院是在2011年2月17日受理了路华公司的起诉,此时,距2010年8月30日已历时170天,严重违反了上述规定。2. 上诉人收到原审诉讼通知书的同时,收到了原审法院寄送的路华公司的三份起诉状,落款日期分别是2010年8月30日、2010年11月24日、2011年2月24日。一个案件同时送达三份起诉状,其中一份还是在法院受理日之后才向法院提交,这一现象极不正常,说明路华公司并未在法定期限内提起诉讼。3. 上诉人2011年3月4日收到应诉通知、举证通知书和开庭传票;原审法院指定给上诉人的举证期限为2011年3月10日,开庭日期为2011年3月17日。原审法院显然没有给予上诉人适当、合理的应诉和举证时间。4. 商标评审委员会并无对争议裁定搜集、组织证据的义务,原审法院以主要证据不足为由裁判,是违反程序法规定分配举证责任。5. 在路华公司未提供任何证据的情况下,原审法院认定宝马公司系路华公司关联企业,违反了民事诉讼“谁主张,谁举证”的证据规则。二、原审判决认定事实错误。1. “陆虎”是吉利公司依法注册的商标,路华公司根本没有任何形式的中文“陆虎”商标。原审判决认定“LAND ROVER”原权利人是“宝马公司”,但路华公司从未提交任何证据证明这一说法,原审法院也未对此进行审查。2. 在争议商标申请日前,路华公司并没有在其商业活动中使用“陆虎”商标。路华公司在行政程序和原审过程中,始终没有任何证据证明其在商品、商品包装或容器以及商品交易文书上使用过中文“陆虎”商标,也拿不出任何证据证明其将“陆虎”用于广告宣传、展览以及商业活动。路华公司提交的41份新闻报道或评论文章,根本不能证明其在先使用。3. “LAND ROVER”与“陆虎”并没有形成唯一的对应关系,更没有形成所谓的一定影响。“LAND ROVER”在中国有多种依习惯不同的中文叫法,有罗孚、罗佛、路华等,并不一致。对“LAND ROVER”叫做“陆虎”,路华公司从未确认。路华公司提交的证据显示,1999 年 11 月 2 日有媒体报道“越野陆虎正式进入中国市场”,原审判决却认定一个没有在中国销售的产品的中文呼叫在公众中得到广泛认同并具有一定的影响,显然违背常理。4. 吉利公司注册“陸虎”商标合法合理。三、原审判决适用法律错误。原审判决曲解《商标法》第三十一条的立法宗旨,得出了错误的结论。此外,吉利公司在二审庭审中,对其上诉理由进一步明确称:1. 原审判决认定事实的证据不确实。存在证据的形式要求、未提供原件、虚增证据数量等问题。2. 原审判决认定事实的证据不充分。有的文章中所称的“陆虎”显然是厂商名称,而非商标;有的报道中提及的商品非路华公司产品;有的文章中提及的名称与路华公司命名并申请注册的商标不一致。3. 原审判决认定事实的证据不周延。大多数文章并未提及“LAND ROVER”及“RANGE ROVER”,故无法确认“LAND ROVER”与“陆虎”之间的对应关系;不排除“陆虎”是“ROVER”译称的可能性;全部证据均无广告标识,显然不是法律规定的广告形式;路华公司从未提供证据证明以上媒体报道或文章是其主动宣传的结果。本院庭审中,吉利公司明确表示其关于原审判决违反法定程序上诉理由中的第 4、5 项内容,不再作为程序违法提出,而可列入原审判决认定事实不清部分一并主张。

路华公司服从原审判决。

本院经审理查明:

争议商标由经过艺术设计的中文“陸虎”构成,其申请日为 1999 年 11 月 10 日,申请人为吉利公司,经商标局核准,于 2001 年 3 月 7 日获得注册,注册号为第 1535599 号。后经续展,其专用期至 2021 年 3 月 6 日止,核定使用商品为第 12 类“摩托车,陆地车辆发动机,陆地车辆变速箱,汽车,货车(车辆),汽车(车辆),小汽车,汽车车身,运货车”。

2004 年 4 月 26 日,路华公司对争议商标提出撤销注册申请,认为其“陆虎”及其“陆虎”牌汽车已经为广大的中国消费者所熟悉和认可,在中国的汽车市场具有了相当的知名度和影响力,争议商标与原告在先使用并有广泛市场影响力的“陆虎”商标构成混淆性近似,吉利公司是恶意抢注我公司的“陆虎”商标。综上,争议商标违反了《商标法》第三十一条的规定,应当予以撤销。

在行政程序中,路华公司为证明其主张,提交了大量报纸杂志复印件或打印件和未显示形成时间或者形成于争议商标申请日以后的品牌历史介绍材料、“陆虎”产品在中国的宣传册、相关网站上的网页打印件等证据。经核对,路华公司提交的证据中有如下41篇新闻报道或评论文章产生于争议商标申请日以前:

1. 1999年9月2日的《中国汽车报》:《不是大吃小而是快吃慢——宝马汽车公司北京代表处首席代表董显铨博士访谈录》。该文中,董显铨表示“宝马和陆虎两个品牌产品及其零部件的开发将合二为一”、“陆虎越野车产品系列齐全”等。路华公司表示,当时陆虎品牌和相关资产由宝马公司所有,后经转让,路华公司成为陆虎品牌和相关资产的合法继受人。

2. 1996年7月2日《经济日报》:《英国陆虎汽车正式进入中国市场》。该文介绍了趁英国副首相访华之际,陆虎集团向中国政府赠送“陆虎览胜”汽车。

3. 1999年10月22日《国际经贸消息》:《越野陆虎车全系列车型进入中国》。该文介绍了越野陆虎车进入中国的相关情况。

4. 1999年7月6日《中国汽车报》:《德国宝马把洋服务带进中国》。该文介绍了北京燕宝汽车有限公司在中国建设了越野陆虎汽车综合服务中心。

5. 1999年7月6日《汽车商报》:《德国宝马把洋服务带进中国》。该文介绍了北京燕宝汽车有限公司在中国建设了越野陆虎汽车综合服务中心。

6. 1999年7月13日《中国汽车报》:《德国宝马公司在中国开拓市场》。该文介绍了宝马准备与中国就越野陆虎合资建厂,北京燕宝是越野陆虎汽车的销售服务中心。

7. 1999年7月13日《汽车商报》:《宝马公司在中国市场力推陆虎》。该文介绍了宝马准备与中国就越野陆虎合资建厂,北京燕宝是越野陆虎汽车的销售服务中心。

8. 1999年10月25日《北京青年报》:《越野陆虎冲入中国》。该文介绍了越野陆虎车进入中国,陆虎在中国的保有量约有200辆。

9. 1999年7月5日《生活时报》:《宝马看好中国市场》。该文介绍了越野陆虎汽车综合服务中心开幕,建设了陆虎汽车测试车道,试车员在车道试车。

10. 1999 年 7 月 10 日人民网:《宝马汽车服务中心在京成立》。该文介绍了宝马集团在北京建设了中国最大的宝马汽车和越野陆虎汽车综合服务中心。

11. 1999 年 11 月 2 日《精品购物指南》:《越野陆虎正式登陆中国市场》。该文介绍了越野陆虎正式进入中国市场,四个系列在京露面。

12. 1996 年 8 月 7 日出版的《汽车之友》:《傲视群雄的越野车——汽车三杰》。该文介绍了陆虎在"96 北京国际车展"上介绍"览胜"、"发现"、"卫士"系列车型,并决定推向中国市场。

13. 1997 年 1 月 25 日《文汇报》:《靓车丽影耐人回味》。该文介绍了 1996 年的陆虎赠车活动。

14. 1997 年 11 月 7 日《文汇报》:《宝马新车金秋亮相》。该文介绍了在 1997 年的宝马公司上海秋季巡回车展上,展示了陆虎品牌系列中的"陆地自由者"。

15. 1997 年 11 月 7 日《新民晚报》:《德国宝马"巡游"神州》。该文介绍了在 1997 年的宝马公司上海秋季巡回车展上,展示了陆虎品牌系列中的"陆地自由者"。

16. 1999 年 9 月 1 日出版的《汽车维护与保养》:《宝马意与我国合资生产越野陆虎》。该文介绍了宝马欲与中国就越野陆虎合资建厂,北京燕宝是越野陆虎汽车的销售服务中心,有一条越野陆虎汽车模拟测试车道。

17. 1999 年第 8 期《汽车之友》:《贵族血统一脉相承》。该文介绍了"览胜"50 周年纪念版和陆虎历史。

18. 1996 年 8 月 7 日出版的《汽车之友》:《傲视群雄的越野车——汽车三杰》。该文介绍了陆虎品牌下的"览胜"陆虎、"发现"型陆虎、"卫士"型陆虎系列车型。

19. 1997 年 7 月 5 日出版的《微型轿车》:《陆虎"圣歌"Mini 概念车》。该文介绍了陆虎设计师设计的"圣歌"Mini 概念车。

20. 1998 年 1 月 7 日出版的《汽车之友》:《陆虎 · 神行者——推陈出新旨在时尚》。该文介绍了陆虎品牌下的"神行者"(Free Lander)的性能。

21. 1999 年 7 月 7 日出版的《汽车之友》:《"陆虎"虎视眈眈觊觎前驱王座——陆虎 75 型车设计探密》。该文介绍了陆虎 75 型车的构件、性能。

22. 1999年1月出版的《交通世界》:《陆虎的新“发现”》。该文介绍了陆虎旗下的新Discovery陆虎越野车的构件、性能。

23. 1999年1月出版的《交通世界》:《捷豹不死陆虎重生》。该文介绍了陆虎75型车的构件、性能。

24. 1999年3月10日出版的《汽车运用》:《陆地之虎——陆虎·防卫者》。该文介绍了陆虎“防卫者”系列越野车的构件、性能。

25. 1999年5月10日出版的《汽车运用》:《陆虎发现者》。该文介绍了陆虎“发现者”系列越野车的构件、性能。

26. 1999年10月出版的《交通世界》:《英德混血儿:陆虎75/2.5/V6》。该文介绍了陆虎75型车的构件、性能。

27. 1998年第1期《交通世界》:《无所不往,陆虎自由越野再谱新曲》。该文介绍了“自由越野”(Free Lander)的性能。

28. 1998年8月1日《经济世界》:《德美合并汽车巨人共创伟业》。该文介绍了宝马吞并陆虎。

29. 1998年1月24日《文汇报》:《宝马再成007座驾》。该文介绍了007新片《明日不死》中使用了“陆虎览胜”。

30. 1998年1月26日《新民晚报》:《宝马配好汉007再度出击》。该文介绍了007新片《明日不死》中使用了“陆虎览胜”。

31. 1998年3月9日《新民晚报》:《我最喜爱的汽车》。该文介绍了陆虎的Free Lander作为“我最喜爱的汽车”的候选车型。

32. 1998年3月23日《新民晚报》:《宝马牛年战绩骄人》。该文介绍了1997年,宝马集团共生产宝马、陆虎、越野陆虎、迷你和MG等品牌的汽车120万辆。

33. 1999年11月1日《新民晚报》:《法兰克福上演“宝马系列剧”》。该文介绍了法兰克福车展上,宝马公司展示了越野陆虎“卫士”。

34. 1999年11月8日《新民晚报》:《德尔福羽毛渐丰》。该文介绍了越野陆虎“发现”2000车型采用了德尔福汽车系列公司的车身控制系统。

35. 1998年8月出版的《交通世界》:《陆虎新敌手》。该文介绍了丰田新车与陆虎的比较。

36. 1999年4月出版的《交通世界》:《海狸——陆虎怀旧曲》。该文介绍了一次将海狸货车和老式陆虎小货车改造成新车的改车活动。

37. 1996年8月7日出版的《汽车之友》:《陆虎“无所不往”——陆虎厂及伊斯特那城堡试车记》。该文介绍了中国记者团参观陆虎公司。

38. 1999年6月7日出版的《汽车之友》:《宝马——陆虎新车进攻美国》。该文介绍了宝马集团将陆虎打入美国市场的计划和策略。

39. 1999年第8期《汽车之友》:《英国克瑞斯顿夫妇驾越野陆虎车环球旅行到北京》。该文介绍了英国克瑞斯顿夫妇驾驶陆虎越野车环球旅行及他们在中国的旅途。

40. 1999年8月1日出版的《汽车维修与保养》:《驾陆虎,游遍全球》。该文介绍了英国克瑞斯顿夫妇驾驶陆虎越野车环球旅行。

41. 1999年11月5日《北京青年报》:《全系列“越野陆虎”登陆中国》。该文介绍了“陆虎”品牌下“神行者”、“卫士”、“发现”的历史和优点。

上述41篇文章中均包含中文“陆虎”,其中《陆虎“无所不往”——陆虎厂及伊斯特那城堡试车记》、《陆虎·神行者——推陈出新旨在时尚》、《陆地之虎——陆虎·防卫者》、《陆虎发现者》等文章附图或图中的汽车标注有“LAND ROVER”,《傲视群雄的越野车——汽车三杰》、《“陆虎”虎视眈眈觊觎前驱王座——陆虎75型车设计探密》等文章或其附图中的汽车标注有“RANGE ROVER”或“ROVER”。

此外,路华公司还提交了第962910号“ZING”商标、第1192943号“爱国者”商标等商标信息打印件,用以证明吉利公司存在恶意抢注相关知名品牌的证据。

2010年7月19日,商标评审委员会作出商评字〔2010〕第17256号裁定。该裁定认为:路华公司称争议商标系吉利公司以不正当手段抢先注册申请人已经使用并有一定影响的商标。对此,路华公司应对在争议商标申请注册前其已在中国在汽车等商品上宣传、使用“陆虎”商标并有一定影响予以举证。路华公司提供的体现“陆虎”商标的证据1～5、证据7中的部分网络报道、证据8及补充证据1～2或未显示证据形成时间,或时间晚于争议商标申请注册日,对上述证据不予采信。根据《商标法实施条例》第三条的规定,商标的使用包括将商标用于商品、商品包装或者容器以及商品交易文书上,或者将商标用于广告宣传、展览以及其他商业活动中,因此,被抢注的商标应当由被抢注人自己在商业活动中予以了使用。而路华公司提交的证据7关于“陆虎”汽车进入中国市场的相关报道、证据11及补充证据4、5均非自己所为,在争议商标申请注册前尚无充分证据证明路华公司主动在中国市场宣传、使用“陆虎”商标,并具有一定的影响。综上,争议商标未构成《商标法》第三十一条所指以不正当手段抢先注册他人已经使用并有一定影响的商标的情形。综上,依据《商标法》第三十一条、第四十三条的规定,商标评审委员会裁定:争议商标予以维持。

原审审理中,路华公司在法定期限内向法院提交了机动车号为“31000097550345”的车辆登记信息打印件,其中中文品牌显示为“陆虎”,该打印件显示“此车的初次登记日期为:1997-11-11”。由于该证据仅为打印件,商标评审委员会及吉利公司均对该证据的真实性提出异议,路华公司亦未提交其他相关证据予以佐证,原审法院对该证据未予采纳。

路华公司还补充提交了第3959174号“吉利·美洲豹”商标等商标信息打印件用以证明第三人存在恶意抢注相关知名品牌的证据。吉利公司认为上述证据没有在行政程序中提交,不能作为评价第17256号裁定的依据。因上述证据与第962910号“ZING”商标、第1192943号“爱国者”商标等证据均与本案无关,原审法院未予采纳。

原审审理中,路华公司述称,其企业曾经被宝马公司收购,宝马公司为其关联企业,宝马公司对“陆虎”商标的使用行为即为其对“陆虎”商标的使用。

在本院审理中,吉利公司表示,其在本案原审审理中未提交任何证据。吉利公司在本院指定的举证期限内共提交11组共178份新证据,其中177份为媒体报道和评论,1份为文献复制证明。上述证据用以证明:“LAND ROVER”被媒体译称或呼叫为罗孚、兰德·罗孚、兰治·罗孚等13种不同称谓;媒体报道及评论对“LAND ROVER”的译称或中文呼叫具有随意性和不确定性;中文“陆虎”与“LAND ROVER”不具有唯一的对应关系;上述不同称谓及任何中文呼叫均不具有唯一的区分商品来源、标志产品质量的作用,任何中文呼叫或译称均不能成为“LAND ROVER”在中国的使用标识。路华公司对上述证据的合法性不予认可,且认为与本案不具有关联性和证明效力。

路华公司在本院指定的举证期限内共提交6组共46份新证据,分别用以证明:“陆虎”作为“LAND ROVER”的中文命名,为罗佛集团有限公司及其所在宝马集团于1996年所原创;1996年至争议商标申请注册时,罗佛集团有限公司一直是第12类商品上“LAND ROVER”注册商标的所有人,后经合法转让,现由路华公司享有;罗佛集团有限公司从1996年至争议商标申请注册时,持续为德国宝马汽车公司的子公司;吉利公司抢注了一系列与知名品牌相同或相似的商标;争议商标申请注册前,“陆虎”已经作为“LAND ROVER”的中文标识在中国市场使用,并在相关官方文件上予以确认;“LAND ROVER”品牌车辆现由路华公司开发、生产、推广。路华公司对上述证据的原件进行了核对,但对部分证据的真实性和关联性不予认可。

商标评审委员会认为吉利公司、路华公司二审提交的上述新证据均未在行政程序中提交,故均应不予采信。本院认为,根据《最高人民法院关于行政诉讼证据若干问题的规定》第七条的规定,原告或者第三人在第一审程序中无正当事由未提供而在第二审程序中提供的证据,人民法院不予采纳。吉利公司、路华公司在原审程序中无正当事由未提供上述证据,且上述证据并不足以影响本案实体结果,故本院对上述证据不予采纳。

另查明,路华公司在行政程序中提交的41篇证据中,证据4与证据5、证据6与证据7、证据12与证据18的内容相同。

上述事实有商标评审委员会提交并经庭审质证的争议商标档案、当事人在行政程序中和诉讼程序中提交的上述证据及当事人陈述等在案佐证。

本院认为:

《中华人民共和国行政诉讼法》(以下简称《行政诉讼法》)第四十二条规定,人民法院接到起诉状,经审查,应当在七日内立案或者作出裁定不予受理。根据上述规定,人民法院对原告提交的起诉状以及相关材料进行审查,只有在符合必要条件后,才能予以立案或裁定不予受理。因此,本案中,虽然在路华公司起诉后的170天,原审法院才正式立案,但并不违反《行政诉讼法》的上述规定。路华公司向原审法院提交了三份起诉状,其中第三份起诉状系在立案后提交,这一做法虽有不妥之处,但并未违法《行政诉讼法》的强制性规定,且三份起诉状的诉讼请求以及主要理由未有实质变化,故吉利公司认为原审法院向其送达三份起诉状程序违法的上诉理由不能成立。根据《最高人民法院关于行政诉讼证据若干问题的规定》第七条的规定,原告或者第三人应当在开庭审理前或者人民法院指定的交换证据之日提供证据。因此,原审法院向吉利公司指定的举证期限合法、适当,指定的开庭日期亦不违法。据此,吉利公司关于原审法院违反法定程序的诉讼理由均不能成立,本院不予支持。

《商标法》第三十一条规定,申请商标注册不得以不正当手段抢先注册他人已经使用并有一定影响的商标。本案审理的主要焦点为:在争议商标申请日前,路华公司是否使用了"陆虎"商标,且该商标是否已经具有一定影响。

根据《商标法实施条例》第三条的规定,商标的使用,包括将商标用于商品、商品包装或者容器以及商品交易文书上,或者将商标用于广告宣传、展览以及其他商业活动中。根据路华公司在行政程序中提交的新闻报道或评论文章可以证明,在争议商标申请日以前,英文"LAND ROVER"越野车已经在中国被呼叫为"陆虎"。虽然这些新闻报道或评论文章并未表明是由当时的权利人宝马公司所主动进行的商业宣传,但仍可以证明中文"陆虎"商标已经与英文"LAND ROVER"指向了同一产品,并进行了商业化的使用。同时,从媒体对宝马公司相关负责人的采访文章中可以看出,宝马公司明确以中文"陆虎"对其"LAND ROVER"越野车进行指代,属于对"陆虎"商标的主动使用行为。诚然,对英文"LAND ROVER"确曾存在不同的中文译法,但这并不能否认中文"陆虎"已经由宝马公司在先使用,且"陆虎"为"LAND ROVER"越野车中文呼叫的客观事实。此外,根据路华公司提交的新闻报道或评论文章的数量,以及所涉媒体的专业性,亦可以认定在争议商标申请日前,"陆虎"商标在汽车领域以及与汽车行业相关的领域已经具有较大影响。在原审诉讼中,路华公司已对其与宝马公司的关联关系进行了陈述,吉利公司对此未予反驳,且基于路华公司在中国享有"LAND ROVER"注册商标的事实,足以认定路华公司有权依法对争议商标提出撤销申请。吉利公司作为专业的汽车生产企业,理应知晓中文"陆虎"与"LAND ROVER"的对应关系以及在行业内的知名度,但其仍然将中文"陆虎"申请注册在汽车等商品上,其行为明显具有不正当性,不符合《商标法》第三十一条的规定。商标评审委员会以路华公司的证据均非路华公司所为为理由,认为"在争议商标申请注册前尚无充分证据证明原告主动在中国市场宣传、使用'陆虎'商标,并具有一定的影响"缺乏事实依据,其认定争议商标未违反《商标法》第三十一条规定的结论错误。原审法院撤销商标评审委员会作出的第17256号裁定正确。

综上,原审判决认定事实清楚,适用法律正确,程序合法,应予维持。商标评审委员会、吉利公司的上诉请求及理由,均缺乏依据,本院不予支持。依照《中华人民共和国行政诉讼法》第六十一条第(一)项之规定,判决如下:

驳回上诉,维持原判。

本案一审案件受理费人民币一百元,由中华人民共和国国家工商行政管理总局商标评审委员会负担(于本判决生效之日起七日内交纳);二审案件受理费人民币一百元,由中华人民共和国国家工商行政管理总局商标评审委员会负担五十元(已交纳),由吉利集团有限公司负担五十元(已交纳)。

本判决为终审判决。

审　判　长　张雪松
代理审判员　张冬梅
代理审判员　钟　鸣
二〇一一年九月二十九日
书　记　员　孙　娜

16. 英国商·史东模特儿经纪有限公司与国家工商行政管理总局商标评审委员会"KATE MOSS 凯特·苔藓"商标行政纠纷案

北京市高级人民法院行政判决书

(2011)高行终字第723号

争议商标"KATE MOSS 凯特·苔藓"的英文部分是"KATE MOSS","凯特·苔藓"仅为对应翻译——知名模特 KATE MOSS 是自然人——对 KATE MOSS 享有姓名权——受我国法律保护——有权依法禁止他人基于不正当目的盗用、假冒其姓名——荆胜强是服装行业经营者——对该行业有更高的认知——具有不正当利用 KATE MOSS 姓名来营利的目的,侵犯他人姓名权——一审法院认定错误——撤销一审判决——维持原商评委裁定

上诉人(原审原告)荆胜强,男,汉族,1972年3月4日出生,个体工商户,住中华人民共和国河北省石家庄市裕华区育才街328号A栋2单元604号。

委托代理人陶峰涛,河北三和时代律师事务所律师。

上诉人(原审被告)中华人民共和国国家工商行政管理总局商标评审委员会,住所地中华人民共和国北京市西城区三里河东路8号。

法定代表人何训班,主任。

委托代理人刘佑启,中华人民共和国国家工商行政管理总局商标评审委员会干部。

上诉人(原审第三人)英国商·史东模特儿经纪有限公司(STORM MODEL MANAGEMENT LIMITED),住所地大不列颠及北爱尔兰联合王国伦敦新桥街100号。

法定代表人西蒙·约翰·千柏斯,执行长。

委托代理人陈秉,男,汉族,1976年8月10日出生,北京安度知识产权代理有限公司商标代理人,住中华人民共和国湖南省浏阳市澄谭江镇北斗村陈家组。

委托代理人马兴洲,男,汉族,1979年1月18日出生,北京安度知识产权代理有限公司商标代理人,住中华人民共和国北京市石景山区龙恩寺10排8号。

上诉人荆胜强、中华人民共和国国家工商行政管理总局商标评审委员会(以下简称商标评审委员会)、英国商·史东模特儿经纪有限公司(STORM MODEL MANAGEMENT LIMITED)(以下简称商·史东公司)因商标争议行政纠纷一案,不服中华人民共和国北京市第一中级人民法院(以下简称北京市第一中级人民法院)(2010)一中知行初字第534号行政判决,向本院提起上诉。本院于2011年3月10日受理后,依法组成合议庭,于2011年5月18日公开开庭进行了审理,上诉人荆胜强及其委托代理人陶峰涛、上诉人商标评审委员会的委托代理人刘佑启、上诉人商·史东公司的委托代理人陈秉、马兴洲到庭参加了诉讼。本案现已审理终结。

针对荆胜强所注册的第3271558号"KATE MOSS 凯特·苔藓"商标(以下简称争议商标),商·史东公司于2006年9月20日向商标评审委员会提出撤销注册申请。2009年11月12日,商标评审委员会作出商评字[2009]第27162号《关于第3271558号"KATE MOSS 凯特·苔藓"商标争议裁定书》(以下简称第27162号裁定),裁定争议商标的注册予以撤销。荆胜强不服,向北京市第一中级人民法院提起诉讼。

北京市第一中级人民法院认为:商·史东公司所提争议理由为争议商标的注册损害了模特"KATE MOSS"的姓名权,商·史东公司为证明其具有提起争议申请的主体资格,提交了KATE MOSS向其出具的授权书,因该授权书中明确写明商·史东公司系作为KATE MOSS的"代理人及代表处理模特儿业务和其他商业活动",同时"全权处理于中国地区之'KATE MOSS 凯特·苔藓'商标争议案申请(注册号3271558;类别:25)……全部所需递交之文件及任何须采取之相关申请行动",故由此可知KATE MOSS仅授权商·史东公司作为其代理人处理本案争议商标的相关事务,却并未授权其对KATE MOSS这一姓名享有任何实体上的权益。在商·史东公司未提交其他证据的情况下,仅凭该授权书无法证明商·史东公司系 KATE MOSS 这一姓名的利害关系人,因此,其无权以该在先权利为由提起本案所涉争议申请。商标评审委员会不应受理商·史东公司基于该在先姓名权而提出的争议申请,商标评审委员会对于商·史东公司提出的该争议申请予以受理的做法有误,应依法予以纠正。

商·史东公司主张争议商标的注册损害了"KATE MOSS"的姓名权,因KATE MOSS 为自然人,故其对 KATE MOSS 这一姓名享有姓名权,该姓名权受到我国法律保护,其有权依法禁止他人基于不正当目的使用该姓名。虽然商·史东公司仅提交了一份证据证明争议商标申请日之前 KATE MOSS 在中国的知名度,仅凭这一证据无法证明其在中国具有较高知名度,但鉴于 KATE MOSS 并非现有固定搭配的词汇,因此,除非荆胜强能够合理解释争议商标的渊源,否则争议商标与该模特的名称构成巧合的可能性很小。在荆胜强并未对争议商标采用这一词汇作出合乎逻辑的解释的情况下,结合考虑争议商标申请人作为服装行业经营者较之一般公众对于该行业具有更高的认知,且 KATE MOSS 曾为宝姿品牌服装 2002 春夏代言人这一因素,法院合理认为,荆胜强在第 25 类服装等商品上注册争议商标具有不正当利用"KATE MOSS"这一姓名以营利的目的,争议商标的注册及使用损害了 KATE MOSS 的姓名权,争议商标的注册违反了《中华人民共和国商标法》(以下简称《商标法》)第三十一条"申请商标注册不得损害他人现有的在先权利"的规定。

综上,北京市第一中级人民法院依据《中华人民共和国行政诉讼法》第五十四条第(二)项之规定,判决:一、撤销第 27162 号裁定;二、商标评审委员会重新作出裁定。

荆胜强、商标评审委员会、商·史东公司均不服原审判决,均向本院提起上诉。

荆胜强请求撤销或纠正原审判决关于争议商标的注册违反《商标法》第三十一条规定的论述和结论。其主要理由为:一、KATE MOSS 本人不是本案主体,原审判决就上诉人与 KATE MOSS 姓名权争议纠纷作出判定是错误的。二、原审判决认定"KATE MOSS 的姓名权受中国法律保护"是错误的,KATE MOSS 不是中国国籍,亦未在中国境内,不能按照中国法律享有民事权利。三、原审判决认定上诉人使用 KATE MOSS 姓名是以营利为目的,属于《商标法》第三十一条规定的侵犯 KATE MOSS 在先权利是错误的。

商标评审委员会请求撤销原审判决,维持第 27162 号裁定。其主要上诉理由为:原审判决认定商·史东公司不具备提起本案商标争议的主体资格是错误的。商·史东公司在评审阶段提交的模特"KATE MOSS"本人的授权书及公证认证材料属有效证据,授权书不仅特别声明授权商·史东公司"全权处理于中国地区之'KATE MOSS 凯特·苔藓'商标争议案",且明确指定于第 25 类商品上的"注册号 3271558"商标,不存在"未授权享有任何实体上权益"的问题,授权书中所述"代表处理其他商业活动"应视为包括商标注册侵犯其姓名权的活动。著名模特的姓名权不仅限于一种精神利益,也蕴涵一定商业价值,通过该姓名权的使用能够获得物质财富,当该姓名被作为商标注册时,应视为一种"商业活动"。

商·史东公司请求撤销原审判决,维持第 27162 号裁定。其主要上诉理由为:原审判决认定上诉人无权基于在先姓名权提出本案所涉争议的结论和论述是错误的。一、上诉人作为名模"KATE MOSS"的代理人和代表,得到了名模"KATE MOSS"的特别授权,有权以自己的名义提起争议申请。上诉人作为名模"KATE MOSS"的经纪人,与争议商标具有直接利害关系,有权以自己的名义提起争议申请。二、荆胜强在商标行政争议程序中,并未对上诉人的主体资格提出异议,其已认可上诉人以自己名义提起争议申请,其不能在诉讼中予以反言。

本院经审理查明:

荆胜强于 2002 年 8 月 12 日提出"KATE MOSS 凯特·苔藓"商标(即争议商标)的注册申请,2004 年 2 月 28 日经核准注册,商标注册号为第 3271558 号,核定使用商品为第 25 类服装、鞋(脚上的穿着物)、衬衫、领带、腰带、裤子、套服、针织服装、皮衣、袜。

2006 年 9 月 20 日,商·史东公司向商标评审委员会提出争议申请,其主要理由为:"KATE MOSS"是来源于一位英国名模的姓名,在时尚界素有"再世梦露"之称。商·史东公司于 1999 年 1 月 28 日在欧盟申请以该姓名注册商标,2001 年 3 月又在美国提出注册申请,首创并使用了"KATE MOSS"商标。该商标指定使用于流行时装商品上,通过宣传,在业界和市场享有极高的知名度,已成为公众最喜爱的品牌。争议商标的外观、读音或者整体而言与“KATE MOSS”商标构成近似,易于导致消费者对指定商品的来源产生误认。争议商标的注册并非巧合,“搭便车”的主观恶意明显。同时,争议商标“凯特·苔藓”是“KATE MOSS”的中文翻译,侵犯了“KATE MOSS”名模的姓名权。依据《商标法》第三十一条、第四十一条第二款的规定,争议商标的注册应予撤销。

商·史东公司为证明其有权针对争议商标提起争议申请,提交了KATE MOSS的授权书,该授权书中载明“我确认英国商·史东模特儿经纪公司为本人之代理人及代表处理模特儿业务和其他商业活动。本人亦于此特别声明授权予英国商·史东模特儿经纪公司全权处理于中国地区之‘KATE MOSS凯特·苔藓’商标争议案申请(注册号3271558;类别:25)与中国地区之‘可美KATE MOSS’异议案申请(注册号3970687;类别:14)两案全部所需递交之文件及任何须采取之相关申请行动”。

商·史东公司为证明在争议商标申请日之前KATE MOSS在中国已具有相当知名度,提交了阿里巴巴网站的网页打印件,该网页中载有名为“名模KATE MOSS新宝姿代言人”的文章,该文章中称“KATE MOSS这位从20世纪90年代开始就红极一时的模特,再度成为各大时装品牌的最爱,成为宝姿2002春夏代言人”。

2007年9月18日,荆胜强进行了答辩,称:争议商标具有独创性、显著性,用于商标使用符合《商标法》相关规定。模特KATE MOSS在争议商标申请注册至今不具有任何知名度,不属于公众人物,荆胜强没有必要进行摹仿、复制,争议商标使用也没有产生不良影响。荆胜强诚信经营,商·史东公司提交的证据不能证明荆胜强有主观恶意,其证据采信度不高,相关证据都是围绕媒体代言品牌“CK”照片,不能体现KATE MOSS知名度,其只在广告中展示形象,没有KATE MOSS字样或者媒体介绍,消费者只是认同“CK”品牌,不能体现模特KATE MOSS的知名度。荆胜强在答辩中,并未对商·史东公司提出争议的主体资格提出异议。

2009年11月12日,商标评审委员会作出第27162号裁定,认定:本案的焦点问题应归结为:争议商标的申请注册是否属于《商标法》第三十一条所述的情形。《商标法》对姓名权的保护不仅考虑到系争商标与他人的姓名相同,同时也考虑到该姓名权人在社会公众中尤其是相关公众中的知晓程度。争议商标“KATE MOSS 凯特·苔藓”的英文部分系英国一位超级名模的姓名。中文部分“凯特·苔藓”是英文的翻译。商·史东公司提供了该模特“KATE MOSS”本人签名的授权书及中国驻英国使馆的认证原件以及“KATE MOSS”作为模特表演的图片、彩色宣传页等证据予以证明。中文“凯特·苔藓”由“KATE MOSS”翻译而来,商·史东公司提交在案的证据(如2002年6月阿里巴巴网即刊登了关于KATE MOSS作为宝姿服装代言人的报道),再结合各种时装杂志的封面宣传,能够证明“KATE MOSS”确系该模特的姓名,并在时装业内享有一定的知名度。争议商标使用于指定商品上则可能导致对他人的姓名权造成损害,违反了《商标法》第三十一条所述的申请商标注册不得损害他人现有在先权利的规定。

本案商·史东公司另称,商·史东公司将“KATE MOSS”作为商标使用在业界和市场上享有极高的知名度。但商·史东公司未能提交将“KATE MOSS”作为商标在中国大陆使用的证据,故该项理由缺乏证据支持而不能成立。综上所述,商·史东公司所提争议理由成立。依据《商标法》第三十一条和第四十三条的规定,商标评审委员会裁定:争议商标的注册予以撤销。

在本案二审诉讼中,商·史东公司为进一步佐证其有权以自己名义提出商标争议,向本院提交了经过公证认证的模特KATE MOSS于2011年1月27日作出的声明书,载明:我,KATE MOSS,已授权商·史东公司对在中国注册的第25类商标“KATE MOSS”(注册号为第3271558号)采取任何必要和必需的行动。我于2006年10月5日签署了一份声明书,目的是向商标评审委员会的有关部门证明:授权给商·史东公司,使其能够代表我对上述商标及其注册采取任何行动,上述授权是我的真实意愿。尽管在上述声明书中,我未明确指定授给商·史东公司以我的名义采取行动的权利类型,因我已把我所拥有的我的姓名、肖像、传记、绰号及商标之使用权全部授给商·史东公司,使其能够签署所有必要的文件、采取所有必要的行动以提出申请撤销在中国注册的第25类“KATE MOSS 凯特·苔藓”商标(注册号为第3271558号)。对于上述声明书,商标评审委员会认为商·史东公司的授权书是经过公证认证的,是有效的,对此份声明书的真实性予以认可,但不能否定授权书的效力。荆胜强认为该证据是对授权书的补充,不能作为新证据使用,不能用于评价第27162号裁定。本院认为,该份声明书经过了公证认证,与授权书可以形成印证关系,可以证明模特KATE MOSS的真实意愿。本院予以采信。

在本案二审诉讼中,商·史东公司为进一步佐证模特KATE MOSS的知名度,向本院新提交了部分证据,包括香奈儿公司与模特KATE MOSS签订的合同、商·史东公司与模特KATE MOSS签订的合同、财报、预约拍照及付款发票、杂志等,商标评审委员会对上述证据未持异议,荆胜强对上述证据的证明力、关联性提出异议,认为不应采纳。本院认为,作为商标争议的申请人,商·史东公司应在行政审查阶段即对模特KATE MOSS的知名度提交证据,本院对其在诉讼中新提交的用于证明模特KATE MOSS知名度的证据不予采信。

上述事实有第27162号裁定、争议商标的商标档案、注册商标裁定申请书、商标争议答辩理由书、授权书、声明书、商·史东公司在评审阶段、诉讼阶段提交的证据等证据在案佐证。

本院认为,根据各方当事人的诉辩主张,本案二审审理涉及的焦点问题为:商·史东公司是否有资格提起本案争议申请以及争议商标的注册是否违反了《商标法》第三十一条"申请商标注册不得损害他人现有的在先权利"的规定。

关于商·史东公司是否有资格提起本案争议申请的问题。

《商标法》第四十一条第二款规定,已注册的商标,违反本法第十三条、第十五条、第十六条、第三十一条规定的,自商标注册之日起五年内,商标所有人或者利害关系人可以请求商标评审委员会裁定撤销该注册商标。

本案中,商·史东公司所提争议理由为争议商标的注册损害了模特"KATE MOSS"的姓名权。姓名权作为自然人的一项人身权利,应由其自行行使,仅在特定情况下,可由他人代为行使。商·史东公司为证明其有权以争议商标的注册损害了模特"KATE MOSS"的姓名权为由提起争议,提交了模特KATE MOSS出具的授权书,该授权书中明确载明模特KATE MOSS授权商·史东公司作为其"代理人及代表处理模特儿业务和其他商业活动",同时"全权处理于中国地区之'KATE MOSS凯特·苔藓'商标争议案申请(注册号3271558;类别:25)……全部所需递交之文件及任何须采取之相关申请行动”,在行政审查过程中,荆胜强并未对商·史东公司提起本案争议的主体资格提出异议,并且在本案二审诉讼过程中,模特“KATE MOSS”本人向本院提交了声明书,进一步明确其授权商·史东公司提出商标争议系其真实意思表示,且其“已把我所拥有的我的姓名、肖像、传记、绰号及商标之使用权全部授给商·史东公司”。综合上述授权书、声明书,足以认定模特“KATE MOSS”认可商·史东公司以自己名义提起本案商标争议的行为,更为重要的是,商·史东公司与“KATE MOSS”这一姓名具有商业上的直接利害关系,属于《商标法》第四十一条第二款规定的“利害关系人”,可以提起本案商标争议申请。原审法院认为KATE MOSS仅授权商·史东公司作为其代理人处理本案争议商标的相关事务,并未授权商·史东公司对KATE MOSS这一姓名享有任何实体上的权益,商·史东公司无权以该在先权利为由提起本案所涉争议申请的认定有误,本院予以纠正。

关于争议商标的注册是否违反了《商标法》第三十一条“申请商标注册不得损害他人现有的在先权利”的规定。

《商标法》第三十一条规定,“申请商标注册不得损害他人现有的在先权利”。该条款设立的目的在于避免权利冲突,即避免商标注册后的使用行为构成对他人在先权利的侵犯或不正当竞争。

本案中,商·史东公司主张争议商标的注册损害了“KATE MOSS”的姓名权,根据相关法律规定,本案应适用被请求保护地法律,即《中华人民共和国民法通则》(以下简称《民法通则》)。《民法通则》明确规定姓名权属于一种民事权利,故原审法院依据《民法通则》的相关规定对争议商标的注册是否损害该姓名权予以判断正确。

《民法通则》第九十九条规定,自然人享有姓名权,有权决定、使用和依照规定改变自己的姓名,禁止他人干涉、盗用、假冒。

本案中,争议商标“KATE MOSS 凯特·苔藓”的英文部分为“KATE MOSS”,“凯特·苔藓”仅为“KATE MOSS”的对应翻译,因模特KATE MOSS为自然人,其对KATE MOSS这一姓名享有姓名权,该姓名权可以受到我国法律保护,其有权依法禁止他人基于不正当目的的盗用、假冒该姓名。虽然商·史东公司仅提交了一份证据证明争议商标申请日之前KATE MOSS在中国的知名度,仅凭这一证据尚不足以证明其在中国具有较高知名度,但鉴于KATE MOSS并非现有固定搭配的词汇,而荆胜强并未对争议商标采用这一词汇作出合乎逻辑的解释;鉴于荆胜强作为服装行业经营者较之一般公众对于该行业具有更高的认知,且模特KATE MOSS曾为宝姿品牌服装2002春夏代言人,因此,原审法院认定荆胜强在第25类服装等商品上注册争议商标具有不正当利用"KATE MOSS"这一姓名营利的目的,据此,争议商标的注册及使用侵害了模特KATE MOSS的姓名权,违反了《商标法》第三十一条"申请商标注册不得损害他人现有的在先权利"的规定是正确的。

综上,原审法院认定商标评审委员会不应受理商·史东公司基于"KATE MOSS"在先姓名权提出的争议申请不妥,本院应予纠正。商标评审委员会及商·史东公司的上诉有事实及法律依据,本院应予支持。荆胜强的上诉主张缺乏事实及法律依据,本院不予支持。依据《中华人民共和国行政诉讼法》第六十一条第(三)项之规定,本院判决如下:

一、撤销中华人民共和国北京市第一中级人民法院作出的(2010)一中知行初字第534号行政判决;

二、维持中华人民共和国国家工商行政管理总局商标评审委员会作出的商评字〔2009〕第27162号《关于第3271558号"KATE MOSS凯特·苔藓"商标争议裁定书》。

一、二审案件受理费各人民币一百元,均由荆胜强负担(均已交纳)。

本判决为终审判决。

审　判　长　李燕蓉
代理审判员　焦　彦
代理审判员　马　军
二〇一一年十月十三日
书　记　员　孙鑫鑫

17. 劲牌有限公司与国家工商行政管理总局商标评审委员会"劲涛"商标行政纠纷案

北京市高级人民法院行政判决书

(2011)高行终字第1537号

申请商标注册不得损害他人现有的在先权利——该条所规定的在先权利是指在系争商标申请注册日之前已经取得的,除商标权以外的其他权利,包括著作权——劲牌公司对书法作品"劲"字享有著作权——劲牌公司使用了该作品的时间早于被异议商标申请日——银涛公司具有接触到涉案的"劲"字书法作品的可能性——被异议商标中的"劲"字与书法作品"劲"字相比较,实质性相似——将含有与劲牌公司享有在先著作权作品实质相似的"劲"字的被异议商标申请注册——损害了劲牌公司的在先著作权——原审判决认定事实清楚,适用法律正确,程序合法,应予维持

上诉人(原审被告)国家工商行政管理总局商标评审委员会。

法定代表人何训班,主任。

委托代理人原晓静,国家工商行政管理总局商标评审委员会审查员。

委托代理人马君丽,国家工商行政管理总局商标评审委员会审查员。

被上诉人(原审原告)劲牌有限公司,住所地湖北省大冶市大冶大道169号。

法定代表人吴少勋,董事长。

委托代理人孙克志,男,汉族,1977年1月6日出生,劲牌有限公司职工,住湖北省大冶市东岳路办事处东岳路25号。

原审第三人江西银涛药业有限公司,住所地江西省抚州市上顿渡临川大道36号。

法定代表人张建荣,董事长。

上诉人国家工商行政管理总局商标评审委员会(简称商标评审委员会)

因商标异议复审行政纠纷一案,不服北京市第一中级人民法院(2011)一中行初字第1828号行政判决,向本院提起上诉。本院于2011年10月10日受理后,依法组成合议庭进行了审理。本案现已审理终结。

针对商标评审委员会于2011年3月28日作出商评字〔2011〕第3847号《关于第3762979号“劲涛”商标异议复审裁定书》(简称第3847号裁定),裁定:第3762979号“劲涛”商标(简称被异议商标)予以核准注册。劲牌有限公司(简称劲牌公司)不服,向北京市第一中级人民法院提起行政诉讼。

北京市第一中级人民法院认为:

劲牌公司主张其第1211693、1599515号商标在被异议商标申请日前已经驰名,被异议商标构成对该二驰名商标的复制摹仿。根据本案查明的事实,劲牌公司在商标异议复审程序提交的证据中,武汉市中级人民法院(2003)武知初字第45号民事判决书作出日期为2003年12月31日,晚于被异议商标申请日期,国家工商行政管理总局商标局(简称商标局)《全国重点商标保护名录(2000年6月调整)》虽将使用在酒上的“劲JING”商标列入其中,但仅能证明该商标具有较高知名度,并不能证明该商标已经达到驰名的程度,劲牌公司提交的其他证据亦不足以证明第1211693、1599515号商标在被异议商标申请日前已经构成驰名。因此,商标评审委员会在第3847号裁定中认定本案不属于《中华人民共和国商标法》(简称《商标法》)第十三条第二款规定的情形并无不当。

《商标法》第三十一条规定的在先权利是指在系争商标申请注册日之前已经取得的,除商标权以外的其他权利,包括著作权。劲牌公司与松永生于1997年11月27日签订《中国劲酒标识设计合同书》约定甲方湖北劲酒厂(劲牌公司曾用企业名称)委托乙方松永生设计中国劲酒产品标识,设计成果的著作权归属甲方。而松永生于1998年1月签章的设计成果图样与劲牌公司第1599515号商标图样基本相同,且该图样具有独创性,属于受《中华人民共和国著作权法》(简称《著作权法》)保护的作品。据此,可以认定劲牌公司对松永生于1998年1月签章的设计成果图样享有著作权。商标评审委员会在第3847号裁定中认定该标识整体设计具有一定独创性和美感,属于《著作权法》所指作品并无不当。在劲牌公司享有著作权的上述作品中,“劲”字部分为毛笔书法的表现形式,是该作品中最具独创性的部分,其本身亦能够独立构成作品,在无相反证据的情况下,可以认定对标识整体享有著作权的劲牌公司对该标识中的独创性部分所构成的作品亦享有著作权。而被异议商标图样中的“劲”字与劲牌公司享有著作权的“劲”字在表现形式上无明显差别,实质性相似。劲牌公司对第 1599515 号商标的注册使用早于被异议商标申请日,江西银涛药业有限公司(简称银涛公司)具有接触到劲牌公司该商标标识作品的可能性。银涛公司未经劲牌公司许可,将含有与劲牌公司享有在先著作权作品实质相似的“劲”字的被异议商标申请注册,已损害了劲牌公司的在先著作权。商标评审委员会认为劲牌公司主张著作权的“劲”字系以常见的中国传统书法形式表现的文字,独创性较弱的认定意见缺乏证据支持,不能成立,其据此作出的第 3847 号裁定缺乏根据,不具合法性。

综上,北京市第一中级人民法院依照《中华人民共和国行政诉讼法》第五十四条第(二)项第 1 目之规定,判决:一、撤销第 3847 号裁定;二、责令商标评审委员会重新作出裁定。

商标评审委员会不服原审判决,向本院提起上诉,请求撤销原审判决、维持第 3847 号裁定。其主要上诉理由为,劲牌公司对于其“中国劲酒”设计中的“劲”字不享有著作权,被异议商标的注册未违反《商标法》第三十一条的规定,原审判决认定错误。

劲牌公司、银涛公司服从原审判决。

本院经审理查明:

第 1599515 号商标(见附件)于 1999 年 12 月 21 日申请注册,于 2001 年 7 月 7 日被核准注册,经续展有效期至 2021 年 7 月 6 日,核定使用于烧酒、果酒(含酒精)、酒(饮料)、含酒精浓汁、含酒精液体、酒精饮料(啤酒除外)、米酒、清酒、黄酒、食用酒精商品上。

第 1211693 号商标于 1997 年 4 月 9 日申请注册,于 1998 年 9 月 28 日被核准注册,经续展有效期至 2018 年 9 月 27 日,核定使用于酒商品上。

第 944332 号商标于 1995 年 4 月 27 日申请注册,于 1997 年 2 月 14 日被核准注册,经续展有效期至 2017 年 2 月 13 日,核定使用于印刷出版物、说明书、纸牌、扑克牌、碎纸机、墨汁、墨水、打字机、誊写机、油印机及其附件(包括印刷铅字,印版)、建筑模型、念珠、印章、印油、笔商品上。

第 1054952 号商标于 1996 年 2 月 26 日被申请注册,于 1997 年 7 月 14

日被核准注册,经续展有效期至2017年7月13日,核定使用于肉、菜、水果罐头、蜜饯果类、干蔬菜、蛋品、牛奶、食用油脂、色拉、水产品、生熟肉、食用果胶、加工过的坚果、菌类干制品、食物蛋白商品上。

第944342号商标于1995年4月27日申请注册,于1997年2月14日被核准注册,经续展有效期至2017年2月13日,核定使用于贵重金属及合金、珠宝首饰宝石及贵重金属制纪念品、贵重金属餐具商品上。

第1104631号商标于1996年2月26日申请注册,于1997年9月21日被核准注册,经续展有效期至2017年9月20日,核定使用于净化制剂、兽药、堵塞牙孔和牙模用料商品上。

被异议商标(见附件)由银涛公司于2003年10月21日向商标局申请注册,申请号为第3762979号,指定使用在人用药、针剂、片剂、酊剂、水剂、医用浴剂、防腐剂(医用)、消毒剂、去头皮屑的药物制剂、护肤药剂商品上。经商标局初步审定并予公告。

劲牌公司在法定异议期内向商标局提出异议申请,商标局于2009年7月15日作出(2009)商标异字第11593号"劲涛"商标异议裁定,对被异议商标予以核准注册。劲牌公司不服商标局的上述裁定,于2009年8月20日向商标评审委员会申请复审,主要理由为:一、劲牌公司是我国最大的保健酒生产企业,其"劲"商标是驰名商标。被异议商标指定使用的商品与劲牌公司的商标核定使用的商品具有很大关联性。二、被异议商标缺乏自身的显著性,是对劲牌公司商标的驰名商标的复制和摹仿,很可能使劲牌公司的权益受到损害,其注册违反了《商标法》第十三条第二款的规定。三、劲牌公司对书法作品"劲"字享有在先著作权,并通过使用宣传具有较高知名度。被异议商标中显著部分"劲"字的写法与之完全相同,银涛公司未经劲牌公司许可将其注册为商标,侵犯了劲牌公司的著作权,违反了《商标法》第三十一条的规定。综上,被异议商标应不予核准注册。劲牌公司向商标评审委员会提交了以下主要证据:1.劲牌公司资格证明及获得的荣誉证明复印件;2.劲牌公司的商标注册证复印件;3.广告宣传资料复印件;4.劲牌公司"劲"商标为驰名商标的证明资料复印件:武汉市中级人民法院(2003)武知初字第45号民事判决书,该判决认定第1211693号商标为驰名商标,该判决作出日期为2003年12月31日、商标局《全国重点商标保护名录(2000年6月调整)》,该名录中将使用在酒上的“劲 JING”商标列入其中;5.《中国劲酒标识设计合同书》及相关材料复印件,该合同于 1997 年 11 月 27 日签订,约定甲方湖北劲酒厂(劲牌公司曾用企业名称)委托乙方松永生设计中国劲酒产品标识,设计成果的著作权归属甲方,该合同书后附有松永生于 1998 年 1 月签章的设计成果图样,该图样与第 1599515 号商标图样基本相同,其中“劲”字部分与被异议商标“劲”字的表现形式无明显差别,该字为毛笔书法表现形式;6.“劲”商标产品广告宣传资料复印件;7.劲牌公司主张著作权“劲”字的第 1968195 号、第 1599515 号商标档案复印件。

银涛公司答辩的主要理由为:一、被异议商标与劲牌公司商标指定使用的商品不属于同一种或类似商品,两商标构成要素不同,双方商标不近似。二、劲牌公司“中国劲酒”图案在整个标签中占有很大部分,不属于注册商标范畴,其著作权也是图案,不只是单独一个“劲”字。因此,被异议商标的注册未侵犯劲牌公司的著作权。被异议商标应予核准注册。

商标评审委员会经审理查明劲牌公司向其提交的申请书中未明确列明引证商标,但在证据材料中明确列明了第 1599515、1211693、944332、1054952、1968195 号商标,商标评审委员会将上述商标作为引证商标进行比对和评述。

2011 年 3 月 28 日商标评审委员会作出第 3847 号裁定。认为:被异议商标指定使用的商品与劲牌公司引证商标核定使用的商品不属于同一种或类似商品。依据劲牌公司提交的证据材料,尚不足以证明在被异议商标申请注册之时,其引证商标经过使用宣传,已为相关公众所熟知,成为《商标法》第十三条所指的驰名商标。此外,被异议商标指定使用的人用药、消毒剂等商品与引证商标核定使用的酒等商品在原材料、制作工艺、功能用途、销售途径、消费对象等方面差异较大、双方商标分别在指定商品上并存,不致导致消费者的混淆、误认,不致损害劲牌公司的合法商标权益。因此,本案不属于《商标法》第十三条第二款规定的情形。劲牌公司提交的证据证明其最早于 1998 年拥有“中国劲酒及图”商标标识的著作权,并于 1999 年将其申请注册为商标。该标识整体设计具有一定独创性和美感,属于《著作权法》所指的作品。但该作品应为文字、图形及设计风格、表现形式的整体组合。但劲牌公司主张著作权的“劲”字系以常见的中国传统书法形式表现的文字,独创性较弱。劲牌公司称被异议商标的注册损害了其著作权,违反了《商标法》第三十一条中“不得损害他人现有的在先权利”的主张证据不足,商标评审委员会不予支持。商标评审委员会依据《商标法》第三十三条、第三十四条的规定,裁定:被异议商标予以核准注册。

在本案原审庭审中,劲牌公司明确表示,其对第3847号裁定的异议仅限于对第1211693、1599515号商标相关的认定,对该裁定中对其余引证商标的认定不持异议。

以上事实,有商标档案、第3847号裁定、当事人在异议复审期间提交的证据及当事人陈述等证据在案佐证。

本院认为:

《商标法》第三十一条规定,申请商标注册不得损害他人现有的在先权利,也不得以不正当手段抢先注册他人已经使用并有一定影响的商标。该条所规定的在先权利是指在系争商标申请注册日之前已经取得的,除商标权以外的其他权利,包括著作权。《中华人民共和国著作权法实施条例》第二条规定,著作权法所称作品,是指文学、艺术和科学领域内具有独创性并能以某种有形形式复制的智力成果。根据已查明的事实,劲牌公司曾委托松永生设计中国劲酒产品标识,并约定设计成果的著作权归属劲牌公司。在上述作品中,“劲”字部分为毛笔书法的表现形式,是该作品中最具独创性的部分,其本身能够独立构成作品,在无相反证据的情况下,可以认定劲牌公司同时对书法作品“劲”字享有著作权。鉴于劲牌公司在申请注册第1599515号商标时已经使用了该作品,时间早于被异议商标申请日,因此银涛公司具有接触到涉案的“劲”字书法作品的可能性。将被异议商标中的“劲”字与书法作品“劲”字相比较,实质性相似。原审判决认定,银涛公司未经劲牌公司许可,将含有与劲牌公司享有在先著作权作品实质相似的“劲”字的被异议商标申请注册,损害了劲牌公司的在先著作权,结论正确。商标评审委员会关于涉案的“劲”字系传统书法表现形式,并不构成作品,劲牌公司对此不享有著作权的主张,缺乏事实和法律依据,不能成立。

综上,原审判决认定事实清楚,适用法律正确,程序合法,应予维持。商标评审委员会的上诉理由不成立,本院对其上诉请求不予支持。依照《中华人民共和国行政诉讼法》第六十一条第(一)项之规定,判决如下:

驳回上诉,维持原判。

一审案件受理费一百元,由国家工商行政管理总局商标评审委员会负担(于本判决生效之日起七日内交纳);二审案件受理费一百元,由国家工商行政管理总局商标评审委员会负担(已交纳)。

本判决为终审判决。

审 判 长　李燕蓉
审 判 员　潘　伟
代理审判员　马　军
二〇一一年十二月九日
书 记 员　李　静

第 1599515 号商标　　第 3762979 号商标(被异议商标)

18. 丹乔有限公司与国家工商行政管理总局商标评审委员会等“007及图”商标行政纠纷案

北京市高级人民法院行政判决书

(2011)高行终字第374号

“007”、“JAMES BOND”作为电影人物角色名称的知名度及谢花珍是否借用该知名度所产生的商业价值,并非《商标法》第十条第一款第(八)项所调整的内容——现有证据亦不足以证明被异议商标在指定商品上的注册使用会构成该项所指的不良影响——商标评审委员会就此所作认定正确——丹乔公司提交的证据可以认定在被异议商标申请注册之前,“007”、“JAMES BOND”作为丹乔公司“007”系列电影人物的角色名称已经具有较高知名度——已为相关公众所了解——知名度的取得是丹乔公司创造性劳动的结晶——由此知名的角色名称所带来的商业价值和商业机会也是丹乔公司投入大量劳动和资本所获得——作为在先知名的电影人物角色名称应当作为在先权利得到保护——商标评审委员会在第4817号裁定中有关丹乔公司主张对“007”与“JAMES BOND”享有角色商品化权并无法律依据的认定有误,本院对此予以纠正——原审判决适用法律有误,但审理结果正确,依法予以维持——驳回上诉,维持原判

上诉人(原审被告)中华人民共和国国家工商行政管理总局商标评审委员会,住所地中华人民共和国北京市西城区三里河东路8号。

法定代表人许瑞表,主任。

委托代理人刘胤佳,中华人民共和国国家工商行政管理总局商标评审委员会审查员。

上诉人(原审第三人)谢花珍,女,汉族,1972年8月14日出生,住中华人民共和国广东省连平县元善镇城西居委会西门路38号。

委托代理人牛雁,女,汉族,1973年6月19日出生,北京市商标专利事务所广州分所商标代理人,住中华人民共和国广东省广州市越秀区东昌南街28

号701房。

委托代理人杨畔,男,汉族,1981年12月13日出生,北京市商标专利事务所有限公司广州分所商标代理人,住中华人民共和国湖南省长沙市雨花区韶山北路530号1栋2门306号。

被上诉人(原审原告)丹乔有限公司(DANJAQ,LLC),住所地美利坚合众国加利福尼亚州90404圣莫尼卡市百老汇2400号310室(2400 Broadway, Suite 310, Santa Monica, CA90404, United States)。

法定代表人德博拉·阿维森(DEBORAH ARVESEN),首席财务官。

委托代理人徐蔚华,女,汉族,1972年3月8日出生,陈韵云知识产权代理(北京)有限公司商标代理人,住中华人民共和国北京市西城区百万庄路10院2楼2门243号。

委托代理人付亚楠,女,汉族,1977年4月1日出生,陈韵云知识产权代理(北京)有限公司商标代理人,住中华人民共和国北京市房山区燕化星城健德四里26楼608号。

上诉人中华人民共和国国家工商行政管理总局商标评审委员会(简称商标评审委员会)、上诉人谢花珍因商标异议复审行政纠纷一案,不服中华人民共和国北京市第一中级人民法院(简称北京市第一中级人民法院)(2010)一中知行初字第2808号行政判决,向本院提起上诉。本院于2011年2月9日受理后,依法组成合议庭进行了审理。上诉人商标评审委员会的委托代理人刘胤佳,上诉人谢花珍的委托代理人牛雁、杨畔,被上诉人丹乔有限公司(简称丹乔公司)的委托代理人徐蔚华、付亚楠于2011年5月5日到庭接受了本院询问。本案现已审理终结。

北京市第一中级人民法院经审理查明:被异议商标"邦德007 BOND"于2002年3月22日向中华人民共和国国家工商行政管理总局商标局(简称商标局)提出注册申请,申请号为3121466,指定使用商品为第10类子宫帽、避孕套、非化学避孕用具。该商标现申请人为谢花珍。

丹乔公司于2001年12月14日向商标局申请注册引证商标,其中,在第28类玩具等商品上注册了第3040006号"007及图"商标、第3040005号"JAMES BOND"商标,其商标专用权期限分别至2016年6月20日、2016年6月6日止;在第41类教育、娱乐等服务上注册了第3040012号"007及图"

商标、第3040011号“JAMES BOND”商标,其商标专用权期限均至2013年4月20日止。

在法定异议期内,丹乔公司向商标局提出商标异议申请,请求不予核准被异议商标注册。商标局于2007年10月8日作出(2007)商标异字第05075号《“邦德007 BOND”商标异议裁定书》(简称第5075号裁定),认定著作权保护作品的形式及内容,而非作品名称本身,丹乔公司并未在相关类别在先申请或注册被异议商标,丹乔公司称谢花珍恶意抄袭其商标及侵犯其著作权的异议理由不能成立。综上,商标局裁定准予被异议商标注册。

丹乔公司不服该裁定,向商标评审委员会提出异议复审请求,认为:007与JAMES BOND是丹乔公司发行的系列电影主角的代号和名字,具有独创性,丹乔公司对其享有版权、商标权及角色商品化权。007、JAMES BOND以及相关的电影在中国公众中产生了巨大的知名度和影响力。被异议商标是对引证商标的恶意抄袭和摹仿,侵犯了丹乔公司的在先权利。被异议商标与引证商标构成近似商标。被异议商标的申请注册违反了《中华人民共和国商标法》(简称《商标法》)第十条第一款第(八)项、第四十一条第一款“以欺骗手段或者其他不正当手段取得商标注册”的规定。综上,丹乔公司请求商标评审委员会对被异议商标不予核准注册。

丹乔公司向商标评审委员会提交了以下主要证据材料以证明引证商标的使用及知名度情况:证据1.标有“007”、“JAMES BOND”的007系列电影海报和标有“007”、“JAMES BOND”商标的邦德消费品简单介绍、各类商品的照片复印件。证据2. Lee Pfeiffer所著书中的部分扫描件,包含了对丹乔公司或其许可人标有“007”商标的各类商品,以及007电影宣传海报、杂志封面等照片。证据3.“007/BOND”商品购物指南手册和亚马逊网站、卓越亚马逊网站等互联网上“007”和“007 JAMES BOND”商品的销售页面,其中多数是电影制品。证据4.“007”系列电影的电子游戏和“SONY PLAY STATION”游戏机专用游戏卡的封面照片及相关网站的介绍页面。证据5.标有“007”商标的书籍封面和其他形式上的相关广告宣传材料。证据6.1965年2月26日“TIME”杂志的文章:THE BOND MARKET(邦德市场)和丹乔公司许可他人使用“007”商标的部分被许可人名单。证据7.丹乔公司“007”系列电影票房、家庭录影带销售收入等部分收入统计数据和“007/JAMES BOND”部分电影放映、票房统计数据、票房排名。证据8."007"电影迷、角色迷的统计和美国、英国电影协会所进行的世界范围内的最佳电影、电影角色评选结果。证据9.网易娱乐频道2002年对"007"电影40周年的专题报道,及2007年相关网站、报纸对"007"电影首次登陆中国影院的报道,报道中对"007"电影在世界范围内的流行度和受欢迎度进行了介绍。证据10.世界知识产权组织仲裁与调解中心的域名争议裁定书复印件和欧共体内部市场协调局异议裁定书复印件。证据11.丹乔公司的"007"、"JAMES BOND"商标在中国的注册证复印件、在全球的注册清单和注册证复印件。证据12.商标局(2001)商标异字第1970号、(1999)商标异字第2855号异议裁定书复印件,商标局裁定对他人申请注册"007"和"JAMES BOND"商标不予核准。上述证据1~2、证据4~8、证据10及证据3的一部分均系外文证据,且未提交中文译文。

2010年3月1日,商标评审委员会作出商评字〔2010〕第04817号《关于第3121466号"邦德007 BOND"商标异议复审裁定书》(简称第4817号裁定)。该裁定认定:被异议商标指定使用的商品与引证商标核定使用的商品及服务分属不同的商品类别,其在商品或服务的内容、对象等方面相差甚远,故被异议商标与引证商标不构成《中华人民共和国商标法》(简称《商标法》)第二十八条所指的使用在同一种或类似商品或服务上的近似商标。被异议商标虽然可能使人联想到丹乔公司007系列电影名称和主角名字及代号,但该名称和虚拟人物称呼无法体现完整的文学艺术作品内容,不属于《著作权法》所指的作品客体,被异议商标未构成对丹乔公司著作权的侵犯。丹乔公司主张对"007"及"JAMES BOND"享有角色商品化权并无法律依据,商标评审委员会不予支持。被异议商标的注册申请并未构成《商标法》第三十一条所述"损害他人现有的在先权利"的情形。丹乔公司提交的证据仅能证明"007"系列电影在中国大陆的相关宣传情况,不能证明引证商标在被异议商标指定使用的第10类避孕套等相关商品上的使用情况,故在案证据不足以证明引证商标在被异议商标申请注册前已在第10类避孕套等相关商品上经过使用在中国大陆地区产生了一定的影响,亦难以认定在被异议商标申请注册前其已为中国消费者所熟知,成为核定使用在玩具等商品及教育等服务上的驰名商标。被异议商标指定使用的避孕套等商品与引证商标核定使用的商品及服务在功能、用途等方面存在较大差别,被异议商标在避孕套等商品上注册使用不会导致消费者误认并对丹乔公司的利益造成损害。综上,被异议商标的申请注册未构成《商标法》第十三条所规定的情形。被异议商标指定使用的商品与丹乔公司所从事的电影行业相差甚远,丹乔公司认为被异议商标的注册申请违反诚实信用原则,系以不正当手段取得注册的主张证据不足,被异议商标的注册未违反《商标法》第四十一条第一款"以欺骗手段或者其他不正当手段取得商标注册"的规定。《商标法》第十条第一款第(八)项主要指商标自身的构成要素对社会上良好风气、习惯、社会公共利益、公共秩序产生负面、消极影响,主要是基于维护社会公共秩序和利益的立法目的。本案当中并无充分证据认定被异议商标在指定商品上的注册使用会构成《商标法》第十条第一款第(八)项所指的不良影响的情形。丹乔公司认为被异议商标的注册和使用易使人误认为使用该商标的商品来源于丹乔公司或与之有关联,造成混淆的理由实质上仍属于维护丹乔公司在先注册商标权、在先著作权等私权利的范畴,不属于《商标法》第十条第一款第(八)项规定的范畴。

综上所述,丹乔公司所提异议复审理由均不成立。商标评审委员会依据《商标法》第三十三条、第三十四条的规定,裁定被异议商标予以核准注册。

丹乔公司不服第4817号裁定,向北京市第一中级人民法院提起诉讼,请求撤销第4817号裁定。

原审诉讼期间,丹乔公司另行提交了4份证据材料,包括:国家图书馆在线图书馆阿帕比数据库中检索出的对丹乔公司"007"系列电影及"007"及"JAMES BOND"角色的相关报道,"007"系列电影之《量子危机》的上映、票房报道;"台湾智慧财产法院"1998年度行商诉字第147号行政判决书复印件,判定撤销他人对"007及图"商标的注册。上述证据均不涉及引证商标的使用情况。

丹乔公司明确表示在本案中放弃《商标法》第二十八条、第三十一条的异议理由。丹乔公司称鉴于其"007"系列电影及"007"、"JAMES BOND"电影角色的知名度很高,这种知名度可以折射到引证商标上,故引证商标构成驰名商标。

北京市第一中级人民法院认为:现有证据不足以证明引证商标在中国已成为相关公众广为知晓并享有较高声誉的驰名商标,商标评审委员会认定被异议商标申请注册未违反《商标法》第十三条第二款的规定正确,应予支持。《商标法》第四十一条第一款规定,已经注册的商标,违反本法第十条、第十一条、第十二条规定的,或者是以欺骗手段或者其他不正当手段取得注册的,由商标局撤销该注册商标;其他单位或者个人可以请求商标评审委员会裁定撤销该注册商标。该条款规范的是已经核准注册的商标违反相关规定应予撤销的情形,而本案中被异议商标尚未被核准注册,故《商标法》第四十一条第一款不适用于本案。谢花珍申请注册被异议商标的行为违反了诚实信用的公序良俗,被异议商标属于《商标法》第十条第一款第(八)项所规定的"有其他不良影响的标志"。商标评审委员会对被异议商标申请注册是否违反《商标法》第十条第一款第(八)项规定的认定有误,应予纠正。

北京市第一中级人民法院依照《中华人民共和国行政诉讼法》第五十四条第(二)项第1目、第2目之规定,判决:一、撤销商标评审委员会第4817号裁定;二、商标评审委员会就被异议商标异议复审申请重新作出裁定。

商标评审委员会和谢花珍均不服原审判决,向本院提起上诉,均请求撤销原审判决,维持商标评审委员会第4817号裁定。

商标评审委员会的主要上诉理由是:1.《商标法》第十条第一款第(八)项属于对绝对事由的审查判断,属于禁用禁注的绝对理由之一,被异议商标本身并非禁用禁注的标志;2.《商标法》第十条第一款第(八)项中的"其他不良影响"并非商标法不予商标注册的兜底条款,仅是与"有害于社会主义道德风尚"相类似的情形;3. 最高人民法院在《关于审理商标授权确权行政案件若干问题的意见》中对特定民事权益的损害不宜认定属于具有其他不良影响作出了明确规定,本案不应适用《商标法》第十条第一款第(八)项。

谢花珍的主要上诉理由是:1. 原审法院关于《商标法》第十条第一款第(八)项规定的认定属于适用法律错误,本案被异议商标仅是相对于丹乔公司民事权益的冲突,不能适用《商标法》第十条第一款第(八)项的规定,最高人民法院在《关于审理商标授权确权行政案件若干问题的意见》中已经作出明确规定;2. 谢花珍实际使用被异议商标及所取得的市场知名度,证明谢花珍申请被异议商标的善意及其申请的合理性。

丹乔公司服从原审判决。

本院经审理查明,原审判决认定事实清楚,且有被异议商标档案、引证商标档案、第5075号裁定、商标异议复审申请书、第4817号裁定、丹乔公司在商标评审程序中提交的证据材料及当事人陈述等在案佐证,证据充分且采信得当,故本院对原审法院查明的事实予以确认。

本院诉讼中,谢花珍为证明被异议商标自2006年持续使用至今,已经具有一定影响力和知名度,补充提交了3份证据:1.2006年至2010年期间广州市计划生育药具服务部购买使用被异议商标商品的部分合同及发票复印件;2.湖南省计划生育物资中心购买使用被异议商标商品的部分发票复印件;3.阳江市计划生育药具管理站与谢花珍所在的个体工商户签订的产品购销合同及部分相关发票复印件。商标评审委员会提出该3份证据并非被诉裁定作出的依据。丹乔公司以上述证据均为复印件为由否认其真实性。该事实有谢花珍向本院提交的证据及谈话笔录在案佐证。

本院认为:根据《商标法》第十条第一款第(八)项规定,有害于社会主义道德风尚或者有其他不良影响的标志,不得作为商标使用。该条款中规定的"其他不良影响"是指标志或者其构成要素对我国政治、经济、文化、宗教、民族等社会公共利益和公共秩序产生消极、负面的影响,不涉及私权的事项。"007"、"JAMES BOND"作为电影人物角色名称的知名度及谢花珍是否借用该知名度所产生的商业价值,并非《商标法》第十条第一款第(八)项所调整的内容。现有证据亦不足以证明本案被异议商标在指定商品上的注册使用会构成《商标法》第十条第一款第(八)项所指的不良影响。因此,商标评审委员会就此所作认定正确,应予维持。原审法院基于谢花珍明知"007"、"JAMES BOND"作为电影人物角色名称的知名度和该知名度可能在商业上产生的较高价值而申请注册被异议商标而认定谢花珍申请注册被异议商标的行为违反诚实信用的公序良俗,被异议商标属于《商标法》第十条第一款第(八)项所规定的"有其他不良影响的标志"有误,本院对此予以纠正。

行政诉讼是对被诉具体行政行为的合法性进行的审查,虽然丹乔公司在原审诉讼中明确表示放弃《商标法》第三十一条的主张,但《商标法》第三十一条是商标评审委员会作出第4817号裁定时丹乔公司所提的异议复审理由,因此本案仍可对商标评审委员会第4817号裁定有关《商标法》第三十一条认定是否合法进行审理。根据丹乔公司提交的证据可以认定在被异议商标申请注册之前,"007"、"JAMES BOND"作为丹乔公司"007"系列电影人物的角色名称已经具有较高知名度,“007”、“JAMES BOND”作为“007”系列电影中的角色名称已为相关公众所了解,其知名度的取得是丹乔公司创造性劳动的结晶,由此知名的角色名称所带来的商业价值和商业机会也是丹乔公司投入大量劳动和资本所获得。因此,作为在先知名的电影人物角色名称应当作为在先权利得到保护。商标评审委员会在第 4817 号裁定中有关丹乔公司主张对“007”与“JAMES BOND”享有角色商品化权并无法律依据的认定有误,本院对此予以纠正。

就谢花珍在本院诉讼中补充提交的 3 份证据,因谢花珍并未提交证据原件,该 3 份证据并非商标评审委员会作出第 4817 号裁定的依据,且被异议商标的使用情况不影响对其是否属于《商标法》第十条第一款第(八)项规定情形的认定,故本院对该 3 份证据不予采信。

综上,商标评审委员会和谢花珍的上诉理由成立,原审法院有关《商标法》第十条第一款第(八)项的认定有误,但由于商标评审委员会关于《商标法》第三十一条的认定有误,故本院对原审判决的结论仍予维持,对商标评审委员会和谢花珍的上诉请求不予支持。原审判决适用法律有误,但审理结果正确,依法予以维持。依照《中华人民共和国行政诉讼法》第六十一条第(一)项之规定,判决如下:

驳回上诉,维持原判。

一审案件受理费人民币一百元,由中华人民共和国国家工商行政管理总局商标评审委员会负担(于本判决生效后七日内交纳);二审案件受理费人民币一百元,由中华人民共和国国家工商行政管理总局商标评审委员会和谢花珍各负担五十元(均已交纳)。

本判决为终审判决。

审 判 长 张 冰
代理审判员 刘晓军
代理审判员 谢甄珂
二〇一一年八月二日
书 记 员 张见秋

商标程序

19. 艾德文特软件有限公司与国家工商行政管理总局商标评审委员会“ADVENT”商标行政纠纷案最高人民法院行政判决书

(2011)行提字第14号

申请商标与引证商标构成类似商品上的近似商标——商评委根据当时的事实状态依法作出涉案决定未有不妥——二审过程中,引证商标因连续三年不使用被撤销——已丧失商标专用权——已不构成申请商标注册的在先权利障碍——人民法院应根据情势变更原则,依据变化了的事实依法作出裁决——二审法院没有考虑相应的事实依据已经发生变化的情形,维持商评委第12733号决定以及一审判决——显属不当——予以纠正——商评委第12733号决定虽未有不妥,但引证商标已被撤销,仍需就申请商标是否违反商标法的相关规定重新进行审查——撤销商评委裁定、一、二审判决

申请再审人(一审原告、二审上诉人):艾德文特软件有限公司(ADVENT SOFTWARE, INC.)。住所地:美利坚合众国加利福尼亚州旧金山市汤森德大街600号5层。

法定代表人:兰德尔·库克(Randall Cook),该公司副总裁。

委托代理人:马建,北京市嘉和律师事务所律师。

委托代理人:许卓萍,北京市嘉和律师事务所律师。

被申请人(一审被告、二审被上诉人):中华人民共和国国家工商行政管理总局商标评审委员会。住所地:中华人民共和国北京市西城区三里河东路8号。

法定代表人:何训班,该委员会主任。

委托代理人:严正,该委员会审查员。

艾德文特软件有限公司(简称艾德文特公司)因与中华人民共和国国家工商行政管理总局商标评审委员会(简称商标评审委员会)商标驳回复审行政纠纷一案,不服北京市高级人民法院于2010年12月9日作出(2010)高行终字第769号行政判决,向本院申请再审。本院经审查,于2011年9月22日作出(2011)知行字第65号行政裁定,决定提审本案。本院依法组成合议庭,于2011年11月3日公开开庭审理了本案。艾德文特公司的委托代理人马建、商标评审委员会的委托代理人严正到庭参加了诉讼。本案现已审理终结。

北京市第一中级人民法院经审理查明:2002年5月21日,案外人佛山市顺德区海得曼电器有限公司向国家工商行政管理总局商标局(简称商标局)申请注册"Advent海得曼"(简称引证商标,见下图),于2004年12月14日被核准注册,注册号为第3183570号,核定使用在第9类的计算机、晶片(锗片)等商品上。

Advent海得曼

引证商标

2005年10月20日,艾德文特公司向商标局申请注册"ADVENT"商标(简称申请商标,见下图),申请号为第4953637号,指定使用在第9类的"计算机软件(已录制);计算机程序(可下载软件);已录制的计算机程序;与计算机软件一同销售的使用手册(软件)"商品上。

ADVENT

申请商标

2008年5月21日,商标局以申请商标与引证商标构成在相同或类似商品上的近似商标为由,依据《中华人民共和国商标法》(简称商标法)第二十八条的规定,驳回了申请商标的注册申请。艾德文特公司不服,向商标评审委员会申请复审。

商标评审委员会于2009年5月18日作出商评字〔2009〕第12733号《关于第4953637号"ADVENT"商标驳回复审决定书》(简称第12733号决定),认为:申请商标与引证商标的主要识别部分之一"Advent"字母构成、读音相同,易被消费者认为两者来源于同一生产者,申请商标指定使用的计算机软件(已录制)等商品与引证商标核定使用的计算机商品在功能、用途等方面相同,属于类似商品,两商标共存于市场上,容易导致消费者的混淆和误认,已构成类似商品上的近似商标。据此,商标评审委员会依据商标法第二十八条的规定,作出决定:申请商标予以驳回。

艾德文特公司不服第12733号决定,向北京市第一中级人民法院提起行政诉讼。

北京市第一中级人民法院一审认为:申请商标指定使用的计算机软件(已录制)等商品与引证商标核定使用的计算机商品,在《类似商品和服务区分表》中属于相同的类似群组,且其消费群体相同,属于相同或类似商品。

将申请商标与引证商标进行比对,申请商标仅由外文"ADVENT"构成,引证商标由汉字"海得曼"及外文"Advent"商标构成,申请商标"ADVENT"与引证商标的外文部分"Advent"的字母构成相同,排列顺序一致,字体相同,两者的区别仅在于文字大小写的不同。由于引证商标的"Advent"为其主要识别部分,因此容易导致消费者的混淆和误认。

商标评审委员会依职权对不应核准的商标注册申请予以驳回,可以有效地保护在先申请商标权利人的合法权利,有利于消费者识别商品的来源,并且有明确的法律根据。艾德文特公司提出应由在先申请商标权利人通过异议等程序解决的诉讼主张,缺乏法律依据,不予支持。综上,北京市第一中级人民法院依据《中华人民共和国行政诉讼法》第五十四条第(一)项的规定判决:维持第12733号决定。

艾德文特公司不服一审判决,向北京市高级人民法院提起上诉。

北京市高级人民法院经审理另查明:艾德文特公司于2009年6月10日,以连续三年停止使用为由向商标局提出撤销引证商标的申请,商标局于2010年6月28日作出撤2000902137号《关于第3183570号"ADVENT海得曼"注册商标连续三年停止使用撤销申请的决定》,决定撤销引证商标在"计算机"商品上的注册。

艾德文特公司于2009年6月12日再次申请注册"ADVENT"商标,指定使用在"计算机软件(已录制);计算机程序(可下载软件);已录制的计算机程序;与计算机软件一同销售的使用手册(软件)"商品上。该商标于2010年

10月20日经商标局初步审定并公告,初步审定号为第7465537号,目前尚未核准注册。

北京市高级人民法院二审认为:《商标评审规则》第二十七条规定,商标评审委员会审理不服商标局驳回商标注册申请决定和复审案件,除应当适用商标法第十条、第十一条、第十二条和第十六条第一款规定外,应当针对商标局的驳回决定和申请人申请复审的事实、理由、请求以及评审时的事实状态进行评审。

商标局于2010年6月28日作出《关于第3183570号"ADVENT海得曼"注册商标连续三年停止使用撤销申请的决定》,故引证商标在计算机商品上的商标专用权自2010年6月28日终止。因此,商标评审委员会作出第12733号决定时,核定使用在计算机商品上的引证商标仍然处于有效状态,且艾德文特公司已经于2010年6月12日另行申请注册了"ADVENT"商标,并经初步审定予以公告,故商标评审委员会及一审法院以核定使用在计算机商品上的引证商标作为评判申请商标是否违反商标法第二十八条的依据并无不妥。

商标法第二十八条规定:申请注册的商标,凡不符合本法有关规定或者同他人在同一种商品或者类似商品上已经注册的或者初步审定的商标相同或者近似的,由商标局驳回申请,不予公告。申请商标指定使用在第9类"计算机软件(已录制);计算机程序(可下载软件);已录制的计算机程序;与计算机软件一同销售的使用手册(软件)"商品上,上述商品与引证商标核定使用的计算机商品在商品的用途、性质、销售渠道、消费群体等方面具有较高的关联性或一致性,因此,申请商标指定使用的商品与引证商标核定使用的商品构成类似商品。第12733号决定及一审判决对此认定正确。艾德文特公司主张上述商品因性质、功能、用途、原料、生产部门、销售渠道等方面存在区别而不构成类似商品,缺乏依据。

申请商标是由字母"ADVENT"构成的文字商标,而引证商标是由中文"海得曼"和外文"Advent"组成的文字商标,申请商标的英文字母的构成、排列均与引证商标的字母部分一致,申请商标完全被引证商标所包含,故申请商标与引证商标的标识相似。因此,申请商标与引证商标共同使用在类似商品上容易引起相关公众的混淆误认。第12733号决定及一审判决对此认定正确。综上,北京市高级人民法院依据《中华人民共和国行政诉讼法》第六十一条第(一)项之规定,判决驳回上诉,维持一审判决。

艾德文特公司申请再审称:在本案二审过程中,商标评审委员会用以驳回本案申请商标的引证商标已经被商标局以三年未使用为由予以撤销。据此,商标评审委员会作出决定的基础已经不存在,鉴于引证商标被撤销,它不再影响申请商标的注册,申请商标注册的障碍已经消失。二审法院在明知引证商标已经被撤销的情况下,继续维持驳回复审决定显然有悖商标法的基本法理。虽然其在2009年6月12日再次在第9类提交了申请注册"ADVENT"商标的第7465537号申请,但该申请在2011年1月20日已被他人提出异议。该异议人的商标申请日晚于本案申请商标申请日,因此本案申请商标是否能通过再审被获准注册对于其商标权利至关重要。依据《中华人民共和国行政诉讼法》第六十二条之规定,请求撤销二审判决和商标评审委员会第12733号决定,判令商标评审委员会重新作出复审决定,本案的一、二审诉讼费由商标评审委员会负担。

商标评审委员会提交意见认为:在作出第12733号决定时,引证商标为有效的在先注册商标。艾德文特公司之后在相同的商品上又申请了相同的第7465537号"ADVENT"商标,且已经初步审定公告,虽然其申请日较晚,但本案申请商标的申请注册过程仍然是艾德文特公司使用"ADVENT"商标的参考依据。在这种情况下,应维持第12733号决定的稳定性,驳回艾德文特公司的再审申请。

本院再审查明:一、二审法院查明的事实属实。另查明:《关于第3183570号"ADVENT海得曼"注册商标连续三年停止使用撤销申请的决定》,已经生效。

本院再审认为:艾德文特公司申请商标因与引证商标构成类似商品上的近似商标而被商标评审委员会以第12733号决定驳回,商标评审委员会根据当时的事实状态依法作出上述决定未有不妥。但本案在二审过程中,引证商标因连续三年不使用而被商标局予以撤销,引证商标已丧失商标专用权。依据商标法第二十八条"申请注册的商标,凡不符合本法有关规定或者同他人在同一种商品或者类似商品上已经注册的或者初步审定的商标相同或者近似的,由商标局驳回申请,不予公告"之规定,引证商标已不构成申请商标注册的在先权利障碍。在商标评审委员会作出第12733号决定的事实依据已经发生了变化的情形下,如一味考虑在行政诉讼中,人民法院仅针对行政机关的具体行政行为进行合法性审查,而忽视已经发生变化了的客观事实,判决维持商标评审委员会的上述决定,显然对商标申请人不公平,也不符合商标权利是一种民事权利的属性,以及商标法保护商标权人利益的立法宗旨。且商标驳回复审案件本身又具有特殊性,在商标驳回复审后续的诉讼期间,商标的注册程序并未完成。因此,在商标驳回复审行政纠纷案件中,如果引证商标在诉讼程序中因三年连续不使用而被商标局予以撤销,鉴于申请商标尚未完成注册,人民法院应根据情势变更原则,依据变化了的事实依法作出裁决。故本案在艾德文特公司明确主张引证商标权利已经消失、其申请商标应予注册的情况下,二审法院没有考虑相应的事实依据已经发生变化的情形,维持商标评审委员会的第12733号决定以及一审判决显属不当,本院予以纠正。此外,艾德文特公司在同一种商品上再次申请"ADVENT"商标系另一法律关系,不属于本案审理范围,且该申请商标仍在商标局异议过程中,故商标评审委员会主张艾德文特公司再次在同一种商品上提出"ADVENT"商标申请且已初步审定公告、其商标权利已得到保障、应维持第12733号决定的理由不成立,本院不予采纳。

综上,商标评审委员会的第12733号决定虽未有不妥,但在引证商标已经被商标局撤销的情况下,仍需就申请商标是否违反商标法的相关规定重新进行审查。二审判决认定事实清楚,但适用法律不当,本院予以撤销。依照《中华人民共和国行政诉讼法》第五十四条第(二)项、第六十一条第(二)项、第六十三条第二款,《最高人民法院关于执行〈中华人民共和国行政诉讼法〉若干问题的解释》第七十六条第一款、第七十八条之规定,判决如下:

一、撤销中华人民共和国国家工商行政管理总局商标评审委员会商评字〔2009〕第12733号《关于第4953637号"ADVENT"商标驳回复审决定书》、北京市第一中级人民法院(2009)一中知行初字第2318号行政判决、北京市高级人民法院(2010)高行终字第769号行政判决;

二、中华人民共和国国家工商行政管理总局商标评审委员会重新作出复审决定。

本案一审案件受理费100元、二审案件受理费100元,共计200元,由艾德文特软件有限公司负担。

本判决为终审判决。

审 判 长 夏君丽
代理审判员 钱小红
代理审判员 周云川
二〇一一年十一月二十四日
书 记 员 曹佳音

20. 河南省养生殿酒业有限公司与国家工商行政管理总局商标评审委员会“六味地”商标行政纠纷案

北京市高级人民法院行政判决书

(2010)高行终字第1050号

被异议商标与引证商标已构成使用于同一种或者类似商品上的近似商标——商评委对商标评审申请已经作出裁定或者决定的——任何人不得以相同的事实和理由再次提出评审申请——同一个评审程序中对于申请人提出的评审申请进行审查的依据——不应扩展适用到两个不同评审程序中,不同的申请主体提出评审申请的情形——第38086号裁定系商评委在商标异议复审程序中针对高炉酒厂的复审申请作出——商评字〔2004〕第4556号决定是商评委在驳回复审程序中针对养生殿公司的复审申请作出——评审程序不同——当事人有所区别——商评委受理高炉酒厂的复审申请进行评审程序符合相关法律规定——养生殿公司有关商评委违反“一事不再理”原则的上诉理由,缺乏法律依据——不予支持——驳回上诉,维持原判

上诉人(原审原告)河南省养生殿酒业有限公司,住所地河南省县城莲花北路110号。

法定代表人刘保明,董事长。

委托代理人刘道臣,北京市汉鼎联合律师事务所律师。

委托代理人谢兆敏,北京市汉鼎联合律师事务所律师。

被上诉人(原审被告)国家工商行政管理总局商标评审委员会,住所地北京市西城区三里河东路8号。

法定代表人许瑞表,主任。

委托代理人孙萍,该商标评审委员会审查员。

原审第三人安徽高炉酒厂,住所地安徽省亳州市涡阳县高炉镇。

法定代表人马锦华,厂长。

委托代理人卜永新,安徽和源律师事务所律师。

上诉人河南省养生殿酒业有限公司(简称养生殿公司)因商标异议复审行政纠纷一案,不服北京市第一中级人民法院(2010)一中知行初字第1204号行政判决,向本院提出上诉。本院于2010年8月23日受理本案后,依法组成合议庭进行了审理。2010年9月28日,上诉人养生殿公司的委托代理人刘道臣、谢兆敏,被上诉人国家工商行政管理总局商标评审委员会(简称商标评审委员会)的委托代理人孙萍及原审第三人安徽高炉酒厂(简称高炉酒厂)的委托代理人卜永新到庭接受了本院询问。本案现已审理终结。

第3084432号"六味地"商标(简称被异议商标)由养生殿公司于2002年1月30日申请,指定使用在第33类果酒(含酒精)等商品上。

第1173132号"六味池 LIUWEICHI 及图"商标(简称引证商标)由高炉酒厂于1996年11月21日申请,经核准有效期至2018年5月6日,核定使用在第33类白酒上。

高炉酒厂在法定期限内向国家工商行政管理总局商标局(简称商标局)对被异议商标提出异议申请。2008年3月12日,商标局作出(2008)商标异字第00800号裁定:被异议商标予以核准注册。高炉酒厂不服,于2008年4月7日向商标评审委员会提出异议复审申请。

2010年1月11日,商标评审委员会作出商评字〔2009〕第38086号《关于第3084432号"六味地"商标异议复审裁定书》(简称第38086号裁定)。裁定:被异议商标不予核准注册。

养生殿公司不服第38086号裁定向北京市第一中级人民法院提起诉讼。

北京市第一中级人民法院认为:由于各方当事人对被异议商标指定使用的商品与引证商标核定使用的商品构成类似商品不持异议,现审理焦点在于被异议商标与引证商标的标志本身是否近似。被异议商标为"六味地"与引证商标"六味池 LIUWEICHI 及图"的"地"与"池"字体相近,在实际使用中消费者易将二者混淆。被异议商标与引证商标使用于同一种或类似商品上易导致消费者对商品来源产生混淆、误认。商标评审委员会关于被异议商标与引证商标已构成使用于同一种或类似商品上的近似商标之认定应予确认。综上,北京市第一中级人民法院依照《中华人民共和国行政诉讼法》第五十四条第(一)项之规定,判决:维持商标评审委员会第38086号裁定。

养生殿公司不服原审判决,向本院提起上诉,请求撤销原审判决。其主要上诉理由为:被异议商标与引证商标差别明显,不构成相同或者类似商品上的近似商标;原审法院不允许养生殿公司补充提交证据违反法律规定;商标评审委员会在相隔六年后就同一商标作出了截然相反的评审结论是错误的,违反了《中华人民共和国商标法实施条例》第三十五规定的"一事不再理"原则,且原审法院未对其进行审理属于漏审的程序违法情形。

商标评审委员会及高炉酒厂服从原审判决。

经审理查明:被异议商标(见下图)系养生殿公司于2002年1月30日申请,指定使用在第33类商品上,包括:果酒(含酒精)、开胃酒、烧酒、酒(利口酒)、含酒精果子饮料、酒精饮料(啤酒除外)、米酒、汽酒、黄酒、料酒。

引证商标(见下图)由高炉酒厂于1996年11月21日申请,经核准有效期至2018年5月6日,核定使用在第33类白酒上。

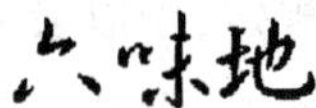

被异议商标　　引证商标

高炉酒厂在法定期限内向商标局提出商标异议申请。2008年3月12日,商标局以被异议商标与引证商标文字构成及整体呼叫不同,未构成近似商标为由,依据《中华人民共和国商标法》(简称《商标法》)第三十三条作出(2008)商标异字第00800号裁定。裁定:被异议商标予以核准注册。

高炉酒厂不服,于2008年4月7日向商标评审委员会提出异议复审申请,理由为:被异议商标与引证商标前两个字完全相同,最后一个字"地"和"池"字形极为近似,构成近似商标。被异议商标指定使用的商品与引证商标核定使用商品均为第33类的酒(饮料),消费对象、销售渠道相同,消费者容易对商品的来源产生误认,或者认定二者存在某种特定联系。请求商标评审委员会撤销商标局的裁定,驳回被异议商标的注册申请。

2010年1月11日,商标评审委员会作出第38086号裁定。该裁定认定:被异议商标与引证商标中"地"与"池"字体相近,在实际使用中消费者易将二者混淆。被异议商标与引证商标使用于同一种或类似商品上易导致消费者对商品来源产生混淆、误认。被异议商标指定使用的商品与引证商标核定使用的商品在功能、用途等方面基本相同,属于类似商品。因此被异议商标与引证商标已构成使用于同一种或类似商品上的近似商标。高炉酒厂所提异议复审理由成立。商标评审委员会依据《商标法》第二十八、第三十三、第三十四的规定,裁定:被异议商标不予核准注册。

另查,商标评审委员会曾于2004年8月30日作出商评字[2004]第4556号《关于第3084432号"六味地"商标驳回复审决定书》,该决定书中记载:申请人河南省养生殿酒业有限公司于2002年1月30日在第33类米酒等商品上提出"六味地"商标的注册申请(简称申请商标,申请号为3084432),商标局以ZC3084432BH1号商标驳回通知书驳回。申请人不服商标局的驳回决定,于2002年9月26日向商标评审委员会申请复审,商标评审委员会依法予以受理。商标局商标驳回通知书认为:申请商标与安徽高炉酒厂在类似商品上已注册的第1173132号"六味池LIUWEICHI及图"商标(即本案引证商标)近似,依据《商标法》第二十八条的规定,予以驳回。申请人复审称,申请商标为文字商标,引证商标为图文组合商标,且由于"地"与"池"有着截然不同的含义,申请商标与引证商标的概念、含义、特指对象、整体视觉效果均不同;申请商标指定使用的商品主要为六味地黄酒,与引证商标核定使用的白酒商品不同,请求商标评审委员会核准申请商标注册。商标评审委员会在裁定中认为:虽然申请商标"六味地"与引证商标"六味池"均含有"六味"一词,但是"六味地"与"六味池"具有明显不同的含义,且由于引证商标存在与申请商标完全不同的汉语拼音及图形部分,因此两商标在整体视觉效果、含义、呼叫等方面均有区别,指定使用于类似商品上不易导致消费者对于商品来源的误认与混淆,未构成类似商品上的近似商标,申请商标可以初步审定。商标评审委员会依据《商标法》第二十七条、第三十二条规定,决定养生殿公司在第33类米酒等商品上申请注册的"六味地"商标予以初步审定并公告。

一、二审诉讼过程中,各方当事人对于被异议商标指定使用的商品与引证商标核定使用的商品构成类似商品均表示认可。

养生殿公司在原审诉讼中补充提交了经公证的网络搜索结果,以期证明被异议商标通过使用享有一定的知名度,但该证据无正当理由未在评审阶段提交。

以上事实有第38086号裁定、被异议商标档案、引证商标档案、(2008)商标异字第00800号裁定、商评字〔2004〕第4556号《关于第3084432号“六味地”商标驳回复审决定书》、高炉酒厂在评审程序中提交的商标异议复审申请书、当事人陈述等证据在案佐证。

本院认为:

《商标法》第二十八条规定,申请注册的商标,凡不符合本法有关规定或者同他人在同一种商品或者类似商品上已经注册的或者初步审定的商标相同或者近似的,由商标局驳回申请,不予公告。

由于本案中各方当事人对于被异议商标指定使用的商品与引证商标核定使用的商品为相同或者类似商品均表示认可,本案争议焦点为被异议商标与引证商标的标志是否近似,是否容易造成相关公众对于商品来源的混淆、误认,进而构成使用在相同或者类似商品上的近似商标。

判断商标相同或者近似,应当从商标本身的形、音、义和整体表现形式等方面,以相关公众的一般注意力为标准,采取整体观察与对比主要部分的方法,同时还应当考虑商标的显著性和知名度。本案中,被异议商标为“六味地”文字商标,引证商标为文字与图形组合商标,其中文字部分为“六味池”及与之相对应的汉语拼音“LIUWEICHI”。当一个商标文字与图形并存时,考虑到一般公众的认读习惯,文字部分的显著性通常强于图形部分,现被异议商标与引证商标的显著识别部分中的词语前缀均为“六味”,而“地”与“池”字体相近,当上述两商标使用在相同或者类似商品上时,容易导致相关公众对于使用两商标的商品在来源上产生混淆,或者认为两者在来源上存在某种特定联系,故被异议商标与引证商标已构成使用于同一种或者类似商品上的近似商标。养生殿公司所持两商标不相近似的上诉理由缺乏事实依据,本院不予支持。

养生殿公司在原审诉讼过程中补充提交的(2010)京方圆内经证字第12439号公证书证据系经公证的网络搜索结果,该证据因无正当理由未在评审阶段提交,并非商标评审委员会作出第38086号裁定的依据,原审法院对该证据不予采纳是正确的。养生殿公司所持应采纳上述证据的上诉理由缺乏相应依据,本院不予支持。

另,《中华人民共和国商标法实施条例》第三十五条规定:申请人撤回商标评审申请的,不得以相同的事实和理由再次提出评审申请;商标评审委员会对商标评审申请已经作出裁定或者决定的,任何人不得以相同的事实和理由再次提出评审申请。上述规定属于在同一个评审程序中对于申请人提出的评审申请进行审查的依据,而不应扩展适用到两个不同评审程序中,不同的申请主体提出评审申请的情形。本案中第38086号裁定系商标评审委员会在商标异议复审程序中针对高炉酒厂的复审申请进行评审作出的,而〔2004〕第4556号《关于第3084432号“六味地”商标驳回复审决定书》是商标评审委员会在驳回复审程序中针对养生殿公司的复审申请进行评审作出的,上述两案的评审程序不同,且评审程序中的当事人亦有所区别,故本案中商标评审委员会受理高炉酒厂的复审申请进行评审程序符合相关法律规定。在此前提下,我国商标注册实行个案审查原则,其他商标注册的审查情形并不是商标评审委员会对本案被异议商标进行审查的必然依据,故养生殿公司所持的商标评审委员会在相隔六年后就同一商标作出了截然相反的评审结论是错误的,违反了“一事不再理”原则之上诉理由,缺乏法律依据,本院不予支持。此外,原审判决在行文表述上未就养生殿公司上述诉讼理由进行评述确有不妥,但通过查阅原审庭审笔录,原审法院对养生殿公司的上述诉讼理由是进行了审理的,故不属于遗漏审理养生殿公司诉讼请求的程序违法情形。

综上所述,养生殿公司的上诉理由均不能成立,其上诉请求本院不予支持。原审判决认定事实基本清楚,适用法律正确,应予维持。依照《中华人民共和国行政诉讼法》第六十一条第(一)项之规定,判决如下:

驳回上诉,维持原判。

一、二审案件受理费各人民币一百元,均由河南省养生殿酒业有限公司负担(均已交纳)。

本判决为终审判决。

审 判 长 张 冰
代理审判员 刘晓军
代理审判员 李 珊
二〇一〇年十一月十六日
书 记 员 张见秋

21. 高露洁—棕榄公司与义乌市爱尚日用品有限公司"collage"商标侵权纠纷案

浙江省高级人民法院民事裁定书

(2011)浙知提字第1号

爱尚公司提供的商标注册证存在严重瑕疵——商标局已刊发无效公告,并驳回了相关的商标申请——商标申请人赵国盛提起了复审——商评委驳回复审申请——商评委复审决定经北高院终审判决予以维持——爱尚公司使用的"Collage"商标应视为自始不存在——本案侵权诉讼属于法院的受理范围——一审、二审未对被诉"Collage"侵权行为进行实体审理——讼争不宜在再审程序中直接作出实体处理——发回义乌市法院重审

申请再审人(一审原告、二审上诉人)高露洁—棕榄公司(COLGATE - PALMOLIVE COMPANY),住所地美利坚合众国纽约州纽约市公园大街300号。

代表人Anita K. Yeung,助理首席法律顾问(商标和版权)。

委托代理人(特别授权代理)杨凤全,北京市万慧达律师事务所律师。

委托代理人(特别授权代理)白丽丽,女,1962年8月22日出生,汉族,住中华人民共和国浙江省杭州市下城区现代名苑2幢1单元101室,系北京万慧达知识产权代理有限公司职员。

被申请人(一审被告、二审被上诉人)义乌市爱尚日用品有限公司,住所地中华人民共和国浙江省义乌市江东街道西赵村。

法定代表人赵国盛,总经理。

委托代理人(特别授权代理)徐杰,男,1978年12月28日出生,汉族,住中华人民共和国浙江省义乌市稠城街道稠江路27幢2号501室,系义乌市徐杰商标事务所主任。

申请再审人高露洁—棕榄公司(以下简称高露洁公司)因与被申请人义

乌市爱尚日用品有限公司(以下简称爱尚公司)侵犯商标专用权纠纷一案,不服中华人民共和国浙江省金华市中级人民法院(2009)浙金知终字第2号民事判决、(2009)浙金知终字第2号民事裁定,向本院申请再审。本院于2010年12月8日作出(2010)浙民申字第427号民事裁定,裁定本案由本院提审。本院于同年12月29日立案受理后,依法组成合议庭,并于2011年1月13日,同年2月22日两次公开开庭审理了本案。申请再审人高露洁公司的委托代理人杨凤全、白丽丽,被申请人爱尚公司的委托代理人徐杰到庭参加诉讼。本案现已审理终结。

2008年10月6日,高露洁公司起诉至中华人民共和国浙江省义乌市人民法院称:该公司系全球领先的日用消费品公司,于1998年7月获得第1188128号"COLGATE"、2000年9月获得第1443258号"FRESH CONFIDENCE"和第1628300号"COLGATE FRESH CONFIDENCE"注册商标专用权,核定使用商品为牙膏,现均处于有效期内;爱尚公司在其生产销售的牙膏上使用"FRESH CONFIDENCE"、"Collage"等标识,其行为系在相同商品上使用与高露洁公司相同或近似的商标,侵犯了其注册商标专用权,请求判令爱尚公司停止全部侵权行为并赔偿损失人民币50万元。

爱尚公司辩称:被控侵权商标"Collage"于2008年4月14日由中华人民共和国国家工商行政管理总局商标局(以下简称商标局)依法核准注册,注册号为4457475,注册人为赵国盛;同年4月15日,赵国盛许可爱尚公司在牙膏产品上使用该商标,许可期限至2018年4月13日;爱尚公司在生产销售的牙膏上使用该商标系合法行为,未侵犯高露洁公司第1188128号"COLGATE"商标专用权;被控侵权商标"FRESH CONFIDENCE"的使用是对牙膏产品功能、用途的合法宣传,属于商标的正当使用;从消费者认知角度看,被控侵权商标"FRESH CONFIDENCE"与高露洁公司"FRESH CONFIDENCE"相比,两者区别较大,不会造成消费者误认,故未侵犯高露洁公司"FRESH CONFIDENCE"注册商标专用权。综上,请求驳回高露洁公司的诉讼请求。

义乌市人民法院一审查明:高露洁公司在我国注册了"COLGATE"及"FRESH CONFIDENCE"、"COLGATE FRESH CONFIDENCE"商标,注册分类均为第3类,该三个注册商标尚在有效期内,其中"COLGATE"商标具有较高的知名度;爱尚公司系生产牙膏等日用品的企业,曾于2006年及2008年因生产侵犯高露洁公司"FRESH CONFIDENCE"注册商标专用权的商品被工商管理部门行政处罚;2008 年 4 月 14 日,爱尚公司法定代表人赵国盛申请的"Collage"商标获得注册登记,注册证号为第 4457475 号,注册分类为第 3 类;爱尚公司于同年 4 月 15 日通过与赵国盛签订商标使用许可合同取得注册商标"Collage"的使用许可,并在其生产的牙膏上同时使用了"Collage"和"FRESH CONFIDENCE"商标,其中"Collage"字体较大,占据了牙膏管体和外包装的大部分面积,"FRESH CONFIDENCE"则被单独变形使用在牙膏管体和外包装的左上角,视觉效果突出,与高露洁公司使用在牙膏及外包装上的"FRESH CONFIDENCE"商标的字体和位置基本相同。

义乌市人民法院一审认为:高露洁公司在我国依法享有"FRESH CONFIDENCE"注册商标专用权。爱尚公司未经其许可,在相同商品上及商品外包装上突出且单独使用"FRESH CONFIDENCE",该标识已具有商标的识别功能,其行为明显已侵犯了高露洁公司的注册商标专用权,依法应承担相应的侵权责任。爱尚公司关于其在生产销售的牙膏上使用"FRESH CONFIDENCE"只是对牙膏功能和用途的描述,并不构成侵权的辩解理由不足,不予采信。高露洁公司要求爱尚公司停止侵权行为并赔偿损失的主张合法有据,应予支持。由于高露洁公司未提供证据证明其因被侵权所受损失,也未提供证据证实爱尚公司因侵权所得利益,故本案应根据爱尚公司的侵权情节、高露洁公司商标的知名度及其为制止爱尚公司侵权行为支出的合理费用等因素予以酌定赔偿数额。首先,爱尚公司在 2008 年 5 月先后两次因侵犯高露洁公司的"FRESH CONFIDENCE"商标专用权被行政处罚,说明爱尚公司侵犯高露洁公司的商标专用权具有明显的主观故意;其次,高露洁公司未提供"FRESH CONFIDENCE"商标具有较高知名度的证据;最后,高露洁公司向该院提交的费用票据上均载明付款人为高露洁棕榄(中国)有限公司或广州高露洁棕榄有限公司,与高露洁公司不属同一企业,故不能确定高露洁公司为制止爱尚公司的侵权行为所支付的具体费用,因而也无法确定其合理开支。综上,该院酌定爱尚公司应负的赔偿数额为人民币 4 万元。关于高露洁公司提出的爱尚公司在所生产的牙膏上使用"Collage"商标还侵犯了其"COLGATE"注册商标专用权,要求爱尚公司承担相应的侵权责任的主张,由于爱尚公司使用的"Collage"商标也系注册商标,而注册商标间的纠纷应向相关行政主管部门申请解决,该院对此不予审理。依照《中华人民共和国商标法》第五十二条第一款第(一)项、第五十六条,《中华人民共和国民法通则》第一百一十八条,《最高人民法院关于审理商标民事纠纷案件适用法律若干问题的解释》第十六条,《最高人民法院关于审理注册商标、企业名称与在先权利冲突的民事纠纷案件若干问题的规定》第一条第二款之规定,该院于2008年12月19日作出(2008)义民初字第11051号民事判决:一、爱尚公司立即停止生产和销售由其生产的标有"FRESH CONFIDENCE"商标的商品;二、爱尚公司于判决生效之日起十日内偿付高露洁公司损失人民币4万元;逾期不履行的,按照《中华人民共和国民事诉讼法》第二百二十九条的规定,加倍支付迟延履行期间的债务利息;三、驳回高露洁公司的其他诉讼请求。案件受理费人民币8800元,由高露洁公司负担人民币4000元,爱尚公司负担人民币4800元。

高露洁公司不服一审判决,向金华市中级人民法院提起上诉称:一、高露洁公司已就第4457475号"Collage"商标注册证不具备合法性提交了相关证据,且一审庭审结束后,2008年第45期《商标公告》已刊登了第4457475号商标注册证的无效公告,应认为该商标权自始就不存在。二、爱尚公司在牙膏上使用"Collage"标识侵犯了高露洁公司"COLGATE"商标专用权。首先,根据《最高人民法院关于审理商标民事纠纷案件适用法律若干问题的解释》第九条第二款的规定,"Collage"标识与高露洁公司"COLGATE"商标从字形、读音、含义等各要素组合后综合分析,二者构成近似;其次,按照《最高人民法院关于审理商标民事纠纷案件适用法律若干问题的解释》第十条的规定,考虑相关公众的一般注意力,"COLGATE"商标的知名度与显著性,以及商标隔离比对等情况,二者同样构成近似;最后,已生效的中华人民共和国浙江省宁波市中级人民法院(2008)甬民四初字第39号民事判决已认定"Collage"与"COLGATE"商标构成近似。三、一审判决对合理费用支付的事实认定错误且酌定赔偿数额偏低。首先,高露洁公司仅在一审中提交的有关为制止侵权所支付的部分合理费用就有15万元以上,且不包括在宁波市中级人民法院的上述案件中支付的合理费用,但一审判决以高露洁公司提交的票据载明付款人均为中国高露洁或广州高露洁为由,对高露洁公司为制止爱尚公司的侵权行为支付的具体费用不予确定,显然不当;其次,一审判决酌定赔偿数额偏低。从本案的实际情况考虑,一方面,高露洁公司的涉案商标具有极高的知名度,应按照相对较高的标准来酌定赔偿数额;另一方面,爱尚公司侵犯高露洁公司商标权多次被行政查处,另在义乌市工商行政管理局对义乌国际商贸城、义乌中国小商品城多家销售“Collage”牙膏的店面进行查处过程中,上述店面均认可该侵权牙膏是由爱尚公司提供。此外,爱尚公司在中国义乌团购网、博览会网等多处网站展示标有“Collage”商标的侵权产品,且其在向高露洁公司作出承诺后仍继续实施侵权行为,主观恶意明显。而一审判决仅酌定判决爱尚公司赔偿人民币 4 万元,非但不能起到保护知识产权的作用,相反助长其进行侵权的气焰。综上所述,爱尚公司的第 4457475 号商标注册证已被宣告无效,即该商标权自始就不存在。该商标已对高露洁公司的“COLGATE”商标构成侵权,且一审判决对合理费用支付认定的事实错误,赔偿数额偏低。故高露洁公司请求二审法院撤销原判,依法改判。

爱尚公司辩称:1. 其在所生产的牙膏上使用“Collage”商标系对第 4457475 号注册商标的合法使用,并不构成商标侵权,其已就商标被宣告无效及驳回注册申请向国家工商行政管理局申请复议和向国家工商行政管理总局商标评审委员会(以下简称商标评审委员会)申请评审,商标局的单方行为尚未发生法律效力;2.“Collage”与“COLGATE”大小写不同、读音不同,消费者亦不会造成混淆,二者并不构成相似;3. 工商行政管理机关从未认定过爱尚公司的“Collage”商标侵权,相关行政处罚都是针对第 1443258 号注册商标作出处理的,该行政处罚决定与本案无关,另高露洁公司提供的(2008)甬民四初字第 39 号判决亦不能引用到本案。爱尚公司据此请求二审法院驳回上诉,维持原判。

二审法院除对一审法院认定的事实予以确认外,另查明:2008 年 12 月 6 日,商标局在 2008 第 45 期《商标公告》(下册)中对第 4457475 号商标注册证进行了无效公告。同年 12 月 16 日,该局针对赵国盛的第 4457475 号商标注册申请,以该商标与高露洁公司在同一种及类似商品上已注册的第 1188128 号“COLGATE”商标近似为由下达了商标驳回通知书。2009 年 7 月 13 日,赵国盛已就商标局针对第 4457475 号商标注册证无效公告向中华人民共和国北京市第一中级人民法院提起行政诉讼。

金华市中级人民法院二审认为:对于高露洁公司提出爱尚公司的“Collage”商标已被宣告无效,爱尚公司使用“Collage”标识侵犯了其

"COLGATE"商标专用权的上诉理由,经查,爱尚公司已于2009年7月13日就商标局针对"Collage"商标作出的行政行为向北京市第一中级人民法院提起行政诉讼,该案尚在审理当中。根据《最高人民法院关于审理注册商标、企业名称与在先权利冲突的民事纠纷案件若干问题的规定》第一条第二款关于"原告以他人使用在核定商品上的注册商标与其在先的注册商标相同或者近似为由提起诉讼的,人民法院应当根据民事诉讼法第一百一十一条第(三)项的规定,告知原告向有关行政主管机关申请解决"的规定,高露洁公司针对"Collage"商标侵权的起诉,不符合起诉条件,应予驳回(该项内容该院另行制作裁定书)。关于高露洁公司认为一审判决对合理费用支付的事实认定错误且酌定数额偏低的上诉理由,经查,高露洁公司提交的费用票据上均载明付款人为高露洁棕榄(中国)有限公司或广州高露洁棕榄有限公司,付款人与高露洁公司不属同一企业,一审法院据此认定无法确定其合理开支并无不当。此外,一审法院在确定赔偿数额时,已考虑了爱尚公司侵犯高露洁公司"FRESH CONFIDENCE"商标专用权的侵权情节以及该商标的知名度和高露洁公司为制止侵权行为支出的合理费用等因素,确定赔偿数额为人民币4万元有事实和法律依据。综上,高露洁公司的上诉理由不能成立,该院不予支持。一审判决认定事实清楚,适用法律正确。该院依照《中华人民共和国民事诉讼法》第一百五十三条第一款第(一)项之规定,于2009年10月22日作出(2009)浙金知终字第2号民事判决:驳回上诉,维持原判。二审案件受理费人民币8800元,由高露洁公司承担。

金华市中级人民法院同时认为:高露洁公司系"COLGATE"商标的权利人,赵国盛系"Collage"商标的权利人。本案中,爱尚公司使用"Collage"商标系经赵国盛授权许可,故爱尚公司在其生产、销售的牙膏上标注"Collage"文字系其使用"Collage"注册商标的行为。根据《最高人民法院关于审理注册商标、企业名称与在先权利冲突的民事纠纷案件若干问题的规定》第一条第二款的规定,高露洁公司基于"COLGATE"注册商标专用权而对爱尚公司提起的针对"Collage"商标侵犯其商标专用权的起诉,不符合起诉条件,一审法院对此予以审理不当,应予纠正。依照《中华人民共和国民事诉讼法》第一百一十一条第(三)项、第一百四十条之规定,该院于作出前述判决同日,作出(2009)浙金知终字第2号民事裁定:驳回高露洁公司基于"COLGATE"注册商标专用权而对爱尚公司提起的针对“Collage”注册商标部分的起诉。

高露洁公司申请再审称:1. 爱尚公司并未就商标局的商标无效公告行为提起行政诉讼,而仅针对商标评审委员会作出的〔2009〕第 15766 号《关于第 4457475 号“Collage”商标驳回复审决定书》,于 2009 年 7 月 13 日以商标评审委员会为被告向北京市第一中级人民法院提起行政诉讼。爱尚公司二审期间伪造行政诉讼材料,虚构其以商标局为被告向北京市第一中级人民法院提起行政诉讼的事实,导致二审判决及裁定认定事实及适用法律错误。2. 由北京市第一中级人民法院(2009)一中行初字第 1753 号行政判决和中华人民共和国北京市高级人民法院(2010)高行终字第 247 号行政判决可确认:赵国盛并未就商标局对第 4457475 号“Collage”商标予以无效公告的行为提起行政诉讼,无效公告已生效,该商标自始无效:爱尚公司使用的“Collage”标识与高露洁公司的“COLGATE”商标构成近似,商标局对“Collage”标识不予注册。3. 一、二审判决就爱尚公司使用“FRESH CONFIDENCE”标识的侵权行为,判令该公司赔偿人民币 4 万元,远远低于高露洁公司为制止侵权支出的合理费用,且未对爱尚公司的侵犯“COLGATE”商标的侵权行为予以审理,应一并予以纠正。综上,请求再审法院撤销金华市中级人民法院(2009)浙金知终字第 2 号民事判决、(2009)浙金知终字第 2 号民事裁定及义乌市人民法院(2008)义民初字第 11051 号民事判决,判令爱尚公司停止全部侵权行为并赔偿高露洁公司经济损失人民币 50 万元。

被申请人爱尚公司答辩称:被控侵权商标“Collage”于 2008 年 4 月 14 日经商标局依法核准注册。爱尚公司系根据商标注册人赵国盛的许可合法使用该商标,主观上并无侵权恶意,也不存在侵权的事实。关于赔偿数额,因高露洁公司并未提交有关损害赔偿的具体依据,法院在合理考量各种因素的基础上进行自由裁量并无不妥。一、二审判决认定事实清楚,判赔数额适当,请求再审法院驳回高露洁公司的再审诉讼请求。

再审期间,爱尚公司没有新的证据向本院提交,高露洁公司向本院提交了北京市服务业专用发票一份,拟证明其申请本案再审期间向北京市万慧达律师事务所支付了代理费 141173 元的事实。高露洁公司同时提交了北京市第一中级人民法院(2009)一中行初字第 1753 号行政判决书和北京市高级人民法院(2010)高行终字第 247 号行政判决书各一份,拟证明赵国盛于 2008

年12月27日就商标局于同年12月16日作出的《商标驳回通知书》向商标评审委员会请求复审,商标评审委员会于2009年6月8日作出〔2009〕第15766号《关于第4457475号"Collage"商标驳回复审决定书》,对申请商标予以驳回;2009年7月13日,爱尚公司的法定代表人赵国盛就商标评审委员会作出的上述复审决定,以商标评审委员会为被告向北京市第一中级人民法院提起了行政诉讼;北京市第一中级人民法院于2009年11月9日作出上述行政判决,维持商标评审委员会作出的上述复审决定;赵国盛上诉后,北京市高级人民法院于2010年3月19日作出上述行政判决,驳回上诉,维持原判。

本院认为,虽然《最高人民法院关于审理注册商标、企业名称与在先权利冲突的民事纠纷案件若干问题的规定》第一条第二款规定,原告以他人使用在核定商品上的注册商标与其在先的注册商标相同或者近似为由提起诉讼的,人民法院应当根据民事诉讼法第一百一十一条第(三)项的规定,告知原告向有关行政主管机关申请解决,但本案高露洁公司再审提供的证据初步表明,赵国盛申请注册的"Collage"商标未经初审公告和注册公告即由商标局径行颁发了商标注册证,该商标注册程序存在严重瑕疵,商标局亦在2008年12月6日就该商标注册证刊发无效公告,并于同年12月16日,以该商标与高露洁公司在同一种及类似商品上已注册的第1188128号"COLGATE"商标近似为由下达了商标驳回通知书。赵国盛虽针对该驳回通知向商标评审委员会提起复审,但商标评审委员会作出了对申请商标予以驳回的复审决定,且该复审决定经北京市高级人民法院终审判决予以维持。在爱尚公司使用的由其法定代表人赵国盛申请的"Collage"商标不能获准注册,赵国盛主张的"Collage"商标专用权应视为自始即不存在的情形下,高露洁公司以爱尚公司在牙膏上棚的"Collage"标识与其在先的第1188128号"COLGATE"注册商标相似为由提起的侵权诉讼属于法院的受理范围,爱尚公司的被诉侵权行为应在本案中予以裁判。鉴于高露洁公司在本案一审中业已提供用于证明"Collage"商标已处无效状态的总第1103期、第1115期《商标公告》及第4457475号"Collage"商标状态的网络打印件;在二审中又提供了用于证明第4457475号"Collage"商标已被商标局宣告无效的2008年第45期《商标公告》(下册),但一、二审法院均未对爱尚公司使用"Collage"标识是否侵犯高露洁公司"COLGATE"注册商标专用权进行实体审理,故该讼争事项不宜在再审程序中直接作出实体处理。依照《中华人民共和国民事诉讼法》第一百八十六条第一款、第一百五十三条第十款第(三)项,《最高人民法院关于适用〈中华人民共和国民事诉讼法〉审判监督程序若干问题的解释》第三十八条之规定,裁定如下:

一、撤销中华人民共和国浙江省金华市中级人民法院(2009)浙金知终字第2号民事判决、(2009)浙金知终字第2号民事裁定、中华人民共和国浙江省义乌市人民法院(2008)义民初字第11051号民事判决。

二、本案发回中华人民共和国浙江省义乌市人民法院重审。

审 判 长 周 平
代理审判员 陈 宇
代理审判员 何 琼
二〇一一年七月十一日
书 记 员 王莉莉

22.泸州千年酒业有限公司与国家工商行政管理总局商标局等“诸葛亮家及图”商标行政纠纷案最高人民法院行政裁定书

(2011)知行字第73号

商标局在查明了商标权利人仍合法存续——泸州千年公司提交的证明文件不足以有效证明商标注册人已死亡/终止——对提出注销申请不予核准——并无不当——被诉具体行政行为是商标局作出的2010销00043号《注册人死亡/终止注销商标申请不予核准通知书》——并非之前商标局核准涉及该商标的相关续展及转让等具体行政行为——商标局在先作出的其他行政行为的合法性问题不属于本案的审查范围——原一审、二审法院对泸州千年公司的诉讼主张不予支持并无不妥——驳回泸州千年酒业有限公司的再审申请

申请再审人(一审原告、二审上诉人):泸州千年酒业有限公司。住所地:四川省泸州市江阳区邻玉镇迎宾路166号。

法定代表人:李德军,该公司总经理。

委托代理人:丁灿平,北京舟之同律师事务所律师。

委托代理人:杨育生,北京市众明律师事务所律师。

被申请人(一审被告、二审被上诉人):中华人民共和国国家工商行政管理总局商标局。住所地:北京市西城区三里河东路8号。

法定代表人:许瑞表,该局局长。

委托代理人:于智清,该局干部。

委托代理人:孙彦,该局干部。

第三人:山东诸葛亮家酒业有限公司。住所地:山东省沂南县城玉泉路52号。

法定代表人:尹相志,该公司经理。

委托代理人:能学廷,该公司经理。

委托代理人:李宁,该公司法律顾问。

申请再审人泸州千年酒业有限公司(简称泸州千年公司)因与被申请人国家工商行政管理总局商标局(简称商标局)、第三人山东诸葛亮家酒业有限公司(简称诸葛亮家公司)注销商标申请不予核准行政纠纷一案,不服北京市高级人民法院(2011)高行终字第379号行政判决,向本院申请再审。本院依法组成合议庭对本案进行了审查,现已审查终结。

泸州千年公司申请再审称,1998年8月12日沂南县酒厂已经注销,商标局于2001年2月21日核准沂南县酒厂的"诸葛亮家及图"商标的续展行为及其于2001年2月14日核准该商标由沂南县酒厂转让给山东兰陵美酒有限公司沂南分公司行为属于违法行政行为,涉及该商标的相关续展和转让行为都是无效的,本案涉案商标的实际注册人仍然是沂南县酒厂。因该厂已经注销,根据《中华人民共和国商标法实施条例》(简称商标法实施条例)第四十七条的规定,任何人可以向商标局申请注销该注册商标。在沂南县酒厂已经注销的情况下,商标局作出的2010销00043号《注册人死亡/终止注销商标申请不予核准通知书》认定事实错误,依法应予撤销。二审法院未纠正该错误,违反了行政诉讼法第四条、第五十四条之规定,请求本院予以再审。

商标局提交书面意见答辩称,泸州千年公司提交商标注销申请时,涉案商标的注册人为诸葛亮家公司,其提交的证据材料仅能证明沂南县酒厂已办理注销登记,无法证明该商标目前的注册人已经终止。其提出的涉及涉案商标的相关转让及续展行为与商标局作出的不予核准注销决定分属不同的具体行政行为。此外,沂南县酒厂虽因被兼并而注销,但根据泸州千年公司提供的沂南县酒厂注销申请书中"债权债务处理情况"一栏中也明确标注着"债权债务根据沂南县人民政府与山东兰陵集团总公司签订的合同处理",即存在第三人承继该厂的权利,且使用涉案商标的相关经营活动并未终止。在涉案商标原注册人存在法律上民事权利义务承继者的情况下,涉案商标仍然能够起到识别商品提供者来源的作用,涉案商标应予维持注册。请求本院驳回其再审申请。

第三人诸葛亮家公司提交意见认为,涉案商标的注册人为诸葛亮家公司,该公司未注销且在进行正常经营,泸州千年公司提交的证据不足以证明涉案商标注册人已经死亡/终止,商标局基于"诸葛亮家及图"商标的权利人实际存在的事实,作出对泸州千年公司提出的注销申请不予核准的决定,并无不当。请求本院驳回泸州千年公司的再审申请。

本院认为,商标局作出2010销00043号《注册人死亡/终止注销商标申请不予核准通知书》是否符合商标法实施条例第四十七条之规定是本案的焦点问题。商标法实施条例第四十七条规定"商标注册人死亡或者终止,自死亡或者终止之日起1年期满,该注册商标没有办理移转手续的,任何人可以向商标局申请注销该注册商标。提出注销申请的,应当提交有关该商标注册人死亡或者终止的证据"。根据一审、二审法院查明的事实,2010年3月28日,泸州千年公司以"诸葛亮家及图"商标的注册人已经终止为由,向商标局提出注销"诸葛亮家及图"商标的申请,并提交了沂南县酒厂企业申请注销登记注册书作为证据。商标局查明原商标注册人沂南县酒厂已于2001年2月14日办理了"诸葛亮家及图"商标的转让手续,后该商标的注册人又于2006年5月11日再次办理了该商标的转让手续,将涉案商标转让给山东诸葛亮家酒业有限公司。鉴此,本院认为,商标局在查明了商标权利人仍合法存续的情形下,以泸州千年公司提交的证明文件不足以有效证明商标注册人已死亡/终止为由,对其提出注销申请不予核准,并无不当。此外,本案的被诉具体行政行为是商标局作出的2010销00043号《注册人死亡/终止注销商标申请不予核准通知书》,并非之前商标局核准涉及该商标的相关续展及转让等具体行政行为。因此,商标局在先作出的其他行政行为的合法性问题不属于本案的审查范围,原一审、二审法院对泸州千年公司的诉讼主张不予支持并无不妥。

综上,泸州千年公司的再审申请不符合《中华人民共和国行政诉讼法》第六十三条第二款和《最高人民法院关于执行〈中华人民共和国行政诉讼法〉若干问题的解释》第七十二条规定的再审条件。依照《最高人民法院关于执行〈中华人民共和国行政诉讼法〉若干问题的解释》第七十四条的规定,裁定如下:

驳回泸州千年酒业有限公司的再审申请。

审 判 长　于晓白
审 判 员　骆　电
代理审判员　王艳芳
二〇一一年十二月十三日
书 记 员　王　晨

23. 北京市台联良子保健技术有限公司与国家工商行政管理总局商标评审委员会等“良子”商标行政纠纷案

最高人民法院行政裁定书

(2011)知行字第50号

必须考虑特定的历史过程——北京良子与新疆良子签订共存协议时,山东良子的争议商标已获准注册——新疆良子理应知晓——仍签署协议,视为同意山东良子争议商标的注册——争议商标受共存协议的拘束——山东良子放弃对新疆良子涉案引证商标的异议申请——引证商标获准注册——新疆良子的法定代表人朱国凡成立北京良子——北京良子违反共存协议和诚实信用原则而撤销争议商标——商评委撤销了争议商标——打破共存协议约定的利益平衡和多年形成的市场格局——对山东良子明显不公平——驳回北京良子公司的再审申请

申请再审人(一审第三人、二审被上诉人):北京台联良子保健技术有限公司。住所地:北京市海淀区蓟门东里6号楼南侧1号办公楼。

法定代表人:朱国凡,该公司董事长。

委托代理人:庞涛,男,汉族,1972年9月21日出生,北京联合佳为知识产权代理有限公司职员,住北京市海淀区太阳园11号楼2402号。

委托代理人:李居彩,女,汉族,1974年6月21日出生,北京联合佳为知识产权代理有限公司职员,住北京市朝阳区新源南路6号集体。

被申请人(一审原告、二审上诉人):山东良子自然健身研究院有限公司。住所地:山东省济南市市中区玉函路6号。

法定代表人:史蕾,该公司董事长。

委托代理人:李侠,女,汉族,1970年12月15日出生,山东千惠知识产权代理有限公司职员,住山东省济南市历下区棋盘东街6号4号楼1单元303号。

委托代理人:赵冰,女,汉族,1976年10月5日出生,山东千惠知识产权代理有限公司职员,住山东省济南市市中区七里山路16号5号楼2单元402号。

一审被告、二审被上诉人:国家工商行政管理总局商标评审委员会。住所地:北京市西城区三里河东路8号。

法定代表人:何训班,该委员会主任。

委托代理人:刘佑启,该委员会干部。

北京台联良子保健技术有限公司(简称北京良子公司)与国家工商行政管理总局商标评审委员会(简称商标评审委员会)、山东良子自然健身研究院有限公司(简称山东良子公司)商标争议行政纠纷一案,北京市高级人民法院于2009年5月7日作出(2009)高行终字第141号行政判决,已经发生法律效力。北京良子公司不服该判决向本院申请再审。本院于2011年5月5日立案后,依法组成合议庭对本案进行了审查。现已审查完毕。

北京良子公司申请再审称:北京良子公司针对第1551944号“良子”商标(简称争议商标)提出撤销申请并未违反双方间的约定。2001年8月27日协议书(简称共存协议)签订的前提条件是保证北京良子公司在第4204群组服务项目上享有“良子”商标的所有权,山东良子公司拥有“华夏良子”商标。山东良子公司在类似的商品上注册争议商标不仅违反了《中华人民共和国商标法》(简称商标法)第二十八条的规定,而且违反了共存协议的精神和目的。虽然共存协议第四条的约定存在歧义,但按照协议的精神,第四条之“其他带有‘良子’字样的商标”不应该包括争议商标。如果允许山东良子公司既拥有“华夏良子”商标也拥有“良子”商标,显然对北京良子公司不公平。二审判决对共存协议断章取义,错误解读,与共存协议的签约目的背道而驰。综上,北京良子公司请求撤销二审判决,维持(2008)一中行初字第1178号行政判决和商评字〔2008〕第6099号《关于第1551944号“良子”商标争议裁定书》(简称第6099号裁定)。

山东良子公司答辩称:本案的处理应当充分考虑历史发展过程。北京良子公司一再违反协议约定,恶意抢注第1235891号“良子及图”商标(简称引证商标)、恶意提出本案争议,其行为违反诚实信用原则,主观恶意明显。共存协议系当事人真实意思表示,当事人各方应严格遵守。共存协议签订时争议商标已经获准注册,北京良子公司应当知晓争议商标的存在,却在之后对争议商标提出撤销申请,北京良子公司的行为明显违反共存协议第四条的约定。争议商标与引证商标指定服务项目具有明显区别,并未违反《商标法》第二十八条规定。经过山东良子公司的经营,争议商标已经具有很高的知名度,如果撤销争议商标,显然对山东良子公司不公平。因此请求驳回北京良子公司的再审申请。

本院认为,本案纠纷的发生有着特定的历史过程,在处理时必须予以充分考虑,以作出公平、合理的裁决。根据查明的事实,“良子”商标为朱国凡、史英建等七人共同创立,按照1997年9月23日签订的集体发展协议,申请注册的“良子”商标本应为全体股东拥有。但朱国凡违反该协议的约定,将“良子”商标注册到自己成立的新疆良子公司名下,导致后续一系列纠纷的发生。为了解决纠纷,划定双方的商标权利,新疆良子公司与济南历下区良子健身总店签订共存协议,其中第四条约定双方均放弃对对方其他带有“良子”字样的商标提出异议或注册不当申请的权利。在共存协议签订时,本案的争议商标已经过初审公告后获准注册,作为协议签订一方的新疆良子公司理应知晓山东良子公司注册争议商标这一事实,在此基础上仍签订共存协议,应视为新疆良子公司同意山东良子公司注册争议商标,因此争议商标受到共存协议第四条的拘束。按照共存协议的约定,济南市历下区良子健身总店放弃了对新疆良子公司注册的引证商标的异议申请,引证商标从而获准注册,然而新疆良子公司法定代表人朱国凡成立的北京良子公司却违反协议约定,向商标评审委员会提出撤销争议商标的申请,以致商标评审委员会撤销争议商标。北京良子公司的上述行为,违反了共存协议的约定和诚实信用原则,而撤销争议商标的结果,显然打破了共存协议约定的利益平衡和多年来形成的市场格局,对山东良子公司明显不公平。二审判决综合考虑上述因素,判决撤销商标评审委员会作出的第6099号裁定并无不妥。北京良子公司关于共存协议第四条“其他带有‘良子’字样的商标”不包括争议商标、二审判决断章取义等主张没有事实和法律依据,不能成立。

综上,北京良子公司的再审申请不符合《中华人民共和国行政诉讼法》第六十三条第二款和《最高人民法院关于执行〈中华人民共和国行政诉讼法〉若干问题的解释》第七十二条规定的再审条件。依照《最高人民法院关于执

行〈中华人民共和国行政诉讼法〉若干问题的解释》第七十四条之规定,裁定如下:

驳回北京台联良子保健技术有限公司的再审申请。

审　判　长　余红梅
代理审判员　钱小红
代理审判员　周云川
二〇一一年十一月十五日
书　记　员　曹佳音

三年不使用撤销

24. 法国卡斯特兄弟股份有限公司与国家工商行政管理总局商标评审委员会等“卡斯特”商标行政纠纷案

最高人民法院行政裁定书

(2010)知行字第55号

《商标法》第四十四条第(四)项的条款的立法目的在于激活商标资源,清理闲置商标——撤销只是手段,而不是目的——只要在商业活动中公开真实地使用了注册商标——且注册商标使用行为本身没有违反商标法律规定——注册商标权利人已经尽到法律规定的使用义务,不宜认定注册商标违反该项规定——驳回卡斯特兄弟公司的再审申请

申请再审人(一审原告、二审上诉人):法国卡斯特兄弟股份有限公司。住所地:法国布朗克福市乔治古内梅街24号(24 Rue Georges Guynemer 33290 Blanquefort France)。

法定代表人:阿兰·卡斯特(Mr. Alain Castel),该公司董事总经理。

委托代理人:董箫,北京市兰台律师事务所律师。

委托代理人:陈明涛,北京市兰台律师事务所律师。

被申请人(一审被告、二审被上诉人):中华人民共和国国家工商行政管理总局商标评审委员会。住所地:中华人民共和国北京市西城区三里河东路8号。

法定代表人:何训班,该委员会主任。

委托代理人:张世莉,该委员会审查员。

被申请人(一审第三人、二审被上诉人):李道之,男,1972年3月30日出生,西班牙公民,住西班牙28027马德里罗贝兹·阿兰达街42号3B。

委托代理人:王国强,北京市京泽律师事务所律师。

委托代理人:刘东海,北京市京泽律师事务所律师。

法国卡斯特兄弟股份有限公司(简称卡斯特公司)与中华人民共和国国家工商行政管理总局商标评审委员会(简称商标评审委员会)、李道之商标撤销复审行政纠纷一案,北京市高级人民法院于2008年11月14日作出(2008)高行终字第509号行政判决(简称二审判决),已经发生法律效力。2010年10月26日,卡斯特公司向本院申请再审。本院于2010年11月18日立案后,依法组成合议庭对本案进行了审查,并于2010年12月16日组织双方当事人进行听证。现已审查完毕。

卡斯特公司申请再审称:1."3年不使用"中的商标使用不是指"形式上使用",而是指"实际使用"。商标注册人应当具有真实的使用意图,并且商标实际使用具有标识来源的功能。本案中,李道之仅仅提供了上海班提酒业有限公司(简称班提公司)进口"卡斯特"葡萄酒的两张发票和商标许可使用合同。仅凭以上证据,无法证明其销售事实的真实性,也无法证明其具有使用争议商标的真实意图,相反,属于为了规避其商标因"连续3年不使用"被撤销故意而为的象征性使用行为。李道之和班提酒业不仅抢注了大量有关卡斯特葡萄酒商标,而且试图向卡斯特公司索要高额转让费,具有明显的抢注恶意,并没有使用"卡斯特"商标的真实意图。李道之对"卡斯特"的使用是一种商品名称的使用,不是作为商标的使用,也不具有标明来源的功能。2."3年不使用"中的商标使用仅指"合法使用",而不包括"违法使用"。《中华人民共和国进出口商品检验法》等对进口、销售葡萄酒产品作了强制性、禁止性规定。根据这些规定,班提公司如果要在国内进口并销售葡萄酒,必须经过必要的检验和审核程序,并取得相关证书。李道之并未提供任何证据证明班提公司具有合法进口及销售的资格,并未提供任何证据证明其进口的葡萄酒取得了上海市相关行政部门出具的批发和零售许可证,并未提供任何证据证明其销售的葡萄酒的质量合格。非法销售过程中产生的发票显然不能作为争议商标合法使用的证据。综上,一、二审法院不仅将商标使用限定为形式意义上使用,更是将合法要件的要求排除在商标使用认定范围之外,法律适用错误。因此,卡斯特公司请求撤销一、二审判决和商标评审委员会作出的商评字〔2007〕第8357号《关于第1372099号"卡斯特"商标撤销复审决定》(简称第 8357 号决定),判令商标评审委员会重新作出复审决定。

商标评审委员会答辩称:1. 本案中李道之提供了被许可方班提公司在 2002 年 12 月 9 日和 2004 年 2 月 9 日的两张销售葡萄酒的发票,上面明确标明了"卡斯特"商标,上述发票经过公证,虽然证据不多,但这证据可以证明商标所有人面向公众在商业交易中使用了"卡斯特"商标。从证据形式和内容上已足以证明被许可人在指定的时间内结合核定的商品公开使用注册商标的事实,注册商标应予以维持。2. 由于《中华人民共和国商标法》(简称商标法)第四十四条第(四)项的规定是对当事人物权的处置,且一旦违反即"立即死亡",因此对其适用应该慎之又慎。如果争议商标的使用确有瑕疵,相关职能部门可依相关的法律法规或者部门规章对其进行相应处罚,而不至于使得注册商标面临"立即死亡"的严重法律后果。商标评审委员会只有权依据商标法及其配套法规对商标是否进行了商标法意义上的"合法使用"进行审查,至于商标使用人在有关生产许可证、卫生许可证、进出口许可证等方面的瑕疵,与商标使用是不同的法律关系,应适用不同的法律规定,由不同的部门管理和认定,商标评审委员会无职权在"商标撤销及复审"案件中对其直接予以认定和制裁。因此,商标评审委员会请求维持一、二审判决和第 8357 号决定。

李道之答辩称:1. 卡斯特公司与行政程序中的商标撤销申请人不是同一主体,无权行使诉讼权利。行政程序中的商标撤销申请人是卡斯代尔·弗雷尔股份有限公司,组织形式为股份有限公司,1959 年 11 月 14 日设立,2007 年 3 月 26 日注销。而本案一、二审的当事人和再审申请人卡斯特公司 2005 年 5 月 19 日设立,2006 年 10 月 4 日开始经营,组织形式为简化股份有限公司。两家公司是完全不同的民事主体,卡斯特公司无权行使诉讼权利。2. 卡斯特公司主张争议商标"非法使用"没有法律依据。首先,"非法"中的"法"仅限于法律和行政法规。卡斯特公司引用的部门规章等与本案无关。其次,争议商标的使用行为完全符合法律规定。再次,撤销注册商标涉及对已取得的权利的剥夺,应当慎重,即使商标使用存在不规范,也应当有相关行政执法机关加以管理,并不必然导致商标使用行为自始不存在。最后,班提公司对争议商标的使用完全是一种公开、合法的商业使用。3. 李道之自 1998 年开始,就持续使用争议商标,目前争议商标具有较高知名度。李道之在此类案件中仅承担证明"使用"的义务,即只需要证明已经使用已经足够,而没有证明使用"多少",如何大量使用的义务。为了证明真实的使用意图和使用事实,李道之又提交了2001~2005年销售"卡斯特"葡萄酒、涉及多个月份的发票34张。李道之还大力宣传争议商标。目前,加盟"卡斯特"的经销商已达100家。4.卡斯特公司意图抢夺李道之争议商标,逃避侵权责任。因此,卡斯特公司的再审申请没有事实和法律依据,应予驳回。

北京市第一中级人民法院查明,争议商标"卡斯特"原系温州五金交电化工(集团)公司酒类分公司于1998年9月7日申请、2000年3月7日被核准注册,指定使用在第33类"果酒(含酒精)"等商品上,商标注册号为1372099。2002年4月25日经核准转让给李道之。

2005年7月,卡斯代尔·弗雷尔股份有限公司以连续3年停止使用为由,向商标局申请撤销争议商标。商标局以李道之未在法定期间内提交其使用争议商标的证据材料为由,决定撤销争议商标。李道之不服商标局决定,向商标评审委员会申请复审,请求维持争议商标,并提交证据,其中包括:李道之与班提公司于2002年6月1日签订的商标使用许可合同,该合同授权班提公司在中国境内在第33类葡萄酒产品上使用争议商标,授权使用时间自2002年6月1日至2008年12月31日止;班提公司于2002年12月9日、2004年2月9日销售卡斯特干红葡萄酒的增值税发票等。商标评审委员会经审查认为,根据李道之提交的证据,李道之自2002年6月1日起许可班提公司在葡萄酒商品上使用"卡斯特"商标,许可期限至2008年12月31日止。2002年12月9日及2004年2月9日,班提公司分别在其销售葡萄酒的增值税专用发票上使用了争议商标。用以证明以上事实的《商标使用许可合同》及两份发票均已经过公证,卡斯特公司虽对其真实性提出异议,但无相反证据予以佐证。卡斯特公司关于班提公司系将"卡斯特"作为商品名称(而非商标)使用的理由亦不成立。争议商标的前述使用事实符合商标法实施条例第三条及第三十九条第三款关于商标使用的规定,未构成《商标法》第四十四条所指的连续3年停止使用应予撤销的情形。因此,商标评审委员会作出了撤销商标局决定、争议商标予以维持的第8357号决定。

卡斯特公司不服第8357号决定,向北京市第一中级人民法院提起行政诉讼。北京市第一中级人民法院一审认为:李道之向商标评审委员会提交的证据,已经证明李道之自2002年6月1日起许可班提公司在葡萄酒商品上使用争议商标,许可期限至2008年12月31日止。2002年12月9日及2004年2月9日,班提公司分别在其销售的葡萄酒的增值税发票上使用了争议商标。班提公司对争议商标的使用事实,符合上述法律、法规及其他商标规范性文件的规定,争议商标未构成《商标法》第四十四条所指的连续3年停止使用应予撤销的情形。商标法设置撤销3年不使用商标规范的立法目的是鼓励商标的正当使用,在促进市场主体之间公平竞争的同时。清除"商标注册簿"中确实闲置不用的"死亡商标",防止"商标囤积"、"商标抢注"等现象,为具有真实善意使用商标意图的市场主体依法申请注册和使用商标扫清障碍。由于撤销注册商标,是对当事人已依法取得的权利的处置,所以在《商标法》第六章商标使用的管理中关于"3年不使用"问题的第四十四条第(四)项与该章其他意在规范商标使用行为的条款的功能不同,第四十四条第(四)项所要解决的根本问题是商标"是否在使用",而不是"如何使用"。如果商标使用人在生产许可、卫生许可、进口许可等方面存在问题,则应适用不同的法律规范,由其他执法机关管理和查处。商标评审委员会无权在审查争议商标是否"3年不使用"的过程中,适用其他行政管理领域的规范性文件对班提公司销售卡斯特葡萄酒的行为是否违法违规直接予以认定并加以制裁。综上,一审法院判决维持被诉决定。

卡斯特公司不服一审判决,向北京市高级人民法院提起上诉。北京市高级人民法院二审认为:李道之在商标复审程序中提交了《商标使用许可合同》及增值税发票,也提交了有关部门在此期间为班提公司核发的"卡斯特"干红葡萄酒中文标签的证书,均可证明班提公司在上述期间内在葡萄酒销售活动中使用了争议商标。故商标评审委员会认定争议商标的前述使用的事实符合商标法实施条例第三条、第三十九条第三款的规定事实依据充分。由于本案的争议商标为注册商标,故对其使用的审查应以商标法实施条例第三条的规定为法律依据,商标的使用符合该条规定的,应视为商标法意义上的使用。卡斯特公司提出的班提公司销售"卡斯特"干红葡萄酒时尚未取得《进出口食品标签审核证书》的问题,属对进口商品销售管理的问题,与商标的使用及合法使用无关,应由进口商品管理的相关法律、法规给予调整。综上,二审法院判决驳回上诉,维持一审判决。

本院审查查明,原审法院认定的事实属实。另查明,2005年7月向商标局申请撤销争议商标的申请人为卡斯代尔·弗雷尔股份有限公司,注册日期为1959年11月14日,对应的企业名称为CASTEL FRERES SA,注册号为459202875。CONFRERIE DES RECOLTANTS成立于2005年5月19日,注册号为482283694。2006年9月14日,根据股东大会批准的资产入股合同,注册号为459202875的CASTEL FRERES SA将其葡萄酒和烈酒业务,包括其旗下的商标等转移到注册号为651621013的SOCIETE DES VINS DEFRANCE(简称SVF)。同日,SVF又将上述权利和义务转移给注册号为482283694的CONFRERIE DES RECOLTANTS。2006年12月18日股东大会决定,CASTEL FRERES SA在与注册号为402468763的AQUITAINE合并后进行清算解散。同日,CONFRERIE DES RECOLTANTS根据股东大会的决议,改名为CASTEL FRERES SAS。

在本案再审审查过程中,李道之提交了班提公司2001年至2005年销售卡斯特葡萄酒的发票30余张,这些发票上大多在品名处标明卡斯特干红。李道之还提交了温州进出口食品卫生监督检验局颁发的卫生证书复印件,该证书载明日期是1998年8月28日,收货人为深圳班提贸易公司,货物名称为卡斯特干红葡萄酒,数量为17.808T,结论为该批西班牙产卡斯特干红葡萄酒经卫生监督检验,符合中华人民共和国食品卫生标准,贴上卫检防伪标志后同意销售。2008年3月温州市出入境检验检疫局确认了该卫生证书复印件与原件一致。2010年12月15日,温州市出入境检验检疫局函复李道之,认可了上述证书所载事实的真实性,并说明《进出口食品标签管理办法》2000年4月1日起施行,此前检验检疫部门未办理进出口食品标签审核证书业务。

本院认为,根据《中华人民共和国行政诉讼法》的规定,有权提起诉讼的法人或者其他组织终止,承受其权利的法人或者其他组织可以提起诉讼。根据查明的事实,提起撤销申请和参加复审程序的CASTEL FRERES SA已经清算解散,在之前将其葡萄酒和烈酒业务,包括其旗下的商标等转移到SVF,SVF又将上述权利和义务转移给CONFRERIE DES RECOLTANTS,该公司后又更名为CASTEL FRERES SAS,即本案申请再审人。商标评审委员会作出第8357号决定后,作为承继CASTEL FRERES SA葡萄酒和烈酒业务,包括其旗下的商标等相关权利和义务的CASTEL FRERES SAS,提起一审诉讼、提出上诉和申请再审符合法律规定。李道之关于卡斯特公司与行政程序中的商标撤销申请人不是同一主体,无权行使诉讼权利的主张不能成立。

注册商标长期搁置不用,该商标不仅不会发挥商标功能和作用,而且还会妨碍他人注册、使用,从而影响商标制度的良好运转。因此《商标法》第四十四条第(四)项规定,注册商标连续3年停止使用的。由商标局责令限期改正或者撤销其注册商标。应当注意的是,该条款的立法目的在于激活商标资源。清理闲置商标,撤销只是手段,而不是目的。因此只要在商业活动中公开、真实的使用了注册商标。且注册商标的使用行为本身没有违反商标法律规定,则注册商标权利人已经尽到法律规定的使用义务,不宜认定注册商标违反该项规定。本案中,李道之在评审程序中提交了李道之许可班提公司使用争议商标的合同和班提公司销售卡斯特干红葡萄酒的增值税发票,在申请再审审查期间又补充提交了30余张销售发票和进口卡斯特干红葡萄酒的相关材料。综合上述证据,可以证明班提公司在商业活动中对争议商标进行公开、真实的使用,争议商标不属于《商标法》第四十四条第(四)项规定连续3年停止使用、应由商标局责令限期改正或者撤销的情形。至于班提公司使用争议商标有关的其他经营活动中是否违反进口、销售等方面的法律规定,并非《商标法》第四十四条第(四)项所要规范和调整的问题。卡斯特公司关于班提公司违反了《中华人民共和国进出口商品检验法》等法律规定,由此争议商标违反《商标法》第四十四条第(四)项规定,应予以撤销的主张没有法律依据。

综上,卡斯特公司的再审申请不符合《中华人民共和国行政诉讼法》第六十三条第二款和《最高人民法院关于执行〈中华人民共和国行政诉讼法〉若干问题的解释》第七十二条规定的再审条件。依照《最高人民法院关于执行〈中华人民共和国行政诉讼法〉若干问题的解释》第七十四条之规定,裁定如下:

驳回法国卡斯特兄弟股份有限公司的再审申请。

审 判 长　夏君丽
审 判 员　殷少平
代理审判员　周云川
二〇一一年十二月十七日
书 记 员　曹佳音

商标侵权

25. 百度在线网络技术(北京)有限公司等与广州市百度数码电子有限公司等商标侵权及不正当竞争纠纷案

北京市高级人民法院民事判决书

(2011)高民终字第30号

第1579950号“百度”注册商标经过百度网讯公司在百度网站的相关经营,在以计算机信息网络方式提供互联网搜索引擎服务上具有较高的知名度——三木公司的涉案行为容易导致相关公众对MP3、MP4数码播放器提供者与互联网搜索引擎服务提供者发生混淆,或认为二者之间存在特殊的关系——损害第1579950号“百度”注册商标相关权利人的利益——构成商标侵权——停止侵权、赔偿损失——本案并不具备认定第1579950号“百度”注册商标为驰名商标的必要性——百度在线公司、百度网讯公司提出以确认驰名商标为前提认定三木公司、百度数码公司以及鑫艺恒业公司商标侵权的主张——不予支持——维持一审判决

上诉人(原审原告)百度在线网络技术(北京)有限公司,住所地北京市海淀区上地十街10号百度大厦3层。

法定代表人沈皓瑜,执行董事。

委托代理人杨晓晋,北京市海铭律师事务所律师。

委托代理人周小伟,北京市海铭律师事务所律师。

上诉人(原审原告)北京百度网讯科技有限公司,住所地北京市海淀区上地十街10号百度大厦2层。

法定代表人梁志祥,经理。

委托代理人杨晓晋,北京市海铭律师事务所律师。

委托代理人周小伟,北京市海铭律师事务所律师。

上诉人(原审被告)深圳市三木电器有限公司,住所地广东省深圳市宝安区西乡街道固戍社区茶西三围工业区第3号二楼(东)。

法定代表人李强,执行董事。

委托代理人郑志利,男,汉族,1974年7月29日出生,深圳市三木电器有限公司股东,住湖南省耒阳市马水乡合江村4组。

被上诉人(原审被告)广州市百度数码电子有限公司,住所地广东省广州市白云区石井龙湖石龙地段B栋自编1号。

法定代表人郑慧慧,经理。

被上诉人(原审被告)北京鑫艺恒业科技有限公司,住所地北京市海淀区中关村大街11号亿世界(北京)电子市场二层B2066。

法定代表人韩冰,经理。

委托代理人黄寿广,北京市逢时律师事务所律师。

上诉人百度在线网络技术(北京)有限公司(简称百度在线公司)、北京百度网讯科技有限公司(简称百度网讯公司)、深圳市三木电器有限公司(简称三木公司)因侵犯注册商标专用权及不正当竞争纠纷一案,不服北京市第一中级人民法院(2010)一中民初字第8381号民事判决,向本院提起上诉。本院于2011年1月4日受理后,依法组成合议庭,于2011年2月15日公开开庭进行了审理。上诉人百度在线公司、百度网讯公司共同的委托代理人杨晓晋、周小伟,上诉人三木公司的委托代理人郑志利,被上诉人北京鑫艺恒业科技有限公司(简称鑫艺恒业公司)的委托代理人黄寿广到庭参加了诉讼。被上诉人广州市百度数码电子有限公司(简称百度数码公司)经本院合法传唤,无正当理由未到庭参加诉讼,本院依法对其进行缺席审理。本案现已审理终结。

北京市第一中级人民法院认定:

2001年5月28日,百度在线公司在第42类以计算机信息网络方式提供计算机信息等服务上获准注册了第1579950号"百度"商标,专用权期限至2011年5月27日。2004年3月1日,百度在线公司与百度网讯公司签订商标许可协议,授予百度网讯公司在其经营的百度网站独占使用第1579950号"百度"商标等商标。2008年,国家工商行政管理总局商标局(简称商标局)

认定,百度在线公司在第42类以计算机信息网络方式提供互联网搜索引擎服务上的“百度”商标为驰名商标。第3560823号“BADGE百度”注册商标专用权人为三木公司,申请日为2004年12月14日,核定使用的商品为第9类扬声器音箱、音响连接器等,专用期限至2014年12月13日止。

2009年12月4日,百度在线公司的委托代理人周小伟在深圳购得三台数码播放器。三木公司出具的对账单中载明品牌为“百度”,外包装盒、数码播放器、随播放器附送的布质包装袋、耳机线包装袋、使用说明书的封面及封底、合格证、产品保修卡上均标有“BADGE百度及图”,该标识中“百度”的字体明显较大,并在其右上角标注注册商标标记。该数码播放器的小塑料包装袋上亦有“BADGE百度及图”标识,只是“百度”右上角上没有标注注册商标的标记,该塑料包装袋上还有“快乐百度 欢乐共享”的字样。另外,外包装盒、使用说明书及产品保修卡上标注有百度数码公司的名称,其中外包装盒及产品保修卡还载明生产商为三木公司。2010年1月18日,代理人胡长涓在北京市海淀区中关村鼎好电子城鑫艺恒业公司处购得数码播放器两台,该两台数码播放器的外包装盒左上角标有“百度”、“中国百度 百度中国”的字样,产品使用说明书及产品保修卡上标有“百度”的字样,数码播放器及耳机线包装袋上有“BADGE百度及图”的标识,该标识中“百度”的字体明显较大,并在其右上角标注注册商标标记,数码播放器的塑料包装袋上也有“BADGE百度及图”标识,只是“百度”右上角上没有标注注册商标的标记,该塑料包装袋上还有“快乐百度 欢乐共享”的字样。外包装盒、产品使用说明书及产品保修卡上标注有百度数码公司的名称。其中外包装盒及产品保修卡上还载明生产商为三木公司。每台数码播放器售价358元,百度在线公司共支付了716元。被控侵权数码播放器的手提包装袋、宣传材料页、销售人员名片上标有与数码播放器上相同的“BADGE百度及图”标识。

2009年12月9日,北京市中信公证处对百度数码公司的www.baidu-digital.com网站的内容进行保全,公证书所附网页内容可见,百度数码公司在该网站上突出使用了“百度”、“百度中国 中国百度”的字样,并在相关的公司新闻等文字中使用“百度”、“百度数码”等字样。该网站上有带有“百度”字样的数码播放器产品的图片。2010年5月18日,北京市方圆公证处对百度数码公司的www.baidu-digital.com网站的内容进行保全。该公证书所附网页内容可见,该网站上有百度数码产品招商大会的相关照片,照片中有“百度”、“中国百度　百度中国”的字样。相关的文字内容中也有“百度”、“百度数码”、“百度(三木集团)数码产品”的字样。该网站对“百度”MP3、MP4 产品进行了宣传。

鑫艺恒业公司取得了百度数码公司颁发的百度授权书,该授权书载明:鑫艺恒业公司经本公司许可,符合代理资格,特授权为北京市代理商,本证书涉及商品为本公司百度商标的数码系列产品。授权期限为 2009 年 12 月 1 日至 2010 年 12 月 31 日。

北京市第一中级人民法院认为:

第 3560823 号注册商标核定使用的商品包括音响连接器。MP3、MP4 数码播放器是一种可以下载、播放音频、视频文件的播放设备,其属于计算机外围设备的范畴,在功能、用途、销售渠道、消费群体等方面与音响连接器差别较大。因此三木公司与百度数码公司关于其在 MP3、MP4 数码播放器上使用相关的“百度”标识属于合法使用第 3560823 号注册商标的主张不能成立。

第 1579950 号注册商标至 2009 年年底,经过较为广泛的使用已经在通过互联网提供 MP3、MP4 搜索服务方面具有了一定的知名度,三木公司、百度数码公司对此亦不持异议。在此情形下,三木公司未经许可,在其生产的 MP3、MP4 数码播放器上标注“百度”的标识,并在相关的产品包装上使用“快乐百度　欢乐共享”、“中国百度　百度中国”等字样,容易使相关公众对该产品的来源产生误认,构成侵犯第 1579950 号注册商标专用权的行为,依法应当承担停止侵权、赔偿损失的民事责任。百度数码公司未经许可,销售并在其网站上推广侵权 MP3、MP4 数码播放器,容易使相关公众认为该 MP3、MP4 数码播放器来源于百度在线公司、百度网讯公司或与之有关联的企业,侵犯了第 1579950 号注册商标的专用权,依法应当承担停止侵权、赔偿损失的民事责任。另外,百度数码公司在网站上单独或突出使用“百度”文字,三木公司及百度数码公司在推广侵权 MP3、MP4 数码播放器时发放的相关宣传材料及名片上使用“BADGE 百度及图”标识,容易使相关公众认为系百度在线公司、百度网讯公司提供的网络信息服务或者侵权 MP3、MP4 数码播放器来源于百度在线公司、百度网讯公司或者与之相关联的企业。因此,三木公司及百度数码公司的上述行为侵犯了第 1579950 号注册商标的专用权,依法应当承担停止侵权、赔偿损失的民事责任。百度数码公司成立于2009年6月29日,其公司名称中含有“百度”字样,容易使相关公众认为该公司与百度在线公司、百度网讯公司存在联系,损害了百度在线公司、百度网讯公司的利益。百度数码公司的这一行为违反了诚实信用的商业原则,构成不正当竞争,依法应当承担停止不正当竞争行为、赔偿损失的民事责任。

在获得百度数码公司授权的前提下,鑫艺恒业公司有理由认为其销售的MP3、MP4数码播放器不属于侵犯商标权的产品,其主观上并不知道侵犯了他人的商标权,同时其所销售的MP3、MP4数码播放器来源于百度数码公司,因此鑫艺恒业公司依法不应承担赔偿责任,但其应当停止销售涉案商品。

百度在线公司、百度网讯公司请求认定第1579950号“百度”注册商标为驰名商标缺乏必要性,不予支持。

百度在线公司、百度网讯公司请求赔偿数额过高,应当综合考虑侵权MP3、MP4数码播放器销售价格、三木公司及百度数码公司侵权行为的性质、情节、持续时间、商标的声誉等因素,酌情予以确定。

综上,北京市第一中级人民法院依照《中华人民共和国民法通则》第一百三十四条第一款第(一)项、第(七)项,第二款;《中华人民共和国商标法》第五十二条第(一)项、第(二)项,第五十六条第二款、第三款;《中华人民共和国反不正当竞争法》第二条第一款;《最高人民法院关于审理商标民事纠纷案件适用法律若干问题的解释》(法释〔2002〕32号)第一条第(一)项、第十六条第二款之规定,判决如下:一、自本判决生效之日起,三木公司立即停止生产侵权MP3、MP4数码播放器;二、自本判决生效之日起,百度数码公司立即停止销售、推广侵权MP3、MP4数码播放器;三、自本判决生效之日起,百度数码公司立即停止在其网站上突出使用“百度”文字的侵权行为;四、自本判决生效之日起,百度数码公司立即停止在公司名称中使用“百度”文字;五、自本判决生效之日起,鑫艺恒业公司立即停止销售侵权MP3、MP4数码播放器;六、自本判决生效之日起十五日内,三木公司、百度数码公司共同赔偿百度在线公司、百度网讯公司经济损失及诉讼合理支出共计十三万元;七、驳回百度在线公司、百度网讯公司的其他诉讼请求。

百度在线公司、百度网讯公司不服原审判决,共同向本院提起上诉,共同请求依法确认第1579950号“百度”商标为驰名商标、将原审判决第六项改判由三木公司、百度数码公司、鑫艺恒业公司共同赔偿百度在线公司、百度网讯公司572428.7元,并由其承担本案诉讼费用。其共同的上诉理由为:一、认定第1579950号"百度"商标为驰名商标是本案审理的前提,原审法院应当适用有关驰名商标的相关法律审理本案;二、原审法院判决赔偿数额偏低,不足以弥补上诉人的经济损失。

三木公司不服原审判决,向本院提起上诉,请求撤销原审判决、驳回百度在线公司、百度网讯公司的全部诉讼请求并由其承担案件诉讼费用。其主要上诉理由为:一、MP3、MP4数码播放器应当属于0908群组的音响连接器,而非0901群组的计算机外围设备,原审法院认定错误;二、第1579950号"百度"商标核定使用的服务范围并不包括MP3、MP4音乐搜索引擎服务,原审法院却认定该商标在通过互联网提供MP3、MP4音乐搜索引擎服务获得一定知名度,是错误的;三、三木公司生产的涉案商品属于0908群组,且商品上清楚标注了"BADGE百度及图"商标以及生产销售厂商名称,而第1579950号"百度"商标属于服务商标,原审法院认定"容易导致相关公众对产品来源产生误认",缺乏事实依据;四、《百度推广服务合同》表明百度在线公司、百度网讯公司已经认可三木公司生产涉案商品的合法性,原审法院认定该证据与本案无关是错误的。

百度数码公司、鑫艺恒业公司均服从原审判决。

本院经审理查明:

2001年5月28日,百度在线公司在第42类服务上获准注册了第1579950号"百度"商标,核定使用的服务包括:计算机编程、计算机软件设计、计算机数据库存取时间租赁、计算机软件出租、计算机系统分析、以计算机信息网络方式提供翻译服务、以计算机信息网络方式提供法律信息、以计算机信息网络方式提供计算机信息、以计算机信息网络方式提供技术研究信息。第1579950号"百度"商标的专用期限至2011年5月27日。

2001年6月7日,百度在线公司在第9类商品上获准注册了第1582435号"百度"商标,核定使用的商品包括:计算机、软盘、计算机软件(已录制)、光盘、电脑软件(录制好的)、可视电话、数据处理设备、磁数据媒介、已录制的计算机操作程序、计算机外围设备。第1582435号"百度"商标的专用期限至2011年6月6日。

2004年3月1日,百度在线公司作为许可方与作为被许可方的百度网讯公司签订商标许可协议,授予百度网讯公司对第1579950号“百度”商标、第1582435号“百度”商标以独占使用权。该独占使用权只在百度网讯公司经营的百度网站(www. baidu. com)有效。商标许可协议还约定:被许可方同意向许可方提供必要的帮助来保护许可方就商标拥有的权利。一旦发生任何第三方针对商标提出的索赔,许可方根据自己的意愿,可以自己的名义、被许可方的名义或双方的名义针对索赔的诉讼应诉。如发生任何第三方对商标的任何侵权行为,被许可方应在可知范围内就商标的侵权行为立即书面告知许可方,只有许可方有权决定是否对这样的侵权行为采取行动;本协议于文首标明的协议日期签署并同时生效。除非依据本协议提前终止,本协议有效期为五年。除非由许可方于期满前发出书面通知不再续期,本协议期满(包括其任何续期期满)应自动续期一年。

2004年12月14日,恩平市金飞龙电子厂在第9类传话筒、扬声器音箱、扩音器、麦克风、扩音器喇叭、音响连接器、放大设备(摄影)、电线圈、音响警报器、警笛商品上注册了第3560823号“BADGE百度及图”商标。该注册商标的专用权期限至2014年12月13日止。

2008年3月22日,商标局认定百度在线公司在第42类以计算机信息网络方式提供互联网搜索引擎服务上的第1579950号“百度”商标为驰名商标。2008年的洛阳大黄页、重庆大黄页、盐城电信黄页、南通电信黄页刊登了“Baidu百度”竞价排名的广告。2008年6月总第22期《温州商会》刊登了《百度营销,让生意变得更简单》及《李彦宏:搜索引擎把握时代脉搏 创造营销革命》的文章,内容涉及对百度搜索引擎的介绍。总第23期《温州商会》刊登了《布莱尔盛赞百度全球搜索成就》、《一个月增加100个订单的秘密》及《李彦宏:搜索引擎把握时代脉搏 创造营销革命》的文章,内容涉及对百度搜索引擎的介绍。2008年12月4日、8日、11日,《今晚报》刊登了百度搜索引擎营销课堂系列文章,其中有“Baidu百度”的宣传广告。2008年12月10日,《重庆晚报》刊登《2008最受重庆中小企业欢迎的IT品牌》,其中有“2008最受重庆中小企业欢迎的互联网搜索引擎百度”以及“Baidu百度”、“百度一下,你就知道”的内容。2009年5月6日,《体育画报》刊登了《体育画报百度体育热词榜》一文,其中有“Baidu百度”的标识。2009年6月号《中外食品工业》刊登了百度搜索的广告。2009 年 6 月 22 日,《云南信息报》刊登了《百度“信心计划”初见成效　企业销售额增长三成》的文章。2009 年 7 月,《华夏地理》刊登了“Baidu 百度”搜索的广告。2009 年 8 月,《世界经理人》、《商界评论》、《商界》刊登了“Baidu 百度,百度世界 BAIDUWORLD2009 从你开始　创新世界”以及“2009 百度技术创新大会 8 月 18 日北京·中国大饭店”的广告。

2009 年 7 月 27 日 ~8 月 2 日及 8 月 3 日 ~9 日的《南都娱乐周刊》刊登了关键词搜索数据的短文,其中有“Baidu 百度”的标识。2009 年 8 月,《NEO 时尚元素》登载的理事单位中有“Baidu 百度”的标识。2009 年 9 月,《NEO 时尚元素》刊登了《百度推广专业版初露锋芒　搜索营销助中小企业撬动百亿市场》的文章。同月,《中国名牌》刊登了百度搜索的广告。2009 年 11 月 23 日,《第一财经日报》刊登了“Baidu 百度　百度一下”的广告。2009 年 12 月 4 日,《大连晚报》刊登了《百度推广,让分地域投放更加精确》的介绍文章。2009 年 12 月的《东方企业家》、2009 年 12 月 5 日的《IT 经理世界》及《环球企业家》刊登了“每一个愿望　百度一下”的图文广告,广告中还带有“Baidu　百度一下你就知道”的内容。2009 年 12 月 7 日,《财经》及《晶报》刊登了相同的广告。同日,《第一财经周刊》刊登了“百度一下 Baidu 百度”搜索引擎的广告,《南方人物周刊》刊登了“Baidu 百度本周搜索风云榜”一文。2009 年 12 月 8 日,《看天下》登载了百度的广告。2009 年的咸阳大黄页、宝鸡大黄页、渭南大黄页、西安大黄页、盐城电信黄页、泰州大黄页、南通电信黄页、连云港大黄页、重庆黄页、太原大黄页刊登了“Baidu 百度”竞价排名的广告。

2009 年 12 月 4 日,百度在线公司的委托代理人周小伟在深圳购得三台数码播放器。三木公司出具的对账单中载明品牌为“百度”,型号分别为 M98、B116、M51,单价分别为 230 元、230 元和 240 元。该三台数码播放器的外包装盒、数码播放器、随播放器附送的布质包装袋、耳机线包装袋、使用说明书的封面及封底、合格证、产品保修卡上均有“BADGE 百度及图”的标识,该标识中“百度”的字体明显较大,并在其右上角标注注册商标标记。该数码播放器的小塑料包装袋上亦有“BADGE 百度及图”标识,只是“百度”右上角上没有标注注册商标的标记,该塑料包装袋上还有“快乐百度　欢乐共享”的字样。另外,外包装盒、使用说明书及产品保修卡上标注有百度数码公司的名称,其中外包装盒及产品保修卡还载明生产商为三木公司。广东省深圳市深圳公证处对上述购买行为进行了公证,并出具了(2009)深证字第197731号公证书。

2009年12月9日,百度网讯公司及百度在线公司的委托代理人齐健荣申请北京市中信公证处对百度数码公司的www.baidu-digital.com网站的内容进行保全。北京市中信公证处于2010年1月21日出具(2010)京中信内经证字01008号公证书。该公证书所附网页内容可见,百度数码公司在该网站上突出使用了“百度”、“百度中国　中国百度”的字样,并在相关的公司新闻等文字中使用“百度”、“百度数码”等字样。该网站上有带有“百度”字样的数码播放器产品的图片。

2010年1月18日,百度在线公司的委托代理人胡长涓在北京市海淀区中关村鼎好电子城鑫艺恒业公司处购得数码播放器两台,该两台数码播放器的外包装盒左上角标有“百度”、“中国百度　百度中国”的字样,产品使用说明书及产品保修卡上标有“百度”的字样,数码播放器及耳机线包装袋上有“BADGE百度及图”的标识,该标识中“百度”的字体明显较大,并在其右上角标注注册商标标记,数码播放器的塑料包装袋上也有“BADGE百度及图”标识,只是“百度”右上角上没有标注注册商标的标记,该塑料包装袋上还有“快乐百度　欢乐共享”的字样。外包装盒、产品使用说明书及产品保修卡上标注有百度数码公司的名称,其中外包装盒及产品保修卡上还载明生产商为三木公司。每台数码播放器售价358元,百度在线公司共支付了716元。北京市求是公证处对百度在线公司的购买行为进行了公证,并出具了(2010)京求是内民证字第0402、0403号公证书。

2010年5月18日,百度在线公司的委托代理人周小伟申请北京市方圆公证处对百度数码公司的www.baidu-digital.com网站的内容进行保全。北京市方圆公证处于2010年5月19日出具(2010)京方圆内经证字12631号公证书。该公证书所附网页内容可见,该网站上有百度数码产品招商大会的相关照片,照片中有“百度”、“中国百度　百度中国”的字样。相关的文字内容中也有“百度”、“百度数码”、“百度(三木集团)数码产品”的字样。该网站对“百度”MP3、MP4产品进行了宣传。

被控侵权数码播放器的手提包装袋、宣传材料页、销售人员名片上标有与数码播放器上相同的“BADGE 百度及图”标识。

三木公司成立于2008年11月17日,注册资本为10万元,股东为两位自然人,经营范围包括MP3、MP4播放器、电子数码产品的生产及销售。百度数码公司成立于2009年6月29日,注册资本为10万元,法定代表人为郑慧慧,股东为两位自然人,经营范围包括销售数码播放器。

鑫艺恒业公司取得了百度数码公司颁发的百度授权书,该授权书载明:鑫艺恒业公司经本公司许可,符合代理资格,特授权为北京市代理商,本证书涉及商品为本公司百度商标的数码系列产品。授权期限为2009年12月1日至2010年12月31日。2010年1月20日,鑫艺恒业公司因涉嫌销售侵犯“百度”注册商标专用权的商品被北京市工商行政管理局海淀分局采取扣留涉嫌侵权产品的行政强制措施。百度在线公司为本案支出律师费6万元,公证费14000元,复印费2108元。

在本案原审诉讼过程中,百度在线公司和百度网讯公司主张:其在三木公司购买到了被控侵权产品,三木公司生产了被控侵权产品,百度数码公司销售了被控侵权产品,构成了对第1579950号商标专用权的侵犯。三木公司与百度数码公司的推广材料及名片中使用的标识也侵犯了该注册商标的专用权。同时,百度数码公司在网站上突出使用“百度”字样以及在公司名称中含有“百度”文字,构成不正当竞争行为。百度在线公司和百度网讯公司认为,MP3、MP4数码播放器属于其在第9类商品上注册的第1582435号商标核定使用的数据处理设备、磁数据媒介、计算机外围设备的范围,但其在本案中主张权利的依据是第1579950号注册商标。三木公司、百度数码公司、鑫艺恒业公司均表示认可第1579950号注册商标驰名的事实。三木公司和百度数码公司认为,其涉案行为属于合法使用第3560823号注册商标的行为,MP3、MP4数码播放器属于该注册商标核定使用的音响连接器的范围,其没有侵犯“百度”商标权。

在本案原审诉讼过程中,百度数码公司提交了其2010年4月9日与百度(中国)有限公司广州分公司签订的《百度推广服务合同》及支付技术服务费的发票,以证明百度(中国)有限公司广州分公司与百度数码公司签订合同的行为就是百度在线公司的行为。

二审诉讼期间,百度在线公司、百度网讯公司向本院新提交了如下三组证据:

第一组证据:(2011)京长安内经证字第1330号公证书、相关图片、百度品牌推广合同,用于证明第1579950号"百度"注册商标为驰名商标;三木公司认可第1579950号"百度"注册商标为驰名商标、鑫艺恒业公司对此不持异议。

第二组证据:第3560823号"BADGE百度及图"商标档案查询件,证明该商标原注册人为恩平市金飞龙电子厂,核定使用的商品不包括MP3、MP4数码播放器;三木公司认可该商标原注册人为恩平市金飞龙电子厂,但主张MP3、MP4数码播放器属于该商标核定使用的扬声器音箱、音响连接器。鑫艺恒业公司对此拒绝质证。

第三组证据:(2011)京长安内经证字第1190号公证书,用于证明三木公司和百度数码公司持续侵权,在合作网站上仍在销售被控侵权商品。三木公司认为百度数码公司负责推广销售,三木公司负责来料加工,因此该证据与其无关。鑫艺恒业公司对此拒绝质证。

二审诉讼期间,三木公司向本院新提交了如下证据:

1. MP3项目合作合同复印件,证明三木公司负责制造、百度数码公司负责销售MP3产品;

2. 第3560823号注册商标证、商标档案打印件、核准商标转让证明等材料,证明三木公司于2009年12月27日经商标局核准受让第3560823号注册商标。

百度在线公司、百度网讯公司对于证据1的真实性不认可,对于证据2的真实性予以认可。鑫艺恒业公司拒绝发表质证意见。

根据各方当事人的质证意见,本院认证意见如下:对百度在线公司、百度网讯公司提供的第一组证据、第二组证据、第三组证据以及三木公司提交的证据2的真实性予以确认,鉴于三木公司提交的证据1仅为复印件,且百度在线公司、百度网讯公司不予认可,对其真实性不予确认。

上述事实,主要有第1579950号商标注册证、第3560823号商标注册证、第1582435号商标注册证、商标许可协议、中国工商报、相关的大黄页及报刊、杂志、(2009)深证字第197731号公证书、三木公司及百度数码公司工商登记资料、律师费、公证费、复印费票据、授权书、(2010)京方圆内经证字12631号公证书、(2010)京求是内民证字第0402、0403号公证书、(2010)京中信内经证字01008号公证书、手提包装袋、宣传材料页、名片、北京市工商行政管理局海淀分局实施行政强制措施通知书及财物清单、第3560823号注册商标核准商标转让证明及当事人陈述等证据在案佐证。

本院认为:本案二审审理的焦点问题为三木公司的涉案行为是否侵犯了第1579950号"百度"注册商标专用权,鑫艺恒业公司是否应当就涉案行为承担赔偿责任,原审判决所确定的赔偿数额是否适当。

《中华人民共和国商标法》第五十二条第(一)项规定,未经商标注册人的许可,在同一种商品或者类似商品上使用与其注册商标相同或者近似的商标的,属侵犯注册商标专用权。这里的类似商品既包括商品之间、服务之间的类似也包括商品与服务的类似。根据《最高人民法院关于审理商标民事纠纷案件适用法律若干问题的解释》第十一条规定,商品和服务之间存在特定联系,容易使相关公众混淆的,可以认定商品与服务类似。

涉案被控侵权商品为MP3、MP4数码播放器,作为一种可以下载、存储、播放音频、视频文件的设备,其与互联网有关音频、视频文件的搜索服务具有特定的联系。第1579950号"百度"注册商标专用权核定使用的服务为第42类的以计算机信息网络方式提供计算机信息等,经过百度网讯公司在百度网站的相关经营,该商标在以计算机信息网络方式提供互联网搜索引擎服务上具有较高的知名度。三木公司提出原审法院认定该商标在通过互联网提供MP3、MP4音乐搜索引擎服务获得一定知名度,属认定错误,依据不足,不应予以采信。

在此种情形下,三木公司的涉案行为容易导致相关公众对MP3、MP4数码播放器提供者与互联网搜索引擎服务提供者发生混淆,或者认为二者之间存在特殊的关系,从而损害第1579950号"百度"注册商标相关权利人的利益,构成侵犯注册商标专用权的行为,依法应当承担停止侵权、赔偿损失的民事责任。三木公司主张涉案行为属于合法使用第3560823号注册商标的行为,以及涉案行为不会导致相关公众对于涉案商品的来源产生混淆,缺乏事实依据,不应予以采信。尽管百度数码公司曾与百度(中国)有限公司广州分公司签订《百度推广服务合同》,但不足以证明三木公司涉案行为的合法性,因此原审法院对于该证据的处理意见并无不当,三木公司的该项上诉理由不成立。

鉴于本案并不具备认定第1579950号"百度"注册商标为驰名商标的必要性,对于百度在线公司、百度网讯公司提出以确认驰名商标为前提认定三木公司、百度数码公司以及鑫艺恒业公司侵犯注册商标专用权的主张,缺乏法律依据,不应予以支持。

根据《商标法》第五十六条规定,销售不知道是侵犯注册商标专用权的商品,能证明该商品是自己合法取得的并说明提供者的,不承担赔偿责任。鉴于鑫艺恒业公司在销售涉案被控侵权商品时,已经获得了相关授权,作为一个普通的电子商品销售商,鑫艺恒业公司主观上并不明知其所售商品侵犯他人商标权,在其能够提供涉案被控侵权商品的合法来源的情况下,不应承担赔偿责任,但其应当停止销售涉案被控侵权商品。百度在线公司、百度网讯公司主张鑫艺恒业公司应当承担赔偿责任,缺乏法律依据,不应予以支持。

关于赔偿数额,百度在线公司、百度网讯公司主张应当赔偿572428.7元,其中50万元为经济损失,72428.7元为其为本案支付的合理费用。鉴于其并未就50万元经济损失提供相应的证据,原审法院在综合考虑侵权MP3、MP4数码播放器销售价格,三木公司及百度数码公司侵权行为的性质、情节、持续时间、商标的声誉等因素的基础上,酌定相应的赔偿数额,并无不妥,百度在线公司、百度网讯公司的此项上诉理由,缺乏依据,不应予以支持。

综上,原审判决认定事实清楚,适用法律正确,应予维持。百度在线公司、百度网讯公司、三木公司的上诉理由均不成立,本院对其上诉请求不予支持。依据《中华人民共和国民事诉讼法》第一百五十三条第一款第(一)项之规定,判决如下:

驳回上诉,维持原判。

一审案件受理费九千五百二十四元,由百度在线网络技术(北京)有限公司、北京百度网讯科技有限公司共同负担一千五百二十四元(已交纳),由深圳市三木电器有限公司负担四千元(于本判决生效之日起七日内交纳),广州市百度数码电子有限公司负担四千元(于本判决生效之日起七日内交纳);二审案件受理费七千九百三十七元,由百度在线网络技术(北京)有限公司、北京百度网讯科技有限公司共同负担五千五百二十一元(已交纳),由深圳市三木电器有限公司负担二千四百一十六元(已交纳)。

本判决为终审判决。

审 判 长 李燕蓉
代理审判员 潘 伟
代理审判员 马 军
二〇一一年四月二日
书 记 员 李 静

26. 寅午宝酒业有限公司与宜宾五粮液股份有限公司等“七粮液”商标侵权纠纷案

北京市高级人民法院民事判决书

(2011)高民终字第3898号

五粮液集团依法获得第160922号“WULIANGYE 五粮液及图”注册商标和第3879499号“五粮液68及图”商标的注册——受我国法律保护——宜宾五粮液公司依据商标使用许可协议,对上述注册商标享有独占使用权——以自己名义对涉案被控侵权行为提起诉讼并无不当——寅午宝公司使用的“七粮液”标识与涉案注册商标构成近似商标——寅午宝公司并未举证证明其使用“七粮液”系为描述其商品的原材料而产生——寅午宝公司在被控侵权商品中突出使用了“七粮液”文字——且超出了其主张的系作为商品名称进行的描述性使用的合理范畴——不构成正当性的合理使用——驳回上诉,维持原判

上诉人(原审被告)北京寅午宝酒业有限公司,住所地北京市平谷区王辛庄镇乐园路8号。

法定代表人方闽,总经理。

委托代理人刘占林,北京市盈科律师事务所律师。

被上诉人(原审原告)宜宾五粮液股份有限公司,住所地四川省宜宾市翠屏区岷江西路150号。

法定代表人唐桥,董事长。

委托代理人刘一宏,四川景上律师事务所律师。

委托代理人蒋及军,四川景上律师事务所律师。

原审被告北京众缘果蔬产销专业合作社,住所地北京市平谷区马昌营镇魏辛庄大街6号。

法定代表人王刚,社长。

委托代理人刘江,男,汉族,1981 年 2 月 24 日出生,该专业合作社业务经理,住北京市平谷区林荫南街 18 楼 5 单元 5 号。

原审被告高继朋,男,汉族,1944 年 11 月 13 日出生,北京寅午宝酒业有限公司技术主管,住河南省杞县邢口杨屯村马楼村 6 组 2 号。

上诉人北京寅午宝酒业有限公司(简称寅午宝公司)因侵犯商标专用权纠纷一案,不服北京市第二中级人民法院(2011)二中民初字第 3314 号民事判决,向本院提起上诉。本院 2011 年 10 月 31 日受理本案后,依法组成合议庭进行了审理。2011 年 11 月 29 日,上诉人寅午宝公司的委托代理人刘占林,被上诉人宜宾五粮液股份有限公司(简称宜宾五粮液公司)的委托代理人刘一宏、蒋及军,原审被告北京众缘果蔬产销专业合作社(简称众缘合作社)的委托代理人刘江,原审被告高继朋到本院接受了询问。本案现已审理终结。

北京市第二中级人民法院认定,经国家工商行政管理总局商标局核准,四川省宜宾五粮液集团有限公司(以下简称五粮液集团)取得了第 160922 号"WULIANGYE 五粮液及图"注册商标和第 3879499 号"五粮液 68 及图"的注册商标专用权。五粮液集团于 2006 年 1 月 1 日授权宜宾五粮液公司独占使用上述商标。

寅午宝公司成立于 2010 年 3 月,高继朋系该公司股东,2010 年 3 月 9 日获得生产"其他酒(配制酒)"生产许可证。

2011 年 1 月 14 日,宜宾五粮液公司代理人在众缘合作社购买到寅午宝公司生产的"七粮液"53 度白酒一箱(含 6 瓶酒及宣传册)。同月 16 日,宜宾五粮液公司代理人在寅午宝公司购买到"七粮液"53 度白酒一箱(含 6 瓶酒及宣传册)。

北京市第二中级人民法院认为:五粮液集团对第 160922 号"WULIANGYE 五粮液及图"注册商标和第 3879499 号"五粮液 68 及图"注册商标享有的注册商标专用权,受商标法保护。宜宾五粮液公司依据商标使用许可协议,对上述注册商标享有独占使用权,依法有权以自己的名义对涉案被控侵权行为提起诉讼。寅午宝公司生产的涉案"七粮液"53 度白酒与涉案注册商标核定使用的商品属于同类商品。

寅午宝公司使用的"七粮液"标识,从整体视觉效果而言,与涉案注册商标、"五粮液 68 及图"注册商标存在区别,故不能认定标识相同。但

“WULI-ANGYE五粮液及图”注册商标、“五粮液68及图”注册商标具有较高的显著性和知名度,涉案商标中“五粮液”三个字明显大于其他部分,相较于其他部分具有更强的识别作用,属于涉案商标的主要部分。寅午宝公司使用的“七粮液”标识与涉案商标相比,其主要识别部分仅有一个中文数字不同,二者含义近似,以相关公众的一般注意程度来判断,容易对被控侵权产品来源产生误认,或误认为其与宜宾五粮液公司注册商标的商品有特定的联系,故该标识与“WULIANGYE五粮液及图”注册商标、“五粮液68及图”注册商标标识构成近似。

寅午宝公司未经宜宾五粮液公司许可,在同类商品上使用与涉案注册商标近似的商标标识的行为,侵犯了涉案注册商标专用权,应停止侵权并赔偿经济损失。法院将依据案件的具体情况,综合考虑涉案注册商标的知名度、寅午宝公司的主观过错程度、侵权情节、侵权时间以及寅午宝公司生产涉案“七粮液”酒数量、时间及获利状况等因素酌情确定赔偿数额。鉴于宜宾五粮液公司未能举证证明因寅午宝公司的侵权行为使其商誉受到损害,且责令寅午宝公司停止涉案侵权行为足以弥补宜宾五粮液公司因此受到的损害,故宜宾五粮液公司提出的要求寅午宝公司公开赔礼道歉、消除影响的主张,不予支持。

宜宾五粮液公司未能举证证明众缘合作社知道其销售的涉案产品系侵权产品,且众缘合作社能够提供所售商品的合法来源,故众缘合作社应当承担停止侵权的法律责任。高继朋为“七粮液”酒取名并投资设立寅午宝公司的行为并非商标法规定的商标侵权行为,故宜宾五粮液公司针对高继朋的诉讼请求,不予支持。

北京市第二中级人民法院依据《中华人民共和国商标法》第五十二条第(一)项、第五十六条第二款,《中华人民共和国商标法实施条例》第五十条第(一)项,《最高人民法院关于审理商标民事纠纷案件适用法律若干问题的解释》第三条第(一)项、第四条,第九条、第十条、第十六条第一款、第二款之规定,判决:一、寅午宝公司停止生产、销售涉案侵权的“七粮液”酒产品;二、寅午宝公司赔偿宜宾五粮液公司经济损失五万元;三、众缘合作社停止销售寅午宝公司生产的涉案侵权的“七粮液”酒产品;四、驳回宜宾五粮液公司的其他诉讼请求。

寅午宝公司不服一审判决,向本院提起上诉,请求撤销一审判决并依法改判,一、二审诉讼费由宜宾五粮液公司承担。其上诉理由是:第一,寅午宝公司对“七粮液”酒标识的使用是描述性、商品名称意义的使用,根据《中华人民共和国商标法实施条例》(简称《商标法实施条例》)第四十九条的规定,应当属于合理使用;第二,“七粮液”标识与“五粮液及图”商标并未构成近似商标,不会造成消费者的混淆误认,并且寅午宝公司的股东高继朋在第33类商品上已经取得“中原七粮御液”和“中原七粮福高”商标专用权,“七粮液”可以理解为“中原七粮御液”的简称;第三,寅午宝公司对“七粮液”酒的使用是善意的,不存在“傍名牌”的意图,“七粮液”酒具有较高的市场声誉和知名度,易与其他商品相区分。综上,在一审判决认定事实错误的基础上,其适用法律亦存在错误。

宜宾五粮液公司服从一审判决。

众缘合作社、高继朋表示其虽未提起上诉,但同意寅午宝公司的上诉意见。

经审理查明,经国家工商行政管理总局商标局核准,五粮液集团取得了第160922号“WULIANGYE五粮液”及图注册商标和第3879499号“五粮液68及图”的注册商标专用权。前者核定使用的商品为第33类:含酒精的饮料(啤酒除外),有效期至2013年2月28日,该商标由“奖牌”图形及“WULIANGYE五粮液”文字组成。后者核定使用的商品为第33类:果酒(含酒精);烧酒;蒸馏酒精饮料;蒸馏饮料;鸡尾酒;葡萄酒;酒(饮料);酒精饮料(啤酒除外);汽酒;黄酒。有效期至2015年11月6日,该商标由“68”、“五粮液”及图组成。五粮液集团于2006年1月1日授权宜宾五粮液公司独占使用上述商标,使用期限为6年,期满后自动续期。此外,五粮液集团出具授权书,授权宜宾五粮液公司就本案侵权行为提起民事诉讼。

1991年9月19日,“五粮液”商标在首届“中国驰名商标”消费者评选中荣获“中国驰名商标”称号。“五粮液”品牌在2010中国最有价值的品牌评价中居全国白酒制造业第一。五粮液系列酒产品曾多次获得了国际、国内颁发的各种奖项,在国内具有较高的知名度。

寅午宝公司成立于2010年3月,注册资本100万元,高继朋系其股东,2010年3月9日获得生产“其他酒(配制酒)”生产许可证。高继朋主张其系

“七粮液”酒的创始人,将“琼浆御液”改名为“七粮液”。高继朋曾于2005年11月18日向国家工商行政管理总局商标局申请注册“中原七粮液”商标,未获准注册。

2011年1月14日,宜宾五粮液公司代理人在众缘合作社购买到寅午宝公司生产的“七粮液”53度白酒一箱(含6瓶酒及宣传册),售价850元。在一审庭审中,寅午宝公司和众缘合作社均认可该箱“七粮液”酒系寅午宝公司生产并销售给众缘合作社。

2011年1月16日,宜宾五粮液公司代理人在寅午宝公司购买到寅午宝公司生产的“七粮液”53度白酒一箱(含6瓶酒及宣传册),售价1560元。

上述被控侵权产品的外包装箱正面、内包装盒正面及宣传册上以较大字体使用“七粮液”字样。酒瓶瓶身分上下两部分,上半部分瓶颈处以较大字体使用“七粮液”字样,下半部分印有“中原七粮液”图文组合商标,其中以较大字体使用了“七粮液”字样。

宜宾五粮液公司为证明涉案被控侵权行为已导致相关公众的混淆误认,还提交了2011年2月10日人民网强国论坛署名为“清哲木先生”的文章“市场惊现比‘五粮液’更二的‘七粮液’”,2007年12月14日《河南商报》题为“酒厂两岁半,陈酿十五年”的报道,以及2011年2月10日北京财经频道《首都经济报道》对于“五粮液”起诉“七粮液”的报道。

在本院审理本案过程中,寅午宝公司补充提交了以下证据:1.《第3241213号“滨河九粮液”商标异议复审裁定书》;2.《第3263474号“定军山三粮液及图”商标争议裁定书》。以上证据证明“七粮液”标识与涉案注册商标不构成近似,属于合理使用。众缘合作社、高继朋对上述证据予以认可;宜宾五粮液公司认为上述证据没有公章,不予认可。

基于寅午宝公司举证及宜宾五粮液公司、众缘合作社及高继朋的质证意见,本院对上述证据作如下认证:因证据1、2均系复印件,对其真实性无法核实,并且上述证据所载明内容系其他商标的异议及争议情况,与本案“七粮液”缺乏关联性,其相关证明内容亦无关联性,因此对上述证据不予认定。

以上事实有宜宾五粮液公司提交的五粮液集团网页打印件,“五粮液”品牌获奖证书,品牌价值评估材料,海关统计,第160922号和第3879499号注册商标的商标注册证、续展证明、转让证明、许可使用证明及许可协议,宜宾五粮液公司生产的五粮液酒和五粮醇酒及照片、五粮液系列酒产品宣传网页打印件,“中原七粮福高”、“中原七粮御液”商标注册证、“中原七粮液”商标信息及“七粮液”酒产品图片,“七粮液”酒产品及照片,众缘合作社出库单、寅午宝公司销售发票及宣传单,商标在先检索单及代理公司说明,人民网、河南商报、《首都经济报道》相关报道打印件及视频以及当事人陈述等在案佐证。

本院认为,五粮液集团依法获得第160922号“WULIANGYE五粮液及图”注册商标和第3879499号“五粮液68及图”商标的注册,其商标专用权受我国法律保护。宜宾五粮液公司依据商标使用许可协议,对上述注册商标享有独占使用权,其以自己名义对涉案被控侵权行为提起诉讼并无不当。

《中华人民共和国商标法》(简称《商标法》)第五十二条第一款第(一)项规定,未经商标注册人的许可,在同一种商品或者类似商品上使用与其注册商标相同或者近似的商标,属于侵犯注册商标专用权的行为。商标近似是指被控侵权的商标与已注册商标相比较,其文字的字形、读音、含义或者图形的构图及颜色,或者其各要素组合后的整体结构相似,或者其立体形状、颜色组合近似,易使相关公众对商品的来源产生误认或者认为其来源与已注册商标的商品有特定的联系。

寅午宝公司在被控侵权商品上使用“七粮液”标识,虽然其与涉案注册商标整体视觉上不完全相同,但是“WULIANGYE五粮液及图”注册商标、“五粮液68及图”注册商标均为图文组合商标,其中中文汉字“五粮液”为涉案注册商标的主要部分,根据我国相关公众的认读习惯,中文汉字“五粮液”为涉案注册商标的显著识别部分。同时,根据宜宾五粮液公司提供的相关证书及宣传、使用的证据,能够证明涉案的注册商标经过长期的使用、宣传具有较高显著性和知名度。寅午宝公司使用的“七粮液”标识与涉案注册商标显著识别部分相比,从字形、读音、含义等方面并未形成明显区别,使用在同一种或类似商品上,相关公众施以一般注意力进行判断,容易造成对被控侵权商品的来源产生混淆误认,或误认其与涉案的注册商标的商品存在特定联系。并且寅午宝公司所提交“七粮液”标识具有较高知名度的证据,其中部分证书为寅午宝公司企业的荣誉证书,并未涉及“七粮液”标识;其他由CHC全国高科技质量监督促进工作委员会所颁发的证书并不足以证明“七粮液”标识已经具有显著性,形成与寅午宝公司的唯一对应性,故寅午宝公司关于“七粮液”与涉案注册商标不近似,并具有较高市场声誉、知名度的上诉主张,缺乏事实及法律依据,本院不予支持。一审判决认定寅午宝公司使用的“七粮液”标识与涉案注册商标构成近似商标正确,本院予以确认。

《商标法实施条例》第四十九条规定,注册商标中含有的本商品的通用名称、图形、型号,或者直接表示商品的质量、主要原料、功能、用途、重量、数量及其他特点,或者含有地名,注册商标专用权人无权禁止他人正当使用。基于上述规定,商标标识的正当使用,应当满足使用出于善意、并非作为自己商品的商标使用、仅是为了说明或者描述自己商品的条件。本案中,寅午宝公司并未举证证明其使用“七粮液”系为描述其商品的原材料而产生,并且通过被控侵权商品上“七粮液”标识的位置和使用情况分析,寅午宝公司在被控侵权商品中突出使用了“七粮液”文字,并且超出了其主张的系作为商品名称进行的描述性使用的合理范畴,因此一审判决认定寅午宝公司使用“七粮液”不构成正当性的合理使用并无不当,其相关的上诉理由缺乏事实和法律依据,本院不予支持。

《商标法》第五十六条第二款规定,侵权人因侵权所得利益,或者被侵权人因被侵权所受损失难以确定的,由人民法院根据侵权行为的情节判决给予50万元以下的赔偿。寅午宝公司未经宜宾五粮液公司许可,在同类商品上使用与涉案注册商标近似的商标标识的行为,侵犯了涉案注册商标的专用权,应当承担相应的侵权责任。一审法院根据涉案注册商标的知名度、寅午宝公司的主观过错程度、侵权情节、侵权时间等因素酌情判决寅午宝公司赔偿宜宾五粮液公司经济损失5万元并承担停止生产、销售涉案侵权的“七粮液”酒产品的责任并无不当,本院予以维持。

综上所述,寅午宝公司的上诉理由缺乏事实和法律依据,其上诉请求本院不予支持。一审判决认定事实清楚,适用法律正确。依照《中华人民共和国民事诉讼法》第一百五十三条第一款第(一)项之规定,判决如下:

驳回上诉,维持原判。

一审案件受理费八千八百元,由宜宾五粮液股份有限公司负担三千六百元(已交纳),由北京寅午宝酒业有限公司负担五千元(于本判决生效之日起七日内交纳),由北京众缘果蔬产销专业合作社负担二百元(于本判决生效之日起七日内交纳);二审案件受理费一千零五十元,由北京寅午宝酒业有限公司负担(已交纳)。

本判决为终审判决。

审　判　长　刘　辉
代理审判员　石必胜
代理审判员　陶　钧
二〇一一年十二月三十日
书　记　员　李小英

27. 青岛海尔投资发展有限公司与海宁小神童电气有限公司等商标侵权及不正当竞争纠纷案

浙江省宁波市中级人民法院民事判决书

(2010)浙甬知初字第49号

被告“Hiller”和“两小孩图形”组合使用方式已超出了注册商标正当使用的合理范畴——实质上是一种刻意摹仿的仿冒行为——违反了诚实信用原则和公认的商业道德——构成不正当竞争——海宁小神童和奇人电器在其产品、包装及网站上刻意采用手写体行书“海宁小神童电气有限公司”中“海宁”字样,在外观上与海尔公司的行书“海尔”商标极为近似——结合手写体“小神童”的字号——极易导致混淆——不规范使用企业名称——构成不正当竞争

原告:青岛海尔投资发展有限公司。住所地:山东省青岛市高科技工业园(高新区)海尔工业园。

法定代表人:张瑞敏,该公司董事长。

委托代理人:赵燕涛,男,1982年9月21日出生,汉族,系北京万慧达知识产权代理有限公司职员,住河北省保定市新市区韩村西路2号1栋1单元101号。

委托代理人:杨凤全,北京市万慧达律师事务所律师。

被告:海宁小神童电器有限公司。住所地:浙江省海宁市塘南东路203号。

法定代表人:邹幼聪,该公司总经理。

委托代理人:冯学锋,浙江君安世纪律师事务所律师。

被告:慈溪市华威电器有限公司。住所地:浙江省慈溪市附海镇南圆村。

法定代表人:岑友坤,该公司董事长。

被告:李玉奎,男,1973 年 2 月 6 日出生,汉族,无固定职业,住山东省临朐县吕匣镇东峪村。

被告:邹海岳,男,1964 年 12 月 31 日出生,汉族,无固定职业,住浙江省慈溪市附海镇南圆村西舍。

上述三被告的委托代理人:吴宏明,浙江君鉴律师事务所律师。

原告青岛海尔投资发展有限公司(以下简称青岛海尔)为与被告海宁小神童电器有限公司(以下简称海宁小神童)、慈溪市华威电器有限公司(以下简称华威电器)、李玉奎、邹海岳侵害商标专用权及不正当竞争纠纷一案,于 2009 年 12 月 30 日向本院起诉。本院于同日受理后,依法组成合议庭。原告青岛海尔于立案后向本院提出财产保全申请,本院作出(2010)浙甬知初字第 48 -3 号《民事裁定书》,并依法采取相应保全措施。被告李玉奎在提交答辩状期间对管辖权提出异议,本院作出(2010)浙甬知初字第 48 -2 号《民事裁定书》,驳回被告李玉奎对本案管辖权提出的异议。被告李玉奎提出上诉,浙江省高级人民法院维持原裁定。本院于 2010 年 6 月 9 日、2011 年 2 月 28 日组织双方当事人进行证据交换,并于 2011 年 2 月 28 日公开开庭进行了审理。原告青岛海尔的委托代理人赵燕涛、杨凤全,被告海宁小神童的委托代理人冯学峰,被告华威电器、李玉奎、邹海岳的共同委托代理人吴宏明到庭参加诉讼。本案现已审理终结。

原告青岛海尔诉称:原告第 752875 号商标“Haier”于 1995 年 6 月 28 日获得注册;第 500442 号商标“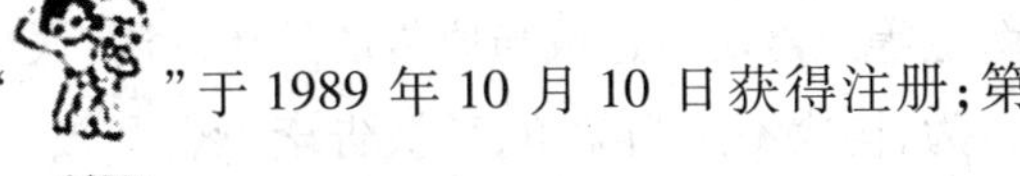”于 1989 年 10 月 10 日获得注册;第 752873 号商标“海尔”于 1995 年 6 月 28 日获得注册;第 4534786 号“海尔”商标于 2007 年 12 月 14 日获得注册。上述商标核定使用商品均为第 11 类冰箱等商品。1995 年 7 月 5 日,上述商标被国家工商行政管理总局商标局(以下简称国家商标局)同时认定为驰名商标。原告于 2001 年经受让取得上述三个商标专用权。第 965884 号“小神童”商标于 1997 年 3 月 21 日由海尔集团公司获得注册,核定使用商品为第 7 类商品,包括洗衣机、洗衣干衣机等。2000年8月18日,海尔集团公司许可原告使用该注册商标,同时授权原告维护该商标的合法权益。

原告经调查了解到:被告海宁小神童委托被告华威电器生产被控侵权的洗衣机产品,并由被告海宁小神童对外销售,产品上使用了“**Hiller**”和“”图形,并标注了“海宁小神童电器有限公司”。其中“**Hiller**”和“”标识分别由被告李玉奎和被告邹海岳许可使用。

原告认为:1. 原告的第752875号“**Haler**”商标和第500442号“”商标是驰名商标,被告海宁小神童和被告华威电器在其产品、包装以及网站上使用“**Hiller**”、“”标识侵犯了原告的注册商标专用权;2. 原告的第752873号“海尔”商标和第4534786号“海尔”商标亦属于驰名商标,被告海宁小神童和被告华威电器在其产品、包装以及网站上使用“海宁”标识也构成对原告驰名商标的侵犯;3. 原告的第965884号“小神童”商标是具有较高知名度的注册商标,被告海宁小神童和被告华威电器在相同商品上使用“海宁小神童电器有限公司”企业名称构成不正当竞争;4. 被告海宁小神童和被告华威电器在被控侵权产品上组合使用上述标识再结合其使用的位置、颜色等因素足以造成与原告产品相混淆,误导公众,是明显的恶意“搭便车”行为,构成不正当竞争;5. 被告李玉奎和被告邹海岳许可被告海宁小神童和被告华威电器使用“**Hiller**”、“”的行为与被告海宁小神童和被告华威电器的商标侵权和不正当竞争行为是相互配合的整体,被告李玉奎和被告邹海岳还积极参与了全部商标侵权和不正当竞争行为,应当与被告海宁小神童和被告华威电器共同承担上述全部侵权责任。原告请求法院判令:

1. 四被告立即停止侵犯原告第752875号“**Haler**”、第500442号“”、

第752873号“海尔”、第4534786号“海尔”注册商标专用权的行为;2.四被告停止全部不正当竞争行为;3.四被告共同赔偿原告经济损失500000元,其中包括为制止被告违法行为发生的合理开支。

被告海宁小神童在庭审及答辩状中辩称:1.原告不具备主体资格。原告是一家投资性公司,不从事家用电器的制造和销售,其仅仅拥有部分注册商标,也没有实际使用本案商标,与各被告之间不存在竞争关系,不是适格的原告。同时,原告仅仅是第965884号“小神童”注册商标的普通被许可人,无权以自己的名义单独起诉;2.原告诉称四被告共同故意侵权错误。被告海宁小神童委托被告华威电器生产被控侵权的洗衣机产品,并自行负责销售。所有产品的包装、标识,商标均由被告海宁小神童提供,与被告华威电器无关。被告海宁小神童在使用被告李玉奎、邹海岳的商标时,事先并没有与他们协商,也未支付任何的商标使用费。被告海宁小神童与其他三被告没有共同侵权的故意和行为;3.被告海宁小神童在不同类别的商品上使用不相近似的商标,不构成商标侵权行为。被告海宁小神童使用的第3797674号“Hiller”注册商标与原告第752875号“Haler”注册商标含义、发音、中文翻译均不相同。被告海宁小神童使用的第4359666号“ ”注册商标与原告的第500442号“ ”注册商标两者图案的组合也显著不同。因此,本案被控侵权标识与原告的注册商标不相同也不相似。同时,被告第3797674号“Hiller”注册商标和第4359666号“ ”注册商标使用的商品类别是第7类,原告第752875号“Haler”注册商标和第500442号“ ”注册商标核定使用的商品类别是第11类,两者完全不同,不属于类似商品,不会发生混淆;4.原告在本案中主张的注册商标不属于驰名商标。1995年国家商标局认定的是组合商标“海尔 Haier”为驰名商标,并非原告主张权利的第752875号“Haier”、第500442号“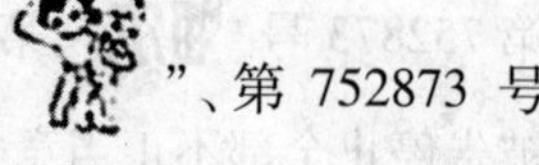”、第752873号“海尔”都为驰名商标。在本案被告提出异议的情况下,原告应对其主张驰名商标的事实负举证责任;5.本案被告海宁小神童合法正当使用企业名称,不构成不正当竞争。原告没有任何证据证明“小神童”注册商标是具有较高知名度的注册商标,更不是驰名商标,其不能扩大保护到禁止他人企业名称的正常使用。被告的企业名称早于原告第4534786号“海尔”商标的注册时间,具有在先权利。同时,被告海宁小神童在产品和网站上一直以海宁小神童电器有限公司的形式规范使用企业名称,没有突出使用“小神童”或“海宁”。“海宁”是一个县级行政区名称,原告无权以“海尔”注册商标,限制他人使用“海宁”地名;6.2009年起被告海宁小神童已经不再经营被控侵权产品。法院证据保全的只是样品,发现的大量产品由青岛小神童工贸有限公司生产。

被告华威电器在庭审及答辩状中除坚持被告海宁小神童的答辩意见外,还辩称:1.被告华威电器将“Hiller”和“”注册商标使用在洗衣机上,原告第752875号“Haier”和第500442号“”注册商标核定使用的商品是冰箱等,不包括洗衣机,被控侵权的洗衣机产品与原告注册商标核定使用的商品不构成类似商品,两者不会发生混淆;2.被告华威电器在被控侵权的洗衣机产品上使用海宁小神童电器有限公司不构成对原告“海尔”和“海尔”注册商标的侵权。被告在被控侵权产品和外包装上标明海宁小神童电器有限公司,是产品质量法和国家3C强制性认证的法律要求,被告一直规范使用企业名称,没有单独使用或突出使用“海宁”标识。“海宁”是浙江省的一个县级行政区的县名,且是被告注册地。企业的名称采用行书或草书手写,不违反任何法律规定,“”构成对“”的近似,也仅仅是一种巧合;3. 原告在本案中以一个相同的法律事实,既主张商标侵权又主张不正当竞争,不符合法律规定;4. 被告华威电器没有从事不正当竞争行为,原告指控被告构成不正当竞争,没有事实和法律依据。原、被告之间不存在竞争关系,被告没有从事“搭便车”的行为。原告没有生产、销售被控侵权产品,被控侵权产品与原告产品的产品价格、消费群体、销售网络明显不同,不会使消费者混淆;5. 被告华威电器是为被告海宁小神童贴牌生产产品,产品涉及包装箱均由委托人提供,被告华威电器不应承担侵权民事责任;6. 原告要求被告华威电器赔偿500000元,没有事实和法律依据。原告在本案中明显存在滥用知识产权的行为,请求驳回其所有诉讼请求。

被告李玉奎、被告邹海岳在庭审及答辩状中除坚持被告海宁小神童的答辩意见外,还辩称:1. 本案被告李玉奎、邹海岳不构成商标侵权。被告李玉奎在第7类商品上合法注册第3797674号“**Hiller**”注册商标的行为,被告邹海岳在第7类商品上合法注册第4359666号“”注册商标的行为,并不侵犯原告第11类商品上注册的第752875号“**Haler**”和第500442号“”注册商标专用权。在原告不能证明两被告是恶意注册的情况下,原告无权禁止该两注册商标的使用。原告没有证据证明被告李玉奎、被告邹海岳许可被告海宁小神童和被告华威电器使用第3797674号“**Hiller**”和第4359666号“”注册商标。即使有许可行为,也是被告行使合法的商标专用权的行为,不构成对原告商标权的侵犯;2. 被告李玉奎、被告邹海岳没有制造、销售被控侵权产品,原告也没有证据证明被告李玉奎、被告邹海岳参与了被告海宁小神童和被告华威电器的商标侵权行为和不正当竞争行为。原告认为被告李玉奎、被告邹海岳应与被告海宁小神童和被告华威电器共同承担侵权责任,缺乏事实和法律依据;3. 被告李玉奎、被告邹海岳不构成不正当竞争。理由同被告华威电器第三、四点答辩意见一致;4. 原告要求两被告承担民事责任,没有事实和法律依据,其在本案中存在滥用知识产权的行为,请求依法驳回原告的所有诉讼请求;5.原告已向国家商标局申请撤销被告李玉奎的第3797674号“Hiller”和被告邹海岳第4359666号“ ”注册商标,故本案应中止审理。

原告青岛海尔为证明其诉称理由,提供了以下证据:

第一组证据:原告的商标注册情况

证据1.第752875号“Haler”商标《商标注册证》、《核准续展注册证明》、《核准转让注册商标证明》、《核准变更商标注册人地址证明》,用以证明原告系第752875号“Haler”商标专用权人,该商标核定使用商品为第11类,包括制冷、冷藏设备、冰箱等;证据2.第500442号“ ”商标《商标注册证》、《变更注册事项》、《核准变更商标注册人名义及地址证明》、《核准变更商标注册人名义证明》、《核准续展注册商标证明》、《核准续展注册证明》、《核准转让注册商标证明》,用以证明原告系第500442号“”商标专用权人,该商标核定使用商品为第11类,包括制冷、冷藏设备等;证据3.第752873号“海尔”商标《商标注册证》、《核准续展注册证明》、《核准转让注册商标证明》,用以证明原告系第752873号“海尔”商标专用权人,该商标核定使用商品为第11类,包括制冷、冷藏设备、冰箱、冰柜等;证据4.第4534786号“海尔”商标《商标注册证》,用以证明原告系第4534786号“海尔”商标专用权人,该商标核定使用商品为第11类,包括冰箱等;证据5.第965884号“小神童”商标《商标注册证》、《核准续展注册证明》,用以证明海尔集团公司系第965884号“小神童”商标的注册人,该商标核定使用商品为第7类,包括洗衣机、洗衣干衣机等;证据6.《商标使用许可合同》,用以证明原告有权维护第965884号“小神童”商标的商标权益;证据7.海尔集团公司的《授权声明》,用以证明原告有权对侵犯“小神童”商标的行为主张权利;证据8.原告产品及包装的照片,用以证明原告商标在商品及包装的使用方式,表明原告在其产品和包装上均将其注册商标"海尔(海尔)"、"Haier"及""组合使用。

被告海宁小神童、华威电器、李玉奎、邹海岳经质证,对原告提供的证据1~证据3的真实性无异议,对关联性有异议。认为原告第752875号"Haier"商标和第752873号"海尔"商标核定的使用商品范围不包括本案被控侵权产品洗衣机。对证据2认为,原告第500442号""商标核定使用范围不包括本案被控侵权产品洗衣机,该商标图案由两个男孩的图像组成,并指定颜色,与被告邹海岳注册的第435966号""商标有显著区别。证据4第4534786号"海尔"商标的核定使用范围不包括本案被控侵权产品洗衣机。该商标是在2007年12月14日才注册,被告海宁小神童成立的时间是2007年1月22日,故认为被告海宁小神童对被控侵权的字号依法具有优先权。对证据5真实性无异议,但认为第965884号"小神童"商标注册人是海尔集团公司,与原告没有直接关联性。认为证据6《商标使用许可合同》原告未提供证据原件,故对其真实性无法确认。即使真实也仅能证明原告只获得一个普通的商标使用许可,依据商标法的规定,原告不具有起诉主体的资格。此外证据5和证据6反映的"小神童"商标的字体和被告使用的企业名称"海宁小神童电器有限公司"字体不同。对证据7的形式真实性无异议,但对合法性和关联性有异议,认为该份证据也不能证明原告享有合法的诉权。认为证据8反映是海尔集团公司及青岛海尔洗衣机有限公司的产品,与本案无关。

本院经审查认为,原告提供的证据1~证据5、证据7~证据8的真实性,各被告无异议,可以确认。且证据1~证据5可以反映原告涉案商标的注册情况,证据6与证据7结合,可以反映海尔集团公司已将第965884号

"小神童"商标的使用权及其与之相关的诉权授予原告。证据8系原告洗衣机产品和冰箱产品以及产品外包装、专卖店的照片,同时原告当庭提供了其洗衣机产品包装盒实物,照片反映的情况与客观实际相符,原告提供的上述证据可以反映原告商标的使用情况。

第二组证据:原告品牌知名度方面

证据9. 国家商标局商标(1995)27号文件《关于认定"海尔 HAIER"商标为公众熟知商标的通知》,用以证明涉案第752875号商标"Haier"、第500442号商标" "、第752873号商标"海尔"为驰名商标;证据10. 中国企业管理协会、中国企业家协会、中国企业信息交流中心颁发的《证书》;证据11. 中国名牌杂志社、中国商品评价中心颁发的《最佳品牌奖》证书;证据12. 中国名牌杂志社颁发的《最佳品牌奖》证书;证据13. 中国企业管理协会、中国企业家协会、中国企业信息交流中心颁发的《证书》;证据14. '94全国精品博览会组委会颁发的《荣誉证书》;证据15. 中国质量检验协会、中华国产精品推展会颁发的《联合推荐中华国产精品证书》;证据16. 国家统计局城市社会经济调查总队、国家统计局农村社会经济调查总队、中央电视台经济部颁发的《荣誉证书》;证据17. 国家科学技术委员会颁发的《科技进步类》证书;证据18. 北京名牌评估事务所出具的关于"1997年'Haier 海尔'商标品牌价值77.36亿列中国家电行业第一"的说明;证据19. 国家质量监督检验检疫总局颁发的《中国名牌证书》;证据20. 国家质量监督检验检疫总局颁发的《世界名牌》证书;证据21. 商务部颁发的《最具市场竞争力品牌》证书;证据22. 青岛市科学技术进步奖评审委员会颁发的《荣誉证书》;证据23. '97中国(泰山)专利技术及新产品博览会组委会颁发的"XQM15-A小小神童洗衣机"获《金奖》证书;证据24. '97中国(泰山)专利技术及新产品博览会组委会颁发的"XOB55-A神童王全自动洗衣机"获《金奖》证书;证据25. 中国发明协会颁发的《证书》;证据26. 上海市消费者协会投诉咨询部、文汇报社《质量扫描》专刊、上海市质量管理协会用户委员会、百货大店经贸联产品质量跟踪站颁发的《荣誉证书》;证据27. 青岛市工商行政管理局、青岛市商标品牌协会颁布的《岛城十大商标》(家电电子类)证书;证据28. 国家经济贸易委员会颁发的《证书》;证据 29. 国家科学技术委员会颁发的《科技进步奖》证书;证据 30. Climate Protection Division U. S. Environmental Protection Agency 颁发的《证书》;证据 31. 中国质量管理协会、全国用户委员会颁发的奖状;证据 32. 国家统计局、中国行业企业信息发布中心颁发的《统计信息认证证明》;证据 33. 国家质量监督检验检疫总局颁发的《中国名牌产品证书》;证据 34. 国家科技部、国家商务部、国家质量监督检验检疫总局、国家环境保护总局颁发的《国家重点新产品证书》;证据 35. 中国家用电器研究院、《家用电器》杂志社、《家用科技》杂志社颁发的《荣誉证书》;证据 36. 科学技术部颁发的《科技进步奖证书》;证据 37. 中国家用电器研究院、中国电子商会颁发的《荣誉证书》;证据 38. 中国发明协会颁发的《证书》;证据 39. 国家科技部、国家商务部、国家质量监督检验检疫总局、国家环境保护总局颁发的《国家重点新产品证书》;证据 40. 中国国际消费电子博览会组委会、中国电子信息产业发展研究院颁发的《证书》;证据 41. 中国品牌研究院颁发《证书》;证据 42. 中国家用电器研究院颁发的《获奖证书》;证据 43. 中国行业企业信息发布中心颁发的《统计调查信息证明》;证据 44. GfK 关于 2006 年海尔冰箱市场占有第一名的评选情况;证据 45. 首届"中国驰名商标"消费者评选活动组委会颁发的证书;以上证据 10 ~ 证据 45 用以证明原告海尔品牌获得的荣誉情况,反映海尔品牌具有极高知名度和美誉度;证据 46. 青岛海尔电冰箱股份有限公司 2000 年年度报告;证据 47. 青岛海尔股份有限公司 2001 年年度报告;证据 48. 青岛海尔股份有限公司 2002 年年度报告,用以证明 2000 ~ 2002 年海尔品牌商品的市场份额、利税及盈利情况;证据 49. 北京中怡康时代市场研究公司出具的《中国城乡多级市场家电商情资讯(2000 年)》;证据 50. 北京中怡康时代市场研究公司出具的《中国城乡多级市场家电商情资讯(2001 年)》;证据 51. 北京中怡康时代市场研究公司出具的《中国城乡多级市场家电商情资讯(2002 年)》;证据 52. 北京中怡康时代市场研究公司出具的《中国城乡多级市场家电商情资讯(2003 年)》;以上证据 49 ~ 证据 52 用以证明 2000 年至 2003 年海尔品牌电冰箱产品销量稳居全国第一;证据 53. 北京中怡康时代市场研究公司出具的《中国冰箱零售市场 2008 年度报告》;证据 54. 中国冰箱零售市场 2009 年度报告;以上证据 53 ~ 证据 54 用以证明目前海尔品牌电冰箱产品销量仍居全国第一;证据 55.《证明》,用以证明原告海尔集团相关公司自2000年至2003年为冰箱产品投入广告金额;证据56.宁波市工商行政管理局慈溪分局甬慈工商处字〔2010〕第207号《行政处罚决定书》,用以证明案外人将其生产的“海乐”电冰箱,实际使用为“海乐”,因与原告第4534786号“海尔”商标相近似,被工商机关认定为商标侵权。该产品系由被告海宁小神童监制,而“海乐”商标则由被告李玉奎申请注册;证据57.2008年11月19日《法制日报》登载的《最高法详解驰名商标认定司法解释征求意见稿》一文;证据58.国家图书馆科技查新中心《文献复制证明》;以上证据57~证据58用以证明最高人民法院确认原告商标属于“超级驰名商标”。

被告海宁小神童经质证,对证据9的真实性及关联性均有异议,认为第752875号“Haier”商标、第752873号“海尔”商标均是1995年6月28日才注册,在同年7月5日就被认定为驰名商标,不符合法定条件。同时认为1995年国家商标局认定的驰名商标是组合商标“海尔 Haier”,并不是三个独立商标。对原告提供的证据14、证据27、证据30、证据44、证据45、证据49~证据54、证据56,认为原告未提供原件,真实性无法确认。同时认为证据10~证据13、证据15~证据26、证据28~证据29、证据31~证据43颁发荣誉证书的机构不具有相应的资质,获得荣誉的是电冰箱产品,获奖者并非原告,这些证据与本案及原告不具有关联性。对证据46~证据48的形式的真实性和合法性有异议,认为原告单方提供的材料不具有真实性。这些报告反映的主体并非本案原告,报告的内容是2000~2002年利税情况,且仅能证明电冰箱产品的利税情况,故认为上述证据与本案不具有关联性。对证据55认为是原告单方的陈述,反映的数据没有相关证据印证,不具有证明效力。对证据57的来源有异议,认为只是学理解释,并不是司法解释。没有指导司法实践的意义,文章中关于“超级驰名商标”的称谓也不是法律用语,故不能作为裁判的依据。对证据58的真实性无异议,但对关联性合法性有异议,认为该证据的内容是建立在司法解释的征求意见稿里,不具有合法性。

被告华威电器、李玉奎、邹海岳经质证,对原告提供的证据9的真实性无异议,但认为1995年我国没有认定驰名商标的相关法律规定,原告认为上述三个商标已被认定为驰名商标,缺乏法律依据。对证据 9 关联性的其他意见同被告海宁小神童一致。证据 26 荣誉证书颁布的时间是 1995 年,而原告商标是在 1997 年注册。因此该荣誉证书上面的小神童商标与本案原告的“小神童”商标是否一致无法确定。对其他证据的意见与被告海宁小神童一致。

本院经审查认为,原告提供的证据 9 国家商标局《关于认定“海尔 HAIER”商标为公众熟知商标的通知》文件,原告虽不能提供原件,但在申请本院调查取证后,国家商标局已出具相关文件对证据 9 真实性予以确认,该份证据的真实性可以认定。国家商标局在该文件中明确表述了其认定驰名商标的理由及法律依据,结合原告提供的其他证据,该文件可以反映中文商标“海尔”、字母商标“Haier”以及图形商标“”1995 年已被公众熟知的事实。证据 10 ~ 证据 13、证据 15 ~ 证据 21 原告对复印件与原件的内容一致性作了公证,证据 22 ~ 证据 26、证据 28 ~ 证据 29、证据 31 ~ 证据 43 原告提供了原件,上述证据的真实性可以认定,且可以反映涉案商标获得的荣誉情况。证据 46 ~ 证据 48 系青岛海尔电冰箱股份有限公司 2000 ~ 2002 年的年度报告,上述证据原告提供了原件,被告无相反证据,否认其真实性的依据不足,上述证据可以反映 2000 ~ 2002 年海尔品牌电冰箱的销量情况。证据 49 ~ 证据 51 系北京中怡康时代市场研究公司出具的 2000 ~ 2002 年关于中国城乡商场冰箱销量的报告,原告虽未提供原件,但该两份证据反映的内容与原告提供的证据 46 ~ 证据 48 相印证,被告没有反驳证据,否认该两份证据真实性的依据不足。证据 14、证据 27、证据 30、证据 44 ~ 证据 45、证据 52 ~ 证据 54、证据 56 原告未提供原件,也无其他证据相印证,四被告亦不予认可,真实性无法确认。证据 55 系原告自行出具的 2000 ~ 2003 年冰箱产品的广告投入金额说明,系原告单方陈述,且无相关证据印证,四被告不予认可,该份证据内容的真实性亦无法确认。证据 57 系网上下载的 2008 年 11 月19日《法制日报》登载的《最高法详解驰名商标认定司法解释征求意见稿》一文,证据 58 国家图书馆科技查新中心《文献复制证明》对证据 57 反映的事实予以印证,该两份证据的真实性可以确认,且该两份证据一定程度上可以反映海尔品牌知名度情况。

第三组证据:被控侵权事实方面

证据59.(2009)京中信内经证字09325号《公证书》(内容为被告海宁小神童的企业网站的内容公证),用以证明四被告侵犯商标权及构成不正当竞争的事实;证据60.被告李玉奎名片,用以证明被告李玉奎与被告海宁小神童有关联;证据61.(2009)京东方内民证字5446号《公证书》(内容为被控侵权产品的公证购买情况);证据62.(2009)京东方内民证字5447号《公证书》(内容为北京市东方公证处制作的录音光盘及相关文字);以上证据61~证据62用以证明四被告共同实施侵权及不正当竞争行为;证据63.强制性产品认证证书,用以证明涉案被控侵权产品系被告华威电器生产;证据64.被告华威电器第十四次股东会议纪要,用以证明证据62录音内容的真实性;证据65.第3797674号"**Hiller**"商标的详细信息,用以证明被告李玉奎系第3797674号"**Hiller**"商标的注册人;证据66.第4359666号""商标的详细信息,用以证明被告邹海岳系第4359666号""商标的注册人;证据67. 6445458号"海乐"商标与4534802号"海尔"同类商品商标图样对比;证据68. 6445457号"海乐"商标与4534804号"海尔"同类商品商标图样对比;证据69. 6445456号"海乐"商标与4534786号"海尔"同类商品商标图样对比;证据70. 7170516号"Cassadi"商标与6129342号"Casarte"同类商品商标图样对比;证据71. 7170515号"Cassadi"商标与6129390"Casarte"同类商品商标图样对比;证据72. 5938967号"小神童"商标和7693795号"小神童"商标图样;以上证据65~证据72用以证明被告李玉奎、邹海岳恶意申请与原告相同或相近似的商标;证据73. 4319492号图形商标与714239号同类商品图形商标图样对比;证据74. 6437207号图形商标与870826号同类商品图形商标图样对比;证据75. 4319491号图形商标与500442号同类商品图形商标图样对比;以上证据73~证据75用以证明被告邹海岳恶意申请与原告近似的商标;证据76.《注册商标争议裁定申请书》、《商标评审申请材料目录》、《报送商标评审事项清单》,用以证明原告针对第3797674号"**Hiller**"和第4359666号""注册商标于2010年8月6日向商标评审委员会提出撤销申请。

被告海宁小神童经质证,对原告提供的证据59的真实性无异议,认可该网站系其公司网站,但认为是被告海宁小神童合法的商业行为,该份证据不能证明四被告共同故意实施了侵权行为。认为证据60来源不清,对该份证据的真实性及关联性均有异议。认可证据61公证购买的产品系其销售,但认为公证书送货单上显示是样品,不是大批量的产品。同时认为。从整个产品的外包装及售价来看,被控侵权产品与原告产品不会发生误认。对证据62文字的内容是否与光盘内容一致有异议,认为系原告单方整理,且录音中业务员不能代表被告公司,也未出庭作证,不能认为系被告的自认。对证据63的真实性无异议。但认为涉案被控侵权产品是被告海宁小神童委托被告华威电器生产,产品包装及标识均由被告海宁小神童提供。认为证据64反映的员工与证据62中的业务员是否一致不能确认。对证据65~证据66的真实性无异议。但认为该两个商标注册类别与原告商标不是同一类别,与原告的商标外观也有显著区别,是合法的注册商标。认为原告提供的证据67~证据75与被告海宁小神童及本案均无关联性。对证据76原告已经申请撤销的事实无异议,认为本案应该中止审理。

被告华威电器、李玉奎、邹海岳经质证,认为原告提供的证据59被控侵权网站的情况与其无关。认为证据60来源不清楚,对该份证据的真实性及关联性均有异议。被告李玉奎称其没有印刷过也没有委托他人印刷过该名片。证据61公证书委托人是北京海尔工贸公司,与本案没有任何关系。根据公证法的规定,公证机关不能接受与公证事项没有利害关系的委托人的申请,故该公证违反公证法的规定,属于无效公证。该份证据不能证明四被告共同侵权。同时认为被控侵权产品与原告产品不会发生误认。证据62公证的录音材料是原告的相关人员与被告海宁小神童销售人员的录音,其谈话的内容仅是销售人员个人的理解,不应作为公司意见,且其陈述与事实不符。对证据63认为华威电器在生产时已经尽到了商标的审查义务,包装销售都与其无关,无须承担侵权责任。认为证据64与本案无关联性。认为证据67~证据75表明被告李玉奎和邹海岳都是合法注册商标,且商标注册失败是正常现象,不能证明被告李玉奎和邹海岳系恶意申请注册商标。对证据65~证据66、证据76的质证意见与被告海宁小神童一致。

本院经审查认为,原告提供的证据59的真实性四被告无异议,可以确认,且可以反映被控侵权网站的相关情况。证据60系李玉奎名片,原告称系公证购买时李玉奎出示,但公证书中未予记载,被告予以否认,该证据来源不清,且该名片不能反映销售系被告李玉奎个人行为。有关证据保全的公证不会对权利人合法权益造成损害,应对公证法中的"利害关系"作广义理解,原告在本案中将案外人申请所作的公证书作为证据向法院提交,应视为原告对该申请行为的认可,可以认为该申请人与申请事项之间存在"利害关系"。故被告华威电器、李玉奎、邹海岳关于证据61不具有合法性的质证意见不能成立。证据61可以反映被控侵权产品的购买情况。证据62系公证机关在公证购买同时制作的录音光盘以及根据录音情况整理的文字材料,被告海宁小神童没有相反证据,否认其真实性依据不足,但该录音系被告工作人员的个人陈述,有关企业及商标注册情况应以实际工商登记为准。证据63强制性产品认证证书的真实性,各被告无异议,可以确认,且可以反映涉案被控侵权的洗衣机产品系被告华威电器生产。证据64被告华威电器第十四次股东会议纪要的真实性,各被告无异议,可以确认,该份证据反映"余霞"系被告华威电器工作人员,因余霞本人未出庭作证,故原告关于证据64与证据62所涉工作人员系同一人的证明目的难以实现。证据65~证据75的真实性,四被告无异议,可以确认,且可以反映被告李玉奎和邹海岳的商标注册情况。证据76的真实性,四被告无异议,可以确认,且可以反映原告已对第3797674号"**Hiller**"和第4359666号"  "注册商标向国家商标评审委员会申请撤销。关于四被告是否构成商标侵权及不正当竞争,以及本案是否需要中止审理,本院将在说理部分详细阐述。

被告华威电器为证明其辩称理由,提供了以下证据:证据1.海尔洗衣机在市场的价格、款式、外包装照片一组,用以证明市场上所销售的"海尔"电器与本案被控侵权产品在价格、款式、外包装、适合的消费群体完全不同。海尔集团公司与被告海宁小神童的经营、销售模式完全不同;证据2.(2010)慈证民字第800号《公证书》,用以证明原告免费将商标给海尔集团公司使用。原告从不生产任何工业产品,只是一家为青岛海尔股份有限公司提供房屋租赁、水电服务、清洁绿化服务等后勤保障服务的公司。因此被告的行为,不会对原告造成任何损害。

经庭审质证,原告青岛海尔认为证据1的来源不清,包装箱与原告的包装不同,不能证明是原告产品的包装箱。认为商标免费许可使用仅是集团内部的免费使用,并不是对社会公众进行免费使用。即使没有实际生产,但其也是属于经营者,拥有上述主张权利的商标的商标专用权,因此认为证据2不能证明被控侵权行为对原告没有损害。

被告海宁小神童、李玉奎、邹海岳对被告华威电器提供的证据没有异议。

本院经审查认为,被告华威电器提供的证据1来源不明,被告未提供相关实物原件,原告不予认可,该份证据的真实性无法确认。证据2经公证的原告公司相关情况的真实性,原告无异议,可以确认,但原告关联公司之间的商标免费许可使用的情况不能真实反映原告商标的市场价值及通常的许可使用费情况,被告关于该份证据的证明目的不能实现。

被告海宁小神童、李玉奎、邹海岳没有证据向本院提交。

应原告青岛海尔申请,本院向国家工商行政管理总局商标局调取了(2010)工商标A字第51号文件一份,原告作为己方证据向法庭出示,用以证明涉案第752875号商标"**Haier**"、第500442号商标""、第752873号商标"**海尔**"为驰名商标。

被告海宁小神童、华威电器、李玉奎、邹海岳对本院调查取证证据的真实性无异议,其他关联性等方面的意见同证据9质证意见一致。

本院经审查认为,本院调查取证证据的真实性、合法性及关联性,本院依法予以确认。

原告青岛海尔起诉后向本院申请证据保全,本院依法予以准许,并于2010年1月8日分别到浙江省慈溪市附海镇观附公路300号被告海宁小神童和慈溪市附海镇南圆村被告华威电器经营场所进行证据保全,在浙江省慈溪市附海镇观附公路300号取得宣传广告牌1个和标有"海宁小神童电器有限公司"的单桶洗衣机产品1台,在慈溪市附海镇南圆村被告华威电器处取得标有"青岛小神童工贸有限公司"的双桶洗衣机产品1台,拍摄照片若干张,并分别制作证据保全笔录1份。

经庭审质证,原告青岛海尔对本院证据保全材料的真实性、合法性及关联性均无异议,并认为可以反映四被告构成侵权。

经庭审质证,被告海宁小神童、华威电器、李玉奎、邹海岳对本院证据保全材料的真实性、合法性无异议,但认为法院保全的洗衣机产品不是被告华威电器生产,与本案无关。

本院证据保全的材料的真实性、合法性,双方当事人没有异议,本院依法予以确认。因原告在庭审中已明确表示在本案中不对标注“青岛小神童工贸有限公司”字样的产品主张权利,故对于本院证据保全中涉及青岛小神童工贸有限公司的相关产品及材料本院不予审查。本院证据保全的标有“海宁小神童电器有限公司”的单桶洗衣机产品,四被告否认是被告华威电器生产,但均未提供相应的反驳证据,该产品与本案的关联性,本院予以确认。关于四被告是否构成商标侵权或不正当竞争,本院将在说理部分详细阐述。

根据上述已认定的证据及当事人庭审陈述,本院认定如下事实:

一、青岛海尔的商标注册情况

1989年10月10日,经国家商标局核准,青岛电冰箱总厂取得了第50442号“”商标的注册商标专用权。该商标指定颜色,图形中左边男孩为黑发黄裤,右边男孩为黄发蓝裤。该商标核定使用的商品为第11类:包括制冷;冷藏设备等,有效期自1989年10月10日至1999年10月9日。后,经核准,该商标有效期续展至2019年10月9日。2001年1月14日,青岛海尔受让了该商标。

1995年6月28日,经国家商标局核准,海尔集团公司取得了第752875号“**Haier**”商标的注册商标专用权。该商标核定使用的商品为第11类:包括制冷;冷藏设备;冰箱;冰柜;冷藏箱等,有效期自1995年6月28日至2005年6月27日。后,经核准,该商标有效期续展至2015年6月27日。2001年1月14日,青岛海尔受让了该商标。

1995年6月28日,经国家商标局核准,海尔集团公司取得了第752873号“**海尔**”商标的注册商标专用权。该商标核定使用的商品为第11类:包括制冷;冷藏设备;冰箱;冰柜;冷藏箱等,有效期自1995年6月28日至2005年

6月27日。后,经核准,该商标有效期续展至2015年6月27日。2001年1月14日,青岛海尔受让了该商标。

1997年3月21日,经国家商标局核准,海尔集团公司取得第965884号“小神童”商标的注册商标专用权。该商标核定使用的商品为第7类:包括洗衣机、洗衣机干衣机等,有效期自1997年3月21日至2007年3月20日。经核准,该商标有效期续展至2017年3月20日。2000年8月18日,海尔集团公司与青岛海尔签订《商标使用许可合同》,约定海尔集团公司将第965884号“小神童”商标许可青岛海尔在第7类洗衣机商品上使用,并约定青岛海尔遇到侵权纠纷时可主张权利。2010年7月6日,海尔集团公司出具《授权声明》,表明,该商标在使用过程中遇到的所有可能侵犯商标专用权的事由,以及在保护商标专用权过程中可能需要进行的工商行政管理投诉或者司法诉讼程序,青岛海尔可根据事实情况,单独向工商行政管理部门进行投诉或者直接向法院提起诉讼。

2007年12月14日,经国家商标局核准,青岛海尔取得了第4534786号“海尔”商标的注册商标专用权。该商标核定使用的商品为第11类:包括冷冻设备和机器、制冷容器、制冰机和设备、冰柜、冰箱、冷却装置和机器等,有效期自2007年12月14日至2017年12月13日。

青岛海尔提供的证据反映,海尔品牌冰箱、洗衣机产品及外包装、宣传资料上通常组合使用“**Haier**”字母商标和“”图形商标。

二、有关原告商标的知名度方面

1995年7月5日,国家商标局商标(1995)27号文件,认为“海尔”已成功取代了“琴岛—利勃海尔”,并在消费者心中享有很高知名度。同时,认定海尔集团公司使用在电冰箱商品上的“海尔 HAIER”商标为驰名商标。该文件所附商标图样为:

。

1994年2月28日,中国企业管理协会、中国企业家协会、中国企业信息交流中心颁布“1993年全国市场产品竞争力排行榜”,“海尔冰箱”列“理想品牌”第一名,“实际购买品牌”第八名,“1994年购物首选品牌”第一名。同年9月8日,国家统计局城市社会经济调查总队、国家统计局农村社会经济调查总队、中央电视台经济部举办的“全国电视机、电冰箱、洗衣机市场调查”中,“海尔牌电冰箱”被推荐为“全国电冰箱市场占有率、社会知名度双十佳产品”。同年12月26日,海尔集团公司生产的“海尔冰箱”在中国企业管理协会、中国企业家协会、中国企业信息交流中心颁布的“1994年全国市场产品竞争力排行榜”中列冰箱类“理想品牌”第一名,“实际购买品牌”第二名,“1995年购物首选品牌”第一名,并荣获“1994年最佳中国市场名牌”称号。同年,海尔电冰箱在中国名牌杂志社、中国商品评价中心颁布的“94全国消费品市场调查评价”中荣获“中国名牌最佳品牌奖”。

1995年8月19日,“海尔牌电冰箱”被中国质量检验协会和中华国产精品推展会联合推荐为“国产精品”。同年11月,“XQB42-9A小神童牌电脑全自动洗衣机”被上海市消费者协会投诉咨询部、文汇报社《质量扫描》专刊、上海市质量管理协会用户委员会、百货大店经贸联产品质量跟踪站确认为“’95上海市场商品质量扫描跟踪月‘无后顾之忧’产品”。

1996年12月,青岛海尔电冰箱股份有限公司和海尔集团青岛制冷技术研究所的“节能无污染电冰箱”获得国家科学技术委员会颁发的“国家科技进步奖”。

1997年5月31日,青岛海尔洗衣机有限总公司“XQMl5-A小小神童洗衣机”和“XQB55-A神童王全自动洗衣机”荣获’97中国(泰山)专利技术及新产品博览会组织委员会颁发的金奖。1997年,经北京名牌评估事务所评估,“Haier海尔”商标品牌价值77.36亿元,列中国家电行业第一。

1998年12月28日,青岛海尔洗衣机有限总公司“小小神童即时洗系列洗衣机”荣获青岛市科学技术进步奖评审委员会颁发的“为表彰在促进科学技术进步工作中做出重大贡献”一等奖。

1999年9月,海尔电器国际股份有限公司的“螺旋旋风神童王全自动洗衣机”在中国发明协会举办的第十二届全国发明展览会上荣获铜牌奖。同年9月,青岛海尔电冰箱股份公司的“BCD-126W冰箱”在第十二届全国发明展览会上荣获中国发明协会颁发的金牌奖。同年12月,海尔集团青岛海尔电冰箱股份有限公司“BCD-238W无霜保鲜环保电冰箱”荣获国家科学技术部颁发的“科技进步奖”二等奖。

2000 年 5 月,青岛海尔电冰箱股份有限公司的“BCD－170H/180H 双宽健康型统帅电冰箱”被国家经济贸易委员会评为“2000 年国家级新产品”。

2001 年 9 月,青岛海尔电冰箱股份有限公司的“海尔牌家用电冰箱”被中国质量管理协会、全国用户委员会评为“2001 年度全国用户满意产品”。经国家统计局、中国行业企业信息发布中心统计调查,海尔牌电冰箱荣列 2001 年全国市场同类产品销量第一名。

2004 年 9 月,海尔集团公司生产的“海尔 Haier”牌电冰箱荣获国家质量监督检验检疫总局颁发的“中国名牌产品”证书。

2005 年 6 月,青岛海尔股份有限公司的“飞天王子变频冰箱 BCD－242BBF/222BBF”被国家科技部、国家商务部、国家质量监督检验检疫总局、国家环境保护总局评为“国家重点新产品”。同年 9 月,“海尔牌电冰箱”被国家质量监督检验检疫总局评选为“世界名牌”。同年 11 月 25 日,青岛海尔股份有限公司的“拥有宇航绝热层节能技术的海尔鲜＋变频彩晶王子系列冰箱”荣获中国家用电器研究院、《家用电器》杂志社、《家用科技》杂志社颁发的“2005 家用电子电器产品创新奖”。

2006 年 7 月 7 日,“海尔鲜＋BCD－278WNN 变频冰箱”荣获中国国际消费电子博览会组委会、中国电子信息产业发展研究院颁发的“2006SINOCES 中国消费电子年度创新大奖”。同年 7 月,海尔集团的海尔品牌被中国品牌研究院评为“中国电冰箱行业标志性品牌”。同年 11 月,青岛海尔股份有限公司“宇航变频对开门冰箱 BCD－550WA/558WA”被国家科技部、国家商务部、国家质量监督检验检疫总局、国家环境保护总局评为“国家重点新产品”。同年,青岛海尔股份有限公司的冰箱产品被中国家用电器研究院、中国电子商会评选为“2006 年度最受消费者欢迎的保鲜冰箱”。海尔集团公司“海尔”被国家商务部评选为“最具市场竞争力品牌”。

2009 年 3 月,中国行业企业信息发布中心调查统计,青岛海尔股份有限公司生产的“海尔牌电冰箱”荣列 2008 年年度全国市场同类产品销量、市场占有率第一名。同年 9 月,青岛海尔股份有限公司的“海尔卡萨帝意式三门冰箱”在中国家用电器研究院举办的“2009 年年度家用电器创新奖”评选活动中获“最佳工业设计奖”。

青岛海尔电冰箱股份有限公司2000年年度报告显示:青岛海尔2000年度利润总额为502277993.42元。北京中怡康经济咨询有限公司提供的全国1000家重点商场的调查显示,海尔冰箱、冷柜报告期内各月市场占有率均位居同行业第一,2000年的市场占有率分别为:31.2%和39.4%。据海关2000年数据统计,海尔冰柜出口创汇额高居同行业榜首。中国节能产品认证中心对1999年家用电冰箱节能认证情况及能效状况进行统计数据分析显示,海尔冰箱是国内申请类型和数量最多的企业,海尔品牌占认证总数的37.5%。2000年实际生产电冰箱279.4万台,同比增长8%。全年完成主营业务收入48.3亿元,同比增长22%;实现净利润4.2亿元,同比增长35%。公司2000年共出口电冰箱83.6万台,同比增长47%。2000年共满足国内外个性化用户订单5000余批次,冰箱产品出口到欧亚非拉100多个国家和地区,出口销量和出口额皆居同行业之首。

青岛海尔股份有限公司2001年年度报告显示:公司2001年度利润总额897880145.49元。北京中怡康经济咨询有限公司提供的全国1000家重点商场的调查显示,海尔冰箱、空调、冷柜报告期内各月市场占有率均位居同行业第一,2001年的市场占有率分别为:27%、19.3%和33.9%。美国《Appliance》杂志公布:全球冷柜、空调在美国市场销量排名前十强,海尔冷柜列第三,海尔空调进入前六。

青岛海尔股份有限公司2002年年度报告显示:公司2002年度利润总额536981441.98元。2002年实现主营业务收入1155352万元,实现利润总额53698万元,净利润39706万元。纳入合并报表范围各公司截止报告期末累计生产电冰箱387.53万台,空调器252.8万套,出口冰箱180.15万台,出口空调器80.78万套。北京中怡康时代市场研究有限公司提供的中国城乡多级市场家电商情咨询的调查显示,海尔冰箱、空调报告期内各月市场占有率均位居同行业第一,2002年市场占有率分别为:26.66%、16.34%。据国际著名的信息咨询公司Euromonitor公布的白色家电最新市场报告显示,海尔在全球冰箱品牌白色家电市场占有率排名中列第五位,海尔冰箱以5.98%的市场份额名列全球冰箱品牌市场占有榜首,成为全球冰箱第一品牌。

三、关于本案的被控侵权事实

2009年7月14日,北京海尔工贸有限公司的代理人汪卫军会同北京市东方公证处工作人员一同来到浙江省慈溪市附海工业区的华威电器处,由汪卫军与该公司自称是余霞的工作人员进行谈话。公证的录音内容反映,华威电器从事“**Hiller**”洗衣机产品的生产,且与海宁小神童有合作关系。北京市东方公证处对上述谈话过程进行录音,并将录音内容及所拍的照片刻录至光盘,并出具(2009)京东方内民证字第5447号《公证书》。

2009年7月16日,北京海尔工贸有限公司的代理人汪卫军、周飞会同北京市东方公证处工作人员一同来到浙江省慈溪市附海工业开发区观附路300号海宁小神童经营场所,汪卫军、周飞以680元的价格向该公司自称是贺女士的销售人员购买了“**Hiller**”牌型号为XQB50-168A的全自动洗衣机一台,取得了编号为0000016的《进货单》一张。《送货单》上突出标有“**Hiller**”、“海利尔电器”字样,并加盖“海宁小神童电器有限公司”公章。公证购买的洗衣机产品的外包装上同时突出标有“**Hiller**”字母商标和黑白的“”图形商标,底端标有“海宁小神童电器有限公司”字样。包装箱背面标有“通过国家强制性3C认证　执行标准　GB/T4288-2003　GB4706.24-2000　GB4343.1-2003　GB4706.26-2000　GB4706.1-2005　GB17625.1-2003”字样。洗衣机产品上同时标有彩色的“”图形商标(左边男孩为黑发蓝衣,右边女孩为黄发橙衣)和“**Hiller**”字母商标。洗衣机产品说明书上同时标有“**Hiller**”字母商标和黑白的“”图形商标,以及“海宁小神童电器有限公司”字样。北京市东方公证处对上述公证购买过程进行录音,对购买的相关产品进行拍照和封存,将录音内容及所拍的照片刻录至光盘,并出具(2009)京东方内民证字第5446号《公证书》。同日,北京海尔工贸有限公司的代理人汪卫军会同北京市东方公证处工作人员一同来到浙江省慈溪市附海工业区的华威电器处,与该公司一工作人员进行谈话。北京市东方公证处将谈话过程进行同步录音,将录音内容刻录至光盘,并出具(2009)京东方内民证字第5447号《公证书》。公证的录音内容反映,华威电器从事“**Hiller**”洗衣机产品的生产,且与海宁小神童有合作关系。

另,强制性产品认证证书(CCC证书)查询结果显示,查询证书号为2007010705237620的强制性产品认证证书的申请人和制造商为海宁小神童,生产厂为华威电器,产品名称全自动洗衣机,型号包括XQB50-168等,标准包括GB4706.1-1998 GB4706.24-2000 GB4706.26-2000 GB4343.1-2003 GB17625.1-2003。

2009年9月3日,青岛海尔的代理人会同北京市中信公证处公证人员通过公证处的计算机登陆互联网,输入http://www.hillerdq.com,进入该网站,对该网站的网页进行浏览。网页同时突出标有"**Hiller**"字母商标和彩色的""商标,以及"海宁小神童电器有限公司"字样。该网站对洗衣机、脱水机等产品进行展示。其中洗衣机、脱水机产品上同时突出标有"**Hiller**"字母商标和彩色的""商标"在"公司简介"栏登载:"本公司自创建以来,推出'**Hiller**'系列电器,并在浙江建立生活电器事业部及生产基地,专业生产脱水机、洗衣机、冰箱等系列产品"。北京市中信公证处对该网站的网页进行浏览、打印,并出具(2009)京中信内经证字09325号《公证书》。

2010年1月8日,本院到浙江省慈溪市附海镇观附公路300号海宁小神童经营场所进行证据保全。该处门头招牌、店内宣传牌上同时突出标有"**Hiller**"和彩色的""标识,并标明"海宁小神童电器有限公司"字样。店内李玉奎作为工作人员认可该地址是海宁小神童的展示厅。本院在该处保全到型号为XPB36-8006的单桶洗衣机一台,该洗衣机产品的外包装上同时标有"**Hiller**"字母商标和黑白的""图形商标,底端标有"海宁小神童电器有限公司"字样。包装箱背面标有"通过国家强制性3C认证 执行标准 GB4706.1-1998 GB4706.24-2000 GB4343.1-2003 GB4706.26-2000 GB17625.1-2003"字样。被控侵权产品上标有"**Hiller**"商标和"海宁小神童电器有限公司"字样。

华威电器成立于2007年1月22日,经营范围为家用电器制造、加工、批发、零售。

2005年12月28日,经国家商标局核准注册,李玉奎享有第3797674号“**Hiller**”注册商标专用权,该商标核定使用的商品为第7类:洗衣机;洗衣甩干机;干衣机;洗衣店用洗衣机等。该商标有效期自2005年12月28日至2015年12月27日。

2007年5月28日,经国家商标局核准注册,邹海岳享有第4359666号“”注册商标专用权,该商标核定使用的商品为第7类:洗衣机;洗衣甩干机;投币式洗衣机;干洗机;洗衣机等。该商标有效期自2007年5月28日至2017年5月27日。

海宁小神童成立于2007年1月22日,住所地为浙江省海宁市塘南东路203号,经营范围为家用电器制造、加工批发、零售。浙江省慈溪市附海镇观附公路300号为海宁小神童经营场所。

2010年8月6日,青岛海尔就第3797674号“**Hiller**”和第4359666号“”注册商标,向国家工商局商标评审委员会提出申请,请求裁定撤销该两个注册商标。现商标评审委员会正在商标异议审查中,

庭审中,海宁小神童、华威电器均认可,涉案被控侵权产品由海宁小神童委托华威电器生产。

本院认为:本案原、被告双方争议的焦点主要涉及以下几方面:

一、本案是否需要中止审理

被告李玉奎、邹海岳认为,原告已就两被告注册的第3797674号“**Hiller**”和第4359666号“”注册商标,向商标评审委员会提出撤销申请,且国家工商局商标评审委员会已受理,故本案应中止审理。本院认为,国家工商局商标评审委员会受理撤销注册不当的申请,并不是中止商标侵权案件审理的法定理由。《最高人民法院关于审理注册商标、企业名称与在先权利冲突的民事纠纷案件若干问题的规定》第一条第二款规定,原告以他人超出核定商品的范围或者以改变显著特征、拆分、组合等方式使用的注

册商标,与其注册商标相同或者近似为由提起诉讼的,人民法院应当受理。本案原告商标注册在先,且权利稳定。本案原告诉称的内容涉及被告实际使用的商标是否侵犯原告合法权益,不仅仅涉及两个冲突商标的静态对比,本案也并非单纯两个注册商标之间的授权争议案件。因此,本案的侵权判定与商标行政管理部门的商标异议程序并非彼此互为因果,不需要以确权案件的审理结果为依据,故被告李玉奎、邹海岳要求中止审理的请求,本院不予采纳。

二、本案是否需要认定驰名商标

本案原告青岛海尔主张其享有的第752875号"Haier"商标、第500442号" "商标、第752873号"海尔"商标、第4534786号"海尔"商标为驰名商标。

《最高人民法院关于审理涉及驰名商标保护的民事纠纷案件应用法律若干问题的解释》第二条规定,当事人以商标驰名作为事实根据,人民法院根据案件具体情况,认为确有必要的,对所涉商标是否驰名作出认定。同时该解释第三条规定,被诉侵犯商标权或者不正当竞争行为的成立不以商标驰名为事实根据的,人民法院对于所涉商标是否驰名不予审查。

本案原告诉称四被告在被控侵权产品、包装、说明书、宣传资料、经营场所及企业网站上使用"Hiller"、" "标识,以及手写体"海宁小神童电器有限公司"企业名称构成商标侵权及不正当竞争。原告诉称的上述仿冒以及正常使用企业名称而足以构成市场混淆的行为,均可以依据《中华人民共和国民法通则》(以下简称《民法通则》)和《中华人民共和国反不正当竞争法》(以下简称《反不正当竞争法》)的原则规定,认定不正当竞争行为,其指控的上述被控侵权行为的构成可以不以认定驰名商标为前提,故本院对于涉案商标是否驰名不予审查。

三、原告是否具备诉讼主体资格

本案四被告辩称,原告是一家投资性公司,与各被告之间不存在竞争关系,不是适格的原告。本院认为,我国《反不正当竞争法》规定,不正当竞争行为不仅包括经营者与严格意义上的竞争对手(即经营同类商品或者替代商品的对方经营者)争夺交易机会的行为,同时还包括以不正当手段谋取竞争优势或者破坏他人竞争优势的行为。本案原告系涉案商标及相关标识的专用权人以及被许可使用人,任何以不正当方式对其商标权及与商标权行使相关的权益的侵害均是不正当竞争行为,各被告作为涉案被控侵权商标及标识的使用者或持有者,与原告之间存在直接的或潜在的竞争关系。四被告关于原告与各被告之间不存在竞争关系,不是适格原告的抗辩理由不能成立。

此外,海尔集团公司与青岛海尔签订《商标使用许可合同》,以及海尔集团公司出具《授权声明》表明,海尔集团公司已将第965884号"小神童"商标的使用权及其与之相关的诉权授予原告。四被告关于原告仅仅是第965884号"小神童"注册商标的普通被许可人,无权以自己的名义单独起诉的抗辩理由,与事实不符,不能成立。

四、被告海宁小神童、被告华威电器在被控侵权的洗衣机产品、包装、说明书、宣传资料以及被告海宁小神童的经营场所、企业网站上使用第3797674号"**Hiller**"注册商标和第4359666号"　"注册商标是否构成商标侵权或不正当竞争

本案原告依法享有第752875号"**Haier**"商标、第500442号"　"商标的商标专用权。经国家商标局核准,本案被告李玉奎和邹海岳分别系被控侵权的第3797674号"**Hiller**"和第4359666号"　"注册商标的商标专用权人。

本案原告关于被告组合使用注册商标"**Hiller**"和"　"构成侵权的主张,涉及对商标使用方式,包装装潢设计风格等多重元素的仿冒,已超出了原告商标专用权的调整范围。被告的上述使用行为不应认定为商标侵权行为。原告关于被告使用"**Hiller**"和"　"的行为构成商标侵权的主张,不能成立。

关于被告使用"Hiller"和""的行为是否构成不正当竞争。本院认为,原告的冰箱、洗衣机产品的外包装采用的黄色瓦楞纸箱、长方体的几何形状、在包装箱的显著位置突出标注商标的方式均是家电类商品外包装惯常的元素,该包装仅具有物理意义上的功能性,并非具有商业标识意义的包装,相关公众仅据包装本身不足以判断和识别商品的来源,因此,原告产品的包装不属于《反不正当竞争法》第五条第(二)项所保护的知名商品特有的包装、装潢。

《中华人民共和国商标法》第五十一条规定,注册商标的专用权,以核准注册的商标和核定使用的商品为限。商标专用权范围既是商标注册人行使权利的根据,也是对其进行保护的界限。任何滥用注册商标专用权的行为,不再是正当行使专用权的行为,不能阻却侵权行为的构成。《民法通则》第四条规定,民事活动应当遵循自愿、公平、等价有偿、诚实信用的原则。《反不正当竞争法》第二条规定,民事活动的当事人应当诚实信用,遵守公认的商业道德,不得不正当地利用他人的商业信誉为自己的商品或服务争取消费者。可见,经营者在其商业活动中,有义务遵守诚实信用原则,违反了市场竞争的原则,对市场竞争产生了损害的市场竞争行为则构成不正当竞争。因此,被告使用其注册商标的行为如果违背了诚实信用原则,违反了公平竞争的秩序,则可以按照《反不正当竞争法》第二条,即一般条款给予制止。

本案原告第752875号"Haier"及第500442号"   "商标注册时间远远早于被控侵权商标的注册时间。从本院查明的事实看,原告商标1995年即被国家商标局认定为驰名商标。多年来,通过长期持续使用及大力的推广,海尔品牌具有良好的品牌形象和极高的公众认知度。海尔品牌的电冰箱产品也多次荣获"购物首选品牌"、"全国用户满意产品"、"中国名牌产品"、"最具市场竞争力品牌"、"中国电冰箱行业标志性品牌"等称号,并多次荣获各有关部门颁发的奖项。海尔品牌产品在全国市场同类产品中的销量、市场占有率和知名度等方面均在国内同行业中占据领先地位,其品牌价值也已为公众所认同。

本案被控侵权的第3797674号"Hiller"和第4359666号""分

别由不同的权利人注册。单独比对被控侵权的“Hiller”标识和原告的“Haier”商标,两者首位字母均为大写“H”,尾部均为小写“er”,中间均有小写“i”,两者在字形、读音上存在一定程度的近似。而被控侵权的“”标识与原告的“”商标虽然在卡通图案细部及颜色组合上存在一定差别,但两者采用了同样的设计理念和构思,图案均为两个并靠站立卡通儿童形象,其中左边儿童的头发为黑色,右边儿童头发为黄色。从本院查明的事实看,将字母商标“Haier”及图形商标“”组合使用是原告商标惯常的使用方式。观察被控侵权的洗衣机产品、包装、说明书、宣传资料、经营场所以及企业网站上的使用情况,可以发现被控侵权的“Hiller”和“”在实际使用中同样是以组合使用的方式出现。本案被控侵权产品、宣传资料、被告海宁小神童经营场所以及企业网站上同时突出使用“Hiller”字母商标和彩色的“”图形商标,被控侵权产品的外包装箱、产品说明书上同时突出标有“Hiller”字母商标和黑白的“”图形商标。被控侵权的“Hiller”和“”商标上述组合使用的方式与原告“Haier”及“”商标的使用方式基本一致。此外,本案被控侵权的洗衣机产品与原告商标核定使用的冰箱产品,两者在功能、用途方面存在差异,但两者同属常用家用电器,两者销售渠道、消费对象重合,生产部门往往具有同一性,海尔冰箱的高知名度以及海尔集团的多元化发展战略使得海尔品牌在家电领域享有极高的美誉度和广泛的影响力。因此,可以认定被控侵权的洗衣机产品与原告海尔品牌电冰箱产品具有一定关联性。如前所述,原告第 752875 号“Haier”及第 500442 号“”商标具有极高知名度,通过

长期的使用和宣传,原告使用其商标的方式也深入人心,该商标及其组合使用的方式与原告公司之间已经在普通消费者中建立了特定的联系,被告华威电器和被告海宁小神童在与原告冰箱产品有一定关联性的洗衣机产品、包装、说明书、宣传资料以及被告海宁小神童经营场所、企业网站上,采用与原告商标相同的使用方式,组合使用外观上与原告高知名度商标有一定近似性的注册商标“**Hiller**”和“ ”,极易使相关公众对双方当事人提供商品的来源及服务的主体产生混淆,认为两者或其提供者存在特定联系。被告的行为已超出了注册商标正当使用的合理范畴,其实质上是一种刻意摹仿的仿冒行为。被告主观上有混淆他人商品,攀附原告商标商誉的恶意,客观上利用了原告的商业成就以及品牌的声誉和影响力、产品的商业信誉获取有利的市场竞争地位,为自己谋取了不正当的商业利益。被告的行为违反了诚实信用原则和公认的商业道德,损害了原告的合法权益,误导了消费者,扰乱了健康的竞争机制和经济秩序,其行为构成不正当竞争。

五、被告海宁小神童、被告华威电器在被控侵权产品、包装、说明书、宣传资料以及被告海宁小神童的经营场所、企业网站上使用企业名称“海宁小神童电器有限公司”是否构成商标侵权或不正当竞争

原告认为,其“小神童”和“海尔”商标具有较高知名度,被告海宁小神童、被告华威电器在被控侵权产品、包装、说明书、宣传资料以及被告海宁小神童经营场所、企业网站上使用企业名称“海宁小神童电器有限公司”构成不正当竞争,使用“海宁”标识的行为构成商标侵权。

本院认为,本案第965884号“小神童”商标注册于1997年。原告依法取得第965884号“小神童”商标的许可使用权和与之相关的诉权。原告有权禁止他人使用与上述商标相同或相近似的文字在相同或类似商品上标示来源和进行商业活动。被告海宁小神童经工商部门核准成立于2007年。被告依法取得“小神童”字号。该部分被控侵权事实涉及商标权与商号权的权利冲突。

《民法通则》和《反不正当竞争法》均规定了诚实信用原则。《国家工商

行政管理局关于解决商标与企业名称中若干问题的意见》第四条规定:商标中的文字和企业名称中的字号相同或近似,使他人对市场主体及其商品或者服务的来源产生混淆(包括混淆的可能性),从而构成不正当竞争的,应当依法予以制止。因此,对于知识产权权利冲突案件的审理,应当遵循诚实信用、维护公平竞争和保护在先权利等原则。在判断知识产权权利冲突是否违法应当考量主观恶意、商业标识的知名度和权利的行使方式等因素。违反了市场竞争的原则,对市场竞争产生了损害的市场竞争行为则构成不正当竞争。

本案原告第965884号"小神童"商标注册于1997年,被告海宁小神童于2007年登记使用"小神童"字号,明显晚于原告商标注册时间。从原告提供的证据看,其"小神童"品牌的洗衣机产品历史悠久,在业内具有相当的知名度,被告海宁小神童应当知道原告及其"小神童"注册商标的情况,却登记使用与原告注册商标相同的字号,并在与原告"小神童"商标核定使用的洗衣机干衣机商品相同的洗衣机产品、包装、说明书、宣传资料以及被告海宁小神童的经营场所、企业网站上刻意采用手写体的企业名称"海宁小神童电器有限公司",使得字号外形上与原告手写体"小神童"商标更为接近,被告具有明显的"搭便车"故意。被告的行为客观上会引起消费者对商标注册人与企业名称所有人产生误认或者误解,认为被告系原告所投资或经营,或与原告存在某种特定联系或关联关系,进而对两者产生混淆。被告海宁小神童的上述行为已违反诚实信用原则和公认的商业道德,构成不正当竞争,依法应承担相应的民事责任。

原告依法享有第752873号"海尔"商标、第4534786号"海尔"商标的注册商标专用权。被告登记使用的企业名称中的"海宁"系行政区划名称,不具有识别经营主体的作用,不属于字号范畴。同时,被告海宁小神童和被告华威电器在上述使用"海宁小神童电器有限公司"中均未突出"海宁",因此,原告关于被告使用"海宁"构成商标侵权的主张与事实和法律不符,不能成立。同时,企业名称中具有识别意义的是字号,作为行政区划的"海宁"不具有排他效力,因此,被告关于其对"海宁"的使用享有在先权利的抗辩,本院不予采纳。

本案被告海宁小神童、被告华威电器在企业名称的标注中,刻意采用手写体“海宁小神童电器有限公司”的形式。其中“海宁”,外观上与原告的第4534786号“海尔”商标极为近似,结合手写体“小神童”的字号,极易导致消费者对产品的来源及经营主体产生混淆,或认为产品或其提供者与原告存在某种特定联系或关联关系。被告亦有明显的攀附原告商标知名度的故意。被告上述不规范使用企业名称的行为亦违反诚实信用原则和公认的商业道德。构成不正当竞争,依法应承担相应的民事责任。四被告关于其企业名称经过工商部门依法核准,“海宁小神童电器有限公司”系合法使用,不构成侵权的抗辩,与事实和法律不符,不能成立。

六、四被告民事责任的承担及原告的诉请能否得到支持

本案被控侵权的洗衣机产品由被告华威电器生产,被告海宁小神童销售。本案被告华威电器明知原告企业及其品牌的高知名度,在与原告商标核定使用的冰箱产品有一定关联性的洗衣机产品、外包装、说明书上,以与原告相同时方式组合使用外观上与原告商标有一定近似性的注册商标“**Hiller**”和“”,并刻意以手写体“海宁小神童电器有限公司”的方式在产品外包装上标注被告海宁小神童的企业名称,极易使相关公众产生混淆。被告华威电器主观上具有明显的“搭便车”恶意,其行为违反诚实信用原则和公认的商业道德,构成不正当竞争,依法应承担停止侵权、赔偿损失的民事责任。被告海宁小神童从事上述被控侵权产品的销售,将“小神童”作为字号登记,并在其经营场所、企业网站及宣传资料上以与被告华威电器相同的方式大量组合使用“**Hiller**”、“”标识、并以手写体“海宁小神童电器有限公司”标注企业名称。被告海宁小神童应当知晓原告品牌的高知名度。原告提供的证据以及本院证据保全的材料反映,两被告有着密切的合作关系,对各自及对方的行为会共同导致损害结果的发生,主观上是明知或应知的,应当认定两被告有意思联络,共同实施了被控侵权行为。故被告海宁小神童、被告华威电器构成共同侵权。《民法通则》第一百三十条规定,二人以上共同侵权造成

他人损害的,应当承担连带责任。故原告要求被告海宁小神童、被告华威电器承担连带责任的诉讼请求于法有据,本院予以支持。被告海宁小神童、被告华威电器关于其不构成不正当竞争,且无须承担侵权民事责任的抗辩理由不能成立,本院不予支持。

原告提供的证据反映,被告李玉奎和被告邹海岳从事第 3797674 号“**Hiller**”和第 4359666 号“ ”商标的注册行为,但该行为本身不能直接认定该两被告对该两商标进行了恶意的使用。被告海宁小神童、被告华威电器均系有独立法人资格的主体,被告李玉奎在被告海宁小神童任职,以及被告海宁小神童、被告华威电器工作人员关于被告李玉奎、被告邹海岳与被告海宁小神童、被告华威电器有一定关联的陈述,不能直接认定该两公司的侵权行为是被告李玉奎和被告邹海岳的个人行为,或该两被告直接参与被告华威电器和被告海宁小神童的侵权行为。原告亦没有证据证明被告李玉奎和被告邹海岳个人从事其他侵权行为,原告认为被告李玉奎和被告邹海岳构成商标侵权及不正当竞争,缺乏充足的证据支持,其要求被告李玉奎和被告邹海岳对侵权赔偿承担连带责任的诉请,本院不予支持。

关于赔偿数额,鉴于原告未能举证证明其因不正当竞争行为所受到的损失及被告所获得的利益,本院将综合考虑被告不正当竞争行为的性质、期间、后果,原告商标、产品的知名度和声誉、原告为制止不正当竞争行为所支付的合理开支等因素酌情确定本案赔偿数额。

综上所述,依照《中华人民共和国民法通则》第四条,第一百三十条,第一百三十四条第一款第(一)、(七)项、第二款;《中华人民共和国反不正当竞争法》第二条、第二十条之规定,判决如下:

一、被告慈溪市华威电器有限公司、被告海宁小神童电器有限公司立即停止在被控侵权的洗衣机产品、外包装、说明书、宣传资料、经营场所、企业网站及其他商业活动中组合使用“**Hiller**”和“ ”商标;

二、被告海宁小神童电器有限公司立即停止在企业名称中使用“小神童”字号;

三、被告慈溪市华威电器有限公司、被告海宁小神童电器有限公司立即停止在被控侵权的洗衣机产品、外包装、说明书、宣传资料、经营场所、企业网站及其他商业活动中以“海宁小神童电器有限公司”形式标注企业名称;

四、被告慈溪市华威电器有限公司于本判决生效之日起十日内赔偿原告青岛海尔投资发展有限公司经济损失30万元(包括原告为调查、制止侵权而支出的合理费用);

五、被告海宁小神童电器有限公司对上述第四项付款承担连带赔偿责任;

六、驳回原告青岛海尔投资发展有限公司的其他诉讼请求。

如果未按本判决指定的期间履行给付金钱义务,应当依照《中华人民共和国民事诉讼法》第二百二十九条之规定,加倍支付迟延履行期间的债务利息。

案件受理费8800元,财产保全费3020元,合计11820元,由原告青岛海尔投资发展有限公司负担1760元,由被告慈溪市华威电器有限公司、被告海宁小神童电器有限公司共同负担10060元。

如不服本判决,可在判决书送达之日起15内,向本院递交上诉状一式六份,上诉于浙江省高级人民法院[上诉案件受理费8800元(具体金额由浙江省高级人民法院确定,多余部分以后退还),应在提交上诉状时预交,款汇浙江省高级人民法院,户名:浙江省财政厅非税收入结算分户,账号:398000101040006575515001,开户银行:农业银行西湖支行。上诉期满七日后仍未交纳的,按自动撤回上诉处理]。

审 判 长 王 岚
审 判 员 马 洪
审 判 员 毛明强
二〇一一年十月十二日
代书记员 马 素

注:本案被控侵权的第4359666号图形商标已被商评委2011年12月22日作出的商评字〔2011〕第34821号裁定撤销,该裁定已经生效;被控侵权的第3797674号“Hiller”商标被商评字〔2011〕第34826号裁定撤销,李玉奎不服,提起诉讼,2013年1月21日,北京市高级人民法院作出(2012)高行终字第1904号判决,最终维持了商评委的撤销裁定。

28. 黛尔吉奥品牌有限公司、帝亚吉欧(上海)洋酒有限公司与肖绍力等商标侵权纠纷案

上海市第二中级人民法院民事判决书

(2010)沪二中民五(知)初字第31号

原告使用在第33类威士忌上的“JOHNNIE WALKER”商标具有较高显著性——已为中国境内的相关公众广为知晓——驰名商标——被告肖绍力销售,被告碧爽公司、永如公司生产包装的“汉之韵纯正护肤橄榄油”商品上使用了与原告商标“JOHNNIE WALKER”相同的字样——肖绍力经营的杂货店销售商品中包括酒类和化妆品——肖绍力销售的酒类和化妆品对应的相关公众是重合的——被告碧爽公司、永如公司在庭审中明确表示其使用“JOHNNIE WALKER”文字的目的是提高商品档次——碧爽公司将“JOHNNIE WALKER”文字在第3类化妆品等商品上申请商标前,涉案“JOHNNIE WALKER”商标已属驰名商标——碧爽公司、永如公司在涉案商品上使用“JOHNNIE WALKER”文字的行为具有傍名牌的故意——足以使相关公众产生误认——足以使相关公众认为涉案商品与两原告的“JOHNNIE WALKER”商标之间存在特定联系——容易导致相关公众的混淆——属于《商标法》第十三条第二款规定的侵权行为——碧爽公司、永如公司应当就此承担停止侵害、赔偿损失的民事责任

原告黛尔吉奥品牌有限公司(DIAGEO BRANDS B. V.),住所地荷兰王国阿姆斯特丹1014BG摩兰沃夫10－12号(MOLENWERF 10－12,1014BG AMSTERDAM,THE NETHERLANDS)。

法定代表人葛瑞克赫森·玛格丽萨·卡塞里纳·西奥多拉·玛利亚(Gerichhausen,Margaretha Catharina Theodora Maria)和瑞华兹·罗莎琳德·凯瑟琳(Rivaz,Rosalind Catherine),该公司执行董事。

原告帝亚吉欧(上海)洋酒有限公司,住所地中华人民共和国上海市外高

桥保税区加枫路28号2502室。

法定代表人黄俊熙(WHANG JOHN JOO - HEE),该公司亚太区财务总监。

上列两原告的共同委托代理人何放,北京市路盛律师事务所律师。

上列两原告的共同委托代理人翁莉,北京市路盛律师事务所律师。

被告肖绍力,男,上海市黄浦区力生杂货店业主,地址中华人民共和国上海市四川中路635号底层迪亚天天便利店。

委托代理人陈强,上海雷曼律师事务所律师。

被告常州碧爽生物科技有限公司,住所地中华人民共和国江苏省常州市钟楼区世纪明珠园27幢甲单元402室。

法定代表人郭光彬,该公司执行董事。

委托代理人满月辉,上海安盟律师事务所律师。

被告无锡永如生物美容品有限公司,住所地中华人民共和国江苏省无锡市洛社镇第一工业园区。

法定代表人吕钧陶,该公司执行董事。

委托代理人满月辉,上海安盟律师事务所律师。

原告黛尔吉奥品牌有限公司(以下简称黛尔吉奥公司)、帝亚吉欧(上海)洋酒有限公司(以下简称帝亚吉欧公司)与被告肖绍力、常州碧爽生物科技有限公司(以下简称碧爽公司)、无锡永如生物美容品有限公司(以下简称永如公司)侵犯商标专用权纠纷一案,本院于2010年2月20日受理后,依法组成合议庭,于2010年4月22日公开开庭进行了审理。两原告的共同委托代理人何放、翁莉,被告肖绍力的委托代理人陈强,被告碧爽公司、永如公司的共同委托代理人满月辉到庭参加诉讼。本案现已审理终结。

原告黛尔吉奥公司、帝亚吉欧公司共同诉称:原告黛尔吉奥公司是"JOHNNIE WALKER"文字注册商标(商标注册证第28112号)、"行走的绅士(右)"图形注册商标(商标注册证第3917685号,见附图一)和"行走的绅士(左)"图形注册商标(商标注册证第1065228号,见附图二)的专用权人。同时,原告黛尔吉奥公司已经授予原告帝亚吉欧公司上述商标在中国的普通许可使用权。长期以来上述商标一直使用于"JOHNNIE WALKER"系列威士忌酒。

"JOHNNIE WALKER"系列威士忌酒始于1820年,是世界上销售最广的苏格兰威士忌品牌,共销售于200多个国家,年销售量超过1.2亿瓶,年均销量在威士忌酒全球市场和中国市场的占有率分别为14%和27%。在"Intangible Business"(无形商务公司)发布的《2006年世界最具影响力的烈酒和葡萄酒品牌》报告中,"JOHNNIE WALKER"系列威士忌酒排名第一。自1870年"JOHNNIE WALKER"系列威士忌酒在悉尼国际展览会上获得其第一个有记录的优秀奖至今,"JOHNNIE WALKER"系列威士忌酒多次在各类国际酒类竞赛中获奖。

此外,两原告斥巨资在中国为"JOHNNIE WALKER"系列威士忌酒做了大量的户外、平面广告、电视广告及报刊媒体广告,并成为F1方程式赛车迈凯伦车队、亚洲太平洋首次高尔夫大赛的主要赞助商。近年来,"JOHNNIE WALKER"系列威士忌酒多次被他人仿冒,上海市工商行政管理局和上海市第二中级人民法院均曾认定"JOHNNIE WALKER"系列威士忌酒中的"黑牌"威士忌酒为知名商品。

两原告认为,上述事实均表明"JOHNNIE WALKER"系列威士忌酒在中国境内为相关公众广为知晓,使用在"JOHNNIE WALKER"系列威士忌酒上的"JOHNNIE WALKER"、"行走的绅士(右)"和"行走的绅士(左)"等商标具有极高的市场知名度,已成为在中国境内为相关公众广为知晓的驰名商标。

2009年,两原告发现被告碧爽公司、永如公司在其共同生产、销售的"汉之韵润肤橄榄油"、"汉之韵纯正护肤橄榄油"上,未经授权使用了"JOHNNIE WALKER"文字及与"行走的绅士(右)"、"行走的绅士(左)"商标图形极为近似的"向左的绅士"图形(见附图三)。被告肖绍力在其经营的上海市黄浦区力生杂货店(以下简称力生杂货店)销售了"汉之韵润肤橄榄油"。两原告认为,三被告的上述行为侵犯了两原告对上述三个驰名商标享有的合法权利,请求法院判令三被告:1. 立即停止对原告"JOHNNIE WALKER"、"行走的绅士(右)"、"行走的绅士(左)"注册商标专用权的侵害;2. 共同赔偿原告经济损失人民币50万元(以下币种均为人民币)。

2010年9月28日,两原告向本院提出申请称,不在本案中主张"行走的绅士(左)"商标属于驰名商标,并变更诉讼请求第一项为:请求判令三被告立即停止对原告"JOHNNIE WALKER"、"行走的绅士(右)"注册商标专用权的侵害。两原告的其余诉讼请求未作变更。

被告碧爽公司、永如公司共同辩称:1.原告黛尔吉奥公司诉状落款系委托代理人的印鉴,故本案诉讼并非原告黛尔吉奥公司真实的意思表示;2.两原告并未证明其系涉案"JOHNNIE WALKER"、"行走的绅士(右)"商标的权利人,且上述商标亦非驰名商标;3."汉之韵润肤橄榄油"、"汉之韵纯正护肤橄榄油"均属化妆品中的护肤类商品。被告碧爽公司已于2007年5月向中华人民共和国国家工商行政管理总局商标局(以下简称国家商标局)申请,将"JOHNNIE WALKER"文字在第3类化妆品等商品上注册为商标,并于2010年1月20日由国家商标局初审公告。因此,被告碧爽公司、永如公司在化妆品上使用"JOHNNIE WALKER"文字的行为,属于正当的商标使用行为;4.化妆品与涉案商标核定使用的威士忌酒等商品既不相同也不相类似。而"向左的绅士"图形与"行走的绅士(右)"商标的图形既不相同亦不近似。因此,两被告在涉案商品上使用"JOHNNIE WALKER"文字和"向左的绅士"图形的行为不会造成相关公众的混淆,没有侵犯两原告的合法权利;5."汉之韵润肤橄榄油"、"汉之韵纯正护肤橄榄油"实际是一个商品即"汉之韵橄榄油",该商品系案外人上海明健工贸发展有限公司(以下简称明健公司)委托被告碧爽公司设计外包装,并由被告碧爽公司安排被告永如公司生产,总计货值2.4万余元,且该商品目前已不再生产。故两原告在本案中主张的赔偿数额缺乏事实及法律的依据。综上,被告碧爽公司、永如公司请求本院驳回两原告的诉讼请求。

被告肖绍力辩称:其同意被告碧爽公司、永如公司的答辩意见,并认为其经营的力生杂货店销售的"汉之韵润肤橄榄油"均有合法来源,故被告肖绍力在本案中不应承担赔偿责任。

本院经审理查明:

一、关于涉案商标权利人的相关事实

原告黛尔吉奥公司是下列注册商标的专用权人

1."JOHNNIE WALKER"商标,商标注册证号为第28112号,核定使用商品为第33类威士忌。该商标于1958年8月1日注册,经多次续展、转让,该商标现有效期为2008年8月1日至2018年7月31日。

2.“行走的绅士(右)”商标,商标注册证号为第3917685号,核定使用商品为第33类酒精饮料(啤酒除外)。注册有效期自2005年11月28日至2015年11月27日。

2007年8月22日,两原告共同出具声明称:原告黛尔吉奥公司是“JOHNNIE WALKER”系列威士忌酒全球品牌的所有人,享有该商品包装装潢和/或商业外观的权利,包括但不限于商标、著作权等。原告黛尔吉奥公司通过非排他许可的方式授权原告帝亚吉欧公司在中国使用上述权利。

二、关于两原告主张的涉案商标属于驰名商标的相关事实

1.涉案商标的历史及其在中国持续使用时间的相关事实

“JOHNNIE WALKER”系列威士忌酒始于1820年的苏格兰,其创始人为约翰·沃克(JOHN WALKER)。1867年,“JOHNNIE WALKER”文字作为商标的一部分首次予以注册。1908年年底,“JOHNNIE WALKER”系列威士忌酒的广告中首次出现卡通造型,并具有头戴礼帽、身着燕尾服、脚穿长靴、手持拐杖、迈步向前特征的“绅士”图形。之后,“JOHNNIE WALKER”文字和具有上述特征的“绅士”图形,广泛出现于“JOHNNIE WALKER”系列威士忌酒在世界各地的广告宣传中。而具有上述特征的“绅士”图形经过一系列的演变,形成“行走的绅士(左)”、“行走的绅士(右)”商标的图形。

“JOHNNIE WALKER”系列威士忌酒主要包括“JOHNNIE WALKER BLACK LABEL”(“黑牌”威士忌酒)、“JOHNNIE WALKER RED LABEL”(“红牌”威士忌酒)、“JOHNNIE WALKER GOLD LABEL”(“金牌”威士忌酒)、“JOHNNIE WALKER GREEN LABEL”(“绿牌”威士忌酒)、“JOHNNIE WALKER BLUE LABEL”(“蓝牌”威士忌酒),原告提供的证据显示上述“JOHNNIE WALKER”系列威士忌酒的外包装上均使用了“JOHNNIE WALKER”和“行走的绅士(右)”商标。

1954年12月1日,香港《南华早报》刊登的“JOHNNIE WALKER”系列威士忌酒广告中,使用了“JOHNNIE WALKER”文字和与“行走的绅士(右)”商标图形相似的图形。1979年,原北京市粮油食品进出口公司已开始销售“黑牌”威士忌酒和“红牌”威士忌酒。

在中国,自1958年起,“JOHNNIE WALKER”文字、“行走的绅士(右)”图形、“行走的绅士(左)”图形单独或其组合,在六类商品上,被注册了25个

商标,该些商标现均属原告黛尔吉奥公司所有。

2. 使用涉案商标的"JOHNNIE WALKER"系列威士忌酒的市场份额、销售区域、利税等相关事实

根据"国际葡萄酒及烈酒研究所"网站的统计,在1997年、1999年、2002年至2008年,"JOHNNIE WALKER"系列威士忌酒(9升装)的全球市场年均销量为11951678箱,年均市场销售份额为14.33%。其中中国市场年均销量为240739箱,年均市场销售份额为29.34%。

2006年9月,原告帝亚吉欧公司出具《证明函》称,该公司自2003年至2005年期间共销售"JOHNNIE WALKER"系列威士忌酒(9升装)566080箱,总销售额6.86亿元。

2010年4月9日,酩悦轩尼诗帝亚吉欧洋酒(上海)有限公司(以下简称酩悦公司)出具《证明》称,其在2006年至2009年期间共销售"JOHNNIE WALKER"系列威士忌酒(9升装)1799141箱,总计销售额29.65亿元。销售区域涵盖:广东、海南、江西、福建、四川、重庆、上海、浙江、江苏、安徽、北京、天津、黑龙江、吉林、辽宁、山东、河北、河南、山西、内蒙古、新疆等省、自治区、直辖市,销售渠道涵盖国内各地主要经销商、大卖场、酒店等。

3. 涉案商标的宣传或者促销活动的方式、持续时间、程度、资金投入和地域范围的相关事实

1993年至今,两原告主要通过赞助体育赛事及文艺活动、举办各类推广活动、发布户外立体广告、平面媒体广告、电台或电视广告的方式,在全国各地宣传、推广标示有"JOHNNIE WALKER"、"行走的绅士(左)"、"行走的绅士(右)"商标的"JOHNNIE WALKER"系列威士忌酒,并极力推广"Keep Walking"(永远向前)的企业理念。在2004年7月至2007年6月期间,原告帝亚吉欧公司为"JOHNNIE WALKER"系列威士忌酒共计支出4.98亿元的广告和推广费用。在2007年7月至2009年12月期间,原告帝亚吉欧公司为"黑牌"威士忌酒、"红牌"威士忌酒共计支出2.99亿元的广告和推广费用。

4. 涉案商标享有的市场声誉的相关事实

1933年"JOHNNIE WALKER"系列威士忌酒获得英国王室供货许可证。1992年至今,"JOHNNIE WALKER"系列威士忌酒分别在国际葡萄酒和烈酒竞赛,世界烟酒/食品品质评鉴会,国际高质量奖杯,国际烈酒挑战赛,旧金山世界

烈酒竞赛等比赛中获奖。1996 年版的《世界最大品牌》一书中,“JOHNNIE WALKER”品牌在世界 100 强品牌中排名 72,酒类排名中为世界第一。2001 至 2003 年度,由商业周刊与 Interbrand 组织评选的全球 100 强品牌中,“JOHNNIE WALKER”排名分别为 89、97、99。2002 年 7 月 22 日出版的《福布斯》杂志美国奢侈品牌排行中,“JOHNNIE WALKER”排名第十三。2003 年 3 月,北京捷鼎咨询有限责任公司为“JOHNNIE WALKER”品牌市场认知情况,向过往行人进行调查,并对调查结果进行统计汇总。调查结果显示,有超过 64% 的相关公众知道“JOHNNIE WALKER”品牌。在无形商务公司发布的 2007 年和 2008 年《世界最具影响力的烈酒和葡萄酒品牌》报告中,“JOHNNIE WALKER”系列威士忌酒在约 10000 种烈酒及葡萄酒品牌中分别排名第三和第二。

5. 与涉案商标相关的其他事实

2006 年 9 月,蓬莱市工商行政管理局在对案外人烟台坤翔酒业有限公司商标侵权及不正当竞争案件的处理中,认定“黑牌”威士忌酒为知名商品。2006 年 12 月、2007 年 9 月,上海工商检查总队在对案外人蓝樽(上海)酒业有限公司不正当竞争案件的处理中,认定“黑牌”威士忌酒为知名商品。2008 年 11 月,本院在(2008)沪二中民五(知)初字第 18 号民事判决书中,认定“黑牌”威士忌酒为知名商品。

三、与涉案商品相关的事实

2009 年 9 月 10 日,上海市黄浦公证处公证人员及北京市路盛律师事务所委托代理人吕俊,在上海市四川中路 635 号迪亚天天便利店购买“汉之韵润肤橄榄油”一瓶,在上海市株洲路 284 号迪亚天天便利店购买“汉之韵纯正护肤橄榄油”一瓶。上海市黄浦公证处对上述购买过程出具了(2009)沪黄证经字第 8339 号公证书。上述“汉之韵润肤橄榄油”、“汉之韵纯正护肤橄榄油”两个外包装上均使用了“JOHNNIE WALKER”文字及“向左的绅士”图形,并标有“永如公司灌装、生产许可证号:KX16 - 108 6315、卫生许可证号:(2003)卫妆字 07 - XK - 0033”等文字。

2008 年 11 月 18 日,案外人明健公司与被告碧爽公司签订《委托生产协议书》,协议约定,被告碧爽公司按照案外人明健公司要求及订单,由被告碧爽公司设计外包装,并安排被告永如公司加工生产“汉之韵橄榄油”,每瓶单价6.35元。合同有效期自2008年11月15日起至2009年12月31日止。合同签订后,被告碧爽公司设计了使用“JOHNNIE WALKER”文字和“向左的绅士”图形,商品名称为“汉之韵纯正护肤橄榄油”的外包装。2008年11月25日,被告永如公司向案外人浙江新大印刷有限公司(以下简称新大公司)订制“汉之韵纯正护肤橄榄油”外包装3500套。嗣后,被告碧爽公司设计了使用“JOHNNIE WALKER”文字和“向左的绅士”图形,商品名称为“汉之韵润肤橄榄油”的外包装。2009年3月20日,被告永如公司向新大公司订制“汉之韵润肤橄榄油”外包装1000套。

2010年3月12日,明健公司出具证明称:自2008年12月至2009年5月,明健公司共计向案外人上海迪亚零售有限公司(以下简称迪亚公司)提供“汉之韵纯正护肤橄榄油”、“汉之韵润肤橄榄油”3792瓶。

被告肖绍力系字号名称为力生杂货店个体工商户的经营者,经营场所位于上海市四川中路635号底层。2008年7月24日,被告肖绍力与迪亚公司签订《特许经营合同》,迪亚公司特许被告肖绍力经营的力生杂货店,以自负盈亏的方式,开办、经营迪亚天天折扣超市加盟店。合同约定,该店所销售的商品除合同约定的特殊情况外,均由迪亚公司供应等。合同签订后,迪亚公司即开始向力生杂货店配送包括食品、酒类、化妆品、生活用品等在内的商品。被告肖绍力提供的证据显示,在2008年7月至2009年5月期间,迪亚公司以均价7.36元/瓶的单价,共向力生杂货店配送“汉之韵橄榄油”24瓶。审理中,被告肖绍力表示该24瓶“汉之韵橄榄油”已全部销售完毕。

另查明,2003年8月6日,被告永如公司取得(2003)卫妆准字07-XK-0033号化妆品生产企业卫生许可证,生产项目包括发用、护肤类。2004年9月19日,被告永如公司获得编号为XK16-108 6315的全国工业产品生产许可证,产品包括:一般液态单元(护发清洁类、啫喱类);膏霜乳液单元(护肤清洁类、发用类)。

2007年5月24日,被告碧爽公司将“JOHNNIE WALKER”文字向国家商标局申请注册商标,申请使用的商品为第3类化妆品等,注册申请号为第6068626号。2010年1月20日,国家商标局对上述商标予以初审公告。2010年9月27日,国家商标局出具《商标异议申请受理通知书》,对原告黛尔吉奥公司就上述注册申请号为第6068626号商标提出的异议申请,予以受理。

原告黛尔吉奥公司为本案诉讼向其委托代理人出具的授权委托书上的授权范围，包括了“有权代为准备和签署起诉状、答辩状等有关文件”等。

庭审中，被告碧爽公司、永如公司表示，其在“汉之韵纯正护肤橄榄油”和“汉之韵润肤橄榄油”的外包装上使用“JOHNNIE WALKER”文字及“向左的绅士”图形的目的是提高产品的形象。

以上事实，由两原告共同提供的商标注册文件、两原告的共同声明、涉案商标的历史简介、《名酒的历史》、《帝亚吉欧股份的法定声明》及其附件、“JOHNNIE WALKER”系列威士忌酒在全球的早期广告、《南华早报》、《丰收公司证明》、公证书、公证购买的涉案商品、《审计报告》、《帝亚吉欧公司证明函》、《酩悦公司证明》、“JOHNNIE WALKER”系列威士忌酒电视广告 DVD、1993 年至 2009 年期间杂志、报刊、《广告及推广活动的说明》、《证明》、《世界最大品牌》、《商业周刊》、《福布斯》、行政处罚决定书、民事判决书、《商标异议申请受理通知书》、授权委托书，被告碧爽公司、永如公司共同提供的商标注册申请文件、《委托生产协议书》、《订货试制合同》及涉案商品的外包装设计稿，被告肖绍力提供的《情况说明》、《特许经营合同》、增值税发票及对应的送货明细和收货单，当事人诉辩意见及本院审理笔录等证据证实。

本案中，各方当事人的主要争议焦点在于：1. 提起本案诉讼是否为原告黛尔吉奥公司的真实意思表示，两原告是否为“JOHNNIE WALKER”和“行走的绅士（右）”商标的权利人；2. 涉案“JOHNNIE WALKER”和“行走的绅士（右）”商标，在本案中有无认定驰名商标的必要，可否认定为驰名商标；3. 被告碧爽公司、永如公司生产、销售“汉之韵润肤橄榄油”、“汉之韵纯正护肤橄榄油”的行为，是否构成对两原告享有的涉案商标权利的侵害；4. 被告肖绍力经营的力生杂货店销售“汉之韵润肤橄榄油”的行为，是否构成对两原告享有的涉案商标权利的侵害，应否承担赔偿责任；5. 三被告的上述行为在构成商标侵权的前提下，如何确定其所应承担的赔偿责任。

一、关于第一个争议焦点

本院认为，首先，原告黛尔吉奥公司向其代理人出具的授权委托书上的授权范围，包括了“有权代为准备和签署起诉状、答辩状等有关文件”，因此，原告黛尔吉奥公司律师签署本案起诉状，提起本案诉讼系原告黛尔吉奥公司的真实意思表示，本院对于三被告的相关答辩意见，不予采信；其次，两原告在本案中提供的第28112号、第3917685号商标注册文件、两原告的共同声明等证据表明,原告黛尔吉奥公司、帝亚吉欧公司分别系涉案"JOHNNIE WALKER"和"行走的绅士(右)"商标的专用权人和普通许可使用权人。两原告对涉案商标所享有的合法权利,受《中华人民共和国商标法》(以下简称《商标法》)的保护。故本院对于三被告的相关答辩意见,不予采信。

二、关于第二个争议焦点

1. 关于"JOHNNIE WALKER"商标有无认定驰名商标的必要。本院认为,涉案商品外包装上使用"JOHNNIE WALKER"文字与涉案"JOHNNIE WALKER"商标的文字相同,且涉案商品属于化妆品,与涉案"JOHNNIE WALKER"商标核定使用的威士忌商品,属于不相同、不相类似的商品。因此,判断"JOHNNIE WALKER"商标是否属于驰名商标,是认定被告碧爽公司、永如公司生产、销售,被告肖绍力销售涉案商品的行为是否构成商标侵权的前提。故根据《商标法》第十三条第二款和《最高人民法院关于审理涉及驰名商标保护的民事纠纷案件应用法律若干问题的解释》(以下简称《驰名商标司法解释》)第二条第(一)项的规定,在本案中确有必要就"JOHNNIE WALKER"商标是否驰名作出认定。

2. 关于"行走的绅士(右)"商标有无认定驰名商标的必要。本院认为,构成商标侵权的要件之一在于被控侵权标识需与主张权利的商标构成相同或者近似。本案中,首先,涉案商品外包装上使用了"JOHNNIE WALKER"文字和"向左的绅士"图形,相对于图形而言,涉案商品外包装上的"JOHNNIE WALKER"文字更为突出、显著;其次,将"行走的绅士(右)"商标图形与"向左的绅士"图形相比对,两者均为头戴礼帽、身着燕尾服、手持拐杖的绅士图形。但两者之间存在绅士面对方向不同,"向左的绅士"图形中,没有绅士脚穿长靴,迈步向前的特征;最后,涉案商品与"行走的绅士(右)"商标核定使用的酒精饮料商品,属于不相同、不相类似的商品。综上,本院认为,"行走的绅士(右)"商标与"向左的绅士"图形,既不相同亦不相近似,在涉案商品上单独使用"向左的绅士"图形,不会造成相关消费者的混淆和误认。两原告关于"向左的绅士"图形在涉案商品上的使用,构成对两原告"行走的绅士(右)"商标侵害的主张难以成立。因此,根据《驰名商标司法解释》第三条第(二)项"被诉侵犯商标权或者不正当竞争行为因不具备法律规定的其他要件而不成立的,人民法院对于所涉商标是否驰名不予审查”的规定,本院对于“行走的绅士(右)”商标是否驰名不予审查。

3. 关于“JOHNNIE WALKER”商标可否认定为驰名商标。本院认为,根据《商标法》第十四条,《驰名商标司法解释》第四条、第五条的规定,本案中应当根据使用商标的商品的市场份额、销售区域、利税等,商标的持续使用时间,宣传或者促销活动的方式、持续时间、程度、资金投入和地域范围,商标曾被作为驰名商标受保护的记录,享有的市场声誉以及可以证明该商标已属驰名的其他事实来综合判断在涉案被诉侵犯商标权或者不正当竞争行为发生时,“JOHNNIE WALKER”商标是否驰名。本案中:(1)使用“JOHNNIE WALKER”商标的“JOHNNIE WALKER”系列威士忌酒在中国威士忌市场占有较高的市场份额;(2)“JOHNNIE WALKER”商标自1958年已经注册并使用至今,其在中国的使用时间已经超过了五十年;(3)从1954年起,在中国就已有使用“JOHNNIE WALKER”商标的“JOHNNIE WALKER”系列威士忌酒的广告宣传。而2004至2009年间,“JOHNNIE WALKER”系列威士忌酒的广告和推广费用近8亿元;(4)使用“JOHNNIE WALKER”商标的“JOHNNIE WALKER”系列威士忌酒在各种国际竞赛中获奖,“JOHNNIE WALKER”商标也跻身全球百强品牌;(5)使用“JOHNNIE WALKER”商标的“黑牌”威士忌酒多次被行政、司法部门认定为知名商品,可见“JOHNNIE WALKER”商标已为相关消费者所熟知。上述事实互相印证,足以证明在被告碧爽公司将“JOHNNIE WALKER”文字在第3类化妆品等商品上申请商标前,“JOHNNIE WALKER”商标已为中国境内相关公众广为知晓。综上,本院认为,“JOHNNIE WALKER”商标属于驰名商标。

三、关于第三个争议焦点

本院认为,首先,“JOHNNIE WALKER”商标具有较高显著性,已为中国境内的相关公众广为知晓,属于驰名商标;其次,被告肖绍力经营的力生杂货店销售商品中包括了酒类和化妆品,可见酒类和化妆品商品所对应的相关公众是重合的;再次,被告碧爽公司、永如公司在庭审中明确表示其使用“JOHNNIE WALKER”文字的目的是提高商品档次。鉴于在被告碧爽公司将“JOHNNIE WALKER”文字在第3类化妆品等商品上申请商标前,涉案“JOHNNIE WALKER”商标已属驰名商标,故被告碧爽公司、永如公司在涉案商品上使用“JOHNNIE WALKER”文字的行为具有傍名牌的故意;最后,被告碧爽公司、永如公司将“JOHNNIE WALKER”文字使用在涉案商品上,足以使相关公众对使用“JOHNNIE WALKER”文字的商品来源产生误认,足以使相关公众认为涉案商品与两原告的“JOHNNIE WALKER”商标之间存在特定联系,容易导致相关公众的混淆。因此,本院认为被告碧爽公司、永如公司在其生产、销售的涉案商品上使用“JOHNNIE WALKER”文字的行为,属于《商标法》第十三条第二款规定的,在相同或者不相类似商品上复制他人已经在中国注册的驰名商标,误导公众,致使该驰名商标注册人的利益可能受到损害的侵权行为。被告碧爽公司、永如公司应当就此承担停止侵害、赔偿损失的民事责任。

四、关于第四个争议焦点

本院认为,被告肖绍力经营的力生杂货店销售的“汉之韵润肤橄榄油”侵犯了两原告对驰名商标“JOHNNIE WALKER”商标所享有的合法权利。被告肖绍力作为力生杂货店的经营者,应当就此承担停止侵权的民事责任。此外,被告肖绍力作为零售行业的经营者,其也应当知道“JOHNNIE WALKER”商标具有较高的知名度,但是,被告肖绍力对“汉之韵润肤橄榄油”上所标识的“JOHNNIE WALKER”文字,没有尽到合理的注意义务,导致侵权商品“汉之韵润肤橄榄油”的对外销售。故被告肖绍力应当就其经营的力生杂货店销售“汉之韵润肤橄榄油”的行为,承担赔偿两原告经济损失的民事责任。本院对于被告肖绍力关于其不应承担赔偿责任的辩称意见,不予采信。

五、关于第五个争议焦点

本院认为,首先,虽然被告碧爽公司、永如公司共同实施了在其生产、销售的涉案商品上使用“JOHNNIE WALKER”文字的侵权行为。但是,两原告在本案中并未提供证据,证明被告碧爽公司、永如公司与被告肖绍力之间在涉案侵权商品的生产、销售上有过意思联络,被告碧爽公司、永如公司与被告肖绍力主观上存在共同侵权的故意。本院对于两原告要求三被告承担连带赔偿责任的诉讼请求,难以支持。故被告碧爽公司、永如公司应当就其在生产、销售的“汉之韵润肤橄榄油”、“汉之韵纯正护肤橄榄油”商品上使用“JOHNNIE WALKER”文字的侵权行为向两原告承担连带赔偿责任,被告肖绍力应当就其销售“汉之韵润肤橄榄油”的行为向两原告承担赔偿责任;其次,仅凭三被告在本案中提供的证据,在没有完整财务账册的情况下,本院尚难以确定被告碧爽公司、永如公司生产、销售“汉之韵润肤橄榄油”、“汉之韵纯正护肤橄榄油”的具体数量,以及被告肖绍力经营的力生杂货店销售“汉之韵润肤橄榄油”的具体数量。鉴于两原告在本案中也未提供证据证明,侵权人的侵权获利或者被侵权人因被侵权所受损失,对于被告碧爽公司、永如公司及被告肖绍力在本案中所应承担的赔偿数额,本院根据被告碧爽公司、永如公司及被告肖绍力各自实施的涉案侵权行为的性质、侵权行为实施的期间、后果,涉案驰名商标“JOHNNIE WALKER”商标的声誉,及两原告分别为制止被告碧爽公司、永如公司及被告肖绍力侵权行为所支出合理开支等因素酌情确定。

综上所述,依据《中华人民共和国民法通则》第一百三十四条第一款第(一)项、第(七)项,《中华人民共和国商标法》第十三条第二款、第十四条、第五十二条第(二)项和第五十六条,《最高人民法院关于审理涉及驰名商标保护的民事纠纷案件应用法律若干问题的解释》第二条第(一)项、第三条第(二)项、第四条、第五条、第九条第一款和第十条,《最高人民法院关于审理商标民事纠纷案件适用法律若干问题的解释》第十六条第一款、第二款和第十七条之规定,判决如下:

一、被告肖绍力、常州碧爽生物科技有限公司、无锡永如生物美容品有限公司停止对原告黛尔吉奥品牌有限公司、帝亚吉欧(上海)洋酒有限公司分别享有的“JOHNNIE WALKER”文字注册商标(商标注册证第28112号)专用权和普通许可使用权的侵害;

二、被告肖绍力应于本判决生效之日起十日内,赔偿原告黛尔吉奥品牌有限公司、帝亚吉欧(上海)洋酒有限公司包括合理费用在内的经济损失人民币1500元;

三、被告常州碧爽生物科技有限公司、无锡永如生物美容品有限公司应于本判决生效之日起十日内,连带赔偿原告黛尔吉奥品牌有限公司、帝亚吉欧(上海)洋酒有限公司包括合理费用在内的经济损失人民币12万元;

四、对原告黛尔吉奥品牌有限公司、帝亚吉欧(上海)洋酒有限公司的其余诉讼请求不予支持。

如果被告肖绍力、常州碧爽生物科技有限公司、无锡永如生物美容品有限公司未按本判决指定的期间履行给付金钱义务,应当按照《中华人民共和国民事诉讼法》第二百二十九条之规定,加倍支付迟延履行期间的债务利息。

本案案件受理费人民币8800元,由原告黛尔吉奥品牌有限公司、帝亚吉欧(上海)洋酒有限公司共同负担人民币3344元,由被告肖绍力负担人民币50元,由被告常州碧爽生物科技有限公司、无锡永如生物美容品有限公司共同负担人民币5406元。

如不服本判决,原告黛尔吉奥品牌有限公司可在判决书送达之日起三十日内,原告帝亚吉欧(上海)洋酒有限公司、被告肖绍力、常州碧爽生物科技有限公司、无锡永如生物美容品有限公司可在判决书送达之日起十五日内,向本院递交上诉状,并按对方当事人的人数提出副本,上诉于中华人民共和国上海市高级人民法院。

审 判 长 李国泉
审 判 员 袁秀挺
代理审判员 何 渊
二〇一一年五月二十日
书 记 员 李晶晶
书 记 员 曹 奕

附图一

“行走的绅士(右)”图形注册商标,商标注册证第3917685号

附图二

“行走的绅士(左)”图形注册商标,商标注册证第1065228号

附图三

“向左的绅士”图形

29. 衣念(上海)时装贸易有限公司诉浙江淘宝网络有限公司、杜国发商标侵权纠纷案

上海市第一中级人民法院民事判决书

(2011)沪一中民五(知)终字第40号

浙江淘宝属于网络服务提供者——不因为网络用户的侵权行为当然地承担侵权赔偿责任——明知或应知网络用户提供的网络服务为侵权行为,仍为侵权行为提供网络服务或未采取适当避免侵权的措施的——与网络用户承担共同侵权责任——浙江淘宝知道杜国发利用其网络实施商标侵权行为——仅被动地根据权利人通知采取没有任何成效的删除链接之措施——未采取必要的能够防止侵权行为发生的措施——放任、纵容侵权行为发生——主观上有过错——客观上帮助了杜国发实施侵权行为——共同侵权——连带责任——驳回上诉,维持原判

上诉人(原审被告)浙江淘宝网络有限公司,住所地浙江省杭州市余杭区五常街道丰岭路21号。

法定代表人马云,董事长。

委托代理人张译文,浙江淘宝网络有限公司职员。

委托代理人颜义东,北京市隆安律师事务所上海分所律师。

被上诉人(原审原告)衣念(上海)时装贸易有限公司,住所地上海市闵行区虹梅南路4999弄21号。

法定代表人金广来,董事长。

委托代理人戴善音,该公司职员。

委托代理人陈博,上海市锦天城律师事务所律师。

原审被告杜国发,男,1979年4月1日出生,汉族,现住上海市浦东新区杨思路860弄99号802室。法律文书送达地址:上海市浦东新区杨高南路3288弄63号501室。

上诉人浙江淘宝网络有限公司(以下简称淘宝公司)因侵害商标权纠纷

一案,不服上海市浦东新区人民法院(2010)浦民三(知)初字第426号民事判决,向本院提起上诉。本院于2011年2月17日受理后,依法组成合议庭,于同年3月23日公开开庭审理了本案。上诉人淘宝公司的委托代理人张译文、颜义东,被上诉人原告衣念(上海)时装贸易有限公司(以下简称衣念公司)的委托代理人戴善音、陈博,原审被告杜国发到庭参加诉讼。本案现已审理终结。

原审法院经审理查明:

案外人依兰德有限公司(E. LAND LTD)是一家韩国公司。依兰德有限公司是第1545520号“”注册商标和第1326011号“”注册商标的权利人。第1545520号注册商标核定使用的商品为第25类的服装,第1326011号注册商标核定使用的商品为第25类的茄克(服装)、短裤、工作服、汗衫、衬衫、内衣、围巾、短统袜、帽子、运动鞋。2009年1月1日,依兰德有限公司向原告衣念公司出具《商标维护授权委托书》,声明:委托衣念公司全权代表我公司在中国大陆独占使用第1545520号、第1326011号等注册商标及商标权维护行动,包括侵权人的信息调查、证据采集、产品真伪鉴定、侵权投诉以及诉讼、请求侵权人赔偿损失。2009年9月,上海服装鞋帽商业行业协会出具《证明》,称:根据上海服装鞋帽商业协会定点商场休闲女装类销售统计资料,衣念公司生产的TEENIE WEENIE牌休闲女装,2006年至2008年销售额所占市场份额在行业同类产品中名列前三位,在全国同类产品中排名前五位。衣念公司生产的TEENIE WEENIE、E. LAND休闲女装被上海市名牌推荐委员会推荐为2009年度上海名牌。

被告淘宝公司是淘宝网(网址:www. taobao. com)的经营管理者,淘宝公司为用户提供网络交易平台服务。淘宝网交易平台分为商城(即B2C)和非商城(即C2C),没有工商营业执照的个人也可以申请在淘宝网开设网络店铺(非商城),被告杜国发即属于非商城的卖家。非商城的卖家和买家通过淘宝网实现交易时,淘宝网不收取费用。淘宝网对个人卖家实行实名认证,卖家先在淘宝网注册一个账户,注册时需输入真实姓名、身份证号码、联系方式等信息。淘宝公司通过公安部身份证号码查询系统等途径核实卖家填写的身份信息的真实性,淘宝网用户只有通过实名认证后才能开设网络店铺。卖家可在该店铺发布待售的商品信息,包括价格、尺码、颜色、商品图片等信息。

根据淘宝公司提供的数据,2009年上半年,淘宝网实现交易额809亿元,会员数1.45亿。

淘宝公司制定并发布了《淘宝网服务协议》、《商品发布管理规则》、《淘宝网用户行为管理规则》等规则,这些规则多次提到禁止用户发布侵犯他人知识产权的商品信息,并制定了相关处罚措施。2009年9月15日生效的《淘宝网用户行为管理规则(非商城)》规定:淘宝网用户在商品名、商品介绍等信息或载体中侵犯他人知识产权属于违规行为;侵犯他人知识产权的违规行为包括所有违反《禁止及限制交易物品管理规则》内有关条款或《商标法》、《著作权法》、《专利法》等法律法规的行为。此外,该规则还规定了相应的处罚措施:淘宝网用户有商标侵权。专利侵权等违规行为,将受到限制发布商品14天、下架所有商品信息、公示处罚(警告)14天的处罚,同时记6分。淘宝网用户违规行为记分是为了记录用户在淘宝网违规行为的一种方式。违规行为记分按每一自然年为周期(1月1日至12月31日)。违规记分扣满12分,淘宝公司将对账户做冻结处理,用户只有通过考核后,淘宝公司才会解除冻结。用户在学习期后才可以参加考核,学习期按记分周期内的冻结次数乘以3计算,例如:首次冻结1×3=3天,第二次冻结2×3=6天。账户冻结后该用户可以登录淘宝网,但限制发布商品信息,下架用户的所有商品信息。对于情节特别严重的违规行为,淘宝公司有权对用户作永久封号处理。2010年6月10日,淘宝公司发布了同时适用商城和非商城的《淘宝网用户行为管理规则(修订版)》,对淘宝网用户的违规行为进行了细化,并调整了处罚措施。其中对侵犯他人知识产权的违规行为规定了三级处罚措施,一级为有确切证据证明卖家出售假冒商品且情节特别严重的,扣48分;二级为有确切证据证明卖家出售假冒商品的,扣12分;三级为所发布或使用的商品、图片、店铺名等店铺内容侵犯商标权、著作权、专利权,或者存在误导消费者情况的,扣4分。当扣分达到或超过12分但未到24分时,会员将被同时处以店铺屏蔽、限制发布商品、限制发送站内信、限制社区所有功能及公示警告7天;当扣分达到或超过24分但未到48分时,会员将被同时处以店铺屏蔽、限制发布商品、限制发送站内信、限制社区所有功能及公示警告14天;当扣分达到或超过36分但未到48分时,会员将被处下架所有商品,且同时并处限制发布商品、限制发送站内信、限制社区所有功能、关闭店铺及公示警告21

天;当扣分达到或超过48分时,会员将被处永久封号。

淘宝网公布了知识产权侵权投诉途径,权利人可通过电话、信函、电子邮件等途径向淘宝公司进行投诉。本案审理过程中,淘宝公司以商标侵权为例解释了其对知识产权侵权投诉的处理流程。一、权利人投诉。权利人投诉应该提供以下资料:(一)权利证明以及身份证明;(二)侵权链接;(三)判断侵权成立的初步证明或者充足的理由;(四)对某个卖家重复投诉的,还要标注重复投诉的具体时间、重复投诉的次数。其中,判断侵权成立的初步证明可以是网页上明显的侵权的信息、公证购买证据、卖家在聊天中的自认。判断侵权的理由必须是法定的侵权成立的理由,而不能以价格、未经授权销售等理由。权利人通过款式等判断被投诉产品非其生产,只要做单方陈述即可作为判断侵权的证明。二、侵权成立后的处理。权利人提供完整的投诉资料后,淘宝公司会对相关资料进行下列形式审查,包括:(一)商标权是否存在,并有效存续;(二)权利人的主体资格是否有效存续;(三)权利人提供的判断侵犯商标权的理由及(或)证据是否初步成立;(四)权利人判断侵犯商标权的理由与其提供的链接结果(即指认侵权的对象)间是否存在对应关系。通过上述四步骤形式审查后,采取以下措施:(一)删除涉嫌侵权的链接;(二)如果权利人为进一步通过司法程序主张权利提出需要涉嫌侵权人的信息,淘宝公司可以提供涉嫌侵权会员的姓名、联系方式和身份证号码;(三)对被投诉的卖家进行处罚。

衣念公司认为淘宝网有大量卖家发布侵权商品信息。衣念公司利用淘宝网提供的搜索功能,通过关键字搜索涉嫌侵权的商品,再对搜索结果进行人工筛查,并通过电子邮件将侵权商品信息的网址发送给淘宝公司,同时衣念公司向淘宝公司发送书面通知函及相关的商标权属证明材料,要求淘宝公司删除侵权商品信息并提供卖家真实信息。淘宝公司收到衣念公司的投诉后,对衣念公司提交的商标权属证明进行核实,对衣念公司投诉的商品信息逐条进行人工审核,删除其中淘宝公司认为构成侵权的商品信息,并告知衣念公司发布侵权商品信息的卖家的身份信息。因衣念公司认定的淘宝网上的侵权商品信息非常多,衣念公司几乎在每个工作日都向淘宝公司投诉,每天投诉的商品信息少则数千条,多则达数万条。根据统计,自2009年9月29日至11月18日,衣念公司向淘宝公司投诉的侵权商品信息有131,261条,淘宝公司经审核后删除了其中的117,861条。2010年2月23日至4月12日,衣念公司向淘宝公司投诉的商品信息有153,277条,淘宝公司经审核后删除了其中的124,742条。淘宝公司删除的商品信息数量约占衣念公司投诉总量的85%。衣念公司的投诉涉及TEENIE WEENIE、E. LAND等十四个商标。淘宝公司根据衣念公司的投诉删除商品信息后,有的卖家会向淘宝公司提出异议,并提供其销售的商品具有合法来源的初步证据。淘宝公司会将卖家的异议转交给衣念公司。衣念公司有时会撤回投诉,撤回投诉的原因,有的确实属于因错误投诉而撤回投诉,有时则是由于其暂时无法判断是否侵权而撤回投诉。上述投诉中,包含了衣念公司于2009年9月29日至11月11日期间针对杜国发的7次投诉,其中有3次涉及TEENIE WEENIE商标,4次涉及依兰德有限公司的另一个注册商标SCAT。淘宝公司接到衣念公司投诉后即删除了杜国发发布的商品信息,杜国发并未就此向衣念公司及淘宝公司提出异议,淘宝公司也未对杜国发采取处罚措施。直至2010年9月,淘宝公司才对杜国发进行扣分等处罚。

衣念公司的委托代理人于2009年11月19日向上海市长宁公证处(以下简称长宁公证处)申请证据保全公证。2009年11月20日,长宁公证处出具了(2009)沪长证字第6449号公证书,该公证书载明以下主要内容:打开IE浏览器,在地址栏输入http://shop35344840. taobao. com,进入名为"传说中de傀傀"的店铺。该网店首页显示:卖家信用为606,买家信用为109,宝贝数量为1037,创店时间为2008年2月7日。首页的"最新公告"称:本店所出售的部分是专柜正品,部分是仿原单货,质量可以绝对放心……页面左侧的类目栏,有"PORTS(宝资)"、"LEE"、"TEENIE WEENIE"、"E-LAND"等栏目。选择一件名为"品牌原单TW小熊(PNR2)后绣花小熊连帽磨毛卫衣"的服装,该服装的介绍页面显示该服装售价75元,库存72件,30天售出0件,并附有该服装的照片。从照片中,可看出服装绣有一个卡通小熊的图案,服装吊牌印有Teenie Weenie文字及心型图案。衣念公司的代理人支付了80元(其中5元为快递费)购买了一件上述服装。收到该服装的快递包裹后,衣念公司的代理人于2009年12月28日再次向长宁公证处申请证据保全公证,长宁公证处对衣念公司代理人拆开快递包裹和重新封存包裹的全过程进行拍照记录。2010年1月6日,长宁公证处出具了(2010)沪长证字第391号公证书。庭审中,杜国发确认,“传说中 de 傀傀”的店铺由其经营。

审理中,原审法院对长宁公证处封存的物品进行拆封、勘验。公证物为一件黑色运动衫,服装吊牌印有 Teenie Weenie 文字及心型图案。服装前后面各绣有一个姿态不同的卡通小熊。

另查明,衣念公司为保全证据,对淘宝公司回复的电子邮件内容进行了公证。2010 年 6 月 30 日,上海市松江公证处对此出具了(2010)沪松证经字第 817 号公证书,该次公证费为 2800 元。衣念公司称为办理(2010)沪长证字第 391 号公证,支出公证费 1000 元,但衣念公司未出示本次公证费的发票。此外,衣念公司还支出了查档费 100 元、律师费 5 万元、(2009)沪长证字第 6449 号公证费 1000 元。

原审法院认为:衣念公司经依兰德有限公司许可,享有第 1545520 号“ ”注册商标和第 1326011 号“ ”注册商标独占许可使用权。原告享有的注册商标专用权受法律保护,他人不得销售侵犯注册商标专用权的商品。本案中,第 1545520 号商标核定使用商品为服装,杜国发销售的商品与该商标核定使用的商品相同。经比对,杜国发销售的涉案商品上的熊头图案与第 1545520 号商标图案在脸型、五官、头戴饰品及形态上都极为相似,以相关公众一般注意力为标准,两者在视觉上基本无差别,构成相同商标。第 1326011 号商标核定使用的商品为茄克(服装)、短裤、工作服、汗衫、衬衫、内衣、围巾、短统袜、帽子、运动鞋。杜国发销售的涉案商品与该商标核定使用的商品不同,但两者在功能、生产部门、销售渠道等方面基本相同,按照相关公众的一般认知,两者应为类似商品。杜国发销售的涉案商品吊牌上有与第 1326011 号“ ”商标相同的 Teenie Weenie 文字和心型图案,不同之处在于该吊牌的心型图案中多了两行英文:“Fly To Dreams!”和“CHARACTER STUDIO”。因 Teenie Weenie 文字和心型图案构成了涉案服装吊牌图案的主要内容,足以导致消费者对商品来源产生误认,故构成近似商标。综上,杜国发销售的涉案商品应认定为侵犯第 1545520 号和第 1326011 号注册商标专用权的商品。杜国发辩称,其销售的产品有合法来源,且不知销售的商品侵犯了他人的注册商标专用权。《中华人民共和国商标法》第五十六条第三款规定,销售不知道是侵犯注册商标专用权的商品,能证明该商品是自己合法取得的并说明提供者的,不承担赔偿责任。杜国发不能举证证明其销售的商品有合法来源,且在衣念公司多次投诉,淘宝公司多次删除其发布商品信息后,杜国发应当知道其销售的商品侵犯他人注册商标专用权,故其抗辩意见不能成立,应当依法承担侵权责任。

网络用户利用网络实施侵权行为的,被侵权人有权通知网络服务提供者采取删除、屏蔽、断开链接等必要措施。在2009年9月29日至11月11日期间,衣念公司发现杜国发通过淘宝网销售侵权商品后,先后7次向淘宝公司发送侵权通知函,淘宝公司审核后先后7次删除了杜国发发布的商品信息。淘宝公司认为,其已经采取了必要的措施。本院认为,网络服务提供者接到通知后及时删除侵权信息是其免予承担赔偿责任的条件之一,但并非是充分条件。网络服务提供者删除信息后,如果网络用户仍然利用其提供的网络服务继续实施侵权行为,网络服务提供者则应当进一步采取必要的措施以制止继续侵权。哪些措施属于必要的措施,应当根据网络服务的类型、技术可行性、成本、侵权情节等因素确定。具体到网络交易平台服务提供商,这些措施可以是对网络用户进行公开警告、降低信用评级、限制发布商品信息直至关闭该网络用户的账户等。淘宝公司作为国内最大的网络交易平台服务提供商,完全有能力对网络用户的违规行为进行管理。淘宝公司也实际制定并发布了一系列的网络用户行为规则,也曾对一些网络用户违规行为进行处罚。淘宝公司若能够严格根据其制定的规则对违规行为进行处理,虽不能完全杜绝网络用户的侵权行为,但可增加网络用户侵权的难度,从而达到减少侵权的目的。就本案而言,淘宝公司接到衣念公司的投诉通知后,对投诉的内容进行了审核并删除了杜国发发布的商品信息。根据淘宝网当时有效的用户行为管理规则,其在接到衣念公司的投诉并经核实后还应对杜国发采取限制发布商品信息、扣分、直至冻结账户等处罚措施。但淘宝公司除了删除商品信息外,没有采取其他任何处罚措施。在7次有效投诉的情况下,淘宝公司应当知道杜国发利用其网络交易平台销售侵权商品,但淘宝公司对此未采取必要措施以制止侵权,杜国发仍可不受限制地发布侵权商品信息。据上,本院认为,淘宝公司有条件、有能力针对特定侵权人杜国发采取措施,淘宝公司在知道杜国发多次发布侵权商品信息的情况下,未严格执行其管理规则,依然为杜国发提供网络服务,这是对杜国发继续实施侵权行为的放任、纵容。其故意为杜国发销售侵权商品提供便利条件,构成帮助侵权,具有主观过错,应承担连带赔偿责任。

关于赔偿数额,因原、被告均未举证证明杜国发因侵权所得利益或者衣念公司因被侵权所受损失,本院综合考虑涉案商标具有较高知名度、杜国发网店经营规模较小、获利不多等因素,酌情确定经济损失赔偿额为3000元。原告主张律师费、公证费、查档费等开支,本院根据开支的真实性、关联性、必要性和合理性,酌情支持合理费用7000元。因被告侵犯原告的商标专用权,并不涉及人格利益,故原告要求被告赔礼道歉的诉讼请求,本院不予支持。

综上所述,根据《中华人民共和国民法通则》第一百三十条,《中华人民共和国商标法》第五十二条第(二)项、第(五)项、第五十六条,《最高人民法院关于贯彻执行〈中华人民共和国民法通则〉若干问题的意见(试行)》第一百四十八条第一款,《最高人民法院关于审理商标民事纠纷案件适用法律若干问题的解释》第十六条第一款、第二款、第十七条,《中华人民共和国商标法实施条例》第五十条第(二)项之规定,判决:一、被告杜国发、淘宝公司于判决生效之日起十日内共同赔偿原告衣念公司经济损失人民币3000元;二、被告杜国发、淘宝公司于判决生效之日起十日内共同赔偿原告衣念公司合理费用人民币7000元;三、驳回原告衣念公司其余诉讼请求。

判决后,被告淘宝公司不服,向本院提起上诉,请求本院依法改判驳回衣念公司对于淘宝公司的全部诉讼请求。上诉人淘宝公司的上诉理由是:

一、因被上诉人涉案7次投诉未提供判断侵权的证明,不属于有效投诉,上诉人无法知道被上诉人存在多次投诉,无法对被投诉信息是否构成侵权予以审核,故无法对被投诉卖家采取进一步的处理措施。1. 被上诉人涉案的7次投诉中,4次涉及依兰德有限公司的另一个注册商标"SCAT",与本案被上诉人起诉主张的第1545520号和第1326011号注册商标无关联。其余的3次投诉均没有提交判断侵权的证明,不是有效的投诉。而一次有效的投诉,应当包括判断侵权成立的初步证明或者理由,否则上诉人即使收到投诉,看到的仍然是商品信息本身,在商品信息本身没有卖家自认侵权的情况下,上诉人收到投诉后并不知道发生了侵权。此外,7次投诉必须是针对同一件商品不同时间发布的信息才是7次有效的投诉,但是原审法院对这一节事实以及该7次投诉的商品信息是否构成侵权均未予查清,故原审法院认定7次投诉是有效投诉错误。2. 被上诉人在向上诉人投诉时不提交判断侵权的证明,上诉人对于被投诉信息无法审核是否构成侵权,故上诉人只能尽谨慎义务暂时对相关的被投诉商品信息予以删除。由于无法审核被投诉信息是否构成侵权。上诉人未能对被投诉的卖家予以处罚。原审法院认定上诉人对被上诉人投诉的信息进行了人工审核并删除认为构成侵权的商品信息,属认定事实错误。3. 被上诉人衣念公司通过关键字搜索时,使用的关键字是"TW"、"小熊"等文字,其搜索结果的相关性、准确度差,被上诉人在商品侵权通知函中所附的涉嫌侵权信息中存在维尼小熊个性照片台历定制的不相关的链接信息,且被上诉人每日投诉量非常大,导致上诉人无法在每天数万条投诉信息中判断是否发生了多次投诉。4. 被上诉人 7 次投诉未按淘宝网规定的要求对重复投诉的具体时间、次数进行标注。

二、上诉人不知道杜国发存在侵权行为,对于杜国发的侵权行为不具有过错。原审法院以上诉人删除了投诉信息认定上诉人知道杜国发多次发布侵权商品信息没有法律依据,认定上诉人放纵杜国发继续实施侵权行为,故意为杜国发销售侵权商品提供便利条件更是没有事实和法律依据。

被上诉人答辩称:上诉人明知杜国发存在侵权行为,仍未采取任何措施以防止再次侵权行为的发生,其为侵权行为提供了网络服务帮助。

一、被上诉人的投诉函均具明了判断侵权成立的初步证明和理由。其在函中指出相关链接商品并非其公司生产或者委托生产,且进一步指明了其公司产品是直营模式销售,未曾授权他人经销或者代理;其公司与委托加工工厂定量生产,对超额产品约定了销毁等处理方式;其公司直营店目前销售价均在吊牌价格的50%以上,他人买入其公司产品再以低于50%折扣销售,不符合交易常识等多项理由。

二、上诉人针对被上诉人投诉函的回函中表明经其查看相关信息,暂无法判断侵权成立,从未向被上诉人提出过被上诉人的投诉函存在未提供判断侵权的证明或理由等不符合要求之情况。况且,被上诉人自 2006 年以来,针对淘宝网上的侵权商品信息频繁投诉,上诉人从未向被上诉人表明上诉人的投诉是无效投诉。上诉人根据被上诉人提供的判断标准方法及单方面陈述可以认定相关链接侵权,且上诉人已作删除,并提供侵权卖家信息附在上诉人邮件中。而杜国发的注册信息亦在上述邮件中,上诉人并没有将杜国发的信息列在"无法判断链接清单"中,而且在长达 2 个月的期间内,杜国发对于上诉人删除被投诉信息未提出异议。

三、根据上诉人的规定,权利人投诉应提供:判断侵权成立的初步证明是网页上明显的侵权信息、公证购买证明、卖家在聊天中自认。这种要求将使权利人不堪重负,亦与法律精神相悖。

四、淘宝网作为国内最大的网上购物平台,完全有能力管理网络用户的违规行为,然上诉人对于被上诉人的多次投诉仅作删除商品信息处理,未进一步采取适当措施,如果其能严格按照其制定的规则对侵权用户进行处罚,可以制止卖家的违规行为。

原审被告杜国发称,其从事厂家代理,并不知道发布信息的商品侵权。其同意上诉人的意见。

二审审理中,被上诉人向本院提供了三份证据:

1. 原审法院出具的2010年3月12日开庭的(2010)浦民三(知)初字第69号案传票一份、杜国发出具的承诺书一份,证明上诉人知道杜国发出具承诺函,其明知杜国发实施商标侵权行为;

2. 第5199073号注册商标"SCAT"的商标档案一份,证明被上诉人对该商标享有商标权;

3. 第1326011号注册商标'Teenie weenie"的商标档案一份,证明被上诉人在原审时未提供原件的该商标档案的真实性。

上诉人认为,证据1的真实性没有异议,但与本案没有关联性,也不能证明上诉人知道杜国发存在侵权行为;证据2不是被上诉人在本案中主张权利的注册商标,与本案没有关联性,不应作为本案审理对象;证据3的真实性予以认可。本院认为,本案被上诉人指控其于2009年9月29日至11月11日多次向上诉人投诉后,又于11月19日发现杜国发在淘宝网上实施侵权行为,上诉人对此应承担侵权责任,证据1发生于上述期间之后,对于本案的侵权判定没有直接关联性,本院不予采纳;证据2并不属于新的证据,本院不组织质证;证据3因上诉人无异议,且是对原审法院认定证据的补强,本院予以采纳。

本院经审理查明,原审法院认定事实基本无误,本院予以确认。

另查明:被上诉人自2006年起,就淘宝网上存在销售侵犯其注册商标使用权的行为向上诉人投诉。2009年9月29日至11月11日期间,被上诉人向上诉人发出的7次包括杜国发店铺的《商标侵权通知函》包括如下内容:

“我公司衣念(上海)时装贸易有限公司拥有TEENIE WEENIE、E. LAND、SCOFIELD、PRICH、SCAT、TERESIA、ROEM等商标在中国范围内的独占使用权。(使用权限包括但不限于将商标标注于商品之上进行销售、在店铺装潢上使用、自行生产或委托他人生产贴有注册商标的商品、将商标用于商品包装及广告;同时衣念(上海)时装贸易有限公司有权在授权范围内进行商标权的维护,包括但不限于商标侵权调查及投诉,标有注册商标的服装真伪鉴定、商标侵权诉讼、商标侵权索赔等。)我公司所有品牌目前在中国市场均采用的是“与百货公司签署《联营合同》”以及“购物中心专卖店”的模式进行销售。未曾授权他人经销或者代理我公司的品牌。我公司在与加工工厂之间的《委托加工合同》已经明确了委托加工的数量,并且约定因生产流程导致的超额产品的处理方式。截至目前,我公司所有品牌的服装市场零售价没有低于吊牌价格的50%。从市场交易的常识来看,不会有经营者大量购买我公司品牌的服装,然后以低于买入价格再转手卖出;我公司全部品牌的加工成本在吊牌标价的20% ~30%;所以淘宝网上价格很低且数量很大的商品侵权可能性极大;淘宝网应该对此给予足够的重视;凡是我公司生产的或者委托加工生产的服装,服装吊牌或者洗标上都有统一编码。所以,淘宝网应该要求销售我公司品牌服装的注册用户明确标注该统一编码,否则不可以在产品名称或者描述中使用我公司的注册商标或者含有我公司注册商标的词语……”被上诉人在上述通知函中随附具体链接清单,并指称这些链接指向的带有其公司注册商标的商品非其生产或者委托生产,亦未经其授权销售。同时被上诉人要求上诉人采取以下措施:立即删除所附链接信息并提供卖家身份信息;对于上诉人已经处理的侵权卖家取消其再次发布所涉商品信息,并对卖家主张继续发布的,淘宝网应对其合法性进行审查;淘宝网应对重复侵权的注册用户永久删除账号。

对于被上诉人的上述通知函,上诉人依次进行了回函。上诉人的回函包括如下内容:“1.我方发送至贵方邮箱的邮件(附件名称为无法判断链接)的内容,对于贵方指证的相关产品信息内容,根据贵方截至目前提供的资料,同时经我方查看相关的产品信息时,暂无法判断侵权成立。具体包括但不限于以下几种情况:如尚未得到贵方提供的在相应商品类别的商标注册证;商品信息为定金页面、不存在具体款式的产品信息;根据贵方提供的侵权判断依据,由于贵方提供的商标证仅在中国境内享有独占使用权,贵方指证部分产品称"韩国直送"等,故有可能存在虽不是贵方生产但并不侵犯贵方商标权等。故我们暂无法对该类产品信息进行处理,烦请贵方进一步核实,提供进一步证明资料,如贵方能确认相关指证链接为假冒产品,烦请在侵权方式中明确填写。我们收到资料后会核实处理。2.对于除了无法判断链接外,其余链接我们已给予删除处理,……"上述"无法判断链接"中,并没有杜国发的发布商品信息的链接。同时,上诉人通过发送邮件方式向被上诉人提供了卖家注册的身份信息,其中有杜国发的身份信息。

上诉人在删除杜国发网店名为"传说中 de 傀傀"的被投诉信息时,亦通知杜国发其发布的相关信息被删除及原因。杜国发接到通知后未向上诉人作出任何回应。

本院认为:被上诉人经注册商标专用权人的授权许可,依法享有第1545520号、第1326011号注册商标独占使用权,有权针对侵犯商标专用权的行为提起诉讼。根据《中华人民共和国商标法》第52条规定,销售侵犯注册商标专用权的商品的行为,属侵犯注册商标专用权。原审法院关于杜国发销售侵犯第1545520号、第1326011号注册商标权的商品构成商标侵权的认定及理由,本院认同。

上诉人作为淘宝网的经营者,其在本案中为杜国发销售侵权商品提供网络交易平台,其未直接实施销售侵权商品的行为,而属于网络服务提供者。网络服务提供者对于网络用户的侵权行为一般不具有预见和避免的能力,因此,并不因为网络用户的侵权行为而当然需承担侵权赔偿责任。但是如果网络服务提供者明知或者应当知道网络用户利用其所提供的网络服务实施侵权行为,而仍然为侵权行为人提供网络服务或者没有采取适当的避免侵权行为发生的措施的,则应当与网络用户承担共同侵权责任。

具体到本案,本院认为:首先,在案证据证明被上诉人从2006年起就淘宝网上的商标侵权向上诉人投诉,而且投诉量巨大,然而至2009年11月,淘宝网上仍然存在大量被投诉侵权的商品信息,况且在上诉人删除的被投诉商品信息中,遭到卖家反通知的比率很小,由此可见,上诉人对于在淘宝网上大量存在商标侵权商品之现象是知道的,而且也知道对于被上诉人这样长期大量的投诉所采取的仅作删除链接的处理方式见效并不明显。其次,被上诉人的投诉函明确了其认为侵权的商品信息链接及相关的理由,虽然被上诉人没有就每一个投诉侵权的链接说明侵权的理由或提供判断侵权的证明,但是被上诉人已经向上诉人提供了相关的权利证明、投诉侵权的链接地址,并说明了侵权判断的诸多理由,而且被上诉人向上诉人持续投诉多年,其所投诉的理由亦不外乎被上诉人在投诉函中所列明的几种情况,因此上诉人实际也知晓一般情况下的被上诉人投诉的侵权理由类型。上诉人关于被上诉人未提供判断侵权成立的证明,其无法判断侵权成立的上诉理由不能成立;上诉人在处理被上诉人的投诉链接时,必然要查看相关链接的商品信息,从而对于相关商品信息是否侵权有初步了解和判断。因此,通过查看相关链接信息,作为经常处理商标侵权投诉的上诉人也应知道淘宝网上的卖家实施侵犯被上诉人商标权的行为。再次,在案的公证书表明被上诉人购买被控侵权商品时,杜国发在其网店内公告:"本店所出售的部分是专柜正品,部分是仿原单货,质量可以绝对放心……"从该公告内容即可明显看出杜国发销售侵权商品,上诉人在处理相关被投诉链接信息时对此当然是知道的,由此亦能证明上诉人知道杜国发实施商标侵权行为。最后,判断侵权不仅从投诉人提供的证据考查,还应结合卖家是否反通知来进行判断,通常情况下,经过合法授权的商品信息被删除,被投诉人不可能会漠然处之,其肯定会作出积极回应,及时提出反通知,除非确实是侵权商品信息。故本案上诉人在多次删除杜国发的商品信息并通知杜国发被删除原因后,杜国发并没有回应或提出申辩,据此完全知道杜国发实施了销售侵权商品行为。

综合上述因素,本院认为上诉人知道杜国发利用其网络服务实施商标侵权行为,但仅是被动地根据权利人通知采取没有任何成效的删除链接之措施,未采取必要的能够防止侵权行为发生的措施,从而放任、纵容侵权行为的发生,其主观上具有过错,客观上帮助了杜国发实施侵权行为,构成共同侵权,应当与杜国发承担连带责任。

上诉人提出被上诉人涉案的7次投诉,4次投诉与被上诉人在本案中主张的商标权利无关,其余3次未提供判断侵权的证明,7次投诉未针对同一商品不同时间发布,不是有效投诉。本院认为,商标权利人向网络服务提供者发出的通知内容应当能够向后者传达侵权事实可能存在以及被侵权人具有权利主张的信息。对于发布侵权商品信息的卖家,无论是一次发布行为还是多次发布行为,多次投诉针对的是同一商品还是不同商品,是同一权利人的同一商标还是不同商标,均能够足以使网络服务提供者知道侵权事实可能存在,并足以使其对被投诉卖家是否侵权有理性的认识。因此,本案被上诉人的7次投诉足以向上诉人表明了杜国发存在侵权行为的信息,上诉人的前述上诉理由不能成立,本院不予采信。

上诉人提出被上诉人投诉量大、投诉准确率差,且未作重复投诉标注,导致其无法发现重复投诉的情况。本院认为,在案证据证明自2009年9月29日至11月18日,被上诉人投诉的侵权商品信息有131,261条,上诉人删除了其中的117,861条。2010年2月23日至4月12日,被上诉人投诉的商品信息有153,277条,上诉人删除了其中的124,742条。被上诉人如此大量的投诉以及上诉人如此大量的删除更加证明了上诉人仅采取删除措施并未使淘宝网上侵权现象有所改善。同时,被上诉人大量的投诉以及投诉准确率会影响到上诉人审查被投诉信息所耗费的人力和时间,但与上诉人是否能够发现重复投诉并无多大关联。因此,上诉人的该项上诉理由亦不能成立,本院不予采信。

综上所述,原审判决认定事实基本清楚,适用法律正确。上诉人的相关上诉理由不能成立,其上诉请求本院不予支持。依照《中华人民共和国民事诉讼法》第一百五十三条第一款第(一)项之规定。判决如下:

驳回上诉,维持原判。

二审案件受理费人民币800元,由上诉人浙江淘宝网络有限公司负担。

本判决为终审判决。

审　判　长　刘军华
代理审判员　桂　佳
代理审判员　陆凤玉
二〇一一年四月二十五日
书　记　员　谭　尚

30. 盛焕华与北京市新华书店王府井书店等“作业本”商标侵权纠纷案

北京市第二中级人民法院民事判决书

(2011)二中民终字第22304号

吉林人民出版社和捷进公司并未举证证明作业本是涉案服务的通用名称——涉案图书中使用“作业本”是非商标意义上使用——涉案图书中使用“作业本”并未侵犯盛焕华的涉案商标专用权——不会造成相关公众的混淆误认——驳回上诉,维持原判

上诉人(原审原告)盛焕华。

委托代理人陈俞吉。

被上诉人(原审被告)北京市新华书店王府井书店,住所地北京市东城区王府井大街218号。

法定代表人田文明,总经理。

委托代理人叶莲香。

被上诉人(原审被告)吉林人民出版社,住所地吉林省长春市人民大街4646号。

法定代表人胡维革,社长。

委托代理人高赞。

被上诉人(原审被告)北京世纪捷进图书有限责任公司,住所地北京市西城区车公庄大街甲4号物华大厦A2201-2204、1404。

法定代表人张洪涛,董事长。

委托代理人高赞。

上诉人盛焕华因侵害注册商标专用权纠纷一案,不服北京市东城区人民法院(2011)东民初字第05324号民事判决,向本院提起上诉。本院受理后,依法组成合议庭,对本案进行了审理。本案现已审理终结。

上诉人盛焕华在原审中起诉称:盛焕华是商标注册号第4740888号商标(第41类)的合法持有人,依法享有上述商标的专用权。盛焕华在北京市新华书店王府井书店(以下简称王府井书店)和互联网上陆续发现本案中的吉林人民出版社、北京世纪捷进图书有限责任公司(以下简称捷进公司)和王府井书店存在对商标专用权的侵犯,有非法策划、组编,编辑、出版,宣传、销售和在线提供电子出版物等商标侵权的行为。吉林人民出版社出版的《A+优化作业本》一书,使用了"作业本"字样标识出版图书,已构成对商标意义上的使用。捷进公司在其编辑出版发行的图书中印有其官方网址(http://www.jiejin.cn),对"作业本"子系列图书做大力宣传,盛焕华在王府井书店及其网上书店购买了《A+优化作业本》八年级(上)数学(配人教版)一书,王府井书店和捷进公司作为侵权商品实际销售者和侵权信息发布者及网络提供商,已构成网络商标侵权的主体,均应承担商标的网络侵权责任。故请求法院:1.判令吉林人民出版社、捷进公司和王府井书店立即停止在本案涉案图书上侵犯商标专用权的行为。(1)判令王府井书店立即停止宣传、销售涉案图书,并屏蔽涉案侵权网页(http://www.wfjsd.com/);(2)判令吉林人民出版社立即停止出版、发行涉案诉争图书;(3)判令捷进公司立即停止组编、修订、销售、发行涉案图书,并屏蔽涉案侵权网页(http://www.jiejin.cn)。2.判令吉林人民出版社、捷进公司和王府井书店在《北京日报》刊登《致歉公告》,以消除因其侵权对盛焕华造成的影响。3.判令吉林人民出版社、捷进公司和王府井书店因其商标侵权连带赔偿盛焕华经济损失9000元。4.判令吉林人民出版社、捷进公司和王府井书店因其商标侵权连带赔偿盛焕华用于调查、取证、诉讼等在内的各项实际支出的合理费用合计16797.20元。5.判令由吉林人民出版社、捷进公司和王府井书店共同承担本案的全部诉讼费用。

被上诉人王府井书店在原审中答辩称:涉案图书是按照新闻总署规定的进货渠道合法购进,王府井书店已尽到了应注意的义务,对盛焕华主张的侵犯商标专用权并不知情,不存在侵权行为。请求法院依法驳回盛焕华对王府井书店的诉讼请求。

被上诉人吉林人民出版社在原审中答辩称:吉林人民出版社出版的《A+优化作业本》系列图书上使用"作业本"字样,并未侵犯盛焕华的注册商标专用权。1.“作业本”是公众熟知的通用名称，吉林人民出版社将通用名称作为图书名称的一部分，并非商标意义的使用，盛焕华无权禁止；2.盛焕华享有的商标有特定的字体颜色，吉林人民出版社出版的《A＋优化作业本》系列图书中，“作业本”是图书名称的一部分，与盛焕华所注册的商标既不相同，也不相似，不会引起相关公众的混淆和误认；3.吉林人民出版社自2003年起已将通用名称“作业本”作为图书名称的一部分，合理使用在先，盛焕华无权禁止吉林人民出版社正当使用；4.盛焕华所提出的赔偿证据与本案无关联性，且无法律依据。综上，吉林人民出版社在涉案商标注册之前就开始将通用名称“作业本”作为图书名称的一部分合理使用，形成了独创性和显著性，与盛焕华所注册的商标有明显区别，不会引起相关公众的混淆和误认，吉林人民出版社的行为完全符合法律和行业内规定，请求法院依法驳回盛焕华的全部诉讼请求。

被上诉人捷进公司在原审中同意吉林人民出版社的答辩意见并认可该公司对涉案图书进行了宣传、批发、销售，但不认为存在侵权行为，不同意盛焕华的全部诉讼请求。

原审法院查明以下事实：

2005年9月5日，盛焕华向国家工商行政管理总局商标局（以下简称商标局）申请注册文字商标，字体指定颜色为绿色。2009年5月7日，盛焕华就该商标取得注册号为第4740888号的商标注册证，核定服务项目为第41类，包括：培训、函授课程、组织文化或教育展览、安排和组织专家研讨会、提供在线电子出版物、加副标题、录像带录制、教育（截止）。注册有效期限自2009年5月7日起至2019年5月6日止。

庭审中盛焕华主张其使用商标用于图书出版、教育培训等商业活动，为此提交了下列证据：1.龙门书局于2003年6月至2005年8月间出版的《启东中学作业本》，盛焕华担任《启东中学作业本》编委会执行主编或执行编委。2.盛焕华于2006年2月注册了南通华盛文化传媒有限公司（以下简称华盛公司），华盛公司2010年1月取得出版物经营许可证，经营范围为：书、报刊零售。盛焕华于2010年5月注册了南通上书房教育培训有限公司（以下简称上书房公司），上述两家公司于2011年由江苏有线数字电视电影频道《精彩江苏》栏目推荐，分别获得“消费者信得过企业”和“江苏优质诚信教育培训机构”的荣誉证书及铜牌。3. 署名为盛焕华著的《回字格写字》,封面注有“楷书”字样。盛焕华表示《回字格写字》是上书房公司开展钢笔字速成培训业务时向学生发放的资料,没有书号,不单独销售,不公开发行,其于2010年2月开始在该书上使用商标。4. 上书房教育培训网站(网址为http://www.kaos.cn)页面上端显示有字样。盛焕华表示该网站提供作业本品牌合作加盟及《回字格写字》等资料的网购业务。5. 上书房公司培训宣传资料,其中注有全国培训通用教材《作业本》字样。

2011年3月24日和29日,盛焕华分别在王府井书店及王府井书店网上书店购买了吉林人民出版社出版的《数学－八年级(上)－配人教版－A＋优化作业本》一书,该书版权页载明:

出版者:吉林人民出版社;2010年5月第4版第6次印刷。图书在版编目(CIP)数据载有“A＋优化作业本·八年级数学:人教版/洪鸣远主编.—长春:吉林人民出版社,2007;ISBN978－7－206－02433－7;中国版本图书馆CIP数据核字(2007)第084700号”等信息。该书封面、封底、扉页、版权页、书脊及封底价签上标有书名“A＋优化作业本”。盛焕华在王府井书店购买该书支出12.80元,在网上书店支出书款10.90元。捷进公司认可其宣传、销售涉案图书,并在捷进教育网(网址为www.jiejin.cn)上将《A＋优化作业本》系列图书作为捷进书系精品推荐内容。另在王府井书店网上书店的搜索栏中输入关键词“作业本”,可搜索到涉案图书。京东商城、当当网也通过网络销售《A＋优化作业本》系列图书。庭审中,盛焕华提出《A＋优化作业本》系列图书封面、封底、扉页、版权页、封底价签、书脊中涉及的书名“作业本”以及吉林人民出版社、捷进公司和王府井书店的网站提供“作业本”为搜索引擎关键词都属于侵犯商标专用权的行为,均为突出使用。吉林人民出版社、捷进公司表示,《A＋优化作业本》系列图书中的“作业本”系书名一部分,属于教育行业的通用名称,其对“作业本”的使用并非商标意义上的使用,盛焕华无权禁止其使用;同时还认为盛焕华享有的商标有专门的字体和颜色,涉案图书中的“作业本”与该商标不相同也不近似,不会造成公众的混淆和误认。王府井书店、吉林人民出版社和捷进公司均否认在网站上将“作业本”作为关键词。

为证明“作业本”不是通用名称,盛焕华提交了上海市学校统一簿册《练习簿》、《练习本》、江苏少年儿童出版社出版的《小学数学口算·心算·速算练习册》、天津科学技术出版社出版的《课课精炼优化作业》、吉林教育出版社出版的《上海作业》、原子能出版社出版的《开心作业》、《暑假作业》、人民教育出版社出版的《跟我学汉语练习册》,欲证明"练习本"、"练习簿"、"练习册""作业"等为通用名称,而"作业本"不属于通用名称;盛焕华另提出商务印书馆出版的《现代汉语词典》(第5版)中关于"作",有"作业"一词,主要解释为:"教师给学生布置的功课"等,没有"作业本"组词,故该词不属于通用名称;《类似商品和服务区分表》1605"办公、日用纸制品"中练习本为C160051,故盛焕华认为"练习本"才是法定的通用名称;国家工商行政管理总局商标局于1989年8月2日在《关于整顿酒类商标工作中几个问题的通知》中提出,商品通用名称是指为国家或某一行业所共用的,反映一类商品与另一类商品之间根本区别的规范化称谓。商品通用名称的确定,主要源于社会的约定俗成。

吉林人民出版社提交了其于2007年7月20日向北京天创源图书有限公司(以下简称天创源公司)出具的委托天创源公司发行包括涉案图书(ISBN978-7-206-02433-7)在内的《出版物征订发行委托书》。2007年7月25日,天创源公司向吉林人民出版社出函表示其委托捷进公司承担捷进系列教育图书的发行、印刷业务;同日,捷进公司表示愿意承担该业务。捷进公司主张其自2003年起宣传、发行《A+优化作业本》系列图书,该系列图书为合法正规出版物,为此提交了包括涉案图书在内的5本教材,其中三本为2005年第3版《A+优化作业本》,以及2003年6月10日的《捷进邮报》、2003~2004年度捷进书系精品教辅书目、2004年秋季捷进教辅书目等。盛焕华认为天创源公司委托捷进公司发行图书与本案无关,也不认可吉林人民出版社与捷进公司自2003年起出版发行《A+优化作业本》系列图书。

王府井书店提交了捷进公司于2010年9月1日向北京市新华书店发送《A+优化作业本-八年级数学(上)配人教版》图书的批销单,显示定价为12.80元、折扣为45%、数量为40本。吉林人民出版社与捷进公司对上述证据不持异议。盛焕华认可上述证据之真实性,但否认销售数量,其认为王府井书店的销售数量较大,而具体数额不清楚。

盛焕华针对其主张的合理支出一节,提交了购书发票、火车票、飞机票、一卡通充值票据、公交车票、出租车票、住宿票据、复印装订等票据、定额发票、快递票据、委托代理人陈俞吉的收条等证据。王府井书店、吉林人民出版社和捷进公司均表示除购买涉案图书的金额及2011年9月13日和15日的往返火车票外,其余均与本案无关,不予认可。

上述事实,有盛焕华提交的商标注册证、作业本商标信息网页打印件、注册申请受理通知书、《启东中学作业本》及CIP数据网页打印件、华盛公司营业执照及出版物经营许可证、上书房公司营业执照、《回字格写字》、上书房教育培训网站网页打印件、上书房公司培训宣传资料、荣誉证书、王府井书店销售小票、王府井书店网上书店发货单、发票、《A+优化作业本》图书、京东商城及当当网网页打印件、捷进教育网网页打印件、交通费及住宿费等票据、《练习本》、《练习簿》、《小学数学口算·心算·速算练习册》、《优化作业》、《上海作业》、《开心作业》、《暑假作业》、《跟我学汉语练习册》、《现代汉语词典》、《类似商品和服务区分表》、《关于整顿酒类商标工作中几个问题的通知》,王府井书店提交的捷进公司批销单,吉林人民出版社与捷进公司共同提交的《出版物征订发行委托书》、委托书、天创源公司与捷进公司营业执照、《捷进邮报》、捷进教辅书目、2005年第3版《A+优化作业本》图书等及双方当事人的陈述在案佐证。

原审法院认为:根据我国商标法的有关规定,未经商标注册人的许可,在同一种商品或者类似商品上使用与其注册商标相同或者近似的商标的,属于侵犯注册商标专用权的行为。但注册商标中含有的商品或服务项目的通用名称、图形、型号,或者直接表示商品或服务项目的质量、主要原料、功能、用途、重量、数量及其他特点,或者含有地名,注册商标专用权人无权禁止他人正当使用。根据相关司法解释,相关公众普遍认为某一名称能够指代一类商品的,应当认定该名称为约定俗成的通用名称。

盛焕华注册了商标,对该商标在核定使用的第41类商品类别上享有专用权。本案诉争的"作业本"一词系固有名词,是对学生或其他学习的人专门用来做作业的本子的通称,而非臆造词,尽管《现代汉语词典》(第5版)中对"作"的组词中仅有"作业"未包含"作业本",但显然,"作业本"一词系"作业"与"本"的合成词。按照《现代汉语词典》对"作业"的解释"教师给学生布置的功课"可简单推知,"作业本"系泛指学生完成作业的练习本。毋庸置疑,“作业本”可作为培训教育领域指代学生练习本、练习册等的通用名称。盛焕华列举实践中涉及的“练习簿”、“练习本”等,尽管未直接使用“作业本”一词为名,但仍属于作业本类别范畴。同时,通用名称为行业内约定俗成之称谓,非相关部门指导性或规范性文件必须明确规定的内容。故盛焕华否认“作业本”为通用名称的意见,原审法院不予支持。

显著性是商标能够标示与区别商品或服务来源的属性,获得注册的商标应当具有显著性。商标的显著性主要体现在“作业本”文字所体现的特定字体和颜色,盛焕华因所享有的商标专用权而可排除他人使用的情形应当是在相同或类似商品上对与商标相同或近似的标识作商标意义上的使用行为。盛焕华认为,《A+优化作业本》封面、封底、扉页、版权页、封底价签、书脊中涉及的书名“作业本”以及王府井书店、吉林人民出版社和捷进公司的网站提供“作业本”为搜索引擎关键词都属于侵犯商标专用权的行为,均为突出使用。原审法院认为,盛焕华指出的《A+优化作业本》中上述涉及“作业本”的情形无一与商标中的“作业本”存在相同的字体或颜色,由于涉案的《A+优化作业本》本身即为学生练习数学习题的练习册,“作业本”文字属于该书书名的组成部分,故盛焕华指出的上述使用方式中涉及的“作业本”均是作为书名组成部分的使用,体现了“作业本”作为通用名称的意义,不具有区分商品或服务提供者的功能,并非商标意义上的使用,不会造成相关公众的混淆和误认。至于盛焕华提出的王府井书店、吉林人民出版社和捷进公司的网站提供“作业本”为搜索引擎关键词的行为,王府井书店、吉林人民出版社和捷进公司对此均予以否认,盛焕华无证据证明王府井书店、吉林人民出版社和捷进公司的网站将“作业本”文字作为搜索引擎关键词进行使用,且盛焕华亦无权限制他人使用“作业本”这一通用名称。因此,原审法院认为,《A+优化作业本》中出现的“作业本”以及现有证据显示的王府井书店、吉林人民出版社和捷进公司的网站中出现的“作业本”属于对该词在通用名称意义上的正当使用。盛焕华提出王府井书店、吉林人民出版社和捷进公司的上述行为侵犯其商标专用权的主张,原审法院不予支持。

综上所述,原审法院依据《中华人民共和国商标法》第五十一条,第五十二条第(一)项、第(二)项;《中华人民共和国商标法实施条例》第四十九条之规定判决:驳回原告盛焕华的全部诉讼请求。

上诉人盛焕华不服原审判决,向本院提出上诉,请求撤销原审判决,依法改判支持其原审全部诉讼请求,王府井书店、吉林人民出版社和捷进公司承担本案的全部诉讼费用。上诉人盛焕华的上诉理由是:1. 作为纯文字的涉案商标,其主要识别特征一般不会因文字的字体或颜色的变化产生本质区别,因此原审判决认定王府井书店、吉林人民出版社和捷进公司不构成商标侵权是错误的;2. 原审判决认定“作业本”为通用名称是错误的;3. 原审判决认定王府井书店、吉林人民出版社和捷进公司的涉案行为不会造成相关公众的混淆和误认是错误的;4. 原审判决认定王府井书店、吉林人民出版社和捷进公司的涉案行为不是商标意义上的使用,这是错误的;5. 原审判决关于王府井书店、吉林人民出版社和捷进公司在网络上的侵权行为的认定是错误的;6. 王府井书店及其经营的“北京王府井网上书店”的行为构成商标侵权行为。

被上诉人王府井书店、吉林人民出版社和捷进公司均服从原审判决。

在二审期间,王府井书店、吉林人民出版社和捷进公司均未向本院提交新证据材料。盛焕华向本院提交了以下 9 份证据材料:1.《“练习本”与“练习册”区分列表》,以证明“练习本”与“练习册”是两种不同种的商品;2.《启动中学作业本》初中、高中分册封底,以证明盛焕华于 2002 年开始策划、组织编写“作业本”教辅图书,该品牌具有较高的知名度;3. 2011 年 9 月 6 日的《扬子晚报》A19 版上的文章及点评,以证明有网民以“作业本”作为网名使用,故“作业本”具有显著性;4. 2011 年 9 月 12 日的《北京图书信息报》第 1 版和第 4 版上的报道、2011 年 6 月 11 日的《新京报》C16 版上的报道,以证明盛焕华策划组织编写的《启动中学作业本》在王府井书店已成为畅销教辅图书;5. 南通上书房教育培训有限公司的网站上刊登的南通华盛文化传媒有限公司的《关于“作业本”商标的知识产权的声明》,以证明盛焕华取得涉案商标权后,立即发布声明向社会告知,王府井书店、吉林人民出版社和捷进公司应当知晓;6. 人民教育出版社《关于知识产权保护的声明》,以证明其注册商标的情况;7. 涉案侵权图书的版权页,以证明该书原名为“练习册”,后改为“作业本”;8. 盛焕华参加二审诉讼的查旅费票据,以证明其为诉讼支出的合理费用;9.《启动中学作业本》,以证明盛焕华是该书的主编。

本院对原审法院查明的事实予以确认。

另查,涉案图书《数学 - 八年级(上) - 配人教版 - A + 优化作业本》的封面和扉页上标有“捷进书系”字样,在《导读图示》中记载:《优化练习册》是来自全国课改实验区一线特高级教师、课改专家、教改领航者呕心沥血的杰出之作,融入了先进的课改理念和丰富的课改经验,会对教师和学生在新课标新课程环境下的教学和学习有所帮助。该《导读图示》的署名为“捷进书系编委会”。在《导读图示》上还记载:“欢迎进入捷进教育网 www. jiejin. cn”、“加入捷进助学俱乐部”。该书的内容为分章节的习题。涉案图书在封面、封底、扉页、版权页、封底价签及书脊上均有“A+优化作业本”字样,其中“作业本”的字体和颜色与涉案商标标识的字体和颜色均不同,封面、封底、扉页上的“A+优化作业本”字样中的“A+优化”与“作业本”的字体和颜色均不同。

本院认为:盛焕华是涉案商标的注册人,在注册有效期内依法享有注册商标专用权。

根据相关法律规定,本商品的通用名称不得作为商标注册,但经过使用取得显著特征,并便于识别的,可以作为商标注册。在本案中,吉林人民出版社和捷进公司提出了作业本是通用名称的主张。本院认为,对于通用名称的认定应结合注册类别予以考察,否则必将不适当地扩大商标法意义上的通用名称的范围,客观上不适当地缩小文字商标的可选择范围,从而违背商标法的立法本意。“作业本”一般指学生或其他学习的人专门用来做作业的本子以及一些专业性较强的技术工作,或较为复杂的工种,需要详细记录数据或操作规程完成情况的专用记录本,凡符合上述特征的本子均可被称为“作业本”,但就盛焕华申请涉案商标的第41类服务而言,吉林人民出版社和捷进公司并未举证证明作业本是该类服务的通用名称,故其相应的主张缺乏依据,本院不予采信,盛焕华关于原审判决错误认定“作业本”为通用名称的主张,于法有据,本院予以采信。

在本案中,吉林人民出版社和捷进公司还提出涉案图书中使用“作业本”是非商标意义上使用的主张。依据本案查明的事实,涉案图书的内容为分章节的习题,应属于与教材同步的练习类图书,而非空白的可记录文字的本子,吉林人民出版社和捷进公司虽主张涉案图书是一种作业本,但未提出证据予以证明,故其相应的主张不能成立。但吉林人民出版社在涉案图书中对于“作业本”的使用不是起到区分图书出版者和表明图书来源作用的使用,而是作为图书名称作用的使用,故本院认定该使用行为并非商标意义上的使用。盛焕华关于错误认定吉林人民出版社的涉案行为不是商标意义上的使用的上诉理由,缺乏依据,本院不予采信。

根据相关法律规定,未经商标注册人的许可,在同一种商品类似服务上使用与其注册商标相同或者近似的商标的行为,属于侵犯注册商标专用权的行为。涉案商标是服务商标,其核定服务项目为第41类,包括:培训;函授课程;组织文化或教育展览;安排和组织专家研讨会;提供在线电子出版物;加副标题;录像带录制;教育(截止)。即使涉案图书中使用“作业本”是商标意义上的使用,也是针对图书商品的商标,而非针对教育服务的商标。根据相关规定,商品与服务类似,是指商品和服务之间存在特定联系,容易使相关公众混淆。在本案中,盛焕华并未举证证明涉案图书与涉案商标核定服务项目之间存在特定联系,容易使相关公众混淆,因此,吉林人民出版社在涉案图书中使用“作业本”并未侵犯盛焕华的涉案商标专用权。盛焕华关于原审判决错误认定吉林人民出版社不构成商标侵权的上诉理由,缺乏依据,本院不予采信。

由于“作业本”本身具有固有含义,从而在一定程度上弱化了涉案商标的显著性,且盛焕华并未提出充分的证据证明其自行或许可他人在教辅图书上使用涉案商标并已取得一定知名度,故涉案图书中使用“作业本”不会造成相关公众的混淆误认。因此,盛焕华关于原审法院错误认定吉林人民出版社的涉案行为不会造成相关公众的混淆和误认的上诉理由,缺乏依据,本院不予采信。

依据本案查明的事实,捷进公司和王府井书店是涉案图书的销售者,并未侵犯涉案商标专用权,故盛焕华关于捷进公司和王府井书店的涉案行为造成相关公众混淆和误认、侵犯涉案商标专用权的上诉理由,缺乏依据,本院均不予采信。

综上,上诉人盛焕华所提上诉理由缺乏依据,其相应的上诉请求本院不予支持。原审法院认定事实清楚,处理结果并无不当,本院应予维持。故依据《中华人民共和国民事诉讼法》第一百五十三条第一款第(二)项之规定,判决如下:

驳回上诉,维持原判。

一审案件受理费 445 元,由盛焕华负担(已交纳);二审案件受理费 445 元,由盛焕华负担(已交纳)。

本判决为终审判决。

审 判 长　冯　刚
代理审判员　韩羽枫
代理审判员　杨　静
二〇一一年十二月二十日
书 记 员　沈　冲

31. 重庆啤酒(集团)有限责任公司与芷江鹤泉酒业有限责任公司商标侵权纠纷案

湖南省高级人民法院民事判决书

(2011)湘高法民三终字第40号

鹤泉公司在其生产、销售的“金鞭溪啤酒”的瓶盖上标记了“HEQUANPIJIU”、瓶颈标记了“HECHENGBEER”、瓶贴上明显标记“金鞭溪啤酒”——不会造成普通消费者的误认——啤酒瓶的回收利用符合国家政策规定——鼓励提倡从社会上回收啤酒瓶——符合行业惯例——知识产权的保护必须掌握在法律规定的尺度内——重啤公司对其烙在涉案啤酒瓶上的水滴状图形标识主张权利——超出了法律规定的范围——如支持其主张,就只能禁止回收使用类似啤酒瓶——对国家鼓励提倡的回收利用旧啤酒瓶政策不利——导致对公众整体利益的不当限制——原判认定事实基本清楚,适用法律错误——应予撤销

上诉人(原审被告)芷江鹤泉酒业有限责任公司,住所地芷江县公坪镇顺溪铺。

法定代表人周象供,该公司董事长。

委托代理人邹堃,男,汉族,1970年2月15日出生,系该公司总经理助理,住邵阳市双清区电池厂集体宿舍。

委托代理人米庆松,湖南环天律师事务所律师。

被上诉人(原审原告)重庆啤酒(集团)有限责任公司,住所地重庆市九龙坡区石桥铺石杨路16号。

法定代表人黄明贵,该公司董事长。

委托代理人王辉,湖南天迪律师事务所律师。

委托代理人陈力,男,汉族,1985年10月13日出生,该公司职员,住湖南省常德市鼎城区蒿子港镇锦阳街。

上诉人芷江鹤泉酒业有限责任公司(以下简称鹤泉公司)因与被上诉人

重庆啤酒(集团)有限责任公司(以下简称重啤公司)侵犯商标专用权纠纷一案,不服常德市中级人民法院(2010)常民重字第2号民事判决,向本院提起上诉,本院受理后,依法组成合议庭,于2011年4月11日公开开庭审理了本案。上诉人鹤泉公司的委托代理人邹堃、米庆松,被上诉人重啤公司的委托代理人王辉、陈力到庭参加了诉讼。本案现已审理终结。

原审法院认定:重啤公司于1996年7月22日经重庆市工商行政管理局核准成立,其经营范围为制造、销售啤酒及非酒精饮料。第749323号水滴状图形商标是重啤公司依法核准注册登记的商标,核定使用商品为第32类啤酒商品,续展注册有效期自2005年6月7日起至2015年6月6日止。鹤泉公司于2003年3月25日经芷江县工商行政管理局核准成立,其经营范围为啤酒生产、销售,注册有效期限为2003年3月25日至2009年11月10日。鹤泉公司所生产的"金鞭溪纯生"啤酒瓶上烙有重啤公司所注册的水滴状图形商标。重啤公司就本案的诉讼,交纳案件受理费6100元,支出律师代理费20000元。

原审法院认为:鹤泉公司在未征得重啤公司许可,也未与重啤公司签订水滴状图形商标使用许可合同的情况下,擅自在其生产的"金鞭溪纯生"啤酒瓶上使用重啤公司注册的水滴状图形商标,应认定其生产、销售该商品的行为侵犯了重啤公司的注册商标专用权,鹤泉公司理应对其侵权行为承担相应的法律后果。重啤公司请求判令鹤泉公司立即停止生产、销售带有重啤公司水滴状图形商标商品并承担律师费等合理开支的理由成立,依法应予支持,但重啤公司请求判令鹤泉公司赔偿经济损失的数额过高,依法予以部分支持。鹤泉公司有关没有侵犯重啤公司注册商标专用权的抗辩理由不能成立,依法不予支持。依照《中华人民共和国民法通则》第一百三十四条,《中华人民共和国商标法》第四十条、第五十二条第一款(一)、(二)项、第五十六条,《最高人民法院〈关于审理商标民事纠纷案件适用法律若干问题的解释〉》第十七条、第二十一条第一款之规定,判决:一、芷江鹤泉酒业有限责任公司立即停止生产、销售烙有涉及重庆啤酒(集团)有限责任公司水滴状图形注册商标专用权的商品;二、芷江鹤泉酒业有限责任公司于本判决生效后十日内向重庆啤酒(集团)有限责任公司赔偿损失50000元并支付重庆啤酒(集团)有限责任公司为制止侵权所支出的律师代理费等合理开支20000元,以上款项共计70000元。本案案件受理费6100元,重庆啤酒(集团)有限责任公司负担4000元,芷江鹤泉酒业有限公司负担2100元。重庆啤酒(集团)有限责任公司已垫付案件受理费6100元,芷江鹤泉酒业有限公司应负担的案件受理费,由芷江鹤泉酒业有限公司在执行过程中支付给重庆啤酒(集团)有限责任公司。

上诉人鹤泉公司不服上述判决上诉称:一审重审判决认定事实、适用法律错误。上诉人鹤泉公司利用回收酒瓶生产的啤酒,贴有本公司经注册的商标,有自己的商品名称、图案、厂址、厂名。这样做不会误导消费者,更不会给被上诉人造成任何损失。请求:1. 撤销常德市中级人民法院(2010)常民重字第2号民事判决,依法改判;2. 本案诉讼费由被上诉人全部承担。

被上诉人重啤公司答辩称:一审法院认定事实清楚,判赔数额有法律依据,适用法律正确。请求二审法院驳回上诉,维持原判。

本案二审期间,上诉人鹤泉公司向本院提交了两组证据。第一组物证:证据1. 商标2张,包装箱1个。拟证明:上诉人使用的商标是本公司经注册的商标,有自己的商标名称、图案、厂址、厂名与被上诉人经注册的水滴状图形标识没有任何相同或相近似的事实。证据2. 上诉人生产的啤酒及包装。拟证明:上诉人生产啤酒只是对啤酒瓶的回收利用,不是对啤酒瓶上的商标利用;上诉人生产的啤酒有自己经注册的商标,外包装、内标签及广告上均使用与被上诉人及其他啤酒瓶上文字、标识没有任何相同或相近似的地方;上诉人生产的产品不会导致消费者误认误购和混淆,没有侵犯回收啤酒瓶企业商标专用权。证据3. 同行业生产的啤酒及包装。拟证明:啤酒生产企业利用回收啤酒瓶生产啤酒,符合《关于实施啤酒瓶强制性国家标准若干问题的通知》的规定,不构成侵犯商标专用权;啤酒生产企业使用本企业经注册的商标,不会导致消费者误认误购;同行业与上诉人一样,只是对空啤酒瓶的利用,不是对空啤酒瓶上的商标使用。第二组书证:证据1. 产品价目表及有关调整啤酒出厂价格的通知。拟证明:上诉人使用回收的啤酒瓶生产啤酒价格比本公司生产的啤酒瓶生产的啤酒价格要低;上诉人使用的是回收的啤酒瓶的使用价值,而不是无形资产价值和超额的利润。证据2. 对湖南奥华啤酒有限公司的《民事起诉状》。证明被上诉人滥用诉权。

被上诉人重啤公司对上诉人鹤泉公司提交的上述证据经质证认为,根据民事诉讼证据规则的规定,上诉人鹤泉公司提交的证据不属于新的证据。

本院经审查认为,上诉人鹤泉公司在二审期间提交的证据不是新的证据。

二审期间,上诉人鹤泉酒业对原审判决认定的“鹤泉公司所生产的‘金鞭溪纯生’啤酒瓶上烙有重啤公司所注册的水滴状图形商标”的事实提出异议。认为应将“水滴状图形”改为“重啤加水滴状图形”。本院经审查认为,上诉人鹤泉公司的异议成立,依法应予支持。对原审判决认定的其他事实,双方当事人均无异议,本院依法予以确认。

本院另查明:鹤泉公司所生产的啤酒,在瓶盖上印有拼音字母“HEQUANPIJIU”,在瓶颈的瓶贴上印有“HECHENGBEER”字样,在其瓶身中间部位贴有大、小两个瓶贴,大瓶贴上有由绿底白字的“金鞭溪啤酒”与白底镶银边黑字的“纯生”文字组成的图案、其底部有黑色字样“张家界土家情酒业有限公司”,小瓶贴由绿底银边及文字和商品条码构成,小瓶贴上标明了生产厂家:芷江鹤泉酒业有限责任公司,地址:芷江公坪生态工业园,电话:13907447878及商品标准、保质期、生产日期、酒精度等。涉案啤酒瓶离瓶底约10毫米处的位置烙有重啤公司注册的水滴状图形商标,该商标位于“重啤”两字之间,其颜色与酒瓶颜色一致。

再查明,鹤泉公司生产、销售的啤酒,其酒瓶不仅限于涉案啤酒瓶一种,还有从社会上回收的其他啤酒类酒瓶。

本院认为:本案争议的焦点是上诉人鹤泉公司的行为是否构成对被上诉人重啤公司注册商标专用权的侵犯,是否应当承担侵权责任。

首先,鹤泉公司生产的涉案产品不会造成普通消费者的误认。根据本案事实,鹤泉公司在其生产、销售的“金鞭溪啤酒”的瓶盖上标记了“HEQUANPIJIU”、瓶颈标记了“HECHENGBEER”、瓶贴上明显标记“金鞭溪啤酒”。其产品从整体上所反映出的信息,都显示出是鹤泉公司生产的,而非重啤公司生产的。可见,鹤泉公司的行为并没有误导消费者的故意。此外,涉案啤酒瓶并非鹤泉公司自己生产而是从社会上回收的,瓶身上的水滴状图形标识无法去掉。鹤泉公司用重啤公司的啤酒瓶来灌装其部分“金鞭溪啤酒”,主要是使用了啤酒瓶作为容器的功能,而并非要使用重啤公司的水滴状图形商标。况且,鹤泉公司即使使用了烙有重啤公司的文字加图形标识,其涉案啤酒产品也不会造成普通消费者误认。结合涉案啤酒瓶上的文字加图形标识所处位置在离瓶底约10毫米处及其与酒瓶无色的颜色相同的情况,加上该酒瓶上突出使用了"金鞭溪"标识,一般消费者不会产生混淆,误认为涉案产品与被上诉人重啤公司注册商标的商品有特定的联系。可见,鹤泉公司的行为已经履行并尽到标识商品区别、告示和提醒消费者的义务,且在客观上也没有造成混淆的后果。故鹤泉公司的行为不符合商标侵权的法定条件,不构成侵犯注册商标专用权,不应承担侵权责任。

其次,啤酒瓶的回收利用符合国家政策规定。国家质检总局1996年制定的《啤酒瓶GB4544－1996强制性标准》有"建议啤酒瓶回收使用期限为两年"的规定,国家质量技术监督局1999年3月5日发布的《关于实施啤酒强制性国家标准若干问题的通知》第六条就有"从社会上回收啤酒瓶"的规定,2006年5月17日商务部第5次部务会议审议通过,并经发展改革委、公安部、建设部、工商总局、环保总局同意发布的《再生资源回收管理办法》第二条中也提到了"废玻璃"的再回收,我省2001年各大啤酒厂家签订的《湖南省啤酒行业自律约定书》第二条规定"合理利用资源,旧啤酒瓶(B)回收实行最高限价制,采取措施严格控制啤酒回收瓶流出我省。啤酒瓶回收原则上当地收购,需要在外地收购时,其收购价格不得高于当地企业地收购价格。"可见,在符合产品质量的前提下,国家政策是鼓励提倡从社会上回收啤酒瓶的,回收啤酒瓶的做法也是符合行业惯例的。重啤公司在其啤酒瓶上烙有水滴状图形标识,如果能采取措施保证全部回收,自己重新利用则与相关政策和行业惯例并不矛盾,但在本案中,重啤公司并未采取特殊措施防范其酒瓶流向社会从而被他人回收利用。因此,重啤公司对于其烙有水滴状图形标识的啤酒瓶可能通过回收利用被其他人包括同行重复使用的情况应当并且可以预见,故对于出现本案烙有水滴状图形标识的啤酒瓶被他人使用的情形,重啤公司起诉他人侵权,既不合情理,也缺乏事实和法律依据。

最后,本案中,由于重啤公司主张他人使用其烙有水滴状图形标识的啤酒瓶构成商标侵权,而国家政策从环境保护和资源节约的需要考虑提倡利用旧啤酒瓶,从而发生了重啤公司所主张的商标权与公众享有的环境权之间的冲突。对于知识产权的保护,必须掌握在法律规定的尺度内,对重啤公司依法享有的商标权,应依法进行保护,但是,重啤公司对其烙在涉案啤酒瓶上的水滴状图形标识主张权利,则超出了法律规定的范围。如果支持其主张,就只能禁止回收使用类似啤酒瓶,势必造成对国家鼓励提倡的回收利用旧啤酒瓶政策的不利影响,导致对公众整体利益的不当限制。

综上所述,上诉人鹤泉公司的上诉请求有事实和法律依据,依法应予支持。原审判决认定事实基本清楚,但适用法律错误,依据《中华人民共和国民事诉讼法》第一百五十三条第一款第(二)项、《中华人民共和国商标法》第五十二条第(一)、(二)项之规定,判决如下:

一、撤销湖南省常德市中级人民法院(2010)常民重字第2号民事判决;

二、驳回被上诉人重庆啤酒(集团)有限责任公司的诉讼请求。

本案一审案件受理费6100元,二审案件受理费2100元,合计8200元,由重庆啤酒(集团)有限责任公司负担。

本判决为终审判决。

审 判 长 邓国红

审 判 员 钱丽兰

代理审判员 唐小妹

二〇一一年五月二十三日

书 记 员 王慧芳

32. 厦门康士源生物工程有限公司与北京御生堂生物工程有限公司等擅自使用知名商品特有名称、包装、装潢纠纷案

最高人民法院民事判决书

(2011)民提字第60号

御生堂公司主张"肠清茶"为其知名商品特有名称证据不足——御生堂肠清茶的产品装潢构成该知名商品的特有装潢——康中源肠清茶产品装潢在文字布局、图案设计甚至色彩选择方面均与御生堂肠清茶产品相似甚至相同——构图方式也基本相同——且采用了跟御生堂肠清茶产品相同的三种底色——易造成相关公众混淆——作为同行业经营者——采用上述相近似的装潢——借靠他人知名商品声誉以获取不正当竞争优势的意图明显——构成不正当竞争行为——部分维持,部分改判

申请再审人(一审被告、二审上诉人):厦门康士源生物工程有限公司,住所地福建省厦门市湖里区禾山镇高殿村殿前社。

法定代表人:车金安,该公司总经理。

委托代理人:吴强,北京市博圣律师事务所律师。

被申请人(一审原告、二审被上诉人):北京御生堂生物工程有限公司,住所地北京市房山区良乡金光南街3号。

法定代表人:李青江,该公司总经理。

委托代理人:徐新明,北京市铭泰律师事务所律师。

委托代理人:林立,女,汉族,1985年10月11日出生,原住吉林省长春市二道区临河街海口路委115组,现住北京市丰台区富丰路4号工商联大厦A18层,北京御生堂生物工程有限公司总裁秘书。

原审被告:厦门康中源保健品有限公司,住所地福建省厦门市环东海域美溪道湖里工业园49号5楼。

法定代表人:叶珠花,该公司总经理。

委托代理人:吴强,北京市博圣律师事务所律师。

原审被告:长春市东北大药房有限公司。

申请再审人厦门康士源生物工程有限公司(简称康士源公司)因与北京御生堂生物工程有限公司(简称御生堂公司)、厦门康中源保健品有限公司(简称康中源公司)、长春市东北大药房有限公司(简称东北大药房)擅自使用知名商品特有名称、包装、装潢纠纷一案,不服吉林省高级人民法院2010年4月20日作出的(2010)吉民三知终字第1号民事判决,向本院申请再审。本院于2010年12月6日作出(2010)民申字第1305号民事裁定,提审本案。本院依法组成合议庭,并于2011年2月22日公开审理了本案,申请再审人康士源公司以及原审被告康中源公司的委托代理人吴强,被申请人御生堂公司的委托代理人徐新明、林立到庭参加诉讼,原审被告东北大药房经本院合法送达开庭传票,未到庭参加诉讼,本院依法缺席审理,现已审理终结。

一审法院经审理查明:

御生堂公司成立于2001年8月20日,注册资本1600万元,经营范围包括:生物技术开发、服务;销售包装食品、饮料、化妆品;生产、销售保健品茶剂;接受委托加工经国家批准的胶囊剂、片剂、颗粒剂、口服液、软胶囊保健食品。

御生堂公司于2001年9月18日向国家工商行政管理总局商标局(简称商标局)申请注册“御生堂”商标。2003年8月5日商标局核准在“茶及茶叶代用品”上的注册申请,但驳回在非医用营养液上的注册申请。2008年6月16日,御生堂商标被北京市工商行政管理局认定为北京市著名商标。

2003年6月,由御生堂公司监制、北京御生堂保健品公司总经销,北京寿春堂公司生产的御生堂牌肠清茶上市。

2004年7月29日,北京御生堂营销策划有限公司向国家专利局申请了包装盒(御生堂肠清茶)外观设计专利,并于2005年4月13日取得了专利证书,专利号为200430076410.1。使用外观设计专利的产品名称、包装装潢与本案御生堂公司主张权利的产品名称、包装装潢一致。2005年4月15日,北京御生堂营销策划有限公司授权御生堂公司在产品包装盒、广告灯载体上无限期独占使用上述外观设计专利,并有权以自己的名义提起专利侵权之诉。

2008 年 3 月 28 日,御生堂公司取得“御生堂肠清茶”商标注册,核定使用商品第 30 类:茶;冰茶、茶饮料;茶叶代用品。

2001 年以前,医药、保健品行业存在“肠清口服液”、“肠清液”、“肠清胶囊”等称谓,一些专业人士也在杂志上发表了关于“肠清口服液”或“肠清液”或“肠清胶囊”的研究文章。

中华人民共和国长安公证处(2005)长证内经字第 82496 号公证书显示,2005 年 9 月 16 日,通过国家中药品种保护审评委员会办公室和国家食品药品监督管理局保健食品审评中心网站(网址为 www.bjsp.gov.cn)进行查询,点击“保健食品检索”,在“国家已批准保健食品库”查询“肠清茶”,共有 3 条记录,其中 1 条为御生堂牌肠清茶,2 条为寿春堂牌肠清茶,批准文号均为卫食健字(1998)第 140 号、申报单位均为北京市房山区良乡金光南街 3 号、批准日期均为 1998 年 4 月 7 日。检索出的上述 3 条肠清茶记录的批准文号、申报单位地址、产品名称与本案中御生堂肠清茶产品外包装装潢上的产品名称、生产单位地址、批准文号一致。以同样的方式输入关键词“减肥茶”进行检索,共找到 58 条记录,分别为不同的生产厂家。输入“1996/01 – 2005/09”进行查询,显示共有 9759 条记录。

(2007)长证内经字第 8684 号公证书显示,2007 年 9 月 18 日,在国家中药品种保护审评委员会办公室和国家食品药品监督管理局保健食品审评中心的网站上输入“肠清茶”进行检索,结论与上述公证书相同。

国家食品药品监督管理局保健食品注册批件显示:产品名称“御生堂牌肠清茶”,申报单位(转让方)北京寿春堂医药保健品公司,受让方“御生堂公司”,批准文号“卫食健字(1998)第 140 号”,批准转让日期“2005 年 6 月 24 日”。

御生堂牌肠清茶产品自 2003 年 6 月上市,8 月在西安《华商报》上对御生堂牌肠清茶产品进行了广告宣传。随后御生堂公司对其御生堂品牌肠清茶产品进行了大量的广告宣传,特别是 2005 年至 2007 年连续三年,御生堂公司为推广御生堂肠清茶产品在全国部分城市平面媒体上(如《安徽市场报》、《半岛晨报》、《成都晚报》、《保定晚报》、《沧州晚报》、《长春晚报》、《常州晚报》、《成都商报》、《城市快报》、《楚天都市报》、《长沙晚报》、《大连晚报》、《广州日报》、《贵阳晚报》、《海峡导报》、《华商报》、《济南时报》、《解放日报》、《辽沈晚报》、《洛阳晚报》、《南昌晚报》、《南方都市报》、《宁波晚报》、

《青年报》、《齐鲁晚报》、《绍兴晚报》、《深圳晚报》、《唐山晚报》、《温州都市报》、《温州商报》、《武汉晚报》、《羊城晚报》、《西宁晚报》、《新疆都市报》、《新民晚报》、《新文化报》、《扬子晚报》、《北京晨报》、《北京晚报》、《城市晚报》、《东亚经贸新闻报》)进行了广告宣传。2005年至2007年,仅在吉林省长春市的广告投入达2640万元。

2005年5月14日,长春《东亚经贸新闻》报以长春市场冒出五种"克隆肠清茶"为主标题,以省工商局加大打假稽查力度,维护正规企业合法权益,维护良好的市场经济秩序为副标题对五种仿冒肠清茶的商品(其中含"康中源"肠清茶)进行了报道。同日,长春《城市晚报》以卖仿冒肠清茶业户被查处为标题,就吉林省工商局稽查分局对某超市促销区业户因涉嫌无照经营,其商品被执法人员依法扣留封存进行了报道。同日,长春《新文化报》以仿冒肠清茶仍有人在卖为标题,对长春消费者刘女士在购买"康中源"肠清茶时,与御生堂知名商品发生了混淆进行了报道。2005年5月16日,长春《东亚经贸新闻》报以"克隆肠清茶"退出商场溜进广场为标题,对涉案商品"康中源"肠清茶仍在市场销售进行了报道。2005年5月18日,《新文化报》以仿冒"肠清茶"仍有人在卖为标题对涉案商品"康中源"肠清茶仍在商场上销售进行了报道。

御生堂公司生产、销售的御生堂牌肠清茶,包装盒呈长方体,包装盒底色整体呈蓝色、橘黄色、绿色三种,三种包装盒除了底色不同外,其他均相同。以蓝色包装装潢为例,主视图左上角有保健食品标志,其下为"卫食健字(1998)第140号"、"中华人民共和国卫生部批准"两行小字。位于主视图中央部分并占据显著位置的是"肠清茶"三字,其上端为长约3厘米、宽约1厘米的棕色长方形框,内有"御生堂"字样并有注册商标标识,主视图下端有"北京御生堂生物工程有限公司"字样,"肠清茶"三字有白色云状曲线作为背景图案。主视图左端及右上端为松树、古代人物、竹叶等组成的背景图案。后视图与主视图相同。左视图为产品的条形码标识、产品批号、生产日期和保质期限等说明文字。右视图为御生堂、肠清茶及其背景图案。俯视图为产品的配料、保健功能、适宜人群、食用方法等说明文字。仰视图为注意事项、执行标准、生产单位名称等说明文字。

御生堂公司曾于2005年10月31日以康中源公司不正当竞争为由向厦

门市中级人民法院起诉,该案在审理过程中,双方于2006年2月10自愿达成调解协议,调解协议中写明:1.康中源公司因生产的“康中源肠清百合TM茶”、“康中源肠清常清TM茶”与御生堂公司知名商品“御生堂肠清茶”的名称和装潢相近似,同意变更“康中源肠清百合TM茶”、“康中源肠清常清TM茶”的名称和装潢,变更后的名称和装潢必须与御生堂公司的知名商品“御生堂肠清茶”特有的名称和包装、装潢有显著区别。2.康中源公司同意于2006年7月1日以后停止生产任何标有“肠清”二字的产品,变更与御生堂公司生产的肠清茶相近似的装潢,如果康中源公司违反上述约定,按从市场上查获产品的价值的3倍赔偿御生堂公司。后御生堂公司于2006年2月11日向厦门市中级人民法院申请撤回起诉。

康中源公司成立于2004年3月15日,康士源公司成立于2006年6月19日。

2004年4月6日,康中源公司原法定代表人叶秋枫向商标局申请在第30类产品上注册“肠清”商标,2005年11月3日该申请被商标局驳回,理由是因“肠清”二字直接表示了指定使用商品的功能、用途等特点,用作商标缺乏显著特征,不具备商标的识别作用。

2004年6月17日,康中源公司原法定代表人叶秋枫以个人名义向国家知识产权局提出了包装盒的外观设计专利申请,并于2005年1月12日取得了该外观设计专利证书,专利号为200430053230.1。康士源公司生产的涉案产品康中源肠清茶的包装装潢与该外观设计专利一致。

康士源公司生产的康中源牌肠清茶产品包装盒呈长方体,包装盒底色整体呈蓝色、橘黄色、绿色三种,三种包装盒除了底色不同外,其他均相同。以蓝色包装装潢为例,位于主视图中央部分并占据显著位置的是“肠清百合TM茶”字样,“百合”、“TM”标识明显缩小,突出了“肠清茶”字样。主视图左上端为长约2厘米、宽约0.7厘米的棕色长方形框,其内有明显小于“肠清茶”字体的“康中源”标识。“肠清茶”字样有植物叶、花等作为背景图案。主视图左下端、右端分别为小船、古代人物、小树、松树等组成的背景图案。后视图与主视图相同。左视图为产品的条形码标识、产品批号、生产日期和保质期限说明文字。右视图为产品名称及背景图案。俯视图为产品的主要原料、食用方法等说明文字。仰视图为注意事项、执行标准、生产单位名称等说明文字。

2008年3月27日,康中源公司的网站上展示了康士源公司涉案产品。

2004年至2007年,市场上有其他以“肠清茶”命名的同类产品在市场上出售。

2008年9月22日,东北大药房出售了“康中源”牌肠清茶(外包装显示该产品由康士源公司生产)。同年,御生堂公司还从浙江、广东、辽宁购得“康中源”牌肠清茶产品。

另查明,2003年12月25日,北京御生堂生物工程技术有限公司向北京市第一中级人民法院起诉御生堂公司、北京御生堂保健品有限公司、北京寿春堂医药保健品公司侵犯商标权,一审判决后,三被告不服,向北京市高级人民法院提起上诉。北京市高级人民法院(2005)高民终字第206号民事判决查明,北京御生堂生物工程技术有限公司于2002年10月7日申请注册了第1947938号御生堂注册商标,核定使用的商品为非医用营养液等。2003年3月和6月,御生堂公司的产品御生堂牌减肥茶和御生堂牌肠清茶分别上市,御生堂公司对该商品进行了大量广告宣传。该判决认为,减肥茶和肠清茶与北京御生堂生物工程技术有限公司“御生堂”商标核定使用的商品非医用营养液构成类似商品,其行为侵犯了第1947938号注册商标专用权,判决三被告停止侵权行为。

北京御生堂生物工程技术有限公司和北京御生堂投资集团有限公司于2007年4月4日签订了第1947938号御生堂注册商标转让协议。2007年4月25日,北京御生堂投资集团有限公司授权许可御生堂公司对上述注册商标享有永久使用权。经商标局核准,北京御生堂投资集团有限公司于2009年5月14日受让取得了上述注册商标专用权。

2008年11月3日,御生堂公司以康士源公司、康中源公司及东北大药房构成不正当竞争为由向长春市中级人民法院提起诉讼,请求判令康士源公司、康中源公司停止使用与其知名商品“肠清茶”相同或近似的商品名称、相近似的包装、装潢并赔偿其经济损失人民币50万元;判令东北大药房停止销售侵权产品。

长春市市中级人民法院一审认为:(一)“御生堂”肠清茶是否是知名商品。本案中,御生堂公司使用独特的方法生产“御生堂”肠清茶产品,自2003

年投放市场以来，御生堂公司为该产品投入了较大资金及广告费，进行了大量的广告宣传和市场开发，广告覆盖面大，产品行销全国大部分省市和地区。由于御生堂公司通过多种媒介进行宣传和销售，使其产品在市场上占有一定的份额，为消费者所知悉，在相关公众中具有较高的知名度，对该商品应认定为知名商品。

（二）“肠清茶”是否是特有名称。本案中，“肠清茶”名称是御生堂公司独创的名称。御生堂公司在将该产品推向市场时，其作为一个整体首先在保健品市场上使用“肠清茶”这一名称，并在之后的广告中对“肠清茶”产品名称作了突出宣传，使“肠清茶”产品名称具有了显著性。消费者能够将“肠清茶”作为商品名称与某一类商品紧密联系起来，并且已经成为与通用名称有区别性特征的一个商品名称。御生堂公司在后续广告促销、宣传报道、产品包装装潢、产品推介等诸多方面进一步凸显“肠清茶”名称，使消费者将“肠清茶”与生产者御生堂公司联系到一起，“肠清茶”成为特定生产经营者的产品标识，已形成了显著的区别性特征。御生堂公司自“肠清茶”投入市场以来，始终对肠清茶名称坚持进行排他使用。“肠清茶”名称具有特定性，属于知名商品的特有名称。

（三）“御生堂”肠清茶的包装、装潢是否属特有。本案御生堂公司在其涉案商品上所使用的包装为普通纸盒，属于同行业经营者所通用的包装，不能产生该包装与涉案产品之间的特定联系，因此该包装不属于特有包装。在涉案产品上所使用的装潢是御生堂公司在先使用的，相关文字、图案、色彩及其组合等是具有独创性的设计，属于该产品特有的装潢。

（四）康中源公司及康士源公司在涉案产品上使用的相关名称、包装、装潢是否构成不正当竞争，是否承担相应的法律责任。由于御生堂公司在其涉案商品上所使用的包装不属于特有包装，故其关于康中源公司、康士源公司仿冒其涉案商品的包装，构成不正当竞争的主张，缺乏事实依据，不予支持。

康士源公司从其“康中源”牌肠清茶投入市场起，擅自在其所生产的肠清茶产品包装的正反两面上部标注“肠清茶”的字样，并将“肠清茶”字体放大，在外包装醒目的位置进行突出使用。康士源公司没有证据证明其在先或曾经在其保健品上标注“肠清茶”的名称，其明知“肠清茶”产品名称系御生堂公司的知名商品的特有名称、未经允许而擅自使用与该知名商品的特有名称相近似的“康中源肠清百合TM茶”、“康中源肠清常清TM茶”名称,系借用他人竞争优势而作的近似使用。从双方涉案的包装装潢的设计风格和整体上看,康中源牌肠清茶产品包装装潢上除商标标识和生产单位名称、背景图案与御生堂牌肠清茶产品有所不同外,两者的包装装潢在文字、图案、色彩、构图等方面近似。康士源公司在其产品外包装上的显著位置用大字体突出了“肠清茶”的产品名称,而“康中源”标识却使用了不明显的小号字体,包装盒的正反面均无公司名称,包装装潢整体所表达的视觉中心部分及整体风格与御生堂公司涉案产品相近似。按照一般购买者的注意能力,足以造成产品来源混淆,即可能将其产品误认是御生堂公司的知名商品或者康士源公司与御生堂公司有关联。康士源公司作为同业竞争者,明知“肠清茶”系御生堂公司的知名商品的特有名称,其包装装潢为知名商品的特有装潢,却擅自在其生产的同类商品包装上突出使用相同的名称和相近似包装装潢,足以引起市场的误认,造成与知名商品的混淆,其排挤和损害竞争对手,以获取不正当利益的目的明显。因此,康士源公司的行为构成了我国反不正当竞争法所禁止的仿冒知名商品特有名称、特有装潢的不正当竞争行为,其应依法承担相应的法律责任。

御生堂公司提供的相关证据仅能证明康士源公司实施了生产、销售行为以及康中源公司在其网站上对康中源肠清茶进行了宣传,但并不足以证明康中源公司实施了生产、销售涉案产品的行为,亦不足以证明康士源公司与康中源公司实际上为一家公司并共同实施了销售涉案产品的行为。故御生堂公司要求康中源公司停止使用与原告涉案产品相同或相近似的产品名称、包装装潢并赔偿损失的主张缺乏事实和法律依据,该请求不予支持。

东北大药房未经许可,擅自销售康士源公司生产的与御生堂公司知名商品特有名称、包装装潢相近似的“康中源”肠清茶,足以引起市场的混淆,其排挤和损害竞争对手以获取不正当利益,构成我国反不正当竞争法所禁止的仿冒知名商品特有名称的不正当竞争行为,其行为已构成对御生堂公司的不正当竞争,依法应承担停止销售涉案侵权产品的法律责任。

关于赔偿数额,御生堂公司未能提供证据证明其因康士源公司不正当竞争行为所受的经济损失及康士源公司因本案不正当竞争行为所获得的利润。综合考虑侵权行为的方式、侵害后果、主观过错程度以及侵权行为持续的时间、单位产品的售价、销售的地域、侵权人经营规模以及御生堂公司为制止侵权行为所必须支出的合理费用等因素酌情确定赔偿经济损失数额为30万元。综上,判决如下:(一)康士源公司停止使用与御生堂公司知名商品“肠清茶”相同或近似的商品名称;(二)康士源公司停止使用与御生堂公司知名商品“肠清茶”相近似的包装装潢;(三)东北大药房停止销售“康中源肠清百合TM茶”、“康中源肠清常清TM茶”;(四)康士源公司于本判决生效之日起十五日内赔偿御生堂公司经济损失(包括为制止侵权行为所支付的合理开支)30万元;(五)驳回御生堂公司其他诉讼请求。

康士源公司不服一审判决,向吉林省高级人民法院提起上诉。

吉林省高级人民法院二审认为,(一)关于“肠清茶”是否为“御生堂牌肠清茶”知名商品特有的名称。本案中,御生堂公司所生产的御生堂牌肠清茶自2003年6月上市以后,进行了大量的广告宣传,可以认定御生堂牌肠清茶为知名商品。结合本案,虽然“肠清”二字表明了商品功能、用途,但御生堂公司在后续广告促销、宣传报道、产品包装装潢、产品推介等诸多方面进一步凸显“肠清茶”名称,将“肠清茶”与生产者御生堂公司联系到一起,“肠清茶”成为特定生产经营者的产品标识,在使用中产生了显著性,故“肠清茶”名称具有特定性,应当认定该“肠清茶”为知名商品的特有名称。

(二)关于涉案产品在装潢上是否存在显著区别。康士源公司所使用的涉案三种装潢与御生堂公司主张权利的装潢相比,虽均存在区别点,但从涉案产品的装潢设计风格和整体上看,两者的包装装潢在文字、图案、色彩、构图等方面相近似,按照一般购买者的注意能力,足以造成产品来源混淆。因此,康士源公司关于产品装潢存在显著区别的说法不能成立,其应依法承担相应的法律责任。

(三)关于赔偿数额。本案中,康士源公司生产、销售仿冒御生堂公司知名商品特有名称、包装装潢产品的行为,在客观上影响了御生堂公司的正常销售,给其造成一定的经济损失。考虑“肠清茶”特有名称的取得、侵权行为的方式、主观过错程度、侵权行为持续的时间以及御生堂公司为制止侵权行为支出的合理费用等,酌定数额应以20万元为宜。综上,判决:一、维持(2008)长民三初字第106号民事判决第一、二、三、五项;二、变更判决第四项为康士源公司于本判决生效之日起十五日内赔偿御生堂公司经济损失(包括为制止侵权行为所支付的合理开支)20万元。

康士源公司申请再审称:一、"肠清茶"属于通用名称及属性名称组合,原审判决认定其属于御生堂公司特有名称错误。按照《保健食品注册管理办法》第70条规定,行政部门批准的"御生堂牌肠清茶"保健品名称,由品牌名"御生堂"、通用名"肠清"、属性名"茶"组成。御生堂公司将"御生堂肠清茶"整体申请注册为商标,进一步说明肠清茶为商品的通用名称。二、御生堂公司生产的御生堂牌肠清茶产品,在其2007年4月4日受让取得他人"御生堂"注册商标之前,侵犯了他人注册商标专用权,不能被认定为知名商品。在此之前包括康士源公司在内的多个商家都已经在生产肠清茶产品,不能认定为不正当竞争行为。三、康士源公司生产销售的产品与御生堂公司产品在包装装潢上存在显著区别,且康士源公司早于御生堂公司取得关于包装装潢的外观设计专利,原审判决认定二者包装装潢的视觉中心部分及整体风格近似错误。请求撤销原审判决,驳回御生堂公司的诉讼请求。

御生堂公司辩称:原审判决认定事实清楚,适用法律正确。肠清茶是御生堂公司知名商品的特有名称,侵犯商标权与御生堂肠清茶是知名商品特有名称是两种不同的法律关系,康士源公司销售的产品装潢与御生堂公司知名商品特有装潢近似。请求驳回康士源公司再审申请。

康士源公司向本院提交汕头市利是堂保健食品有限公司食品卫生许可证[粤卫食证字(2005)第0501A00150号],许可范围载明:"糖果、药食同源食品(利是堂蜜炼系列产品……肠清茶)",用以证明御生堂公司对"肠清茶"不享有专有权。

本院再审认为,本案争议的焦点为:(一)"肠清茶"是否为御生堂公司知名商品的特有名称;(二)康中源肠清茶的包装装潢是否与御生堂肠清茶近似。

(一)"肠清茶"是否为知名商品特有名称

知名商品是指在中国境内具有一定的市场知名度,为相关公众所知悉的商品,特有名称是指具有区别商品来源的显著特征的商品名称。本案中,御生堂公司自2003年6月起生产肠清茶产品,康中源公司2004年成立,此后不久其原法定代表人叶秋枫即申请"肠清"商标并申请涉案"康中源肠清茶"产品包装盒的外观设计专利,康士源公司2006年成立,生产销售康中源肠清茶产品。在此期间,市场上尚有其他厂家生产的肠清茶产品。在御生堂公司肠清茶产品上市之前,保健品行业存在"肠清口服液"、"肠清胶囊"等称谓,并有相关研究文章发表。可见,"肠清"有"肠道清理"之意,其直接表明了该类商品的功能和用途,一般情况下不具有识别商品来源的作用,不能成为某一市场主体享有权利的特有名称,除非该主体能证明该商品名称通过使用获得了显著特征,能够将商品来源直接指向该市场主体。本案中,御生堂公司负有这一举证责任。根据其提交的大量广告宣传的证据,可以认定御生堂肠清茶产品销售时间较长、区域较广,宣传的范围亦很广,能够为相关公众所知悉,可以认定为反不正当竞争法第五条第(二)项规定的"知名商品",但能否认定"肠清茶"已经通过使用成为产品来源的标识,还需结合其广告方式、相关公众的认知等相关因素进行判断。本案中,御生堂公司提交大量平面媒体广告,基本形式为大幅宣传洗肠的必要性及益处、肠清茶热销等情况,配有小幅御生堂肠清茶产品图样及购买方式等信息。这种广告方式侧重宣传的是肠清茶产品的功能,未能克服肠清茶本身所具有的描述商品功能的性质,不能达到使相关公众将"肠清茶"与某一特定来源主体联系起来的目的。"肠清茶"三字在御生堂肠清茶产品包装装潢中占有显著位置也并不必然表明其能够成为指代产品来源的标识。故本院认为御生堂公司主张"肠清茶"为其知名商品特有名称证据不足,不予支持。原一、二审判决仅因御生堂肠清茶产品进行了大量宣传、"肠清茶"产品名称被突出使用即认定其构成知名商品特有名称不当,本院予以纠正。

商品及其名称能否被认定为知名商品、特有名称主要取决于相关公众对于市场状况的认知情况,本案中,关于保健食品的命名规定并不能当然决定一商品名称为通用名称;反之,截至目前仅有御生堂肠清茶获得保健食品批号的事实亦不能当然证明其为御生堂公司的特有名称。而关于御生堂肠清茶产品曾被认定侵犯他人注册商标专用权的产品的事实,同样不影响其知名商品的认定。

(二)康中源肠清茶的包装装潢是否与御生堂肠清茶近似

原一、二审判决均认定御生堂肠清茶的产品包装非其特有,御生堂公司对此亦不持异议。御生堂肠清茶的产品装潢,主要指其主视图(后视图与主视图相同),系其在先使用,在文字布局、图案设计以及色彩的选择和组合上具有独创性,可以构成该知名商品的特有装潢。康中源肠清茶产品装潢在文字布局、图案设计甚至色彩选择方面均与御生堂肠清茶产品相似甚至相同,比如背景图案,可选择的素材范围很广,其却采用了跟御生堂肠清茶装潢中基本相同的松树、古代人物等素材,而且构图方式也基本相同,并且采用了跟御生堂肠清茶产品相同的三种底色,易造成相关公众混淆。在御生堂肠清茶产品已构成在先知名商品且其装潢为其特有装潢的情况下,康士源公司作为同行业经营者,其采用上述相近似的装潢,借靠他人知名商品声誉以获取不正当竞争优势的意图明显,构成不正当竞争行为。原一、二审判决对此认定正确,但其基于康士源公司使用“肠清茶”名称而认定其装潢近似的部分应予纠正。康士源公司应立即停止上述不正当竞争行为,改变其产品装潢;其虽然可以继续使用肠清茶作为产品名称,但应突出使用其康中源产品标识,并改变装潢中的背景图案,标明其生产厂家名称,以与御生堂肠清茶形成区别,避免使相关公众产生混淆。

关于康士源公司提出其产品包装装潢为外观设计专利的抗辩主张,因现有证据表明,御生堂公司知名商品特有装潢使用并已知名在先,康士源公司对此系明知,因此不得以取得外观设计专利来对抗御生堂公司的在先权利,应停止使用与御生堂肠清茶相近似的产品装潢。

另外,反不正当竞争法第五条规定,经营者不得擅自使用知名商品特有装潢,造成和他人知名商品相混淆。本案中,使用御生堂肠清茶特有装潢的主体是康士源公司,东北大药房仅销售了其产品,二审判决认定东北大药房因销售康中源肠清茶产品而对御生堂公司构成不正当竞争不当,但判决其停止销售与御生堂肠清茶装潢构成近似的康中源肠清茶产品并无不当。

综上,依照《中华人民共和国反不正当竞争法》第五条第(二)项、《最高人民法院关于审理不正当竞争民事案件应用法律若干问题的解释》第一条、第二条以及《中华人民共和国民事诉讼法》第一百八十六条第一款、第一百五十三条第一款第(二)项的规定,判决如下:

一、维持(2010)吉民三知终字第1号民事判决第二项;

二、变更(2010)吉民三知终字第1号民事判决第一项为:维持长春市中级人民法院(2008)长民三初字第106号民事判决第二、三、五项,撤销长春市中级人民法院(2008)长民三初字第106号民事判决第一项。

如果未按本判决指定的期间履行给付金钱义务,应当依照《中华人民共和国民事诉讼法》第二百二十九条之规定,加倍支付迟延履行期间的债务利息。

一、二审案件受理费17600元,由厦门康士源生物工程有限公司负担7600元,北京御生堂生物工程有限公司负担10000元。

本判决为终审判决。

审　判　长　夏君丽
代理审判员　马秀荣
代理审判员　周云川
二〇一一年八月二日
书　记　员　曹佳音
书　记　员　张　博

33. 北京开心人信息技术有限公司与北京千橡互联科技发展有限公司等“开心”商标侵权及不正当竞争纠纷案

最高人民法院民事裁定书

(2011)民申字第670号

社交网站服务是以网络服务的形式达到为用户提供社交服务的目的,其提供的是一个综合性的社交平台——与“开心”文字注册商标核准的第42类服务中的“计算机出租”、“陪伴”和“婚姻介绍所”在服务目的、内容、方式和对象等方面不尽相同——不易使相关公众对服务提供者产生误认或混淆——涉案社交网站服务与“开心”文字注册商标核准的服务不相同也不类似——开心人公司该项申请再审理由依据不足,不予支持——kaixin.com域名指向的涉案社交网站服务与“开心”文字注册商标核准服务类别不相同、不类似——不易使相关公众产生误认——该域名的注册、使用没有侵犯开心人公司“开心”文字商标专用权——开心人公司申请再审中主张千橡互联公司和千橡网景公司停止使用kaixin.com域名的理由不成立——驳回开心人公司的再审申请

申请再审人(一审原告、二审上诉人):北京开心人信息技术有限公司。住所地:北京市海淀区海淀北二街10号1101室。

法定代表人:程炳皓,该公司董事长。

委托代理人:李云德,北京市朗新律师事务所律师。

委托代理人:郎笑童,北京市朗新律师事务所律师。

被申请人(一审被告、二审被上诉人):北京千橡互联科技发展有限公司。住所地:北京市海淀区中关村南大街48号7栋5层B507-1号。

法定代表人:刘国兰,该公司总经理。

委托代理人:贺姝皓,女,汉族,1979年8月16日出生,该公司职员,住北

京市宣武区槐柏树街一区4号楼1708号。

委托代理人:庞宠,女,汉族,1988年5月27日出生,该公司职员,住北京市昌平区府学路27号06刑四。

被申请人(一审被告、二审被上诉人):北京千橡网景科技发展有限公司。住所地:北京市石景山区实兴东街11号北楼B1011室。

法定代表人:杨静,该公司总经理。

委托代理人:贺姝皓,女,汉族,1979年8月16日出生,该公司职员,住北京市宣武区槐柏树街一区4号楼1708号。

委托代理人:庞宠,女,1988年5月27日出生,该公司职员,住北京市昌平区府学路27号06刑四。

北京开心人信息技术有限公司(以下简称开心人公司)因与北京千橡互联科技发展有限公司(以下简称千橡互联公司)、北京千橡网景科技发展有限公司(以下简称千橡网景公司)侵犯商标专用权及不正当竞争纠纷一案,不服北京市高级人民法院(2011)高民终字第846号民事判决,向本院申请再审。本院依法组成合议庭对本案进行了审查,现已审查终结。

开心人公司申请再审称:(一)一、二审判决认定的基本事实缺乏证据证明。1.一、二审判决认定涉案社交网站服务与"开心"文字注册商标核准的服务类别不相同亦不近似,缺乏事实依据。社交网站服务是以网络服务的形式为用户提供社交服务,为用户提供网络服务必须为用户创建网站,属于《类似商品和服务区分表》第4220小类中的"为他人创建的网站";用网站形式提供的社交服务属于《类似商品和服务区分表》中第4505小类的"交友服务"和4502小类的"社交陪伴"。"开心"文字商标核准的服务项目在《类似商品和服务区分表》(基于尼斯分类第九版)中分别属于4220小类计算机出租和4505小类婚姻介绍所和4502小类陪伴。故被申请人的社交网站服务与"开心"文字商标核准的服务类别在同一小类上,应属于同一类别的近似服务。2.被申请人于2008年10月16日受让取得"kaixin.com"域名,并于同日向域名注册机构更新注册"kaixin.com"域名,但一、二审判决未能认定被申请人注册、使用"kaixin.com"域名的时间晚于其注册、使用"kaixin001.com"的时间,属于认定事实错误。3.一、二审判决认定被申请人仿冒开心网所为的不良行为未给开心人公司造成损害,缺乏证据证明。(二)一、二审判决适用法律错误。1.二审判决对法律的适用违背立法本意。二审判决第13页"被告注册域名的行为被认定为侵权或不正当竞争的前提是被告的域名晚于原告的域名",但《最高人民法院关于审理涉及计算机网络域名民事纠纷案件适用法律若干问题的解释》(以下简称《域名纠纷解释》)第四条的规定不能得出上述有关前提条件的判断。一、二审判决也没有严格适用《域名纠纷解释》第四条的规定对被申请人注册和使用"kaixin. com"域名的行为进行审查,属于适用法律错误。《域名纠纷解释》中的"被告注册、使用域名等行为……"是指被告注册、使用域名的行为,而非案外他人注册、使用域名的行为。二审法院以案外他人原始注册"kaixin. com"的时间为依据,而不是以被申请人注册"kaixin. com"的时间为依据与其注册"kaixin001. com"的时间进行审查对比,违反了《域名纠纷解释》的规定。2.一审法院未根据《域名纠纷解释》第四条规定的四个条件判断域名侵权是否成立,属适用法律错误。3.二审法院以未生效的一审判决结果作为证据论证被申请人一审判决前发生的注册和使用"kaixin. com"域名的行为不构成不正当竞争,既违反了《中华人民共和国民事诉讼法》第七条"以事实为根据"的基本诉讼原则,也违反了《域名纠纷解释》第四条关于侵权判断条件的规定,同时也不符合基本的思维逻辑,属于适用法律错误。4.一、二审法院关于赔偿数额的认定明显违反了法律规定。根据《商标法》第五十六条第一款和《最高人民法院关于审理商标民事纠纷案件适用法律若干问题的解释》第十四、十五条的规定,其采用"平均每个注册用户给开心网带来的利益乘以被申请人因侵权所得的注册用户数"这一方法计算被申请人的侵权所得符合法律的规定。一、二审法院适用《商标法》第五十六条第二款的规定酌定赔偿属于适用法律错误。开心人公司依据《中华人民共和国民事诉讼法》第一百七十九条第一款第(二)项、第(六)项的规定申请再审,请求撤销二审判决,撤销一审判决第二、三项,判决二被申请人停止使用"kanxin. com"域名,改判二被申请人赔偿1000万元,并判令二被申请人在新浪网、《京华时报》、《北京晚报》、《光明日报》上公开赔礼道歉。

千橡互联公司和千橡网景公司提出意见认为:(一)开心人公司仅能就"开心"标识主张商标权,且其商标权及诉权存在严重缺陷。1.开心人公司无权就"开心"标识同时主张商标权及知名服务的特有名称权。本案中,开心人公司已经受让取得"开心"商标,且也主张该商标作为权利基础,因此,已经丧失了就“开心”标识主张知名服务特有名称的权利,商标权是其在本案中唯一可以主张的权利基础。2. 开心人公司商标权极可能被撤销。其已就“开心”商标在“计算机出租”服务上以连续三年不使用为由提起撤销申请,该商标在上述类别上被撤销的可能性极大。3. 开心人公司并未取得对商标转让核准之前的行为主张商标侵权的起诉权。开心人公司无权就被申请人 2008 年 12 月 30 日之前受让 kaixin. com 域名的行为、使用开心网网站名称的行为以及 kaixin. com 域名的行为主张商标侵权。(二)“开心网”网站名称不构成商标侵权及不正当竞争。1. “开心网”网站名称不构成商标侵权。开心人公司“开心”商标注册类别与其提供的服务不构成类似服务。开心人公司核定使用的服务项目是计算机出租属于 42 类,而其则是面向公众提供网上的交流娱乐空间,二者在服务目的、内容、方式、对象等方面均无交叉之处,不构成类似。2. “开心网”网站名称不构成不正当竞争。商标权及知名服务特有名称权不能同时享有,开心人公司已主张了商标权,故不能主张知名服务的特有名称权。开心人公司提交的证据不足以证明其知名。“开心”的显著性不强,不能起到区别和标识服务来源的作用。网站名称是经过使用而取得的权利,在其使用“开心”之前,开心人公司登记注册的网站名称是“开心人”,不是“开心”;在其使用 kaixin. com 域名之前,开心人公司主动放弃购买该域名。(三)其使用 kaixin. com 域名不构成商标侵权及不正当竞争。1. 其受让、使用 kaixin. com 域名不构成商标侵权。首先,其受让域名早于开心人公司取得“开心”商标,开心人公司对“开心”不享有合法有效的在先权益。其次,参照商标局《拼音商标与汉字商标近似判定的标准》及《域名纠纷解释》第四条第(二)项的规定,kaixin. com 域名与“开心”商标不构成近似。2. 使用 kaixin. com 域名不构成不正当竞争。首先,开心人公司请求保护的民事权益,即就“开心”标识享有的知名服务特有名称权,因其举证不足,并非合法享有的民事权益。其次,开心人公司请求保护的知名网站特有名称“开心”与域名“kaixin. com”不近似。最后,其使用 kaixin. com 域名不具有恶意。“开心网”的发展系依托其成功运营其他网站所积累起来的声誉及自有用户群的推荐和推广,不存在搭开心人公司便车的必要。(四)其网站不存在仿冒开心人公司主页行为。(五)其不存在诋毁开心人公司商誉的情形。就有关诋毁商誉的指控,开心人公司在法律认知上存在严重错误。(六)开心人公司主张救济方式不合理。1. 开心人公司侵权损害赔偿请求不应支持。第一,开心人公司采用了可得利润减少的计算方式,但其计算方式没有法律依据。开心人公司以收入代替利润,不符合法律规定,且没有提供利润下降的证据以及收入减少与被诉侵权行为之间的因果关系。第二,计算公式中的各项数据漏洞百出,用户数错误、收入金额错误。第三,开心人公司的注册商标在计算机出租服务类别上连续三年停止使用,因此可以不支持其损害赔偿请求。2. 开心人公司主张被申请人停止使用域名不应被支持。即使被申请人行为构成侵权,从制止侵权的角度,停止使用域名也并非本案唯一且适度的手段。请求本院严格依照法律规定评价涉案行为,作出公正判决。

本院认为,本案的争议焦点为:涉案社交网站服务与"开心"文字注册商标核准的服务类别是否相同或类似;kaixin. com 域名是否应该停止使用;千橡互联公司和千橡网景公司是否应赔偿开心人公司1000 万元及是否应在新浪网等媒体上公开赔礼道歉。

一、涉案社交网站服务与"开心"文字注册商标核准的服务类别是否相同或类似

开心人公司申请再审中主张涉案社交网站服务与"开心"文字注册商标核准的服务类别中的"计算机出租"、"陪伴"以及"婚姻介绍所"构成相同或类似。社交网站服务是以网络服务的形式达到为用户提供社交服务的目的,其提供的是一个综合性的社交平台,与"开心"文字注册商标核准的第42类服务中的"计算机出租"、"陪伴"和"婚姻介绍所"在服务目的、内容、方式和对象等方面不尽相同,也不易使相关公众对服务提供者产生误认或混淆,因此依据《最高人民法院关于审理商标民事纠纷案件适用法律若干问题的解释》第十一条的规定,涉案社交网站服务与"开心"文字注册商标核准的服务不相同也不类似。开心人公司该项申请再审理由依据不足,不予支持。

二、千橡互联公司和千橡网景公司的 kaixin. com 域名是否应该停止使用

开心人公司主张该域名停止使用的理由有:其一,该域名侵犯了其"开心"文字注册商标专用权,构成商标侵权;其二,该域名仿冒其知名服务的特有名称"开心网"及 kaixin001. com 域名,构成不正当竞争。

1. 千橡互联公司和千橡网景公司的 kaixin. com 域名是否侵犯了开心人公司的"开心"文字注册商标专用权,构成商标侵权。《最高人民法院关于审

理商标民事纠纷案件适用法律若干问题的解释》第一条第(三)项规定,将与他人注册商标相同或者相近似的文字注册为域名,并且通过该域名进行相关商品交易的电子商务,容易使相关公众产生误认的,属于《商标法》第五十二条第(五)项规定的给他人注册商标专用权造成其他损害的行为。因此,域名构成侵犯注册商标专用权,需要具备以下条件:域名与注册商标文字相同或近似;通过该域名进行相关商品交易的电子商务,容易使相关公众产生误认。本案中,同上理由,千橡互联公司和千橡网景公司的 kaixin. com 域名指向的涉案社交网站服务与“开心”文字注册商标核准服务类别不相同、不类似,不易使相关公众产生误认,故该域名的注册、使用没有侵犯开心人公司“开心”文字商标专用权。因此,开心人公司该项申请再审理由不成立,不予支持。

2. kaixin. com 域名是否仿冒开心人公司知名服务的特有名称“开心网”和“kaixin001. com”域名,构成不正当竞争。《域名纠纷解释》第四条的规定,主要是保护在先权利。本案中,kaixin. com 域名注册时间早于开心人公司的 kaixin001. com 域名注册时间和知名服务的特有名称“开心网”开通时间,故本案中判定千橡互联公司和千橡网景公司的 kaixin. com 域名是否仿冒开心人公司知名服务的特有名称“开心网”和“kaixin001. com”域名,构成不正当竞争,并不适用《域名纠纷解释》第四条的规定。开心人公司认为本案域名争议应适用《域名纠纷解释》第四条系对该条规定的错误理解。2008 年 3 月,开心人公司开通了“开心网”(kaixin001. com)为网络用户提供社会性网络服务,其提供的证据证明在该网站开通的较短期间内其注册网络用户已达到 750 多万,在 Alexa 网站的世界排名已在 100 位左右,并被网络媒体大量报道,因此该网站提供的服务已经构成知名服务,而作为网络用户识别该服务的网站名称也构成了知名服务的特有名称。千橡互联公司作为一家与开心人公司在同一地区从事相同行业的互联网公司,在开心人公司“开心网”在相关公众中具有较高知名度并成为知名网站的情况下,于 2008 年 10 月受让取得“kaixin. com”域名,并使用该域名开通了与开心人公司“开心网”从事同样社会性网络服务的“开心网”(kaixin. com),其主观恶意明显,客观上也造成了网络用户对两个开心网的误认或混淆,误导了网络用户访问涉案网站,损害了开心人公司的权益。一、二审法院认定千橡互联公司和千橡网景公司仿冒开心人公司“开心网”知名服务特有名称,构成不正当竞争,并判决上述公司不得在提供社会性网络服务中使用与开心人公司知名服务的特有名称“开心网”相同或近似的名称正确,本院予以确认。但kaixin.com域名注册在先,千橡互联公司合法受让该域名本身并无过错,仅是其使用该域名指向开心网的行为,扰乱了正常的市场秩序,违反了诚实信用原则,构成了不正当竞争。退一步讲,如果千橡互联公司受让kaixin.com域名后,其使用该域名指向的不是与开心人公司从事同样社会性网络服务,则可视其为正常的自由竞争,法律并不加以干预。故本院认为一、二审法院上述判决足以制止千橡互联公司和千橡网景公司的不正当竞争行为,因此,开心人公司在申请再审中仍主张千橡互联公司和千橡网景公司的kaixin.com域名仿冒其知名服务的特有名称“开心网”和kaixin001.com域名构成不正当竞争的理由并不充分。

综上,开心人公司申请再审中主张千橡互联公司和千橡网景公司停止使用kaixin.com域名的理由不成立,本院不予支持。

三、千橡互联公司和千橡网景公司是否应赔偿开心人公司1000万元及是否应在新浪网等媒体上公开赔礼道歉

关于赔偿数额问题。开心人公司主张千橡互联公司和千橡网景公司的侵权所得为“平均每个注册用户给开心网带来的利益乘以被申请人因侵权所得的注册用户数”,即以“单位利益乘以侵权数量”来计算其损失,单位利益是以开心人公司广告收入除以开心人公司的注册用户数来计算。本院认为,广告收入虽与注册用户数有一定的联系,但广告收入还往往与公司的知名度、所从事的行业、管理团队等因素有关,故开心人公司上述计算公式并不具有科学性和合理性,且其也认为目前业界尚无评估互联网用户价值的方法,故一、二审法院在侵权人因侵权所得利益,或者被侵权人因被侵权所受损失难以确定的情况下,依据千橡互联公司和千橡网景公司侵权行为的方式、期间、规模、后果以及主观过错程度等因素,酌定侵权赔偿数额40万元未有不妥,本院予以确认。

关于赔礼道歉问题。本案中,千橡互联公司和千橡网景公司主观恶意明显,且在涉案网站上运行“黑帮”网络游戏,被有关行政部门处罚,因网络用户易对两开心网产生混淆和误认,因此在一定程度上损害了开心人公司的商誉,但开心人公司主张赔礼道歉的责任承担方式一般适用于自然人而非法人,故一、二审法院不予支持亦未有不妥,本院予以确认。

综上,开心人公司的再审申请不符合《中华人民共和国民事诉讼法》第一百七十九条第一款第(二)项、第(六)项规定的情形。依照《中华人民共和国民事诉讼法》第一百八十一条第一款之规定,裁定如下:

驳回北京开心人信息技术有限公司的再审申请。

审　判　长　余红梅
代理审判员　钱小红
代理审判员　周云川
二〇一一年七月二十九日
书　记　员　曹佳音

【操作指南】

充分发挥知识产权审判职能作用，为推进社会主义文化大发展大繁荣和加快转变经济发展方式提供有力司法保障

——最高人民法院副院长奚晓明在全国法院知识产权审判工作座谈会上的讲话

(2011年11月28日)

同志们:

这次全国法院知识产权审判工作座谈会的主要任务是:深入学习贯彻十七大、十七届六中全会精神,牢固树立社会主义法治理念,准确把握人民法院知识产权审判工作面临的机遇与挑战,进一步明确知识产权审判工作所担负的历史使命,回顾总结今年知识产权审判工作,深入分析当前面临的形势任务,研究部署今后一个时期的知识产权审判工作。

最高人民法院党组对这次会议非常重视。会前,王胜俊院长专门作出重要批示,对近年来全国法院知识产权审判工作取得的成绩给予了充分肯定,对知识产权审判工作应当坚持的基本理念、今后的努力方向提出了原则要求和殷切希望;沈德咏常务副院长也对这次会议的召开作出重要批示。这对我们开好会议,推动全国法院知识产权审判工作进一步发展具有重要指导意义。大家一定要认真学习,深刻领会,切实贯彻。

下面,我讲三个问题。

一、一年来知识产权审判工作的回顾和总结

今年是国家实施"十二五"规划的开局之年。一年来,全国法院以邓小平理论和"三个代表"重要思想为指导,牢牢抓住科学发展这个主题,紧紧围绕加快转变经济发展方式这条主线,突出执法办案这个重点,强化队伍建设这个根本,继续深入推进三项重点工作,充分发挥司法保护知识产权的主导作

用,知识产权司法保护各项工作都取得了新进展,成效显著。

(一)依法公正高效审理案件,知识产权司法公信力得到进一步提升

全国各级法院始终坚持以执法办案为第一要务,切实担负起保护知识产权的神圣职责。民事审判在知识产权司法保护中的主渠道作用得到进一步发挥。今年1~10月,全国法院共新收和审结知识产权民事一审案件52708件和38682件,同比分别增长42.2%和39.79%。共审结涉外知识产权民事一审案件973件,同比增长6.69%;审结涉港澳台知识产权民事一审案件251件,同比增长130.28%。共审结知识产权民事二审案件5195件,同比增长32.66%;再审案件115件,同比增长88.52%。依法慎重稳妥地裁定采取临时措施,全国地方法院共受理诉前临时禁令申请案件126件,诉前证据保全申请案件184件,诉前财产保全申请案件18件。坚持法律效果与社会效果的统一,努力实现诉讼调解工作的制度化和规范化。全国知识产权民事案件一审调撤率达到72.72%,同比上升4.13个百分点。上海、天津等地高级法院出台了进一步加强知识产权民事纠纷调解的指导性意见。广东、河北、四川、河南、江西、广西、贵州等高级法院探索和总结出一套规范化的调解方法。知识产权行政和刑事审判职能得到有效发挥。1~10月,全国法院审结知识产权行政一审案件1452件,同比上升20.7%。其中,审结涉外知识产权行政一审案件589件,涉港澳台知识产权行政一审案件147件。知识产权刑事一审案件增幅较大,全国法院新收知识产权刑事一审案件4544件,同比上升38.33%。

(二)强化制度创新和能动司法,服务党和国家工作大局的能力得到进一步增强

全国各级法院结合知识产权审判工作实际,找准积极服务科学发展的切入点,为党和国家大局提供公正高效的知识产权司法服务。继续贯彻落实国家知识产权战略,坚持知识产权审判领域的改革创新,推动建立更为科学的知识产权审判体制和工作机制。知识产权审判业务庭集中审理知识产权民事、行政和刑事案件的试点工作得到进一步推广,基层法院、中级法院知识产权案件管辖布局得到进一步优化。截至2011年10月底,全国已有5个高级法院、50个中级法院和52个基层法院开展了相关试点。江苏、浙江、内蒙古等地高级法院加强与检察院、公安厅的协调,就“三审合一”试点工作中刑事

保护问题出台指导性意见。始终着眼于服务科技进步和自主创新,以加大惩处力度和降低维权成本为重点,加强知识产权司法保护,积极参与打击侵犯知识产权和制售假冒伪劣商品的专项治理活动,组织开展“加强知识产权司法保护,促进经济发展方式加快转变”年度主题活动,为加快转变经济发展方式提供坚强知识产权司法保障。始终坚持“阳光司法”,通过新闻发布会制度、法院开放日活动、网络直播等多种方式提高审判工作透明度,提升司法公信力。上海高院开通了“上海法院知识产权司法保护网”;湖南省法院系统建立了人大代表旁听庭审和庭审网络直播长效机制;辽宁省法院系统普遍配备了信息化、智能化程度较高的知识产权审判法庭,对庭审网络直播进行常态化管理。最高人民法院采取一系列措施积极推进司法公开,发布《中国法院知识产权司法保护状况(2010年)》白皮书(中英文),举办全国法院知识产权司法公开座谈会,培训全国法院知识产权裁判文书上网工作信息员,开通升级改版的“中国知识产权裁判文书网”。天津、重庆、山东、广西、四川、甘肃、河北、江苏等地高级法院发布2009年年度知识产权司法保护白皮书或者蓝皮书。始终注重知识产权审判制度创新,最高人民法院知识产权审判庭与中国互联网协会签署《互联网知识产权纠纷调解机制备忘录》,创新和发展诉讼与非诉讼相衔接的纠纷解决机制;上海、江苏、青海、河北、浙江、广西、山西等地高级法院积极探索建立和完善案件技术事实查明机制,建立技术专家咨询库,试行专家陪审员和专家证人制度,不断提高案件审判质量。周密部署“4·26”全国知识产权宣传周活动,加大知识产权司法保护宣传力度。最高人民法院组织中央新闻媒体“知识产权司法保护江苏行”活动,充分展示地方法院知识产权司法保护成果。不断扩大知识产权司法保护国际交流与合作,努力提升中国知识产权司法保护的负责任大国形象。组织知识产权法官前往国外进行交流学习,派员参加中外知识产权谈判活动。注重两岸知识产权司法交流和沟通,组成中国法官协会代表团赴台访问。

(三)注重审判监督和业务指导,知识产权司法水平得到进一步提高

全国各级法院始终注重对知识产权审判工作的监督和指导,努力统一知识产权司法理念、法律适用和裁判尺度。不断拓宽知识产权审判业务指导途径,通过制定司法解释、发布司法文件、发布指导性案例、出台指导性意见、开展专项调研等多种形式,切实担负起对下级法院进行业务指导的职责。全国

各级法院创新和加强审判管理，突出强调知识产权审判管理的规范化、科学化，把知识产权审判管理覆盖到每个审判人员和审判工作全过程，不断提高知识产权审判质效。充分发挥司法政策在促进知识产权司法统一上的特殊重要作用，系统总结和细化知识产权司法政策，通过各种方式保障知识产权司法政策的贯彻落实，推进知识产权审判工作的规范化和统一性。发挥典型案例在知识产权审判中的示范作用，将典型案例的评选和发布作为一项长期工作，推进知识产权案例指导工作的规范化、制度化和长效化。最高人民法院进一步加大提级管辖、异地管辖的力度，防止地方保护，确保公正司法。最高人民法院发布《最高人民法院知识产权案件年度报告（2010）》，公布2010年中国法院知识产权司法保护十大案件和五十个典型案例。天津、重庆、山东、安徽、福建、湖南、四川、黑龙江等地高级法院公布当地的十大典型案例，广西高院建立了典型案例指导制度。全国各级法院牢固树立“以调研促审判”理念，高度重视知识产权审判调研工作，不断提高调研水平，注重成果转化。

（四）狠抓基层基础和法官队伍建设，知识产权司法基础得到进一步夯实

全国各级法院结合知识产权审判工作实际，深入开展创先争优活动和“发扬传统、坚定信念、执法为民”主题教育实践活动，广泛开展群众观点大讨论，着力解决宗旨意识、司法作风等方面存在的突出问题，知识产权法官队伍的政治和业务素质进一步提高。最高人民法院不断加强知识产权审判基层基础建设，创新对基层工作指导方式，实施加强知识产权审判基层基础建设“三五工程”，即在北京大学、中国人民大学、华东政法大学、西南政法大学、深圳大学设立知识产权司法保护理论研究基地；在已设立中国知识产权司法保护（苏州）调研基地的基础上，增设青岛、深圳、长沙、成都四个调研基地；决定北京市朝阳区、上海市浦东新区、江苏省苏州市虎丘区、浙江省义乌市、湖北省武汉市江岸区人民法院为知识产权审判基层示范法院。最高人民法院知识产权审判庭与苏州高新区管委会签署合作备忘录，将苏州高新区作为中国知识产权司法保护典型案例评选发布基地。最高人民法院和高级法院举办各种形式的培训，进一步增强了知识产权法官的司法能力。

一年来，全国法院知识产权法官和其他工作人员努力拼搏，开拓进取，无私奉献，为人民法院知识产权审判事业做出了突出贡献。在此，我代表最高

人民法院,向全国法院知识产权法官和其他工作人员致以亲切的问候和崇高的敬意!

在充分肯定成绩的同时,我们必须清醒地认识到,我国知识产权审判工作还存在不少薄弱环节,还不能完全适应新形势新任务的要求,离党的要求和人民的期待还有距离。知识产权审判服务大局、为民司法的能动司法能力还有待进一步增强;中国特色社会主义法律体系形成后知识产权法律的司法实施还有待进一步加强;文化改革发展给知识产权审判工作带来的新情况新问题还有待进一步研究;知识产权审判体制和工作机制还有待进一步改革和完善;知识产权法官队伍的整体素质还有待进一步提高。我们一定要继续努力,切实应对好、解决好这些制约知识产权审判工作向前发展的矛盾和问题。

二、当前知识产权审判工作面临的新形势和新挑战

当前的国际国内形势总体上有利于知识产权审判工作的发展,但也存在各种复杂因素。我们一定要高度关注当前形势发展变化的新情况、新特点,科学判断知识产权审判工作发展新态势,充分利用有利条件,积极应对各种挑战,努力做好各项工作,充分发挥司法保护知识产权的主导作用,不断开创知识产权审判工作新局面。

一要准确把握知识产权国际形势对人民法院知识产权司法保护的深刻影响。

当前,经济全球化深入发展,各国经济相互依存不断加深。同时,世界经济形势复杂多变,经济复苏的不稳定性和不确定性上升。世界各国为了实现经济增长,纷纷调整创新和发展战略,更加注重知识产权在经济发展战略中的核心地位和作用,加紧国际知识产权布局,抢占知识产权制高点,知识产权国际竞争更加激烈。发达国家更是将知识产权视为其核心利益所在,把知识产权问题作为其长期的关注重点。部分发达国家一方面联合推动设立超越TRIPS协定的知识产权保护标准,另一方面又积极利用世贸组织争端解决机制强化现有知识产权保护制度的落实。一些发达国家利用各种手段,不断增强对中国等发展中国家的知识产权高压态势,其关注重点已经由个案维权、分散抗议逐渐转入政策制定、制度落实等体制机制安排,力图从根源上植入其利益点。知识产权保护全球化趋势越来越明显,知识产权争端日趋深化和

复杂,世界各国高度关注自己在国际知识产权保护领域的参与权、话语权和主动权。我们高兴地看到,随着我国知识产权司法保护水平的提高和司法公信力的增强,我国在国际知识产权司法舞台上的参与权、话语权、主动权不断增加,营造外部环境的能力不断增强,成绩受到国际社会的普遍关注,正面评价不断增加。与此同时,我们也应注意到,随着发达国家对我国知识产权司法保护持续施压,人民法院知识产权司法保护面临的挑战和压力越来越大,在促进对外交往、营造良好贸易投资环境和树立负责任大国形象中的任务越来越艰巨,责任越来越重大。

二要准确把握深化文化体制改革推动社会主义文化大发展大繁荣对人民法院知识产权司法保护的深刻影响。

党的十七届六中全会通过了《中共中央关于深化文化体制改革推动社会主义文化大发展大繁荣若干重大问题的决定》,确定了中国特色社会主义文化发展道路,确立了建设社会主义文化强国的战略目标。文化的繁荣和发展与知识产权审判工作关系极其紧密。人民法院要充分认识知识产权审判工作在文化建设中的重要地位和作用,不断增强为文化建设提供知识产权司法保障的责任感和使命感。要坚持立足执法办案,找准知识产权审判工作与文化建设的结合点和着力点,为文化大发展大繁荣提供知识产权司法服务。要充分运用司法手段妥善处理并有效化解文化建设中出现的知识产权矛盾纠纷,为文化建设创造更加有利的发展机遇和环境。要充分发挥知识产权审判能动司法作用,未雨绸缪,积极应对,更好地为推进社会主义核心价值体系建设、保障人民基本文化权益、推动文化产业成为国民经济支柱性产业、加快构建有利于文化繁荣发展的体制机制提供服务和保障。

三要准确把握我国经济社会发展和国家知识产权战略深入实施对人民法院知识产权司法保护的深刻影响。

当代中国进入了全面建设小康社会的关键时期和深化改革开放、加快转变经济发展方式的攻坚时期,知识产权事业的地位和作用更加突出。国民经济与社会发展"十二五"规划纲要已经明确,未来五年,我国各项工作必须以科学发展为主题,以加快转变经济发展方式为主线;坚持把经济结构战略性调整作为主攻方向,把科技进步和创新作为重要支撑;强调要发展现代产业体系、提高产业核心竞争力,改造提升制造业,培育发展战略性新兴产业。为了实现这些奋斗目标,我们比以往任何时候都更加需要有力的知识产权支撑和强有力知识产权司法保护。加快转变经济发展方式需要运用知识产权破解诸多难题和制约因素,传统产业的转型升级需要自主知识产权提升核心竞争力,培育战略性新兴产业需要知识产权战略的超前部署和引领,和谐社会建设需要完善知识产权制度不断改善民生福祉。当前,国家知识产权战略进入深化实施阶段,要求进一步完善知识产权审判体制机制,完善司法解释和司法政策,充分发挥司法保护主导作用。这些都对加强知识产权司法保护提出新的更高的要求。

四要准确把握中国特色社会主义法律体系形成对人民法院知识产权司法保护的深刻影响。

中国特色社会主义法律体系形成标志着我国社会管理已经进入到全面有法可依的历史发展阶段,必将对知识产权审判事业产生深远历史影响。目前,我国在知识产权领域已经制定了 4 部专门法律,颁布了 19 部行政法规,形成了涵盖专利、商标、著作权等各个领域,与国际通行规则相协调,比较完善的知识产权法律体系,知识产权司法有法可依的局面已经形成。法律的生命力在于实施。知识产权法律体系基本完备后,人民法院实施法律的任务更加繁重。广大知识产权法官不仅要熟练运用知识产权法律条文,全面掌握法律规定,还要深刻理解立法的目的、原则和精神;不仅要熟知知识产权法律,还要熟悉与知识产权相关的法律。知识产权法官严格依法办案,确保知识产权司法统一的责任将更加重大。随着知识产权法律的完备和规则的具体化,社会公众对知识产权法官正确适用法律、公正司法的标准、期待和要求越来越高,知识产权法官在司法能力和综合素质方面将面临更加严峻的考验。

三、当前和今后一个时期需要重点做好的几项工作

2012 年将召开党的十八大,也是加快转变经济发展方式、深入实施国家知识产权战略的关键之年。在刚刚闭幕的亚太经合组织(APEC)工商领导人峰会期间,胡锦涛总书记深刻指出,“中国加强知识产权保护的决心坚定不移,已建立了比较完善的知识产权法律体系,今后工作的重点是加强执法”;“中国将加强知识产权保护,推进创新型国家建设”,“加大知识产权执法力度、司法保护力度”。根据形势任务的要求,当前和今后一个时期全国法院知

识产权审判工作的总体要求是：以邓小平理论和"三个代表"重要思想为指导，深入贯彻落实科学发展观，准确把握国内外形势的新变化，牢牢抓住科学发展这个主题，紧紧围绕加快转变经济发展方式这条主线，深入推进三项重点工作，进一步加大知识产权司法保护力度，为迎接党的十八大的顺利召开，为建设创新型国家和全面建设小康社会，为建设社会主义文化强国提供公正高效的知识产权司法保障。按照这个总体要求，要注重抓好以下四方面的工作：

（一）进一步加大知识产权司法保护力度

加强保护是当前知识产权司法保护的主要矛盾、基本定位和政策取向。要充分认识加强保护的深刻内涵，加强保护是一项动态的系统工程，需要针对知识产权保护中的突出问题，采取一系列行之有效的措施，切实将加强保护落到实处。在加强保护中要注意分门别类和宽严适度，注意适应各类知识产权的属性和特点，符合各类不同知识产权的功能和保护需求，使知识产权司法保护更加适应我国所处的国际国内发展环境，更加符合我国经济社会文化发展的阶段性特征，更加符合我国文化发展和科技创新的要求。在加强保护中要强化利益平衡观念，把利益平衡作为知识产权司法保护的重要基点，统筹兼顾智力创造者、商业利用者和社会公众的利益，协调好激励创造、促进产业发展和保障社会公众权益之间的关系，使利益各方共同受益、均衡发展。要继续深入落实国家知识产权战略的部署和要求，充分发挥司法保护知识产权的主导作用。

一是要加强涉文化领域知识产权保护力度，促进社会主义文化大发展大繁荣。我国已形成以著作权法、非物质文化遗产法、计算机软件保护条例、信息网络传播权保护条例等法律、行政法规为主干的文化法律体系，涉文化类知识产权案件的审判已成为知识产权审判的重要方面。要认真贯彻落实中央关于大力发展公益性文化事业、加快发展文化产业的政策措施，制定和完善有关司法解释和司法政策，高度重视涉文化类知识产权案件审判工作，充分发挥知识产权审判对文化建设的规范、引导、促进和保障作用。要高度重视涉文化产业的新类型知识产权保护，积极推动文化产业发展成为国民经济支柱性产业。特别要依法加强出版发行、影视制作、广告、演艺、娱乐、设计等产业领域的著作权保护，推动传统文化产业发展壮大；深入研究和大力加强文化创意、数字出版、移动多媒体、动漫游戏、软件、数据库等战略性新兴文化产业的著作权保护,培育新型文化业态,培育国民经济的新的增长点,提升我国整体文化实力和竞争力。密切关注电信网、广电网、互联网“三网融合”等信息技术发展带来的新问题,在保护著作权益的同时,注重促进新兴产业的发展和我国信息化水平的提高。在审理涉及技术创新的著作权案件时,要准确把握技术中立的精神,既有利于促进科技和商业创新,又防止以技术中立为名行侵权之实。要综合利用各种法律手段,推动我国传统文化优势资源的保护、传承和商业利用,把传统文化优势转换为现实的生产力和竞争优势,提高中华文化影响力。当前尤其要重视研究和探索民间文学艺术、传统知识、遗传资源等非物质文化遗产的法律保护,凡是能够纳入现行知识产权法律体系的内容,都要依法予以保护,不能因其在权利主体、保护期限、保护范围等方面存在特殊性而拒绝保护。

要加强网络环境下的著作权保护,妥善处理保护著作权与促进信息网络产业发展和保障信息传播的关系。随着网络传播技术的日新月异和商业模式的不断创新,网络著作权保护中的新情况新问题层出不穷,需要加强研究探索,不断统一认识和统一法律适用标准。要准确把握法律、行政法规和司法解释有关网络环境下著作权保护的精神实质,特别要准确把握权利人、网络服务提供者和社会公众之间的利益平衡,既要加强网络环境下著作权保护,又要注意促进信息网络技术创新和商业模式发展,确保社会公众利益。正确把握作品、表演、录音录像制品提供行为与网络服务提供行为的划分,妥善处理有关网络服务提供者免责与归责、“通知与移除”规则与过错归责、网络服务提供者侵权过错与一般侵权过错的差别等关系。凡网络服务提供行为符合法定免责条件的,网络服务提供者不承担侵权赔偿责任;虽然不完全符合法定的免责条件,但网络服务提供者不具有过错的,仍不承担侵权赔偿责任。要根据信息网络环境的特点和实际,准确把握网络服务提供行为的侵权过错认定,既要根据侵权事实明显的过错标准认定过错,不使网络服务提供者承担一般性的事先审查义务和较高的注意义务,又要适当地调动网络服务提供者主动防止侵权和与权利人合作防止侵权的积极性。要维护“通知与移除”规则的基本价值,除根据明显的侵权事实能够认定网络服务提供者具有明知或者应知的情形外,追究网络服务提供者的侵权赔偿责任应当以首先适用“通知与移除”规则为前提，既要防止降低网络服务提供者的过错认定标准，使“通知与移除”规则形同虚设；又要防止网络服务提供者对于第三方利用其网络服务侵权消极懈怠，滥用“通知与移除”规则。

要增强政治和政策敏感性，妥善处理保障民事权益与维护国家文化安全和公共道德的关系。文化安全是国家安全的重要组成部分，在审理具有政治和政策敏感性的涉文化类知识产权案件时，要增强政治意识，在依法保护著作权的同时，注意维护我国社会主义主流文化。未经行政审批进入我国境内的境外影视作品，若涉及反动、淫秽、暴力等违反公共秩序的内容，要通过行政查处或者刑事处罚解决；对于其他境外影视作品，要依法保护其民事权益。要更加重视知识产权裁判的引领和导向功能，在裁判中重视弘扬社会主义核心价值体系，注意把法律评价与道德评价有机结合起来，引领社会主流价值观，把维护公共道德作为司法保护的重要价值追求，提升全社会尊重知识、崇尚创新、诚信守法的知识产权法治文化。

二是要加强专利权保护，积极促进科技创新和经济发展方式加快转变。要以加大专利权保护力度为基础，促进我国科技创新能力的提高。要根据专利创新程度、所属技术领域特点和产业政策等，妥善运用权利要求解释、等同侵权等法律标准，依法加大专利权保护强度，推动技术突破和技术创新。要加大对关键核心技术、基础前沿领域和战略性新兴产业的专利权保护，积极推动我国产业结构的战略性调整。对于创新程度高、研发投入大、对经济增长具有突破和带动作用的首创发明，要给予更高的保护强度和更宽的等同保护范围。在加大保护力度的同时，也要注意适应不同技术领域专利权的特点和创新需求，实现宽严适度。

要正确运用专利侵权判定和证据规则，依法认定专利侵权行为。要从尊重权利要求的公示作用和保护社会公众对专利申请文件的合理信赖出发，准确把握全部技术特征对比、禁止反悔、捐献等专利侵权判断规则，实现专利权人利益与社会公共利益的统一。要坚持专利权利范围的折中解释原则，准确界定专利权的保护范围。专利权利要求的解释应符合发明目的，不应把具有专利所要克服的现有技术缺陷或者不足的技术方案纳入保护范围；要探索完善等同侵权适用条件，坚持以手段、功能和效果基本相同并且对所属领域普通技术人员显而易见为必要条件，防止因等同原则适用过宽而妨碍创新。对创新程度相对较低的改进发明,一般要适当限制其等同保护范围。要妥善审理好产品制造方法发明专利侵权案件,既要考虑方法专利权利人维权的实际困难,又要兼顾被诉侵权人保护其商业秘密的合法权益。使用专利方法获得的产品不属于新产品,专利权人能够证明被诉侵权人制造了同样产品,经合理努力仍无法证明被诉侵权人确实使用了该专利方法,但根据案件具体情况,结合已知事实以及日常生活经验,能够认定该同样产品经由专利方法制造的可能性很大的,可以根据民事诉讼证据司法解释有关规定,不再要求专利权人提供进一步的证据,而由被诉侵权人提供其制造方法不同于专利方法的证据。被诉侵权人提供了其制造方法不同于专利方法的证据,涉及商业秘密的,在审查判断时应注意采取有效措施保护其商业秘密。

要兼顾公平和效率,妥善处理好专利侵权与专利确权的关系。既要依法保障专利权人的民事权益,又要注意提高民事侵权案件审理效率,尽快明确当事人之间的法律关系状态,积极促进市场活动的顺畅和安全。在专利侵权诉讼中,被告在答辩期内对原告的专利权提出无效宣告请求的,应考虑涉案专利权的稳定性程度及案件具体情况等因素,决定是否应当中止审理。民事裁判作出前,专利复审委员会作出宣告涉案专利无效的决定的,可以根据案件具体情况裁定驳回专利权人的起诉。宣告专利权无效的决定在随后的行政诉讼程序中被判决撤销的,专利权人可以在判决生效后重新起诉。

三是要加强商标权保护,积极提升我国经济的综合竞争力。要通过审理好商标侵权和商标授权确权案件,加大商标权保护力度,推动我国从制造大国向品牌强国加快转变。要本着划清商业标识之间的边界、鼓励正当竞争的精神,依法加大商标权保护力度。要根据商标的知名度、显著程度等,恰当运用商标近似、商品类似、在先使用并有一定影响的商标、以欺骗或者其他不正当手段取得商标注册等裁量性法律标准,妥善把握商标注册申请人或者注册人是否有真实使用意图以及商标使用过程中“傍名牌”行为的主观恶意等,用好用足商标法有关规定,加大遏制恶意抢注、“傍名牌”等不正当行为的力度,充分体现商标权保护的法律导向。

要依法规范驰名商标的认定和保护,切实加强驰名商标保护。要统筹兼顾加强驰名商标保护与防止滥用驰名商标保护制度,防止一种倾向掩盖另一种倾向。一方面,驰名商标保护的目的在于适当扩张具有较高知名度的商标的保护范围和保护强度,不是评定或者授予荣誉称号,要准确把握驰名商标保护的立法本意,通过正确裁判,有效引导当事人正当运用驰名商标保护制度,防止当事人在驰名商标保护中片面追求获取驰名商标认定的制度异化现象。另一方面,对于当事人主张驰名商标保护且符合保护条件的,应当依法予以认定和保护,防止对驰名商标的保护设置不适当的障碍。对于一般公众广泛知晓的驰名商标,要结合众所周知的驰名事实,减轻商标权人对于商标驰名情况的举证责任。认定驰名商标并不要求具有等同划一的知名程度,但驰名商标的保护范围和强度要与其显著性和知名度相适应,对于显著性越强和知名度越高的驰名商标,要给予其更宽的跨类保护范围和更强的保护力度。要认真执行司法解释的规定,准确把握驰名商标的保护范围,加强对驰名商标事实认定的严格把关,坚持判前审核制度,坚决防止当事人为骗取驰名商标认定而弄虚作假,进行虚假诉讼。

要积极探索网络环境下的商标权保护。网络交易的繁荣给商标权的保护提出了新课题,与网络交易平台、搜索引擎关键词广告及竞价排名服务有关的商标权案件逐渐增多。要依据侵权责任法有关规定妥善处理网络环境下的商标侵权案件,并可以根据案件具体情况,适当参考借鉴审理网络著作权案件的有关规定和基本共识,合理界定网络服务提供者的注意义务,正确认定侵权行为,在依法保护商标权的同时,注重促进网络产业发展和商业模式创新。有关典型案例和经验材料要及时层报上级法院和最高人民法院。

四是要依法审理好竞争案件,创造公平有序、充满活力的市场环境。要依法规制不正当竞争行为,维护商业诚信和公平竞争。正确理解反不正当竞争法上的竞争关系,凡是参与市场经济活动、受到他人不正当竞争行为影响的竞争者,均可认定存在竞争关系,不以直接竞争关系为限。适用反不正当竞争法的一般条款认定新类型不正当竞争行为时,要正确把握诚实信用原则和公认的商业道德的评判标准,以特定商业领域普遍认同和接受的经济人伦理标准为尺度,避免把诚实信用原则和公认的商业道德简单等同于个人道德或者社会公德,不适当地扩张不正当竞争行为的范围。要加强商业秘密的保护,根据案件具体情况,合理把握秘密性和不正当手段的证明标准,适度减轻商业秘密权利人的维权困难。要注意总结垄断民事案件的审判经验,依法公正审理好垄断民事案件,促进市场结构的完善和市场经济的健康发展。最高人民法院正在抓紧制定审理垄断民事案件的司法解释,该司法解释公布后,有关法院要认真学习和领会解释精神,不断提高垄断民事案件的审判质量和水平。

五是要依法加大制裁力度,便利权利人维权。赔偿数额低、取证困难等,均是制约加大制裁侵权行为力度、降低权利人维权困难的重要因素。各级法院要积极探索有利于确定赔偿的途径,采取各种有效措施,完善损害赔偿计算方法,加大损害赔偿力度。要适当减轻权利人的举证负担,酌情适用优势证据标准确定损害赔偿数额,发挥举证妨碍制度在推定损害赔偿数额中的作用,保证权利人获得充分赔偿。对于权利人难以取得的维权证据,凡符合调取证据或者证据保全条件的,应当及时采取调取或者保全措施,不能因为办案压力大等原因,对当事人的申请推三阻四或者无理拒绝。要继续完善境外证据的举证和认证制度,尽可能减少境外证据的举证和认证困难,提高举证认证效率。司法解释中有关境外形成的证据需办理公证认证手续规定的本意主要在于便利对证据真实性的审查认定,并不排斥以其他方式认定相关事实的真实性。除按照有关规定必须办理公证认证的特殊事项外,凡有其他合理方式足以认定境外证据真实性的,可以采取其他方式予以认定,防止因未办理公证认证或者其他证明手续而简单否定境外证据效力。

要适度从严把握法律条件,慎重适用诉前停止侵权措施。诉前停止侵权措施是一把“双刃剑”,适用时既要依法满足权利人迅速保护权利的正当需求,又要防止滥用诉前停止侵权制度不正当地损害竞争对手。要把事实比较清楚、侵权易于判断作为采取诉前停止侵权措施的前提条件。对于需要进行比较复杂的技术对比才能作出侵权可能性判断的行为,不宜裁定采取责令诉前停止侵权措施。对于已经作出宣告专利权无效决定的,不再裁定采取诉前停止侵害专利权措施。要规范审查程序,确保程序公正,尽可能通过听取申请人与被申请人意见的方式对侵权可能性作出准确判断。

(二)进一步加强业务指导和审判监督

要加大业务指导力度,切实增强业务指导的针对性和有效性。要适应提高审判水平和维护法制统一的需要,积极创新业务指导方式,拓宽业务指导途径。要进一步完善和规范业务指导方式,可采取发布指导性文件、公布参考性案例、召开审判业务会议、组织法官培训等多种形式开展指导工作。各高级法院特别要注重总结新鲜审判经验，研究新情况新问题，加强对辖区内法院的业务指导，但应当注意指导方式，今后不宜再通过发布类似司法解释性规范性文件的方式进行指导。最高人民法院将根据审判工作需要，在适当加强报请全国人大常委会进行立法解释的同时，加强制定司法解释和司法政策，促进法律适用统一。各级法院要积极探索司法实践中的新情况新问题，为制定司法解释和司法政策提供素材和积累经验。

要加强审判监督和完善案件管辖制度。要加大审判监督力度，严肃审判监督纪律，有效发挥审判监督机制纠正错误、统一法律适用的功能。对于原审判决确有错误的，要依法予以纠正，防止迁就错误和文过饰非，对司法公正造成二次伤害。对于指令再审的案件，下级法院要认真对待，依法改正错误；对于指定异地法院再审的案件，被指定法院要认真负责地搞好再审，原审法院要做好配合工作。对于无视再审指令，拖延再审或者无正当理由不执行再审指令的，要严肃纪律，情节严重的给予通报批评。各级法院要在审判管理中进一步完善考核机制，适当考虑知识产权案件中行政与民事程序经常交织、技术问题复杂、新难案件多等特点和实际，考虑知识产权案件在改判原因、中止诉讼等方面的特殊性和复杂性，科学设置考核指标，防止“一刀切”，避免脱离实际和挫伤知识产权法官的工作积极性。适当发挥管辖制度的监督制约作用，必要时采取提级管辖、异地指定管辖等措施，有效遏制地方保护和部门保护现象。对于争抢管辖、推诿管辖或者原审裁判存在地方保护现象的案件，最高人民法院近年来采取了指定异地法院管辖的方法，收到了较好效果。要进一步研究案件管辖中的新情况新问题，遏制滥用管辖制度等行为。

要加强调研和理论研究，积极探索新情况和解决新问题。知识产权审判面临的新情况、新问题和新领域较多，需要通过加强调研和理论研究，及时进行应对。要全面加强调研工作，及时总结审判经验和转化调研成果，推动理论升华和理论创新，指导审判实践。要充分发挥各调研基地和理论研究基地的作用，充分利用中国审判理论研究会知识产权审判专业委员会这个平台，推动理论研究和培养研究人才。各调研基地要充分发挥示范带头作用，利用自身优势，向全国法院贡献高质量的司法经验和调研成果。

(三)继续完善知识产权审判体制和工作机制,进一步夯实知识产权审判基础

要进一步优化知识产权案件管辖法院的布局。根据新形势和新任务的要求,在严格控制新增专利等技术类知识产权案件管辖法院的同时,继续推进知识产权案件管辖布局的合理化和科学化。在经济、科技和文化相对发达的地区,适当增加批准管辖一般知识产权案件的基层法院。当然,各高级法院要对报请管辖知识产权案件的基层法院认真把关,确保这些法院能够有相应的案件数量和确有必要行使管辖权,避免使这些法院的知识产权案件管辖权成为摆设。鼓励中级法院和基层法院根据工作需要开展跨地区划片集中管辖,在方便当事人诉讼的同时,促进审判资源优化配置。

要推进和规范知识产权民事、行政和刑事案件的集中审理试点。推进由知识产权审判庭集中审理知识产权民事、行政和刑事案件的试点工作,是实施国家知识产权战略的要求。试点法院要加强对试点工作的总结,不断推动试点工作规范化,及时发现试点中的新情况和解决新问题。要建立知识产权民事、行政和刑事审判协调机制,提高司法效率,统一司法标准,发挥整体保护效能,努力构建资源优化、科学运行、高效权威的知识产权审判体系。要加强与公安机关、检察机关以及行政执法机关的协调配合,形成保护合力。

要进一步加强基层基础建设。要结合知识产权审判实际,认真贯彻全国人大常委会关于加强人民法院基层建设的要求,不断加强知识产权基层基础建设。要进一步完善基层法院知识产权审判业务机构设置,加强人员配备;有针对性地加强基层法院法官培训,加强基层法院知识产权法官到上级法院或兄弟法院的挂职交流,尽快提升基层法院知识产权审判能力和水平。要支持基层法院在知识产权审判体制和工作机制方面的改革和探索,及时总结和推广其经验。要充分发挥基层示范法院的模范带头作用,使各基层示范法院在提高知识产权审判工作质效、创新审判体制和工作机制、加强审判规范化建设和队伍建设等方面,发挥示范和引领作用。

(四)继续加强队伍建设,不断造就高素质的知识产权法官队伍

要加强思想政治建设。结合知识产权审判工作的特点和实际,继续扎实开展“发扬传统、坚定信念、执法为民”主题教育实践活动、“人民法官为人民”主题实践活动以及社会主义法治理念再学习再教育活动,牢固树立和践

行“公正、廉洁、为民”的司法核心价值观，确保审判工作的正确政治方向。要切实增强大局意识、国情意识、责任意识，自觉把知识产权审判工作置于党和国家的工作大局之下，努力实现社会效果和法律效果的统一。

要加强司法能力建设。既要强化正确适用法律公正裁判的能力，又要强化做群众工作、化解社会矛盾的能力；既要强化处理具体案件的能力，又要强化服务大局的能力。要加强教育培训，科学设置培训内容，根据知识产权审判工作的需求，注重理论和实践相结合、知识与能力相结合，提高培训的针对性和有效性。要注意保持知识产权法官队伍的相对稳定性，关心法官生活，解决其实际困难，减轻压力，确保法官身心健康。

要加强司法文化和司法廉洁建设。知识产权法官要带头加强学习，积极进取，不断提高理论和文化素养。要强化为民意识，培养务实作风，认认真真处理好每一起案件，切实为群众排忧解难。要加强反腐倡廉教育，坚持不懈，警钟长鸣，切实增强廉洁自律的自觉性。要严格执行“五个严禁”、“四个一律”等各项反腐倡廉制度，加强外部监督和制约。要继续加大知识产权司法公开力度，增强源头防腐的有效性。

同志们，艰辛成就伟业，奋斗创造辉煌。面临新形势、新任务、新使命，让我们以昂扬向上的精神、百折不挠的意志、尽职尽责的态度，按照王胜俊院长提出的“四个进一步”的要求，努力开创人民法院知识产权司法保护事业的新局面，为建设创新型国家、社会主义文化强国和夺取全面建设小康社会新胜利做出新的更大的贡献，以更加优异的成绩迎接中国共产党第十八次代表大会的胜利召开！

最高人民法院知识产权审判庭庭长孔祥俊在全国法院知识产权审判工作座谈会上的总结讲话

(2011年11月29日　法民三〔2011〕6号)

同志们:

在各位代表共同努力下,全国法院知识产权审判工作座谈会顺利完成了各项议程,马上就要结束了。这次会议时间虽然不长,但是安排非常紧凑、内容非常丰富,达到了预期目的,取得了很好效果。下面,我从三个方面对会议作个总结。

一、关于会议的总体评价

针对本次会议,最高人民法院王胜俊院长和沈德咏常务副院长专门作出重要批示,奚晓明副院长发表了重要讲话。与会代表围绕王院长的批示和奚副院长讲话进行了热烈讨论;对最高人民法院知识产权庭起草的《关于审理侵犯信息网络传播权民事纠纷案件适用法律若干问题的规定》、《关于审理专利授权确权行政案件若干问题的意见》和《关于审理侵犯专利权纠纷案件若干问题的意见》三个规范性文件会议讨论稿进行了专题讨论;有关法院代表还进行了经验交流。概括起来讲,本次会议有三个突出特点:一是时代特征鲜明。本次会议是在全党深入学习贯彻十七届六中全会会议精神和深入实施国民经济和社会发展"十二五"规划纲要的背景下召开的,是在新的历史条件下承前启后,继往开来的一次会议。会议紧扣推进社会主义文化大发展大繁荣和经济发展方式加快转变这一主题,具有鲜明的时代特色。二是能动司法和服务大局的特征非常突出。奚副院长的讲话围绕推进社会主义文化大发展大繁荣和经济发展方式加快转变这一主题,明确了知识产权审判服务大局的结合点和着力点,并提出了具体的方法和措施。无论是会上讨论的三个规范性文件会议讨论稿,还是有关法院代表介绍的典型经验,无不体现了能动司法、服务大局的理念。这一点,大家都有深刻体会。三是求真务实的特点非常明显。会议明确了当前知识产权审判的重要司法政策，讨论了审判中的热点难点问题，具有明显的审判业务交流性和指导性。

会议的收获和成效，可以概括为如下四点：一是振奋人心、鼓舞士气。本次会议上，王胜俊院长的重要批示不仅对知识产权审判工作给予了高度评价，还对未来的工作提出了殷切期望，令我们深受鼓舞。大家确实感到知识产权审判工作备受重视，工作热情高涨。二是认清了形势，统一了认识。奚晓明副院长的讲话深刻分析了当前国际国内形势的新变化和新特点，深入阐述了知识产权审判在营造良好贸易投资环境、推动社会主义文化大发展大繁荣、促进经济发展方式加快转变和确保知识产权法律实施方面所面临的新问题和新挑战，我们对知识产权司法保护工作的形势和任务的认识更加明确和统一。大家深刻感受到，知识产权司法保护工作的要求越来越高，责任越来越重大，大局意识、责任意识和机遇意识进一步增强。三是指明了方向，明确了措施。王胜俊院长的重要批示对今后知识产权审判工作提出了原则要求，明确了努力方向；奚晓明副院长的讲话针对知识产权审判工作的新形势和新任务提出了具体的司法政策和工作措施。奚副院长不仅指明了加强保护是当前知识产权司法保护的基本定位和政策取向，还深刻阐述了加强保护的丰富内涵，并对知识产权司法保护的各个领域提出了具体而明确的司法理念、裁判标准和方法措施，对我们进一步做好知识产权审判工作具有十分重要的指导意义。四是启发思维，提高能力。应邀参加会议的相关中央国家机关的代表、知名专家学者对人民法院知识产权审判工作提出了很好的意见和建议，给我们很多启示；针对三个规范性文件会议讨论稿的分组讨论启发了我们的思维，深化了对具体裁判标准的认识和把握；有关法院的经验交流不仅沟通了情况和信息，也起到了兄弟法院之间相互激励、相互学习、共同提高的作用。

代表们普遍认为，通过这次会议，大家对当前知识产权司法保护国际国内形势的把握更加准确，对知识产权司法政策的理解更加深刻，对各项裁判标准的运用更加妥当，收获颇多。

二、对当前知识产权审判工作的几点认识

当前，我国知识产权司法保护工作处在一个崭新的历史起点上。王胜俊

院长在批示中深刻指出,“随着经济社会的发展,知识产权审判工作的地位和作用越来越重要”。奚晓明副院长在讲话中指出,知识产权国际形势对知识产权司法保护提出了新挑战,国民经济和社会发展“十二五”规划纲要对知识产权司法保护提出了新任务,党的十七届六中全会对知识产权司法保护提出了新课题,社会主义法律体系的形成对知识产权司法保护提出了新要求。大家确实感到知识产权审判工作为党和国家工作大局服务的任务更重、责任更大、要求更高。我们一定要充分认清形势,抓住和用好可以大有作为的这一重要战略机遇,勇挑重担,能动司法,找准结合点和着力点,不辱使命地做好各项工作,不断开创知识产权司法保护工作新局面。

在会议期间,许多代表针对奚副院长的讲话以及三个规范性文件会议讨论稿提出了许多建议和意见,因时间关系,在这里不可能一一回应。我们在会后将逐个讨论和研究,并通过适当的方式予以回应和吸纳。下面我结合代表们比较关心的问题谈几点初步认识,供大家参考。

(一)加强保护与区别对待的关系

奚副院长在讲话中指出,“加强保护是当前知识产权司法保护的主要矛盾、基本定位和政策取向”,同时又指出加强保护有深刻内涵,要区别对待、分门别类和宽严适度。这就要求我们深刻把握加强保护与区别对待的关系。

加强保护以区别对待为前提,区别对待是加强保护的应有之义。加强保护是基于我国知识产权司法保护现状和经济社会发展的要求提出的,是知识产权司法保护的基本导向。同时,加强保护不是抽象和盲目的,不是绝对的和无条件的,不是一味简单地提高保护水平,而是有其深刻内涵和丰富内容,有其针对性和适应性,以分门别类、区别对待为前提和基础。这是因为,知识产权本身就具有种类多样性和差异性,并非“铁板一块”。各类知识产权具有不同的特质和保护要求。例如,专利权保护创新性内容,著作权保护独创性表达,商标权保护区别性标识,反不正当竞争法则对于知识产权专门法调整的智力成果或者区别性标识进行有限的补充保护。不同知识产权各有其特殊的保护政策、保护标准和保护思路,在加强保护时要注意适应不同知识产权的功能和特点,分门别类,区别对待,不能搞一刀切。

既要区别对待,又要注意利用不同知识产权之间的共通性和互补性来加强保护。不同知识产权从不同角度对智力成果和商业标识提供保护,各司其职，各负其责，具有个性和排斥性，需要区别对待。同时，不同知识产权之间又存在共通性和互补性，可以相互配合、相互借鉴。在加强保护时，既要尊重知识产权的个性，区别对待，又要利用其共通性和互补性，充分发挥协调保护的效应，满足保护需求。例如，不同类型专利的保护对象不同，发明专利和实用新型专利保护功能性内容，其相互之间在保护客体上存在交叉；外观设计专利则是保护美感的，但也可能是具有功能性的美感。专利保护思想，而版权保护表达，但思想和表达的区分又有关联性和相对性；在涉及技术创新和产业发展的领域，版权保护又有促进技术创新和产业发展的功能或者目的。要以不同知识产权法律之间的立法精神或者立法政策是否相抵触为根本依据，准确把各类知识产权之间的排斥性和互补性。对于涉及立法目的相抵触的保护领域，要注意不同知识产权之间的界限和法律适用的差别，不能随意叠加保护和补充保护。在法律调整的功能和目的上可以兼容或者互补的领域，要注意其法律适用的相互借鉴性或者互补性，实现协调保护。例如，现代社会中版权的商业气息越来越浓，美国法院曾经在 1984 年的索尼版权侵权案中借鉴了专利法上的技术中立原则。去年最高人民法院曾经在“晨光笔”案件中判决认定保护期已经届满的外观设计，如果构成知名商品的特有装潢，可以适用反不正当竞争法保护，就恰当地运用了这种互补性，达到了协调保护的效果。

加强保护、区别对待的目标是实现各类知识产权保护的宽严适度。知识产权保护具有政策性，在一定意义上是一种创新和发展的政策性手段。知识产权既不像物权那样具有天然的物理边界，又不像债权那样具有清晰的法律边界，其边界具有一定的弹性和模糊性。无论是知识产权的保护范围还是保护强度，都有政策上的考虑和利益上的衡平，都存在弹性的法律空间。这也是我们特别强调知识产权司法政策的一个重要原因。加强保护、区别对待一方面要符合各类知识产权的属性和特点，另一方面要适应我国的发展阶段和发展需求，实现宽严适度。例如，在专利领域，既要根据专利创新程度、所属技术领域特点和产业政策加大保护力度，又要适应不同技术领域专利权的特点，实现力度和适度的统一；在商标领域，要尽量划清商标之间的界限，为知名品牌的发展留足空间，要根据商标的知名度和显著性，合理确定其禁止权的范围和强度，但在非常特殊的情况下，还需要考虑历史、现状和公平因素，允许商标的善意共存;在著作权领域,既要加强保护,也要注意实现著作权人利益、产业利益和社会公众利益的和谐发展。

(二)保护权利与维护国家文化安全和公共道德的关系

奚副院长在讲话中强调,要增强政治和政策敏感性,妥善处理保障民事权益与维护国家文化安全和公共道德的关系。一方面,权利应受保护,无保护即无权利。另一方面,权利的背后是利益,必然涉及不同利益之间的冲突、衡平、取舍和较量,因而权利的行使和保护要受到国家利益、公共利益和他人利益的影响和制约。因此,在保护知识产权,维护民事权益的同时,也要注意维护作为公共利益的国家文化安全和社会公共道德,注意弘扬社会主义核心价值体系和主流文化。

要增强政治和政策敏感性。政治和政策是法律的灵魂,对法律适用起着导向和指引作用。要把法律标准与政策标准结合起来,通过法律标准实现政治效果。在著作权案件审判中,经常遇到政治性或政策性较强的著作权保护问题,需要妥善处理法律与政治、政策的关系。例如,在张五常与社会科学出版社等侵犯著作权纠纷案中,广东高院就很好地处理了保护权利与处理敏感问题的关系。广东高院在二审裁判中利用合同解释的方法,认为根据合同可以推定社科出版社有权修改、删除张五常的《随意集》中违反我国法律和社会公共利益的部分,进而认定社科出版社的修改没有侵犯张五常对作品的修改权和保持完整权,利用法律方法很好地解决了敏感问题。

要把公法评价和私法评价有机结合起来。公法评价以公法所保护的公共利益为依归,着重对行为人的行为进行管理与处罚。私法评价以私人利益为标准,侧重于对私人利益的救济和补偿。两者既各有侧重,又相互关联。要根据公法评价的性质和目的,合理地确定公法上的否定性评价对私法上的权利保护带来的限制和影响,防止私法评价与公法评价严重背离。例如,关于未经行政审批的境外作品的保护问题。近年来许多法官对于此类作品是否保护、如何保护认识不一,各地的裁判结果不一。这一问题不简单是法律适用问题,更是各方面达成共识的结果。我们听取了各相关部门的意见,形成了如下共识:如果仅仅是未经行政审批,违反的是境外作品进口行政管理秩序,在民事上仍然可以给予保护;至于保护的强度,则可以根据案件情况灵活选择,个案探索。如果境外作品除未经审批外,还涉及反动、淫秽、暴力等内容,则严重违反了我国的法律和公共秩序,违背了国家利益和社会公共利益。在这种情况下,如果仍然给予民事保护,就会造成私法评价与公法上严厉的否定性评价不相协调。此时,可以对权利人的民事保护请求不予支持。当然,具体适用中还有不少问题,如作品仅部分内容涉及反动、淫秽或者暴力内容如何处理,是否赔偿以及赔偿多少等,这些还需要根据案件具体情况进行探索。

要把法律评价与道德评价有机结合起来。法律和道德是社会调控的两大主要手段,共同发挥着维护社会秩序稳定,促进人际关系和谐的社会功能。法律是最低限度的道德。法律评价与道德评价既有一致性,在特定情况下又会出现冲突。要妥善解决这种冲突,实现道德评价与法律评价的和谐统一,使裁判既合乎法律,又合乎道德情理。在知识产权审判中,既要注意发挥裁判对社会道德的保护和引导作用,以法律评价的强制性引导当事人树立和践行社会主义道德观和荣辱观,弘扬社会主义主流道德观;又要注意把维护公共道德作为裁判的重要价值追求,以道德评价对法律评价进行校正和检验,提高公众对裁判的认同感和信赖感,提升司法的公信力。

(三)立足国情与重视全球化思维的关系

立足国情、适应国情需要是知识产权保护独立性、地域性和政策性的要求。一种特定的知识产权通常只能在一国境内具有效力。各国知识产权法本质上是基于本国国情和发展阶段而作出的选择。各国知识产权法的保护强度和保护范围都是适应本国经济发展水平、发展目标和发展阶段的产物,具有强烈的公共政策性。同时,当今时代是一个全球化的时代,知识产权保护深受全球化的推动和影响,我们必须在知识产权保护中强化全球化思维,适应全球化发展的需要。随着知识产权问题全球化趋势日益明显,知识产权司法保护更需要全球思维和国际视野,更需要注重树立我国负责任大国的良好国际形象。要一只眼睛向内,一只眼睛向外,具有对国际问题的敏锐性和判断力,始终注意服务国际国内两个大局。

在涉外知识产权保护中要考虑全球化因素。知识产权问题的全球化给我们带来了新的研究课题,需要我们具有更多的世界眼光和进行更多的全球化考量。在坚持知识产权保护地域性这一基本原则的前提下,要考虑经济全球化的实际,根据具体案情把国际和国外的情况直接纳入考量范围,作为裁量因素。例如,最高法院近年来在认定商标、商号的知名度上考虑了国外因素,降低了保护门槛,加大了对外国知名商标、商号的保护,一定程度上遏制了恶意抢注、"傍名牌"等不正当行为;在裁判商标侵权等案件时,根据案件情况适当考虑相关商标在其他国家注册和使用的情况,如鳄鱼案、费列罗巧克力案等。当然,考虑国外的事实或者因素不能与我国法律规定的基本精神相抵触,需要符合我们的司法政策导向。

在适用国内法时对国内法的解释要与国际条约相一致。我国的知识产权法与国际条约有着密切的联系,有的法律是对国际条约的转化,有的法律借鉴和参考了国际条约,有的国际条约还有优先适用的效力。因此,在适用和解释国内法时,要注意与国际条约保持协调和一致。

(四)审判实践与理论创新的关系

审判理论和审判实践交互作用、互为表里和水乳交融。审判实践既需要对既有理论进行实践检验和创造性适用,又需要在审判理论上进行新的概括和创新。审判实践要受审判理论的指导,以减少盲目性,同时,审判实践又为审判理论提供经验素材和对审判理论进行验证,能动地引领和推进审判理论创新和发展。

从我国知识产权审判的发展史上看,知识产权审判实践发展的每一步都是理论创新推动的;而每一次的理论创新也都来源于审判实践的需求。无论是知识产权司法政策和理念的确定,法律适用标准的把握,还是裁判方法的创造,都是理论创新的结果。例如,我们通过对我国知识产权保护阶段性特征、国内外需求、法律裁量空间、价值和效果取向的理论论证,确立了"加强保护、分门别类和宽严适度"的知识产权司法保护政策,对审判实践起到了重要的指导作用,也进一步统一了我们对许多复杂问题的认识。在商标权审判中,通过创设区分商标近似与商标构成要素近似、混淆性近似等理论,解决了因复杂历史因素等导致的商标共存问题;通过创设商标客观区分的判断标准理论(已有较大规模的使用、客观已经能够区分的商标,不宜轻率地予以撤销),解决了已有较大规模使用的商标的去留问题;通过提出商标不完全区分或者商标区分缺陷理论以及包容性增长理论,解决了商标在特殊情况下的善意共存问题;通过将关联商品引入类似商品的判断,一定程度上遏制了恶意抢注和不正当模仿搭车行为;为合理确定商标权保护范围,创设了商标意义上的使用或者商标侵权意义上的近似理论。在反不正当竞争案件审理中,提出了广义竞争关系理论,解决了因狭义理解竞争关系对认定不正当竞争行为造成的瓶颈。在网络著作权审判中,引入了直接侵权与间接侵权理论,更科学合理地明确了网络服务提供者的侵权责任,也使我们对相关法律以及网络服务提供者侵权责任的认识更加统一。通过总结“历史、现实和公平”的裁判方法,解决了一些涉及复杂历史因素的商业标识冲突、著作权侵权等案件,如张小泉剪刀、金华火腿、《乌苏里船歌》案等。这样的例子还有很多。

(五)司法政策导向与个案探索的关系

司法政策是特定时期国家宏观政策、内政外交政策和社会经济文化需求在司法中的凝聚和体现,是政治与法律交互作用的产物,是司法的政治性和法律适用的裁量性的必然产物。司法政策作为一种宏观指导和导向,不能简单地作为个案的是非评判标准,只能紧密结合个案具体情况在法律标准的基础上发挥补充、调试和指引作用。奚副院长在讲话中谈到了知识产权各个司法领域的司法政策,其重要意义就在于为审判工作和法律具体应用提供导向。司法政策首先是一种对审判工作的方向指引。例如,驰名商标保护问题,奚副院长在讲话中阐述的相关司法政策发出了加强保护的信号,当事人主张驰名商标保护且符合保护条件的,应当坚决依法予以认定和保护;同时,还要求遏制恶意抢注、“傍名牌”等不正当行为,这都是对商标司法保护的新的导向和指引。学习贯彻奚副院长讲话时既要注意领会看待和分析问题的两点论,又要注意体味其中蕴含的重点论,感悟其中的新精神。其次,司法政策是关于法律适用的一种指导性精神,在法律有两种以上解释或者有两种以上裁判可能性时,要按照符合司法政策的方式进行裁判。最后,司法政策具有一定的灵活性和弹性,在符合司法政策导向的前提下,可以在个案中根据法律原则、精神进行探索。例如,关于专利侵权与确权的关系问题,奚副院长讲话中首次提出专利复审委员会作出宣告专利权无效的决定后,可以根据案件具体情况裁定驳回专利权人的起诉,指出了一条新的司法选择方式。裁定驳回后可能涉及此前采取的诉前停止侵权措施、财产保全措施、担保措施等问题的处理,以及解除诉前停止侵权措施后是否需要对被控侵权人予以赔偿等,这些都可以根据个案情况进行探索。再如,涉网吧类著作权案件的审理问题。去年我们下发了《关于做好涉及网吧著作权纠纷案件审判工作的通知》,提出了具体的司法政策。有的代表认为尽管这个通知很管用,但由于不是司法解释,不能在裁判中援引,建议上升为司法解释。这个通知本身是一种政策选择和导向,是共识的结论,不是纯粹法律逻辑和法律解释的产物,具有某种暂时性,难以上升到司法解释。在具体适用时,要依这个通知的精神为指引,根据案件具体情况选择适用法律,最终还要落脚到法律条文上。此外,关于损害赔偿问题。奚副院长在讲话中提出要积极探索有利于确定赔偿的路径,完善损害赔偿计算方法,加大损害赔偿力度。在贯彻这一司法政策时,需要立足于法律和结合案件具体情况。但是,法律往往并非只有一条路,此路不通,就需要智慧地转寻他途。例如,在专利侵权案件审理中,尽管法律规定了一万元的最低法定赔偿数额,如果确有证据表明权利人的损失不足一万元,当然可以在一万元以下公平合理地酌定赔偿数额。这种根据实际损失确定赔偿数额的方式是一种运用自由裁量权的酌定赔偿,不是法定赔偿。如果硬要将其纳入法定赔偿范畴,那就会与法律规定相抵触。

三、关于几项具体工作及贯彻落实会议精神的几点要求

关于几项具体工作,我也借此机会作个提示和说明:

一是关于明年的几项调研重点。首先,要加强服务大局课题的调研。例如,根据推动社会主义文化大发展大繁荣的大局要求,最高法院将把民间文学艺术、传统知识等非物质文化遗产的法律保护作为调研重点之一。在上述领域具有较多案件审理经验的法院可以早做准备,提前安排部署,及时协助开展调研活动并随时报告调研成果。其次,要加强热点难点和新问题的调研。例如,关于知识产权案件管辖及滥用管辖制度问题,我们也将之作为调研的重点之一。对此问题,许多法院曾经开展过相关调研并形成了一些调研成果,可以及时向最高法院提供。再如,对于有关法院反映的著作权和商标权领域的商业维权现象,尤其是涉及音乐作品和音像制品的商业维权问题,也是我们的调研重点。这里需要说明的是,商业维权涉及各方利益,要正确对待,客观分析,不要盲目抵制。从背景上看,商业维权现象的发生,其原因首先是侵权行为的存在和保护权利的需要,具有天然的正当性基因。从效果上看,商业维权节省了权利人的维权成本,并在著作权领域形成了与集体管理组织的竞争,客观上有利于权利保护和增强权利意识。当然,商业维权也

导致了大量关联案件的产生，可能造成不同法院在裁判标准方面出现差异，尤其是可能导致损害赔偿标准不一。对此，要重点调研，加强研究，确保裁判标准统一。最后，要加强对核心审判业务的调研。对于网络著作权保护、专利侵权判定和商标专利授权确权案件审理标准问题，最高法院也将开展进一步的调研工作。尤其是关于网络著作权保护问题，我们将进一步加大调研力度，并将于明年适当时候出台相关司法解释，以满足当前国际国内大局的迫切需要。这里需要特别强调的是，这次会上的三个规范性文件会议讨论稿都是初步的调研成果，尚未经过全庭讨论，并不代表最高法院的倾向性意见，更不是最终意见，仅供会议讨论参考和抛砖引玉，请不要误解误读，更不要援用。我们将在调研的基础上进一步研究修改，并选择适当的时候在系统内征求意见。有关法院可以将自己的调研成果或者意见及时向我们提供，供我们研究参考。

二是关于知识产权裁判文书质量问题。由于知识产权案件数量的迅猛增加、审判队伍的不断扩大以及干部交流和人员调整导致的知识产权审判新手增加，部分法院的知识产权裁判文书质量出现下降的迹象。对此，各级法院都要高度重视，采取有效措施，严格把关，提高文书质量。最高法院将在明年适当时候开展第三次全国法院优秀知识产权裁判文书评选活动，通过这种方式推动文书质量的提高。

三是关于加大培训力度问题。最高法院近年来加大了培训力度，尤其是针对中西部法院和法官的培训。但是客观上由于我们人力、财力有限，没有能够满足下级法院要求培训的强烈需求。因此，有关高院和中院也要负起责任，通过各种方式和途径，加大教育和培训力度。上下级法院之间的法官挂职交流、东西部法院法官之间的挂职交流，都是很好的教育和培训方式。此外，我们也要充分发挥五个基层示范法院的示范作用，它们可以作为教育培训基地，与中西部法院之间开展人员交流，有条件的法院可以积极主动地做好相关工作。

关于贯彻落实会议精神，我提两点要求：

一是要认真做好传达学习。要把王院长的重要批示和奚副院长的讲话精神和要求及时向院党组汇报，向全体知识产权法官传达，组织好讨论学习，统一思想认识，明确工作方向和任务。同时，各地法院要根据自己的工作实际,研究提出贯彻落实会议精神的具体措施,切实把会议的各项要求和工作部署贯彻到实际工作中。

二是要及早安排部署明年的工作。新形势和新任务给知识产权审判提出了更高要求。各级法院要根据本次会议精神,根据知识产权司法保护的新要求,结合本地的特点和实际,及早确定工作思路和措施,有针对性地安排工作,努力实现知识产权审判工作的新提升和新跨越。

同志们,本次会议的成功举办,离不开各位代表的积极参与和共同努力,离不开中央有关部门、专家学者、各新闻媒体的大力支持,离不开浙江省高级人民法院和杭州市中级人民法院的倾力协助。尤其需要说明的是,浙江高院在时间紧张、代表人数较多、会议场地紧张的情况下,克服困难,全院动员,在人力、物力、财力上给予了全方位的保障。浙江高院知识产权庭和行装处的同志们更是不辞辛劳,以周密的安排和热情的服务保证会议取得了圆满成功。在此,我代表奚副院长、代表最高人民法院知识产权庭、代表全体与会人员,向浙江高院、杭州中院的各位院领导以及为会务辛勤奔波的同志们表示衷心感谢!同时,我也对各位代表、特邀嘉宾、新闻记者的支持和参与表示诚挚的谢意!

现在,我宣布,全国法院知识产权审判工作座谈会圆满结束。

祝大家返程顺利!谢谢大家!

最高人民法院
知识产权案件年度报告(2011)(节录)

最高人民法院知识产权审判庭

2011年,最高人民法院知识产权审判庭全年共新收各类知识产权案件420件,比2010年增长34.19%。另有2010年旧存案件46件,2011全年共有各类在审案件466件,审结423件。2011年最高人民法院审理的知识产权和竞争案件呈现如下特点:专利商标行政案件增长迅猛,在全部案件中所占比重增加,尤其是专利商标授权确权案件增长明显,成为去年最显著的案件特点;因法律规定比较原则需要明确法律边界,给社会公众以具体指引的新类型、疑难案件依然居高不下;专利案件数量持续上升,涉案技术的含金量越来越高,发明专利案件和涉及医药、化工、通信等高新技术领域的案件明显增多;商业标识类案件尤其是商标案件比重增多,商标权人通过诉讼维护市场利益和划定行为界限的需求日益强烈;著作权案件中涉及软件、数据库、动漫等新兴产业领域的案件比重增加,诉争保护的新类型著作权客体不断涌现;不正当竞争案件中涉及网络技术、新型商业模式的不正当竞争纠纷以及商业秘密纠纷的比重增加。与上述案件特点相适应,最高人民法院在行使知识产权审判职能方面呈现出如下特点:对专利商标行政机关授权确权行为的司法审查日渐深入,司法裁判在专利商标授权确权标准的确定和把握方面发挥的作用日益凸显,司法保护知识产权的主导作用进一步发挥;在严格依法行使审判权的同时,重视知识产权司法政策在新型、疑难、复杂案件法律适用中的导向作用,确保法律适用正确方向;依托和凝聚社会共识,明晰法律含义和明确法律边界,维护知识产权法律适用统一;在加大知识产权保护力度的同时,更加注重利益平衡,积极促进知识产权利益各方共同受益和均衡发展。

最高人民法院从2011年审结的知识产权案件中精选出34件典型案件,归纳出44个具有普遍指导意义的法律适用问题,形成本年度报告并予以发布。每年定期发布的知识产权案件年度报告,已经成为最高人民法院指导知识产权审判工作的重要载体和社会公众了解最高人民法院知识产权审判发展动态的重要渠道,并日益受到社会的普遍关注和有关方面的高度重视。案件年度报告在明晰法律规则、指导审判实践、统一法律适用方面的作用和意义也越来越大。同时仍需说明,虽然本年度报告归纳的法律适用标准和方法具有一定普遍意义,但由于其是最高人民法院在具体案件裁判中针对新型、复杂、疑难问题形成的认识,具有较强的个案性和探索性。而且,随着对有关问题认识的深入和经济社会文化的发展,相关法律适用标准和方法也可能会随之发生调整和变化。最高人民法院将根据我国经济社会文化发展的新要求和人民群众对知识产权司法保护的新期待,进一步充分发挥知识产权审判职能作用,依法公正高效审理案件,切实有效回应社会司法需求,不断提升知识产权司法的权威性和公信力,努力开创知识产权司法保护新局面。

一、专利案件审判(略)

二、商标案件审判

(一)商标民事案件审判

17. 判断商标侵权行为应考虑相关公众混淆、误认的可能性

在齐鲁众合公司与南京太平南路营业部侵犯注册商标专用权纠纷案[(2011)民申字第222号]中,最高人民法院认为,商标侵权原则上要以存在造成相关公众混淆、误认的可能性为基础;判断是否存在造成相关公众混淆、误认的可能性时,应该考虑商标的显著性和知名度。

18. 独家经营和使用的具有产品和品牌混合属性的商品名称不应认定为通用名称

在佛山合记公司与珠海香记公司侵犯注册商标专用权纠纷案[(2011)民提字第55号]中,最高人民法院认为,由于特定的历史起源、发展过程和长期唯一的提供主体以及客观的市场格局,保持着产品和品牌混合属性的商品名称,仍具有指示商品来源的意义,不能认定为通用名称。

(二)商标行政案件审判

19. 含有描述性外国文字的商标的显著性的审查判断

在佳选公司“BEST BUY及图”商标驳回复审行政纠纷案[(2011)行提字第9号]中,最高人民法院认为,在审理商标授权确权行政案件时,应当根

据诉争商标指定使用商品的相关公众的通常认识，从整体上对商标是否具有显著特征进行审查判断；如果商标标识中含有的描述性要素不影响商标整体上具有显著特征，相关公众能够以其识别商品来源的，应当认定其具有显著特征。

20. 含有描述性要素的商标的显著性的审查判断

在沩山茶叶公司"沩山牌及图"商标行政纠纷案[（2011）行提字第 7 号]中，最高人民法院认为，含有描述性要素的商标的显著性的判定，应当根据争议商标指定使用商品的相关公众的通常认识，从整体上对商标是否具有显著特征进行判断，不能因为商标含有描述性文字就认为其整体缺乏显著性；对于使用时间较长，已经建立一定的市场声誉，相关公众能够以其识别商品来源，并不仅仅直接表示商品特点的商标，应认为其具有显著特征。

21. 类似商品认定中对产品用途的考虑

在长康公司"加加 JIAJIA"商标异议复审行政纠纷案[（2011）知行字第 7 号]中，最高人民法院认为，类似商品判断中考虑商品的用途时，应以其主要用途为主，如果产品的不同用途面对的是不同的消费对象，一般情况下应该以注意程度较低的消费者为准。

22. 关联商品可视情纳入类似商品范围

在啄木鸟公司啄木鸟图形商标争议行政案[（2011）知行字第 37 号]中，最高人民法院认为，避免来源混淆是商品类似关系判断时需坚持的基本原则，如果近似商标在具有一定关联性的商品上共存，容易使相关公众认为两商品是由同一主体提供或者其提供者之间存在特定联系，应认定两商品构成类似商品。

23.《类似商品和服务区分表》对类似商品认定的作用

在前述啄木鸟公司啄木鸟图形商标争议行政案中，最高人民法院还阐述了《类似商品和服务区分表》对认定类似商品或者服务的作用。最高人民法院认为，《类似商品和服务区分表》可以作为判断类似商品或者服务的参考，但不能机械、简单地以《类似商品和服务区分表》为依据或标准，而应当更多地考虑实际因素，结合个案的情况进行认定。

24. 商标是否驰名应根据案件具体情况及所涉商品特点等进行综合判断

在华夏长城公司"日产及图"商标争议行政纠纷案[（2011）知行字第 45

号]中,最高人民法院认为,商标是否驰名是对当事人提交的全部证据进行综合判断后得出的结论,不能孤立地看相关的证据,也不能机械地要求必须提供哪一类的证据,需根据案件具体情况、所涉及的商品特点等进行具体分析判断。

25. 近似商标共存协议影响商标可注册性的审查判断

在山东良子公司"良子"商标争议行政纠纷案[(2011)知行字第50号]中,最高人民法院认为,当事人之间关于近似商标的共存协议影响商标可注册性的审查判断。

26. 注册商标连续3年停止使用撤销制度中商业使用和合法使用的判断标准

在李道之"卡斯特"商标撤销复审行政纠纷案[(2010)知行字第55号]中,最高人民法院认为,只要在商业活动中公开、真实地使用了注册商标,且注册商标的使用行为本身没有违反商标法律规定,则注册商标权利人已经尽到法律规定的使用义务;有关注册商标使用的其他经营活动中是否违反进口、销售等方面的法律规定,并非商标法第四十四条第(四)项所要规范和调整的问题。

27. 商标驳回复审程序和商标异议复审程序之间一事不再理原则的适用

在养生殿公司"六味地"商标异议复审行政纠纷案[(2011)知行字第53号]中,最高人民法院认为,商标驳回复审程序和商标异议复审程序在启动主体和救济目的方面均不相同,不能在两个程序之间机械适用一事不再理原则,剥夺引证商标权利人在异议阶段提出异议的权利。

28. 商标驳回复审行政诉讼程序中应否考虑阻碍申请商标注册的事实发生的新变化

在艾德文特公司"ADVENT"商标驳回复审行政纠纷案[(2011)行提字第14号]中,最高人民法院认为,在商标驳回复审行政纠纷案件中,如果引证商标在诉讼程序中因连续3年停止使用而被撤销,鉴于申请商标尚未完成注册,人民法院应根据情势变更原则,依据变化了的事实依法作出裁决。

29. 商标驳回复审行政诉讼程序中应否考虑证明申请商标使用情况的新证据

在前述佳选公司"BEST BUY及图"商标驳回复审行政纠纷案中,最高人民法院认为,在商标驳回复审行政诉讼中,对于当事人提交的关于申请商标使用情况的新证据应当予以考虑。

30. 商标行政诉讼程序中对当事人提交的新证据的处理及类似商品的认定

在吴树填“富士寶 FUSHIBAO 及图”商标行政纠纷案[(2011)知行字第9号]中,最高人民法院认为,人民法院对于当事人在行政诉讼程序中提交的新证据并非一概不予采纳;人民法院可以根据案件具体情形,考虑新证据对当事人合法权益的影响及行政诉讼的救济价值,判令商标评审委员会在综合原有证据及新证据的基础上重新作出裁定。

三、著作权案件审判(略)

四、竞争案件审判(节选)

36. 具有描述性的商品名称构成知名商品特有名称的条件

在御生堂公司与康士源公司等擅自使用知名商品特有名称、包装、装潢纠纷案[(2011)民提字第60号]中,最高人民法院认为,对于本身具有描述商品功能和用途的商品名称,需要有证据证明其通过使用获得了区别商品来源的第二含义,才能构成知名商品的特有名称。

五、知识产权合同案件审判(略)

六、关于知识产权侵权责任承担(略)

七、关于知识产权诉讼证据与程序(略)

北京市高级人民法院
2011年知识产权审判新发展(节录)

北京市高级人民法院知识产权审判庭

北京市高级人民法院知识产权庭2011年共受理各类知识产权案件1579件,审结1534件,同比分别增长40.98%和57.01%。其中最突出的特点是,各类知识产权案件虽同比均有一定程度的增长,但以专利复审委员会和商标评审委员会为诉讼当事人的知识产权授权确权行政案件仍占据了较大份额。据统计,北京市高级人民法院知识产权庭2011年共受理知识产权行政案件1289件,占全年受理案件总数的81.63%;审结知识产权行政案件1214件,占全年审结案件总数的79.14%。在专利商标行政案件中,虽然专利行政案件较2011年有一定幅度的增长,但商标行政案件占据了更大的比例。北京市高级人民法院知识产权庭2011年受理商标行政案件996件,占全年受理的知识产权行政案件的77.27%,占全年受理的各类知识产权案件的63.08%;审结商标行政案件963件,占全年审结的知识产权行政案件的79.32%,占全年受理的各类知识产权案件的62.78%。本文拟向知识产权界介绍北京市高级人民法院2011年知识产权审判的最新发展和动向。

一、专利行政案件(略)

二、商标行政案件

(一)《中华人民共和国商标法》(以下简称《商标法》)第十条第一款第(八)项"不良影响"条款

16. 关于将仅损害私权的标志申请注册商标一般不宜认定为具有不良影响的认定

《商标法》第十条第一款第(八)项规定,有害于社会主义道德风尚或者有其他不良影响的标志不得作为商标使用。审查判断有关标志是否构成具有其他不良影响的情形时,应当考虑该标志或者其构成要素是否可能对我国政治、经济、文化、宗教、民族等社会公共利益和公共秩序产生消极、负面影响。如果有关标志的注册仅损害特定民事权益，由于商标法已经另行规定了救济方式和相应程序，不宜认定其属于具有其他不良影响的情形。

在盐城市艾斯特体育器材有限公司（以下简称艾斯特公司）与商标评审委员会、邓亚萍商标争议行政纠纷案[①]中，邓亚萍依据《商标法》第十条第一款第（八）项的规定，请求撤销艾斯特公司注册在第28类乒乓球拍商品上的争议商标"亚平YAPING及图"。商标评审委员会认定邓亚萍所提撤销理由成立，裁定撤销争议商标的注册。一中院判决维持被诉裁定。

北京市高级人民法院二审认为，争议商标由汉字"亚平"及图构成，该商标标志本身具有一定的显著性。争议商标核定使用的商品为第28类乒乓球拍，该商标标志中的文字部分"亚平"的发音与"邓亚萍"相近似，相关公众可能会认为争议商标核定使用的商品与邓亚萍存在某种关联，但这种后果不会对我国政治、经济、文化、宗教、民族等社会公共利益和公共秩序产生消极、负面影响。争议商标的注册仅仅涉及是否损害邓亚萍本人的民事权益的问题，属于特定的民事权益，并不涉及社会公共利益或公共秩序，故不应适用《商标法》第十条第一款第（八）项的规定，故商标评审委员会及原审判决适用法律错误。

17. 关于不宜将实际使用中是否容易造成商品来源的混淆误认作为具有不良影响的认定

《商标法》的"不良影响"条款属于民法上的公序良俗原则的具体体现，只有在申请注册的商标标志具有违反社会公共利益、公共秩序，对我国政治、经济、文化、宗教、民族等产生消极、负面影响的情况下，才能适用本项规定，标志在使用中是否容易造成商品来源的混淆误认不属于不良影响条款所规范的内容。

在福建南少林药业有限公司诉商标评审委员会及中国嵩山少林寺"南少林"商标争议行政纠纷一案[②]中，福建南少林药业有限公司在水针剂商品上

---

① 参见北京市高级人民法院（2011）高行终字第168号行政判决书和北京市第一中级人民法院（2010）一中知行初字第3083号行政判决书。

② 参见北京市高级人民法院（2011）高行终字第452号行政判决书和北京市第一中级人民法院（2010）一中知行初字第1585号行政判决书。

注册了争议商标“南少林”及图形,少林寺以该争议商标的注册容易导致相关公众误认为其与少林寺存在特定联系,违反《商标法》第十条第一款第(八)项等规定为由提出撤销申请。商标评审委员会认定少林寺的撤销理由不能成立,裁定维持争议商标的注册。一中院认为,少林寺历史悠久,在我国宗教界具有举足轻重的地位,并形成了禅、武、医三位一体的少林文化。对社会公众而言,“少林”作为少林寺的简称,二者已经形成了唯一的对应关系,而现有证据不能证明“南少林”已形成独立于少林寺的其他含义。即使“南少林”能与少林寺相区分,但南少林公司仅以其住所地与“南少林”遗址所在地均位于福建省福清市为由,从而认为其与南少林具有特定联系的主张亦不能成立。因此,南少林公司在第5类水针剂商品上注册争议商标,易使相关公众认为其商品来源于少林寺或“南少林”,或者与少林“医”文化有关,从而导致消费者对商品的来源产生误认,进而产生不良影响。一中院遂撤销被诉裁定。

北京市高级人民法院二审认为,“南少林”有其产生的历史渊源,与少林寺并非同一事物,相关公众能够将二者区分;从“南少林”文字本身来看,该文字作为商标使用并不会对社会秩序和社会公共利益产生消极、负面影响;少林寺亦未有证据证明争议商标获准注册至今争议商标的使用造成了宗教方面的消极、负面影响。因此,商标评审委员会关于争议商标不具有不良影响的认定正确。

(二)《商标法》第十条第二款“地名商标”条款

18. 关于非我国公众知晓的外国地名可以作为商标注册的认定

根据《商标法》第十条第二款的规定,公众知晓的外国地名不得作为商标,但地名具有其他含义或者作为集体商标、证明商标组成部分的除外。该规定中的“公众知晓”应指为我国公众所普遍知晓,对于非属我国公众知晓的外国地名,其申请人在相同或类似商品或服务上将该地名早已申请为注册商标,且该在先商标已具有一定知名度时,可以核准其注册。

在上海清水日用制品有限公司诉商标评审委员会涉及“SHIMIZU”商标申请驳回复审行政纠纷一案[①]中,申请商标由上海清水公司于2006年5月

① 参见北京市高级人民法院(2011)高行终字第384号行政判决书和北京市第一中级人民法院(2010)一中知行初字第3592号行政判决书。

18日申请注册，指定使用于第21类保温瓶、隔热瓶等商品。商标局以申请商标中"SHIMIZU"译为"清水"，是日本清水市市名，属公众知晓的外国地名为由，决定驳回申请商标的注册申请。上海清水公司不服该决定并申请复审。商标评审委员会经审查认定，申请商标中"SHIMIZU"译为"清水"，系日本静冈县第三大城市，也是日本重要的港口城市，属公众知晓的外国地名，故不得作为商标使用，故决定驳回申请商标的注册申请。一中院认为，申请商标中的"SHIMIZU"虽然具有"清水"的含义，但中国公众很难将"SHIMIZU"认知为日本清水，商标评审委员会以申请商标属于公众知晓的外国地名为由决定驳回其注册的主要证据不足，故判决撤销被诉裁定并责令商标评审委员会重新作出裁定。

北京市高级人民法院二审另查明，上海清水公司于1996年1月29日申请注册"SHIMIZU"商标，于1997年7月7日被核准注册，注册号为1045926，核定使用商品为真空瓶、暖水瓶等。商标评审委员会认可该商标核定使用的商品与本案申请商标指定使用的商品构成相同或类似商品。此外，包含"SHIMIZU"的国际注册第873707号商标由上海清水公司于2005年11月21日申请国际注册，并于2007年9月21日在日本国获准注册，指定商品为真空瓶、冷藏瓶等。北京市高级人民法院认为，本案申请商标中包含有"SHIMIZU"，商标评审委员会所举的《英汉大词典》可以证明"SHIMIZU"具有"清水"的含义并指向了作为地名的日本的清水市，但因语言差异的缘故，中国公众一般难以将"SHIMIZU"认知为作为地名的日本清水市，现有证据亦不足以证明"清水市"作为日本地名已为中国公众所知晓。此外，上海清水公司于1997年7月7日在与本案申请商标指定使用的商品相同或类似的商品上获准注册了"SHIMIZU"商标，随后其亦大量使用了该商标，如果本案申请商标不能获得注册，则难以保护上海清水公司基于上述商标对商标行政机关产生的信赖利益。而且，考虑到包含"SHIMIZU"的国际注册第873707号商标由上海清水公司于2007年9月21日在日本国获准注册的事实，申请商标亦应获得注册。

19. 关于具有其他含义的地名通常只有在其非地名含义强于地名含义时才可以获得注册的认定

根据《商标法》第十条第二款的规定，县级以上行政区划的地名或者公众知晓的外国地名,不得作为商标,但地名具有其他含义或者作为集体商标、证明商标组成部分的除外;已经注册的使用地名的商标继续有效。这主要因为县级以上行政区划的地名含义相对明确和固定,如果允许将其作为商标使用必然会淡化其地名含义,可能导致对地名的不恰当垄断并引起社会公众对其地名含义和商标含义的混淆。虽然对于那些既具有地名含义又具有其他含义的标志,不能因为其具有地名含义就一律禁止其作为商标注册,但通常只有在其非地名含义强于地名含义时才可以获得注册。

在山西省新绛县绛州澄泥砚研制所诉商标评审委员会及山西省新绛县绛艺苑砚社涉及"绛及图"商标异议复审行政纠纷一案[①]中,被异议商标"绛及图"由绛艺苑砚社于2002年4月8日提出注册申请,指定使用在第16类印章(印)、图章盒、毛笔、笔架、宣纸、砚(墨水池)、块墨、墨汁商品上。绛州澄泥砚研制所以被异议商标与其已注册的第948285号"绛州及图"商标已构成使用在类似商品上的近似商标为由,于2003年6月18日对被异议商标提出异议。商标局裁定被异议商标在"砚(墨水池)、块墨、墨汁"商品上的注册申请不予核准,在其余商品上的注册申请予以核准。绛州澄泥砚研制所向商标评审委员会提出异议复审申请,其主要复审理由:"绛"是山西省运城市境内的县级行政区划名称,被异议商标的注册申请违反了《商标法》第十条第二款的规定,不应核准。经查,绛县目前为山西省运城市的一级县级行政区划名称。商标评审委员会经审查认定,"绛县"虽是山西省县名,但"绛"亦有"深红色"的含义,普通消费者在通常情况下不易将单独一个"绛"字与"绛县"联系起来识别,绛州澄泥砚研制所以被异议商标属于《商标法》第十条第二款所指的"县级以上行政区划的地名"为由,请求不予注册的理由不能成立,故裁定被异议商标在复审商品上予以核准注册。

一中院认为,被异议商标为"绛及图"的图文组合商标,"绛"为该商标的显著识别部分,其指定使用的商品为印章(印)、图章盒、毛笔、笔架、宣纸、砚(墨水池)、块墨、墨汁,考虑到绛县为我国四大名砚之一"澄泥砚"的产地,相关公众在上述指定商品上一般会将被异议商标中的"绛"理解为"绛县",而

① 参见北京市高级人民法院(2011)高行终字第400号行政判决书和北京市第一中级人民法院(2010)一中知行初字第2206号行政判决书。

不会作为商标予以识别,而绛县为山西省运城市的一级县级行政区划名称。因此,绛州澄泥砚研制所关于被异议商标属于《商标法》第十条第二款所指的“县级以上行政区划的地名”的主张成立。一中院判决撤销被诉裁定并责令商标评审委员会重新作出裁定。商标评审委员会不服原审判决并提出上诉。北京市高级人民法院认为,被异议商标为“绛及图”的图文组合商标,“绛”为其显著识别部分,虽然“绛”既具有“绛县”的地名含义,也具有“深红色”的含义,但并无证据表明其“深红色”的含义强于“绛县”的含义,故被异议商标在复审商标上的注册应不予核准,遂维持原判。

(三)《商标法》第十一条显著性条款

20. 关于具有固有含义的专业性词汇是否具备商标显著性的认定

商标的显著特征是指足以使相关公众区分商品来源的特征,商标标志是否具有显著性,应当综合考虑该标志本身的含义、呼叫和外观构成以及商标指定使用商品、商标指定使用商品的相关公众的认知习惯、商标指定使用商品所属行业的实际使用情况等因素。对于外文商标,应当根据我国境内相关公众的通常认识,判断诉争外文商标是否具有显著特征。诉争标志中的外文虽有固有含义,但相关公众能够以该标志识别商品来源的,不影响对其显著性的认定。

在纽普雷克斯公司诉商标评审委员会商标驳回复审行政纠纷一案①中,纽普雷克斯公司提出第6045128号“NUPLEX”商标注册申请,指定使用在第1类工业用化学品等商品上,商标局以申请商标缺乏识别性为由驳回该商标的注册申请,商标评审委员会亦认为申请商标缺乏商标显著特征,依据《商标法》第十一条第一款第(三)项规定,决定对申请商标予以驳回。一中院认为,申请商标由英文“NUPLEX”构成,其中“NUPLEX”的含义为(建在核反应堆周围的)核动力工(农)业综合企业;申请商标将单词“NUPLEX”作为商标注册使用,又无其他易于识别的特征,易使消费者误以为其是对企业特点的描述,而不易将其作为商标加以识别,故申请商标缺乏商标应有的显著特征,判决维持被诉决定。

---

① 参见北京市高级人民法院(2011)高行终字第409号行政判决书和北京市第一中级人民法院(2010)一中知行初字第2198号行政判决书。

北京市高级人民法院二审认为,申请商标“NUPLEX”由英文字母组成,“NUPLEX”属于具有固有含义的属于专业性词汇。申请商标所指定使用的商品“工业用化学品;照相用化学制剂;未加工人造树脂;未加工塑料;工业用粘合剂”与“NUPLEX”一词的含义,即“(建在核反应堆周围的)核动力工(农)业综合企业”无关联性,故申请商标使用在指定的商品上,不会使消费者误以为是对企业特点的描述,能够以该标志识别商品来源,该外文商标具有显著特征。原审判决及商标评审委员会认定申请商标依据《商标法》第十一条第一款第(三)项规定不具有显著性缺乏依据。

21.关于英文词组缩写商标显著性的认定

根据《商标法》第十一条的规定,仅有本商品的通用名称、图形、型号的,仅仅直接表示商品的质量、主要原料、功能、用途、重量、数量及其他特点的以及缺乏显著特征的标志不得作为商标注册,但是上述标志经过使用取得显著特征并便于识别的,可以作为商标注册。对于采用文字缩写方式申请注册商标的,应当考虑该标识的显著性及其对应文字的含义、商标申请人对该标识的使用情况等因素。

在财务策划标准委员会有限公司与商标评审委员会、中国注册理财规划师协会商标异议复审行政纠纷一案①中,被异议商标系财务策划公司申请注册的第3444245号“CFP”商标,指定使用于第41类教育等服务。理财规划师协会依法提出异议申请,商标局裁定准予被异议商标注册。商标评审委员会认为,理财规划师协会提交的证据可以证明“CFP”是“Certified Financial Planner”理财规划师的英文简称,只有经过职业培训并通过职业资格考试的人员,才能正式取得理财规划师职业资格;“CFP”指定使用在培训、教育等服务上,仅仅直接表示了服务的内容等特点,消费者不易将其作为商标来认读,也不宜由财务策划公司独占使用;财务策划公司称“CFP”已与其形成唯一的、特定的联系的主张缺乏证据支持;被异议商标属于《商标法》第十一条第一款第(三)项规定不得作为商标注册的标志。商标评审委员会裁定被异议商标不予核准注册。一中院认为,财务策划公司提交的证据仅能证明“CFP”

① 参见北京市高级人民法院(2011)高行终字第824号行政判决书和北京市第一中级人民法院(2009)一中知行初字第3298号行政判决书。

商标的被许可人对该商标使用情况，不能证明被异议商标已与财务策划公司形成唯一对应关系。被异议商标“CFP”是“Certified Financial Planner”注册理财规划师的英文简称，故其使用在被异议商标指定使用的服务上，仅仅表示了该服务的相关特点，不具有显著性，不符合《商标法》第十一条第一款第(二)项的规定。商标评审委员会认为被异议商标的注册不符合《商标法》第十一条第一款第(三)项的规定不够严谨，依法予以纠正，但未影响本案结论，故仍维持被诉裁定。

北京市高级人民法院二审认为，虽然被异议商标是“Certified Financial Planner”，即注册理财规划师的英文缩写，但是被异议商标本身具有一定的显著性。当事人提交的关于“CFP”的证据均在被异议商标申请日之后，可以证明“CFP”标识经过长时间的使用，逐渐被相关公众接受并作为注册理财规划师的教育、培训、认证所使用的标识。本案大量证据均证明，“CFP”标识是财务策划公司首先在中国使用，并许可中国金融教育发展基金会等相关机构在中国就注册理财规划师教育、培训、认证等项目管理中使用。因此，财务策划公司对“CFP”标识拥有正当的权利，其注册被异议商标符合《商标法》的规定。

22.关于申请商标在申请日后被作为其他商品的通用名称不影响其获准注册的认定

仅仅直接表示商品的质量、主要原料、功能、用途、重量、数量及其他特点的标志，根据《商标法》的规定一般不得作为商标注册。提出注册申请后，申请商标被有关部门作为商品或服务的通用名称，只要该商品或服务与申请商标指定使用的商品或服务不属于相同或类似商品或服务，就不宜以该申请商标仅仅直接表示商品的质量、主要原料、功能、用途、重量、数量及其他特点为由，驳回其注册申请。

在兰精公司向商标评审委员会及上海赛洋企业管理咨询有限公司(以下简称赛洋公司)商标争议行政纠纷[①]中，争议商标系赛洋公司于2004年6月16日申请并于2008年1月14日被核准注册的第4123072号“莫代尔 MA

① 参见北京市高级人民法院(2011)高行终字第1072号行政判决书和北京市第一中级人民法院(2011)一中知行初字第533号行政判决书。

ALLO及图”商标,核定使用于第25类的服装、鞋、帽等商品。兰精公司以争议商标违反了《商标法》第十一条第一款第(二)项规定为由提出争议。经查,国家标准化管理委员会于2005年12月31日批准、2006年3月1日起实施的《纺织名词术语(化纤部分)》国家标准将“莫代尔”作为一种“用化学方法溶解纤维素纤维”的名称。商标评审委员会认为,《纺织名词术语(化纤部分)》国家标准虽将“莫代尔”作为一种“用化学方法溶解纤维素纤维”的名称,但其修正日期及实施日期均晚于争议商标提出注册申请的日期,因此不能认定争议商标属于《商标法》第十一条第一款第(二)项仅仅直接表示商品的主要原料及其他特点的标志,故裁定争议商标予以维持。一中院维持了被诉裁定。

北京市高级人民法院二审认为,争议商标“莫代尔 MA ALLO及图”于2004年8月22日申请,而“莫代尔”一词被收入国家标准的时间是2005年12月31日,该标准是2006年3月1日实施的,故争议商标申请的时间早于“莫代尔”收入国家标准的时间,兰精公司未提供证据证明在争议商标申请或者核准注册时,“莫代尔”一词已经成为某种纤维的特有名称。况且争议商标除含有文字“莫代尔”外,还包含“MA ALLO及图”,即便“莫代尔”一词根据国家标准具有某种纤维的含义,也并不因此必然排除其具有表明商品来源标志的含义,故商标评审委员会及一中院认定争议商标未违反《商标法》第十一条第一款第(二)项的规定正确。

(四)《商标法》第十三条驰名商标条款

23. 关于争议人提交的证据能否证明在争议商标申请注册日前引证商标已构成驰名商标的认定

《商标法》第十三条第二款规定,就不相同或者不相类似商品申请注册的商标是复制、摹仿或者翻译他人已经在中国注册的驰名商标,误导公众,致使该驰名商标注册人的利益可能受到损害的,不予注册并禁止使用。在商标争议行政纠纷案件中,当事人引用此条款撤销注册商标,应满足的要件之一是引证商标在争议商标申请日前已经驰名且已经在中国注册。判断引证商标是否构成驰名商标应视个案情况综合考虑相关公众对该商标的知晓程度、该商标的宣传工作的持续时间、程度和地理范围以及其作为驰名商标受保护的记录等因素。当事人可通过提交引证商标所使用的商品的合同、发票,涉及该商标的广播、电视、报纸等媒体广告、评论及其他宣传活动资料,商标行政主管机关或者司法机关曾认定该商标为驰名商标并给予保护的相关文件等证据对商标知名度予以证明,但上述证据的形成时间应早于争议商标申请日,或者虽形成于争议商标申请日后但可以证明争议商标申请日前引证商标已经达到了驰名的程度。

在商标评审委员会、河北广太石膏矿业有限公司(以下简称广太公司)与圣象集团有限公司(以下简称圣象公司)“圣象及图”商标争议行政纠纷一案[①]中,争议商标是广太公司于2001年10月8日申请注册的第1989239号“圣象及图”商标,核定使用于第19类“石膏、石膏板”等商品,圣象公司依据《商标法》第十三条第二款的规定请求撤销争议商标,其引证商标为第1002957号“圣象及图”商标,核定使用于第19类“地板”等商品。商标评审委员会认为圣象公司未提供充分证据证明引证商标在争议商标申请注册之前已达到驰名程度,其争议申请理由均不成立,裁定争议商标予以维持。一中院认为圣象公司对引证商标的使用已使其在市场上广为知晓,具有相当高的知名度,对圣象公司关于争议商标注册违反了《商标法》第十三条的规定的主张予以支持,并判决撤销被诉裁定。北京市高级人民法院二审认为,圣象公司提交的证据不足以证明引证商标在争议商标申请日之前构成驰名商标,遂撤销原审判决并维持被诉裁定。

24.关于因《类似商品和服务区分表》中商品名称的变化导致商标实际使用的商品的认定

由于《类似商品和服务区分表》中所列的商品名称在各个版本之间存在变化,即使同一种商品在不同时期的商标注册证上核定的商品名称也可能因此而存在差异。如果商标注册人没有按照新修订的《类似商品和服务区分表》进行商品名称的变更,则应结合商标注册人的经营范围、商标注册人拥有的其他注册商标核定的商品名称以及相关行业协会有关商品名称的证明等因素进行客观的认定。

在广东喜之郎集团有限公司(以下简称喜之郎公司)与商标评审委员会、

---

① 参见北京市高级人民法院(2010)高行终字第478号行政判决书和北京市第一中级人民法院(2009)一中知初字第2473号行政判决书。

汕头市亚联药业有限公司(以下简称亚联公司)商标争议行政纠纷一案[①]中,喜之郎公司以亚联公司注册在第3类商品上的"喜之郎及图"商标(以下简称争议商标)构成《商标法》第十三条第二款规定的复制、摹仿或者翻译其注册在第29类商品上的"喜之郎"商标(以下简称引证商标)为由,申请撤销争议商标的注册。喜之郎公司的引证商标核定使用的商品中包含"啫喱"等食品,而喜之郎公司提交的证明引证商标驰名的证据均是引证商标在"果冻"商品上使用的证据。商标评审委员会认为引证商标核定使用的商品中只有"啫喱",没有"果冻",因此引证商标不属于核定使用在"果冻"上的注册商标,不应适用《商标法》第十三条第二款的规定,裁定维持争议商标的注册。一中院维持了商标评审委员会的裁定。

北京市高级人民法院二审认为,根据喜之郎公司提交的全国食品发酵标准化中心和中国焙烤食品糖制品工业协会分别出具的证明,可以认定在食品领域"啫喱"与"果冻"系同一商品。结合喜之郎公司的经营范围为生产、销售糕点、果冻、奶制品等食品领域的事实,应当认定引证商标核定使用的第29类商品中的"啫喱"即为"果冻"。商标评审委员会关于引证商标核定使用的商品不包含"果冻",喜之郎公司在"果冻"商品上没有注册商标,故本案不满足《商标法》第十三条第二款规定的已注册驰名商标法律构成要件的认定错误。

25.关于商事主体及相关技艺的历史传承对商标知名度的参考作用的认定

判断商标是否具有较高知名度,主要应考虑相关公众对该商标的知晓程度、该商标使用的持续时间等商标本身的因素,商事主体及相关技艺是否具有悠久的历史传承,仅能作为参考因素之一。商品提供者主体的变更、商标标志使用历史的中断、市场状况的变化等诸多原因,均可能导致某一商标原本所拥有的知名度并不必然地能够为后来的该商标注册人所承继。

在镇江唐老一正斋药业有限公司(以下简称一正斋公司)诉商标评审委员会、吉林一正药业集团有限公司(以下简称一正公司)商标争议行政纠纷

① 参见北京市高级人民法院(2011)高行终字第458号行政判决书和北京市第一中级人民法院(2010)一中知行初字第2031号行政判决书。

一案①中，争议商标系一正公司于2003年10月8日申请注册并于2006年2月7日获准注册的第3743982号“一正”商标，核定使用在第5类“人用药、中药成药、膏剂”等商品上。2008年3月5日，一正公司的“一正”商标在第5类膏剂商品上被商标局认定为驰名商标。2008年7月2日，一正斋公司向商标评审委员会提出撤销申请，请求撤销争议商标的注册，其理由为：一正斋公司生产的“一正膏”系340年余年老字号“唐老一正斋”祖传密制的神奇膏药、争议商标与其在先注册的引证商标“唐老一正斋唐萼楼肖像及图”商标构成近似商标、商标局关于争议商标为驰名商标的认定有误。商标评审委员会认为一正斋公司的撤销理由不能成立，裁定争议商标予以维持。一中院判决维持了该裁定。

一 正

争议商标

引证商标

北京市高级人民法院二审认为，商标权是以保护商标为目的的民事权利，而商标是一种使用在商业上的标志，是用来区分商品或者服务来源的。本案相关证据虽然证明“唐一正斋”及后来的“唐老一正斋”有着长期的历史传承，并曾于1930年注册了与本案引证商标标志基本相同的商标，但上述证据同时也证明，1967年以后，“一正膏”的配方经调整后改称“镇江膏药”，原注册商标也不再使用。“唐萼楼肖像”商标的长期中断使用，使其丧失了区分商品或者服务来源的基本功能，其原本拥有的知名度也必然受到大幅减损。虽然此后唐氏后人唐镇凯于1992年注册成立了一正斋公司并于1994年获准注册了引证商标，但由于商品提供者主体的变更、使用历史的中断、市场状况的变化等诸多原因，原“唐萼楼肖像”商标所拥有的知名度并不必然地能够为一正斋公司所承继。一正斋公司虽然提供了其于2005年6月被中

① 参见北京市高级人民法院（2010）高行终字第1495号行政判决书和北京市第一中级人民法院（2010）一中知行初字第2475号行政判决书。

国商业联合会下属的中华老字号工作委员会评为“中华老字号”会员单位以及2007年3月其“一正斋”膏药制作技艺被江苏省人民政府列为江苏省非物质文化遗产等相关证据,但相关证据的证明对象均为其历史传承之悠久。而判断商标是否具有较高知名度,主要应考虑相关公众对该商标的知晓程度、该商标使用的持续时间等商标本身的因素,商事主体及相关技艺是否具有悠久的历史传承,仅能作为参考因素之一。一正斋公司提供的有关引证商标知名度的证据仅为引证商标于1996年8月获得镇江市首届知名商标称号的证据。而争议商标的申请注册时间虽然晚于引证商标的申请注册时间,但争议商标经过实际使用,已建立了较高的市场声誉,形成了相关的公众群体,并于2008年3月5日被商标局认定为驰名商标。在争议商标具有较高知名度的情况下,相关公众能够将争议商标与引证商标区分开来,不会造成混淆误认。

(五)《商标法》中商品类似条款

26. 关于非分类表中规范商品的类似性判断

判断商品或者服务是否类似应以相关公众对商品或者服务的一般认识综合判断,如果申请商标指定使用的商品或服务并非《商标注册用商品和服务国际分类表》或《类似商品和服务区分表》中规范的商品或服务名称,在判断商品或服务是否类似时更不宜局限于所核定商品或服务的类别或类似群组,而应综合考虑商品的功能、用途、生产部门、销售渠道、消费群体,以及服务的目的、内容、方式、对象等因素,以相关公众对商品或服务的一般认识为标准作出判断。

在厦门彰泰隔热膜有限公司(以下简称彰泰公司)与商标评审委员会、侯敏仪“雷明”商标异议复审行政纠纷一案[①]中,被异议商标是侯敏仪任业主的登封新宁汽配经营部申请注册的“雷明”商标,指定使用商品为第17类1703群组的“非包装用塑料膜”,异议人提出异议所引证的“雷朋”商标核定使用的商品是“隔热纸、滤光防热片、汽车隔热纸”,核定的商品类别为第17类1705类似群组的“保温、隔热、隔音材料”,这一类似群组的“保温、隔热、隔音

① 参见北京市高级人民法院(2010)高行终字第1068号行政判决书和北京市第一中级人民法院(2010)一中知初字第114号行政判决书。

材料”主要是以石棉作为基料的,一般不需要具备滤光的功能。商标局及商标评审委员会均认为被异议商标指定使用的商品与引证商标核定使用的商品未构成相同或类似商品,裁定被异议商标予以核准注册。一中院判决维持了商标评审委员会的裁定。

北京市高级人民法院二审认为,由于引证商标核定使用的商品并非商品国际分类中的规范商品名称,故在判断商品是否类似时应综合考虑其用途、消费群体、通常效用、产品原材料、销售渠道等因素。引证商标核定使用的产品,主要是用于汽车玻璃上的隔热、滤光、防爆的塑料薄膜,另外还有用在建筑物玻璃上起到隔热、滤光作用的塑料薄膜。从功能上看,被异议商标指定使用的“非包装用塑料膜”通常不是用于包装的塑料材质薄膜,引证商标核定使用的商品主要用于隔热、滤光、防爆,也不是用于包装。从材料和物态上看,引证商标核定使用的商品与被异议商标指定使用的商品均是以塑料为基料的薄膜。因此,引证商标核定使用的“隔热纸、滤光防热片、汽车隔热纸”在原料、物态、功能、用途方面与被异议商标指定使用的“非包装用塑料膜”为类似商品,虽然引证商标核定在第17类的1705类似群组上,但其核定的商品在功能、用途及材料上与1705类似群组中的商品并不相同。北京市高级人民法院遂改判商标评审委员会重新作出裁定。

27. 关于引证商标使用状况及知名度影响类似商品判断的认定

在认定被异议商标是否侵犯他人在先商号时,应以被异议商标核定使用的商品或服务与该在先商号实际使用的商品或服务构成相同或类似商品服务为前提。在判断被异议商标核定使用的商品或服务与在先商号实际使用的商品或服务是否构成相同或类似商品服务时,如果该商号具有较高知名度且被异议商标在申请注册前并未大量使用,则可适当考虑被异议商标核定使用的商品或服务与在先商号实际使用的商品或服务的关联程度及混淆可能性,认定二者构成相同或类似商品或服务。

在小肥羊有限公司(以下简称小肥羊公司)诉商标评审委员会及昆区金洋食品厂(以下简称金洋食品厂)商标异议复审行政纠纷一案[①]中,被异议商

① 参见北京市高级人民法院(2011)高行终字第1065号行政判决书和北京市第一中级人民法院(2010)一中知行初字第1368号行政判决书。

标系金洋食品厂申请注册的第1988700号"小肥垟"文字商标,指定使用于第32类水(饮料)、矿泉水、奶茶(非奶为主)商品。在被异议商标初审公告期间,小肥羊公司提出异议,商标局裁定驳回其异议。小肥羊公司不服该裁定,以被异议商标侵犯在先商号权为由申请复审。商标评审委员会认为,虽然在被异议商标申请注册之前,小肥羊公司的"小肥羊"商号在餐饮业具有一定知名度,但其提交的在案证据难以证明在被异议商标申请注册之前,该商号已在矿泉水等商品所属行业内使用,并具有一定知名度,消费者看到被异议商标时不会将其与小肥羊公司的商号联系在一起,进而对商品来源产生混淆,损害小肥羊公司在先商号权。商标评审委员会裁定被异议商标予以核准注册。一中院认为,虽然小肥羊公司提交的证据可以证明"小肥羊"系其知名商号,但没有证据显示在被异议商标申请注册之前,小肥羊公司将"小肥羊"或第3043421号商标用于被异议商标指定使用的矿泉水等商品上,并已产生了一定的影响,况且餐饮服务与被异议商标指定使用的矿泉水等商品在经营领域、商品种类与来源等存在较大差异,消费者不会将被异议商标指定使用的矿泉水类商品误以为源自小肥羊公司,小肥羊公司主张被异议商标侵犯了小肥羊公司的上述权利依据不足。一中院维持被诉裁定。

北京市高级人民法院二审认为,小肥羊公司明确以"小肥羊"系其知名商号作为其主张的在先权利。商标注册是否损害他人在先商号权应考虑该商号在同行业中是否具有较高知名度及消费者是否会将该商标与在先商号联系在一起,进而对商品来源产生混淆,损害在先商号权人的利益。本案现有证据可以证明,"小肥羊"系小肥羊公司的商号,并且在餐饮行业有一定的知名度。虽然餐饮服务与被异议商标指定使用的矿泉水等商品在商品种类存在不同,但是餐饮服务与被异议商标指定使用的矿泉水等商品之间关联程度比较高,在小肥羊公司在餐饮行业有一定知名度的情况下,被异议商标指定使用在矿泉水等商品上易使消费者认为被异议商标指定使用的矿泉水类商品与小肥羊公司存在特定联系,进而对商品来源产生混淆误认。因此,被异议商标的注册会对小肥羊公司的商号权产生损害,属于《商标法》第三十一条规定不应予以核准注册的情形。

28. 关于在实际使用过程因可能同时使用或具有相同的功能、用途而被作为类似商品的认定商品类似的判断虽然通常应当考虑《类似商品和服务区分表》的划分，但也应注意到，这种划分并非认定类似的依据，而且该表在商品类别及类似的划分中所依据的标准并不统一，有的商品类别的划分依据的是商品的材质，如金属制品和非金属制品属于不同的大类；有的划分又依据用途，如建筑用玻璃和家具用玻璃分属不同大类；有的划分则依据其动力来源，如电动工具和手动工具也分属不同大类，但这些商品在实际使用过程仍可能同时使用或具有相同的功能、用途而被认定为类似商品。

在上海工具厂有限公司诉商标评审委员会及温岭市丰华工具厂“上工牌”商标争议行政纠纷一案[①]中，争议商标注册在第 8 类磨刀器、农业器具(手动的)、剃须刀、手动千斤顶等商品上，引证商标核定使用于第 8 类钻头等商品、第 7 类金属切削工具、切割工具(手工具)、螺丝攻(手工具)等商品。商标评审委员会及一中院均认为二者不构成相同或类似商品。

北京市高级人民法院二审认为，虽然争议商标核定使用商品与引证商标核定使用商品确实不在同一类似群，但其在功能、用途、生产部门、销售渠道、消费群体方面有一定的关联；引证商标经过多年持续使用已经具有一定知名度，当事人并未提供充分证据证明争议商标的使用足以使消费者能够将之与引证商标的来源相区分，因此可以认定二者已构成类似商品，争议商标与引证商标构成类似商品上的近似商标，争议商标的注册将会导致相关公众对商品来源的混淆误认。二审法院遂改判商标评审委员会重新作出裁定。

29. 关于在已注册商标基础上申请注册关联商标时应考虑该已注册商标情况的认定

根据《商标法》第二十二条的规定，注册商标需要改变其标志的，应当重新提出注册申请。商标权人在使用注册商标的过程中，如果因为某种原因认为原来设计的商标存在这样或者那样的问题，如与企业经营理念不协调，可以改变使用商标标志。但由于该商标系注册商标，故商标权人对该注册商标的变化使用并不享有专用权，甚至这种使用可能违反《商标法》的相关规定，故商标权人应将其变化后的商标重新申请为注册商标。无论是在核准其注

① 参见北京市高级人民法院(2010)高行终字第 1389 号行政判决书和北京市第一中级人民法院(2010)一中知行初字第 1778 号行政判决书。

册过程中,还是在商标争议过程中,均应在考虑该商标与原注册商标关联关系的基础上,适当处理该商标与其他已注册商标的关系。

在屈炯森诉商标评审委员会及中顺洁柔公司商标争议行政纠纷一案①中,第734525号“洁柔及图”商标(见下图)系屈炯森申1995年3月14日获准注册的商标,核定使用商品为卫生巾,该商标于2005年3月13日因到期未续展已由商标局注销。争议商标系屈炯森于2002年3月13日申请并于2004年2月7日获准注册的第3112825号“洁柔”商标(见下图),核定使用商品为第5类:卫生巾;空气清新剂;蚊香;牙科光洁剂;医用棉;医药制剂;伤风油;隐形眼镜清洗液。引证商标二的核准注册日为1998年12月7日,核定使用商品为第16类卫生纸、纸巾等商品,商标注册人为中顺洁柔公司。引证商标三的核准注册日为1999年2月7日,核定使用商品为第16类卫生纸、纸巾等商品,商标注册人为中顺洁柔公司。2008年8月25日,中顺洁柔公司提出对争议商标的撤销注册申请。商标评审委员会认定争议商标指定使用的卫生巾商品与引证商标二、三指定使用的卫生纸等商品构成类似商品上的近似商标,故裁定争议商标在卫生巾商品上的注册予以撤销,在其他商品上的注册予以维持。一中院维持了商标评审委员会的裁定。

第734525号商标

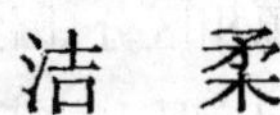

争议商标

引证商标二

引证商标三

北京市高级人民法院二审认为,屈炯森拥有的第734525号商标申请注册日为1993年9月27日,有效期至2005年3月13日。该商标核定使用的商品为卫生巾,屈炯森在该商标有效期间,保留了原商标的主要部分即“洁柔”文字部分,加以改动之后,在同类商品上重新申请了争议商标,争议商标

① 参见北京市高级人民法院(2011)高行终字第395号行政判决书和北京市第一中级人民法院(2010)一中知行初字第3211号行政判决书。

核定使用的商品也包括卫生巾，屈炯森主观上没有放弃“洁柔”商标的意图，可以视为是对第734525号商标权利的延续。虽然2002年8月修改《类似商品和服务区分表》时将第5类“卫生巾”商品与第16类“卫生纸”等商品划分为类似商品，但根据第734525号商标及争议商标在申请注册时适用的《类似商品和服务区分表》，卫生巾商品与卫生纸、纸巾等商品未划分为类似商品。此外争议商标一直实际使用在卫生巾商品上，相关消费者对争议商标具有了一定的认知度，本着公平原则，从尊重历史角度，保留该商标也有利于维护市场秩序的稳定。

30. 关于在已有商标上延伸注册相关商标不得损害现有已注册商标的认定

商标权人在其已注册商标的基础上延伸注册相同或相似的商标本无可非议，但如果延伸注册的商标与其他现有的已注册商标构成使用在相同或类似商品上的近似商标，或者存在其他危及或损害现有已注册商标的情形，对该注册申请应不予核准。

在广州市好迪化妆品有限公司（以下简称广州好迪公司）诉商标评审委员会及四川迪康科技药业股份有限公司（以下简称都迪康公司）“好迪康”商标异议复审行政纠纷一案[①]中，成都迪康公司拥有的“迪康”商标于1997年5月13日获准注册，核定使用于第3类香料等商品。广州好迪公司的“好迪”商标于2000年1月21日获准注册，核定使用于第3类洗面奶等商品。成都迪康公司于2001年5月28日申请注册被异议商标“好迪康”，指定使用于第3类浴液等商品。广州好迪公司就被异议商标提出异议，商标局经审查裁定，予以被异议商标核准注册。广州好迪公司不服该裁定并申请复审。商标评审委员会经审查裁定被异议商标予以核准注册。广州好迪公司不服该裁定并提起诉讼。一中院认为，被异议商标的标识与引证商标的标识相近似，商标评审委员会及成都迪康公司关于被异议商标标识与引证商标标识在音、形、义上存在区别、两者不相近似的主张不能成立，由于商标评审委员会未对于被异议商标指定使用商品与引证商标核定使用商品是否类似进行明确评述，故该裁定应予撤销。一中院判决撤销被诉裁定。

① 参见北京市高级人民法院（2011）高行终字第230号行政判决书和北京市第一中级人民法院（2010）一中知行初字第515号行政判决。

北京市高级人民法院二审认为,根据《商标法》第二十八条的规定,申请注册的商标同他人在相同商品或类似商品上已经注册的商标近似的,由商标局驳回申请,不予公告。判断两商标是否相同或相似,主要从商标的文字字形、读音、含义相似等方面判断,尤其要注意判断两商标分别使用于相同或类似商品时是否容易使相关公众对商品的来源产生混淆误认或者认为二者具有特定联系。本案被异议商标由文字“好迪康”组成,引证商标由文字“好迪”和一椭圆形图形组合而成。对相关公众而言,商标中起主要识别作用的通常是可以呼叫的文字部分,故文字“好迪康”为被异议商标的主要识别部分,“好迪”为引证商标的主要识别部分,其在相关公众认知商标时起主要作用。“好迪”与“好迪康”仅在字体上存在差别,故被异议商标完整包含了引证商标的主要识别部分。由于“好迪”与“好迪康”均为臆造词,并非固定搭配,被异议商标仅在“好迪”二字后增加“康”字,并未产生区别于“好迪”的新的含义,并鉴于引证商标在化妆品等商品上具有较高的知名度,相关公众极易认为被异议商标与引证商标之间存在某种关联性。因此,被异议商标的标识与引证商标的标识相近似,商标评审委员会有关被异议商标与引证商标未构成近似商标的上诉理由依据不足,本院不予支持。鉴于商标评审委员会在二审诉讼中认可其在第26604号裁定中未对被异议商标指定使用的商品与引证商标核定使用的商品是否类似进行审查,故商标评审委员会应进一步对被异议商标指定使用的商品与引证商标核定使用的商品是否类似,被异议商标与引证商标是否构成使用在相同或类似商品上的相同或相似商标进行审查。

31. 关于在已注册商标基础上申请注册的关联商标如果与他人已注册商标相似时应予撤销的认定

虽然商标注册人出于各种需要,会注册多个有联系的商标,但不同的注册商标其专用权是相互独立的,不存在注册商标专用权之间的承继和延续问题,在判断商标注册人的某一商标与引证商标是否构成相同或类似商品上的近似商标时,不能仅仅因为商标注册人拥有在先其他注册商标,就维持在后有联系的商标的注册。

在永记造漆工业股份有限公司(以下简称永记造漆公司)诉商标评审委员会、南通雄鹰涂料有限公司(以下简称南通雄鹰公司)商标争议行政纠纷一案[①]中,永记造漆公司拥有的第131415号商标(见下图)于1979年10月31日获准注册,核定使用在第2类"油漆"商品上,但该商标因专用权期满未申请续展而于2006年12月12日被依法注销。引证商标系南通雄鹰公司拥有的第170496号"彩虹牌CAIHONGPAI及图"商标(见下图),其申请日为1982年6月16日,并于1983年3月1日获准注册,核定使用于第2类"聚醋酸乙烯乳胶漆涂料"商品,其注册商标专用权期限经续展至2013年2月28日。争议商标系永记造漆公司2001年1月19日申请注册的第1740936号"彩虹RAINBOW及图"商标(见下图),并于2002年4月7日获准注册,核定使用于第2类油漆等商品,专用权期限至2012年4月6日。2006年3月28日,南通雄鹰公司以争议商标与引证商标构成使用在相同或者类似商品上的近似商标为由,请求撤销争议商标的注册。商标评审委员会认为该撤销理由成立,裁定争议商标予以撤销。一中院维持了商标评审委员会的裁定。永记造漆公司不服并上诉称,争议商标在第131415号商标专用权期限内提出注册申请并获准注册,永记造漆公司对彩虹商标享有的专用权是延续的,商标评审委员会撤销争议商标有违商标专用权延续性原理。

第131415号商标

引证商标

争议商标

北京市高级人民法院二审认为,不同的注册商标其专用权是相互独立的,一般不存在注册商标专用权之间的承继和延续问题。虽然永记造漆公司曾经享有第131415号商标的专用权,但该商标与本案争议商标为不同的注册商标,因而永记造漆公司针对第131415号商标与本案争议商标所享有的专用权各自独立,二者之间不存在注册商标专用权的延续问题,故永记造漆公司关于争议商标是对其第131415号商标的延续的上诉主张于法无据。

① 参见北京市高级人民法院(2011)高行终字第82号行政判决书和北京市第一中级人民法院(2010)一中知行初字第1379号行政判决书。

(六)《商标法》中的商标近似条款

32. 关于引证商标具有较高知名度而争议商标不具有较高知名度时商标相似性的认定

在适用《商标法》第二十八条的规定判定两商标是否相同或近似时,主要从商标的文字字形、读音、含义相似等方面判断,尤其要注意判断两商标分别使用于相同或类似商品时是否容易使相关公众对商品来源产生混淆误认或者认为二者具有特定联系,一般说来引证商标的知名度越高,就越有可能导致相关公众的混淆误认。应当指出的是,商标近似性的认定不仅需要证据证明,它还具有较强的主观性,在先程序中对商标是否相同或近似的认定大多都能得到在后程序的尊重,但如果确有证据表明在先程序对商标近似性的认定明显错误的,也应予以纠正。

在谢文胜诉商标评审委员会及烟台威龙葡萄酒股份有限公司(以下简称烟台威龙公司)商标争议行政纠纷一案[①]中,烟台威龙公司在先注册了第500139号、第992731号"威龙及图"商标,核定使用于第33类的酒、含酒精的饮料(啤酒除外)商品。商标局于2005年6月22日作出商标驰字(2005)第22号《关于认定"威龙及图"商标为驰名商标的批复》,该批复认定烟台威龙公司使用在第33类葡萄酒商品上的"威龙及图"注册商标为驰名商标,该批复所附商标图样与第992731号商标图样相同。被异议商标为谢文胜2002年7月30日申请注册的"威龙假日"文字商标,核定使用在第33类葡萄酒等商品。商标评审委员会认定:"引证商标"于1997年4月28日取得注册,于2005年被商标局在侵权案件中认定为在葡萄酒商品上的驰名商标,可以推定在争议商标申请注册日之前"引证商标"已在市场上享有一定的知名度。争议商标指定使用的葡萄酒、酒(饮料)等商品与烟台威龙公司在先注册的"引证商标"核定使用的商品酒属同一种或类似商品。争议商标与"引证商标"构成《商标法》第二十八条所指的在同一种或类似商品上的近似商标。商标评审委员会裁定争议商标予以撤销。谢文胜不服上述裁定并提起诉讼。此外,商标局于2008年1月9日曾针对烟台威龙公司就争议商标提出的商标

① 参见北京市高级人民法院(2011)高行终字第691号行政判决书和北京市第一中级人民法院(2010)一中知行初字第2629号行政判决书。

异议申请作出第119号裁定，该裁定认为争议商标与烟台威龙公司引证于类似商品上在先注册的“威龙及图”商标未构成近似，烟台威龙公司称争议商标摹仿其引证商标证据不足，烟台威龙公司异议理由不成立，争议商标予以核准注册。第119号裁定因未进入复审程序而生效。

一中院认为，争议商标与第992731号商标、第500139号商标在元素构成、文字构成、呼叫、含义等方面具有较大差别，不易造成相关消费者的混淆误认。商标评审委员会认定争议商标与“引证商标”已经构成同一种或类似商品上的近似商标并据此作出第11049号裁定缺乏根据。商标局认定烟台威龙公司使用在第33类葡萄酒商品上的“威龙及图”注册商标为驰名商标的商标驰字（2005）第22号《关于认定“威龙及图”商标为驰名商标的批复》是2005年6月22日作出的，无法证明“威龙及图”商标在被异议商标申请注册前已经驰名，亦无法证明争议商标与“引证商标”构成近似。商标局于2008年1月9日曾针对烟台威龙公司就争议商标提出的商标异议作出了争议商标与烟台威龙公司于类似商品上在先注册的“威龙及图”商标未构成近似的认定，并对争议商标予以核准注册。基于商标行政确权的稳定性和对信赖利益的保护，商标评审委员会在本案评审程序中应当对商标局的相关裁定及其之后当事人对争议商标的使用情况予以适当考虑。第11049号裁定的主要证据不足，依法应予撤销。一中院判决遂撤销被诉裁定。

北京市高级人民法院二审认为，烟台威龙公司的“威龙及图”商标在被异议商标申请注册时已经具有了较高知名度，虽尚不能证明在被异议商标申请注册时烟台威龙公司的“威龙及图”商标已经驰名，但仍能够证明烟台威龙公司“威龙及图”商标在被异议商标申请注册前已经具有较高知名度。商标局于2008年1月9日作出的第119号裁定虽然认定争议商标与烟台威龙公司于类似商品上在先注册的“威龙及图”商标未构成近似，但商标异议程序和撤销程序是不同的法律程序，该异议结果亦未进入商标评审委员会的复审程序，且商标评审委员会在撤销程序中有权独立进行审查，通常不受商标局异议裁定的约束。一中院将第119号裁定作为认定争议商标与烟台威龙公司的“威龙及图”商标相似的考量因素确有不当。本案争议商标由四个汉字“威龙假日”构成，而第992731号商标和第500139号商标均由汉字和图形两种元素构成，其文字部分“威龙”分别构成据以呼叫的主要识别部分。虽然争议商标的文字部分为“威龙假日”,在文字上相对于“威龙”产生了新的含义,但由于“威龙”系争议商标和烟台威龙公司的“威龙及图”商标中的主要识别部分和呼叫部分,其同时使用在相同或类似商品上容易造成相关公众的混淆误认,或者容易使相关公众认为二者所使用的商品来源相同或具有其他联系,故争议商标与烟台威龙公司的“威龙及图”商标应属于商标法意义上的近似商标,由于其使用的商品已构成相同或类似商品,故二者属于使用在相同或类似商品上的相同或近似商标。一中院认定二者未构成使用在相同或类似商品上的相同或近似商标属于认定事实及适用法律错误。

33. 关于非显著性部分在判断商标是否近似时可不予考虑的认定

认定商标是否近似,既要考虑商标标志构成要素及其整体的近似程度,也要考虑相关商标的显著性和知名度、所使用商品的关联程度等因素,以及是否容易导致混淆作为判断标准。不具备显著性的部分在认定是否相似时可不予考虑或不给予过多考虑。

在施永根诉商标评审委员会及第三人会稽山绍兴酒股份有限公司(以下简称会稽山公司)“会稽越彫及图”商标争议行政纠纷一案①中,争议商标(见下图)由施永根注册在第33类的黄酒等商品上且未指定颜色,引证商标“会稽山及图”(见下图)由会稽山公司在先注册在第33类黄酒等商品且指定颜色。商标评审委员会以争议商标与引证商标构成近似商标为由,决定撤销争议商标,一中院亦维持了商标评审委员会的决定。

争议商标

引证商标

北京市高级人民法院二审认为,争议商标与引证商标文字部分前两个汉字均为“会稽”,但“会稽”既可指今浙江中部的“会稽山”,也可作绍兴的别称,均系地理名词,不具显著性。引证商标由“会稽山”三个汉字和置于椭圆

① 参见北京市高级人民法院(2011)高行终字第1079号行政判决书和北京市第一中级人民法院(2011)一中知行初字第95号行政判决书。

形内的“山水及建筑物”组合图形构成,文字位于椭圆形内侧正下方;争议商标由“会稽越彫”四个汉字和置于椭圆形内的“鸡头形壶”图形构成,文字位于椭圆形外侧正上方。图形在两商标中均占较大比例,引证商标突出的是“山水及建筑物”组合图形;争议商标强调的是“鸡头形壶”图形。引证商标为指定颜色,争议商标未指定颜色。将二者进行比对,图形给人的印象最为直接、快捷,图形部分构成两商标的显著部分。虽然,施永根与会稽山公司地处同一地区,引证商标确有一定知名度,但商标标志近似是判断混淆和误认的前提。就争议商标和引证商标的标志而言,相关公众施以一般注意力,能够感知到两商标存在的较大差异,两商标使用在相同或类似的商品上不会导致商品来源的混淆和误认,不构成近似商标。

34. 关于引证商标与被异议商标的使用及知名度均影响其近似性的认定

审理商标授权确权案件时,应充分考虑消费者和同业经营者的利益,有效遏制不正当抢注及傍名牌的行为,尽可能消除商业标志混淆的可能性。判断两商标是否近似,应当按照相关公众对商标的一般识别和对文字、呼叫、图形等商标组成部分的理解进行,既要考虑商标标志构成要素及其整体的近似程度,也要考虑相关商标的显著性和知名度、所使用商品的关联程度等因素,以是否容易导致混淆作为判断标准。在商标异议复审行政纠纷中,在认定被异议商标与引证商标是否会构成近似并导致消费者的混淆时,不应仅考虑被异议商标的使用情况,更应考察引证商标的使用情况。

在杨世群与商标评审委员会、重庆富侨保健服务有限公司(以下简称重庆富侨公司)商标异议复审行政纠纷一案[①]中,针对杨世群经初审公告的第3413981号被异议商标“渝富桥 YUFUQIAO”商标,重庆富侨公司提出商标异议,商标局以被异议商标与引证商标未构成使用在相同或类似服务上的近似商标为由,对被异议商标予以核准注册,而商标评审委员会认定二者构成使用在相同或类似服务上的近似商标,裁定被异议商标不予核准注册。一中院认为,被异议商标指定使用的服务与引证商标核定使用的服务属于类似服务。尽管被异议商标中文部分“渝富桥”的首字“渝”通常容易理解为重庆市

① 参见北京市高级人民法院(2011)高行终字第581号行政判决书和北京市第一中级人民法院(2010)一中知行初字第2881号行政判决书。

的别称,且“富桥”与“富侨”存在读音相同等因素,但是被异议商标与引证商标的汉字部分在整体呼叫、文字构成和含义上存在一定的区别。引证商标指定颜色的图形部分占较大比重,与被异议商标仅为楷体文字和汉语拼音相比,两者整体外观区别较为明显,据此尚难以认定被异议商标的注册将容易使相关公众对其服务来源产生混淆误认。此外,杨世群为证明其已在全国范围使用被异议商标并已建立较高市场声誉,提交了所获荣誉证书及分店和加盟店照片等证据,综合考虑上述证据及客观市场经营情况,足以认定被异议商标使用时间较长、已建立较高市场声誉并形成了相关公众群体。基于前述被异议商标与引证商标的区别和杨世群对被异议商标的使用情况,为尊重相关公众已在客观上将相关商业标志区别开来的市场实际,维护已经形成的市场秩序,一中院认定被异议商标与引证商标未构成近似商标,故判决撤销被诉裁定。

渝富桥
yufuqiao

被异议商标　　　　引证商标

北京市高级人民法院二审认为:从被异议商标与引证商标的商标标识上看,文字是其主要认读部分,具有较强识别作用,“富侨”与“渝富桥”读音只相差一字,“渝”可以理解为重庆市的简称,且“富侨”并非汉语的固定词汇,没有固有含义,尽管引证商标还指定颜色及图形,但“富侨”与“渝富桥”在整体呼叫、文字构成上是相近似的,两者若同时使用在类似的服务上,容易使相关公众对服务来源产生混淆误认,被异议商标与引证商标构成近似商标。杨世群为证明其已在全国范围使用被异议商标并已建立较高市场声誉,提交了所获荣誉证书及分店和加盟店照片等证据,一中院据此认定被异议商标使用时间较长、已建立较高市场声誉并形成了相关公众群体。但是,上述对被异议商标的使用均在被异议商标申请注册之后,杨世群并未提交证据证明在被异议商标注册之前,其已对被异议商标进行大量使用,并建立较高市场声誉。相反,在商标异议复审过程中,重庆富侨公司已向商标评审委员会提交了足以证明在杨世群申请注册被异议商标之前,引证商标已经进行了一定的宣传和使用，并取得了一定荣誉，具有一定知名度的证据，一中院片面考虑被异议商标在注册申请之后的使用情况，而未考虑引证商标在被异议商标申请注册日前所具有的知名度，以及双方当事人同处于重庆市，均从事类似的保健、按摩等服务的客观情况，未充分考虑消费者和同业经营者的利益，故有关被异议商标与引证商标未构成使用在同一种或类似服务上的近似商标的认定错误。二审法院遂改判维持被诉裁定。

35. 关于外文商标及其中文译文商标是否构成近似商标的认定

在驳回复审诉讼中，当引证商标是外文文字商标，申请商标的主要识别部分是该外文的中文译文时，如果二者使用在相同或类似商品或服务上，相关公众能够将该外文与其中文译文对应起来时，可以认定二者构成使用在相同或类似商品上的相同或近似商标。

在诺德公司诉商标评审委员会商标驳回复审纠纷一案[①]中，申请商标系诺德公司于1999年7月20日在德意志联邦共和国国际注册第727211号“NORD及图”商标。2006年1月5日，诺德公司向商标局提出申请商标在中华人民共和国的领土延伸保护申请，申请商品类别为第7类和第9类，指定使用商品为齿轮以及齿轮发动机、传导、变压、存储、调节以及控制用强电流技术工程设备，即用于电子速度控制以及制动断路器的频率转换器。1994年7月20日，中国北方工业集团公司在第7类马达及其部件等商品上申请注册了引证商标二第844544号“北方”商标。针对诺德公司的商标注册申请，商标局以申请商标与在类似商品上已注册的引证商标近似为由，决定驳回申请商标的注册申请。商标评审委员会认为：申请商标中的显著识别文字“NORD”为法语单词，其中文含义为“北方”，与引证商标二的含义相同，分别注册使用在齿轮以及齿轮发动机与马达及部件类似商品上，易引起消费者的混淆、误认，申请商标与引证商标已构成使用在类似商品上的近似商标，决定申请商标在第7类齿轮以及齿轮发动机商品上在中国的领土延伸保护申请予以驳回，在第9类传导、变压、存储、调节以及控制用强电流技术工程设备，即用于电子速度控制以及制动断路器的频率转换器商品上在中国的领土延

① 参见北京市高级人民法院(2011)高行终字第1418号行政判决书和北京市第一中级人民法院(2011)一中知行初字第1293号行政判决书。

伸保护予以初步审定。

北京市高级人民法院及一中院均认为,引证商标二为中文“北方”,申请商标由“NORD”及具有立体感的齿轮图形构成,其文字部分为显著识别部分。法语是世界上众多国家、地区以及国际组织的官方语言或通用语言,“NORD”作为法语中的常见单词,其中文含义为“北、北方”,与引证商标二的含义相同,申请商标与引证商标二构成近似商标。申请商标指定使用的齿轮以及齿轮发动机与引证商标二核定使用的马达及其部件在功能、用途、销售渠道、消费对象等方面相近,构成类似商品。申请商标与引证商标二分别注册使用在上述类似商品上,易引起相关消费者的混淆误认,申请商标与引证商标二已构成使用在相同或类似商品上的近似商标。商标评审委员会据此依照《商标法》第二十八条的规定决定驳回申请商标在齿轮以及齿轮发动机商品上在中国的领土延伸保护申请的结论正确,应予维持。

36. 关于判断商标近似可适当考虑引证商标权利人存续状态的认定

判断商标是否相同或者近似,应当从商标本身的形、音、义和整体表现形式等方面,以相关公众的一般注意力为标准,采取整体观察与对比主要部分的方法。判断商标是否相同或相近似,还应当考虑商标的使用情况、显著性和知名度,以及是否易使相关公众对商品来源产生混淆、误认。如果引证商标权利人已被吊销营业执照且无证据表明引证商标仍在继续使用,可以作为判断商标是否近似混淆的因素。

在海口新德装饰材料有限公司(以下简称新德公司)诉商标评审委员会及北京润地广告策划有限公司(以下简称润地公司)“海岛厨房”商标驳回复审行政纠纷一案[①]中,申请商标“海岛厨房”的申请人为新德公司,指定使用于第43类提供营地设施、出租活动房屋、咖啡馆、饭店、餐馆、茶馆、酒吧、旅馆预订、快餐馆、餐厅等服务。引证商标“海岛人家及图”由北京砂煲兄弟饭店管理有限公司于2000年6月7日申请注册,指定使用于第42类餐馆、快餐馆、食宿旅馆、备办宴席、酒吧、菜馆、美容院、按摩、蒸汽浴、住所(旅馆,供膳寄宿处)等服务。商标局及商标评审委员会均以申请商标与引证商标近似为

① 参见北京市高级人民法院(2011)高行终字第1182号行政判决书和北京市第一中级人民法院(2011)一中知行初字第789号行政判决书。

由，驳回申请商标在咖啡馆、饭店、餐馆、茶馆、酒吧、旅馆预订、快餐馆、餐厅服务上的注册申请，一中院维持了商标评审委员会的决定。

海島廚房

申请商标　　　　　　　　引证商标

北京市高级人民法院二审认为，文字是两商标的主要呼叫部分，“海岛”、“厨房”、“人家”均属汉字的常用词汇，判断两商标标志是否近似应从商标含义及要素结构进行比对。申请商标“海岛厨房”容易被理解为“在海岛上搭建的厨房”，引证商标“海岛人家”容易被理解为“在海岛上供人们休憩、度假的场所”，二者均有各自独立的含义。同时，申请商标由汉字“海岛厨房”组成，引证商标从上至下由“椭圆形黑底镂空的椰树图形”、“HAIDAO RENJIA”拼音、“海岛人家”汉字组成，两商标整体外观、视觉效果差异较大。此外，北京市工商行政管理局朝阳分局向砂煲兄弟公司下达的京工商朝处字（2007）第D34235号行政处罚决定书以及商标局2011年4月11日就引证商标作出的撤销申请受理通知书新记载的事实表明，砂煲兄弟公司于2007年10月26日至今处在被吊销营业执照状态。综合上述因素考虑，申请商标与引证商标指定使用在同类服务项目上不会引起相关公众的混淆和误认，不构成近似商标，故判决撤销原审判决及被诉裁定，判令商标评审委员会重新作出裁定。

37. 关于具有包容关系的外文商标是否近似的认定

近似商标是指文字、数字、图形或颜色等商标的构成要素在发音、视觉、意义或排列顺序以及整体上虽有一定区别，但易产生混淆的商标。判断两个商标近似与否，应当结合个案的具体情形，以商标的字形、读音、含义等是否易使相关公众对商品的来源发生混淆为标准予以判定。在商标异议复审行政纠纷中，如果被异议商标与引证商标均为外文商标且被异议商标完全包含了引证商标，引证商标客观上也具有较高知名度，可能会影响到对商标近似性及混淆可能性的认定。

在宝马股份公司诉商标评审委员会及江西赣江机械厂商标异议复审行

政纠纷一案①中,被异议商标系赣江机械厂申请注册的第1589945号“BMWCO及图”商标,指定使用于第12类“摩托车”。在其初步审定公告期间,宝马公司提出异议,引证商标为其在第12类“机动车辆、摩托车及其零部件”商品上在先注册的第282195号“BMW”商标。商标局和商标评审委员会均认定被异议商标与引证商标未构成近似商标,裁定被异议商标予以核准注册。一中院维持了被诉决定。

BMWCO

被异议商标

BMW

引证商标

北京市高级人民法院二审认为,被异议商标由“BMWCO及图”组成,其中的主要识别部分为BMWCO的美术体,完整地包含了引证商标,在商业实践中,“CO”的含义为“company(公司)”,两商标在市场上并存容易使消费者在购买、识别产品时产生误认,认为两者是关联商标,故两商标已构成近似商标。被异议商标指定使用的“摩托车”商品与引证商标核定使用的“机动车辆、摩托车及其零件”商品属于同一种或类似商品。商标评审委员会及一中院认定被异议商标与引证商标未构成使用在相同或类似商品上的近似商标,被异议商标的注册申请不属于《商标法》第二十八条规定的情形依据不足。

38.关于恶意并非构成混淆和商标近似必要条件的认定

商标近似是指商标的文字的字形、读音、含义或者图形的构图及颜色,或者其各要素组合后的整体结构相似,或者其立体形状、颜色组合近似,易使相关公众对商品的来源产生误认或者认为其来源与引证商标核定使用的商品有特定的联系。争议商标的注册申请是否具有恶意不是认定构成混淆和商标近似的必要条件。

在李鸿良诉商标评审委员会及杨荣金商标争议行政纠纷一案②中,杨荣金于2003年4月29日申请注册了引证商标,李鸿良于2003年5月29日申请注册争议商标。2008年11月24日,杨荣金向商标评审委员会提出撤销争

---

① 参见北京市高级人民法院(2010)高行终字第1170号行政判决书和北京市第一中级人民法院(2010)一中知行初字第470号行政判决书。

② 参见北京市高级人民法院(2011)高行终字第724号行政判决书和北京市第一中级人民法院(2010)一中知行初字第2783号行政判决书。

议商标注册的申请。商标评审委员会裁定:争议商标在鞋、足球鞋商品上的注册予以撤销,在其余商品上的注册予以维持。一中院认为,虽然引证商标申请在先,但争议商标与引证商标的申请注册时间仅相差一个月,且二者申请时均没有经过长期使用,共同申请在同种商品上应属偶然巧合,李鸿良在主观上没有搭引证商标便车的故意。李鸿良与杨荣金虽同处福建省,但分处不同城市,各自已经形成一定的消费群体。而且,争议商标于 2005 年 10 月 21 日获准注册,至今已经经过较长时间的使用,且具有了一定的市场知名度,已形成相关公众群体。为充分尊重相关公众已在客观上将二商标区分开来的市场实际,注重维护已经形成和稳定的市场秩序,可以认定两商标经过长期经营并共存于市场,消费者已经能够将二者区分开来,二者未构成使用在同一种或者类似商品上的近似商标。一中院遂撤销被诉裁定。

北京市高级人民法院二审认为,李鸿良在引证商标提出申请后一个月提出争议商标申请,虽然不足以证明其有恶意,但恶意并非认定构成混淆和商标近似的必要条件。《最高人民法院关于审理商标授权确权行政案件若干问题的意见》第一条要求充分尊重相关公众已在客观上将二商标区分开来的市场实际,注重维护已经形成和稳定的市场秩序。李鸿良在原审诉讼中提交使用、宣传争议商标及其商品的证据较少,且销售合同无发票佐证、宣传证据仅一份,不足以证明其对争议商标的使用能够使相关公众将争议商标与引证商标相区别,李鸿良也没有提供相关公众实际不会将使用争议商标和引证商标的商品来源相混淆的其他证据,因此不具有适用该条的条件。原审判决仅以李鸿良申请争议商标不具有恶意且已经使用为由,就认定争议商标和引证商标在使用中不会造成混淆缺乏事实和法律依据。

39. 关于以常见词语或有特定含义的词语组成的商标是否相似的认定

由于语言文字的局限性,某些反映某些事物的文字是唯一的,如某种动物、某些物体的名称等是判断商标近似的重要因素。但有些文字经过人们长期的使用或者文学作品中的使用,可能会使之具有了某种特殊的含义。由于上述两种情况的存在,在以文字作为商标注册时,应当着重考虑该商标的整体构成是否会造成相关公众对商品的来源产生混淆或误认为其来源与引证商标核定使用的商品有特定的联系,而不能仅以作为申请注册的商标的显著识别部分的文字与注册商标的文字是否相同或近似就作出两个商标是否相同或近似的判断。申请注册的商标在申请注册前已经使用的,还应当考虑其使用情况对其知名度的影响。

在漳州市双飞日用化学品有限公司(以下简称双飞日化公司)诉商标评审委员会及雪洁公司商标争议行政纠纷一案①中,雪洁公司2004年6月针对双飞日化公司2003年6月获得注册的争议商标“青蛙王子”(见下图)提出撤销争议,理由是争议商标与其在先注册的四个引证商标(见下图)构成近似商标。商标评审委员会认为雪洁公司撤销理由成立,裁定争议商标予以撤销。双飞日化公司不服该裁定提起诉讼,并提交了若干新证据证明:1995年年初,双飞日化公司将“青蛙王子”商标使用在洗发露、沐浴露和儿童营养霜等商品上,后将11项“青蛙王子”商标在第3类、第5类、第10类等十余种商品类别上进行商标申请并获得注册。2003年3月以后,双飞日化公司对上述“青蛙王子”系列商标进行推广,取得了国内儿童护肤品包括牙膏、牙刷市场的极高占有率。其“青蛙王子”商标于2003年、2004年分别获得“漳州市知名商标”、“福建省著名商标”。2007年11月8日,(2007)抚民三初字第48号民事判决书认定双飞日化公司的“青蛙王子及图”系列商标为驰名商标,该判决已生效。2008年3月,双飞日化公司以该品牌为题材制作52集动画片《青蛙王子》,并已在中央电视台少儿频道播出。2008年8月至11月,双飞日化公司委托广州市印象广告有限公司制作“青蛙王子”儿童牙膏、牙刷广告,广东电视台卫星频道连续播出。2009年10月,双飞日化公司的青蛙王子牙刷、牙膏广告在中国儿童护理网、江西美容美发网、中国化妆品网、慧聪网以图、文等多种方式进行大量宣传。此外,“青蛙王子”儿童系列产品还多次被官方权威机构评选为“质量信得过产品”及“群众最喜爱、最畅销产品”。一中院认为,争议商标与引证商标未构成近似商标,双飞日化公司通过对争议商标在牙刷、电动牙刷等商品上长期持续的使用和广泛大量的宣传,使争议商标具有很高的知名度,已经形成了与双飞日化公司唯一、固定的对应关系,争议商标与四个引证商标共存于市场中,不易导致消费者的混淆误认,故判决撤销被诉裁定并由商标评审委员会重新作出裁定。

---

① 参见北京市高级人民法院(2011)高行终字第536号行政判决书和北京市第一中级人民法院(2010)一中知行初字第520号行政判决书。

争议商标

青 蛙

引证商标一

FROG

引证商标二

青蛙

FROG

引证商标三、四

北京市高级人民法院二审认为,四个引证商标的显著识别部分均包括中文文字“青蛙”,而“青蛙”其含义为自然界中一种常见的动物。争议商标的显著识别部分为中文文字“青蛙王子”,而“青蛙王子”为格林童话中的经典童话人物,对公众而言具有特定的含义,为公众所熟知。争议商标与四个引证商标的中文文字的含义不同,可以为相关公众所区分。争议商标的中文文字部分“青蛙王子”虽然包括了四个引证商标的中文文字部分“青蛙”,但是,由于“青蛙王子”在公众中已经形成特定含义,相关公众在认读该文字时,不会将“青蛙”与“王子”分别阅读和理解,故争议商标的中文文字部分在读音上以相关公众的认知水平能够与四个引证商标的中文文字部分区分开来。争议商标是由变形的中文文字“青蛙王子”构成。四个引证商标的“青蛙”均为未变形中文文字,故争议商标的字形与四个引证商标的字形,以相关公众的认知水平能够予以区分。因此,争议商标与四个引证商标的文字在字形、读音、含义上均存在不同,在整体结构上不构成近似。

(七)《商标法》第三十一条“在先权利”及“在先使用并具有一定影响”条款

40. 关于主张已注册商标侵犯姓名权的主体的认定

根据《商标法》第四十一条第二款规定,已注册的商标,违反本法第三十一条规定的,自商标注册之日起五年内,商标所有人或者利害关系人可以请求商标评审委员会裁定撤销该注册商标。姓名权作为自然人的一项人身权利,应由其自行行使,仅在特定情况下才可由他人代为行使。《商标法》对姓名权的保护不仅考虑到系争商标与他人的姓名相同,同时也考虑到该姓名权人在社会公众中尤其是相关公众中的知晓程度。主张已注册商标侵犯姓名权的,应当系该姓名权的权利人或经该权利人特别授权的主体。

在荆胜强诉商标评审委员会及第三人英国商·史东模特儿经纪有限公司(以下简称商·史东公司)商标争议行政纠纷一案[①]中,针对荆胜强所注册的第3271558号“凯特·苔藓 KATE MOSS”商标(以下简称争议商标),商·史东公司向商标评审委员会提出撤销注册申请。商标评审委员会认为,争议商标“KATE MOSS 凯特·苔藓”的英文部分系英国一超级名模的姓名,中文部分“凯特·苔藓”是英文的翻译,该模特在时装业内享有一定的知名度。争议商标使用于指定商品上可能导致对他人的姓名权造成损害,违反了《商标法》第三十一条所述的申请商标注册不得损害他人现有在先权利的规定,故裁定撤销争议商标的注册。

一中院认为,商·史东公司所提争议理由为争议商标的注册损害了模特“KATE MOSS”的姓名权,但现有证据仅可证明 KATE MOSS 授权商·史东公司作为其代理人处理本案争议商标的相关事务,而未授权其对 KATE MOSS 这一姓名享有任何实体上的权益。在商·史东公司未提交其他证据的情况下,仅凭该授权书无法证明商·史东公司系 KATE MOSS 这一姓名的利害关系人,因此其无权以该在先权为由提起本案所涉争议申请,商标评审委员会不应受理商·史东公司基于该在先姓名权而提出的争议申请。一中院遂撤销被诉裁定。

北京市高级人民法院二审认为,商·史东公司所提争议理由为争议商标的注册损害了模特“KATE MOSS”的姓名权。商·史东公司为证明其有权以争议商标的注册损害了模特“KATE MOSS”的姓名权为由提起争议,提交了模特 KATE MOSS 出具的授权书,该授权书中明确载明模特 KATE MOSS 授权商·史东公司作为其“代理人及代表处理模特儿业务和其他商业活动”,同时“全权处理于中国地区之‘KATE MOSS 凯特·苔藓’商标争议案申请(注册号3271558;类别:25)……全部所需递交之文件及任何须采取之相关申请行动”,在行政审查过程中,荆胜强并未对商·史东公司提起本案争议的主体资格提出异议,并且模特“KATE MOSS”本人向二审法院提交了声明

① 参见北京市高级人民法院(2011)高行终字第723号行政判决书和北京市第一中级人民法院(2010)一中知行初字第534号行政判决书。

书，进一步明确其授权商·史东公司提出商标争议系其真实意思表示，并"已把我所拥有的我的姓名、肖像、传记、绰号及商标之使用权全部授给商·史东公司"。综合上述授权书、声明书，足以认定模特"KATE MOSS"认可商·史东公司以自己名义提起本案商标争议的行为，更为重要的是，商·史东公司与"KATE MOSS"这一姓名具有商业上的直接利害关系，属于《商标法》第四十一条第二款规定的"利害关系人"，可以提起本案商标争议申请。

41.关于主张注册商标侵犯在先商号权需证明其与该在先商号具有利害关系的认定

商号属于应予保护的民事权益的一种，但依据《商标法》第三十一条规定保护的作为在先权利的商号通常是指在与争议商标核定使用的商品或服务相同或类似的商品或服务上在先使用并已产生一定知名度且容易导致相关公众混淆或误认的商号。主张注册商标侵犯在先商号权的，应证明其与该在先商号具有利害关系，仅有投资关系且并非唯一投资者一般不宜认定具有利害关系。

在湖南梅兰日兰电器有限公司（以下简称湖南梅兰日兰公司）诉商标评审委员会及施耐德电气（中国）投资有限公司涉及"梅兰日兰"商标争议行政纠纷一案[①]中，争议商标核定使用于国际分类第9类的电度表、成套电气校验装置等商品，商标权人为湖南梅兰日兰公司。施耐德公司以争议商标侵犯其在先商号权等理由提出撤销申请，但其在商标评审程序中提交的证据均系其关联企业天津梅兰日兰公司在涉及断路器商品上的生产经营活动中对"梅兰日兰"商号或商标标识的使用情况。商标评审委员会经审查认定：一、争议商标核定使用的电度表等商品与引证商标核定使用的断路器、电缆等商品功能、用途均有所不同，在《类似商品和服务区分表》中也分属不同的类似群组，不构成类似商品。通常情况下，使用在非类似商品上的近似商标不易导致相关公众对商品来源产生混淆，争议商标与三个引证商标未构成使用在类似商品上的近似商标。二、依据现有证据尚难以认定争议商标构成《商标法》第十三条第二款所述在不相类似商品上对他人已注册驰名商标的抄袭摹仿。

① 参见北京市高级人民法院（2011）高行终字第346号行政判决书和北京市第一中级人民法院（2010）一中知行初字第474号行政判决书。

三、在争议商标申请日前,“梅兰日兰”作为商号具有一定的知名度,与天津梅兰日兰公司产生对应联系。虽然争议商标指定使用商品与断路器等商品不属于类似商品,但是在实际使用中与断路器等商品的消费对象、销售渠道等方面联系密切,争议商标的注册和使用易使相关公众将其与天津梅兰日兰公司建立联系,对商品来源产生混淆误认,并可能损害天津梅兰日兰公司的利益。湖南梅兰日兰公司注册争议商标构成《商标法》第三十一条所指“损害他人现有的在先权利”的行为。商标评审委员会裁定撤销争议商标的注册。一中院认为,施奈德公司自身从未将“梅兰日兰”作为商号使用,其投资的天津梅兰日兰公司在先使用“梅兰日兰”商号形成的任何在先权益并不能当然地归属于施奈德公司所有,且天津梅兰日兰公司的在先商号权益所涉及“断路器”商品与争议商标核定使用的电度表、成套电气校验装置商品在具体的功能、用途、生产部门等诸方面均存在差异,不属于类似商品,商标评审委员会将《商标法》第三十一条的规定适用于非类似商品,违背了《商标法》第三十一条的立法本意,故判决撤销被诉裁定并责令商标评审委员会重新作出裁定。

北京市高级人民法院二审认为,争议商标申请于2002年12月17日,施奈德公司在商标评审程序中提交的证据均系其关联企业天津梅兰日兰公司在涉及断路器商品上的生产经营活动中对“梅兰日兰”商号或商标标识的使用情况,即使天津梅兰日兰公司对“梅兰日兰”标识的使用已经使之在争议商标申请日之前形成了商号权益,但由于施奈德公司自身从未将“梅兰日兰”作为商号使用,且施奈德公司与天津梅兰日兰公司均系独立的商事主体及施奈德公司并非天津梅兰日兰公司的唯一发起人或股东,故施奈德公司未经天津梅兰日兰公司授权不宜依据天津梅兰日兰公司的商号权主张争议商标违反了《商标法》第三十一条的规定。因此,一中院认定天津梅兰日兰公司对“梅兰日兰”商号形成的在先权益不能当然地由施奈德公司所有并无不当。

42. 关于先商号的权利范围应限于相同或类似商品或服务的认定

根据《最高人民法院关于审理不正当竞争民事案件应用法律若干问题的解释》第六条的规定,具有一定的市场知名度、为相关公众所知悉的企业名称中的字号,可以认定为反不正当竞争法第五条第(三)项规定的“企业名称”。主张争议商标系其在先商号的,该在先商号应当符合上述规定,即其应为“具有一定的市场知名度、为相关公众所知悉的企业名称中的字号”。由于企业名称具有地域上的相对性,故在先商号权的权利范围也应具有地域性,其权利范围应当随商号的知名度大小而确定,并同时考虑抢注的主观恶意。如果在全国范围内具有知名度的商号被抢注,则可以推定抢注者具有主观恶意。此外,在先知名商号权仅能阻却在后商标在与该商号所使用商品或服务相同或类似商品或服务上的注册,在判断商品或服务是否类似时应考虑在先商号的知名度。

在汤尼威尔(上海)服饰有限公司(以下简称汤尼威尔公司)与商标评审委员会、北京百利豪眼镜有限公司(以下简称百利豪公司)“汤尼威尔 TONY WEAR”商标异议复审行政纠纷一案①中,被异议商标系百利豪公司申请在第9类眼镜等商品上注册的第3155046号“汤尼威尔 TONYWEAR”商标,汤尼威尔公司以“汤尼威尔”系其在先注册并使用的企业字号未由提出注册异议,裁定被异议商标予以核准注册。一中院维持了商标评审委员会的裁定。

北京市高级人民法院二审认为,《商标法》第三十一条规定的在先商号权,并非指所有早于商标申请日期的商号,而应指具有一定的市场知名度、为相关公众所知悉的企业名称中的字号,而且在先的知名商号权仅能阻却在后商标在相同或类似商品或服务上的注册。虽然汤尼威尔公司及其北京分公司的成立时间均早于被异议商标的申请时间,但由于汤尼威尔公司提交的证据均不能证明其在先注册并使用的“汤尼威尔”商号具有一定知名度。同时,汤尼威尔公司的商号使用在服装上,而被异议商标指定使用在眼镜、眼镜框、眼镜片、眼镜盒、眼镜布、眼镜链、太阳眼镜、老花眼镜、光学眼镜、隐形眼镜商品上,汤尼威尔公司不能证明其从事了与被异议商标指定使用商品相关的经营活动,且服装与被异议商标指定使用的商品并不构成类似商品,故汤尼威尔公司在服装经营上拥有的商号权不能成为阻却被异议商标在指定商品上注册的理由。

43. 关于具有一定知名度的企业名称的简称构成在先权利的认定

具有一定的市场知名度、为相关公众所知悉的企业名称中的字号可以认

① 参见北京市高级人民法院(2011)高行终字第311号行政判决书和北京市第一中级人民法院(2010)一中知行初字第1004号行政判决书。

定为《商标法》第三十一条规定的在先权利,企业名称的简称如果具有一定知名度,也可认定为《商标法》第三十一条规定中的在先权利。

在广汽本田汽车有限公司(以下简称广汽本田公司)诉商标评审委员会及李军辉商标异议复审行政纠纷一案[①]中,被异议商标系李军辉申请注册的第3668351号"广本"商标,指定使用商品为第7类的包装机、洗衣机、干洗机、非陆地车辆发动机、发电机等商品。被异议商标经初审公告后,广汽本田公司提出异议申请,商标局认定"广本"是广汽本田公司企业字号的简称,其经过长期使用在社会公众中已经具有较高知名度,李军辉将被异议商标申请注册,易误导公众并产生不良的社会影响,故裁定被异议商标不予核准注册。李军辉不服该裁定并申请复审。商标评审委员会认为,虽然广汽本田公司提供的证据能够证明其"广本"企业名称在汽车生产行业具有一定的知名度,但并不能证明其在第7类包装机等商品上具有相应的知名度。同时,被异议商标指定使用的非陆地车辆发动机等商品与汽车所处行业不同,消费者看到被异议商标时不会与广汽本田公司的"广本"企业名称联系在一起,或认为二者具有一定的关联性,进而对商品来源产生混淆、误认,损害广汽本田公司的商号权。广汽本田公司提交的证据不能证明被异议商标的核准注册会导致"广本"商号或"本田"商标的显著性被淡化,被异议商标未违反《商标法》第三十一条的规定。商标评审委员会裁定:对被异议商标予以核准注册。

一中院认为,虽然"广本"经常被作为广汽本田公司企业名称的简称进行指代和使用,但广汽本田公司所提交的证据均未显示在被异议商标申请日之前,广汽本田公司曾经在被异议商标核定使用的包装机、洗衣机、干洗机、马达和引擎启动器或与之类似的商品上实际开展过经营活动,而广汽本田公司所提供的现有证据所能证明的仅为其在汽车商品之上开展了实际的生产经营活动,而汽车与被异议商标所核定使用的商品在功能、用途、销售渠道等诸方面均存在较大差别,不构成类似商品,即广汽本田公司并未在被异议商标申请日之前在类似商品之上形成了受到法律保护的字号权益,故商标评审委员会所作被异议商标未违反《商标法》第三十一条规定的认定正确。

---

① 参见北京市高级人民法院(2011)高行终字第521号行政判决书和北京市第一中级人民法院(2010)一中知行初字第1571号行政判决书。

北京市高级人民法院二审认为，广汽本田公司在商标异议复审程序中提供的证据能够证明“广本”系其企业名称的简称，在汽车生产行业具有一定的知名度。被异议商标指定使用的非陆地车辆发动机、发电机、马达和引擎启动器、泵(机器)等商品属于第7类商品，该类虽然有明确的“陆地车辆用除外”的表示，但在具体注册和使用中仍有可能与第12类的汽车、汽车零部件、汽车配件商品有密切关联，而且《类似商品和服务区分表》中也要求将非陆地车辆发动机与第12类的汽车零部件、汽车配件商品进行交叉检索。考虑到“广本”作为广汽本田公司企业名称简称所具有的一定知名度，商标评审委员会和一中院关于被异议商标指定使用的相关商品与广汽本田公司的商品不类似、被异议商标未违反《商标法》第三十一条规定的认定，缺乏事实和法律依据。

44. 关于涉及老字号及企业名称中断使用情况如何适用《商标法》第三十一条的认定

企业名称权的存在是以企业依法注册并使用该名称为前提的，企业名称权并不单纯地因企业的合并、分立等企业法律关系主体的变更而当然地归属于后续的法律主体。对字号的停止使用，可能导致丧失其相应的企业名称权的后果。

在黄锦琪诉商标评审委员会、广州市越秀区三多轩文房用品商店(以下简称三多轩商店)商标异议复审行政纠纷一案[①]中，老字号“三多轩”创始于清咸丰年间，创始人是黄锦琪的高祖父黄其佩，主要经营和制作笔墨纸砚等。1956年公私合营后，三多轩资产转归国有后其字号被停用。1985年10月18日，三多轩商店复业经营。但三多轩商店仅使用了“三多轩”字号，而并未在相关商品上使用“三多轩”商标。2000年以后，三多轩商店处于停业整顿状态。2002年9月26日，黄锦琪在第16类笔、纸等商品上申请注册被异议商标“三多轩”，后被三多轩商店提出异议。商标评审委员会认为，在公私合营后，黄家对其字号不再享有所有权。三多轩商店享有“三多轩”在先商号权，黄锦琪申请注册被异议商标已构成《商标法》第三十一条所指的“损害他人现有的在先权利”之情形；同时，“三多轩”作为三多轩商店的商号的主要部

① 参见北京市高级人民法院(2011)高行终字第685号行政判决书和北京市第一中级人民法院(2010)一中知行初字第2933号行政判决书。

分,一直使用至今,该字号在实际使用中已起到了商标的识别作用,被异议商标的注册已构成《商标法》第三十一条所指"以不正当手段抢注他人已使用并有一定影响的商标"之情形。因此,商标评审委员会裁定被异议商标不予核准注册。原审法院认为,三多轩商店虽然自1957年即享有"三多轩"企业名称权,并获得"广州老字号"证书,但综合考虑黄氏家族对"三多轩"的贡献和三多轩商店的实际经营状态,该老字号证书不能证明"三多轩"字号具有的市场知名度是基于三多轩商店的经营活动所带来。本案现有证据不足以证明三多轩商店使用"三多轩"的企业字号在相关公众中已经与三多轩商店之间产生唯一的对应关系,并且该唯一对应关系已经由于三多轩商店的经营活动具有了一定的市场知名度。黄锦琪作为"三多轩"创始人的后代,其在第16类笔墨纸砚等商品上申请注册"三多轩"商标具有合理理由。一中院撤销了商标评审委员会的裁定。

北京市高级人民法院二审认为,自公私合营至三多轩商店复业经营期间,因"三多轩"字号停止使用,其相应的企业名称权亦不复存在。自1983年5月4日三多轩商店成立以来,由于三多轩商店注册、使用其企业名称的行为,三多轩商店才享有了以"三多轩"为字号的企业名称权。三多轩商店虽因其注册、使用行为享有了以"三多轩"为字号的企业名称权,被相关单位认定为"广州老字号"并具有一定的影响,但《商标法》第三十一条对在先权利加以保护的目的在于通过对他人现有在先权利的保护,避免权利冲突和相关公众对商品来源的混淆误认。而综合本案相关证据,"三多轩"成为"广州老字号"并具有一定影响,除了三多轩商店复业以来的经营使用外,更多地有赖于黄氏家族长期以来的经营活动,相关公众对三多轩商店及"三多轩"字号的认可离不开黄氏家族在原"三多轩"经营活动中所积累的工艺技术和建立的良好声誉,因此,"三多轩"字号与三多轩商店之间的联系是建立在特定的历史条件下的,相关公众对"三多轩"的认识更多的是与黄氏家族联系在一起的,黄锦琪作为黄氏家族的后人申请注册被异议商标,并不会造成相关公众的混淆误认。从现实情况看,三多轩商店自2000年以来确实已处于停业状态,不再进行实际的经营活动。因此,黄锦琪注册被异议商标不会造成相关公众对商品来源的混淆误认,并未损害三多轩商店的在先权利。原审判决综合考虑了相关历史因素,在探究《商标法》第三十一条立法本意的基础上撤销被诉裁定，符合本案的实际情况和《商标法》的基本精神。包含字号在内的企业名称，在性质与功能等方面与商标并不相同，因而对企业名称的使用并不等同于对商标的使用。三多轩商店仅是将“三多轩”作为字号在其企业名称中使用，而未在商品或者服务上使用商标，因此不能认定三多轩商店在先使用了“三多轩”商标，更不能证明该使用产生了一定影响，故被异议商标的注册也不属于以不正当手段抢先注册他人已经使用并有一定影响的商标的情形。

45. 关于《商标法》第三十一条所规定的“在先权利”的认定

依据《商标法》第三十一条主张在先权利的当事人，应当就其拥有在先权利承担举证责任，即其系所主张的在先权利的权利人或利害关系人，并且其所主张的“在先权利”应当是根据民法通则和其他法律规定属于应予保护的合法权益。

在车智洁与商标评审委员会、高丽莉“瑞贡天朝”商标争议行政纠纷一案①中，争议商标是高丽莉于2005年8月29日申请注册的第4863722号“瑞贡天朝”商标，核定使用在第43类“茶馆、酒吧”等服务项目上。车智洁以其对“瑞贡天朝”拥有在先权利为由提出撤销申请，理由为：车智洁的前人车顺来创办的“车顺号”茶庄获得了清朝皇帝赐予的“瑞贡天朝”牌匾，且牌匾存世仅一块，故“车顺号”与牌匾内容“瑞贡天朝”之间形成了唯一对应关系，高丽莉将“瑞贡天朝”作为商标进行注册，损害了车智洁的在先权利，违反了《商标法》第三十一条的规定。商标评审委员会认为车智洁未能提交充分证据证明“瑞贡天朝”匾额与“车顺号”茶庄已经形成唯一对应关系。同时，“车顺号”和“瑞贡天朝”曾一度中止使用，“车顺号”和“瑞贡天朝”之前所享有的商誉并不必然归车智洁所有，车智洁有关其对“瑞贡天朝”享有在先权利的主张不能成立，争议商标的注册未违反《商标法》第三十一条有关“申请商标注册不得损害他人在先权利”的规定，裁定争议商标予以维持。一中院认为，即使车智洁家族拥有的“瑞贡天朝”匾额为保存至今的唯一真匾，现有证据亦无法表明“车顺号”茶庄与“瑞贡天朝”形成了唯一的对应关系，故车智洁主张争议商标注册损害了其在先权利缺乏事实和法律依据，判决维持了商标评审委

① 参见北京市高级人民法院（2011）高行终字第1383号行政判决书和北京市第一中级人民法院（2011）一中知行初字第1316号行政判决书。

员会所作裁定。

北京市高级人民法院二审认为,车智洁的证据不能证明在争议商标申请注册日之前,其对“瑞贡天朝”商标拥有在先权利,亦无证据证明车智洁在争议商标核定使用的茶馆等服务项目上在先使用“瑞贡天朝”商标并已具有一定影响,车智洁关于争议商标注册违反《商标法》第三十一条规定的主张不能成立。

46. 关于停止使用对“有一定影响的商标”认定的影响

《商标法》第三十一条后半段规定禁止他人抢先注册的商标,除须具备在先使用的前提外,还应当具有一定的影响。而所谓“一定影响”,是指相关商标有一定的持续使用时间、区域、销售量或者广告宣传等,从而能够使一定范围的相关公众知晓该商标,进而对商品来源加以区分。如果在先商标虽然曾经使用并产生过一定影响,但如果该使用行为由于各种原因已经停止,则经过一定的时间后,不能再单纯根据其以往的使用行为认定该商标为“有一定影响的商标”。

在广州市番禺区万声达电子电器厂(以下简称万声达厂)诉商标评审委员会、蔡力商标异议复审行政纠纷一案[①]中,被异议商标系万声达厂于2003年11月4日申请注册的第3782232号“T-KOKOPA及图”商标,指定使用在第9类扬声器音箱、扩音器等商品上。蔡力针对被异议商标提出异议申请,理由为:蔡力担任法定代表人的广州市宇龙腾科技有限公司(以下简称宇龙腾公司)在被异议商标申请日前已在《慧聪商情广告》上刊登了宣传使用在先商标的广告并具有一定影响,被异议商标违反了《商标法》第三十一条的规定。商标局与商标评审委员会均认为该异议理由成立,裁定被异议商标不予核准注册。一中院亦维持商标评审委员会的裁定。

北京市高级人民法院二审认为,虽然现有证据能够证明在先商标在被异议商标指定使用商品或与其类似的商品上进行了实际的使用,但是仅凭2001年5月《慧聪商情广告》上的一则广告,尚不足以认定在被异议商标申请注册前,在先商标已经具有了一定的影响。审查判断诉争商标是否损害他人现有

① 参见北京市高级人民法院(2011)高行终字第365号行政判决书和北京市第一中级人民法院(2010)一中知行初字第1248号行政判决书。

的在先权利，虽然一般以诉争商标申请日为准，但如果在先权利在诉争商标审查核准时已经不存在的，则不影响诉争商标的注册。本案宇龙腾公司于2005年4月15日被工商行政主管部门依法吊销后，该公司即停止了对在先商标的使用行为，现有证据亦无法证明其他公司对在先商标或与其近似商标进行了在先使用并产生了一定影响，被异议商标的申请注册未违反《商标法》第三十一条的规定。

47. 关于对原告诉讼新证据的适当采信及在先使用商标是否具有一定影响的认定

在商标行政诉讼中，作出行政行为的被告负有证明被诉行政行为具有合法性举证责任。《中华人民共和国行政诉讼法》第三十二条规定："被告对作出的具体行政行为负有举证责任，应当提供作出该具体行政行为的证据和所依据的规范性文件。"但提供证据不仅是当事人的义务，也是当事人的诉讼权利。行政诉讼法的上述规定虽然将举证义务分配给作出行政行为的行政机关，但并未限制或排除其他当事人的举证权利。《最高人民法院关于行政诉讼证据若干问题的规定》第六条规定："原告可以提供证明被诉具体行政行为违法的证据。原告提供的证据不成立的，不免除被告对被诉具体行政行为合法性的举证责任。"司法解释的上述规定进一步保障了行政诉讼当事人的举证权利，如果行政诉讼的原告依法提交了证明被行政行为不具有合法性的证据，人民法院可以接收并依法采信。

在美国高思公司（以下简称高思公司）诉商标评审委员会及东莞市东之声电器有限公司（以下简称东之声公司）商标异议复审行政纠纷一案①中，东之声公司申请注册的被异议商标"KOSS及图"指定使用于第9类扩音器喇叭、车辆用收音机、录音机等商品，高思公司提出异议申请，商标局裁定该异议理由不成立。高思公司向商标评审委员会申请复审，其主要理由为高思公司的"KOSS"商标在行业内享有极高知名度，在中国也构成在先使用并有一定影响的商标。高思公司同时提交了15份证据。商标评审委员会认为，高思公司在案证据中能够证明其在中国大陆地区在先使用"KOSS"商标，但不

① 参见北京市高级人民法院（2010）高行终字第841号行政判决书和北京市第一中级人民法院（2010）一中知行初字第175号行政判决。

足以证明其"KOSS"商标进入中国市场后在被异议商标注册申请日之前已经在中国大陆地区产生一定知名度,故裁定被异议商标予以核准注册。高思公司不服该裁定并提起诉讼,其为证明在被异议商标申请日之前,其"KOSS及图"商标已在中国使用并具有很高知名度,并提交了32份证据材料。一中院认为,高思公司在诉讼中提交了一些在异议阶段以及异议复审阶段没有提交过的证据材料,这些证据材料不是商标评审委员会作出裁定的依据,故不予采信。高思公司在评审阶段提交的证明其"KOSS及图"商标在被异议商标申请日之前具有知名度的证据材料不足以证明该商标经过高思公司的使用已经具有一定影响,并且这种影响已经及于东之声公司,因此被异议商标不属于"以不正当手段抢先注册他人已经使用并有一定影响的商标",故判决维持被诉裁定。

北京市高级人民法院二审认为,在高思公司向商标评审委员会提交的证据中,商标评审委员会已经认定部分证据可以证明在被异议商标注册申请日前,高思公司在中国大陆地区已在先使用其"KOSS及图",只是该使用尚未产生《商标法》第三十一条规定的"一定影响"。在此基础上,根据《最高人民法院关于行政诉讼证据若干问题的规定》第六条的规定,高思公司作为原审原告在原审诉讼中补充提交证据并无不可,一中院以这些证据未在异议阶段以及异议复审阶段提交为由一律不予考虑过于机械。行政诉讼应正确处理避免审级损失与诉讼经济原则的关系,虽然在被异议商标获得注册后高思公司尚可请求撤销其注册,但如果依据现有证据足以认定被异议商标不应被核准注册,亦不宜以存在其他救济途径为由完全不考虑当事人在诉讼中提交的新证据。高思公司向商标评审委员会及一中院提交的证据可以证明,在被异议商标申请注册日前,高思公司对"KOSS及图"、"KOSS"商标的在先使用已经产生"一定影响",在被异议商标注册申请日后,高思公司的"KOSS及图"仍在持续使用并具有一定知名度。由于在东莞、深圳、珠海地区有多家企业接受委托生产高思公司"KOSS"品牌耳机,东之声公司作为位于东莞市的同业经营者,完全可能接触到高思公司的"KOSS及图"商标或"KOSS"标志,故其申请注册被异议商标的行为已经构成《商标法》第三十一条规定的"以不正当手段抢先注册他人已经使用并有一定影响的商标"的情形,依法应不予注册。

48. 关于对《商标法》第三十一条"不正当手段"的认定

申请商标不得以不正当手段抢先注册他人已经使用并有一定影响的商标。如果申请人明知或者应知他人已经使用并有一定影响的商标而予以抢注,即可认定其采取了不正当手段。有证据证明在先商标有一定的持续使用时间、区域、销售量或者广告宣传等,可以认定其有一定影响。

在董怀谷诉商标评审委员会及山东省东方国际贸易股份有限公司(以下简称东方国际贸易公司)商标撤销争议行政纠纷一案[①]中,争议商标系董怀谷在第8类剃须刀、指甲锉等商品注册的3602695号"Rose及图"商标,东方国际贸易公司请求商标评审委员会根据《商标法》第三十一的规定撤销争议商标,并提交了产品包装盒、商标许可使用协议、商标注册证、产品销售发票及提单复印件等证据,用以证明其产品"在一定范围内具有一定影响",其中产品销售发票均为出口发票,该发票及提单表明其产品销往印度、智利等国家。商标评审委员会裁定争议商标在"剪刀、钢刀、佩刀"商品上的注册予以撤销。一中院认为,东方国际贸易公司仅提供了产品销售发票及提单复印件用以证明其产品"在一定范围内具有一定影响",上述证据只能证明"Rose"品牌在其产品上使用过,并不能证明其产品"在一定范围内具有一定影响",故判决撤销被诉裁定。二审另查明,中国轻工业进口公司山东省分公司于1966年10月即注册了第53196号"Rose及图形"商标,1995年转让于山东省日用百货公司,2003年8月转让于东方国际贸易公司。该商标曾于1972年经核准扩大使用在"折剪、小刀,指甲钳"商品上。1981年10月,经核准扩大使用在"园艺用刀剪、剃刀,指甲钳、保安刀片、刀架、折剪"等商品上。1994年中国加入《商标注册用商品和服务国际分类尼斯协定》后,该商标保留第26类"缝衣针"商品,其余第8类园艺用刀剪、剃刀、指甲钳、保安刀片、刀架、折剪等商品并另行换发第380911号商标注册证。该商标于2003年2月28日因有效期满后未续展被注销。东方国际贸易公司向法院提交了销售发票的原件,并提交了两份商标使用许可合同、第53196号"Rose及图形"商标知识产权海关保护备案证书(有效期限至2010年9月16日)、时间为2002年至2004年期间的销售发票原件(7份)及中译文,用以佐证其玫瑰牌折剪在

① 参见北京市高级人民法院(2011)高行终字第491号行政判决书和北京市第一中级人民法院(2010)一中知行初字第2385号行政判决书。

先使用并有一定影响。

北京市高级人民法院二审认为,东方国际贸易公司二审提交的销售发票原件及中文译本,属于对发票证据形式的完善。该证据表明,在争议商标申请注册日之前,东方国际贸易公司多次向印度等出口了较大数量的"Rose"品牌"折叠剪刀"商品,且该商标(1972年起为第53196号,1994年换发商标注册号为第380911号)从1972年起指定使用在园艺用刀剪、剃刀、指甲钳、保安刀片、刀架、折剪等商品上并一直持续使用,虽然该商标于2003年2月28日有效期满后因未续展被注销,但由于东方国际贸易公司长期、持续的使用,该商标的声誉并不因其未续展而中断,因此,应认定在中国生产并使用在园艺用刀剪等商品上的该商标在争议商标申请注册前已具有一定影响。此外,东方国际贸易公司的"Rose及图形"商标有较强的独创性。争议商标指定使用的商品与东方国际贸易公司的产品相同或类似,争议商标与东方国际贸易公司在先注册和使用的"Rose及图"商标相似,董怀谷作为与东方国际贸易公司的同业经营者应当知悉东方国际贸易公司在先注册和使用的商标,在董怀谷未提交证据说明其争议商标与东方国际贸易公司在先使用的"Rose及图"商标相同的合理理由的情况下,其在"剪刀"等商品上注册与东方国际贸易公司在先使用并有独创性的"Rose及图"商标相同的争议商标并非偶然。二审法院遂改判维持被诉裁定。

49.关于仅有一份荣誉证书通常不足以证明在先使用并有一定影响的认定

主张申请商标系以不正当手段抢先注册他人已经使用并有一定影响的商标的,应当提供有效证据证明其该注册商标系其已经在先使用并有一定影响的商标。

在重庆市世湖圆食品有限公司(以下简称重庆世湖圆公司)诉商标评审委员会及重庆市石柱县老川江食品有限公司(以下简称重庆老川江公司)涉及"老川江情"商标争议行政纠纷一案①中,争议商标系重庆世湖圆公司于2003年7月28日提出注册申请的"老川江情"商标,2005年8月28日被核准注册,核定使用于第29类风肠、板鸭等商品。2006年4月3日,重庆老川

① 参见北京市高级人民法院(2011)高行终字第433号行政判决书和北京市第一中级人民法院(2010)一中知行初字第2722号行政判决书。

江公司根据《商标法》第三十一条等规定请求商标评审委员会撤销争议商标。商标评审委员会经审查认定:重庆世湖圆公司提交的湖北省商品质量计量管理协会颁发的“老川江”牛肉干被确认为“2002 年度湖北市场质量信得过品牌”荣誉证书,能够证明在争议商标申请注册日期之前,重庆老川江公司的“老川江”商标已经具有了一定的知名度,重庆世湖圆公司明知“老川江”为他人在先使用并有一定影响的商标,却在肉干等商品上抢先申请注册与“老川江”文字近似的“老川江情”商标,其行为违反了诚实信用原则,损害了重庆老川江公司就“老川江”商标所享有的在先权益,构成了《商标法》第三十一条规定的“以不正当手段抢先注册他人已经使用并有一定影响商标”的行为。商标评审委员会裁定争议商标予以撤销。在诉讼中商标评审委员会明确表示其认定“老川江”商标具有一定知名度的证据仅有一份,即湖北省商品质量计量管理协会颁发的重庆市万州区昌源食品企业公司“老川江”牛肉干被确认为“2002 年度湖北市场质量信得过品牌”荣誉证书。一中院认为,商标评审委员会认定争议商标的注册属于《商标法》第三十一条规定的“以不正当手段抢先注册他人已经使用并有一定影响的商标”的情形缺乏事实依据,判决撤销被诉裁定。

北京市高级人民法院二审认为,本案属于商标授权确权行政诉讼,主要审查商标评审委员会被诉行政行为的合法性,对商标评审委员会未予审查的对象一般不予审查。重庆老川江公司为证明争议商标属于“以不正当手段抢先注册他人已经使用并有一定影响的商标”,向商标评审委员会提交了大量的证据。商标评审委员会在本院庭审时虽称其对重庆老川江公司提交的全部证据均进行了审查,并在该审查的基础上认定重庆老川江公司提交的全部证据均不足以证明“老川江”属于重庆老川江公司在先使用并具有一定影响的商标,故其仅依据重庆世湖圆公司提交的“2002 年度湖北市场质量信得过品牌”荣誉证书这一份证据认定“老川江”属于重庆老川江公司在先使用并具有一定影响的商标。但是,从第 12808 号裁定中难以得出商标评审委员会对重庆老川江公司提交的全部证据均已进行审查的结论,故商标评审委员会的该主张依据不足。此外,商标评审委员会仅依据重庆世湖圆公司提交的“2002 年度湖北市场质量信得过品牌”荣誉证书这一份证据,即认定“老川江”属于重庆老川江公司在先使用并具有一定影响的商标,依据不足。在缺乏其他有效证据佐证的情况下,一中院有关该证据不足以证明"老川江"属于重庆老川江公司在先使用并具有一定影响的商标的认定并无不当,商标评审委员会在重新作出裁定时应全面、综合审查各方当事人提交的证据。

(八)《商标法》四十一条第一款其他不正当手段条款

50. 批量抢注他人商标并转卖牟利可视为《商标法》第四十一条第一款规定的"以其他不正当手段取得注册的"行为

申请商标注册不得损害他人现有的在先权利。《商标法》第四十一条规定,已经注册的商标是以欺骗手段或者其他不正当手段取得注册的,由商标局撤销该注册商标,其他单位或者个人可以请求商标评审委员会裁定撤销该注册商标。在他人作品具有较高知名度时,将该作品名称大量抢注为商标,甚至将其抢注的商标出售牟利的,可以将该注册商标视为"以其他不正当手段取得注册的"商标。

在江苏蜡笔小新服饰有限公司诉国家工商行政总局商标评审委员会、日本国株式会社双叶社商标争议行政纠纷系列案件①中,日本国株式会社双叶社(以下简称双叶社)早在2005年针对上述商标提出争议申请。商标评审委员会裁定维持争议商标的注册,双叶社不服提出行政诉讼。本院虽判决维持争议裁定,但认为"双叶社提交的诚益公司曾经及现在持有的商标的档案资料表明,诚益公司具有大批量、规模性抢注他人商标并转卖牟利的行为,情节恶劣严重。"蜡笔小新"文字及图形作为作品具有独创性,且在本案争议商标申请日前在日本、中国台湾、中国香港地区具有较高知名度,诚益公司复制了上述作品并将其作为商标在中国大陆予以注册,结合其批量性、大规模注册他人商标的行为,可以认为诚益公司明显具有侵害他人、抢注他人商标的恶意,有违诚实信用原则,其行为违反了《商标法》第四十一条之规定。鉴于双叶社在商标评审程序中并未提出上述证据,本院不宜直接作出处理"。2007年双叶社再次提出撤销争议商标的申请,并提出大量证据证明争议商标的申请人存在大量抢注他人知名商标的行为,主观恶意明显。商标评审委员会认为:综合考虑争议商标原注册人规模性抢注他人知名商标的事实,原注册人

① 参见北京市高级人民法院(2011)高行终字第1427号、第1428号、第1432号行政判决书和北京市第一中级人民法院(2011)一中民知行初字第1228号、第1229号、第1230号行政判决书。

申请注册争议商标的行为已经违反了诚实信用原则，扰乱了商标注册管理秩序及公共秩序，损害了公共利益，已构成《商标法》第四十一条第一款所指“以其他不正当手段取得注册”的情形，故裁定争议商标予以撤销。一中院判决维持了被诉裁定。

北京市高级人民法院二审认为，《商标法》第四十一条第一款规定，已经注册的商标，是以欺骗手段或者其他不正当手段取得注册的，其他单位或个人可以请求商标评审委员会裁定撤销该注册商标。《蜡笔小新》系列漫画及动画片早于争议商标申请日之前已在日本、中国香港地区、中国台湾地区广泛发行和播放，具有较高知名度。争议商标的原申请人诚益公司地处广州，毗邻香港，理应知晓“蜡笔小新”的知名度。诚益公司将“蜡笔小新”文字或卡通形象申请注册商标，主观恶意明显。同时考虑到诚益公司具有大批量、规模性抢注他人商标并转卖牟利的行为，情节恶劣，因此商标评审委员会认定诚益公司申请注册争议商标，已经违反了诚实信用原则，扰乱了商标注册管理秩序及公共秩序，损害了公共利益，构成《商标法》第四十一条第一款所指“以其他不正当手段取得注册”的情形，其结论正确。

（九）《商标法》第四十四条连续三年停止使用条款

51. 关于经营者内部单据可否作为商标使用证据的认定

《商标法》第四十四条第（四）项规定，注册商标连续三年停止使用的，由商标局责令限期改正或者撤销其注册商标。商标的使用包括将商标用于商品、商品包装或者容器以及商品交易文书上，或者将商标用于广告宣传、展览及其他商业活动中。商标的使用应当是在商业活动中对商标的真实使用，以使商标起到区分商品来源的作用。商标使用的证据材料，包括商标注册人使用注册商标的证据材料和商标注册人许可他人使用注册商标的证据材料。经营者内部单据在有其他证据佐证的情况下，可以作为证明商标使用的证据。

在万金刚、商标评审委员会及王建娣商标撤销复审行政纠纷一案①中，王建娣以三年停止使用为由申请撤销万金刚拥有的复审商标“骆驼牌及图”

① 参见北京市高级人民法院（2011）高行终字第550号行政判决书和北京市第一中级人民法院（2010）一中知行初字第1863号行政判决书。

的注册,商标局及商标评审委员会均驳回该撤销申请,维持复审商标。一中院认为,商标评审委员会认定万金刚使用复审商标的证据是加鳄公司获得商标使用许可的合同、加鳄公司给实兴公司出具的五张收款收据以及加鳄公司送货单。由于收款收据及送货单系公司内部使用的单据,其印制、使用具有较大的随意性,商标评审委员会仅仅依据加鳄公司出具的收款收据和送货单认定复审商标已经在商业活动中进行了真实的使用,证据尚不充分,故商标评审委员会的复审决定证据不足。

北京市高级人民法院二审认为,万金刚在评审阶段提交的证据中,万金刚与骆驼公司签订的商标许可使用合同、骆驼公司与加鳄公司签订的商标使用许可合同及相应的商标使用许可合同备案通知书等证据可以证明加鳄公司为复审商标合法的被许可人。而加鳄公司2006年给实兴公司出具的五张收款收据,均载明为订购"骆驼牌"、"骆驼牌及图形"、"骆驼牌图形"的款项,加鳄公司2006年的送货单,载明的客户名称为实兴公司。以上票据是商业交易中常用的票据形式,加盖了加鳄公司的公章,上述证据可以得到相互印证,在王建娣没有提供相反证据的情况下,商标评审委员会以此认定复审商标在三年内已经实际使用是恰当的。

52. 关于既不相同也不类似的商品或服务上使用注册商标不足以产生维持注册的效力

《商标法》第四十四条注册商标连续三年停止使用条款目的,是为了督促商标权人对于其注册商标在核定使用的商品或服务上的实际使用,从而发挥商标的实际效用,防止浪费商标资源。如果注册商标使用在既不相同也不类似的商品或服务上,将不能产生维持其注册的效力。

在深圳发展银行股份有限公司(以下简称深圳银行)诉商标评审委员会及华崇东商标撤销复审行政纠纷一案[①]中,复审商标系深圳发展银行注册的第1509884号"发展卡"商标,核定使用于第9类的"智能卡(集成电路卡)、磁性识别卡"商品。华崇东以复审商标连续三年停止使用为由,申请撤销上述商标。商标局认为深圳银行提供的商标使用证据有效,决定:驳回华崇东

① 参见北京市高级人民法院(2011)高行终字第402号行政判决书和北京市第一中级人民法院(2010)一中知行初字第2913号行政判决书。

的撤销申请复审商标继续有效。华崇东不服商标局的上述决定申请复审。深圳发展银行向商标评审委员会提交了其发展卡借记卡、信用卡样卡及开立个人银行账户申请书原件及相关的广告宣传材料。商标评审委员会复审认为，深圳发展银行的证据均是其复审商标在第36类金融事务服务、信用卡服务等服务上的使用证据，而非在第9类磁性识别卡等商品上的使用证据，进而无法认定在争议三年期限内复审商标在磁性识别卡等商品上进行了真实、合法、有效的商业使用，故决定撤销复审商标的政策。一中院认为，复审商标指定使用于第9类的智能卡（集成电路卡）、磁性识别卡商品上，但深圳发展银行在评审程序提供的证据仅仅体现了复审商标在其非指定使用的金融事务服务、信用卡服务等服务上的使用情况，而不能证明复审商标在其指定使用的第9类的智能卡（集成电路卡）、磁性识别卡商品上存在使用行为，故判决维持商标评审委员会的审查决定。

北京市高级人民法院二审认为，深圳发展银行在评审程序提供了发展卡借记卡、信用卡样卡及开立个人银行账户申请书，深圳发展银行举办的活动宣传材料等证据，上述证据仅仅体现了复审商标在金融事务服务、信用卡服务等服务上的使用情况，而非复审商标在其核定使用的第9类的智能卡（集成电路卡）、磁性识别卡商品上的使用。虽然发展卡借记卡、发展卡信用卡本身即为磁性识别卡和智能卡（集成电路卡），但是深圳发展银行向消费者发行发展卡借记卡和发展卡信用卡，由消费者进行使用，仅是深圳发展银行向消费者提供卡片本身所蕴含的金融服务的过程，并不能达到有效地使消费者区别借记卡、信用卡本身商品来源的功效，从而实现复审商标在第9类磁性识别卡、智能卡（集成电路卡）上的商业使用。因此，深圳发展银行提供的证据并不能证明在争议三年期限内复审商标在磁性识别卡、智能卡（集成电路卡）商品上进行了真实、合法、有效的商业使用，故维持原审判决。

53. 关于商品或服务特点对是否构成商标使用产生影响的认定

注册商标的使用，既包括商标注册人自己的使用，也包括获得商标注册人许可的其他主体的使用。商标是否进行了真实、合法的商业使用，应当考虑使用该商标的商品或服务的自身特点，根据相关证据并结合日常生活经验法则加以综合判断。

在晋江市力奇精细材料有限公司（以下简称力奇公司）诉商标评审委员

会、中国乐凯胶片集团公司(以下简称乐凯公司)商标撤销复审行政纠纷一案[①]中,复审商标系乐凯公司拥有的第1248056号"LUCKY"商标,核定使用在第2类"喷墨打印用油墨(印墨)、复印机用墨(调色剂)"商品上。2004年11月5日,力奇公司以复审商标连续三年停止使用为由,申请撤销复审商标的注册。商标局和商标评审委员会均决定维持复审商标的注册。一中院认为,商标评审委员会仅依据商标许可合同和墨水包装盒认定复审商标的使用,但商标许可合同只能证明复审商标的许可,墨水包装盒仅是商品外包装,在无其他证据佐证的情况下,不足以证明贴附有复审商标的商品实际投入到消费市场,进而起到区分商品来源的作用。一中院遂判决撤销被诉决定。

北京市高级人民法院二审认为,除了许可保定乐凯数码影像有限公司(以下简称数码公司)自2001年5月18日至2006年5月17日使用复审商标的商标许可使用合同和生产日期分别为2004年4月1日、2004年8月5日、2004年9月26日的墨水包装盒外,乐凯公司还向商标评审委员会提交了2001年11月5日至2004年11月4日期间大量的商标标志印制发票、产品销售发票等证据。虽然在产品销售发票中载明的货物名称多为"爱普生墨水"、"米玛克墨水"、"NOVA墨水"、"罗兰墨水"、"MIMAKI墨水"、"EPSON墨水"、"HP3000墨水"、"Mutoh墨水"、"Roland墨水"、"惠普5000墨水"、"武腾墨水8000"等不同型号的墨水及相纸等商品,但考虑到复审商标核定使用的商品为"喷墨打印用油墨(印墨)、复印机用墨(调色剂)",相关商品在实际使用过程中通常对应相应的打印机型号而生产、销售,相关发票载明的货物名称多以"某一其他厂商商标、字号或打印机型号+墨水"的形式体现。在乐凯公司已提交了商标许可使用合同和墨水包装盒的前提下,根据日常生活经验法则,现有证据足以证明经乐凯公司许可的数码公司在2001年11月5日至2004年11月4日期间对复审商标进行了真实、合法的商业使用。此外,乐凯公司在诉讼中提交了大量的其他证据,包括复审三年期间内生产的商品实物和2004年11月4日之后的商标使用证据,足以证明复审商标不仅在本案诉争三年期间内进行了实际使用,而且其实际使用复审商标的意图是

① 参见北京市高级人民法院(2011)高行终字第25号行政判决书和北京市第一中级人民法院(2010)一中知行初字第2680号行政判决书。

长期一贯并持续至今的。在此情况下撤销复审商标撤销与《商标法》相关规定的立法本意相悖。二审法院据此改判维持被诉决定。

54. 关于未经许可的使用及仅发生在商标权人和被许可人之间的交易不能产生维持商标注册效力的认定

在没有商标许可使用合同等相关证据加以佐证的情况下,其他主体对商标的使用行为不能认定为商标注册人的使用行为。商标的基本功能在于区分商品或服务的来源,标识有被许可的注册商标标志的商品买卖行为如果仅发生在注册商标许可使用人与被许可使用人之间,也不能认定是该被许可使用商标起到区分商品来源作用的商业使用行为。

在强韧有限公司(以下简称强韧公司)诉商标评审委员会、斯特森有限公司(以下简称斯特森公司)商标撤销复审行政纠纷一案[①]中,斯特森公司以连续三年停止使用为由对强韧公司在第25类成品衣等商品上注册的第1937137号"T. U. F及图"商标(以下简称复审商标)提出撤销申请,商标局驳回了该申请。商标评审委员会决定撤销对复审商标的注册。一中院认为,强韧公司提交的证据7.2,即汕头市包浩斯服饰制品有限公司(以下简称包浩斯公司)向强韧公司出具的广东省出口商品统一发票、发票附页、合同和相关产品的照片等复印件,能够证明复审商标在涉案三年期间的使用,故判决撤销被诉决定。

北京市高级人民法院二审认为,证据7.2中仅有一份合同中所附"生产图样"隐约可见复审商标标志的部分内容,其对于本案中复审商标的使用情况这一待证事实的证明力较弱,单纯依靠该证据并不足以证明复审商标于涉案三年期间在复审商品上的使用情况。而且,该证据同时显示,强韧公司为该商品的购买者,包浩斯公司才是该商品的生产和销售者。因此,即使认定该合同中的商品标示了复审商标并且该商品已进入商业流通领域、复审商标有实际的商业使用行为,复审商标的使用主体也是包浩斯公司而非强韧公司。在强韧公司未提交其与包浩斯公司之间就复审商标存在许可使用关系的情况下,该使用行为不能认定为是强韧公司对复审商标的使用。商标的基

① 参见北京市高级人民法院(2011)高行终字第866号行政判决书和北京市第一中级人民法院(2010)一中知行初字第3212号行政判决书。

本功能在于区分商品或服务的来源,即使强韧公司与包浩斯公司之间存在许可使用关系,这种发生在注册商标许可使用人与被许可使用人之间的商品买卖行为,也难以认定复审商标起到区分商品来源作用的商业使用行为,故强韧公司提交的证据7.2及其相关补强证据,不足以证明复审商标于涉案三年期间在复审商品上进行了真实、公开、合法的商业使用。二审法院改判维持被诉决定。

55.关于仅有一份作为顾客报销凭证的发票尚不足以证明注册商标的实际使用的认定

商标使用应当具有真实性和指向性,即商标使用是商标权人控制下的使用,该使用行为能够表达出该商标与特定商品或服务的关联性,能够使相关公众意识到该商标指向了特定的商品或服务。对于仅以或主要以维持注册效力为目的的象征性使用商标的行为,可以不视为足以产生维持商标注册效力的使用商标行为。判定商标使用行为是否属于仅以或主要以维持注册效力为目的的象征性使用行为,应综合考察行为人使用该商标的主观目的、具体使用方式、是否还存在其他使用商标的行为等因素。

在付亚楠诉商标评审委员会及深圳市盛天龙视听科技有限公司涉及"TAMASHI"商标复审争议行政纠纷一案[①]中,复审商标系深圳市盛天龙实业有限公司于1999年4月1日申请并于2000年10月14日获准注册的第1457817号"TAMASHI"商标(见下图),核定使用在第9类影碟机、音响设备、电声组合件、功放机、电池、报警器商品上。2005年3月3日,复审商标依法转让给盛天龙视听科技有限公司。2003年11月26日,付亚楠以连续三年停止使用为由针对复审商标提出撤销申请。盛天龙视听科技有限公司向商标局提交了一张其于2003年11月3日开具的影碟机商品销售发票作为复审商标在涉案三年期间内实际使用的证据,该发票为第二联的顾客报销凭证并加盖了盛天龙视听科技有限公司的公章,其中记载顾客姓名为陈希慧。商标局以盛天龙视听科技有限公司提供的商标使用证据有效为由,决定维持复审商标的注册。商标评审委员会复审认为:盛天龙视听科技有限公司提交的

① 参见北京市高级人民法院(2011)高行终字第264号行政判决书和北京市第一中级人民法院(2010)一中知行初字第3151号行政判决书。

发票可以证明复审商标在规定期限内在影碟机商品上进行了商业使用。复审商标核定使用的音响设备、电声组合件、功放机与影碟机在功能、用途、销售渠道及消费对象等方面较为接近，属于类似商品，故盛天龙视听科技有限公司提交的使用证据可以视为其在上述类似商品上已对复审商标进行了商业使用。盛天龙视听科技有限公司提交的证据材料不能证明复审商标在规定期限内在电池、报警器商品上进行了实际商业使用。商标评审委员会决定撤销商标局的决定并撤销复审商标在电池、报警器商品上的注册，维持在影碟机、音响设备、电声组合件、功放机商品上的注册。一中院认为，商标评审委员会认定复审商标在涉案三年期间内在影碟机上进行了商业使用缺乏依据，其决定维持复审商标在影碟机、音响设备、电声组合件、功放机商品上注册的主要证据不足，判决撤销被诉决定并由商标评审委员会重新作出决定。

北京市高级人民法院二审认为，本案证明复审商标在涉案三年期间内进行了使用的主要证据是一张 2003 年 11 月 3 日开具的影碟机商品的销售发票。鉴于该发票通常应由顾客而不是产品销售方持有，盛天龙视听科技有限公司作为销售方在没有提供有效证据证明其如何取得该发票的情况下向商标局提交该发票不符合常理。在缺乏其他有效证据佐证该发票所记载的复审商标实际使用的事实，且付亚楠对该发票的真实性不予认可的情况下，难以确定该发票及其相应销售行为的真实性。因此，仅凭该发票不足以认定复审商标在涉案三年期间内存在足以维持其注册效力的使用行为。而且，即使该销售发票及相应的销售行为属实，复审商标的该使用行为也属于以维持注册为目的的象征性使用行为，一中院认定现有证据不足以证明复审商标在涉案三年期间内在影碟机上进行了商业使用的结论正确，商标评审委员会有关复审商标在涉案三年期间内在影碟机上进行了商业使用的上诉主张不能成立。

三、知识产权民事案件（节录）

（三）商标权民事案件

62. 关于在商品销售环节使用与他人注册商标相同或近似的标志构成侵权的认定

在同一种或类似商品上，将与他人注册商标相同或者近似的标志作为商品名称或者商品装潢使用并误导公众的,属于侵犯注册商标专用权的行为。在商品销售环节,将与他人注册商标相同或者近似的标志作为商品的名称用于销售小票、商品价签上,综合考虑案件的全部因素后,认为该使用行为足以误导公众的,可认定为侵犯注册商标专用权的行为。

在艾尔弗雷德·邓希尔有限公司(以下简称邓希尔公司)诉北京天兰奥莱商贸有限公司(以下简称天兰奥莱公司)侵犯注册商标专用权纠纷一案[①]中,邓希尔公司主张天兰奥莱公司在销售衬衫时,将"登喜路"、"登喜露"作为商品名称用于销售小票和商品价签上的行为,侵犯了其对"dunhill"商标和"登喜路"商标专用权。一中院判决驳回了邓希尔公司的诉讼请求,但对于天兰奥莱公司在销售小票上使用"商品名称:登喜路"以及在商品价签上使用"登喜露"的行为未作认定。

北京市高级人民法院二审认为,本案中的销售小票是用于销售衬衫的小票,衬衫属于服装,与邓希尔公司"登喜路"文字商标核定使用的商品类别相同,且该销售小票中标注的商品名称"登喜路"与邓希尔公司"登喜路"文字商标中的"登喜路"完全相同,结合该销售小票所对应的衬衫上标注的"lbdenxilu"标识,容易误导公众,故该行为构成对邓希尔公司的"登喜路"文字商标专用权的侵犯。商品价签同样用于销售衬衫,与邓希尔公司的"登喜路"文字商标核定使用的商品类别亦相同,其中标注的品名为"登喜露",与"登喜路"文字商标中的"登喜路"近似,同样因为该衬衫上标注了"lbdenxilu"标识,容易误导公众,该行为亦构成对邓希尔公司"登喜路"文字商标专用权的侵犯。二审法院遂改判侵权成立。

四、知识产权案件程序部分(节录)

(二)商标行政案件程序

67.关于商标评审委员会作出异议复审裁定后引证商标的合法受让人有权提起行政诉讼的认定

针对异议人就被异议商标的注册申请提出的异议,商标评审委员会裁定

① 参见北京市高级人民法院(2011)高民终字第744号民事判决书和北京市第一中级人民法院(2010)一中民初字第13885号民事判决书。

异议理由不成立并核准被异议商标的注册申请后，引证商标依法转让的，受让人如不服商标评审委员会的异议复审裁定，可以在法定期限内依法提起行政诉讼。

在厦门彰泰隔热膜有限公司（以下简称彰泰公司）与商标评审委员会、侯敏仪"雷明"商标异议复审行政纠纷一案①中，被异议商标是侯敏仪任业主的登封新宁汽配经营部申请注册的"雷明"商标，指定使用商品为第17类1703群组的"非包装用塑料膜"，新泰公司以被异议商标与其在先注册在第17类1705类似群组的"保温、隔热、隔音材料"上的引证商标的"雷朋"构成使用在相同或类似商品上的相同或近似商标为由提出异议。商标局和商标评审委员会均认定新泰公司的异议理由不成立，裁定核准被异议的注册。在商标评审委员会作出异议复审裁定后，引证商标经商标局核准依法转让给彰泰公司。彰泰公司不服商标评审委员会的裁定并提起行政诉讼。商标评审委员会认为彰泰公司不是其作出被诉行政行为的相对人，其不具备起诉资格。

一中院认为，引证商标由原评审程序的申请人新泰公司转让给彰泰公司，各方当事人对此事实无异议，彰泰公司因引证商标发生转让的事实，承受商标评审程序的原申请人新泰公司的地位作为利害关系人提起本案诉讼的行为并无不妥，其是本案当中的适格原告。商标评审委员会认为彰泰公司无权提起本案诉讼的主张缺乏相应的事实与法律依据。北京市高级人民法院二审维持了该认定。

68. 引证商标在申请商标异议期间依法转让其受让人不服异议复审裁定有权提起行政诉讼

根据《商标法》的规定，对初步审定的商标，自公告之日起三个月内，任何人均可以提出异议，商标局应当听取异议人和被异议人陈述事实和理由，经调查核实后作出裁定，当事人不服该裁定可向商标评审委员会申请复审，由商标评审委员会作出裁定，并书面通知异议人和被异议人。当事人对商标评审委员会的裁定不服的，可以自收到通知之日起三十日内向人民法院起诉。在异议复审程序中，异议人注册的引证商标依法转让且异议人也被受让人吸

① 参见北京市高级人民法院（2010）高行终字第1068号行政判决书和北京市第一中级人民法院（2010）一中知初字第114号行政判决书。

收兼并的,引证商标的受让人依法取得异议人资格。

在法国网球协会诉商标评审委员会、北京国风网球体育发展有限责任公司(以下简称北京国风公司)商标异议复审行政纠纷一案[①]中,被异议商标由北京国风公司于2000年11月30日申请注册,指定使用于第43类的提供食宿旅馆、咖啡馆、餐厅等服务。在被异议商标的法定异议期内,罗兰·加洛斯公司对被异议商标提出了异议申请,商标局认定被异议商标与引证商标均未构成使用在同一种或者类似商品或者服务上的近似商标,裁定被异议商标予以核准注册。罗兰·加洛斯公司不服该裁定并申请复审。2008年2月21日,罗兰·加洛斯公司注册的引证商标依法转让给网球法国协会。2010年5月4日,商标评审委员会裁定被异议商标予以核准注册。法国网球协会不服该裁定提起诉讼,称其与罗兰·加洛斯公司存在控股关系,但二者均为独立存在的经营实体,法国网球协会代替罗兰·加洛斯公司提起本案诉讼的理由是其已经受让了引证商标。

一中院认为,任何人均可以对他人申请注册且通过商标局初步审定并公告的商标提出异议,而不论该被异议商标是否侵犯了申请人自身所享有的相关权利。因此,申请人提出的异议理由中所涉及的相关权利是否转让给他人,并不导致申请人地位的改变。复审程序中的申请人资格和后续诉讼程序中的当事人资格均不因权利移转而受到影响。本案引证商标在评审程序中已经由罗兰·加洛斯公司转让给法国网球协会,但引证商标权利的转让不产生诉讼权利随之转让的法律后果,在罗兰·加洛斯公司仍为独立存在的民事主体的情况下,只有被诉裁定的相对人罗兰·加洛斯公司有权提起本案诉讼,法国网球协会不具有提起本案诉讼的原告主体资格,故裁定驳回法国网球协会对商标评审委员会的起诉。法国网球协会不服原审判决提出上诉,并提交了经过公证、认证的罗兰·加洛斯公司注册证明摘要等证据,用以证明罗兰·加洛斯公司于2005年3月31日被法国网球协会兼并,法国网球协会有资格提起行政诉讼。

北京市高级人民法院二审认为,法国网球协会二审提交的经过公证、认

① 参见北京市高级人民法院(2011)高行终字第506号行政裁定书和北京市第一中级人民法院(2010)一中知行初字第3378号行政裁定书。

证的罗兰·加洛斯公司注册证明摘要等证据,可以证明罗兰·加洛斯公司于2005年3月31日被法国网球协会兼并,即引证商标在复审程序中已经由罗兰·加洛斯公司转让予法国网球协会。作为引证商标权利人,法国网球协会对被异议商标的申请注册有着法律上的利害关系,罗兰·加洛斯公司在本案中的相关诉讼权利与义务均由法国网球协会承继,故法国网球协会与被诉裁定有法律上利害关系,其有资格对本案提起行政诉讼。一中院认为法国网球协会不具有提起本案诉讼的原告主体资格错误。此外,商标评审委员会于2010年5月4日作出被诉裁定时,罗兰·加洛斯公司已经不复存在,而商标评审委员会在没有查明相关事实的情况下,仍然对已经不存在的主体作出裁决,行政程序违法,亦应予以纠正。

69.关于被异议人不服商标异议复审裁定并起诉后被异议商标依法转让时可将受让人列为诉讼第三人的认定

申请商标被商标局初步审定并公告后,任何人均可提出异议。该异议经过商标局的初步裁定和商标评审委员会的复审裁定不予核准注册的,被异议人可以提起诉讼。如果在被异议人提起诉讼后被异议商标经商标局核准依法转让的,受让人可以作为第三人参加诉讼。

在广州斯巴达企业发展有限公司(以下简称斯巴达公司)诉商标评审委员会、巴博拉特公司、广州市奥途体育用品有限公司商标异议复审行政纠纷一案①中,被异议商标的申请日为2000年5月25日申请人为由斯巴达公司,指定使用商品为第25类服装、运动衫、背心(马甲)、风衣、T恤衫、体操服、游泳衣、足球鞋、领带、绑腿等多项商品上,初步审定公告日为2001年3月21日,初步审定号为1589158(见被异议商标附图)。巴博拉特公司在法定期限内向商标局提出异议申请,商标局经审查作出(2005)商标异字第00345号裁定,认定巴博拉特公司所提异议理由不成立,被异议商标予以核准注册。2005年4月12日,巴博拉特公司向商标评审委员会提出商标异议复审申请,2009年5月25日,商标评审委员会作出第14243号裁定,认定异议复审理由成立,对被异议商标不予核准注册。斯巴达公司不服该裁定并提起诉讼,一

① 参见北京市高级人民法院(2010)高行终字第1270号行政判决书和北京市第一中级人民法院(2009)一中知行初字第1877号行政判决书。

中院于2009年7月24日受理了本案。2009年9月28日,被异议商标依法转让给广州市奥途体育用品有限公司(以下简称奥途公司)。一中院随即通知奥途公司作为本案第三人参加诉讼。北京市高级人民法院二审维持了该做法。

70. 关于评审阶段争议商标转让后受让人经声明可以作为评审裁定当事人的认定

《商标评审规则》第三十一规定,在商标评审程序中,当事人的商标权发生转让、移转的,受让人或者承继人应当及时以书面形式声明承受转让人的地位,参加后续评审程序并承担相应的评审后果。以争议商标违反《商标法》第二十八条规定为由请求撤销争议商标的注册,在评审阶段引证商标依法转让,如果受让人向商标评审委员会声明的,可以作为评审裁定的当事人。受让人对评审裁定不服并提起诉讼的,可以不将转让人列为诉讼当事人。

在武汉市影霓时装有限责任公司(以下简称影霓公司)诉商标评审委员会、俞淇纲商标争议行政纠纷一案[①]中,争议商标系俞淇纲于2002年9月30日申请并于2004年5月28日获准注册第3326767号"音儿"商标,核定使用在第25类的"服装、运动衫、制服、婴儿全套衣、鞋、帽、袜、手套(服装)、披肩、腰带"商品上。2009年5月27日,大有公司以争议商标违反了《商标法》第二十八条的规定为由,针对争议商标向商标评审委员会提出撤销注册申请,并提供了其在先注册并使用在第25类"服装"等商品上的三份引证商标,但上述三引证商标在商标评审期间经核准均转让给影霓公司所有,影霓公司于2010年11月10日向商标评审委员会声明参加争议案件的后续评审程序并承担相应的评审后果。大有公司、影霓公司、广州影霓时装有限公司还向商标评审委员会提交说明,称大有公司与影霓公司及广州影霓时装有限公司属同一投资人,其组成人员完全一致,其资本同属一家。2010年11月29日,商标评审委员会作出裁定,将大有公司与影霓公司均列为当事人,认定影霓公司及大有公司撤销理由不成立,裁定争议商标予以维持。影霓公司不服该裁

① 参见北京市高级人民法院(2011)高行终字第1283号行政判决书和北京市第一中级人民法院(2011)一中知行初字第1352号行政判决书。

定并提起诉讼，而一中院仅将影霓公司作为当事人，未将大有公司作为诉讼当事人。

71. 关于商标个案审查与统一审查标准关系的认定

在商标授权确权行政案件中，个案审查和审查标准的统一应当实现辩证的统一。一方面每个案件具体情况不可能完全相同，故对个案的审查应当充分考虑个案的差异，这就是个案审查规则；另一方面对于案情大致相同的类型化案件尤其是关联案件，应当考虑到审查标准的适当统一，不宜以个案审查为由完全忽视类型化案件的类似性。类型化案件应当有大致统一的裁判标准，当类型化案件的类似性对案件裁判结果的影响大于其差异性对案件裁判结果的影响时，应当尽量统一裁判标准；当类型化案件的差异性对案件裁判结果的影响大于类似性对案件裁判结果的影响时，应当适当适用个案审查规则。因此，类型化案件的类似性和差异性是量变质变的关系，是矛盾的统一体，司法裁判应当在寻求辩证的平衡，而不宜一味地强调个案审查或裁判标准的统一。

在内蒙古小肥羊餐饮连锁有限公司（以下简称小肥羊公司）诉商标评审委员会及烟台信发工贸集团有限公司（以下简称信发公司）“小肥羊”商标争议行政纠纷一案[①]中，争议商标“小肥羊”由信发公司申请注册并核定使用在第30类粉丝（条）商品上的“小肥羊”文字商标。小肥羊公司以争议商标属于《商标法》第三十一条规定的不应予以注册的情形等理由请求撤销其注册，并提供了其在先注册的“小肥羊 LITTLE SHEEP 及图”作为引证商标，该商标核准使用于第42类餐厅、饭店等服务。商标评审委员会裁定维持争议商标的注册。一中院认为，争议商标核定使用的商品为第30类粉丝（条），引证商标“小肥羊”涉及餐饮等服务不属于相同或类似的商品或服务，故判决维持了商标评审委员会的裁定。但在一中院同一承办法官与本案同时期审理的另一案件中，小肥羊公司以同一引证商标和基本相同的理由对指定使用于第29类制汤剂、腌制蔬菜商品另一“小肥羊”文字商标提出异议，在商标评审委员会认定引证商标与该商标不构成使用在类似商品或服务上的近似商标并

① 参见北京市高级人民法院（2010）高行终字第1498号行政判决书和北京市第一中级人民法院（2010）一中知行初字第2710号行政判决。

裁定准许该商标注册后,一中院认为被异议商标核定使用的第29类制汤剂、腌制蔬菜与引证商标核定使用的服务构成类似商品或服务,并判决撤销了商标评审委员会的裁定。该判决因各方当事人均未上诉而已生效。

北京市高级人民法院二审认为,现有证据足以证明小肥羊公司的"小肥羊"服务名称在争议商标申请注册前在餐饮服务上已经具有较高知名度并已成为其知名服务的特有名称。本案争议商标核定使用的商品为第30类粉丝(条),作为"知名服务特有名称"的"小肥羊"涉及餐饮等服务,两者的消费群体均为普通消费者,其销售渠道、消费场所具有一定的关联性,相关公众在从事、接受、参与作为"知名服务特有名称"的"小肥羊"所涉及的餐饮等服务时,很有可能涉及粉丝(条)产品,同时考虑到"小肥羊"在争议商标申请注册前就已经具有较高知名度并已成为小肥羊公司"知名服务特有名称",可以认定二者已构成类似商品和服务,争议商标的注册侵犯了小肥羊公司对"小肥羊"作为其"知名服务特有名称"所享有的在先权利。一中院及商标评审委员会均认定争议商标未侵犯小肥羊公司的在先权利,属于事实认定错误和法律适用不当。

72. 关于商标评审委员会根据生效判决重新作出异议复审裁定时仅变更部分合议组人员未构成程序违法的认定

行政机关根据人民法院的生效判决重新作出具体行政行为的,应当重新组成合议庭进行评审,以防止在先审查人员对案件形成先入为主的观念,从而影响行政执法的公正性,此为行政程序正当原则的内在要求之一。但在目前并无法律及行政法规未规定商标评审委员会重新组成合议组进行审查的具体形式的情况下,商标评审委员会重新作出具体行政行为时,不能简单地因其仅变更部分合议组成员而判决撤销该重审行政行为。

在阿波罗素株式会社诉商标评审委员会、佳慧化学工业有限公司(以下简称佳慧公司)商标异议复审行政纠纷一案[①]中,被异议商标系佳慧公司申请注册的第1307693号"黑彩"商标,指定使用于第3类冷烫发液、染发膏、毛发着色剂商品。阿菠罗素株式会社依法向商标局提出异议。商标局于2001

① 参见北京市高级人民法院(2011)高行终字第1463号行政判决书和北京市第一中级人民法院(2010)一中知行初字第116号行政判决书。

年10月25日作出第3217号裁定，裁定被异议商标不予核准注册。佳慧公司不服该裁并申请复审。商标评审委员会以吴新华、王继红、张力伟三人组成合议组，于2005年1月10日作出第0064号裁定，裁定被异议商标不予核准注册。佳慧公司不服商标评审委员会作出的第0064号裁并提起行政诉讼。一中院于2005年12月20日作出第668号行政判决，撤销了第0064号裁定。本院于2006年5月8日作出第110号行政判决，维持了第668号行政判决。此后，商标评审委员会以吴新华、何敏、尤丽丽组成新的合议组，重新针对被异议商标再次进行了审查，并于2007年5月28日作出第58号裁定：被异议商标予以核准注册。阿菠罗素株式会社不服第58号裁定提起诉讼。一中院于2008年12月18日作出第1374号行政裁定，以第58号裁定为第110号行政判决书的效力所羁束为由，驳回了阿菠罗素株式会社的起诉。阿菠罗素株式会社不服并提起上诉。本院于2009年9月18日作出第490号行政裁定，该裁定认定：一中院作出的第668号行政判决依法撤销了商标评审委员会作出的第0064号裁定，并驳回了佳慧公司的其他诉讼请求，本院作出的第110号行政判决对前述判决予以维持。在此情况下，商标评审委员会应另行组成合议组，针对佳慧公司提出复审的事实、理由和证据等，依据一定的程序重新进行复审，并依法作出裁定。该重新作出的裁定是对当事人权益产生影响的新的具体行政行为，当事人如不服，可以依法向人民法院提起行政诉讼，故本院裁定撤销第1374号裁定，指令一中院继续审理。一中院随后作出的判决认定，第58号裁定系本院第110号行政判决生效后，商标评审委员会对第0064号裁定涉及的异议复审案件重新进行的审查。对此，本院第490号行政裁定明确指出，在第0064号裁定被撤销后，商标评审委员会应另行组成合议组，针对佳慧公司提出复审的事实、理由和证据等，依据一定的程序重新进行复审并依法作出裁定。但商标评审委员会在作出第58号裁定时，并未另行组成新的合议组对佳慧公司提起的异议复审申请进行复审，其程序违法，依法应予撤销。一中院遂判决撤销第58号裁定，并由商标评审委员会重新作出裁定。

北京市高级人民法院二审认为，商标评审委员会、佳慧公司均认为商标评审委员会在重新审查过程中更换了两名合议组成员，应当视为重新组成了合议组，并对各方当事人提交的证据、理由进行了全面评审，并未剥夺双方当事人的任何权利。一中院以行政机关根据法院的生效判决重新作出具体行政行为,应当重新组成合议组进行评审,以防止在先审查人员对案件形成先入为主的观念,从而影响行政执法的公正性为由撤销了第58号裁定。但商标评审委员会在作出第58号裁定时,根据人民法院生效判决重新组成了合议组,更换了两名合议组成员。因相关法律和行政法规并未规定商标评审委员会重新组成合议组进行审查的具体形式,故一中院认为商标评审委员会并未另行组成新的合议组属于程序违法缺乏事实和法律依据。

73. 关于当事人虽未明确引用某一法条但根据其在相关材料及行政程序中提出的事实理由可以认定其以该法条为依据时应对该法条予以评审的认定

商标评审委员会审理不服商标局异议裁定的复审案件,应当针对当事人复审申请和答辩的事实、理由及请求进行评审。当事人在行政程序中虽未明确其据以依据的法律条文,但根据其提交的相关材料以及陈述所表述的事实理由,可以认定其以某一法律条文为其主张的法律依据,则行政机关应当对以此条文为法律依据的事实、理由及请求进行评审。

在深圳市胜捷消防器材工程有限公司(以下简称深圳胜捷公司)与商标评审委员会、冯毅商标异议复审行政纠纷一案[①]中,被异议商标系由冯毅申请注册的"胜捷及图"商标,指定使用于第9类报警电铃等商品。引证商标系深圳胜捷公司所有的"胜捷及图"商标,核定使用于第9类消防器材。深圳胜捷公司对被异议商标提出异议申请,请求不予核准被异议商标的注册。商标评审委员会认定冯毅申请注册被异议商标的行为,属于以不正当手段抢先注册他人已经使用并有一定影响的商标的情形,违反了《商标法》第三十一条的规定,故裁定被异议商标不予核准注册。一中院认为,无论是冯毅提交的商标异议复审申请中还是在深圳胜捷公司提交的商标异议答辩理由,均未涉及《商标法》第三十一条的内容,商标评审委员会依据该条规定作出复审结论,超出了商标异议程序中出现的事实和理由,也超出了异议复审申请人和答辩人的主张,且未听取当事人意见,明显违反法定程序,故判决撤销被诉裁定。

---

① 参见北京市高级人民法院(2011)高行终字第40号行政判决书和北京市第一中级人民法院(2010)一中知行初字第1153号行政判决书。

北京市高级人民法院二审认为，深圳胜捷公司作为复审案件的答辩人，在答辩意见中明确提出了冯毅趁国有企业改制之机，将下属企业变更为自己的企业，并趁机抢注深圳胜捷公司的“胜捷”商标；长期非法使用深圳胜捷公司注册在先、使用在先的知名商标，违反了诚实信用原则等理由，这些表述应当认为是深圳胜捷公司对被异议商标的注册违反《商标法》第三十一条规定提出的意见，且冯毅对上述意见亦有回应。因此，商标评审委员会根据当事人在异议复审阶段提出的事实和理由，依据《商标法》第三十一条的规定对本案进行审理并无不妥。

74. 关于当事人明确主张将异议程序的证据作为异议复审程序时商标评审委员会应予采纳的认定

商标评审委员会审理不服商标局异议裁定的复审案件，应当针对当事人复审申请和答辩的事实、理由及请求进行评审。当事人在商标异议复审程序中明确表示将其在商标异议程序中所提交证据作为复审案件中的相关根据的，商标评审委员会未予以采纳该证据亦未告知相关当事人不予采纳的结果的，可能损害当事人合法权益并影响案件公正裁决，属于行政程序违法。

在深圳市巨龙腾实业发展有限公司（以下简称巨龙腾公司）诉商标评审委员会及卢立建因商标异议复审行政纠纷一案[①]中，卢立建申请注册的被异议商标指定使用于第 4 类工业用脂等商品。巨龙腾公司提出异议申请后，商标局裁定被异议商标不予核准注册。卢立建申请复审时明确要求商标评审委员会查阅、审核巨龙腾公司在向商标局提出异议时和本次答辩时提交的全部证据后依法裁定，但商标评审委员会仅依据巨龙腾公司在商标异议复审程序中提交的证据进行审查，并裁定被异议商标予以核准注册。一中院在未对巨龙腾公司在商标异议程序中所提交证据进行认定的情况下，维持了商标评审委员会作出的异议复审裁定。

北京市高级人民法院二审认为，巨龙腾公司在异议复审程序中向商标评审委员会提交的答辩状中已经明确载明了依据其在商标局异议提出时和本

① 参见北京市高级人民法院（2011）高行终字第 240 号行政判决书和北京市第一中级人民法院（2010）一中知行初字第 3401 号行政判决书。

次答辩时提交的全部证据进行依法裁定的请求。因此,巨龙腾公司在商标异议程序中提交的证据应当在异议复审的审查范围内。在巨龙腾公司明确其答辩事实和理由的情况下,商标评审委员会在未进行告知亦未采纳异议程序中证据的前提下,仅依据巨龙腾公司在商标异议复审程序中提交的证据进行审查,作出异议复审裁定,属于程序违法,并且损害了当事人的合法权益。

75. 关于商标评审委员会漏审当事人的主张构成程序违法的认定

商标评审委员会对涉及以《商标法》第四十一条为由请求裁定撤销注册商标的案件,应当针对当事人申请和答辩的事实、理由及请求进行评审。商标评审委员会未全面审查当事人提出的撤销主张的,构成程序违法。

在第一电子工业株式会社诉商标评审委员会及慈溪市新华接插件厂(以下简称慈溪新华厂)商标争议行政纠纷一案①中,争议商标系慈溪新华厂申请注册的第1634435号"DDK"及图商标,核定使用于第9类的电器接插件、接线盒(电)等商品。2004年6月22日,第一电子株式会社向商标评审委员会提出撤销争议商标注册的申请,其主要理由为:(1)第一电子株式会社是目前世界电气接插件工业的主要厂商;(2)"DDK"商标是第一电子株式会社自创商标,已经有40多年的使用以及商标注册的历史;(3)"DDK"商标在连接件和接插件行业中有着较高的知名度,在中国已经在相关消费者和用户中成为人人皆知的驰名品牌;(4)争议商标完全是抄袭、复制第一电子株式会社的"DDK"商标;(5)"DDK"是第一电子株式会社的商号名称,同时第一电子株式会社也拥有"DDK及图"标识的著作权,慈溪新华厂恶意抢注第一电子株式会社商标,侵害了第一电子株式会社的在先权利,依据《商标法》第十三条第一款、第三十一条、第四十一条第二款以及《中华人民共和国商标法实施条例》第二十八条之规定请求商标评审委员会撤销争议商标的注册。此外,第一电子株式会社还向商标评审委员会提交了其在其他国家及地区注册的"DDK"商标注册证明、在中国展览会上的照片、著作权登记证书等证据。商标评审委员会经审查认定:第一电子株式会社提交的证据不能证明,在争议商标申请注册日期之前,其"DDK"商标在中国通过使用已经具有一定影响,

① 参见北京市高级人民法院(2011)高行终字第532号行政裁定书和北京市第一中级人民法院(2010)一中知行初字第950号行政裁定书。

在中国相关公众中已成为驰名商标,也不能证明其将“DDK”作为商号在中国通过使用产生了一定的知名度。因此,第一电子株式会社称争议商标的注册违反了《商标法》第十三条、第三十一条的规定证据不足。商标评审委员会裁定:争议商标的注册予以维持。

北京市高级人民法院及一中院均认为,第一电子株式会社在向商标评审委员会提交的撤销争议商标注册的申请书中,已经明确提到了争议商标的注册侵犯了其在先的著作权这一理由,并依据《商标法》第四十一条第二款、第三十一条之规定请求商标评审委员会撤销争议商标的注册。但是,商标评审委员会在被诉裁定中对于争议商标的注册是否侵犯第一电子株式会社著作权的相关事实与理由并未进行评审,属于程序违法,应予撤销。虽然商标评审委员会向慈溪新华厂转送第一电子株式会社向其提交的著作权方面的证据的事实,但该转送证据材料的行为并不能认定商标评审委员会对争议商标的注册是否侵犯第一电子株式会社著作权一事进行了评审。

76. 关于商标公告上公告的收件人错误视为未送达的认定

根据《商标法实施条例》第十一条规定,商标局或者商标评审委员会采用邮寄、直接递交等方式无法送达各种文件时,可以通过公告方式送达当事人,自公告发布之日起满 30 日,该文件视为已经送达。如果商标局或商标评审委员会在采用公告方式送达时,未将应当公告送达的当事人准确地列为收件人,则该公告不对被送达的当事人发生法律效力,亦不能自公告发布之日起满 30 日即视为送达。

在韩梅与商标评审委员会、杜拉维特股份公司商标异议复审行政纠纷案①中,商标评审委员会按照韩梅所留的通信地址邮寄异议复审裁定被退回后,遂在《商标公告》刊登了送达公告,但其未将韩梅列为公告中的收件人,而是错误地将杜拉维特股份公司作为收件人。后韩梅亲自到商标评审委员会领取了异议复审裁定,并不服该裁定提起诉讼。一中院认为,韩梅起诉已经超过法定起诉期限,裁定驳回了韩梅的起诉。

北京市高级人民法院二审认为,虽然商标评审委员会有权采用公告的方

① 参见北京市高级人民法院(2011)高行终字第 59 号行政裁定书和北京市第一中级人民法院(2010)一中知行初字第 565 号行政裁定书。

式向韩梅送达被诉裁定,且所发公告中包含被异议商标的基本信息等内容,但由于该公告的收件人并非韩梅,故不能据此认定商标评审委员会向韩梅公告送达了被诉裁定。一中院以该公告的时间认定韩梅提起行政诉讼超过法定期限,属于认定事实错误。

77. 关于商标异议审查期间颁发的商标注册证的效力认定

当商标注册仍处于异议审查阶段时,无论是处于商标异议阶段、商标异议复审阶段还是商标异议复审诉讼阶段,只要异议审查尚未得出最终生效的结论,商标局针对被异议商标颁发的商标注册证都不应成为衡量被异议商标是否应当获准注册的依据。

在周新桂、曹云平诉商标评审委员会及红蜻蜓集团有限公司(以下简称红蜻蜓公司)商标异议复审行政纠纷一案①中,被异议商标为第3235698号"神州蜻蜓王"商标,其申请日为2002年7月8日,指定使用于第25类鞋、服装等商品。2003年10月14日,被异议商标获商标局初步审定并公告。公告期内,红蜻蜓公司以被异议商标与其在先注册的"红蜻蜓及图"商标近似为由提出异议。由于红蜻蜓公司系通过邮寄的方式提出异议申请,故商标局实际收到异议申请的时间已超过了三个月的法定期限,但红蜻蜓公司异议申请的交寄时间在三个月的法定期限内。2004年1月14日,商标局向业主为周新桂、曹云平的个体工商户温州市郭溪以勒皮鞋厂颁发了商标注册证,注册商标专用权期限自2004年1月14日至2014年1月13日。2008年4月14日,商标局作出第1965号裁定,裁定被异议商标予以核准注册。红蜻蜓公司随后向商标评审委员会提出复审申请。2010年3月1日,商标评审委员会作出第4909号裁定,认为被异议商标与引证商标构成使用在同一种或类似商品上的近似商标,裁定被异议商标不予核准注册。一中院维持了被诉裁定。周新桂、曹云平上诉称商标局已核发了被异议商标的商标注册证,基于对商标局发证行为的信赖,周新桂、曹云平已大量使用了被异议商标,如任意判定近似从而对被异议商标不予核准注册,必将对周新桂、曹云平善意经营的既有利益造成极大的损失,请求撤销原审判决。

① 参见北京市高级人民法院(2010)高行终字第1460号行政判决书和北京市第一中级人民法院(2010)一中知行初字第1655号行政判决书。

北京市高级人民法院二审认为，《商标法》第三十条规定，公告期满无异议的方予以核准注册，发给商标注册证并予公告。《商标法实施条例》第二十三条第二款规定："被异议商标在异议裁定生效前已经刊发注册公告的，撤销原注册公告，经异议裁定核准注册的商标重新公告。"虽然商标局向周新桂、曹云平颁发了商标注册证，但是，在红蜻蜓公司已经在法定期限内提出异议申请、被异议商标仍处于商标异议审查期间的情况下，商标注册证的颁发与否并不是认定被异议商标是否应予注册和是否已经注册的依据，被异议商标是否应予核准注册，仍然应当依据《商标法》的相关规定予以审查判定。因此，周新桂、曹云平关于商标局已核发被异议商标的商标注册证、如对被异议商标不予核准注册将对其既有利益造成损失的上诉主张缺乏法律依据。

78. 关于当事人在诉讼中以引证商标被提出撤销申请为由请求中止案件审理的处理

商标授权确权行政案件是行政诉讼的一种具体类型，人民法院审查的是被诉具体行政行为的合法性，这种合法性的判断应当以该具体行政行为作出时的相关事实为依据。虽然在涉及《商标法》第三十一条中在先权利的判断问题上，相关司法政策强调"如果在先权利在诉争商标核准注册时已不存在的，则不影响诉争商标的注册"①，但这只是对既有事实的尊重。在司法实践过程中，无论是出于对司法效率的追求，还是出于对行政诉讼根本宗旨的尊重，都不应因为具体行政行为所依据的事实有可能发生变动，就中止案件的审理而主动等待相关事实的审查结果。因此，在商标授权确权行政案件审理过程中，当事人基于引证商标有可能被撤销而提出的中止审理申请，人民法院一般不应予以准许。

在赵坚诉商标评审委员会及维特健灵健康产品有限公司（以下简称维特公司）商标争议行政纠纷一案②中，维特公司对康兆（香港）有限公司注册后转让给赵坚的第3344562号"医之选 Doctor's Choice 及图"商标（以下简称争议商标）提出撤销注册申请。2009年9月28日，商标评审委员会作出第

① 《最高人民法院关于审理商标授权确权行政案件若干问题的意见》第17条第2款。

② 参见北京市高级人民法院(2010)高行终字第1518号行政判决书和北京市第一中级人民法院(2010)一中知行初字第511号行政判决书。

25465 号裁定,对争议商标在部分商品上的注册予以撤销。2009 年 12 月 3 日,赵坚以连续三年停止使用为由,向商标局申请撤销引证商标的注册。2010 年 2 月 1 日,一中院受理了赵坚针对第 25465 号裁定提起的行政诉讼。2010 年 3 月 16 日,商标局对赵坚提出的撤销申请予以受理。2010 年 10 月 20 日,一中院判决维持了第 25465 号裁定。赵坚不服原审判决提起上诉。北京市高级人民法院于 2010 年 12 月 13 日受理了该案。2010 年 12 月 15 日,赵坚以商标局已受理其针对引证商标提出的撤销申请为由,提交了中止诉讼申请书,请求二审法院中止对该案的审理。

北京市高级人民法院二审认为,赵坚以连续三年停止使用为由,向商标局提出撤销引证商标的申请,虽然商标局已正式受理该申请,但《商标法实施条例》第四十条规定:"依照商标法第四十四条、第四十五条的规定被撤销的注册商标,由商标局予以公告;该注册商标专用权自商标局的撤销决定作出之日起终止。"因此,在商标局作出撤销决定并发生法律效力前,引证商标仍然为有效的注册商标,故对赵坚关于中止该案审理的请求不予支持。

79. 关于商标争议案件审理范围的确定

商标争议行政纠纷案件的审理,一般应以当事人向商标评审委员会提出争议申请时提出的申请理由为准。如果商标评审委员会在审查时超出了该范围,即对当事人未主张的事由进行审查,如果其超范围审查未影响审查结论,则应在纠正该错误的基础上维持被诉裁定。

在武汉市影霓时装有限责任公司(以下简称影霓公司)诉商标评审委员会、俞淇纲商标争议行政纠纷一案①中,针对俞淇纲注册在第 25 类服装等商品上的第 3326767 号"音儿"商标(以下简称争议商标),武汉市大有工贸有限责任公司(以下简称大有公司)向商标评审委员会提出撤销争议商标的申请,理由为:俞淇纲注册争议商标是抄袭、复制大有公司的商标;大有公司是"影儿"商标专用权人,争议商标与"影儿"商标构成近似;大有公司与俞淇纲发生过多次纠纷及诉讼,俞淇纲明知大有公司商标,争议商标违反了《商标法》第二十八条的规定;俞淇纲恶意注册争议商标,且在实际使用中已经对大

① 参见北京市高级人民法院(2011)高行终字第 1283 号行政判决书和北京市第一中级人民法院(2011)一中知行初字第 1352 号行政判决书。

有公司正当行使权益造成了实际损害结果。在商标评审过程中，大有公司将引证商标转让给影霓公司，影霓公司承继了大有公司在商标评审程序中的地位。商标评审委员会认为，大有公司的争议理由不成立，争议商标未违反《商标法》第三十一条的规定，裁定争议商标予以维持。原审判决维持了该裁定。影霓公司上诉称商标评审委员会对《商标法》第三十一条的认定错误。

北京市高级人民法院二审认为，大有公司向商标评审委员会提出的商标争议裁定申请，并未明确主张适用《商标法》第三十一条的规定，故争议商标的注册是否违反了《商标法》第三十一条的规定，不在第 34802 号裁定的评审范围之内。虽然商标评审委员会及一中院对《商标法》第三十一条的规定进行了评述，超出了大有公司争议裁定申请范围，确有不当，但这并不影响大有公司针对本案争议商标提出的商标争议申请的评审范围，在对被诉裁定是否合法进行审查时，仍应当以大有公司提出商标争议裁定申请书中的理由确定评审范围。

80. 关于"以相同的事实和理由再次提出评审申请"的认定

对于《商标法》第十三条第二款而言，如果当事人在两次商标评审程序中均提出争议商标的注册是对其驰名的同一引证商标的复制、摹仿或者翻译，误导公众，致使其利益受损，则无论当事人用以证明其引证商标驰名的证据是否不同，均构成《商标法实施条例》第三十五条规定的"以相同的事实和理由再次提出评审申请"的情形。

在宝马股份公司（以下简称宝马公司）诉商标评审委员会、孙锦君商标争议行政纠纷一案[①]中，争议商标系孙锦君在第 25 类"雨靴"商品上注册的第 1313506 号"宝 A8 馬"商标。宝马公司于 2009 年 3 月 31 日以争议商标违反《商标法》第十三条第二款等规定为由，对争议商标提出撤销申请。2010 年 1 月 18 日，商标评审委员会作出第 1138 号裁定，该裁定认为：德国宝马汽车公司曾经在 2000 年 12 月 19 日对争议商标提出撤销注册不当申请，商标评审委员会在 2008 年 11 月 10 日作出的第 24588 号裁定中认定，争议商标使用在指定商品或者服务上未构成现行《商标法》第十三条第二款所规定的复制、摹

① 参见北京市高级人民法院（2011）高行终字第 1414 号行政判决书和北京市第一中级人民法院（2011）一中知行初字第 139 号行政判决书。

仿或者翻译他人已经在中国注册的驰名商标,误导公众,致使商标注册人利益受损的情形,本案宝马公司已经构成以相同的事实和理由再次提出评审申请的情形,其争议理由亦不能成立,故裁定争议商标予以维持。一中院维持了商标评审委员会的裁定。

北京市高级人民法院二审认为,虽然宝马公司在本案中提交的用以证明其商标驰名的证据与第24588号裁定中涉及的证据有所不同,但其所欲证明的事实仍为其商标驰名的事实,其理由也仍然是争议商标的注册违反了《商标法》第十三条第二款的规定,故宝马公司在本案中提出的撤销争议商标注册的申请与商标评审委员会作出第24588号裁定时所针对的申请,均是基于相同的事实和理由,因此,宝马公司在本案中再次提出争议商标的注册违反了《商标法》第十三条第二款规定的主张,违反了《商标法实施条例》第三十五条的规定,第1138号裁定和原审判决的相关认定并无不当。

81. 关于与商标转让行为是否具有法律上利害关系的认定

《中华人民共和国行政诉讼法》第四十一条规定,提起行政诉讼的原告是认为具体行政行为侵犯其合法权益的公民、法人或者其他组织。《最高人民法院关于执行〈中华人民共和国行政诉讼法〉若干问题的解释》第十二条规定,与行政行为有法律上利害关系的公民、法人或其他组织对该行政行为不服的,可以依法提起行政诉讼。第十三条规定,被诉的具体行政行为涉及其相邻权或者公平竞争权的公民、法人或其他组织可以依法提起行政诉讼。根据上述法律规定,只有与具体行政行为具有法律上利害关系的公民、法人或其他组织才具有提起行政诉讼的主体资格。在判断原告是否具有诉讼主体资格时,不宜将"法律上利害关系"界定的过于宽泛,应以直接利害关系为原则。

在高碑店市康泰箱包有限公司(以下简称康泰公司)与商标局、广州市博瑞尔皮具有限公司(以下简称博瑞尔公司)商标行政纠纷一案中,[①]涉案商标系河北省高碑店市白沟箱包集团(以下简称白沟箱包集团)1996年7月5申请注册的第1094162号"森马 SENMA"商标,于1997年9月7日获准注册,

① 参见北京市高级人民法院(2011)高行终字第899号行政裁定书和北京市第一中级人民法院(2011)一中知行初字第275号行政裁定书。

核定使用在旅行袋、公文包、钱包等商品上,专用权期限至2007年9月6日。1997年11月14日,白沟箱包集团更名为高碑店市白沟箱包(集团)有限公司(以下简称白沟箱包集团公司)。2004年12月,白沟箱包集团公司被吊销营业执照。2007年11月16日,康泰公司申请注册第6383276号"森马SENMA"商标,2010年8月31日,商标局以该商标与涉案商标近似为由,驳回其在"钱包、公文包、背包"等商品上的注册申请。2008年11月13日,康泰公司申请注册第7054372号"森马senma"商标,2010年9月7日,商标局以该商标与涉案商标近似为由,驳回其在"钱包、公文包、背包"等商品上的注册申请。上述两申请商标已于2010年11月30日转让至高碑店市白沟森马皮具店名下。2009年4月23日,商标局收到白沟箱包集团破产还债清算小组与康泰公司提交的商标转让申请书,请求将涉案商标转让至康泰公司名下,商标局于2009年7月20日核准了该转让申请。2009年4月17日,白沟箱包集团公司清产核资领导小组成立。2009年6月3日,白沟箱包集团公司清产核资领导小组和博瑞尔公司向商标局提交了涉案商标转让申请及相关证据。2009年8月7日,商标局收到白沟箱包集团公司清产核资领导小组关于撤销涉案商标2009年7月20日转让给康泰公司的申请,并于2009年8月16日作出商标变字〔2009〕第256号《关于撤销核准第1094162号"森马SENMA"商标转让决定的通知》,撤销了前述核准转让决定。2010年2月13日,商标局核准涉案商标转让至博瑞尔公司名下。此外,2007年5月14日,张艳波向商标局提交涉案商标续展申请。商标局在2010年5月17日作出的续展申请补正通知书中载明:涉案商标的现注册人名称为博瑞尔公司,请博瑞尔公司在补正通知书背面明确表述续展注册商标的意愿。2010年5月20日,博瑞尔公司按照补正通知书要求明确表示同意办理续展申请并提交相关材料。2010年10月20日,商标局核准涉案商标续展注册。康泰公司诉称:康泰公司申请注册第6383276号、第7054372号"森马SENMA"商标,被商标局以其与涉案商标构成同一种或类似商品上的近似商标为由驳回。康泰公司发现,涉案商标的原注册人白沟箱包集团因未办理企业年检于2004年12月依法吊销营业执照,并于2009年成立破产清算组,涉案商标的有效期至2007年9月6日。在涉案商标的续展申请期及宽展期内,白沟箱包集团并未办理相关的续展或宽展申请手续,该商标属于无效商标,不应被转让。

商标局的违法转让行为导致康泰公司申请的两个“森马SENMA”商标被驳回,故康泰公司请求撤销商标局作出的核准涉案商标转让的具体行政行为,一中院裁定驳回其起诉。

北京市高级人民法院二审认为,康泰公司既非涉案商标的转让人,又非该商标的受让人,其与该商标亦无其他法律关系。涉案商标在类似商品上的申请注册时间早于康泰公司提出的第6383276号、第7054372号商标注册申请,根据《商标法》第二十八条的规定,申请注册的商标与他人在类似商品上已经注册的商标相近似的,由商标局驳回申请,故上述两商标注册申请被驳回并未涉及康泰公司的公平竞争权。康泰公司与商标局于2010年2月13日作出的核准涉案商标转让至博瑞尔公司名下的具体行政行为不具有法律上的利害关系,康泰公司不具有本案诉讼主体资格。

82.关于在对被异议商标与引证商标是否构成使用在相同或者类似商品上的近似商标进行判断时应逐一考虑各个商品的认定

《商标法》规定了部分撤销商标的规定,故在进行近似性判断时,应针对相关商品或服务逐一进行审查,对于构成使用在相同或者类似商品上的近似商标的部分应不予注册或撤销注册,对于不构成使用在相同或者类似商品上的近似商标的部分应核准注册或维持注册。

在雅芳产品公司与商标评审委员会、福建亚通新材料科技股份有限公司(以下简称福建亚通新材料公司)商标异议复审行政纠纷一案①中,针对雅芳产品公司就福建亚通新材料公司经初审公告的第3219085号“ATON”商标(以下简称被异议商标)提出的异议复审申请,商标评审委员会裁定被异议商标予以核准注册。一中院认为,被异议商标指定使用于“美容院”与引证商标一核定使用于“各种化妆品”属于使用在相同或类似商品或服务上的近似商标,商标评审委员会认定被异议商标指定使用服务与引证商标核定使用商品或服务不属于类似商品或服务及被异议商标与引证商标不属于近似商标的结论错误,故判决撤销被诉裁定。

北京市高级人民法院二审认为,被异议商标指定使用服务为医院、疗养

---

① 参见北京市高级人民法院(2011)高行终字第584号行政判决书和北京市第一中级人民法院(2010)一中知行初字第2530号行政判决书。

院、休养院、护理(医务)、保健、美容院、按摩、动物饲养、园艺、卫生设施出租服务,在判断是否构成类似商品或者服务时应逐一考虑。虽然被异议商标指定服务中的“美容院”与引证商标核定使用商品中的“各种化妆品”、“化妆品”构成类似商品及服务,但被异议商标指定服务中的“医院、疗养院、休养院、护理(医务)、动物饲养、园艺、卫生设施出租”等服务与引证商标核定使用的商品或服务在性质上相差甚远,不会造成相关公众的混淆、误认,不属于类似商品及服务。因此,商标评审委员会认定被异议商标指定使用服务与引证商标核定使用商品或服务均未构成类似商品或服务有失偏颇。一中院认定被异议商标在“美容院”服务上与引证商标一构成使用在相同或者类似商品上的近似商标正确,但被异议商标指定使用在“医院、疗养院、休养院、护理(医务)、动物饲养、园艺、卫生设施出租”等服务上与引证商标并未构成使用在相同或者类似商品上的近似商标,一中院对此未予评述有误,但其判决结果正确,二审法院故维持了原审判决。

83. 关于引证商标不再成为申请商标的注册障碍时如商标评审委员会同意重新作出审查决定可以准许当事人撤诉的认定

《最高人民法院关于行政诉讼撤诉若干问题的规定》第二条规定:“被告改变被诉具体行政行为,原告申请撤诉,符合下列条件的,人民法院应当裁定准许:(一)申请撤诉是当事人真实意思表示;(二)被告改变被诉具体行政行为,不违反法律、法规的禁止性规定,不超越或者放弃职权,不损害公共利益和他人合法权益;(三)被告已经改变或者决定改变被诉具体行政行为,并书面告知人民法院;(四)第三人无异议。”第八条规定:“第二审或者再审期间行政机关改变被诉具体行政行为,当事人申请撤回上诉或者再审申请的,参照本规定。准许撤回上诉或者再审申请的裁定可以载明行政机关改变被诉具体行政行为的主要内容及履行情况,并可以根据案件具体情况,在裁定理由中明确被诉具体行政行为或者原裁判全部或者部分不再执行。”在商标驳回复审纠纷案件中,商标局和商标评审委员会均以申请商标与引证商标构成使用在相同或类似商品上的相同或近似商标为由驳回注册申请时,如果在诉讼中引证商标因期满未续展、依法转让给复审商标的申请人等事由已不再成为申请商标的注册障碍时,且商标评审委员会也同意根据新出现的情况重新作出复审裁定时,可以通过当事人撤诉的方式处理。

在A&F商标股份有限公司(以下简称A&F公司)诉商标评审委员会商标申请驳回复审行政纠纷一案[①]中,A&F公司申请注册申请商标,被商标局依据《商标法》第二十八条规定予以驳回。A&F公司向商标评审委员会申请复审。商标评审委员会认为:申请商标图形与引证商标一、三、四、六构成近似商标,申请商标指定使用的游泳衣商品与引证商标一核定使用的游泳衣商品属于同一种商品,申请商标指定使用的服装等商品与引证商标三核定使用的服装商品属于同一种或类似商品,申请商标指定使用的鞋、皮带等商品与引证商标四核定使用的皮鞋、皮带(服饰用)商品属于类似商品,申请商标指定使用的帽、袜等商品与引证商标六核定使用的帽、袜商品属于同一种或类似商品。商标评审委员会决定:申请商标指定使用在除手套、连指手套、围巾、领带之外的游泳衣等其余商品上的注册申请予以驳回。一中院维持了被诉决定。

北京市高级人民法院在二审过程中,引证商标四和引证商标六因连续三年停止使用被商标局裁定撤销且均已发生法律效力;A&F公司亦主张其委托他人受让了引证商标三的注册商标专用权,现正在申请商标局核准转让过程中。基于以上情况,A&F公司请求对申请商标在相应指定商品上的注册申请予以重新审查。商标评审委员会对A&F公司关于引证商标三、四、六现状的陈述表示认可,同意收回第8257号决定并在考虑上述引证商标实际情况的基础上重新对申请商标的复审申请进行审理。A&F公司据此提出撤回上诉的申请。北京市高级人民法院二审认为,二审诉讼中申请商标与引证商标三、四、六之间不再存在商标权冲突,A&F公司请求就其申请商标重新作出驳回复审决定,商标评审委员会同意收回第8257号决定并重新对申请商标的复审申请进行审理。商标评审委员会的上述决定不违反法律、法规的禁止性规定,未超越或者放弃职权,也未损害公共利益和他人合法权益。A&F公司据此申请撤回上诉,系其真实意思表示,符合前述司法解释的规定,应予准许。鉴于商标评审委员会同意收回第8257号决定并重新对申请商标的复审申请进行审理,第8257号决定和原审判决可不再执行。

① 参见北京市高级人民法院(2011)高行终字第291号行政判决书和北京市第一中级人民法院(2010)一中知行初字第3409号行政判决书。

(三)知识产权民事案件程序

84.关于因单位构成侵犯知识产权犯罪承担刑事责任的相关人员并非相关侵权诉讼适格被告的认定

在以侵犯注册商标专用权为由提起的民事诉讼中,起诉应当符合《中华人民共和国民事诉讼法》第一百零八条规定的各项必备实质要件。其中起诉必须"有明确的被告"不仅指原告的起诉应指明具体的被告,而且还要求原告起诉时提出的被告也应与原告提出的诉讼标的有直接的利害关系,是原告提出的诉讼标的中的义务承担者。

在许杰与思科公司侵犯注册商标专用权纠纷案[①]中,许杰因销售假冒涉案商标的商品已被北京市海淀区人民法院(2009)海刑初字第1469号刑事判决(以下简称第1469号刑事判决)认定犯罪。思科公司针对同一行为起诉许杰立即停止侵权并赔偿其经济损失100万元。一中院认为,许杰在接受公安部门询问时,自认曾经在思科公司代理商处工作,辞职后以通达公司名义销售假冒思科品牌的产品,获利达人民币100多万元。第1469号刑事判决已经认定许杰利用通达公司销售假冒涉案商标的网络产品,并以销售假冒注册商标的商品罪判处许杰有期徒刑一年六个月及罚金人民币三万元。许杰销售明知是假冒思科公司注册商标的商品,侵犯了思科公司享有的涉案注册商标专用权。虽然许杰就其销售假冒注册商标的商品的行为已经承担刑事责任,但并不能据此免除其应当承担的民事赔偿责任。一中院判决许杰立即停止销售侵犯思科公司涉案商标专用权商品的行为并赔偿思科公司经济损失人民币一百万元。

北京市高级人民法院二审认为,思科公司起诉所指控的侵犯注册商标专用权的事实和相关证据,均指向的是通达公司,本案上诉人许杰虽为通达公司的股东,但与通达公司是两个独立的民事主体,故思科公司起诉许杰属于被告主体不适格之情形,不符合《中华人民共和国民事诉讼法》第一百零八条的相关规定,依法应予驳回。第1469号刑事判决以销售假冒注册商标的商品罪判处通达公司、许杰、安庆宏、纪执东、徐元放承担刑事责任,该判决书已

① 参见北京市高级人民法院(2011)高民终字第75号民事裁定书和北京市第一中级人民法院(2010)一中民初字第7299号民事判决书。

明确认定通达公司系单位犯罪行为,对许杰的刑事处罚是根据《刑法》的相关规定,因其作为直接负责的主管人员在单位犯罪中所起的作用而作出,不能据此即得出许杰是销售涉案侵权商品的行为主体的结论,更不能由此推论许杰即为相关民事诉讼的适格被告。二审法院遂撤销原审判决并裁定驳回思科技术公司的起诉。

二〇一二年二月三日

【重要档案】

2011年度国家工商总局认定的驰名商标

国家工商总局商标评审委员会在商标异议复审、争议案件中认定的83件驰名商标

（2011年5月27日公布）

序号	商标	注册人/所有人	类别	使用商品/服务
1	沃尔玛	美商沃尔玛连锁商店公司	35	推销业(替他人)
2	LOUIS VUITTON	路易威登马利蒂	18	旅行箱等
3	英特尔 INTEL intel intel inside 及图	英特尔公司	9	微处理机、微型电脑;集成电路、自动记录器、半导体储存器及中央处理器
4	安记及图	福建省泉州市安记食品有限公司	30	调味品
5	朗文 Longman	培生教育出版有限公司	16	印刷出版物、书籍、杂志(期刊)
6	Autumn Deer、图形	广东秋鹿实业有限公司	25	睡衣、内衣
7	日春 RICHUN	日春股份公司	30	茶、茶叶代用品
8	香奈儿 CHANEL	香奈儿股份有限公司	3、18、25	化妆品、钱包、皮夹子服装等
9	微软 MICROSOFT	微软公司	9	已录制的电脑软件
10	宝马	宝马股份公司	12	车辆、机动车辆等

续表

序号	商标	注册人/所有人	类别	使用商品/服务
11	HILTON	HLT国际知识产权有限责任公司	42	饭店
12	龙徽 DRAGON SEAL 及图	北京龙徽酿酒有限公司	33	葡萄酒
13	SMC及图	SMC株式会社	7	气动和液压阀、气动和液压促进器、压力和流体开关
14	JMC	江铃汽车股份有限公司	12	汽车
15	山川及图	四川宁江山川机械有限责任公司隆昌减振器分公司	7	减震器
16	东星 DONG XING 及图	福建泉州南星大理石有限公司	19	石板、花岗石、大理石、建筑石材等
17	camat	广州宏昌胶粘带厂	16	胶粘带
18	安凯	安徽安凯汽车股份有限公司	12	汽车等
19	HHSN	辉煌水暖集团有限公司	11	水净化装置、水暖装置、水龙头、压力水箱
20	金鹭及图	杭州金鹭家私制造有限公司	20	沙发、床垫、餐椅等
21	中意及图	湖南华良电器实业有限公司	7	洗衣机
22	粤农 YUENONG	惠州市四季鲜绿色食品有限公司	29	干荔枝、桂元、果肉
23	TR及图	东莞市TR轴承有限公司	7	轴承、轴承座
24	合力 HELI 及图	安徽叉车集团有限责任公司	12	叉式装卸车
25	SNOWKEY	福建雪人股份有限公司	11	制冰机和设备、冷冻设备和装置、冷却装置和机器、烟草冷却装置、冷冻设备和机器

续表

序号	商标	注册人/所有人	类别	使用商品/服务
26	水晶石及图	北京水晶石数字科技有限公司	42	计算机软件设计等
27	5E及图	长沙开元仪器股份有限公司	9	测量器械和仪器、理化试验和成分分析用仪器和量器、材料检验仪器和机器
28	宏宇HONGYU	广东宏陶陶瓷有限公司	19	瓷砖
29	YAMAHA、图形	雅马哈株式会社	15	乐器
30	红螺及图	北京红螺食品有限公司	29	水果蜜饯
31	杜康及图	河南杜康酒业股份有限公司	33	酒
32	APG	浙江亚太机电股份有限公司	12	汽车制动器(包括鼓式,盘式)
33	龙丹	黑龙江龙丹乳业科技股份有限公司	29	牛奶、乳制品
34	红旗及图	成都红旗连锁股份有限公司	35	推销(替他人)
35	图形	恒源祥(集团)有限公司	25	服装
36	神丹	湖北神丹健康食品有限公司	29	蛋等
37	金强JINQIANG及图	金强硅酸钙板(福州)有限公司	19	石膏板等
38	恒高及图	吉林市恒通高压电气有限责任公司	9	断路器、电开关
39	迪欧达deoda及图	柳桥集团有限公司	24	鸭绒被、被子
40	正兴	正兴车轮集团有限公司	12	汽车钢圈
41	金龙GOLD DRAGON及图	深圳市金龙珠宝首饰有限公司	14	仿金制品、镀金物品、未加工或半加工贵重金属

续表

序号	商标	注册人/所有人	类别	使用商品/服务
42	远航及图	广东省九江酒厂有限公司	33	酒
43	九宫山及图	通山县九宫山有机茶基地	30	茶
44	阿波罗	江苏阿波罗复合肥有限公司	1	混合肥料
45	论道	四川省峨眉山竹叶青茶业有限公司	30	茶、茶叶代用品
46	图形	湖北广济药业股份有限公司	5	医用饲料添加剂
47	徽记及图	四川徽记食品产业有限公司	29	加工过的瓜子等
48	张明 ZhangMing	沈阳张明化工有限公司	1	异辛酸
49	三普	三普药业股份有限公司	5	人用药、中药成药等
50	JIAJUN 及图	佛山市嘉俊陶瓷有限公司	19	瓷砖
51	巴拉巴拉	浙江森马服饰股份有限公司	25	服装
52	新发地	北京市丰台区新发地农工商联合公司	35	推销(替他人)
53	老铭人 LAOMINGREN	惠州市老铭人服饰有限公司	25	服装等
54	燕之屋	厦门市双丹马实业发展有限公司	29	食用鸟窝
55	黑牛	黑牛食品股份有限公司	30	豆制品(豆奶粉)
56	LING TONG 及图	灵通投资集团有限公司	6	金属陈列架
57	冲击波 SHOCK WAVE	北京冲击波电子有限责任公司	9	音箱

续表

序号	商标	注册人/所有人	类别	使用商品/服务
58	飞燕及图	南京飞燕活塞环股份有限公司	7	内燃机配件
59	东软 NEUSOFT 及图	东软集团股份有限公司	42	计算机编程、计算机软件设计、计算机软件维护
60	鸿昌 HONCHA 及图	福建省卓越鸿昌建材装备股份有限公司	7	制砖机、搅拌机(建筑)、混凝土搅拌机(机器)
61	公牛 GONG NIU 及图	慈溪市公牛电器有限公司	9	插座、插头、高低压开关板
62	联创 lian 及图	深圳市联创科技集团有限公司	11	空气调节器
63	福臨門及图	中粮集团有限公司	29	食用油脂
64	凯帆	沈阳北方交通重工集团有限公司	12	拖车(车辆)
65	厨邦	广东美味鲜调味食品有限公司	30	酱油、醋、调味品、鸡精、蚝油
66	SHARPNESS 及图	湖北玉立砂带集团股份有限公司	3	砂布、砂纸、水砂带、砂带
67	唯怡 1 及图	四川斯比泰饮料食品有限公司	32	花生奶(软饮料)
68	图形	特步(中国)有限公司	25	运动鞋
69	爱玛 MARINA	美林娜(天津)自行车有限公司	12	自行车等
70	海亮及图	浙江海亮股份有限公司	6	铜棒、铜管
71	奇美	江苏奇美乐器有限公司	15	笛、口风琴、口琴
72	惠美	四川省宜宾惠美线业有限责任公司	23	线

续表

序号	商标	注册人/所有人	类别	使用商品/服务
73	沈防及图	沈阳防锈包装材料有限责任公司	16	防腐纸、防锈纸
74	百合 BAI HE 及图	百合花集团有限公司	2	颜料
75	金舵 JINDUO	佛山市金舵陶瓷有限公司	19	墙地砖
76	正大 ZHD 及图	福建正大集团有限公司	25	鞋
77	喜来健	延吉喜来健医疗器械有限公司	10	健美按摩设备等
78	KENDA	建泰橡胶(深圳)有限公司	12	各种轮胎、汽车内外胎
79	新丰泰 XINFENGTAI 及图	四川泰丰包装股份有限公司	16	纸盒、纸箱等
80	瑞星 RUIXING 及图	陈其安	7	化油器等
81	sobey	成都索贝数码科技股份有限公司	9	计算机软件(已录制)等
82	海力生及图	海力生集团有限公司	5	中药制剂等
83	阿莫仙	珠海联邦制药股份有限公司中山分公司	5	人用药

国家工商总局商标局在商标异议案件中认定的24件驰名商标

(2011年5月27日公布)

序号	商标	注册人/所有人	类别及使用商品/服务
1	富岗 FUGANG	河北富岗食品有限责任公司	第31类:鲜水果
2	盛华及图	河北盛华化工有限公司	第1类:烧碱
3	盈丰及图	福建盈丰食品集团有限公司	第29类:蜜饯果类

续表

序号	商标	注册人/所有人	类别及使用商品/服务
4	沃尔旺 WoerWang	河北沃尔旺食品饮料有限公司	第32类:无酒精果汁、水(饮料)
5	古井及图	安徽古井贡酒股份有限公司	第33类:白酒
6	正大	正大国际投资有限公司	第31类:动物饲料
7	金鼎 JIN DING 及图	广东金鼎黄金有限公司	第14类:贵重金属锭
8	华兰及图	华兰生物工程股份有限公司	第5类:血液制品
9	百强家具 BAIQIANG 及图	北京世纪百强家具有限责任公司	第20类:家具
10	淑女屋及图	深圳市淑女屋时装股份有限公司	第25类:服装
11	源田及图	佛山市源田床具机械有限公司	第7类:数控绗缝机;串网机;自动袋装弹簧机
12	新民晚报	文汇新民联合报业集团	第16类:报纸
13	阔佬 KUOLAO 及图	天津市阔佬皮业有限公司	第25类:皮衣(服装)
14	骏仕	广东骏仕陶瓷有限公司	第19类:瓷砖
15	图形	内蒙古河套酒业集团股份有限公司	第33类:酒
16	玉溪	红塔烟草(集团)有限责任公司	第34类:香烟
17	星塔	沈阳化工股份有限公司	第1类:树脂;聚氯乙烯
18	孔子学院 CONFUCIUS INSTITUTE 及图	教育部对外汉语教学发展中心	第41类:教育、培训
19	欧姆龙 OMRON	欧姆龙株式会社	第10类:电子血压计、临床用电子体温计
20	沈重	沈阳重型机械集团有限责任公司	第7类:挤压机;轧钢机;破碎机;自由锻锤;烧结机
21	杨麻子及图	杨富贵	第30类:大饼

续表

序号	商标	注册人/所有人	类别及使用商品/服务
22	亿利达 ILIDA 及图	湖南亿利达实业有限公司	第11类:电热锅炉、煤气锅炉
23	华鹤	华鹤集团有限公司	第20类:家具
24	妙恋	小洋人生物乳业集团有限公司	第29类:牛奶饮料(以牛奶为主的)

国家工商总局商标局在
商标管理案件中认定的289件驰名商标
(2011年5月27日公布)

序号	商标	注册人/所有人	类别及使用商品/服务
1	东佳及图	青岛东佳纺机(集团)有限公司	第7类:纺织机械
2	第1545767号图形	青岛华仁药业股份有限公司	第5类:医药制剂
3	HOWYAWL 及图	青岛浩源集团有限公司	第29类:贝壳类动物(非活)、鱼制食品、鱼片
4	五星	广东五星太阳能股份有限公司	第11类:太阳能热水器
5	雅兰 AIRLAND 及图	雅兰实业(深圳)有限公司	第20类:床垫
6	金飞鱼 GOLDEN FLYING FISH 及图	福州金飞鱼柴油机有限公司	第7类:柴油机、农业机械
7	青苹果 QINGPINGGUO 及图	安徽德力日用玻璃股份有限公司	第21类:玻璃杯、玻璃碗、玻璃盒、钢化玻璃
8	皖及图	安徽皖酒制造集团有限公司	第33类:白酒
9	天天见	衡阳市天天见梳篦实业集团有限公司	第21类:梳
10	老百姓	老百姓大药房连锁有限公司	第35类:推销(替他人)

续表

序号	商标	注册人/所有人	类别及使用商品/服务
11	九喜及图	湖南省九喜日化有限公司	第5类:蚊香、灭蝇剂、杀昆虫剂
12	湘丰及图	湖南湘丰茶业有限公司	第30类:茶
13	德山及图	湖南德山酒业营销有限公司	第33类:酒(饮料)
14	圣阳	山东圣阳电源股份有限公司	第9类:蓄电池
15	亚达及图	福建亚达集团有限公司	第29类:笋干、熟蔬菜
16	霸王花 BaWanghua 及图	广东霸王花食品有限公司	第30类:米粉、米排粉
17	沂蒙 yimeng 及图	山东金升有色集团有限公司	第6类:金属杆、电解铜
18	秋林 QiuLin 及图	哈尔滨秋林糖果厂有限责任公司	第29类:香肠、风干肠、火腿
19	WORLD 及图	江苏沃得机电集团有限公司	第7类:农业机械
20	富顺达、F 及图	福建富顺电子有限公司	第9类:计算机周边设备、计算机软件(录制好的)
21	南洋胡氏及图	天津市南洋胡氏家具制造有限公司	第20类:家具
22	LIGHTS	天津市普光医用材料制造有限公司	第5类:医用消毒片
23	SHENGJI 及图	天津生机集团股份有限公司	第5类:兽用原料药、兽用生物制剂
24	红花及图	天津宏仁堂药业有限公司	第5类:中药成药
25	老美华及图	天津老美华鞋店有限责任公司	第25类:皮便鞋
26	FXH 及图	合肥肥西老母鸡餐饮有限责任公司	第29类:非活家禽、肉、肉汤
27	根	唐山腾飞五金工具制造有限公司	第8类:钢锹、镐(手工具)

续表

序号	商标	注册人/所有人	类别及使用商品/服务
28	双峰及图	湖北航天电缆有限公司	第9类:电线、电缆
29	金飞马及图	沈阳金飞马制漆有限公司	第2类:调和漆、磁漆、清漆
30	、蒙古王	内蒙古蒙古王实业股份有限公司	第33类:酒(饮料)
31	金立 GIONEE	深圳市金立通信设备有限公司	第9类:手提无线电话机、电池、电池充电器
32	路路通	湖南路路通塑业股份有限公司	第19类:非金属水管
33	金典及图	长沙千禧木业有限公司	第19类:地板
34	现代美 Modern Beauty	湖南现代家具装饰有限公司	第20类:家具
35	天湖 TIANHU 及图	新疆生产建设兵团农业建设第二师二十七团	第31类:啤酒花
36	环球及图	苏州环球集团有限公司	第7类:套筒滚子链
37	东及图	盘锦光合水产有限公司	第31类:贝壳类动物(活的)、甲壳动物
38	GRANDVIEW	广州美视晶莹银幕有限公司	第9类:投影银幕
39	春发及图	天津市双星香精香料有限公司	第30类:食用香精
40	大澳	南康市大澳涂料有限公司	第2类:油漆、木材涂料
41	金虎及图	江西金虎保险设备集团有限公司	第6类:保险柜、金属文件柜、金属柜
42	正喜	山东正方轮胎有限公司	第12类:车辆轮胎
43	威力	中山东菱威力电器有限公司	第7类:洗衣机
44	鲁桓及图	山东博丰利众化工有限公司	第1类:肥料、化学肥料
45	Enox	江苏强盛化工有限公司	第1类:化学试剂

续表

序号	商标	注册人/所有人	类别及使用商品/服务
46	必存	南京先声东元制药有限公司	第5类:水剂、片剂、胶囊
47	佳宝 JEBO	广东振华电器有限公司	第16类:水族箱、室内水族池
48	雅居乐及图	雅居乐地产置业有限公司	第36类:不动产代理、住所(公寓)、商品房销售
49	诚纳四海	青岛港(集团)有限公司	第39类:港口装卸服务
50	宝应湖 BYH 及图	江苏水仙实业有限公司	第31类:活动物、活家禽
51	阿里山	江苏阿里山食品有限公司	第29类:加工过的坚果、加工过的瓜子
52	楼兰 LOULAN	吐鲁番楼兰酒业有限公司	第33类:葡萄酒
53	忘不了及图	浙江忘不了柑桔专业合作社	第31类:桔、鲜水果
54	LESLI 乐士	宁波乐士实业有限公司	第7类:洗衣机
55	高丰及图	浙江高峰控股集团有限公司	第19类:非金属管道
56	SAB	浙江伟星实业发展股份有限公司	第26类:拉链、纽扣
57	野娇娇 YEJIAOJIAO 及图	杭州千岛湖野娇娇食品有限公司	第29类;鱼(非活的),加工过的山核桃
58	上品堂	大连先先食品有限公司	第29类:海参(非活)
59	DV 及图	大连大高阀门有限公司	第7类:阀门
60	RUIGUANG 及图	大连瑞光非织造布集团有限公司	第24类:无纺布
61	蓝灯的士 BLUE LIGHT TAXI	大连市出租汽车有限公司	第39类:出租车运输
62	第4856575号图形	辽宁北方曲轴有限公司	第7类:曲轴
63	金万家及图	海城市三星生态农业有限公司	第31类:新鲜蔬菜
64	独凤轩 DU FENG XUAN 及图	抚顺市独凤轩食品有限公司	第30类:调味品

续表

序号	商标	注册人/所有人	类别及使用商品/服务
65	北晨	营口托田铝业有限公司	第6类:铝型材
66	山犬	辽宁钢城门业有限公司	第6类:防撬门
67	真心	大连真心罐头食品有限公司	第29类:水果罐头;水产罐头
68	非及图	大连非得生物产业有限公司	第30类:非医用营养胶囊
69	GONA	大连光洋科技工程有限公司	第9类:用于计算器操作仪器的机械装置、工业操作遥控电力装置、工业操作遥控电器设备
70	裕祥 YUXIANG 及图	大连裕祥科技集团有限公司	第2类:涂料
71	滨农 BINNONG	山东滨农科技有限公司	第5类:除草剂
72	越橘庄园 YUAJU-ZHUANGYUAN	黑龙江兴安红酒有限公司	第33类:蓝莓酒
73	榆缆 CYC 及图	榆缆线缆集团有限公司	第9类:电线、电缆
74	NRB	常州光洋轴承有限公司	第7类:轴承(机器零件)、传动轴承
75	振隆 ZLTC 及图	阜新振隆土特产有限公司	第29类:加工过的瓜子、精制坚果仁
76	古丈毛尖及图	古丈茶业发展研究中心	第30类:茶叶
77	焱鑫 YAN XIN 及图	江阴市石油化工设备有限公司	第11类:锅炉
78	兴钢	河北长安塑胶有限公司	第18类:人造革、仿皮、仿皮革
79	南回及图	南通回力橡胶有限公司	第17类:再生胶
80	君乐宝 JUNLEBAO 及图	石家庄君乐宝乳业有限公司	第29类:酸奶、牛奶、牛奶饮料(以牛奶为主)
81	多维及图	北京多维联合轻钢板材(集团)有限公司	第6类:建筑用金属板

续表

序号	商标	注册人/所有人	类别及使用商品/服务
82	怡莲及图	北京怡莲礼业科技发展有限公司	第24类:被子
83	博依格	北京金鹰羊绒制衣有限公司	第25类:毛衣
84	大丰王	山东大丰机械有限公司	第7类:联合收割机
85	东方	滨州东方地毯有限公司	第27类:地毯
86	红相、HX及图	厦门红相电力设备股份有限公司	第9类:电度表、成套电器校验装置、电测量仪器
87	康乐佳	厦门康乐佳运动器材有限公司	第28类:锻炼身体器械
88	金太阳 GOLDEN SUN及图	山东太阳纸业股份有限公司	第16类:纸、卡板纸、白板纸
89	兵娟及图	山西兵娟制衣有限公司	第25类:服装、工装
90	豪盛及图	山东滨州豪盛巾被有限公司	第24类:纺织品毛巾、毛巾被
91	莫干山及图	浙江升华云峰新材股份有限公司	第19类:胶合板、贴面板、木板
92	七色花及图	华茂集团股份有限公司	第16类:教学教具、教学材料
93	紫鑫	吉林紫鑫药业股份有限公司	第5类:中成药
94	第3147473号图形	鸿达高新技术集团有限公司	第9类:电锁
95	金士百 jinsben及图	四平金士百啤酒股份有限公司	第32类:啤酒
96	吉广	长春吉广集团有限公司	第35类:广告代理
97	新元 Xin Yuan及图	吉林新元木业有限公司	第19类:木制地板
98	佳瑞龙及图	长春市佳龙农牧食品发展有限公司	第29类:香肠
99	王振国	吉林省通化振国药业有限公司	第5类:人用药(中成药)

续表

序号	商标	注册人/所有人	类别及使用商品/服务
100	第877986号图形	吉林粮食集团米业有限公司	第30类:谷类制品
101	银桥及图	西安银桥生物科技有限责任公司	第29类:牛奶制品、奶粉(奶制品)
102	DonLim	广东新宝电器股份有限公司	第11类:电热壶
103	苏果	苏果超市有限公司	第35类:推销(替他人)
104	anpon及图	江苏安邦电化有限公司	第5类:杀虫剂、除草剂
105	井冈牌及图	江西大井冈科技实业有限公司	第33类:酒
106	天利及图	江西天人生态工业有限责任公司	第1类:除杀菌剂、除草剂、除莠剂、杀虫剂和杀寄生虫药外的农业化学品
107	龙杉及图	福建省尤溪县三林木业有限公司	第19类:已加工木材
108	朗萨家私 NONESUCH	重庆市朗萨家私有限公司	第20类:家具
109	沂河 YIHE及图	山东华森水泥集团有限公司	第19类:水泥
110	新港木业 XINGANGMUYE及图	山东新港企业集团有限公司	第19类:胶合板
111	生态	湖南重庆啤酒国人有限责任公司(商标共有人湖南生态建设技术开发有限公司)	第32类:啤酒、无酒精饮料
112	麻阳及图	麻阳苗族自治县柑桔协会	第31类:柑桔
113	武陵	湖南武陵酒有限公司	第33类:酒
114	粒粒晶及图	湖南益阳粒粒晶粮食购销有限公司	第30类:大米
115	QUNXING及图	广东群兴玩具实业有限公司	第28类:玩具、活动玩具、智能玩具

续表

序号	商标	注册人/所有人	类别及使用商品/服务
116	颜神龙泉	山东龙泉管道工程股份有限公司	第19类:水泥管
117	申科 SK	河北申科电子股份有限公司	第9类:互感器、传感器
118	佳享 JIAXIANG 及图	成都佳享食品有限公司	第29类:猪肉食品
119	福胶及图	山东福胶集团东阿镇阿胶有限公司	第30类:阿胶、阿胶膏
120	鼎鑫 DINGXIN 及图	邢台鑫晖铜业特种线材有限公司	第9类:铜合金绞线、铜扁线
121	恩达家纺 ENDA HOMETEXEILE 及图	江西恩达家纺有限公司	第24类:苎麻织品、纺织织物、装饰织品
122	第1120085号图形	上海城隍珠宝有限公司	第14类:宝石、玉雕
123	美鱼及图	重庆新美鱼博洋铝业有限公司	第6类:铝合金型材
124	程力威	湖北程力专用汽车有限公司	第12类:洒水车
125	海底捞	四川海底捞餐饮股份有限公司	第43类:餐馆
126	高力 GAOLI	江苏高力集团有限公司	第36类:住房代理、不动产出租、产业代管
127	翠钰 JADE 及图	江苏兴业塑化股份有限公司	第1类:合成树脂塑料
128	双灯及图	胜达集团江苏双灯纸业有限公司	第16类:卫生纸
129	Fuwa	广东富华工程机械制造有限公司	第12类:车轴
130	喜燕 happy swallow	青岛天祥食品有限公司	第31类:食用油
131	佳吉快运 JIAJIEXPRESS	上海佳吉快运有限公司	第39类:汽车运输
132	辰欣	山东鲁抗辰欣药业有限公司	第5类:医药制剂(大容量注射液)

续表

序号	商标	注册人/所有人	类别及使用商品/服务
133	武汉东湖宾馆 Wuhan East Lake Hotel	武汉东湖宾馆	第43类:宾馆
134	福龙马	福建龙马环卫装备股份有限公司	第12类:清洁车
135	JNCARBON 及图	济宁碳素工业总公司	第9类:碳电极、阳极糊、碳素材料
136	红妮	青岛红妮制衣有限公司	第25类:针织服装
137	集成 jicheng 及图	晋江集成轻工有限公司	第18类:伞
138	依波 EBOHR	依波精品(深圳)有限公司	第14类:手表
139	诺奇	福建诺奇股份有限公司	第35类:推销(替他人)
140	云铝及图	云南铝业股份有限公司	第6类:铝、普通金属合金
141	第1019279号图形	红河金易文化产业发展有限责任公司	第6类:锡制工艺美术品
142	洪湖清水 The clean water of Hong Hu	洪湖市闽洪水产品批发交易市场服务有限公司	第31类:活动物
143	强久 QIANGJIU 及图	河北强久自行车配件集团有限公司	第12类:车座
144	科虹及图	山东科虹线缆有限公司	第9类:电线、电缆
145	群力及图	衡水中铁建工程橡胶有限责任公司	第17类:橡胶桥梁支座(橡胶)、止水带、橡胶防震缓冲器
146	雪天 Xuetian 及图	湖南省轻工盐业集团有限责任公司	第30类:食盐
147	北洋 BY 及图	青岛市北洋食品有限公司	第29类:鱼制食品
148	浩特 HAO TE 及图	广东浩特电器有限公司	第11类:电炊具、电压力锅(高压锅)
149	沾化冬枣 ZHANHUADONGZAO 及图	沾化县冬枣研究所	第31类:鲜枣

续表

序号	商标	注册人/所有人	类别及使用商品/服务
150	珍宝岛ZHENBAODAO 及图	黑龙江省珍宝岛制药有限公司	第5类:人用药
151	欧美尔	山东新郎欧美尔家居置业有限公司	第16类:家具
152	又一家	河北又一家饮食服务有限责任公司	第29类:非活家禽
153	娜尔思 NAERSI 及图	深圳市赢家服饰有限公司	第25类:服装
154	lantian 及图	山东蓝天首饰有限公司	第14类:银饰品、戒指(珠宝)、宝石
155	海浩	河北海浩高压法兰管件集团有限公司	第6类:金属管道配件
156	密水及图	山东邦泰散热器有限公司	第11类:散热器
157	可比克 capicao	福建达利食品集团有限公司	第29类:土豆片(油炸)
158	百味林及图	上海百味林实业有限公司	第29类:蜜饯、加工过的开心果、瓜子、花生、精制坚果仁
159	四海及图	河北四海发展股份有限公司	第31类:酿酒麦芽
160	伟盛 WEISHENG 及图	山东伟盛铝业有限公司	第6类:铝合金型材
161	射阳大米及图	射阳县大米协会	第30类:米
162	天华之星及图	江阴市天华纱业有限公司	第23类:纱、线
163	莱艺及图	山东省莱州工艺品集团有限责任公司	第20类:藤制品、草制品、草织物
164	银宝及图	山东银宝轮胎集团有限公司	第12类:轮胎
165	第592758号图形	江苏江海机床集团有限公司	第7类:剪板机、锻压机

续表

序号	商标	注册人/所有人	类别及使用商品/服务
166	中洋及图	江苏中洋集团股份有限公司	第31类:活鱼、虾(活)、贝壳类动物(活的)
167	长城	长城汽车股份有限公司	第12类:汽车
168	日照绿茶 RIZHAOLUCHA及图	日照市东港区茶叶技术协会	第30类:茶
169	春丝	江西省春丝食品有限公司	第30类:面条
170	同心牌 TONGXINPAI及图	佛山市工艺总厂有限公司	第14类:金银首饰
171	鲁中及图	山东潍坊鲁中拖拉机有限公司	第12类:拖拉机
172	黄山及图	安徽黄山恒久链传动有限公司	第7类:传动链
173	华新 HUAXIN	镇平华新地毯集团有限责任公司	第27类:地毯
174	双丰及图	山东恒丰橡塑有限公司	第12类:汽车轮胎
175	西贝 XB及图	江苏西贝电子网络有限公司	第9类:放大器、电器接插件、有线电视分支器
176	第3343067号图形	福建省泉州得盛集团有限公司	第21类:陶瓷
177	南都 Narada	浙江南都电源动力股份有限公司	第9类:蓄电池
178	景芝及图	山东景芝酒业股份有限公司	第33类:白酒
179	TiENS	天津天狮集团有限公司、天津天狮生物发展有限公司	第30类:非医用营养液、非医用营养粉、非医用营养胶囊
180	立福 LIFU及图	天津市华源工业公司	第6类:普通金属线、金属丝网、金属绳
181	第1770599号图形	内蒙古大唐药业有限公司	第5类:中药成药、生化药品
182	颜皓 YANHAO及图	陵县颜皓制粉有限公司	第30类:面粉、面条

续表

序号	商标	注册人/所有人	类别及使用商品/服务
183	豪丰 HAOFENG 及图	河南豪丰机械制造有限公司	第7类:农用机械
184	梦想 MENGXIANG 及图	河南梦想食品有限公司	第30类:饼干
185	丝宝宝及图	山东金城股份有限公司	第30类:粉丝
186	NF及图	河北南风汽车设备集团有限公司	第11类:车辆通风装置(空气调节)、车辆除霜器
187	TAISHAN及图	泰山集团股份有限公司	第11类:锅炉(非机器零件)
188	JIER	济南二机床集团有限公司	第7类:机床
189	春潮 chunchao 及图	山东春潮色母料有限公司	第2类:塑料着色母料、电缆母料
190	东平湖	瑞星集团有限公司	第1类:尿素
191	银宝 YINBAO 及图	山东银宝食品有限公司	第29类:猪肉、猪肉食品、非活家禽
192	桐昆	桐昆集团股份有限公司	第23类;纺织用纱、丝、长丝
193	龚老汉	杭州金达龚老汉特种水产有限公司	第31类:活甲鱼、甲鱼种
194	DM REFLECTIVE MATERIAL	浙江道明光学股份有限公司	第24类:反光布、反光织物
195	大佛	新昌县名茶协会	第30类:茶
196	玛吉阿米 MAKYE AME 及图	拉萨玛吉阿米餐饮连锁有限责任公司	第43类:餐厅
197	布达拉宫 POTALA PALACE 及图	西藏自治区布达拉宫管理处	第39类:观光旅游、旅游安排
198	伟特 VATE	伟特家具有限公司	第20类:办公室用家具
199	果秀	湖南果秀食品有限公司	第29类:水果罐头
200	深思 SIASE	湖南深思电工实业有限公司	第9类:开关、插座
201	插旗及图	湖南插旗菜业有限公司	第29类:腌制蔬菜、脱水菜、豆腐制品

续表

序号	商标	注册人/所有人	类别及使用商品/服务
202	太阳鸟及图	太阳鸟游艇股份有限公司	第12类:游艇
203	宝视达 BEST 及图	河南宝视达眼镜(连锁)有限公司	第44类:眼镜行
204	圣起及图	中原圣起有限公司	第7类:起重机
205	永隆	平遥县永隆漆艺有限公司	第20类:漆器工艺品
206	长庆 CHANGQING 及图	长庆石油勘探局	第42类:石油勘探
207	JINQIAO 及图	吉林森工金桥地板集团有限公司	第11类:地板
208	广泽	吉林省乳业集团广泽有限公司	第29类:牛奶
209	泉阳泉 QUANYANGQUAN 及图	吉林森工集团泉阳泉饮品有限公司	第32类:矿泉水
210	皇沟及图	河南皇沟酒业有限责任公司	第33类:白酒
211	第3506919号图形	河北省沧州恒通管件制造有限公司	第6类:金属管道配件、金属管道弯头
212	太龙 TAILONG	河南太龙药业股份有限公司	第5类:医药制剂
213	牛头 NIU TOU 及图	江苏江南高纤股份有限公司	第22类:纤维纺织原料、纺织品纤维
214	依丽兰 EVENILAND 及图	保定永安家具材料有限公司	第20类:家具、沙发
215	印象刘三姐 IMPRESSION SANJIE LIU	桂林广维文华旅游文化产业有限公司	第41类:组织表演(演出)
216	第1194849号图形	深圳市南洋金象实业发展有限公司	第14类:钻石、装饰品(宝石)、宝石

续表

序号	商标	注册人/所有人	类别及使用商品/服务
217	东方海洋 ORIENTAL OCEAN 及图	山东东方海洋科技股份有限公司	第 29 类:鱼制食品、海带
218	亚泰及图	河北省亚泰电化有限公司	第 1 类:高氯酸钠、过硫酸钠、过硫酸铵
219	豫飞	河南起重机器有限公司	第 7 类:起重机
220	新鸽 XINGE 及图	河南新鸽摩托车有限公司	第 12 类:摩托车、电动三轮车、机动三轮车
221	双凤 Shuangfeng 及图	郑州市双凤鞋业有限公司	第 25 类:皮鞋
222	第 1607845 号图形	安徽鲁班建设投资集团有限公司	第 37 类:建筑
223	贴心服务 TIE XIN FU WU 及图	陕西汽车集团有限责任公司	第 37 类:车辆维修
224	高力登 GD 及图	广东高登铝业有限公司	第 6 类:金属窗框、金属天花板
225	建发、C&D	厦门建发集团有限公司	第 35 类:进出口代理
226	铁刹山	辽宁铁刹山酒业有限责任公司	第 33 类:白酒
227	嬴德及图	开原市嬴德肉禽有限责任公司	第 29 类:冻肉鸡
228	天龙	辽宁天龙药业有限公司	第 5 类:人用药
229	宏运 HONGYUN	宏运集团有限公司	第 37 类:商品房建造、建筑
230	第 3123497 号图形	沈阳兴大通仪器仪表有限公司	第 7 类:石油开采、石油精炼工业用机器设备
231	红山 HS 及图	天水红山试验机有限公司	第 9 类:材料检验仪器和机器、测力计、测量仪器
232	丛林河及图	丛林集团有限公司	第 19 类:水泥
233	林海 LINHAI	江苏林海动力机械集团公司	第 7 类:林业机械、内燃机
234	华冶及图	辽宁华冶集团发展有限公司	第 9 类:配电箱、变压器

续表

序号	商标	注册人/所有人	类别及使用商品/服务
235	FUZHENG	甘肃扶正药业科技股份有限公司	第 5 类:中药成药
236	雷诺	深圳市雷诺表业有限公司	第 14 类:钟表
237	KH 及图	云南冶金力神重工有限公司	第 7 类:起重机
238	斗南 DOUNAN 及图	云南文山斗南锰业股份有限公司	第 6 类:锰
239	红苹果	深圳天诚家具有限公司	第 20 类:家具
240	巴龙	青岛巴龙集团有限公司	第 25 类:服装
241	豪迈 Haomai 及图	盐城豪迈照明科技有限公司	第 11 类:灯、电灯
242	全工及图	河北全工钢锉产销有限公司	第 8 类:锉刀
243	绿之韵 Green Charm 及图	绿之韵生物工程集团有限公司	第 35 类:推销(替他人)
244	宾之郎 BIN ZHI LANG	湖南宾之郎食品有限公司	第 29 类:槟榔
245	长康	湖南省长康实业有限责任公司	第 30 类:醋、酱油、辣椒酱
246	心连心及图	心连心集团有限公司	第 35 类:推销(替他人)
247	锦屏及图	湖北三峡新型建材股份有限公司	第 19 类:建筑玻璃
248	黑旋风 HXF 及图	黑旋风锯业股份有限公司	第 7 类:石材切割圆锯片
249	第 133496 号图形	武汉力诺化学集团有限公司	第 2 类:各种油漆
250	匡通	湖北匡通电子有限公司	第 9 类:光电管
251	友搏及图	牡丹江友搏药业有限责任公司	第 5 类:人用药

续表

序号	商标	注册人/所有人	类别及使用商品/服务
252	怀泉 HuaiQuan	江西省环球陶瓷有限公司	第21类:日用陶瓷(包括盆、碗、盘、壶、餐具、缸、坛、罐)
253	第104191号图形	昆明制药集团股份有限公司	第5类:新药成药
254	西南铝	西南铝业(集团)有限责任公司	第6类:未加工或半加工普通金属、铁路金属材料
255	龙须及图	龙口龙须粉丝有限公司	第30类;粉丝(条)
256	欣菱及图	安徽华菱电缆集团有限公司	第9类:电线、电缆
257	娅丽达及图	郑州市娅丽达服饰有限公司	第25类:服装
258	精益	甘肃宏达铝型材有限公司	第6类:普通金属合金
259	茅贡及图	贵州茅贡米业有限公司	第30类:大米
260	迪沙 DISHA 及图	迪沙药业集团有限公司	第5类:人用药、原料药、医药制剂
261	爱特福84及图	江苏爱特福84股份有限公司	第5类:消毒剂
262	文山三七 WENSHAN SANQI 及图	文山壮族苗族自治州三七特产局	第5类:三七
263	绒典 RONGDIAN	宁夏嘉源绒业集团有限公司	第25类:服装、针织服装、披肩、围巾
264	泽光 zeguang 及图	宁夏大北农饲料科技有限公司	第31类:饲料
265	金力成 GOLDLECH	宁夏力成电气集团有限公司	第9类:高低压配电设备、变压器
266	中川及图	成都华蜀珠宝首饰有限公司	第14类:小饰物(珠宝)、宝石(珠宝)
267	中国东方航空 CHINA EASTERN 及图	中国东方航空股份有限公司	第39类;空中运输、旅客运送、卸货、送货

续表

序号	商标	注册人/所有人	类别及使用商品/服务
268	NABEL	杭州诺贝尔集团有限公司	第19类:瓷质墙地砖
269	龙泉青瓷	龙泉市青瓷行业协会	第21类:瓷艺术品
270	三替	杭州三替服务集团有限公司	第37类:下水道疏通服务、下水道修理服务、电器设备的安装、电器设备的修理
271	新安源有机茶及图	黄山市新安源有机茶开发有限公司	第30类:茶叶
272	杰事杰 GENIUS及图	上海杰事杰新材料(集团)股份有限公司	第1类;聚丙烯、合成树脂塑料
273	几江	重庆市江津酒厂(集团)有限公司	第33类:白酒
274	鸿茅及图	内蒙古鸿茅实业股份有限公司	第5类:药酒
275	三圣	重庆三圣特种建材股份有限公司	第1类:混凝土膨胀剂
276	宝珍	四川安泰茧丝绸集团有限公司	第23类:厂丝、绢丝、弹力丝(纺织用)
277	超臣 CHAO CHEN及图	广安市超臣实业有限公司	第7类:洗衣机、洗衣甩干机
278	东方红 DONGFANGHONG	四川绵竹剑南春酒厂有限公司	第33类:白酒
279	瑞麒 Swiky	深圳市瑞麒珠宝首饰有限公司	第14类:宝石(珠宝)
280	宝岛及图	宝岛眼镜商业咨询有限公司	第44类:眼镜行
281	苏利 SULI及图	江阴苏利科技有限公司	第1类:间苯二甲腈、十溴二苯醚
282	迪邦 DIBANG	常州迪邦纺织有限公司	第23类:纱、线、棉线和棉纱
283	古城及图	新疆第一窖古城酒业有限公司	第33类:白酒

续表

序号	商标	注册人/所有人	类别及使用商品/服务
284	宝光 B 及图	西宁宝光金银首饰实业总公司	第 14 类:宝石、装饰品(宝石)
285	运及图	广州市红太阳机动车配件有限公司	第 12 类:货车(车辆)、运货车
286	星光达 XINGGUANGDA 及图	深圳市星光达珠宝首饰实业有限公司	第 14 类:戒指(珠宝)、项链(宝石)、链(珠宝)
287	第 5583803 号图形	海南威特电气集团有限公司	第 9 类:高低压开关板、变压器
288	智通人才 CHITONE	广东智通人才连锁股份有限公司	第 35 类:职业介绍、人才招收、人才信息咨询
289	富全 FUQUAN 及图	新疆富全新科种业有限责任公司	第 31 类:植物种子

国家工商总局商标评审委员会在商标异议复审、争议案件中认定的驰名商标

(2011 年 11 月 29 日公布)

序号	商标	注册人/所有人	类别	使用商品/服务
1	石雁及图	福建金鑫钨业股份有限公司	1	钨酸、碳化钨、钨酸铵、钨酸钙、三氧化钨
2	新天龙及图	吉林省新天龙酒业有限公司	1	酒精
3	SANWEI 及图	山西三维集团股份有限公司	1	纤维用聚乙烯醇、聚乙烯醇树脂、聚醋酸乙烯乳液、1.4－丁炔二醇
4	雅士利	雅士利涂料(苏州)有限公司	2	油漆、涂料(油漆)
5	蓝浪及图	大同市蓝浪洗涤剂有限责任公司	3	洗衣膏
6	倍舒特	北京倍舒特妇幼用品有限公司	5	卫生巾

续表

序号	商标	注册人/所有人	类别	使用商品/服务
7	九惠 JIUHUI 及图	惠州市九惠制药股份有限公司	5	中药成药
8	护彤	哈药集团制药六厂	5	针剂、片剂、水剂、药物胶囊
9	瑞捷	宜昌人福药业有限责任公司	5	人用药(麻醉药品)
10	先声	江苏先声药业有限公司	5	口服液、片剂、胶囊
11	白敬宇及图	南京白敬宇制药有限责任公司	5	药品
12	圣和	南京圣和药业有限公司	5	人用药
13	九泰	锦州九泰药业有限责任公司	5	片剂(对乙酰氨基氛片、去痛片)
14	美大康	四川美大康药业股份有限公司	5	胶囊
15	三祥	福建三祥工业新材料有限公司	6	耐磨金属、硅铁、普通金属合金、普通金属锭
16	尧字及图	河北远大阀门集团有限公司	6	阀门
17	江鹰及图	江阴市镍网厂有限公司	6	圆筒印花镍网
18	精大	浙江精工钢结构有限公司	6	钢结构建筑
19	DF 及图	宁波明欣化工机械有限公司	6	金属容器
20	安拓 ARROW 及图	宁波安拓实业有限公司	6	螺丝、螺帽、铆钉
21	南方路机 NFLG 及图	福建南方路面机械有限公司	7	混凝土搅拌机(机器)、搅拌机(建筑)
22	恒联 HL 及图	广东恒联食品机械有限公司	7	制食品用电动机械

续表

序号	商标	注册人/所有人	类别	使用商品/服务
23	第 1523042 号图形	沈阳机床股份有限公司	7	机床
24	金汇及图	山东省汇丰机械集团总公司章丘市铸造厂	7	铸造机械
25	超迪及图	四川超迪电器实业有限公司	7	洗衣机
26	新界牌及图	浙江新界泵业股份有限公司	7	水泵
27	京东方	京东方科技集团股份有限公司	9	半导体器件、监视器(计算机硬件)、计算机
28	PROSUN、保圣	厦门全圣实业有限公司	9	眼镜、眼镜框
29	LAX SONICSOLUTION 及图	广州市锐丰音响科技股份有限公司	9	功放机、音箱
30	恒飞 HENG FEi 及图	衡阳恒飞电缆有限责任公司	9	电线、电缆、漆包线
31	奥林特	扬州奥林特梯缆有限责任公司	9	电缆、电线
32	舒曼 shuman	江苏远大光学科技有限公司	9	眼镜、眼镜玻璃
33	斯沃 SIWO	沈阳斯沃电器有限公司	9	电开关、熔断器
34	HUATONG 及图	丹东华通测控有限公司	9	仪表元件和仪表专用材料、感应器(电)、电度表、电测量仪器
35	第 3779260 号图形	四川明星电缆股份有限公司	9	电缆
36	川消	四川森田消防装备制造有限公司	9	消防车
37	豪意 HEE 及图	浙江豪意电器有限公司	9	电开关、插座

续表

序号	商标	注册人/所有人	类别	使用商品/服务
38	川仪	重庆川仪自动化股份有限公司	9	空气分析仪器、锅炉控制仪器、测压仪器、温度指示计、电动调节设备、配电箱(电)、电动自动化装置
39	杰士邦	武汉杰士邦卫生用品有限公司	10	避孕套
40	九牧 JOMOO	九牧集团有限公司	11	龙头、浴室装置
41	FIREFLY	厦门市东林电子有限公司	11	节能灯
42	WENTON 及图	福建新文行灯饰有限公司	11	照明器、灯、灯罩、照明器械及装置
43	汾江	佛山电器照明股份有限公司	11	照明灯、白炽灯
44	华艺及图	中山市华艺灯饰照明股份有限公司	11	灯(室内装饰灯具)
45	雪莱特	广东雪莱特光电科技股份有限公司	11	汽车灯
46	中意及图	湖南华良电器实业有限公司	11	冰箱、冰柜
47	樱花 SAKURA 及图	樱花卫厨(中国)股份有限公司	11	排油烟机、电热水器、厨房炉灶
48	太阳宝	江苏太阳宝新能源有限公司	11	太阳能热水器
49	YASHIPS	江苏亚示照明灯具有限公司	11	灯、照明器
50	金笛及图	泉州市艺达车用电器有限公司	12	车辆喇叭、汽车电启动器
51	xds	深圳市喜德盛自行车有限公司	12	自行车
52	裕成 YUCHENG 及图	江苏裕成电子有限公司	12	自行车发动机

续表

序号	商标	注册人/所有人	类别	使用商品/服务
53	沈飞	沈阳飞机工业(集团)有限公司	12	飞机
54	王野	浙江台州市王野动力有限公司	12	摩托车
55	美洁 MEIJIE 及图	宁夏美洁纸业股份有限公司	16	卫生纸、纸巾
56	凤凰树及图	汇胜集团股份有限公司	16	砂管纸(砂管原纸)
57	雷朋	厦门彰泰隔热膜有限公司	17	隔热纸、滤光隔热片、汽车隔热片
58	kasen、卡森 kasen 及图	浙江卡森实业有限公司	18	皮革和人造皮革、(动物)皮
59	第 1815336 号图形	嘉华建材(福建)有限公司	19	非金属门、非金属门板、非金属门框
60	楼兰 lola	佛山市方圆陶瓷有限公司	19	瓷砖、非金属地板砖、建筑用非金属墙砖
61	巨宁及图	湖北巨宁森工股份有限公司	19	纤维板、树脂复合板
62	中财 ZHONGCAI	浙江中财管道科技股份有限公司	19	建筑用塑料管、非金属建筑材料
63	亚伦	亚伦(中国)有限公司	20	树脂工艺品
64	玮兰	重庆玮兰床垫家具有限公司	20	弹簧床垫
65	东方骆驼 EASTERN CAMEL	东方骆驼制衣织造(中国)有限公司	25	服装
66	太和	武汉太和实业有限公司	25	服装
67	月龙 YUELONG	江苏月龙服饰有限公司	25	衣物、茄克、裤子、西服制服、童装、运动衣、皮衣(服装)
68	桑扶兰及图	大连桑扶兰实业有限公司	25	乳罩、内裤(服装)内衣

续表

序号	商标	注册人/所有人	类别	使用商品/服务
69	金菜地 JINCAIDI 及图	马鞍山市黄池食品(集团)有限公司	29	豆腐制品、酱菜
70	海阳及图	宁德市南阳实业有限公司	29	猪肉食品
71	SHG 及图	石家庄双鸽食品有限责任公司	29	熟肉制品、烧鸡
72	枣博士	好想你枣业股份有限公司	29	干枣
73	榆园及图	沈阳榆园食品工业有限公司	29	酸菜
74	广天牌及图	辽宁广天食品有限公司	29	罐头
75	宝迪 BAODI 及图	天津宝迪农业科技股份有限公司	29	肉、猪肉食品
76	古船、第 1276464 号图形	北京京粮股份有限公司	30	面粉、谷类制品
77	老干妈	贵阳南明老干妈风味食品有限责任公司	30	豆豉、辣椒酱(调味)、炸辣椒油
78	瑞年	无锡瑞年实业有限公司	30	非医用营养品(氨基酸)
79	康福	沈阳康福食品有限公司	30	面包、糕点
80	康麦斯、K-Max 及图	上海康麦斯保健品有限公司	30	非医用营养胶囊、非医用营养颗粒
81	味好美	上海味好美食品有限公司	30	调味品
82	庶人坊	四川南溪庶人食品有限公司	30	豆制品
83	贡 gong 及图	杭州西湖龙井茶叶有限公司	30	茶叶
84	百赢	沈阳波音饲料有限公司	31	饲料

续表

序号	商标	注册人/所有人	类别	使用商品/服务
85	蟒及图	四川龙蟒集团有限责任公司	31	饲料
86	泸池	泸州老池酒业集团有限公司	33	酒(饮料)
87	叙府及图	四川省宜宾市叙府酒业有限公司	33	酒
88	动感地带、M－ZONE	中国移动通信集团公司	38	移动电话通讯、电话通讯
89	安得 ANNTO 及图	芜湖安得物流股份有限公司	39	运输、贮藏、货运服务项目
90	XIAGC	厦门国际航空港集团有限公司	39	空中运输、航行安排、运货
91	九鼎及图	浙江九鼎建筑装饰工程有限公司	37	室内装潢、室内外油漆
92	温都水城及图	北京宏福建工集团有限公司	41	提供娱乐场所
93	第 983770 号图形、舒友、舒友及图	厦门市舒友海鲜大酒楼有限公司	42	餐馆、饭店
94	HERMES 及图	爱马仕国际	18、25	皮包、钱包、手提包、服装
95	A. O. 史密斯	A. O. 史密斯公司	11	热水器
96	ESPRIT	埃斯普利特国际公司	25	服装
97	碧柔	花王株式会社	3	洗面奶、卸妆剂、洁肤泡沫和身体用香波
98	brother	兄弟工业株式会社	9	传真机
99	LG 及图	株式会社 LG	7、9、11	洗衣机、电话装置、电视装置、显示器、冰箱、空调机、微波炉(蒸调用)
100	NESTLE、Nestle 及图、雀巢	雀巢产品有限公司	5	婴儿食品

国家工商总局商标局在异议程序中认定的驰名商标

(2011年11月29日公布)

序号	商标	注册人/所有人	类别	使用商品/服务
1	越峰及图	绍兴纺织机械集团有限公司	7	纺织工业用机械
2	康恩贝	浙江康恩贝医药销售有限公司	5	医药制剂;中西成药
3	双童及图	义乌市双童日用品有限公司	20	饮用塑料吸管
4	天邦 TECH-BANK 及图	宁波天邦股份有限公司	31	动物饲料
5	陈李济	广州医药集团有限公司	5	中药成药
6	日丰	中山市日丰电缆制造有限公司	9	电缆
7	金灶	广东海利集团有限公司	11	电热壶
8	三角牌 TRIANGLE 及图	广州轻出集团有限公司	11	电饭锅
9	春保及图	厦门春保精密钨钢制品有限公司	6	未加工或半加工的钨、粉末冶金、金属杆
10	QSA	厦门求实智能网络设备有限公司	9	报警器、电动关门器
11	花秋	四川省花秋茶业有限公司	30	茶
12	多联及图	四川多联实业有限公司	17	难燃 RVC 塑料电线导管及配件
13	老拨云堂 LAOBOYUNTANG	楚雄老拨云堂药业有限公司	5	人用药、中药成药
14	大益	勐海茶厂	30	茶叶

续表

序号	商标	注册人/所有人	类别	使用商品/服务
15	洁能	山东洁能集团有限公司	3	洗涤剂;洗衣浆粉;去污粉
16	金沂蒙及图	金沂蒙集团有限公司	1	醋酸乙酯
17	生信 SHENGXIN 及图	安徽生信铝业集团有限公司	6	金属建筑材料
18	华康	湖南省华康食品有限责任公司	29	芝麻油
19	华光 HUAGUANG 及图	乐凯华光印刷科技有限公司	1	印刷制版胶片、印刷用感光板
20	康比特	北京康比特体育科技股份有限公司	30	非医用营养液
21	优酸	内蒙古伊利实业集团股份有限公司	29	牛奶饮料(以牛奶为主)
22	恒远 HENGYUAN 及图	恒力集团有限公司	23	弹力丝(纺织用);长丝
23	恒宇	河北恒宇橡胶制品集团有限公司	17	非金属软管
24	旺仔	宜兰食品工业股份有限公司	29 30	饼干;糖果;米果 果子冻;牛奶制品
25	轩尼诗	法国轩尼诗公司	33	含酒精饮料(啤酒除外)
26	威露士	卢赫思国际有限公司	5	消毒剂
27	阿尔卑斯	不凡帝范梅勒有限公司	30	糖果
28	哈根达斯	美国通用磨坊食品公司	30	冰淇淋

国家工商总局商标局在商标管理案件中认定的驰名商标350件

(2011年11月29日公布)

序号	商标	注册人/所有人	类别	使用商品/服务
1	安石集团及图	湖南安石企业(集团)有限公司	4	焦炭、煤
2	北奔	包头北奔重型汽车有限公司	12	卡车、汽车、大客车
3	东方电气;DEC及图	中国东方电气集团有限公司	7	汽轮机、电站用锅炉及其辅助设备;汽轮机
4	安化黑茶及图	安化县茶叶协会	30	茶
5	法恩莎FAENZA	佛山市法恩洁具有限公司	11	浴室装置、澡盆、抽水马桶
6	埃美柯;AM	宁波埃美柯铜阀门有限公司	6	金属阀门(非机器零件)
7	甘岭及图	广东金岭糖业集团有限公司	30	白砂糖、赤砂糖
8	爱迪生	广州海鸥卫浴用品股份有限公司	6	金属阀门(非机器零件)
9	果维康	石药集团有限公司	30	非医用营养片
10	爱诺法赛	南京爱诺法赛木业制造有限公司	19	地板
11	恒顺	江苏恒顺醋业股份有限公司	30	酱油、醋、调味品
12	奥德赛及图	南京奥赛康医药集团有限公司	5	人用药
13	華旗	天津市华旗食品有限公司	32	果茶、果汁
14	百成baicheng及图	洛阳百成内燃机配件有限公司	7	内燃机配件
15	佰草集HERBORIST及图	上海家化联合股份有限公司	3	化妆品,香精油

续表

序号	商标	注册人/所有人	类别	使用商品/服务
16	淮海 HUAIHAI 及图	淮海车辆集团有限公司	12	三轮车
17	半球 BANQIU	山东半球面粉有限公司	30	面粉、面条
18	金宇	山东金宇轮胎有限公司	12	车辆轮胎
19	宝光及图	陕西宝光集团有限公司、陕西宝光真空电器股份有限公司	9	真空开关管、真空接触器（电器控制装置）、高压防爆配电装置
20	梦之蓝	江苏洋河酒厂股份有限公司	33	白酒
21	宝源	湖北宝源集团有限公司	19	纤维板、木地板、贴面板
22	千足	浙江山下湖珍珠集团股份有限公司	14	珍珠、装饰品（珠宝）
23	北国之春 THESPRINGOFNORTH	青岛千惠绣品有限公司	24	床罩、被子、床上亚麻制品
24	青田石雕 QINGTIANSHIDIAO 及图	青田县石雕行业管理办公室	19	石头雕刻工艺品
25	贝柔	东莞市白天鹅纸业有限公司	16	纸巾、卫生纸、纸制和纤维制婴儿尿裤（一次性）
26	盛大、SHANDA	上海盛大网络发展有限公司	41	提供在线游戏
27	博际及图	江苏博际喷雾系统有限公司	6	金属喷嘴、金属喷头
28	爽歪歪	杭州娃哈哈集团有限公司	32	无酒精饮料
29	博林特	沈阳博林特电梯股份有限公司	7	电梯（升降机）、可移动楼梯（自动扶梯）、移动楼梯（滚梯）

续表

序号	商标	注册人/所有人	类别	使用商品/服务
30	沱 tuopai 及图	四川沱牌曲酒股份有限公司	33	白酒
31	步人	步人集团有限公司	25	袜子
32	柴達木	柴达木羊绒有限公司	25	服装
33	长强及图	江阴市长达钢铁有限公司	6	金属建筑材料、钢条
34	常山胡柚	常山县胡柚产销行业协会	31	胡柚
35	常欣 CHANGXIN 及图	常州市常欣电子衡器有限公司	7	超载限制器
36	超大 CHAODA 及图	湖南创新生物科技有限公司	31	饲料
37	川及图	成都成量工具集团有限公司	7	螺纹加工刀具
38	春风 CHUN FENG 及图	甘肃春风纺织(集团)有限责任公司	23	绒线
39	大国	巢湖大国地板有限公司	19	木地板
40	大卫及图	苏州大卫木业有限公司	19	地板,木板材条
41	大禹 DAYU 及图	辽宁大禹防水科技发展有限公司	19	防水卷材
42	丹姿 DANZI 及图	广州市白云联佳精细化工厂	3	化妆品、洗面奶、洗发液
43	德氏 Deshi 及图	沈阳德氏冷饮食品有限公司	30	冰淇淋
44	德意	德意控股集团有限公司	11	厨房用抽油烟机、消毒碗柜、燃气具用调节和安全附件
45	第983166号图形、永德信	浙江永德信铜业有限公司	6	金属水管阀、金属阀门

续表

序号	商标	注册人/所有人	类别	使用商品/服务
46	东旭及图	宁国市东方碾磨材料有限责任公司	6	低铬合金铸体、高铬合金铸铁、耐磨金属
47	敦煌飞天	甘肃省敦煌种业股份有限公司	31	植物种子
48	多喜爱 Dohia 及图	湖南多喜爱纺织科技有限公司	24	床上用品
49	鄂尔多斯及图	内蒙古鄂尔多斯酒业集团有限公司	33	白酒
50	二叶 ERYE 及图	苏州二叶制药有限公司	5	西药
51	飞虹 FH 及图	四川中胜飞虹轴瓦有限公司	7	轴瓦
52	烽火 FENGHUO 及图	陕西烽火电子股份有限公司	9	录音机、收音机、扩音器
53	复美欣	东北制药集团股份有限公司	5	片剂、粉针剂、胶囊剂
54	富春江 FU CHUN JIANG 及图	浙江省桐庐汇丰生物化工有限公司	5	井冈霉素
55	富世康及图	肥城富世康工贸有限公司	30	面粉
56	赣南脐橙及图	赣州市赣南脐橙协会	31	柑橘
57	宫殿及图	湖北幸福铝材有限公司	6	铝型材
58	關公坊	宜昌关公酒业有限公司	33	酒(饮料)
59	光临 GUANGLIN 及图	江西华茂保健品开发有限公司	30	蜂蜜
60	硅谷及图	河北硅谷化工有限公司	1	硅、液态橡胶、钻探泥浆化学添加剂
61	国风 Growful	青岛国风药业股份有限公司	5	人用药、医用药草、医药生物制剂

续表

序号	商标	注册人/所有人	类别	使用商品/服务
62	国强及图	江苏国强工具有限公司	7	电动手工具、切割机、电锤
63	海尔曼斯	南京海尔曼斯集团有限公司	25	服装、针织服装
64	海陆 HAILU 及图	江苏海陆装饰有限公司	6	金属建筑材料
65	海南岛	海南岛屿经济开发有限公司	32	果汁饮料(饮料)
66	海湾 HAIWAN 及图	大连复州湾盐场	30	食用盐
67	寒地黑土 COLD ZONE BLACK GLEBE 及图	黑龙江寒地黑土农业物产集团有限公司	30	谷类制品
68	韩城大红袍花椒 HCDHPHJ 及图	韩城市花椒销售协会	30	花椒(调味品)
69	翰园碑林及图	李公涛(开封中国翰园碑林有限责任公司)	41	公共游乐场、碑林
70	瀚华 HANHUA 及图	瀚华担保集团有限公司	36	担保、金融服务
71	豪森	江苏豪森医药集团有限公司	5	人用药、原料药、补药(药)
72	好波及图	安徽好波国际内衣有限公司	25	针织(服装)内衣
73	好迪 haodi 及图	成都好迪家具有限公司	20	家具
74	好主人	通威集团有限公司	31	宠物食品
75	合众思壮	北京合众思壮科技股份有限公司	9	导航仪器、卫星导航仪器
76	和田玉枣 HETIAN JADE DATE	和田玉枣产业协会	29	干枣
77	和玉缘及图	北京和玉缘和田玉宝玉石有限公司	14	玉雕、玉雕首饰

续表

序号	商标	注册人/所有人	类别	使用商品/服务
78	恒安及图	潍坊恒安散热器集团有限公司	7	内燃机配件
79	恒盾及图	湖南恒盾集团有限公司	21	切菜板、铁木筷
80	恒力及图	衡水橡胶股份有限公司	17	桥梁橡胶支座（衬垫）、桥梁伸缩装置（橡胶衬垫）、止水橡皮（垫）
81	红 99	重庆红九九食品有限公司	30	调味品
82	红杜鹃 hongdujuan 及图	井冈山市映山红瓷业有限公司	21	日用瓷器
83	红官窑	湖南华联瓷业股份有限公司	21	瓷器、陶瓷、日用瓷器
84	红叶及图	大连红叶餐饮有限公司	42	餐馆
85	宏昌天马	三河市新宏昌专用车有限公司	12	翻斗车
86	鸿兴源 HXY 及图	山东鸿兴源食品有限公司	30	调味品
87	华德及图	合肥合锻机床股份有限公司	7	液压机
88	华鼎	义乌华鼎锦纶股份有限公司	23	长丝、纺织用弹性纱和线
89	华纳 HUANA	远大中联控股集团有限公司	9	高低压开关柜、变压器、电开关
90	华曦 huaxi 及图	昆明华曦牧业集团有限公司	29	蛋、咸蛋
91	华夏未来及图	天津市华夏未来文化艺术基金会	41	教学、培训
92	华致	华致酒行连锁管理有限公司	35	进出口代理、推销（替他人）、替他人作中介（替其他企业购买商品或服务）

续表

序号	商标	注册人/所有人	类别	使用商品/服务
93	華蘭及图	江苏华兰药用新材料股份有限公司	17	橡皮塞子
94	黄龙洞	黄龙洞投资股份有限公司	39	旅游安排
95	吉天利 JTL	山西吉天利科技实业有限公司	9	蓄电池、电池
96	济重及图	济南重工股份有限公司	7	选矿用机械
97	家丰及图	永安市大地竹业有限公司	21	厨房用切菜板
98	江滨; 第1297064号图形	湖南江滨机器(集团)有限责任公司	7	发动机活塞、发动机油泵、齿轮
99	江晟及图	江门市江晟电机厂有限公司	7	泵(机器)、电动机、减速机
100	捷西及图	长沙市捷西实业有限公司	20	家具
101	金箍 JINGU 及图	焦作制动器股份有限公司	7	制动器、推动器
102	金花	金花企业(集团)股份有限公司	5	人用药
103	金煌	童彬原(长沙市金煌建筑装饰有限公司)	37	建筑施工监督、建筑
104	金鸡	沈阳华美畜禽有限公司	29	鸡肉
105	金萌蘇浙匯 KINGMANG 及图	上海金萌苏浙汇餐饮有限公司	43	餐馆
106	金侨集团 JINQIAOGROUP 及图	金侨投资控股集团股份有限公司	37	商品房建造
107	金沙河	河北金沙河面业有限责任公司	30	面条、食用面粉
108	金霞	湖南金霞粮食产业有限公司	30	米

续表

序号	商标	注册人/所有人	类别	使用商品/服务
109	金字及图	肥城金塔机械有限公司	7	蒸馏塔
110	炯龙 JIONGLONG 及图	湖南金龙电缆有限公司	9	电线、电缆
111	九洲普惠 POPULA 及图	佛山市南海九洲普惠风机有限公司	11	排气风扇、风扇(空气调节)、风扇鼓风机(空调部件)
112	久及图	辽宁天久信息科技产业有限公司	9	信息处理机(中央处理装置)、闪光灯(信号灯)
113	久盛 jiusheng	久盛地板有限公司	19	地板
114	玖久及图	江苏玖久丝绸股份有限公司	22	生丝
115	科行 KE HANG 及图	江苏科行国际工程集团有限公司	7	选粉机、除尘机、收尘器
116	口味王	益阳市口味王槟榔有限责任公司	29	槟榔(加工过的坚果)
117	来伊份及图	上海来伊份股份有限公司	29	水果蜜饯、精制坚果仁、肉脯
118	兰花 LANHUA 及图	天津市天塑科技集团有限公司第二塑料制品厂	17	塑料薄膜
119	瑯琊台及图	青岛琅琊台集团股份有限公司	33	白酒
120	劳动及图	郑州兰博尔科技有限公司	5	农药
121	老苗及图	青铜峡市清真食品有限责任公司	30	糕点、蛋糕、饼干
122	李文及图	湖南李文食品有限公司	29	蔬菜罐头、水果罐头
123	力捷迅	福建省闽东力捷迅药业有限公司	5	人用药、针剂、中药成药

续表

序号	商标	注册人/所有人	类别	使用商品/服务
124	力诺瑞特	山东力诺瑞特新能源有限公司	11	太阳能集热器、太阳能热水器
125	利达 LIDA 及图	天津利金粮油股份有限公司	30	面粉
126	利家居陶瓷	广东强辉陶瓷有限公司	19	非金属地板砖、建筑用非金属墙砖
127	利生 LISHENG 及图	山东利生面业(集团)有限公司	30	面粉、挂面
128	联谊及图	青岛联谊木业集团有限公司	19	木质地板
129	聯橋 LIC 及图	威海市联桥国际合作集团有限公司	35	职业介绍、人员招收、进出口代理
130	良仁 LIANGREN	湖北省潜江市华山水产食品有限公司	29	鱼(非活的)、龙虾(非活)
131	菱湖及图	合肥菱湖家具有限公司	20	家具、办公用家具
132	柳绿 LLPJ 及图	常州市武进五洋纺织机械有限公司	24	纺织织物、布、编织织物
133	柳青及图	沪江控股集团有限公司	23	缝纫线
134	柳疃 LIUTUAN	昌邑华达织造有限公司	24	印花棉布
135	六维物流及图	江苏六维物流设备实业有限公司	6	金属支架、金属装卸货盘、金属建筑结构
136	龍波及图	安徽龙波电气有限公司	9	断路器、配电箱、电开关
137	鲁方及图	东营方圆有色金属有限公司	6	铜、电解铜
138	绿升	四川天源油橄榄有限公司	29	食用橄榄油
139	玛丽	武汉玛丽文化用品有限公司	16	印刷品、练习本、复印纸

续表

序号	商标	注册人/所有人	类别	使用商品/服务
140	梅安森科技 MAS	重庆梅安森科技股份有限公司	9	计算机软件、气体检测仪、传感器
141	梅花及图	梅花生物科技集团股份有限公司	30	味精
142	湄潭翠芽	贵州省湄潭县茶业协会	30	茶
143	煤友及图	宁夏西北骏马电机制造股份有限公司	7	隔爆电动机
144	美麟 MEILIN 及图	杨永发/辽宁美麟集团有限公司	24	被子、毯子
145	美亚 MEIYA	安徽淮河化工股份有限公司	19	树脂锚固剂
146	美亚宝铝业 MEI YA BAO ALUMINUM 及图	清远市美亚宝铝业有限公司	6	金属建筑材料、金属窗框
147	梦都及图	安徽省梦都餐饮发展有限责任公司	43	餐厅、饭店、餐馆
148	洣水河及图	株洲市三星电线电缆有限公司	9	电源材料（电线，电缆）
149	明达 MINGDA 及图	明达线缆集团有限公司	9	电线、电缆
150	明发商业广场	厦门明发集团有限公司	35	推销（替他人）
151	明月 MINGYUE 及图	上海明月光学眼镜有限公司	9	眼镜（光学）
152	铭帝及图	兰州铝型材厂	6	金属板条、普通金属合金
153	墨龙 ML 及图	山东墨龙石油机械股份有限公司	7	石油专用抽油泵、抽油杆、石油油井管
154	耐都 NAIDU	郑州耐都热陶瓷有限公司	19	耐火材料

续表

序号	商标	注册人/所有人	类别	使用商品/服务
155	南天 NANTIAN	云南南天电子信息产业股份有限公司	9	电子计算机、电子计算机外部辅助设备
156	欧林雅 OLY	长沙市欧林雅家纺有限责任公司	24	纺织织物、纺织品洗脸巾、床单(纺织品)
157	蓬莱阁 PENG LAI GE	蓬莱阁管理处	39	观光旅游、旅游安排
158	平安	湘潭平安电气有限公司	11	矿灯、通风设备及器械
159	漆花 QIHUA 及图	扬州漆器厂	20	平磨罗甸漆器
160	青草香及图	安徽省桐城青草香米业集团有限公司	30	米
161	青建	青建集团股份公司	37	建筑
162	青能 QING NENG 及图	山东青能动力股份有限公司	7	汽轮机
163	曲堤	济南曲堤蔬菜销售有限公司	31	黄瓜
164	全筑	上海全筑建筑装饰集团股份有限公司	37	室内装潢修理、室内装潢、室内外油漆
165	日泰 Ritai	日泰集团有限公司	25	鞋
166	日子	云南清逸堂实业有限公司	5	卫生巾、卫生垫
167	荣泰 RONGTAI 及图	上海荣泰健身科技发展有限公司	10	按摩器械、电子振动按摩器
168	润成创展 RCCZ	广东润成创展木业有限公司	19	非金属门、非金属门板、非金属门框
169	赛科	北京赛科药业有限责任公司	5	人用药、原料药、化学药物制剂
170	三杯香及图	泰顺县茶业协会	30	茶
171	三弘 SANHONG	三弘重工科技有限公司	7	筑路机
172	三山岛 SANSHANDAO 及图	大连三山岛海产食品有限公司	29	海参(非活)
173	森山	浙江森宇实业有限公司	30	非医用营养胶囊

续表

序号	商标	注册人/所有人	类别	使用商品/服务
174	山润及图	湖南山润茶油科技发展有限公司	29	食用油脂、食用菜籽油
175	珊黛	山东中地进出口有限公司	24	床单、床罩、被罩
176	陕富及图	陕西陕富面业有限责任公司	30	面粉、面粉制品、谷物制品
177	上塑 SHANGSU	上海上塑控股（集团）有限公司	11	管道（卫生设备部件）、排水管道设备
178	神剑 SJ 及图	安徽神剑新材料股份有限公司	1	热固性饱和聚酯树脂
179	生命伟业及图	刘献军/湖南生命伟业科技有限责任公司	11	水软化设备和装置、水净化装置、饮水过滤器
180	圣林 SHENGLIN 及图	北京市圣林工艺品厂	26	假花
181	时代新材	株洲时代新材料科技股份有限公司	12	车辆减震器、铁路车辆缓冲器
182	世纪金榜 SHIJIJINBANG 及图	山东世纪金榜书业有限公司	16	书籍、印刷出版物
183	双步	青岛一帅制衣有限公司	25	裤子
184	双合成	太原双合成食品有限公司	30	糕点、馒头、面包
185	双勇及图	洛阳市双勇机器制造有限公司	7	轧钢机
186	水天堂	江苏水天堂餐饮管理有限公司	43	咖啡馆、自助餐厅、饭店
187	顺兴及图	辽宁中兴线缆有限公司	9	电缆、电线
188	松栢及图	天津中新药业集团股份有限公司第六中药厂	5	中药成药
189	苏净及图	江苏苏净集团有限公司	11	空气净化装置和机器、水净化装置、洁净工作台（系列）

续表

序号	商标	注册人/所有人	类别	使用商品/服务
190	蘇中及图	江苏苏中药业集团股份有限公司	5	人用药(中西成药)
191	太可思 Taikesi 及图	河南太可思服饰有限公司	25	服装
192	坦克及图	镇江东方电热科技股份有限公司	11	电热装置、加热装置、加热用电热丝
193	唐特	唐山市国亮特殊耐火材料有限公司	19	耐火材料
194	天地人 TDR 及图	安徽天地人科技集团输送带有限公司	7	传送带
195	天鹅及图	合肥天鹅制冷科技有限公司	11	空调器
196	天龙	东风汽车有限公司	12	卡车
197	天信及图	重庆天信线缆有限公司(共有商标代表人)	9	电线、电缆
198	铁扇及图	芜湖铁扇消防集团有限公司	9	灭火设备
199	通宇	南通华新环保设备工程有限公司	7	闸门、搅拌机、刮泥机
200	同心圆枣	同心县圆枣协会	31	枣
201	万达 WANDA	江苏万达特种轴承有限公司	7	机器用耐磨轴承(滚动轴承)
202	万丰及图	万丰奥特控股集团有限公司	12	汽车车轮
203	万基	万基控股集团有限公司	6	铝锭、铝、普通金属合金
204	万里江及图	青岛万里江茶业有限公司	30	茶
205	旺德府	湖南旺德府投资控股集团有限公司	35	推销(替他人)
206	威猛及图	河南威猛振动设备股份有限公司	7	振动筛

续表

序号	商标	注册人/所有人	类别	使用商品/服务
207	唯思可达	山西唯思可达天然饮业有限公司	32	果汁饮料、矿泉水
208	维多宝	绥芬河市维多宝食品有限公司	29	木耳、干食用菌
209	味博士	百雄堂控股集团有限公司	29	食用腌黄豆、五香萝卜、腐乳
210	味老大 WEILAODA	浙江味老大工贸有限公司	20	家具、竹木工艺品、泥塑工艺品
211	武夷星 WU YISTAR 及图	武夷星茶业有限公司	30	茶
212	西京医院	西京医院	44	医院
213	西塘	浙江嘉善黄酒股份有限公司	33	黄酒
214	犀牛 XINIU 及图	山东犀牛工程机械有限公司	7	挖掘机
215	仙居杨梅	仙居县果品产销协会	31	杨梅
216	仙坛 XIANTAN 及图	山东仙坛股份有限公司	29	非活家禽
217	乡都	新疆乡都酒业有限公司	33	葡萄酒
218	香格里拉	香格里拉酒业股份有限公司	33	酒(饮料)、酒精饮料(啤酒除外)
219	湘泉 XIANGQUAN 及图	酒鬼酒股份有限公司	33	酒
220	响水	黑龙江响水米业股份有限公司	30	大米
221	象王及图	江苏象王起重机有限公司	7	起重机
222	笑厨 XIAOCHU	新疆笑厨食品有限公司	30	酱油、醋、饼干
223	欣欣大庄园及图	黑龙江欣欣大庄园食品有限公司	29	肉、牛肉食品、羊肉食品

续表

序号	商标	注册人/所有人	类别	使用商品/服务
224	新长福及图	长沙长福餐饮服务有限公司	43	餐厅、饭店
225	新城及图	新城控股集团有限公司	37	建筑、砖石建筑、商业摊位及商店的建筑
226	新光及图	临沂新光毛毯有限公司	24	毛毯
227	新南悦 xny 及图	广东新中源陶瓷有限公司	19	瓷砖
228	鑫利及图	廊坊三利木业有限公司	19	胶合板、三合板
229	信乐及图	山东信乐味精有限公司	30	味精、鸡精(调味品)
230	兴晋钢 XING JIN GANG	晋城福盛钢铁有限公司	6	金属建筑材料、混凝土用金属加固材料(热轧带肋钢筋)
231	雄洲	沈阳雄洲食品工业有限公司	29	肉脯、肉
232	秀水	北京秀水街市场有限公司	35	推销(替他人)
233	萱泽 XUANZE 及图	扬州市迎春制衣有限公司	25	婴儿全套衣、针织服装、鞋
234	雪雄	浙江雪球皮草制品有限公司	25	皮制服装
235	鸭宝宝	哈尔滨市新瑞捷羽绒服饰有限公司	25	服装
236	雅鼎	雅鼎卫浴股份有限公司	21	卫生纸架、肥皂碟
237	烟台苹果及图	烟台市苹果协会	31	苹果
238	盐池甘草 YAN CHI GAN CAO 及图	盐池县中药材技术服务站	5	医药用甘草、甘草
239	兖矿	兖矿集团有限公司	1	精甲醇

续表

序号	商标	注册人/所有人	类别	使用商品/服务
240	燕南及图	唐山市燕南制锹有限公司	8	钢锹、小农具(不包括农业、园艺用剪刀)
241	扬帆 SETSAIL	江苏扬帆服饰有限公司	25	针织服装
242	一江及图	广州一江化工有限公司	1	工业用粘合剂
243	一致及图	湖北一致魔芋生物科技有限公司	30	魔芋粉、粉丝(条)
244	颐而康	湖南颐而康保健连锁股份有限公司	42	公共卫生浴、按摩
245	亿福	山东亿福金业珠宝首饰有限公司	14	项链(宝石)、耳环、戒指(珠宝)、手镯
246	亿路发 YILUFA 及图	青岛亿路发集团有限公司	29	水产罐头、鱼制食品
247	艺萃及图	江苏省宜兴彩陶工艺厂	21	彩釉陶瓷器
248	益利及图	山东益利油漆有限公司	2	油漆及附料(不包括绝缘漆)、稀料
249	音飞及图	南京音飞货架制造有限公司	20	贮存架
250	崟露及图	福建敖峰闽榕茶业有限公司	30	茶叶
251	银光及图	山东银光科技有限公司	13	引爆雷管、炸药、起爆药(导火线)
252	银河及图	四川银河地毯有限公司	27	地毯
253	银珠 YZ 及图	江苏银珠化工集团有限公司	1	无水硫酸钠
254	鹦鹉 YINGWU 及图	天津鹦鹉乐器有限公司	15	手风琴、提琴
255	永华及图	淄博永华滤清器制造有限公司	7	机器或引擎部件过滤器

续表

序号	商标	注册人/所有人	类别	使用商品/服务
256	永利坚及图	佛山市高明永利坚铝业有限公司	6	铝合金型材
257	永享 YONG XIANG 及图	宁波永享铜管道有限公司	6	金属阀门(非机器零件)
258	优兰发 you lan fa 及图	福建省晋江优兰发纸业有限公司	16	纸、包装和再生纤维纸
259	优乐美 U. loveit 及图	广东喜之郎集团有限公司	32	奶茶(非奶为主)
260	愚公移山	愚公机械股份有限公司	7	挖掘机、推土机、掘土机
261	玉娜	新疆哈巴河县雅居床服有限责任公司	24	驼绒被、羊绒被
262	玉宇	常州玉宇电光器件有限公司	11	灯泡、电灯
263	豫克瑞及图	新乡克瑞重型机械科技股份有限公司	7	起重机、升降设备、起重葫芦
264	远洲 YUANZHOU 及图	远洲集团股份有限公司	43	住所(旅馆、供膳寄宿处)、饭店
265	云霄 YUNXIAO 及图	云霄县枇杷协会	31	枇杷
266	招金 ZHAOJIN 及图	山东招金集团有限公司	14	贵重金属锭、饰品(贵重金属)
267	珍及图	贵州珍酒酿酒有限公司	33	白酒
268	征和	青岛征和工业有限公司	12	陆地车辆、传动链
269	正平	青海省正平公路桥梁工程集团有限公司	37	建筑、铺路、管道铺设和维护
270	正星	正星科技有限公司	9	电脑计量加油机
271	志荣及图	江苏东方滤袋有限公司	24	过滤布、无纺布

续表

序号	商标	注册人/所有人	类别	使用商品/服务
272	中得	浙江中得农业集团有限公司	31	甲鱼
273	中理	湖南金沙药业股份有限公司	5	人用药
274	中意橱柜及图	深圳市中意集团有限公司	20	厨房用橱柜
275	重机及图	重庆机床(集团)有限责任公司	7	机床
276	周大金 ZHOU DA JIN 及图	深圳市海漫尼实业发展有限公司	14	戒指(珠宝)、宝石、链(珠宝)
277	紫轩	甘肃紫轩酒业有限公司	33	葡萄酒
278	紫云猕猴桃	广元市元坝区紫云猕猴桃协会	31	猕猴桃
279	醉三秋及图	安徽金种子酒业股份有限公司	33	白酒
280	大禹及图	甘肃大禹节水集团股份有限公司	39	给水、配水、能源分配
281	89 及图	江苏华久辐条制造有限公司	12	自行车辐条
282	AA 及图	湖南泰嘉新材料科技股份有限公司	7	复合带
283	BAOSE	南京宝色股份公司	7	石油化工设备、制药加工工业机器、冷凝塔
284	BILIN	常州银河电器有限公司	9	晶体管(电子)、半导体器件、晶片(锗片)
285	CONTEC	秦皇岛市康泰医学系统有限公司	10	心电图仪、脑电图仪
286	DAFENG 及图	浙江大丰实业有限公司	9	升降机操作设备、自动旋转栅门
287	DONGHAIXIANG 及图	东海翔集团有限公司	24	聚丙烯编织布、平针织物(纤维)、纺织品制家具罩

续表

序号	商标	注册人/所有人	类别	使用商品/服务
288	FCKYS及图	内蒙古富川饲料科技股份有限公司	31	饲料
289	Hanyulai及图	临沂市韩宇东来木业有限公司	19	贴面板
290	HEGLL	广东恒洁卫浴有限公司	11	坐便器、淋浴器、浴室装置
291	HM及图	海马集团公司	27	地毯
292	HONGYI及图	山西宏艺玻璃器皿有限责任公司	21	日用玻璃器皿、酒具、彩色玻璃器皿
293	HOOPOE及图	镇江大东纸业有限公司	16	纸、木浆纸、无碳复写原纸
294	HUAFU及图	江苏华富能源有限公司	9	蓄电池、太阳能电池、锂离子电池
295	Kemai及图	天津市科迈化工有限公司	1	促进剂、抗氧剂
296	KN	深圳长江家具有限公司	20	沙发(家具)、办公桌
297	KTK及图	今创集团有限公司	12	车辆行李架、车辆座位、车辆内装饰品
298	LINIX	横店集团联宜电机有限公司	7	马达和引擎启动器
299	Luzerne	福建省德化协发光洋陶器有限公司	21	家庭用陶瓷制品、日用瓷器
300	mengtian及图	浙江华悦木业有限公司	19	非金属门框
301	Neo-NeoN	鹤山丽得电子实业有限公司	11	节日装饰彩色小灯、卷曲灯、舞台灯具
302	Newsmy	湖南纽曼数码科技有限公司	9	计算机外围设备、录音器具、数据处理设备
303	NF及图(南方泵业)	南方泵业股份有限公司	7	离心泵、泵(机器、发动机或马达部件)

续表

序号	商标	注册人/所有人	类别	使用商品/服务
304	NIVS	惠州市纳伟仕视听科技有限公司	9	扬声器音箱、计算机外围设备
305	NTP	湖北新火炬科技股份有限公司	7	汽车轴承
306	POWER 及图	深圳市霸王实业集团有限公司	14	钟
307	RENDA	深圳市宝安任达电器实业有限公司	9	配电箱(电)、高低压开关板
308	SAM 及图	大连三仪动物药品有限公司	5	兽医用制剂、兽医用药、兽医用生物制剂
309	SHIP	浙江一舟电子科技股份有限公司	9	电线、电缆
310	SPCC	江苏泗绢集团有限公司	23	绢丝、纺织纱
311	Vtion 及图	网讯信息技术(福建)有限公司	9	网络通讯设备、计算机外围设备、计算机程序(可下载软件)
312	Wangpai 及图	南京立业电力变压器有限公司	9	变压器
313	WEI HUA 及图	卫华集团有限公司	7	起重机、起重葫芦
314	WZW N	瓦房店冶金轴承集团有限公司	7	轴承
315	YAAN	天津市亚安科技电子有限公司	9	电视监控系统控制主机、监控器(计算机硬件)
316	ZHUNDA 及图	国营东方仪器厂	8	非动力手工工具
317	明月及图	青岛明月海藻集团有限公司	1	海藻酸钠
318	第 100567 号图形	上海中国弹簧制造有限公司	7	弹簧
319	第 1058034 号图形	广东顺发五金制品有限公司	21	非贵重金属制厨房用具、不锈钢真空杯、不锈钢锅

续表

序号	商标	注册人/所有人	类别	使用商品/服务
320	第1157305号图形	浙江开关厂有限公司	9	高压开关设备
321	第1256972号图形	天津久安集团有限公司	9	高低压开关板、配电箱
322	第1265488号图形	中山富洲纸塑制品有限公司	16	不干胶纸
323	第1432985号图形	湖南安福气门有限公司	7	气门、气门座
324	第1509865号图形	合肥科大立安安全技术有限责任公司	9	火灾报警器、烟雾探测器
325	第1581523号图形	潍坊长安铁塔股份有限公司	6	镀锌铁塔
326	第1592059号图形	铜陵化工集团有机化工有限责任公司	1	苯二甲酸酐、苯基周位酸(燃料中间体)、劳伦酸(燃料中间体)
327	第1617831号图形	浙江胜华波电器股份有限公司	12	风挡刮水器、挡风玻璃刮水器
328	第1625791号图形	湖南千山制药机械股份有限公司	7	制药加工工业用机器
329	第1644905号图形	大连华夏家具有限公司	20	家具
330	第1732680号图形	唐山道诚管业有限公司	19	非金属管道、非金属水管、非金属或非塑料水管阀
331	第3017987号图形	大连国域无疆传媒集团有限公司	35	广告、广告代理
332	第3023681号图形	星月集团有限公司	6	金属门
333	第3245153号图形	山东信发华信铝业有限公司	6	铝锭、金属杆
334	第3356483号图形	青岛柏兰食品有限公司	29	芝麻油、熟芝麻

续表

序号	商标	注册人/所有人	类别	使用商品/服务
335	第 3462848 号图形	湖南浩天米业有限公司	30	米、谷类制品、面条
336	第 1407978 号图形	重庆科瑞制药有限责任公司	5	片剂、膏剂、散剂
337	第 4000354 号图形	浙江天新药业有限公司	31	非医用饲料添加剂
338	第 4048301 号图形	阳光电源股份有限公司	9	逆变器
339	第 4136567 号图形	沈阳红药制药有限公司	5	人用药、医药制剂、中药成药
340	第 75784 号图形	湖南华联火炬电瓷电器有限公司	17	高低压电瓷、高压电瓷套管、高低压避雷器
341	第 772344 号图形	民生实业(集团)有限公司	39	客轮运输、货轮运输
342	第 866630 号图形	江苏四方机械集团有限公司	7	针织机
343	海洋岛	大连海洋岛水产集团有限公司	31	海参(活的)、贝壳类动物(活的)、鲍鱼(活的)
344	芝华仕	敏华实业有限公司	20	家具
345	美利达 MERIDA 及图	美利达工业股份有限公司	12	自行车
346	南寳 NANPAO	南宝树脂化学工厂股份有限公司	2	油漆、涂料
347	克丽缇娜 CHLITINA	克缇智慧产权有限公司	3	化妆品、香精油、洁肤液
348	UGG	德克斯户外用品有限公司	25	鞋
349	DULUX	英国卜内门化学工业有限公司	2	油漆
350	kappa 及图	阿喀琉斯体育有限公司	25	服装、鞋

【环球动态】

◆欧共体内部市场协调局支持了索尼—爱立信的动态商标

2010年9月23日,欧共体内部市场协调局上诉委员会作出裁定,支持了索尼—爱立信公司申请注册的红色液体流动的动态商标。

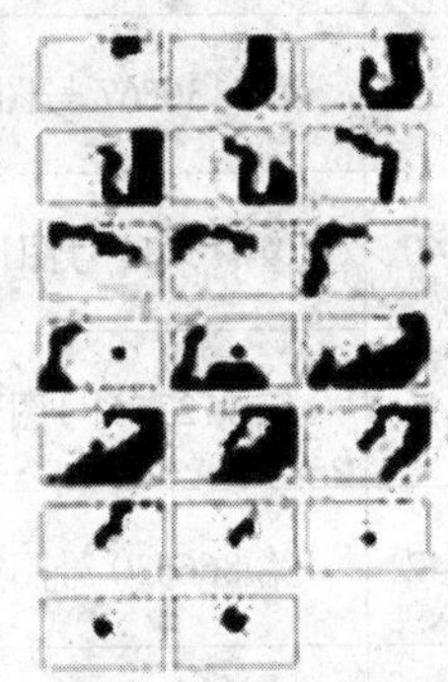

索尼—爱立信的这一动态商标于2009年9月提出申请,使用在第9类、第38类和41类的商品和服务。该商标由20个定格画面表示(见右图)。当年10月,审查员通知索尼—爱立信公司其商标不能注册,理由是这20个画面是彼此孤立的画面,无法看出运动的过程究竟如何,也看不出从某个画面怎样就变成了下一个画面。根据《欧共体商标条例》第7条(1)(a),该商标不能予以注册。于是,同年12月,索尼—爱立信又提交了一份详细的对该动态商标的文字描述。即使如此,审查员在2010年1月作出的决定中,仍然认为该商标不能获准注册。索尼—爱立信对此提出上诉。上诉委员会经审查,并参考了在先的玛氏公司和微软公司的动态商标注册案,认为:首先,索尼—爱立信提交的图示以及文字描述互相兼容,且能互相补充,可以足够清晰地表述动态的过程和形态;其次,目前协调局审查的动态商标案件本来数量就很有限,在认定标准上保持统一并不困难。如果对索尼—爱立信的注册申请不予支持,则与之前的玛氏及微软的动态商标案在判断标准上未能保持一致。

◆欧共体法院对单个字母商标的显著性审查发表意见

最近,欧共体法院对一起单个字母商标注册的案件作出裁决,对单个字母商标的显著性审查发表了自己的意见。

在本案中,Borco公司申请注册单个字母α为共同体商标,使用在含有酒精的饮料、红酒、起泡酒等商品上。欧共体内部市场协调局的审查员和上诉委员会均未支持该项申请。他们认为该申请仅仅是一个没有任何图形修饰的希腊小写字母,希腊语种的消费者不会把它当作标识商品来源的标志。上诉委员会甚至还认为,相关公众有可能把这个字母误以为是产品质量、型号或是品种的某种标记。Borco公司不服,上诉至欧共体普通法院。普通法院认为协调局对于该商标的显著性并未做尽职审查,案件应发回重审。协调局向欧共体法院提起上诉,并引用了欧共体法院的在先判例(C-136/02 P)抗辩指出:首先,既然对于立体商标的审查,缺乏相关图形和文字的情况下,消费者不能将该图形与商品的来源相联系,那么,单个字母商标亦是如此,在缺乏有关图形的情况下,消费者不能把它与商品的来源联系在一起;其次,在判定标志是否具有显著性时,不一定要结合商标使用的商品做全面审查并举证证明显著性的有无。欧共体法院2010年9月9日作出C265/09 P号裁决认为,《欧共体商标条例》第4条明确规定,字母是可以注册为商标的标志之一。协调局应当根据具体的案件,结合商标所使用的商品,严格地、全面地审查字母商标申请是否符合显著性的特征,而不是粗略地审查后就仓促地下结论。在判断显著性时,既应该结合商标所使用的商品进行考虑,还要看相关公众的认识。虽然本案的标志只是一个单个的字母,连个修饰的图形都没有,但是,商标有显著性,能获得注册,不一定非要求标志具有特定的文字含义或是图形含义。法院裁决案件发回协调局重新审理。

◆欧共体普通法院认为仅体现商品实质价值的形状不能获得商标注册

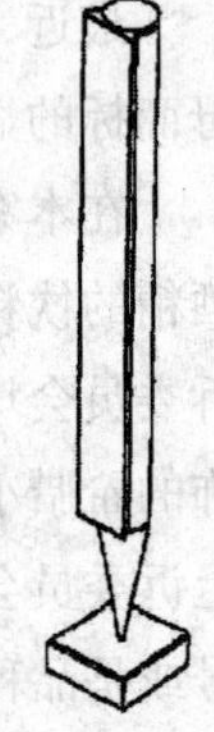

Bang & Olufsen(以下简称B & O公司)2003年9月申请注册立体商标(见右图)用于第9类的“扬声器”等商品。该项申请当时被欧共体内部市场协调局驳回。申请人提起上诉,未获得支持。2005年12月,申请人上诉至欧共体普通法院。法院经审理,曾于2007年10月作出第T-460/05号裁定,支持了申请人的诉讼请求,认为协调局在判定涉案商标是否具有显著性的问题上适用法律错误,原裁定应予撤销。

根据法院的判决,协调局重新对本案作出裁定,认为涉案的三维标志仅仅由体现商品的实质价值的形状构成,不符合商标注册的绝对理由,不能予以注册。B & O公司不服,再次上诉到普通法院。法院经审理,于2011年10月6日作出第T-508/08号判决。在判决中,法院指出,《欧共体商标条例》并没有把商品的形状必然地排除在注册之外,但是,仅仅体现商品的实质价值的形状则不能获得注册。本案中的申请人申请注册的形状,是B & O公司特有的设计。该设计是B & O公司品牌的必要组成部分,它提升了这款扬声器产品的价值。该形状是赋予商品实质价值的形状,不应予以注册。而且,从产品经销商的网站,二手货网站以及网上拍卖的截图证据中,可以很清楚地看到,该三维形状首先强调的是它的美学性质,消费者会把它看作一种单纯的、修长的、永恒的音乐制品,这恰恰就是它的卖点。基于上述两点,法院维持了上诉委员会的裁定。

◆欧共体普通法院判决认为图文组合商标的广泛大量使用并不必然使其中的文字获得显著性

2011年2月17日,欧共体普通法院作出T-10/09号判决,驳回了FOL公司(一级方程式许可公司)关于F1商标异议案的诉讼。在该起案件中,全球体育媒体公司申请注册共同体商标如图“ ”,使用在第16、38、41类的商品和服务上。FOL公司引证自己在先注册在同种商品或服务上的几件F1文字商标,以及共同体图文组合商标“ ”提起异议。因不服协调局关于本案的裁定,FOL公司诉至欧共体普通法院,普通法院认为,被异议商标与引证商标并不构成近似。而且,法院还认为,Formula 1是一种赛车或是这种赛车比赛的通用名称。F1是Formula 1的简称,因此,也应被视为一个通用名称。因此,在申请商标中的“F1”不是申请商标的显著部分。相关公众不会仅仅因为申请商标中含有F1字样,就自动地把申请商标和FOL公司联系起来。FOL公司提出,自己的引证商标经过长期广泛的使用,已经具有了很高的显著性。但普通法院对此的意见是,从FOL公司提交的证据看,FOL公司一直以特定的方式使用其商标,其实际使用的不是单独的F1标志,而是包含着F1字样的图文商标“ ”。这个图形,与申请商标图形有着显著的不同,即使使用在相同的商品和服务上,也不会在相关公众中造成混淆。虽然FOL公司还提出自己的F1标志在欧洲享有一定声誉,申请商标不正当地利用了其商标的声誉,但是法院认为,享有声誉的是 标志,而不是F1文字。既然申请商标的图形与 不构成近似,也就不存在搭乘F1标志便车或淡化F1标志的问题了。本案给商标权利人敲响警钟——即使图文商标广泛大量使用,并不必然使其中的文字部分获得显著性。

◆欧共体普通法院判决阐释了共同体外观设计独特性的判断标准

Baena公司2005年注册了共同体外观设计如图: ,使用在T恤衫、头盔、贴纸等商品上。Herbert公司认为此设计缺乏独特性和新颖性,并引证了自己在先注册的,使用在第25类商品服装、鞋、帽等及第28类运动体育运

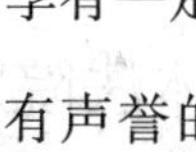

动用品等商品上的共同体商标  提出撤销。内部市场协调局撤销处以该外观设计专利侵犯了Herbert公司的在先共同体商标为由撤销了涉案外观设计。Baena公司上诉,上诉委员会虽维持了撤销处的裁定,但认为撤销处的撤销理由有点不妥,该外观设计应予撤销,是因为它缺乏独特性。Baena公司继续上诉到欧共体普通法院,认为上诉委员会错误地适用了《欧共体外观设计条例》第6条,即判断外观设计是否有独特性,要看它给知情的使用者的整体印象是否与之前已经公开的其他设计的整体印象不同;而且,在评价独特性时,还应考虑设计人在开发时发挥的自由程度。Baena公司认为,在后外观设计的小人因为表情、姿势、线条粗细、头发长短等因素,与在先商标的小人有所不同,这会给知情的使用者留下不同的印象。普通法院经审理,于2010年12月16日作出T-513/09号判决,推翻了上诉委员会的认定。普通法院认为,两个小人的设计有着明显的不同,对于知情的使用者,即购买T恤衫、帽子等商品的青少年,这些区别清晰、明显、易识别,他们会非常留意这些图案的特征并牢记在心。

◆欧共体法院对外观设计知情使用人的概念作出阐释

2011年10月,欧共体法院对百事公司与Promer公司"翁仔标"外观设计纠纷案作出判决。这是欧共体法院对共同体外观设计案件的首例判决。

本案中,百事公司注册了共同体外观设计如图  。Promer公司引证了自己在先的注册外观设计  提起无效申请。两外观设计均使用在游戏促销品上,也就是所谓的"翁仔标"纸牌。撤销处认定百事公司的申请与Promer公司的在先外观近似,应认定无效。百事公司提起上诉,得到上诉委员会的支持。但接着,普通法院又推翻了上诉委员会的裁定。于是,百事公司上诉到欧共体法院。

欧共体法院对此作出第C281/10 P号初裁。对于本案的焦点问题,也即知情使用者能否发现两外观设计的区别的问题,欧共体法院作出了阐释。首先,法院明确了外观设计中"知情使用者"的范畴,认为知情使用者是介于商标案件中的“普通消费者”和洞悉某一领域技术细节的“专家”之间的概念。在阐明这一点后，法院进一步指出，知情使用者较之普通消费者有更多的专业知识，也会更加理性地观察商品的特点，他们会基于自己的经验或是专业知识，给予商品比普通消费者更高的注意力。但是，知情的使用者毕竟不是这一领域的专家，他们不能非常详尽地观察并发现极其微小的差异。因此，就本案来讲，以知情的使用者的认识水平，不足以发现两个外观设计的差异。百事公司的外观设计与 Promer 公司的在先外观近似，不能得到支持。

◆欧共体法院对 L’Oréal 诉 Bellure 的判决的回复意见在英国影响日益增大

在欧共体法院对英国上诉法院提交的 L’Oreal v. Bellure 比较广告商标侵权一案作出回复后，其中所持的判断商标侵权的标准对英国司法界审理此类案件的影响很大。在 L’Oréal v. Bellure 案件中，欧共体法院的态度是，即使商标所有人没有因竞争者使用其商标产生实质损害或混淆误认，竞争者也不能以比较广告的形式搭乘他人商标的便车。在最近发生的 BEKO SPORT 商标异议案中，指定人对该案件的看法，则说明欧共体法院在 L’Oreal v Bellure 阐明的判断标准已经不再局限于英国法院，还渗透到了英国商标局。

本案中，Socks 公司申请注册 BEKO Sport 商标，使用在第 25 类的服装、鞋等商品上。BEKO 公司引证在先注册的三件商标，对该项商标申请提起异议。BEKO 公司认为，Socks 公司在第 25 类的商品上申请注册被异议商标，除了多了一个 sport 字样外，与自己的 BEKO 商标相同，很显然，Socks 公司意在利用其 BEKO 品牌的知名度，搭乘便车。BEKO 公司是土耳其一家生产冰箱、洗衣机、炊具等白色家电的大型集团的下属公司。BEKO 商标自 1991 年开始在英国使用，截至 2007 年，该品牌的电冰箱已经占领了英国 17% 的市场，2000 年到 2006 年这段时间，BEKO 公司的产品在英国的总销量已经超过 7.8 亿英镑。也就是说，在被异议商标申请日前，BEKO 公司的 BEKO 商标已经在英国广泛使用于其注册的各种商品上。BEKO 商标是个街知巷闻的品牌，Socks 公司理应知晓。虽然 BEKO 公司并没有涉足服装行业，但它赞助了一家英国的足球队,并在足球队的球衣上打了自己的BEKO商标。BEKO公司的异议被驳回。于是,BEKO公司向指定人提起上诉。

指定人参照了欧共体法院在L'Oréal v. Bellure(C-487/07)案件中给出的回复,以及该初裁在英国法院被采纳的情况,认为从目前的情况来看,对于故意搭乘他人商标便车行为,即使没有给对方的商标或商标声誉造成损害,也应进行制裁。这个回复,以及英国法院贯彻该初裁的判决,要求法官在审理这类案件时更多地关注申请人搭乘他人商标便车的意图。但本案的审查员毕竟没有充分地考虑BEKO商标在家电产品上的知名度,也没有足够地关注申请人利用他人商标知名度的意图。不可否认,对本案有重大指导作用的C-487/07号初裁,由于当时尚未作出,本案审查员也无从参考。但是,指定人认为,即使这样,上诉法庭在重新审理此案时,较之欧共体法院给出回复,以及相关的判决出来之前,应当有更多的自由度,不应将侵权的判定局限于给在先商标造成实际损害这一点上。最终,指定人认为,BEKO公司依据第5条(3)提起的异议应当得到支持。

◆欧共体法院在判决中阐释欧共体商标条例中代理人抢注商标条款的适用条件

2011年4月13日,欧共体普通法院对Safariland公司与欧共体内部市场协调局等商标纠纷案作出T262/09判决,判决中特别阐释了欧共体商标条例中代理人抢注商标条款的适用问题。

DEF-TEC公司1995年与美国某公司签订协议,经销对方的防狼喷雾器等产品。1996年6月,美国某公司放弃文字商标FIRST DEFENSE和图文商标FIRST DEFENSE AEROSOL PEPPER PROJECTOR在欧洲的权利,并允许DEF-TEC公司在欧洲申请注册。1996年8月,Safariland公司收购了美国某公司,收购的范围包括后者的企业名称,在美国注册的商标,以及其防狼喷雾器产品。在1997年6月前,DEF-TEC公司一直从Safariland公司处获得并在欧洲以其自己的名义销售防狼喷雾器。但是双方的合作在1997年夏末秋初时结束。1997年9月,DEF-TEC公司申请注册共同体商标(见右图),使用在第5、8、13类的商品上。Safariland公司引证在美国注册的FIRST

DEFENSE 文字商标等提起异议。但是,该异议几经周折,却在协调局未获支持。于是 Safariland 公司上诉到欧共体普通法院,理由之一就是 DEF - TEC 公司违反了欧共体商标条例第 8 条(3)的规定,作为 Safariland 公司的代理人,未经其同意而以自己的名义申请商标注册。针对本案中涉及的欧共体商标条例中代理人抢注商标条款的适用问题,普通法院特别指出,第 8 条(3)要求:首先,提出异议的一方应该是在先商标的权利人;其次,在后商标的申请人应该是在先商标权利人的代理人或代表人;再次,在后商标申请是以代理人或代表人自己的名义提起的,并且未经授权,也没有法定的原因;最后,在后申请的商标与在先商标是相同或类似商品上的相同或近似商标。上述四个条件要同时满足,才能适用本条款。本案中,并没有相应的证据证明在后商标申请时,DEF - TEC 公司是 Safariland 公司的代理人或代表人,因此,不能适用该条规定处理本案。

◆欧共体商标的禁止令范围可扩展到欧盟

2011 年 4 月 12 日,欧共体法院在 DHL 快递(法国)公司与 Chronopost 快递公司有关"WEBSHIPPING"商标侵权诉讼的裁定(S - 235/09)中,认定欧共体商标(CTM)的禁止令范围一般情况下可扩展至整个欧盟。

本案原告 Chrononpost 公司是法国及欧共体商标"WEBSHPPING"的所有人,商标使用在信件投递服务上。DHL 快递(法国)公司在网络快件管理服务上使用了"WEBSHIPPING"文字,Chronopost 公司向巴黎地区法院提起诉讼。巴黎地区法院以欧共体商标法院的身份对该案进行了审理及下达了侵权认定判决。DHL 公司对此判决向巴黎上诉法院提起上诉,同时,Chronopost 公司也提了上诉,要求认定判决要求的禁令及罚款不应限于法国境内。巴黎上诉法院要求欧共体法院就此问题作出裁定。

欧共体法院作出的裁定认为,原告或被告居住或营业所在的欧盟成员国的欧共体商标法院,对任何成员国境内实施或可能实施的侵权行为拥有管辖权。因此,该法院不仅可以在本国或侵权发生的国家发布禁令,也可以在多个欧盟成员国甚至整个欧盟范围发布禁令。然而,"可以"不意味着自动成为一条规则,更不用说成为必须。

该案的裁定中,欧共体法院就该问题提出了一些(明示或暗示的)指导原则:

• 若原告在诉讼请求中明确要求整个欧盟范围的禁令,则该禁令的范围通常扩展至整个欧盟。

• 若原告在诉讼请求中未提出相关领土范围,则视为其提请了整个欧盟范围的禁令;因此,该禁令的范围一般扩展至整个欧盟。

• 如果原告在诉讼请求中限定了相关禁令的领土范围,则禁令当然应在相应范围之内。

但是,若被告证明被诉侵权商标的使用只涉及欧盟部分,则欧共体商标法院必须将禁令限定在某一成员国或欧盟的部分领土范围内。这种不同可以是由于某些原因,例如:

• 语言方面的原因(如在本案中,法院在判决中所指出的那样);

• 并不导致对争议标志的感知产生混淆的原因;

• 提请对驰名商标的特别保护时,欧共体商标声誉受影响的范围仅限在欧盟部分地区,可能不包括在欧盟其他地区的欧共体商标的形象转移或损害。

即原告无义务证明无限侵权,但被告有义务证明有限侵权。

◆欧共体法院判决认为互联网市场运营商对于其用户的商标侵权行为应承担责任

2011年7月12日,就欧莱雅(L'Oréal)公司对eBay公司有关"L'Oréal"(欧莱雅)产品在网上市场的非法销售提起的诉讼,欧共体法院作出裁决(C-263/09P),认为网上市场的运营商在某些情况下应承担侵权责任。

欧莱雅在2007年对eBay就其网站用户的商标侵权行为提起诉讼。欧莱雅认为,通过从付费网上推荐服务(如Google's AdWords)购买欧莱雅商标对应的关键词,eBay将其用户指向其网上销售侵权产品。而且,欧莱雅认为eBay未能采取足够的措施阻止其网上的假冒产品的销售。欧莱雅确认了多种形式的侵权,包括销售用于免费发放的化妆品样品,及向欧盟成员国的公民非法销售用于境外销售的产品(平行进口)。

在成员国法院(最近的是英格兰及威尔士高级法院)的多次失利后,欧莱雅从欧共体法院得到支持。

欧共体法院的裁决指出,欧盟商标法令适用于位于第三国的产品的销售及广告,只要这种销售及广告被查实针对欧盟的消费者。

欧共体法院认为,如果互联网运营商在优化网上交易及促进销售的过程中扮演了“积极的角色”,则不能依据欧盟“电子商务指令”(E – Commerce Directive)免责。而且,即使互联网运营商没有扮演前述的积极的角色,如果其作为一个尽职的运营商应当认识到其网上销售的非法性,而且,在注意到后,未能立即从网站删除相关数据或删掉链接,其也不能免责。

欧共体法院裁决,如果互联网运营商决定不主动阻止侵权行为并进一步防止这种侵权的发生,则应向网上市场运营商颁发禁令。这样,互联网运营商可能被要求采取措施以便于确认作为其客户的销售商的身份。

最后,欧共体法院认为,欧盟法律要求成员国确保其国内有知识产权保护管辖权的法院能够要求互联网运营商采取措施,停止其用户的侵权行为,并防止这种侵权的进一步发生。禁令应当是有效的、带劝阻性的,并不会给合法的交易造成障碍。

此次欧共体法院的裁决加强了在互联网销售市场对品牌所有者的保护,对于像 eBay 这样的互联网销售市场运营商要采取更积极的措施以使其用户的商标权得到保护。

◆欧共体法院判决认为对他人注册为立体商标的液化气罐重新灌装液化气不构成商标侵权

2011 年 7 月 14 日,就高山燃气公司(Kosan Gas)对维京燃气公司(Viking Gas)关于对他人注册为立体商标的液化气罐重新灌装液化气所提起的诉讼,欧共体法院作出裁决(C – 46/10),认为维京燃气公司的重新灌装行为不构成商标侵权。

高山燃气公司从 2001 年起在丹麦用一种可重复利用的复合液化气罐(轻型液化气罐)销售罐装液化气。该液化气罐外形已在丹麦和欧盟注册为立体商标,而高山燃气公司享有该商标权在丹麦的独占许可。

高山燃气公司在这种复合液化气罐上标注本公司名称和标志(分别为已注册的文字和图形商标)后出售。消费者在首次购买时需要支付液化气和液化气罐的费用,而后可以选择用空液化气罐换取灌满气的新罐同时仅仅支付液化气的费用即可。

维京燃气公司也在丹麦销售罐装液化气,消费者可以用高山燃气公司的空液化气罐到维京燃气公司的灌气站换取充满气的新罐。维京燃气公司在利用高山燃气公司的液化气罐出售自己的液化气时,仅仅在罐外贴上标注公司名称和灌气站号码等信息的标签,对罐上原有的高山燃气公司的商标不进行遮盖或涂改。

高山燃气公司以维京燃气公司侵犯商标权为由,向法院提起诉讼,初审法院要求维京燃气公司停止使用高山燃气公司的液化气罐并作出相应赔偿。

维京燃气公司不服法院裁定提起上诉。最终,欧共体法院裁定认为,高山燃气公司对该液化气罐的商标专用权,在消费者购买液化气罐后即权利用尽。而维京燃气公司的重新灌装不会导致消费者误认为两个公司有所联系,因而不会造成对高山燃气公司名誉的损害。而且如果支持高山燃气公司的诉求,会影响市场公平竞争。因此,虽然高山燃气公司拥有这种可重复利用的复合液化气罐外观立体商标的专用许可,但不能阻止他人在液化气罐已经出售给消费者之后对该液化气罐进行重新灌装并销售。

◆欧共体法院裁定两啤酒公司的Budweiser商标在英国共存

2011年9月22日,对安海斯布希公司(Anheuser－Busch)诉布捷约维策百威公司(Budějovicky Budvar)的Budweiser商标无效一案(C－482/09),欧共体法院作出裁定,允许两家啤酒公司继续共同在英国市场上使用Budweiser商标。

这两家啤酒公司,捷克的布捷约维策百威公司和美国的安海斯布希公司,分别于1973年和1974年进入英国市场,并各自在市场上销售带有

Budweiser 商标的啤酒。

1979 年 12 月 11 日,安海斯布希公司向英国商标注册处申请在“啤酒、麦芽酒和黑啤酒”上注册 Budweiser 商标,而就在此商标申请的审理过程中,1989 年 6 月 28 日,布捷约维策百威公司也递交了 Budweiser 商标注册申请。

2000 年 2 月,英国法院裁定两公司均可注册 Budweiser 商标,因为英国法律明确规定,在两个相同或近似商标共同善意使用的情况下,两个商标可以共同注册。此裁定一出,2000 年 5 月,两公司的商标均被核准注册。

2005 年 5 月 18 日,即两商标注册 4 年零 364 天后,安海斯布希公司向英国商标注册处提出申请,要求宣告布捷约维策百威公司注册的 Budweiser 商标无效。

依照欧盟相关法律,在相同或近似商品上与在先商标相同的商标不能被核准注册或者应宣告无效,除非在先商标拥有人在知晓在后相同商标使用的情况下默许其使用连续五年以上,此种情形下,在先商标拥有人就丧失了对在后相同商标提出异议或无效的权力。

在欧共体法院的裁定中,首先对上述五年时间限制在本案中的应用作出了解释,认为:一方面,五年时间应自在后商标注册之日起计算,非注册商标的使用时间不计在内;另一方面,在先商标的注册也并非计算这五年时间的先决条件,而且,法院认为,在先商标的拥有人没有能力对在后商标提出异议的期间不应计入五年时间内。

欧共体法院指出,对于在后商标,只有在该商标对在先商标的基本功能,即使消费者区分商品来源的功能产生了不利影响的条件下,才能宣告其无效。

而针对本案,欧共体法院认为,在 Budweiser 商标注册之前,两公司已经在英国市场上使用该商标三十多年,虽然安海斯布希公司提出注册申请在先,但最初两公司对于该商标的使用都是基于善意的。而且,欧共体法院还了解到,虽然使用相同的 Budweiser 商标,英国消费者深知两个公司啤酒的区别,因为它们在味道、价格、外观等方面都有很大区别。

因此,欧共体法院裁定,两公司在市场上共同善意商用 Budweiser 商标已有很长历史,且没有对安海斯布希公司在先商标的基本功能产生不利影响,因此对布捷约维策百威公司的注册商标无须宣告无效。

◆欧共体法院撤销普通法院对菲斯奈特公司酒瓶案的判决

2011年10月20日,就菲斯奈特公司(Freixenet SA)两个酒瓶商标注册案(C-344/10P和C-345/10P),欧共体法院作出裁定,撤销了普通法院的判决和欧盟内部市场协调局第一上诉委员会的驳回复审裁定,普通法院和第一上诉委员会均判这两个商标不能注册。

菲斯奈特公司于1996年4月1日向欧盟内部市场协调局提出两件商标注册申请,商标描述分别为"一种白色抛光酒瓶,当充满起泡酒的时候,就呈现出一种金色的类似磨砂效果的外观"以及"一种磨砂效果黑色酒瓶",而且,菲斯奈特公司在申请中声明,希望得到注册保护的是酒瓶表面独特的外观而非酒瓶的形状。

审查员驳回了这两个商标的注册申请,理由是这两个商标本身缺乏显著性且不能证明它们通过使用获得了显著性。在之后的复审和上诉过程中,欧盟内部市场协调局第一上诉委员会和普通法院都认为,起泡酒销售时酒瓶没有不带标签的,而绝大部分消费者不会通过酒瓶外观区分商品来源,而是更愿意通过标签来区分,因此,这两个酒瓶外观商标都缺乏显著性而应被驳回。

欧共体法院否定了上述意见,因为若按此说,不含文字而仅由商品包装的外观构成的商标都将自动被排除在欧共体商标的保护范围之外。

欧共体法院在裁定中指出,商标显著性的判定,首先要考虑到使用该商标的商品或服务以及相关消费者的认知能力,其次考虑该商标与行业普遍情况的区别程度是否达到能够区分商品来源的目的。

◆美国商标审查及上诉委员会支持了卡地亚手表结构立体商标的注册

近日,美国商标审查及上诉委员会支持了一项卡地亚手表的立体商标的注册。

卡地亚的这项立体商标申请如右图。卡地亚声明整个结构都已经通过使用获得了显著性,但是它对表盘上的数字12,三个小表盘,以及大小表盘上的表针放弃专用权。

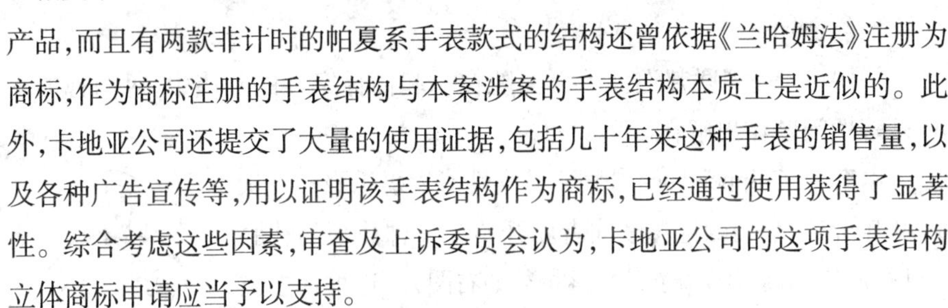

商标审查及上诉委员会注意到,这种结构也被使用在卡地亚帕夏系的手表上。卡地亚帕夏系不仅是卡地亚卖得最好的产品,而且有两款非计时的帕夏系手表款式的结构还曾依据《兰哈姆法》注册为商标,作为商标注册的手表结构与本案涉案的手表结构本质上是近似的。此外,卡地亚公司还提交了大量的使用证据,包括几十年来这种手表的销售量,以及各种广告宣传等,用以证明该手表结构作为商标,已经通过使用获得了显著性。综合考虑这些因素,审查及上诉委员会认为,卡地亚公司的这项手表结构立体商标申请应当予以支持。

◆美商标审查及上诉委员会认为对欺骗性注册的商标提出撤销申请不以拥有在先权利为前提

最近,美国商标审查及上诉委员会(TTAB)对一起商标撤销案件作出裁定,裁定指出对欺骗性注册的商标提出撤销申请不以拥有在先权利为前提。

本案中,两古巴公司对美国某公司申请注册的“PINAR DEL RíO”商标提起撤销申请,理由是这个商标不仅具有描述性,还具有欺瞒产地之说明,违反了1929年的《泛美公约》的有关规定。撤销申请人称,PINAR DEL RíO是古巴PINAR DEL RíO省生产的雪茄的产地标志。撤销申请人从美国财政部海外资产控制办公室得到特别许可,对美国公司该项违反贸易禁止规定的行为提起撤销程序。商标注册人没有直接对古巴公司的上述撤销理由进行答辩,而是提出动议,指出申请人根本不符合提出商标撤销申请的主体资格,因为申请人在美国没有在先注册或申请相同或近似的商标。

对此,商标审查及上诉委员会审查认为,根据美国商标法案第2条(a)和(e)项之规定,在美国拥有财产权利不是提起商标撤销的前提条件。只要被撤销的商标具有描述性,或者具有欺瞒性的产地说明即可。因此,撤销申请人的申请应当予以支持。申请人提供的商标注册人使用“PINAR DEL RIO”商标的行为已经构成对其造成损害的证据已经足以证明其与本案的商标具有实际的利益关系。

◆美国联邦巡回上诉法院对商标的固有显著性问题作出解释

2010年,美国联邦巡回上诉法院在一起商标案件的判决中,对商标的固有显著性问题作出解释。

本案中,Chippendales公司主营女性成人娱乐服务。从1979年开始,公司的艳舞表演者就开始穿一种简短的礼服(只有袖口和蝴蝶结领子,没有衬衫,如右图)。这种标志被称为“Cuffs & Collar”,这种礼服在过去的几十年中,都是Chippendales公司广告和艳舞表演的明显特征。2000年,Chippendales公司申请将“Cuffs & Collar”商业外观注册为商标,使用在“成人娱乐服务”上。申请时,Chippendales公司既提交了该标志具有固有显著性的证据,也提交了证明该标志通过使用获得显著性的证据。2003年,美国专商局核准该标志的注册,但是,认为该标志属于“通过使用获得显著性”的标志。鉴于当时的一些具体情况,Chippendales公司暂时认可了专商局的这种认定。

然而,因为使用获得显著性的标志作为商标的保护范围相对于固有显著性的标志毕竟要小,会受到很多限制,于是,Chippendales公司,在2005年征得专商局允许后,再次提出申请,将该标志作为有固有显著性的商标注册在“成人娱乐服务”上。2007年,专商局裁定否认该商标具有固有的显著性。该裁定得到了上诉委员会的支持。上诉委员会认为,如果一个标志,或是某种变形,如果被普遍使用的话,不能认定其具有固有显著性。Chippendales公司申请注册的这种商业外观只是一种普通且基础的设计,跳艳舞的人通常都穿得非常火暴,这种设计作为跳艳舞的演出服来讲没什么特别。并且,这种设计灵感来自花花公子"ubiquitous"兔服装的设计。Chippendales 公司不服,上诉到美国联邦巡回上诉法院,上诉法院 2010 年 10 月 1 日作出第 2009－1370 号判决指出,判断标志是否具有固有的显著性,关键要看"消费者看到这种商业外观时,是否能立即以其为标准区分产品的不同来源"。上诉法院认为,虽然上诉委员会笼统地认为艳舞服装都没有固有显著性是错误的,但是,认定本案"Cuffs & Collar"缺乏固有显著性并无不妥。而且花花公子"ubiquitous"兔服装设计在"Cuffs & Collar"设计之前产生并使用;"Cuffs & Collar"与之近似,并且饭店和酒吧的服务员也常穿"Cuffs & Collar"似的衣服。因此,上诉法院认为,"Cuffs & Collar"仅仅是对"ubiquitous"兔服装的一种改良,缺乏固有显著性。

◆美国第九巡回上诉法院撤回对 Betty Boop 卡通形象纠纷案的判决

Max Fleischer(马克斯·弗莱舍),老弗莱舍工作室的经营者,于 20 世纪 30 年代创造了卡通形象 Betty Boop(贝蒂小姐,如右图),制作了许多关于这个形象的卡通电影,并许可他人在玩具、玩偶和其他商品上使用该形象。

1941 年,他将该卡通形象出售。1946 年,老弗莱舍工作室解散。1972 年 Max Fleischer(马克斯·弗莱舍)去世,他的后代重建了弗莱舍工作室(本案原告),并从多家公司回购了 Betty Boop 的知识产权。原告发现本案被告 A. V. E. L. A. 公司等几个公司销售带有 Betty Boop 卡通形象的玩偶、服装、手提包等商品,于是以侵权为由将这几个公司告上法庭。

地方法院认为原告没有充足证据证明其对 Betty Boop 卡通形象享有有效的版权或商标权,即没有起诉资格,因此驳回了原告的起诉。弗莱舍工作室提起上诉,美国第九巡回上诉法院维持了一审判决。该判决引起了业内的高度关注,国际商标协会也发表意见,敦促上诉法院对此案重审。

2011 年 8 月 19 日,美国第九巡回上诉法院发表了修正判决(这种情况非常罕见),撤回 09－56317 号判决的同时,将该案发回地方法院重新审理。

在修正判决中,上诉法院依然认为原告没有充足证据证明其对 Betty Boop 卡通形象享有有效的版权,但在商标权方面,则完全摒弃了原判决关于美学功能使用和版权进入公共领域后不能主张商标权的观点,而对商标是否具有"第二含义"(表示商品或者服务特定来源功能的含义)给出意见,指出地方法院根据 Betty Boop"不连贯的"知识产权历史就判定该商标不具备"第二含义"理由不充分,要求地方法院就商标侵权重新进行审理。

◆巴黎区法院判决明确默许期限的起算点

近日,巴黎区法院在对 HFP 公司诉 Match. com 公司商标侵权一案的判决中,对在先商标对在后商标的"默许期限"的起算点作出明确。

本案原告 HFP 公司在法国享有注册商标 PARIS MATCH 和 MATCH 的专用权。其商标 1949 年即开始使用于某法国杂志上,在法国具有相当高的知名度。原告认为被告 Match. com 公司使用 MATCH. COM 等商标的行为,构成对其商标权利的侵犯,于是,诉至巴黎区法院。本案的争议点除了两商标是否近似之外,主要集中在原告对被告的行为是否因超出"默许期限"而丧失诉权的问题上。根据《欧共体商标条例》第 54 条(2)以及第 110 条之规定,如果在先国内商标的所有人在明知的情况下,默许在后共同体商标在在先商标受保护的成员国连续使用五年的,则不再有权以在先商标为由申请在后商标无效,或反对在后商标的继续使用,除非在后商标的注册为恶意。本案被告在抗辩时指出,其 MATCH. COM 商标 1996 年获准注册,1998 年开始使用;原告 2006 年才提起本诉,已经超出了法律所规定的"默许期限"。但巴黎区法院审理后认为,在先商标对在后商标的"默许期限",应当从在先商标权利人知道在后商标的使用时起算,而不应从在先商标权利人知道在后商标的存在(或注册)时起算。被告的商标虽然 1996 年获准注册,1998 年开始使用,但它面向法国公众的使用是从 2002 年才开始的,此时,原告才"知道在后商标的使用"。因此,原告在 2006 年 11 月提起诉讼,并未超过五年的默许期限。于是,巴黎区法院 2010 年 10 月 8 日作出判决,支持了原告的诉讼请求,驳回了被告的抗辩。目前,案件正处于二审程序,上诉法院将做何判决,仍值得期待。

◆荷兰最高院总法务官发表意见认为受第三方委托进行饮料灌装不构成商标的使用及侵权

2011 年 4 月 14 日，对红牛公司(Red Bull GmbH)诉温特斯软饮料工业公司(Frisdranken Industrie Winters BV)受第三方委托灌装饮料商标侵权一案(C－119/10)，荷兰最高法院总法务官给出了意见。

温特斯软饮料工业公司是一家荷兰公司，受英属维尔京群岛的聪明饮料公司(Smart Drinks Ltd)委托，为其提供灌装饮料和封罐的服务，其中饮料罐和饮料原料均由聪明饮料公司提供。加工完成的罐装饮料出口到比荷卢以外的国家。

因为饮料罐上的标有“bullfighter”、“Pitbull”、“Red Horn”商标，红牛公司将温特斯软饮料工业公司告上法庭。一审法院认为饮料罐上的商标可能导致一般消费者将其与红牛公司的商标混淆，因此认定温特斯软饮料工业公司侵犯了红牛公司的商标权。

温特斯软饮料工业公司不服，向荷兰最高法院提出上诉。

荷兰最高法院的总法务官认为，在第三方的委托下对某商标的饮料进行灌装不属于对该商标的实际使用，因而不构成侵权。在本案中，是委托方聪明饮料公司在其商业活动中使用这些商标，消费者只会把这些商标与聪明饮料公司联系起来。而且如果认定类似本案的行为是侵权的话，会加重加工企业的负担，使它们在接受任一笔委托的时候都要核查商标是否可能侵权。但是，总法务官认为，将带有与他人在本国/本地区的注册商标相近似的商标的商品出口，则构成了商标侵权，这种出口行为应当被禁止。

◆我国台湾地区通过“商标法修正草案”

我国台湾于 2011 年 5 月 31 日通过了“商标法修正草案”。此次商标法修正幅度相当大，而相关的配套措施如商标法施行细则、“海关执行商标权保护措施”、“提供侵权信息及调借货样实施办法”等仍在研究修订当中。

本次“商标法修正草案”扩大了“商标”的涵盖范围至“任何足以识别商

品或服务来源之标识”,将声音、立体形状、动画、全息图等均纳入商标保护的范围;为方便申请人,规定一个商标申请可以指定多个类别的商品或服务;对于“商标使用”的定义进行了修正,明确了在网络上销售商品和提供服务行为属于对商标的使用;关于商标并存情况,新增规定,商标权人同意他人并存申请注册,如有“明显不当”的情形,后申请商标仍不予核准注册;对“损害赔偿”规定进行了修正,明令“损害赔偿”须以行为人主观上有故意或过失为必要;本次“商标法修正草案”还增加了关于展会优先权的规定,加强了对驰名商标的保护等。

◆马克斯·普朗克《关于欧洲商标系统总体功能的研究》出炉

2011年2月15日,马克斯·普朗克研究院(Max Planck Institute,以下简称“研究院”)向欧盟委员会提交了名称为《关于欧洲商标系统总体功能的研究》的最终报告(报告全文可参见 http://www.ip.mpg.de/shared/data/pdf/mpi_final_report.pdf)。

该项研究任务于2009年11月受欧盟委员会委托,历时一年多最终完成。

该研究对于欧洲商标立法《欧盟商标指令》(TMD),最初制定于1988年;及《共同体商标条例》(CTMR),最初制定于1933年]的全面回顾及最终修订,是一项非常重要的进程。

为此研究报告,研究院与各国商标局进行了大量的沟通,向大量的相关组织收集了意见,委托专业机构进行了广泛的用户访问及观点调查,并就欧洲商标法律,TMD及CTMR的共同议题,CTM系统有关实体法及程序法方面的功能,《马德里协定》及议定书的实施等进行了法律分析。

研究报告的结论部分就法律规定,操作实践,国家商标局的职能及使命,欧洲内部市场协调局(OHIM)的职能,收费等方面提供了很多有价值的信息,并提供了修改CTMR及TMD的建议,例如:

在有关欧共体商标系统及国内商标系统的使用状况分析部分,调查显示大部分的欧共体商标所有者(41%)及欧共体代理人(59%),以与欧共体商标申请同时进行或仅进行国内申请的方式，使用国家商标系统及申请国内商标。调查结果清楚表明国内申请系统对于欧共体商标系统有着重要的补充作用，保留国内商标系统符合欧共体商标系统使用者的利益。

◆ICANN 正式开放新顶级域名

2011 年 6 月 20 日，互联网名称与数字地址分配机构（ICANN）批准通过了新顶级域名扩展计划。在现有 22 种通用顶级域名的基础上，大量增加新的通用顶级域名。

新域名计划消除了对域名后缀的所有限制，任何词语都能作为域名后缀使用，厂商们也可以将自己的品牌作为域名后缀使用，类似.google 和.apple 的域名将成为现实。新域名可以根据不同的主题进行分类，包括行业、地理位置、种族，而且还包括阿拉伯语、中文和其他语言。

ICANN 表示，此新计划实行后，每年会新增 300 至 1000 个通用顶级域名。当然，这个数字是假定了 ICANN 可以及时处理成千上万的申请，而这些可能需要数年时间来评估和处理。

ICANN 将在 2012 年 1 月 12 日到 4 月 12 日期间接受首批新顶级域名的申请，后续批次的申请日期将在以后公布。

根据《通用顶级域名申请人指导手册》，除去 5000 美元的押金，“提交全部申请需要 18 万美金”。这还仅仅是开始评估过程所需的费用，对申请的审查过程可能还需要额外的收费，而且这个费用不包括一个通用顶级域名可能会产生其他基础设施的费用。

有关品牌注册为域名，这将是 ICANN 一个非常棘手的问题。虽然客户申请一个新的顶级域名不需要拥有自己的品牌，在对申请评估审查时还是会将此纳入考虑。

客户不能为其已注册的品牌名“预留”一个顶级域名，他们必须和其他人一样走同样的程序。除了对一个申请顶级域名的品牌名称进行检查，ICANN 还将研究类似的名称是否已经注册，或是否可能会引起混乱。

此外，品牌拥有者或者其他利害关系人可以在评估过程中提交相关的反对文件。

【著论索引】

◆著作部分

◇学术类

贺小勇等　WTO框架下知识产权争端法律问题研究/华东政法大学国际法学文库　法律出版社2011年12月版

黄武双等　计算机字体与字库的法律保护:原理与判例　法律出版社2011年12月版

彭志刚　知识产权拒绝许可反垄断法律问题研究　法律出版社2011年10月版

彭志刚　知识产权国际许可的法律问题研究　法律出版社2011年10月版

施高翔　中国知识产权禁令制度研究/民事程序与裁判理论研究丛书　厦门大学出版社2011年10月版

丁丽瑛等　应对美国“337调查”的知识产权战略研究/厦门大学法学院知识产权　厦门大学出版社2011年10月版

杨建斌　知识产权体系下非物质传统资源权利保护研究/黑龙江大学法学文丛　法律出版社2011年9月版

刘　平　知识产权协调保护研究/IP知识产权专题研究书系　知识产权出版社2011年8月版

赵秉志主编　国际化背景下知识产权的刑事法保护/京师国际刑事法文库　中国人民公安大学出版社2011年8月版

谢可训　知识产权滥用的法律规制　上海社会科学院出版社2011年6月版

郑友德　知识产权与公平竞争的博弈:以多维创新为坐标　法律出版社2011年6月版

刘筠筠　知识产权国际保护基本制度研究　知识产权出版社2011年5月版

张建武　中药标准化育知识产权战略的协同发展研究　知识产权出版社2011年5月版

马维野　知识产权价值评估能力建设研究　知识产权出版社2011年5

	月版
曹　阳	国际知识产权制度：冲突、融合与反思/上海政法学院学术文库　法律出版社 2011 年 5 月版
曹世华	网络知识产权保护中的利益平衡与争议解决机制研究　合肥工业大学出版社 2011 年 4 月版
何　敏	知识产权基本理论/华东政法大学科学研究院社科文库　法律出版社 2011 年 4 月版
杨　鸿	民间文艺的特别知识产权保护：国际立法例及其启示/华东政法大学国际法学文库　法律出版社 2011 年 3 月版
赵　赤　陈忠林	知识产权刑事法保护专论/刑事法学博士文库　中国检察出版社 2011 年 3 月
甘绍宁	知识产权决胜城市未来：第三届知识产权与城市发展市长论坛文集　知识产权出版社 2011 年 3 月版
高木善幸等主编	知识产权教学原则与方法　知识产权出版社 2011 年 2 月版
张海旭主编	知识产权战略与实务（第 6 辑）　法律出版社 2011 年 1 月版
杨长海	知识产权冲突法轮/西藏民族学院法学文库　厦门大学出版社 2011 年 1 月版
徐聪颖	论商标的符号表彰功能/西南知识产权博士文库　法律出版社 2011 年 11 月版
蒋剑鸣	互联网域名与商标冲突研究　中国人民公安大学出版社 2011 年 4 月版
中科院知识产权等	《商标法》修订中的若干问题：郑成思教授逝世三周年纪念文集　知识产权出版社 2011 年 1 月版
袁真富	驰名商标异化的制度逻辑/知识产权研究书系　知识产权出版社 2011 年 1 月版
姚洪军	法析驰名商标/上海政法学院学术文库　知识产权出版社 2011 年 1 月版
祝建军	驰名商标认定与保护的规制/知识产权学术前沿系列　法律出版社 2011 年 11 月版

◇实务类

高富平主编	中小企业知识产权管理指南　法律出版社 2011 年 9 月版
韩赤风等	中外知识产权法经典案例评析/中外民商经济法经典案例评析

丛书　法律出版社2011年9月版

法规应用研究中心　知识产权法一本通/法律一本通　中国法制出版社2011年9月版

单晓光等主编　欧洲知识产权典型案例(汉英双语)　知识产权出版社2011年9月版

王明等　企业知识产权流程管理　中国法制出版社2011年8月版

朱宇等　《企业知识产权管理规范》培训教程/知识产权工程师培训系列教材　知识产权出版社2011年7月版

唐　恒　区域知识产权战略的实施与评价:江苏之实践与探索　知识产权出版社2011年7月版

中社科知识产权中心等　国家知识产权战略与知识产权保护　知识产权出版社2011年6月版

冯汉桥　国际贸易中知识产权的取得与保护　知识产权出版社2011年6月版

游闽健主编　知识产权经典案例律师点睛　知识产权出版社2011年5月版

王　姝　中国知识产权边境保护/知识产权新领域实务与法理专题研究系列　北京师范大学出版社2011年4月版

奚晓明主编　中国知识产权指导案例评注(上下卷)　中国法制出版社2011年4月版

中国人大知识产权教研中心　知识产权国际条约集成/世界知识产权法典译丛　清华出版社2011年3月版

刘　科　《与贸易有关的知识产权协定》刑事措施义务研究/京师刑事法文库　中国人民公安大学出版社2011年3月版

◇丛书类

奚晓明　知识产权审判指导(2011年第1辑)(总第17辑)　人民法院出版社2011年12月版

钱锋主编　中国知识产权审判研究(第3辑)/中国审判理论研究丛书　人民法院出版社2011年11月版

王立民　黄武双主编　知识产权法研究(第9卷)/知识产权法研究丛书　北京大学出版社2011年10月版

吴汉东主编　中国知识产权蓝皮书(2009－2010)北京大学出版社2011年8月版

曹中强　黄　晖　中国商标报告(2010 年第 1 卷)(总第 10 卷)　法律出版社 2011 年 8 月版

刘春田主编　中国知识产权评论(第 5 卷)　商务印书馆 2011 年 7 月版

王正志主编　中国知识产权指数报告(2011)　知识产权出版社 2011 年 6 月版

奚晓明主编　最高人民法院知识产权审判案例指导(第 3 辑)　中国法制出版社 2011 年 5 月版

奚晓明主编　知识产权审判指导(2010 年第 2 辑)(总第 16 辑)　人民法院出版社 2011 年 4 月版

◆论文部分

◇综合

赵　刚　浅谈实施商标战略与促进经济结构调整的关系(2011 年/1 期 CTM)

安青虎　二十一世纪中国商标领域的新问题及应对(2011 年/5 期 CTM)

吕　慧　国内企业商标在境外保护时需要注意的几个问题(2011 年/7 期 CTM)

骆　慧　商标创立过程中的法律规避及反规避措施(2011 年/11 期 CTM)

景　灿　顾润丰　商标行政诉讼新证据问题初探(2011 年/11 期 CTM)

隋彭生　知识产权用益法律关系分析(2011 年/1 期 IP)

谭华霖　知识产权权利冲突的内在机理及化解机制(2011 年/2 期 IP)

关永红　知识产权排他效力论(2011 年/7 期 IP)

苏　平　知识产权登记法律效力比较与借鉴(2011 年/8 期 IP)

吴国平　唐　珺　知识产权失信行为的法律规制研究(2011 年/9 期 IP)

韩景峰　管理思维下我国商标法发展与变革之反思(2011 年/10 期 IP)

胡　人　知识产权创造与保护并重　推动产业结构调整(2011 年/1 期 eIP)

张广良　知识产权审判组织、法官及审判方式刍议(2011 年/2 期 CPTM)

张广良　知识产权保护状况评价之思考(2011 年/3 期 CPTM)

张广良　程序先于权利——对商标行政案件新证据问题的思考(2011 年/1 期 CPTM)

张伟君　知识产权刑事保护门槛:从 TRIPS 到 ACTA(2011 年/8 期 eIP)

左玉茹　《反假冒贸易协定》与欧盟知识产权法比较研究(2011年/8期eIP)

崔国斌　《反假冒贸易协议》与中国知识产权法的比较研究(2011年/8期eIP)

程文婷　《反假冒贸易协定》与我国知识产权法比较刍议(2011年/8期eIP)

徐　慧　《反假冒贸易协定》对我国经济贸易的潜在影响分析(2011年/8期eIP)

余　俊　品牌扩张与商标制度的未来(2011年/11期eIP)

周新艳　试看中国企业海外商标保护需求(2011年/11期eIP)

杨　涛　杨　斌　知识产权仲裁制度的困境与出路(2011年/12期eIP)

倪　静　论我国知识产权争议多元化解决机制的构建(2011年/12期eIP)

龙　岗　商标保护须从注册抓起(2011年6月16日CNIC·TMW)

◇**商标种类**

张丽丽　音响商标在我国适用的可行性分析(2011年/2期CTM)

沈　涛　审慎认定立体商标侵权违法行为(2011年/6期CTM)

倪朱亮　动态商标及其显著性认定(2011年/9期CTM)

王　博　酒类商标审查和保护策略(2011年/11期CTM)

林丽娟　地名商标的法律规定和审查实践(2011年/11期CTM)

李静冰　药品商标被列入药品标准期间的权利性质判定(2011年/12期CTM)

邓丽春　图形商标通过商标与版权交叉保护的必要性(2011年/12期CTM)

◇**商标注册的合法性**

赵　毅　在德国或欧盟遭遇商标“恶意抢注”的应对方法(2011年/11期CTM)

钟　鸣　位置商标注册须取得“第二含义”　2011年1月21日CIPN

岑宏宇　属于“有其他不良影响的标志”不得作为商标使用(2011年4月29日CIPN)

郭　伟　XO在其他产品酒类注册具有不良影响(2011年12月23日CIPN)

◇**商标注册的显著性**

李静冰	商标法旨在保护显著性防止混淆性——百事图形商标异议案述评(2011 年/5 期 CTM)
陈晓峰	地域特点的商品通用名称的认定和分析(2011 年/5 期 CTM)
李宝艳	三精“蓝瓶”引发的思考——也谈商标获得显著性(2011 年/8 期 CTM)
李小菲　王一璠	商标注册中的显著性认定——兼评“年份原浆”商标注册案(2011 年/11 期 CTM)
马　强	论商标的基础显著性(2011 年/8 期 IP)
周　波	商标近似与否应考虑知名度和使用情况(2011 年 12 月 30 日 CIPN)

◇**商标注册的在先性**

符　正	商标权与商号冲突的解决之道(2011 年/1 期 CTM)
汪　正	“鸭王”商标确权案:保护在先权利要与维护市场秩序相协调(2011 年/3 期 CTM)
周　缘	域名与商标之冲突(2011 年/3 期 CTM)
严　林	“狗不理”引发的知名商品特有名称与商标权冲突(2011 年/7 期 CTM)
饶　祥	地理标志与商标冲突的法律平衡(2011 年/11 期 CTM)
闫　海　代丁利	地理标志与地名商标权利冲突的司法处理(2011 年/11 期 CTM)
李双利　魏大海	企业名称与注册商标冲突的司法处理　企业名称登记满五年的司法意义之分(2011 年/5 期 eIP)
蒋　婧	商标法中超过争议期限的在先权保护问题研究(2011 年/5 期 eIP)
曹　柯	论后注册商标与在先著作权的权利冲突与解决　以重庆钢铁(集团)有限责(2011 年/5 期 eIP)
潘　伟	商标申请不应损害在先商号权(2011 年 3 月 4 日 CIPN)
潘　伟	损害他人姓名权的注册商标应予撤销(2011 年 5 月 13 日 CIPN)
谢甄珂	对商标法中在先权利的认定(2011 年 6 月 24 日 CIPN)
李　茜	“他人已经使用但并未产生一定影响的商标”是否可注(2011 年

8月12日 CIPN)

张 冰、谢甄柯 具有商誉的自然人姓名的商标注册申请权由添附商誉的主体共同享有(2011年8月19日 CIPN)

芮松艳 商标法第三十一条中对"在先权利"的理解——评析内蒙古小肥羊餐饮连锁有限公司诉国家工商行政管理总局商标评审委员会商标异议复审案(2011年9月30日 CIPN)

戴怡婷 公众人物姓名不能由他人作为商标注册使用(2011年10月14日 CIPN)

芮松艳 商标法第三十一条中"现有"在先权利的理解——评析深圳市东贸实业发展有限公司诉国家工商行政管理总局商标评审委员会商标争议案(2011年10月21日 CIPN)

蒋利玮 《类似商品和服务区分表》在判定商标使用中的作用(2011年/6期 CTM)

刘书琼 如何认定《商标法》第31条中的商标"使用"——兼评"陆虎"商标纠纷案(2011年/8期 CTM)

刘贵增 商品类似及商标相同近似判断之分析和应用(2011年/12期 CTM)

邓宏光 为商标被动使用行为正名(2011年/7期 IP)

潘 伟 存在特定关系的商品和服务可以认定构成相关类似商品(2011年12月2日 CIPN)

◇驰名商标

罗瑞丰 奢侈品商标未必能获得跨类保护(2011年/1期 CTM)

徐 杰 我国驰名商标的退出机制(2011年/1期 CTM)

夏朝羡 美国商标反向混淆理论与实践及对我国的借鉴(2011年/1期 CTM)

葛 龙 美誉度不应作为驰名商标的特征(2011年/4期 CTM)

刘贵增 商标行政案件中驰名商标反淡化保护之法律解读(2011年/4期 eIP)

刘晓军 商标淡化的若干问题研究(2011年/10期 eIP)

朱品昌 争创驰名商标切莫一劳永逸(2011年6月23日 CNIC·TMW)

周 波 历史传承是认定商标知名度因素之一(2011年4月8日 CIPN)

周 多 驰名商标的跨类保护应以"混淆可能性"为原则(2011年5月

	27日CIPN)
陈文煊	驰名商标同类与跨类保护应使用相同的争议期限(2011 年 8 月 5 日 CIPN)

◇**商标权利的取得和丧失**

汪　泽　徐　琳	商标异议制度比较研究(2011 年/2 期 CTM)
高　柯	加拿大商标异议制度简介(2011 年/2 期 CTM)
李静冰	注册商标不使用撤销诉讼中的证明责任(2011 年/2 期 CTM)
刘贵增	因连续三年停止使用而撤销注册商标的法律和证据探讨——兼评“红牛及图形”撤销案件(2011 年/4 期 CTM)
高荣林	商标权续展问题探讨(2011 年/6 期 CTM)
谷长峰	商标注册务必谨慎(2011 年 7 月 21 日 CNIC · TMW)
吴　铭	商标国际注册意识须增强(2011 年 12 月 29 日 CNIC · TMW)
谢甄珂	“国”字头商标注册应选择适用法律(2011 年 1 月 28 日 CIPN)
刘晓军	商标异议程序中的“任何人”之争(2011 年 2 月 25 日 CIPN)
刘晓军	追认授权不能弥补程序的违法性(2011 年 3 月 11 日 CIPN)
谢甄珂	营业执照吊销不影响商标权存续(2011 年 3 月 18 日 CIPN)
潘　伟	来料加工可以作为使用方式维持商标注册(2011 年 6 月 10 日 CIPN)
陶　钧	有关注册商标是否属于商标法上的使用案例分析(2011 年 11 月 18 日 CIPN)

◇**商标权利的运用**

吴勇毅	王老吉争夺战凸现商标许可之困惑(2011 年/1 期 CTM)
谢丽娜	商标价值评估之影响因素(2011 年/2 期 CTM)
祁　遥	商标信托:企业集团商标一体化管理新思路(2011 年/3 期 CTM)
陈晓峰	商标许可,利益与风险之间的博弈(2011 年/9 期 CTM)
孙骁勇	超出核定范围使用注册商标的法律后果(2011 年/12 期 CTM)
左玉茹	知识产权质押融资,路在何方?(2011 年/6 期 eIP)
李　鹏	知识产权质押的困境分析(2011 年/6 期 eIP)
周　丽	我国知识产权质押融资面临的困境、挑战及对策(2011 年/6 期 eIP)

李　琛　　禁止知识产权滥用的若干基本问题研究(2011年/10期eIP)
夏建国　　知识产权信托的价值及其实现障碍与克服(2011年/11期eIP)
周　波　　商标是否使用应考虑使用商品自身特点(2011年11月25日CIPN)

◇商标权利的限制

汪　正　　商标放弃部分专用权的限制(2011年/1期CTM)
高荣林　　商标领域合理使用的检讨与重构(2011年/2期CTM)
邢昊然　　商标合理使用基础问题的反思(2011年/6期CTM)

◇商标管理

毕诗静　　试论商标代理人的责任(2011年/10期CTM)

◇商标侵权

芮松艳　　侵犯注册商标专用权行为的构成要件(2011年/1期CTM)
桂庆凯　　请求确认不侵犯“香水”商标权案评析(2011年/3期CTM)
魏大海　　商品真伪与商标侵权的关系(2011年/3期CTM)
朱玲凤　张　今　　网络交易平台提供商的商标侵权过错认定(2011年/6期CTM)
李宗辉　　网络环境下商标侵权的类型及其规制(2011年/7期CTM)
徐志雄　　商标侵权赔偿调解操作(2011年/7期CTM)
周中琦　　搜索引擎关键词广告中商标侵权责任的承担(2011年/11期CTM)
林　楠　　商标侵权诉讼中通用名称的认定及处理(2011年/11期CTM)
王艳芳　　侵犯商标专用权意义上的近似商标之判断(2011年/2期CPTM)
张体锐　　商标普通被许可人独立诉权的合理性(2011年/5期eIP)
晓　宇　　商标侵权引发网络团购维权案(2011年6月23日CNIC·TMW)
戴怡婷　　提起确认不侵犯商标权之诉的条件(2011年2月18日CIPN)
亓　蕾　　商标冠名未造成混淆的视为不侵权(2011年3月25日CIPN)
戴怡婷　　是否误导公众应以认知水平为判断标准(2011年4月1日CIPN)
李燕蓉　　《类似商品和服务区分表》不是判断类似的唯一标准(2011年5

◇商标假冒